발달심리학

아동기를 중심으로

곽금주 저

Developmental Psychology

학지사

머리말

자신의 전공 교재를 집필한다는 것은 연구자로서 무엇보다 의미 있는 일이기도 하지만 그만큼 책임감을 느끼게 되고 그러다 보니 겁나는 일이기도 했다. 무엇보다 주 전공인 만큼 다른 교재들과는 차별화된 좋은 교재를 만들어야겠다는 생각으로 많은 시간을 망설임으로 보내게 되었다. 그러다가 집필을 시작하면서는 또 다른 고민들이 시작되었다. 발달심리학을 처음 접하는 학생들을 대상으로 하기에 기존의 고전적인 이론과 연구를 다 넣어야 함은 물론이다. 거기에 새롭게 쏟아지는 많은 연구 중에서 어떤 연구를 어느 수준까지 포함시켜야 할지 고심하느라 시간이 지체되기도 했다. 또 심리학이 인간의 모든 행동을 설명하고 더 나아가 그 인간이 구성하는 사회 현상까지도 다 설명해야 한다는 저자의 평소 생각 때문에 교과서의 한계에 대해서까지 고민의 범위가 커지기도 했다.

발달심리학은 심리학의 소우주라고 할 수 있을 정도로 심리학의 여러 영역(지각, 인지, 사회, 성격 및 정서, 이상 등)을 포괄하고 있다. 또한 태어나서 죽을 때까지의 발달 시기(영아, 아동, 청소년, 청년, 중년, 노년 등)를 다 포함하고 있다. 그래서 저자는 늘 이런 말을 해왔다. "모든 길이 로마로 통하듯 모든 학문은 심리학으로 통한다. 모든 심리학 영역은 발달심리학으로 통한다."라는. 어찌 보면 자만이기도 하지만 발달심리학이 그 정도로 범위가 넓은 분야이기 때문이기도 하다. 그러나 전 생애 발달의 모든 시기를 다루고 최근 연구까지 한 권의 책에 전부 담아내기에는 무리라는 생각이 들었다. 그래서 가장 중요한 발달심리학적 내용만을 포괄하기로 했다. 그래서 전 생애 발달 중 가장 중요한 시기라 할 수 있는 아동기에 초점을 맞추었다. 이 시기는 발달심리학 영역에서 그 어떤 발달 단계보다 많은 연구가 진행되어 왔기 때문이다. 아동기의 여러 발달 영역에 대해서 고전적인 이론뿐 아니라 최근의 연구와 동향을 포함하여 발달심리학의 근간이 되는 내용을 담고자 하였다.

발달심리학은 너무나 많은 단계 설명이 있다. 매 학기마다 이처럼 많은 단계를 다 외워야 하느냐고 궁금해하는 학생들이 많다. 이러한 질문이 계속 떠올랐지만 결국 단계가 중요한 것이 발달심리학의 특징이기도 하다. 즉, 연령대별 발달의 차이 그리고 그것에 대한 설명을 해야 하기 때문이다. 그 과정에서 학습자들의 지루함은 불가피할 것이다. 이러한 지루함을 달래주기 위해 각 챕터 시작에 그 챕터의 주요 연구자의 인생이나 특징, 배경에 대한 설명을 넣었다. 연구자를 이해하게 되면 그 이론이나 연구를 좀 더 쉽게 이해할 수 있기 때문이기도 하다. 또한 각 챕터마다 재미난 주제들을 이슈 거리로 선정하여 포함시켰다. 간혹 딱딱한 이론이나 연구 설명이 아니라 사회현상과 연결될 수 있는 이슈나 뒷배경 같은 이야기를 넣어 본 것이다. 좀 더 재미있게 발달심리학 공부를 할 수 있었으면 하는 희망에서다. 또한 심리학은 실생활에서 실제로 응용되고 활용될 수 있어야 한다는 저자의 평소 생각을 어느 정도 반영하고 싶은 바람이기도 하다.

발달심리학을 처음 공부하는 학부 학생들이나 아동 발달에 관심 있는 모든 분들에게 발달심리학의 기초가 되는 이론과 연구를 설명하고자 노력했다. 그러나 막상 내놓으려니 더 많은 내용을 담지 못했다는, 부족함을 절실히 느끼게 된다. 따라서 다시 보완하는 작업을 게을리하지 않을 것을 다짐하고, 또 아동기뿐 아니라 전 생애 발달을 아우르는 발달심리학 교재를 곧 집필하겠다는 계획을 세워야겠다.

이 책을 완성하기까지 제자들의 많은 도움이 있었다. 이효진, 박성은, 김진유, 조현수, 임수정 등 대학원생들과 실제로 발달심리학 강의를 하면서 피드백을 주었던 김연수 박사의 도움에 감사한다.

끝으로, 이 책이 나오기까지 참아 주시고 또 재촉해 주셨던 학지사 김진환 대표님과 여러 번의 교정으로 인한 혼란스러움을 참아 주신 백소현 과장님께도 감사드린다. 막상 마지막 교정지를 받은 즈음에는 발달심리학 공부를 처음 시작했을 때의 기억이 났다. 석사 과정에 막 입학했을 때, 지금은 작고하신 지도 교수님께서 "발달심리학" 저서를 집필하고 계셨다. 그 시기, 선생님을 도와드렸을 때의 생각과 감정들이 떠오른다. 좋은 교재를 만들어야 한다는 선생님의 그 완벽함이 문득 스쳐지나간다. 바로 같은 그 연구실에서 이제 내가 그 책의 연장선을 긋고 있다. 이 책을 보셨다면 선생님은 어떤 평가를 하실까. 한편으로는 걱정스럽기도 하면서 그 걱정만큼이나 그리움과 감사함을 전하고 싶다.

2016년 7월

저자 곽금주

차 례

4장 인지 발달 1: 인지 이론 … 116

5장 인지 발달 2: 주의, 기억, 실행기능 및 상위 인지 … 146

6장 인지 발달 3: 개념, 추론 및 문제해결 … 174

7장 지능 발달 … 200

8장 언어 발달 ··· 230

9장 사회인지 발달 1: 자기이해 ··· 262

15장 이상 발달 ··· 452

16장 발달평가 … 488

1장

발달심리학

자신의 아이를 버린 Rousseau, 아동심리학의 아버지 되다?

Jean-Jacques Rousseau는 최초로 아동을 성인과는 다른 존재로 인식한 철학자다. 그는 만 37세의 나이에 문학적 성공을 이루게 되는데, 이때 그가 써낸 주요 저서 『에밀(Émile)』은 아동 발달 교육에 관한 내용이었다. Rousseau는 인간에게 발달 단계가 있고, 각 단계마다 인간이 배울 수 있는 것들이 정해져 있다고 생각했다. 따라서 Rousseau는 인간의 발달 단계를 영아기, 아동기, 아동 후기 그리고 청소년기의 4단계로 나누어 아동을 성인과는 다른 존재로 구분하였다. 또한 그는 아동의 역량을 믿고 각 발달 단계에서 아동이 스스로 발달과업을 이루도록 격려하면서 진정한 아동심리학의 아버지로 거듭났다.

인간의 발달을 연구한 Rousseau의 어린 시절은 사실 그렇게 행복하지만은 않았다. Rousseau의 엄마는 그를 낳은 후 며칠이 되지 않아 세상을 떠나게 되었고, 그의 아빠는 이를 모두 Rousseau의 탓으로 여겼다. 그의 하나뿐인 형은 Rousseau가 어렸을 때 집을 나갔다. 또한 Rousseau가 10세였을 때는 프랑스 대위와 문제가 생겨 투옥의 위기를 면하고자 했던 아빠 때문에 살고 있던 제네바를 떠나야 했다. Rousseau는 만 13세에 정규 교육을 마치고 힘든 시기를 겪으며 시계 제조업에 종사했다. 그 시기의 Rousseau는 가진 것도 없고 재능도 없는 자신의 모습과 직면해야 했다.

젊은 시절을 방황하던 Rousseau는 성인이 되어 Therese라는 하녀를 만나 다섯 명의 자녀를 가지게 된다. 충격적인 사실은 아동심리학의 아버지라 불리는 그가 자신의 다섯 아이 모두를 고아원에 버렸다는 것이다. Rousseau는 후에 이를 후회하였지만, 당시에는 아이를 양육할 형편이 되지 않았을 뿐 아니라 자식에 대한 별다른 애정도 없었다고 한다. 당시 Rousseau는 철학자들과 친하게 지내며 여러 일을 하면서 사람들에게 자신의 이름을 알리기에 급급했다(Delaney, 2006).

일을 더 중요시 여겨 자신의 자녀에게 관심조차 없었던 Rousseau가 어떻게 아동심리학의 아버지가 되었고, 아동의 가치를 주장하는 견해를 펼쳤던 것일까? 자녀들에 대한 미안함과 죄책감으로 이에 대해 사죄하고자 하는 마음을 가졌던 것은 아니었을까 생각해 본다.

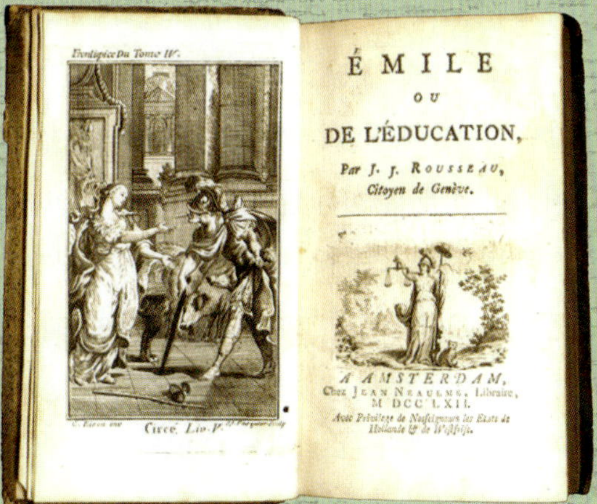

Rousseau와 그의 저서 『에밀』

한 사람이 발달하는 과정은 단순해 보일지도 모르지만, 이는 실로 놀라운 과정이 아닐 수 없다. 울음과 옹알이로만 세상과 소통했던 영아는 곧 언어를 습득하여 쉴새 없이 부모에게 말을 걸기도 하고, 겨우 목을 가누던 영아는 어느새 걷고 뛰게 된다. 또한 양육자밖에 몰랐던 영아는 친구를 사귀게 되고 가정을 떠나 더 큰 사회로 나아가게 된다. 사춘기에 접어들면서는 몸의 성숙과 함께 이성 친구를 만나기도 하고 자신의 진로에 대해 고민하기도 한다. 이후에는 성인이 되어 가정을 꾸리며, 나이가 들어 죽음에까지 이르게 된다. 이렇게 발달심리학은 인간에게 일어나는 다양한 변화에 초점을 둔다. 이 장에서는 발달심리학이 무엇인지 그리고 이에 대한 역사를 포함하여 발달심리학에서 다루는 인간의 발달 단계, 발달 연구 영역, 연구 방법, 이론 등 발달심리학의 기초가 되는 것들에 대해 살펴보겠다.

1. 발달심리학이란

발달(development)은 정자와 난자가 만나 수정되는 시점부터 생을 마감할 때까지의 전 과정에서 나타나는 모든 양상과 과정을 뜻한다. 발달심리학(developmental psychology)은 전 생애에 걸쳐 인간의 모든 발달적 변화를 과학적으로 연구하는 학문으로서, 전 생애 발달심리학(life-span developmental psychology)이라고도 불린다.

발달은 성숙, 성장 그리고 학습의 세 가지 개념과 관련이 있다. 성숙(maturation)은 유전적 요인이 발달에 영향을 미치는 것을 뜻하며 정량화할 수 없다. 예컨대, 사춘기에는 유전 정보에 따라 신체 및 심리 변화가 나타나게 되고, 이로 인해 측정할 수 없는 몸의 기능이나 행동상에 변화가 나타난다. 성장(growth)은 키가 자라거나 몸무게가 늘어나는 것과 같이 신체 또는 신체적 능력이 발달하는 것을 뜻하며, 그 양을 측정할 수 있다. 학습(learning)은 직접적이거나 간접적인 외부 경험이 개인에게 영향을 주어 변화 및 발달을 일으키는 것을 의미한다.

전 생애에 걸쳐 나타나는 변화는 연령마다 다양하다. 영아기는 걷기 시작하고 말을 하기 시작하는 단계이고, 청소년기는 사춘기가 시작되고 몸이 성숙해지는 시기다. 이렇듯 시기별로 서로 다른 발달 특징이 나타나므로 발달심리학에서는 이를 구분하여 발달을 연구하고 있다. 또한 발달의 영역은 매우 광범위하므로 발달심리학자들은 이를 세분화하여 영역별로 좀 더 심도 있게 발달을 연구한다.

1) 발달 단계

발달심리학에서는 발달을 시기별로 총 여덟 단계로 나눈다([그림 1-1] 참조). 이 여덟 단계는 태내기, 영아기, 아동 초기, 아동 중기 및 후기, 청소년기, 성인 초기, 성인 중기, 성인 후기를 포함한다. 첫 번째 단계인 태내기는 수정에서 출생까지의 시기를 말한다. 두 번째 단계인 영아기는 생후부터 약 만 2세까지를 포함하는 시기다. 세 번째 단계인 아동 초기는 약 만 3세부터 초등학교 저학년까지를 일컫는다. 네 번째 단계인 아동 중기 및 후기는 초등학교 고학년부터 사춘기 전까지를 말한다. 그다음 단계인 청소년기는 중학교부터 성인이 되기 전까지의 시기다. 여섯 번째 단계인 성인 초기는 장년기라고 불리며, 만 21세부터 30세까지를

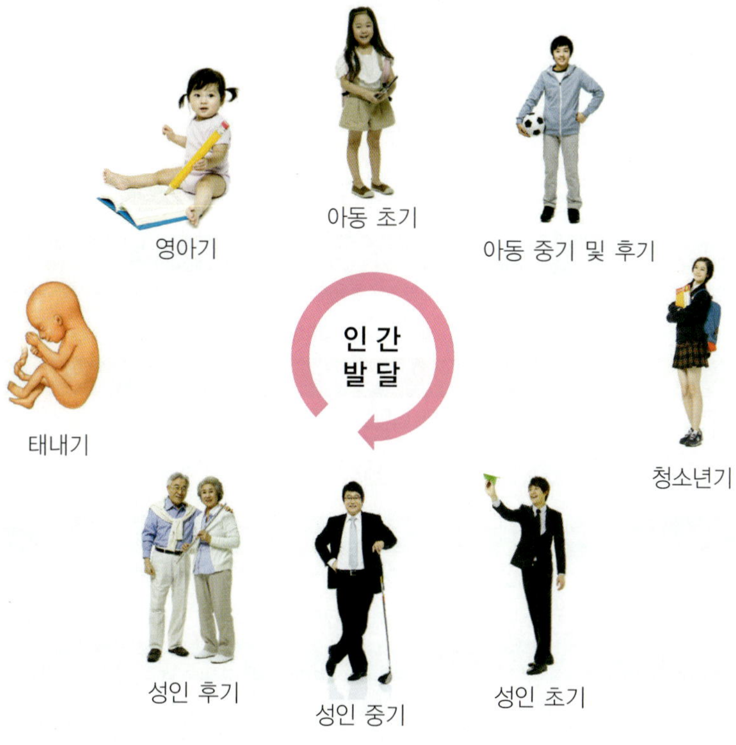

[그림 1-1] 연령 구분
발달심리학에서는 인간의 발달 단계를 태내기, 영아기, 아동 초기, 아동 중기 및 후기, 청소년기, 성인 초기, 성인 중기, 성인 후기 총 여덟 단계로 나눈다.

포함한다. 최근에는 현대지식산업사회에서 청소년기에도 성인기에도 속하지 않는 새로운 발달 시기로 'Emerging adulthood'를 정의하고 있다(Arnett, 1994, 1997, 1998, 2000, 2001). 이 시기는 성인 초기 중 초반인 20대를 포함하며, 청년기라고도 불린다. 그다음 단계인 성인 중기는 중년기라고 불리며 약 만 31세부터 60세까지를 일컫는다. 마지막 단계인 성인 후기는 만 61세 이후의 시기이며, 노년기라고 불린다. 이러한 연령 구분은 절대적인 것이 아니며 문화마다 다소 차이가 있을 수 있다.

ISSUE 1

법마다 정해 놓은 연령 구분이 다르다?

발달심리학자들은 인간의 발달 단계를 연령에 따라 나누어 본다. 그렇다면 법령에서는 연령 구분을 어떻게 하고 있을까? 아래의 표는 각각의 법마다 연령을 어떻게 구분하고 있는지를 정리해 놓은 것이다. 표를 보면, 법적 연령 구분 지표가 일관성이 없다는 것을 확인할 수 있다. 예컨대, 「아동복지법」에서는 18세 미만인 사람을 '아동'이라고 정하고 있는데, 「청소년기본법」에서는 9세 이상 24세 이하인 사람을 '청소년'이라고 정하고 있다. 즉, 10세인 아동은 어느 법에 해당되느냐에 따라 '아동'이 될 수도 '청소년'이 될 수도 있는 것이다. 이런 부분들은 앞으로 일관성 있게 조정되어야 할 필요가 있다.

■ 법적 연령 구분 ■

유아 및 영유아	
유아교육법	'유아'란 만 3세부터 초등학교 취학 전까지의 어린이를 말한다.
모자보건법	'영유아'란 출생 후 6년 미만인 사람을 말한다.
아동	
아동복지법	'아동'이란 18세 미만인 사람을 말한다.
아동 · 청소년의 성보호에 관한 법률	'아동 · 청소년'이란 19세 미만인 사람을 말한다.
청소년	
청소년기본법	'청소년'이란 9세 이상 24세 이하인 사람을 말한다.
청소년보호법	'청소년'이란 만 19세 미만인 사람을 말한다.
그 외	
민법	사람은 19세로 성년에 이르게 된다.
형법	14세가 되지 아니 한 자의 행위는 벌하지 아니 한다.
소년법	이 법에서 "소년"이란 19세 미만인 사람을 말한다.

2) 연구 영역

발달심리학의 연구 영역은 지각 발달, 운동 발달, 인지 발달, 도덕성 발달, 사회성 발달 그리고 정서 발달로 나눠볼 수 있다([그림 1-2] 참조). 지각 발달(perceptual development)은 인간이 어떻게 청각과 후각 같은 감각기관을 이용해 정보를 습득하는지, 그리고 어떻게 감각기관을 통해 받은 정보를 통합하는지 등 지각 능력의 발달과 관련이 있다. 예를 들어, 갓 태어난 영아의 시력은 성인의 약 1/40 정도다(Maurer & Lewis, 2001). 그러나 만 6세가 되면 성인과 같은 시력을 갖게 된다(Kellman & Arterberry, 2006). 운동 발달(motor development)은 인간이 살아가면서 필요한 움직임과 신체 통제 능력의 발달을 말한다. 예컨대, 영아는 아직 걷지 못하고 손가락을 사용하는 미세한 동작을 하지 못하지만, 곧 걷게 되고 펜을 잡고 글을 쓸 수 있게 된다. 인지 발달(cognitive development)은 정보를 이해하고 그 정보를 이용하는 능력의 변화와 관련이 있다. 예를 들어, 아동은 어려서는 상대방이 자신과 다른 생각을 할 수 있다는 것을 인지

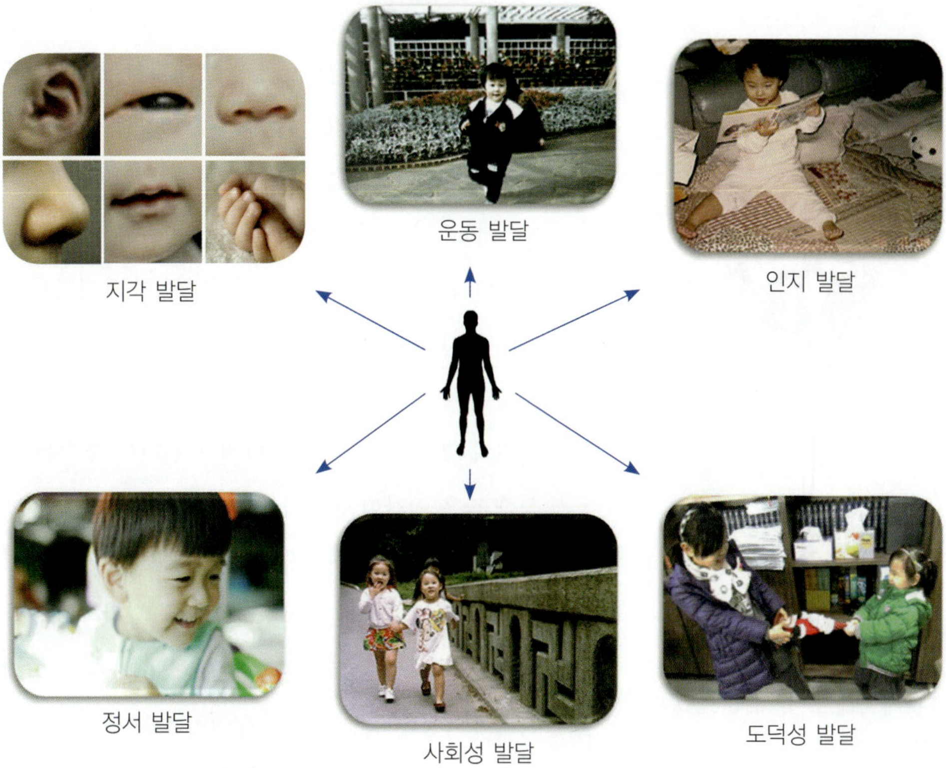

[그림 1-2] 발달심리학의 연구 영역

발달심리학의 연구 영역은 지각 발달, 운동 발달, 인지 발달, 도덕성 발달, 사회성 발달 그리고 정서 발달을 포함한다.

하지 못하나 곧 타인을 이해하는 능력이 생긴다. 또한 어려서는 세상을 이해하는 것이 어렵지만 과학이나 수학과 같은 학문을 배움으로써 삶을 살아가는 데 필요한 정보를 배우게 된다. 도덕성 발달(moral development)은 가치관의 형성이나 옳고 그른 행동의 판단 및 친사회적 행동 발달과 연관이 있다. 또한 사회적 규범을 알아가고 이해해 나가는 것 또한 도덕성 발달과 관련이 있다. 예컨대, 아동은 도덕성이 발달하면서 남의 물건을 빼앗거나 시험 도중 부정 행위를 하면 안 된다는 것을 깨닫게 된다. 사회성 발달(social development)은 여러 사람과 어떻게 상호작용하고 관계를 맺어가는지에 초점을 둔다. 사회성 발달을 통해 아동은 사회에 적응하게 되고 다양한 인간관계 속에서 성장해 간다. 정서 발달(emotional development)은 정서 표현, 정서 이해 그리고 정서 조절과 관련이 있다. 자신의 정서를 표현하며 조절하고 자신뿐 아니라 상대방의 정서를 이해하는 것은 발달에 있어 꼭 필요한 과정 중 하나다.

2. 발달심리학의 역사

[그림 1-3] 중세 시대의 인간 태아에 대한 믿음
유럽 중세 시대까지만 해도 많은 연구자들은 아동이 성인의 축소판이라는 전성설을 따랐다. 이들은 정자 속에 작은 인간이 들어가 있으며 성장하면서 점차 자라난다고 믿었다.

발달심리학의 역사는 그리 오래되지 않았다. 유럽의 중세 시대까지만 해도 아동과 성인을 구분 지어 생각하지 않았으며, 아동은 단지 몸이 작은 성인(miniature adult)이라고 여겨졌다. 이와 같은 견해는 인간의 형상이 생물 발생 이전부터 이미 완성되어 있다는 하나의 학설인 전성설(preformationism)을 바탕으로 생겨났다. 예를 들어, [그림 1-3]처럼 유럽 중세 시대의 그림은 정자 속에 완전한 인간의 모습을 형성한 작은 인간이 들어가 있다고 묘사한다. 이 외에도 중세 시대의 아동은 성인과 동일하게 여겨져 어리게는 만 6~7세부터 성인이 하는 일을 도맡아 하였다(Crain, 2005). 프랑스 역사학자 Aries에 따르면, 중세 시대의 아동은 어릴 때부터 성인이 하는 일뿐만 아니라, 성인의 옷을 입고 성인이 하는 놀이를 즐겼다. 어린 아동이 선술집에서 술을 마시는 장면은 이 시기에 그리 놀랄 일이 아니었다. 전성설은 18세기에 현미경이 발명되면서 태아가 완전한 성인의 모습을 한 인간이 아니라는 사실이 입증되기 전까지도 많은 학자들의 지지를 받았다.

그러나 아동을 성인과 구분하여 교육하고자 하는 움직임은 18세기보다 좀 더 일찍 나타났다(Crain, 2005). 16세기 초 유럽에서 새로운 직업으로 상인이나 은행가 등이 나타나기 시작하면서 수학이나 읽기, 쓰기와 같은 전문적인 지식이 필요해졌다. 중산층 집안들은 자녀를 성인의 일터로 내보내기 전 직업에 필요한 지식을 가르쳐 주는 학교에 먼저 보내고자 했다. 이때부터 아동은 성인과 분리되었고 성인이 되기 전에 학교라는 기관에서 시간을 보내게 되었다.

전성설과는 다른 아동관을 처음으로 제시하고 아동에 대해 깊은 관심을 가졌던 대표적인 사람으로 Locke와 Rousseau가 있다. 17세기의 영국 철학자인 Locke는 아동을 아무런 특성을 가지고 있지 않은 백지(tabula rasa) 상태로 표현하였다. 그는 사람이 환경에 의해 만들어진다고 주장했다. 이 때문에 Locke는 교육의 중요성을 강조하며, 그의 주요 저서인 『교육론』(1693)을 쓰기도 하였다.

한편, Rousseau는 아동을 성인과는 다른 존재로 본 Locke의 관점에는 동의했으나, 아동을 백지 상태로 보지 않았다. Rousseau는 아동이 자신만의 감정과 생각하는 방식을 가지고 있다고 주장했다. 그에 따르면 아동은 내부의 생물학적 시간표에 따라 단계적으로 발달하게 되고, 이는 환경의 영향과는 독립적으로 일어난다. Rousseau는 아동을 문명에 오염되지 않은 고결한 야만인(noble savage)이라고 표현하며, 이미 아동은 무엇이 옳고 그른 것인지를 알고 있다고 주장했다. 또 각자 자기만의 특성을 가지고 태어나기 때문에 부모가 개입하는 대

[그림 1-4] 아동심리학의 선구자인 Locke(좌)와 Rousseau(우)

아동심리학은 Locke와 Rousseau 등 중세 시대 철학자 및 교육자의 영향을 받아 탄생되었다.

신 자유롭게 성장할 수 있도록 하는 것을 강조했다.

Locke의 견해는 이후 발달심리학에서 환경론과 학습 이론의 바탕이 되었고, Gesell의 성숙 이론이나 Piaget 발달 이론의 기초가 되었다. Locke나 Rousseau의 주장과 함께 아동에 대한 학문적 관심은 이후로도 계속해서 커져갔다. 그러나 아동에 대한 학문적 발달은 대학과 같은 교육기관에 의해 시작되지 않았다. 대신 18세기 후반과 19세기에 일어난 사회적 변화에 의해 오늘날의 발달심리학이 생겨났다(이춘재, 1994). 이 시기에는 과학의 발달과 함께 장애 아동을 포함한 사회적 약자에 관심을 갖는 사회 분위기가 형성되었다. 이전까지는 장애가 있거나 문제가 있는 아동을 도덕적으로 악하다고만 여겼다. 그렇지만 이때부터 문제 아동을 혜택을 받지 못한 아동으로 보고, 아동에 대한 보호와 교육이 더욱 강조되었다. 19세기 초에는 의무교육이 도입되었고, 고아원과 장애 아동 시설이 증가하였다(이춘재, 1994). 시대적 흐름에 따라 초기의 아동 연구는 아동의 복지에 도움이 되는 실생활적인 문제들에 초점을 맞추었다. 실생활에 밀접한 주제일수록 어느 한 분야의 지식만으로는 완전히 이해할 수 없기 때문에 다학제적인 접근이 필요했다. 미국심리학회(American Psychological Association: APA)를 창립한 Hall은 아동의 건강, 교육, 복지 등에 관한 광범위한 연구를 체계화한 최초의 연구자로 기록되고 있다. 이 시기의 아동 연구는 실질적인 아동 문제를 해결하고자 교육자나 교사 등에 도움을 주는 것이 주 목적이었다. 그러나 제한된 경험적 자료를 바탕으로 일반적인 결론을 도출하는 것이 전부였기 때문에 좀 더 많은 실증적 연구와 과학적인 방법이 요구되었다.

20세기 초에 발발한 제1차 세계대전으로 생겨난 전쟁 고아 등으로 인해 체계적인 아동 연구의 필요성이 한 번 더 강조되면서, 1920년대와 1930년대는 아동 발달 연구의 전성기로 거듭나게 된다. 여러 대학에서는 아동 발달을 연구하는 박사과정이 개설되었고, 1930년대에는 아동 발달이 심리학의 한 분야가 되었다(이춘재, 1994). 1934년에는 아동발달학회(The Society for Research in Child Development)가 창설되었으며 이 학회의 저널로 *Child Development Abstracts and Bibliography*와 *Child Development*가 창간되었다.

다양한 분야와의 상호교류를 통해 다학제적 연구에 초점을 두었던 아동 연구는 제2차 세계대전 이후 이전과는 다른 관점을 취하기 시작했다. 아동 발달 연구는 심리학의 주요 학문으로 속하게 되고, 발달심리학으로 불리게 되었다. 이 시기 발달심리학의 가장 큰 특징은 과학적 방법을 강조하는 실험심리학의 형태를 갖추게 된 것이다. 이때부터 심리학은 철학적이고 인문적이기보다 과학의 한 분야에 속하게 되었으며, 실험실 중심의 연구가 발달심리학의 대부분을 이루게 되었다. 실험주의를 주장하는 연구자들은 실험실 연구 결과가 더 기초적이고 보편적인 사실이라 믿었다. 그리고 연구자들은 엄격한 방법론적 기준을 실험에 적용하여, 맥락과 같은 복잡한 요인을 배제하기 시작했다. 따라서 다른 분야와의 소통이 어려워지게 되고, 결국에는 발달심리학이 고립되는 양상이 나타나게 되었다. 실험주의로 인해 발달심리학은 영아나 아동 발달 과정에 대한 이해가 가능해지고 다양한 이론을 검증할 수 있었다. 그러나 실험실에서 나온 결과가 실제로 적용 가능한지에 대한 타당성 문제가 계속해서 제기되었다. 연구자들은 인간의 발달을 이해하기 위해서는 일반적인 발달 과정뿐 아니라 영역 특수적인 지식이나 맥락의 중요성을 무시할 수 없다는 의견을 계속해서 내놓았다.

특히 Siegler는 발달심리학을 실생활에 적용하기 위해 많은 노력을 했다. 그는 *Journal of Applied Developmental Psychology*의 편집인으로 활동하면서 발달심리학을 실생활 현장에 적용하고 사회 문제를 해결하는 데 도움이 되는 방향으로 만들기 위해 연구자들을 격려했다. 또한 그는 발달심리학의 다학제적 접근을 강조하며 발달 연구 결과를 사회문제에 응용하는 논문들을 저널에 싣고자 했다.

오늘날의 발달심리학은 인간과 맥락의 상호작용을 인정하고, 기초 연구와 응용 연구 모두에 초점을 두고 있다. 기초 연구가 실제 응용 가능한지 현장에 적용하고 이를 검증하고, 다시 이를 통해 기초 이론을 보완한다. 특히 발달심리학은 사회 복지나 정책에 대해 과학적인 근거를 제시해 주기 때문에 그 관심이 더욱 커져가고 있다. 한국에서의 발달심리학도 실험실에서 이루어진 연구들이 실제 사람들의 생활에 활용되어야 할 것이며, 나아가 사회 정책이나 제도를 만들어 가는 데 그 기초가 되어야 할 것이다.

3. 발달심리학의 기본 쟁점

발달심리학에서는 유전 대 양육, 연속성 대 비연속성, 능동 대 수동, 규준 대 개인차, 그리고 초기 경험 대 후기 경험에 대한 논쟁이 계속해서 이어져 오고 있다.

1) 유전 대 환경

발달이 태어나면서부터 내재적으로 가지는 요인에 의해 이루어지는지 아니면 환경에 의해 만들어지는지에 대한 쟁점을 유전 대 환경이라고 한다. 이는 발달심리학에서 가장 오래된 쟁점 중 하나이며 아직까지 해결되지 않은 논쟁이다. Wiggam(1932)은 환경이 아닌 유전이 인간을 완성시키는 주된 요인이라고 주장했다. 이 세상에 존재하는 모든 행복과 고통은 모두 환경 탓이 아니며, 인간이 개개인마다 다른 특성을 가지고 있는 이유는 그들이 유전적으로 다르게 태어났기 때문이라고 설명했다. 이와 반대로 Watson(1925)은 능력, 기질, 행동적 특성은 유전과는 관련이 없다고 주장하며, 환경이 유전보다 중요한 요인이라고 설명했다. 그는 '나에게 건강한 영아 12명을 보내주면 이들의 환경을 각각 다르게 제공하여 의사, 변호사, 기술자 등으로 만들 수 있다'고 주장할 정도로 환경이 유전보다 중요한 요인이라고 생각했다. 그러나 최근에는 사람의 기질이나 정서, 도덕성 등 다양한 발달이 단순히 유전이나 환경에 의해 결정된다고 보는 대신, 유전과 환경이 복잡한 상호작용을 하여 발달이 이루어진다는 의견에 대부분 동의하고 있다.

2) 연속성 대 비연속성

연속성 대 비연속성 논쟁에서 연속성을 가지고 있다는 것은 한 개인의 행동 혹은 지식이 갑자기 발달하기보다는 점차 발달하고 능력이 축적된다는 것을 뜻한다. 예컨대, [그림 1-5] 처럼 기린은 태어난 후 신체의 부피나 크기는 커지지만, 기본적인 외형은 변하지 않는 연속성을 가진다. 반면, 비연속성은 행동이나 사고 발달이 단계가 변하듯 새로운 것으로 바뀌는 것을 뜻한다. 나비의 발달 과정을 비연속성의 예로 들 수 있다. 나비는 기린과 달리 발달하면서 외형이 변하게 되는데, 처음에는 애벌레였다가 다음은 번데기로 그리고 마지막 단계에는 나비가 된다. 발달의 비연속성을 주장하는 연구자들은 발달 특성을 단계별로 구분해서 살펴보아야 한다고 주장한다.

3) 능동 대 수동

능동 대 수동에 관한 논쟁은 발달에 있어서 아동이 능동적인 역할을 하는지 아니면 수동적인 역할을 하는지에 대해 이야기한다. 아동의 능동적인 역할을 강조하는 연구자들은 아동 발달이 단순히 엄마나 아빠 혹은 주변의 도움으로 일어나는 것이 아니며, 아동 스스로 탐색하고 발달하고자 하는 의지를 갖는다고 주장한다. 반면, 발달에서 아동의 수동적 역할을 강조

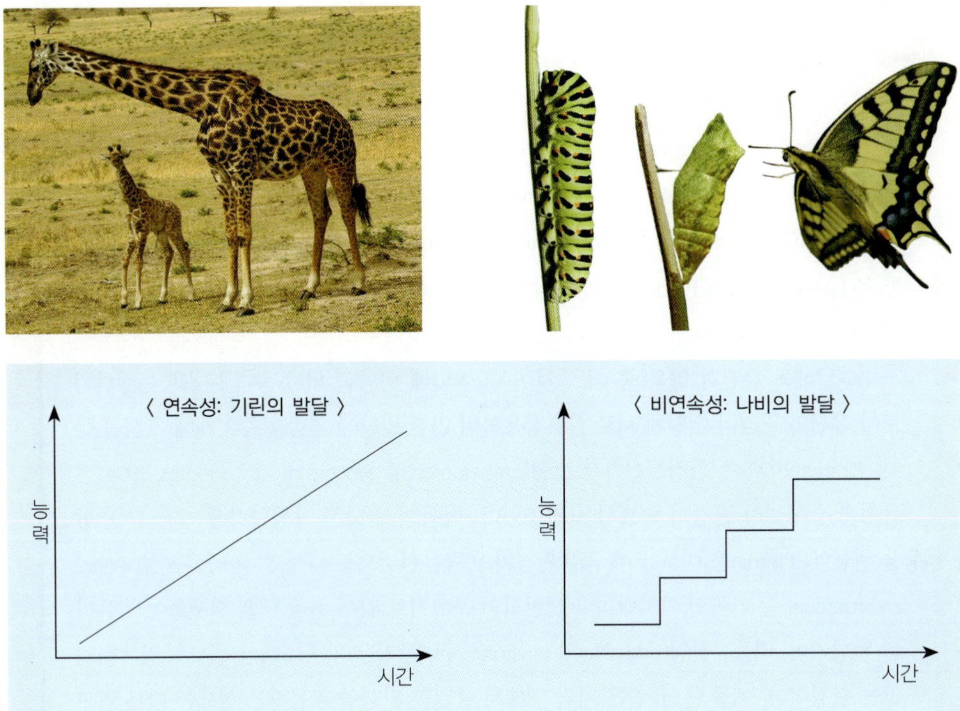

[그림 1-5] **연속성 대 비연속성**
기린은 시간이 지나면서 크기가 점점 커지며 발달하는데 이는 연속성을 가지고 있는 것이다. 반면, 나비는 애벌레에서 번데기가 되고 번데기에서 나비가 된다. 이는 나비가 발달에 있어 비연속성을 가지고 있는 것이다.

하는 연구자들은 아동은 스스로 발달할 수 없으며, 양육자의 도움이 필요하다고 주장한다.

4) 규준 대 개인차

대부분의 발달은 보편적인 시기와 양상을 가진다. 특히 유전적으로 프로그래밍된 순서대로 발달이 일어나는데, 예로 만 1세경에는 걷기 시작하고 만 2세경에는 말을 하기 시작한다. 이처럼 특정 발달이 이루어지는 평균 연령을 규준(norm)이라 한다. 규준은 다수의 영아를 관찰하여 얻은 자료를 토대로 세워진다. 이는 특정 시기에 어떠한 발달과업을 이루어야 하는지에 대한 지침을 제공해 주기 때문에 중요하다.

그러나 항상 규준만을 따르다 보면 발달의 개인차를 무시하기 쉽다. 많은 부모들은 자녀가 조금만 늦게 말을 해도 뭔가 문제가 있는 것은 아닌지 걱정한다. 하지만 발달은 모두에게

ISSUE 2

사람은 타고나는가, 만들어지는가?

인간 발달이 유전과 같은 선천적 요인에 의해 결정되는지, 아니면 양육과 같은 후천적 요인에 의해 결정되는지는 발달심리학에서 오랫동안 논쟁되어 온 대표적 쟁점 중 하나다. 1950년대에는 후천적 요인이 발달에 영향을 미친다는 환경주의(environmentalism)가 주를 이루었으며, 1960~1970년대에는 유전과 양육이 모두 중요하다는 견해가 등장했다(곽금주 외, 2003).

오늘날에는 유전과 양육 중 어느 것이 더 발달에 영향을 미치는지에 대해 논쟁하기보다 유전과 환경이 어떻게 서로 상호작용하여 인간 발달에 영향을 주는지에 초점을 둔다. Plomin(1990)의 '환경유전학적 모형(environmental genetics model; Plomin, 1994)'은 유전뿐만 아니라 환경의 중요성을 강조한다. 아동의 발달은 가정환경에 가장 큰 영향을 받는데, Plomin은 이를 크게 공유환경과 비공유환경으로 나누었다. 공유환경(shared environment)은 가족의 가치관이나 전반적인 분위기로 같은 가족 내의 형제들이 공유하는 환경이며, 비공유환경(non-shared environment)은 같은 가족이더라도 서로 공유하지 않는 환경이다. 예를 들어, 같은 가족 내에서 동일한 환경을 공유하는 형제는 다른 학교에 다니면서 다른 것을 경험할 수 있다.

그렇다면 유전과 환경이 발달에 미치는 영향은 어떻게 다를까? 먼저, 유전은 주로 인간의 신체적 특성, 사회적 행동과 지능적 행동에 큰 영향을 미친다(Silberg, Maes, & Eaves, 2010). 이 외에도 신경증적 성질(neuroticism)과 외향적 성질(extraversion), 섭식장애를 포함한 비만, 아토피 등의 다양한 질병 또한 유전과 밀접한 관련이 있다. 반면, 환경은 주로 개인의 성격 형성에 큰 영향을 미치며, 출생 전후로 한 발달 초기에 큰 영향을 미친다. 특히 엄마의 자궁에서 받는 영양분이나 호르몬의 영향에 따라 개인의 신체 및 심리 상태가 달라진다. 따라서 유전이 100% 일치하는 일란성 쌍둥이도 엄마의 자궁에서 경험하는 것이 각자 다르며, 이는 유전이 일란성 쌍둥이의 지문이 다른 이유를 설명한다.

Plomin에 따르면 40%는 유전 요인, 35%는 비공유환경 요인, 5%는 공유환경 요인, 나머지는 측정 오차가 발달에 영향을 미친다(곽금주 외, 2003). 아동의 발달에 유전적인 요인이 중요한지 양육 환경이 중요한지에 대해서는 논쟁이 계속되고 있지만 개인만이 겪게 되는 후천적 요인이 유전과 함께 발달에 주요한 영향을 미치는 것은 사실이다. 따라서 스스로를 바꾸기보다는 스스로 바꿀 수 있는 비공유환경에 초점을 둔 Plomin의 환경유전학적 모형이 더 희망적일지도 모른다.

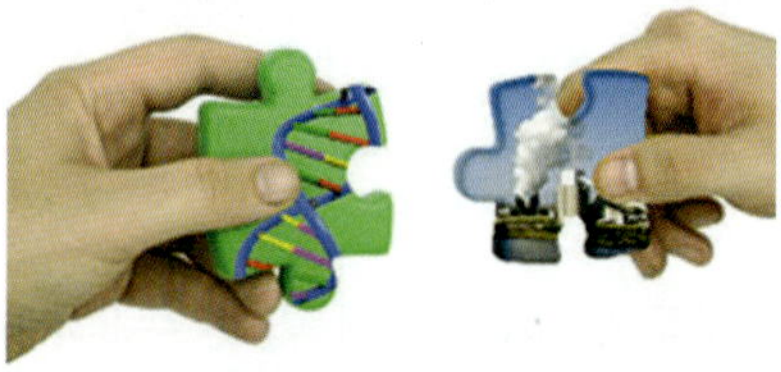

서 똑같이 일어나지 않는다. 개인이 가진 유전적 특성과 환경의 특성이 다르기 때문에 어떤 영아는 좀 더 빨리 걷고 어떤 영아는 한 살이 한참 지나고서 걷기도 한다.

5) 초기 경험 대 후기 경험

발달에서 초기 경험이 더 중요할까 아니면 후기 경험이 더 중요할까? 사람들은 흔히 영아기 동안의 경험이 이후 삶에 큰 영향을 준다고 생각한다. 실제로 태어난 후 1~2년 동안은 얼마나 충분한 영양을 섭취하고 애정을 받는지에 따라 이후 아동의 건강과 지능, 정서가 달라진다(Bowlby, 1989; Sroufe, Egeland, & Carlson, 1999).

후기 경험주의자들은 초기 경험주의자들과 달리 발달은 생의 초기뿐 아니라 시시각각 계속해서 영향을 받아 일어난다고 주장한다(Santrock, 2003, 2006). 따라서 후기 경험주의자는 생의 초기 경험보다 후기 경험이 발달에 더 중요하다고 보았다. 서양 문화권에서는 주로 생후 5년간의 경험이 이후 발달에 큰 영향을 미친다고 본다. 그러나 동양 문화권에서는 약 6~7세의 경험이 초기 경험보다 더 중요하다고 생각한다(Chan, 1963; Lamb & Sternberg, 1992: Santrock, 2006에서 재인용).

4. 연구 방법

인간은 자신과 세상에 대해 끊임없이 질문을 던지며, 이에 대한 해답을 찾기 위해 노력한다. 발달심리학자들도 과학적 연구를 하는 다른 분야와 같이 과학적 방법을 통해 인간의 발달을 연구한다. 먼저, 이전의 연구나 이론, 이슈 등을 통해 문제를 제기하고, 그 후 가설을 세운다. 가설(hypothesis)이란 검증이 가능한 이론적 예측으로 이는 연구를 통해 지지될 수도 있고 기각될 수도 있다. 이를 확인하기 위해서는 검증 방법을 설계하고 분석하는 단계를 거친다. 연구 결과가 가설을 뒷받침할 경우 기존의 이론을 유지하고, 그렇지 않을 경우에는 가설을 기각하고 다시 가설을 세워 또다시 검증 과정을 거친다([그림 1-6] 참조). 이러한 과학적 방법(Scientific method)을 통해 발달심리학자는 인간의 발달을 연구한다.

과학적 방법의 예는 다음과 같다. 수업을 잘 들으면 시험을 잘 볼 것이라는 기존 이론에 근거하여, 발달심리학 수업에 빠짐없이 나온 사람이 기말고사에서 좋은 점수를 받을 것이라

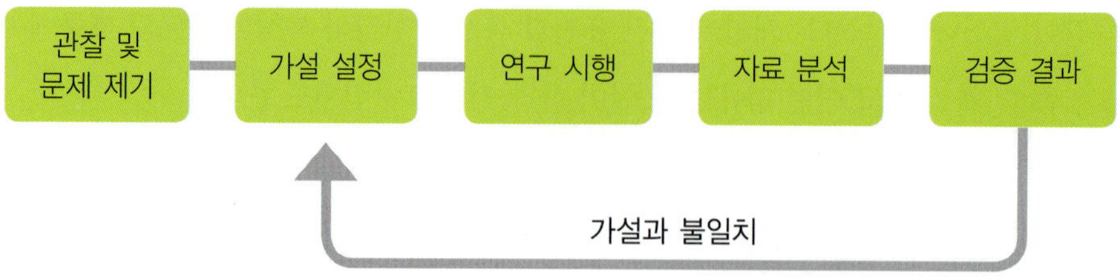

[그림 1-6] 과학적 방법

과학적 연구의 과정은 먼저 관찰을 통해 문제를 제기하고, 이를 뒷받침하는 이론과 함께 단서를 수집한다. 그리고 가설을 세우고 이를 검증하기 위한 연구 설계를 한다. 이후 연구를 시행하고 자료를 분석한다. 만약 검증 결과가 가설을 뒷받침하면 기존 이론을 유지하지만, 그렇지 않다면 새로운 이론을 형성하고 가설 설정을 하여 또다시 검증 과정을 거친다.

는 가설을 설정할 수 있다. 그 후, 매 수업 시작 시간에 출석한 학생들을 체크하고 기말고사를 본 다음 출석 횟수와 기말고사 점수 간의 연관성을 찾아본다. 만약 결과가 가설과 일치하지 않으면 새로운 가설을 세워 다시 검증을 해야 한다. 혹여 연구 결과가 가설을 뒷받침하더라도 다른 연구자가 다른 참여자를 대상으로 같은 방법으로 실험을 진행하여 결과를 검증할 필요가 있다. 이를 반복 검증(replication)이라 하며, 이러한 모든 과정이 발달심리 연구에서 사용된다.

1) 자료 수집 방법

가설을 검증하기 위해서는 먼저 자료를 수집해야 한다. 발달심리학의 대표적인 자료 수집 방법에는 관찰법, 면접법, 질문지법 그리고 사례 연구가 있다.

자료를 수집하는 가장 간단한 방법은 관찰법(observation methods)으로, 이는 대상을 관찰하여 자료를 수집하는 것이다. 이때 어떠한 개입 없이 일상생활 그대로를 기록하는 것을 자연 관찰법(natural observation)이라 한다. 자연 관찰법은 연구 대상을 조작된 실험실에서 관찰하는 것과는 달리 가장 익숙하고 자연스러운 환경에서 참여자의 행동을 기록한다. 따라서 외적 타당도가 높다. 여기서 외적 타당도(external validity)란 연구 결과가 더 많은 사람에게 적용될 수 있는지를 나타내는 정도로, 외적 타당도가 높을수록 연구 결과를 많은 사람에게 일반화할 수 있다. 자연 관찰은 방대한 양의 정보를 관찰해야 하기 때문에 관찰 전 무엇을, 얼마나, 어떠한 방식으로 관찰할지에 대해 정확히 결정할 필요가 있다. 예를 들어, 만 3~5세 아동이 유치원에서 놀고 있을 때, 어떤 아동은 구석 테이블에서 찰흙을 가지고 놀고, 다른 아동은 선생님이 읽어 주는 동화를 듣고 있다. 또 다른 아동은 인형을 가지고 놀고 있으며, 다른 아동은 소꿉놀이를 한다. 이 상황에서 연구자는 무엇을 관찰해야 할까? 만약 연구자가 아동의 성 도식(gender schema)에 대해 알아보고자 한다면 성별이 다른 아동이 얼마나 오랫동안 어떤 놀이 활동(예: 찰흙 놀이, 인형 놀이, 로봇 놀이 등)에 참여하는지를 측정해야 할 것이다. 반면, 실험실 관찰법(laboratory observation)은 실험자가 원하는 대로 환경을 만들어 놓고 그 상황에서 실험 참여자가 어떻게 행동하는지 관찰하는 것이다. 이 연구 설계는 변인들 간의 인과관계를 볼 수 있다는 큰 장점이 있지만, 참여자는 실험자가 원하는 결과를 예측해 그에 맞게 행동을 바꿀 수 있다는 단점이 있다. 또한 실험자가 만들어 놓은 환경에서 나온 결과가 실생활에서도 똑같다는 보장이 없으므로 실제 세계에 일반화하기가 어렵다. 자연 관찰법이나 실험실 관찰법 외에도 관찰자가 연구 대상의 환경에 직접 참여하여 대상을 관찰하고 기록하는 방법인 참여 관찰법(participant observation)이 있다. 참고로 연구자가 연구 대상의 삶과 문화에 깊이 참여하여 자료를 수집하고 자신의 경험을 기술하는 기술민족학(ethnographic research)의 한 방법으로도 참여 관찰법이 사용될 수 있다.

면접법(interview methods)은 주로 면 대 면(face to face)으로 진행된다. 간혹 전화로도 이루어지며, 최근에는 화상전화를 통해서 이루어지기도 한다. 면접의 유형에는 구조화된 면접, 비구조화된 면접 그리고 반구조화된 면접이 있다. 구조화된 면접(structured interview)은 모든 참여자들에게 이미 만들어진 동일한 질문을 동일한 순서로 물어보는 방법이다. 구조화된 면접은 참여자들의 대답을 비교할 수 있다는 장점이 있지만 정해진 질문 외의 것은 알 수 없다는 단점이 있다. 비구조화된 면접(unstructured interview)은 사전에 만든 질문 문항 없이 면접관이 자신의 머릿속에 있는 질문을 참여자에게 하며 대화 형식으로 면접을 진행하는 방법이다. 비구조화된 면접은 면접 대상자의 생각에 대해 깊게 알 수 있다는 장점이 있지만, 전문 면접관이 필요하며 구조화된 면접에 비해 면접 시간과 분석 시간이 오래 걸린다는 단점이 있다. 구조화된 면접과 비구조화된 면접의 장단점을 절충한 반구조화된 면접(semi-structured interview)은 참여자에게 물어볼 질문지를 준비하되, 참여자들의 답변에 따라 질문을 더 추가할 수도 있고 순서를 변경할 수도 있다. 질문은 형태에 따라 폐쇄형 질문과 개방형 질문으로도 나눠질 수 있다. 폐쇄형 질문(close-ended questions)은 참여자가 '예/아니요'로 대답하도록 하는 질문이다. 예를 들어, "올해 학교를 졸업했나요?"라고 묻는다면 참여자는 "예" 혹은 "아니요"라고 답할 것이다. 그와 반대로 개방형 질문(open-ended questions)은 좀 더 깊이 있게 참여자의 적극적인 참여를 유도하는 방법으로, 이들의 다양한 반응을 볼 수 있다. 예를 들어, "지금까지 직장생활을 하면서 가장 힘들었던 순간은 언제였습니까?"는 개방형 질문에 속한다. 이러한 면접은 질문자의 성격(예: 권위적 혹은 수용적)이나 의사소통 능력 등 개인적 특성에 따라 연구 대상의 반응이 달라질 수 있다는 제한점을 가지기도 한다.

질문지법(questionnaire methods)은 연구자가 질문지를 통해 자료를 수집하는 방법이다. 잘 만들어진 질문지는 명확하고 간결하게 질문 내용을 전달한다. 질문지법은 다른 자료 수집 방법보다 비용이 적게 들며, 다수를 대상으로 자료를 수집할 때 유용하게 사용된다. 그러나 질문지법은 면접법을 통해서만 알 수 있는 연구 대상의 미묘한 태도 변화 등을 알아차리기 어려우므로, 질문에 대한 대답 이외에 의미 있는 자료를 기록하지 못할 수 있다. 또한 면접법과 비교하였을 때 질문지법은 왜곡된 답변을 얻을 가능성이 높다. 면접법의 경우 얼굴을 직접 맞대고 대답을 하므로 연구 대상이 대답을 지어내거나 꾸미는 데 다소 자유롭지 않으나, 질문지법은 연구 대상이 대답을 하기까지 생각할 시간도 많고 연구자의 얼굴을 직접 보지 않기 때문에 자신에게 유리한 쪽으로 대답하기 쉽다.

Piaget(1952)는 자신의 세 자녀를 관찰하고 분석하여 아동의 발달 양상을 추론하였다. 이렇게 소수를 대상으로 관찰이나 실험 등을 통해 자료를 수집하는 방법을 사례 연구(case study)라 한다. Piaget와 같이 발달심리학에서는 사례 연구를 통해 소수의 연구 대상을 전 생애에 걸쳐 자세히 관찰하고, 이로부터 다양한 발달 양상을 추론해 내는 경우가 종종 있다. 하지만 사례 연구를 통한 결과를 많은 사람에게 일반화시키기는 어려워 다른 연구 방법으로 한 번 더 확인할 필요가 있다.

2) 일반적 연구 설계

다른 연구 분야에서와 같이 발달심리학에서의 연구 설계 유형은 크게 상관 설계와 실험 설계로 나누어 볼 수 있다. 상관 설계(correlational design)에서는 여러 변인의 상관관계, 즉 두 개 이상의 변인이 서로 어느 정도 연관이 있는지를 알아본다. 상관 연구는 주로 자연스러운 현상이나 행동을 보는 경우가 많다. 예를 들어, 아동의 컴퓨터 사용 시간과 학업 성취의 관계를 알아보고자 할 때, 연구자는 컴퓨터를 사용하는 시간이 길어질수록 아동의 학교 성적이 올라가는지 혹은 떨어지는지를 확인해 볼 수 있다. 이때 두 변인 간의 관계와 그 정도를 측정하는 상관 정도는 상관계수(correlation coefficient), r의 절댓값으로 표기되며, 0에 가까울수록 상관 정도가 작다. 또한 관계의 방향성은 −1.00부터 +1.00까지로, −1.00에 가까울수록 하나의 변수가 증가할 때 다른 변수는 감소하는 부적 상관관계(negative correlation)가 되며, +1.00에 가까울수록 두 변인이 모두 증가하거나 모두 감소하는 정적 상관관계(positive correlation)가 된다. 상관 연구로 변인들 사이의 관계성은 알 수 있지만, 인과관계는 알 수 없다. 예컨대, 컴퓨터를 많이 사용할수록 학업 성취가 낮아지는 부적 상관관계는 아동이 컴퓨터를 많이 사용하였기 때문에 성적이 낮아지는 것인지, 아니면 성적이 낮은 아동이 주로 컴퓨터 게임을 하는 것인지에 대한 답을 알려 주지는 못한다.

반면, 연구자들은 실험 설계(experimental design)를 통해 상관 연구에서 알기 어려웠던 인과관계에 대해 알아볼 수 있다. 실험 설계는 다양한 변인 중 결과에 영향을 미쳤을 것이라 예상하는 한 변인, 즉 독립변인(independent variable)을 조작하여 참가자들에게 서로 다른 처치(treatment)를 제시하고 나머지 변인들은 동일하도록 통제한다. 여기서 조작된 독립변인에 의해 영향을 받는 변인을 종속변인(dependent variable)이라 한다. 그러나 실험 설계는 인위적으로 조작된 환경에서의 연구이기 때문에 실제 상황이나 환경에서도 똑같이 적용될 수 있는지는 확신할 수 없다. 생태학적 타당도(ecological validity)를 높이기 위해서는 실험실이 아닌 학교나 직장, 가정과 같은 환경에서 실험을 진행할 수 있다. 이러한 현장 실험(field experiment)은 연구 대상이 처음 경험하는 낯선 연구실이 아닌, 늘 생활하던 일상에서 연구가 진행되기 때문에 생태학적 타당도가 좀 더 높을 것이라 기대된다. 이 외에도 생태학적 타당도와 상관없이 실험 설계가 불가능하거나 윤리적인 이유로 실험이 불가능한 경우가 있다. 예를 들어, 어린 시절 부모와의 이별과 성인이 되었을 때의 사회 적응력에 대해 연구를 한다고 하자. 이런 경우에는 아동을 부모와 강제로 떼어 놓을 수 없으므로 자연 실험(natural experiment)을 한다. 예컨대, 성인 중 어린 시절 부모와 이별한 경험이 있는 사람을 찾아 현재의 사회 적응력을 살펴보는 것이다. 자연 실험은 말 그대로 자연적으로 일어나는 일을 독립변인으로 하기 때문에 통제할 수 없고 참가자들을 무선 할당할 수도 없어서 어떠한 요인이 영향을 미쳤는지 정확하게 알기 어렵다. 자연 실험은 유사 실험(quasi experiment)이라고도 불린다.

3) 발달 연구 설계

발달 연구자들은 서로 다른 연령대가 어떠한 차이를 가지는지 알아볼 뿐만 아니라, 발달

과정이 어떻게 나타나는지 알아보고자 몇 가지 연구 방법을 고안해 냈다. 기본적으로 서로 다른 연령대를 동시에 연구하는 횡단적 설계와 한 집단 대상을 오랜 시간에 걸쳐 연구하는 종단적 설계가 발달 연구에서 주로 사용된다. 그리고 각각의 설계가 가지는 단점을 보완하고 다양한 방식의 연구를 위해 계열적 설계와 미시발생적 설계 또한 발달 연구에서 많이 사용되고 있다.

횡단적 설계(cross-sectional design)는 한 대상의 발달 경로를 따라가며 연구하기보다는 서로 다른 연령대의 대상을 연구함으로써 발달 차이를 확인한다([그림 1-7] 참조). 예를 들어, 아동의 운동 발달에 대해 연구할 때 1세와 5세, 9세의 서로 다른 연령대 아동 집단을 비교하는 것이 횡단적 설계다.

횡단적 실험 설계에서 참여 아동은 실험 과제를 여러 번 반복하지 않고 한 번만 수행하기 때문에 연구자는 반복 수행으로 점수가 향상되는 연습 효과(practice effect)를 걱정할 필요가 없다. 그러나 서로 다른 연령대 집단의 경우 동일하지 않은 문화적 혹은 역사적 성장 배경을 가지기 때문에 집단의 차이가 연령에 따른 발달 변화 차이가 아닌, 동시대에 공유한 역사적 · 문화적 요인에 따른 차이일 수 있다. 이처럼 동시대 경험이 혼입 변인으로 작용하는 것을 동시대 집단 효과 혹은 코호트 효과(cohort effect)라고 한다.

종단적 설계(longitudinal design)는 동일한 집단을 오랜 시간에 걸쳐 주기적으로 측정하는

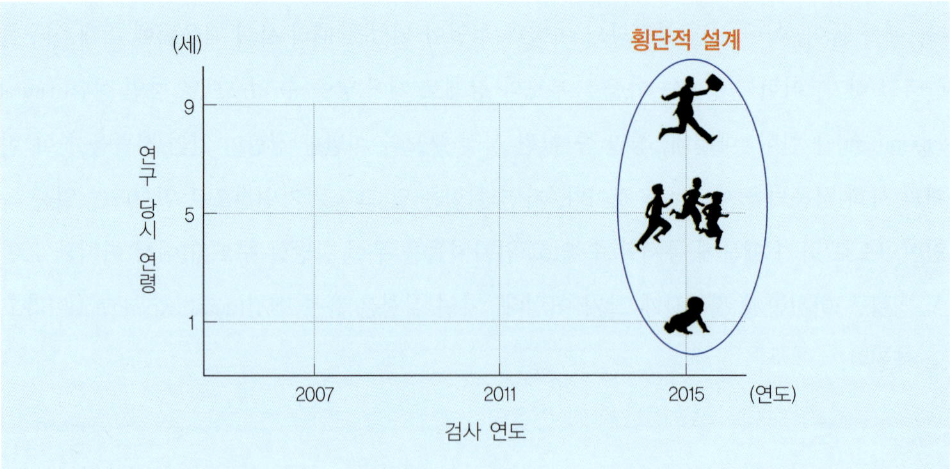

[그림 1-7] 횡단적 설계

횡단적 설계는 서로 다른 연령 집단을 동시에 연구한다. 예를 들어, 1세, 5세 그리고 9세 아동의 운동 발달을 동일한 시기에 연구하는 것이다.

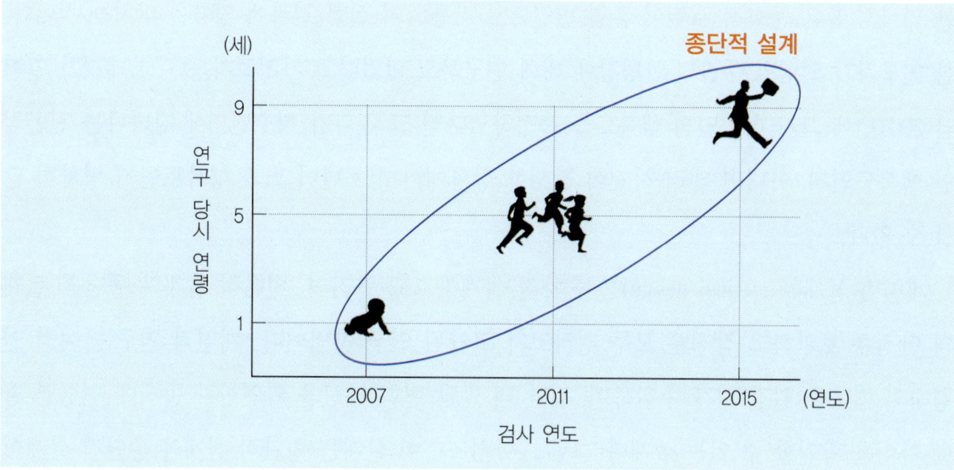

[그림 1-8] 종단적 설계

종단적 설계는 동일 집단을 오랜 기간에 걸쳐 연구한다. 예를 들어, 영아가 만 1세일 때 연구를 시작해서 만 5세 그리고 이후 만 9세가 되었을 때 연구를 하는 것이다.

방식의 연구다([그림 1-8] 참조). 이와 같은 종단적 연구는 발달에서 개인차의 안정성을 규명하고자 할 때 사용된다. 또한 종단적 연구를 통해 연구자들은 개인 내 시기별 발달 변화에 대해서도 알 수 있다. 예를 들어, 영아가 물건을 집기 위해 처음으로 손을 뻗는 행동부터 정확하게 엄지와 검지만으로 물건을 집기까지의 과정을 전부 확인할 수 있다. 종단적 연구의 예로는 서울대학교 곽금주 연구팀이 출생 직후부터 만 3세가 될 때까지 450명 영아의 인지, 언어, 사회성 발달을 측정한 "한국 영아발달 단기종단 연구: 발달지표, 보호요인, 위험요인 탐색에 의한 조기 발달중재모형 개발"이 있다. 그리고 이 연구에 참여한 아동들이 만 4세가 되었을 때부터 만 12세가 되었을 때까지의 발달을 측정했던 9년간의 종단 연구인 "빈곤이 취학 전 아동발달에 미치는 영향에 관한 비교종단"(2009), "빈곤이 아동 발달에 미치는 영향에 관한 비교종단연구: 성장 발육과 심리 발달"(2011)도 이에 속한다.

종단적 연구에서는 참여 대상이 과제를 반복하여 수행하기 때문에 연습 효과가 나타난다. 또한 종단적 연구는 오랜 시간에 걸친 참여를 요구하기 때문에 초기 실험 집단이 그대로 유지되는 경우가 적다. 또한 연구 도중 연락이 끊기거나, 이사를 하거나, 자진해서 연구 참여를 거부하는 사람이 발생하는데, 이를 선별적 감소(selective attrition)라 한다. 선별적 감소로 인해 비임의적으로 남은 연구 대상은 집단을 대표하기 어렵다. 종단적 연구의 또 다른 단점에는 측정 시기 효과가 있다. 측정 시기 효과(time of measurement effect)란 측정 시점에 발생한 역사적 혹은 문화적 사건이 혼입 변인으로 작용하여 실험 결과에 영향을 미치는 것이다. 한 연구자가 연령별 주관적 안녕감에 대해 연구하고 있었다고 가정하자. 9 · 11 테러가 일어난 2001년에 그가 청소년의 행복도를 측정하였다면 그 결과가 청소년기에 나타나는 전반적인 행복도인지, 아니면 테러 사건이 발생한 상황에서 청소년이 느낀 행복도인지 명확히 말할 수 없다.

계열적 설계(sequential design)는 순차적 설계라고도 불리며, 횡단적 설계와 종단적 설계의 단점은 보완하고 장점은 모두 취하고자 고안된 연구 방법이다. 계열적 연구는 여러 연령대의 집단을 일정 기간 추적하여, 집단 내 발달 변화 양상을 확인함과 동시에 연령별 발달 차이를 확인할 수 있는 설계다([그림 1-9] 참조). 이 설계는 횡단적 설계와 종단적 설계의 단점이었던 동시대 집단 효과와 측정 시기 효과를 변별할 수 있다. 예를 들어, [그림 1-9]처럼 2002년에 출생한 집단 B가 만 5세가 되었을 때 측정한 값과 2004년에 출생한 집단 A가 만 5세가 되었을 때 측정한 값에 차이가 없다면, 동시대 집단이 아니더라도 발달 변화가 동일하게 나타난 것이기 때문에 동시대 집단 효과가 없다고 얘기할 수 있다.

미시발생적 설계(microgenetic design)는 일종의 종단적 연구로 매일 혹은 매주 단위로 연구 대상을 분석하는 방법이다. 이러한 연구 설계는 특정 행동이나 능력이 발달해 가는 과정이 왜 일어나고, 어떻게 일어나는지를 자세하게 알고자 할 때 특히 유용하다. 그러나 연습 효과

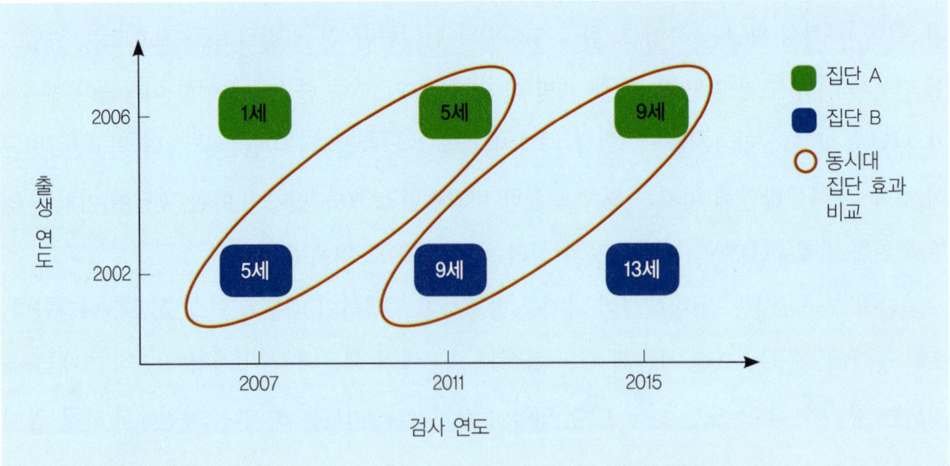

[그림 1-9] 계열적 설계

계열적 설계는 횡단적 설계와 종단적 설계의 장점을 모두 가진다. 계열적 설계는 서로 다른 연령대의 집단을 동시에 연구하여 연령대별 발달 차이를 확인한다. 또한 일정 기간 동안 추적하여 집단 내 발달 변화 양상을 확인한다.

와 비슷하게, 높은 측정 빈도는 실험 결과에 영향을 미친다. 그리고 미시발생적 설계는 짧은 시간 안에 비용이 많이 소요된다는 단점이 있다.

5. 발달심리학 이론

이론(theory)은 현상이나 행동을 설명하고 예측하기 위한 아이디어의 집합으로, 문제를 탐구하고자 가설을 세울 때 중요한 바탕이 된다. 발달심리학자들은 인간의 발달을 설명하기 위해 다양한 이론적 관점을 제시하여 왔다. 가장 대표적인 이론 관점으로는 정신분석적 관점, 인지적 관점, 행동주의적 관점, 생태체계적 관점, 진화론적 관점 그리고 발달정신병리학적 관점이 있다.

1) 정신분석적 관점

정신분석적 관점(psychoanalytic perspectives)은 인간의 정신 상태를 의식, 무의식, 전의식으로 분류한다. 의식(conscious)은 인간이 그 순간 느끼고 생각하고 경험하는 것을 인식하는 것을 말한다. 무의식(unconscious)은 개인 스스로는 떠올릴 수 없는 생각이나 감정으로, 본능과 억압된 감정 등이 이에 잠재되어 있을 수 있다. 전의식(preconscious)은 무의식처럼 의식 부분에 속하지는 않지만, 무의식과 의식 사이에서 둘을 이어 주는 역할을 한다. 전의식은 노력을 통해 의식으로 바뀌기도 하기 때문에 '이용 가능한 기억'이라고도 불린다. Freud는 이러한 정신상태를 빙산에 빗대어 표현했다([그림 1-10] 참조). 빙산만 봐서는 수면 아래에 있는 빙산 전체의 모습을 정확히

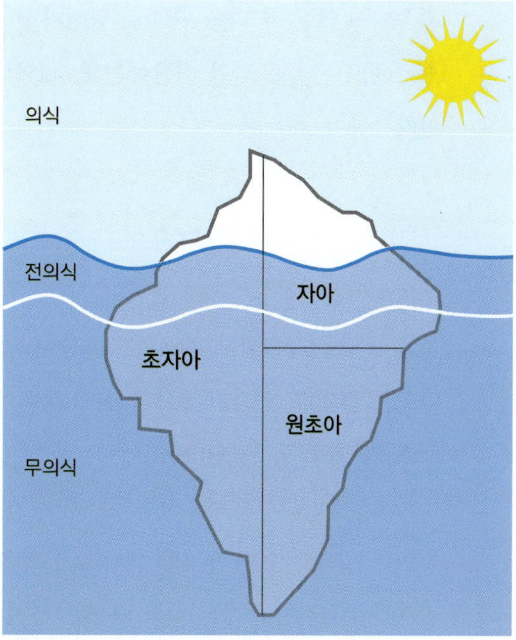

[그림 1-10] Freud의 빙산

Freud는 인간의 정신상태를 빙산에 빗대어 표현하였다. Freud는 인간의 의식은 일부분에 불과하고, 수면 아래의 전의식과 무의식이 많은 부분을 차지한다고 말한다.

알기 어려운 것처럼 무의식과 전의식은 물에 가라앉아 있는 빙산 밑부분과 같이 보이지는 않지만 인간의 많은 행동의 근거가 되기도 한다. 의식은 수면 위로 보이는 빙산의 일각에 지나지 않으며, 빙산 아래의 무의식과 전의식이 인간의 행동과 성격에 영향을 끼치게 된다. 또한 정신분석적 이론에 따르면 [그림 1-10]에서 의식, 전의식, 무의식과 함께 나타나는 원초아, 자아 그리고 초자아는 인간의 성격을 구성하는 3요소가 된다. 원초아(id)는 인간의 가장 본능적인 부분으로, 욕망을 충족시키기 위해서 비논리적이고 파괴적이고 성적인 행동에 관여하는 등 생물학적 측면이 강하게 나타난다. 원초아는 욕망을 즉각적으로 충족시켜 고통이 없고 쾌락만이 있는 상태를 유지하고자 한다. 자아(ego)는 원초아와 초자아의 사이에서 이를 조절하고 관리하는 역할을 담당한다. 가장 현실적이고 합리적인 부분으로, 균형을 유지하기 위해 노력한다. 마지막으로 초자아(superego)는 원초아와 상반되는 개념으로, 욕구와 충동을 억제하고 개인의 쾌락보다는 도덕적이고 완벽함을 추구한다. 쾌락만을 추구하는 원초아가 너무 우세하여도 문제가 될 수 있지만, 초자아 역시 너무 억제하고 완벽만을 추구하는 것은 문제가 될 수 있다.

정신분석적 관점에서는 발달이 단계별로 일어난다고 보는데, 이 과정에서 이전 단계가 충족되지 않은 채 다음 단계로 넘어가면 갈등이 일어날 수 있다. 정신분석적 접근을 바탕으로 형성된 대표적인 이론에는 Freud의 심리성적 이론과 Erikson의 심리사회적 이론이 있다.

(1) Freud의 심리성적 이론

Freud의 심리성적 이론은 인간이 추구하는 쾌락과 성적 욕망인 리비도(libido)에 초점을 두고 발달을 설명한다. Freud는 아동이 각 단계마다 성적 쾌감을 느끼는 신체 부위가 다르다고 설명했다. 인간의 발달을 신체 부위에 따라 구강기, 항문기, 남근기, 잠복기 그리고 생식기 5단계로 구분하였다(〈표 1-1〉 참조).

Freud의 심리성적 발달 1단계는 구강기(oral stage)로 출생부터 만 1.5세까지를 말한다. 구강기의 영아는 모든 욕구와 쾌락을 입과 입 주변을 통해 해결한다. 따라서 태어난 지 얼마 안 된 영아는 입에 닿는 모든 물건을 빨고 마시는 등 구강을 자극하려는 행동을 보인다. 만약 이 시기에 적절한 모유수유가 이루어지지 않는 등 영아의 구강 자극이 충족되지 않는다면, 아동은 구강기에 고착되어 이후 나이가 들어서도 손가락을 빨거나 깨물거나, 과식 혹은 과음, 흡연 등을 하게 된다.

〈표 1-1〉 Freud의 심리성적 발달 단계

구강기	항문기	남근기	잠복기	생식기

출생~만 1.5세	만 1.5~3세	만 3~6세	만 6세~사춘기 전	사춘기~

Freud는 발달 단계를 5단계로 나누어 설명한다. 1단계인 구강기는 입을 통한 쾌락에 초점을 두고, 2단계는 항문기로 배변을 통해 기쁨을 느낀다. 3단계는 남근기로 쾌락의 원천은 성기로 집중된다. 4단계는 잠복기로 쾌락과 욕구를 억제하고 다양한 사회적 기술을 발달시킨다. 5단계는 생식기로 성기에 초점을 둔 성적 욕구에 초점을 두게 된다.

2단계는 항문기(anal stage)로 만 1.5~3세 아동이 이 단계에 해당된다. 항문기의 특징은 신체 쾌락 부위가 항문과 항문 주변에 집중되는 것으로, 배변을 참거나 배출함으로써 아동은 쾌락을 느끼게 된다. 이 시기의 아동은 양육자로부터 배변훈련을 받게 되는데, 이때 양육자의 엄격한 배변훈련은 아동으로 하여금 결벽증과 같은 강박적 성향을 갖게 하거나, 반대로 무질서하고 낭비가 심한 성향을 기르게도 한다.

3단계인 남근기(phallic stage)의 아동은 생식기에 관심을 가지기 시작한다. Freud에 의하면 주로 만 3~6세 아동이 이 단계에 속하며, 남근기 아동은 이성의 부모에게 성적 욕구를 느끼고 반대로 동성의 부모에게는 적대적 감정을 느끼게 된다. 이때 남자 아동에게서 나타나는 문제를 오이디푸스 콤플렉스라 하며, 여자 아동에게서 나타나는 문제를 엘렉트라 콤플렉스라 한다. 오이디푸스 콤플렉스(oedipus complex)는 엄마에게 성적 욕구를 가지고 아빠에게 적대감을 가졌던 남자 아동이 자신보다 여러모로 우세한 아빠가 자신의 성기를 없앨 수 있다는 거세 불안(castration anxiety)을 느끼면서 이와 같은 부적절한 욕망을 억누르고, 대신 아빠와 같은 남자가 되기 위해 노력하는 것을 말한다. 이 같은 과정을 통해 남근기의 아동은 성 역할을 학습하기도 한다. 한편, 엘렉트라 콤플렉스(electra complex)는 여자 아동이 아빠에 대해 성적 욕망을 가지는 것이다. 남근기에 고착된 아동은 성인이 된 후 남성성을 과도하게 드러내고자 공격적이거나 지배적인 성향을 보이며, 성 기능 장애나 불감증 등의 문제를 겪기도 한다.

4단계는 잠복기(latency stage)로 만 6세부터 사춘기 전까지를 일컫는다. 이 단계의 아동은 성적 욕구를 억제하며, 다양한 사회적 기술과 지적 기술을 발달시킨다. 그리고 이성보다는 동성의 또래와 많은 시간을 보내게 된다. 잠복기 동안 지나친 성적 억압은 아동에게 수치심이나 혐오감 등을 유발할 수 있지만, 이후 발달에 큰 영향을 미치지는 않는다.

마지막 5단계인 생식기(genital stage)는 청소년기가 되면서 시작된다. 이때 다시 한 번 성기에 초점을 둔 성적 욕구가 발생한다. 그러나 이때에는 부모가 아닌 가족 외 다른 사람을 애정의 대상으로 삼고, 적절하게 성적 욕구를 처리하게 된다.

Freud의 심리성적 이론은 인간의 발달 원천을 성적인 욕구로만 보았다는 점에서 제한점을 가진다. 그럼에도 Freud의 기본적인 개념은 오늘날까지 발달심리뿐만 아니라 임상심리에서도 다양하게 활용되고 있다.

(2) Erikson의 심리사회적 이론

Erikson(1968)은 Freud가 주장한 성적 욕구를 포함하여, 타인에게 인정받고 싶은 욕구 또한 인간의 발달과 행동에 영향을 준다고 주장했다. 그러나 아동기에 초점을 두고 발달 단계를 설명한 Freud와는 달리, Erikson은 성인이 된 후의 경험도 어린 시절의 경험만큼 발달에 있어 중요한 역할을 한다고 주장했다. 이와 같은 주장을 바탕으로 Erikson은 인간의 심리사회적 발달을 다음의 8단계로 나누었다.

1단계는 신뢰감 대 불신감(trust vs. mistrust) 단계로 출생 후 1년까지를 포함한다. 이 단계에서 양육자가 영아에게 안정을 제공하지 못하거나 영아의 필요를 충족시키지 못할 경우, 영아는 양육자와 세상에 대해 불신감을 느끼게 된다. 그리고 이러한 경험이 반복되면 영아는 성인이 되어서도 타인을 신뢰하는 데 어려움을 겪게 된다. 2단계는 자율성 대 수치심/회의감(autonomy vs. shame/doubt) 단계로 만 1~3세까지를 포함한다. 이 단계의 영아는 양육자가 자신의 안전을 보장해 주면서 동시에 영아 스스로 사고하고 행동하도록 격려해 주기를 기대한다. 이러한 기대가 충족될 경우 아동은 자율성을 느끼지만, 그렇지 않을 때는 회의감을 느낀다. 예를 들어, 걷기 시작한 아동은 자유롭게 돌아다니고 싶어할 것이다. 이때 양육자는 아동이 스스로 환경을 탐색하도록 격려함으로써 이들의 자율성을 키워 줄 수 있다. 그러나 양육자가 아동을 방임한다면, 아동은 혼자서는 환경을 완벽히 통제할 수 없다는 것을 깨닫게 되고 수치심을 느낄 것이다.

3단계는 주도성 대 죄책감(initiative vs. guilt) 단계로 만 3~5세가 이에 해당된다. 이때의 아동은 호기심도 많고 새로운 것에 도전하기를 즐긴다. 모험적이고 탐색적인 행동은 아동이 세상을 배워가는 데 도움이 될 수 있다. 그러나 아동이 사회적으로 부적절한 행동을 할 경우 양육자는 적절한 처벌을 해야 한다. 이때 강압적으로 구속하고 처벌하는 것은 아동의 탐색 행동을 막으며 소심한 아동으로 자라게 하므로 아동이 적절하게 주도성과 죄책감을 느낄 수 있도록 해 주어야 한다. 4단계는 근면성 대 열등감(industry vs. inferiority) 단계로 만 6~11세까지를 포함한다. 이 시기의 아동은 학교에 입학하여 다양한 과제를 접하게 되고, 또래들과 어울리며 자신을 또래와 비교하면서 성취감을 느끼게 된다. 이 시기 동안 아동에게 적절한 과제를 제공하는 것은 이들에게 동기를 부여하고, 무엇보다 근면성을 길러 준다. 그러나 아동에게 공정하지 않은 기회를 주거나 너무 많은 것을 요구한다면 아동이 열등감을 느낄 수 있으니 주의해야 한다. 청소년기에 들어서면서 아동은 Erikson의 심리사회적 이론의 5단계에 들어서게 된다. 이 단계는 정체감 대 역할 혼미(identity vs. role confusion) 단계로, 청소년은 자신의 존재나 가치에 대해 생각하게 되면서 자기 정체감을 확립한다.

Erikson의 발달 단계 중 6단계인 친밀성 대 고립감(intimacy vs. isolation) 단계는 성인 초기를 포함하며, 이 단계에 해당되는 사람은 타인과 깊은 유대감을 형성하고자 한다. 그러나 유대 관계 형성에 실패할 경우에는 고립감을 느끼게 된다. 7단계는 생산성 대 침체감(generativity vs. stagnation) 단계로 성인 중기를 포함한다. 이 단계에 접어든 사람은 자녀 양육과 생산적 활동을 통해 뿌듯함을 느낀다. 그러나 그렇지 못할 경우에는 침체감을 느끼게 된다. 마지막 8단계인 통합성 대 절망감(integrity vs. despair) 단계는 성인 후기를 포함하며, 이 단계에서는 이제껏 자신이 살아온 삶을 돌아보고 현재 자신의 모습을 수용하거나 반대로 자

〈표 1-2〉 Erikson의 심리사회적 발달 단계

단계	심리사회적 위기	연령
1단계	신뢰감 대 불신감(trust vs. mistrust)	출생 후~만 1세
2단계	자율성 대 수치심/회의감(autonomy vs. shame/doubt)	만 1~3세
3단계	주도성 대 죄책감(initiative vs. guilt)	만 3~5세
4단계	근면성 대 열등감(industry vs. inferiority)	만 6~11세
5단계	정체감 대 역할 혼미(identity vs. role confusion)	청소년기
6단계	친밀성 대 고립감(intimacy vs. isolation)	성인 초기
7단계	생산성 대 침체감(generativity vs. stagnation)	성인 중기
8단계	통합성 대 절망감(integrity vs. despair)	성인 후기

신의 삶에 대해 후회하고 닥쳐올 죽음에 두려워하거나 절망감을 느낀다.

Erikson의 심리사회적 이론은 인간의 전 생애를 다루었다는 점과 개인 내의 발달뿐 아니라 사회적 상호작용을 고려하여 발달을 설명했다는 점에서 이점을 가진다. 그러나 개념이 다소 모호하고 발달의 특징만 서술되어 있을 뿐, 변화 과정에 대한 설명이 없다는 점에서 비판을 받기도 한다.

2) 인지적 관점

인지적 관점(cognitive perspectives)을 지지하는 연구자는 심리학뿐 아니라 컴퓨터 과학, 신경 과학, 철학, 언어학으로부터 다양한 연구 방법과 모델들을 가져와 어떻게 인간의 사고가 발달하며, 다양한 지식과 기술을 습득하는지에 대해 알고자 노력했다. 인지적 관점에서 인간 발달을 설명한 대표적 이론에는 Piaget의 인지 발달 이론과 Vygotsky의 사회문화적 이론 그리고 정보 처리 이론이 있다.

Piaget(1954)는 아동의 지적 성장에 대한 인지 발달을 4단계로 나누어 감각운동기, 전조작기, 구체적 조작기, 형식적 조작기로 인지적 조작과 능력 변화를 설명했다. Piaget는 아동을 능동적 발달의 주체자로 보고, 발달 단계별로 아동이 다양한 능력을 스스로 탐색하고 습득한다고 주장하였다. 무엇보다 Piaget는 아동의 지적 성장이 보편적이라 믿었다.

이와 달리 Vygotsky(1962)는 아동의 인지발달은 보편적이기보다, 사회적 혹은 문화적 영향을 받는다고 주장하였다. 그는 아동의 지적 성장은 부모, 교사 등 주위의 다양한 사람들과의 상호작용을 통해 이뤄지며, 자신이 속한 사회와 문화에 따라 보편적이 아닌 서로 다른 지적 성장을 이뤄 내는 것이 인지 발달이라고 설명하였다. 사회문화적 인지 발달은 여러 실질적 교육 현장에서 환영을 받았지만, 뚜렷한 발달 연령과 변화가 구분되어 있지 않다는 점에서 비판을 받기도 한다.

정보 처리 이론은 인간의 인지 활동을 컴퓨터 정보 처리 과정에 비유하여 설명한 이론이다. 인간은 환경 속 다양한 정보를 감각 기관을 통해 받아들이고, 이것을 뇌가 처리할 수 있는 형식으로 변환하여 저장한다. 그리고 저장된 정보가 필요할 때 이것을 다시 기억하여 활용한다. 이는 마치 컴퓨터에 파일을 저장했다가 다시 불러오기를 하는 것과 비슷하다. 정보 처리 이론은 발달 단계뿐 아니라 발달 과정까지 설명한다는 점에서 연구자들의 큰 지지를 받았다. 그러나 인간의 발달 과정은 정보 처리 이론처럼 순차적으로만 일어나지는 않는다는 점에서 제한점을 가지기도 한다.

Piaget의 인지 발달 이론과 Vygotsky의 사회문화적 이론 그리고 정보 처리 이론에 대해서는 4장에서 주요 개념과 함께 자세히 다룰 것이다.

3) 행동주의적 관점

행동주의적 관점(behaviorist perspectives)은 눈에 보이지 않는 모호한 심적 상태나 정신적 활동보다는, 관찰할 수 있는 인간(혹은 동물)의 행동과 직접 조작 및 통제할 수 있는 외부 요인에 초점을 두고 인간의 발달을 설명한다. 행동주의적 관점은 앞서 본 정신분석적 관점이나 인지적 관점과는 달리, 발달을 연속적인 것으로 보고 인간이 환경적 요인에 더 큰 영향을 받는다고 주장한다. 대표적인 행동주의적 관점의 이론으로는 Pavlov의 고전적 조건화와 Skinner의 조작적 조건화가 있다.

먼저, 개를 대상으로 한 Pavlov(1927)의 고전적 조건화(classical conditioning) 실험은 행동주의적 이론 형성에 기초가 되었다([그림 1-11] 참조). 여기서 고전적 조건화란 ① 원래 어떠한 반응도 일으키지 않았던 중립적 자극이 무조건적 반응(unconditioned response)을 일으키는 무조건적 자극(unconditioned stimulus)과 반복적으로 함께 제시됨으로써, ② 이후에 중립적 자극의 제시만으로도 무조건적 반응이 나타나도록 만드는 것이다.

Pavlov는 개의 침샘 분비를 연구하던 도중 우연히 개가 먹이를 보는 것만으로도 침이 분비된다는 사실을 발견하였다. 이에 흥미를 느낀 Pavlov는 종소리와 함께 개에게 먹이를 제공했다. 이와 같은 과정이 몇 번 반복되자 먹이가 제공되지 않는 상황에서도 종소리가 들리면 개의 침샘이 분비되었다. Pavlov의 실험에서 먹이는 무조건적 자극이며, 침샘 분비는 무조건적 반응이다. 그리고 종소리는 중립적 자극으로, 이후 조건화를 통해 조건적 자극(conditioned stimulus)이 된다. 종소리가 울리면 침을 흘리는 것처럼 조건화된 자극으로 발생하는 무조건적 반응을 조건적 반응(conditioned response)이라 한다. 이때 종소리와 먹이를 함께 제시하는 것처럼 무조건적 자극과 조건적 자극을 짝지어 제시하는 것을 연합(association)이라 한다.

Pavlov의 실험 이후 Watson과 Rayner(1920)는 인간도 조건화 형성이 가능하다는 것을 영아를 통해 보여 주었다. 이들의 'Little Albert' 실험에서 실험자는 생후 9개월 된 영아 Albert에게 흰쥐를 제시하였다. 처음에 Albert는 흰쥐를 두려워하기보다 이것에 관심과 흥미를 보였다.

[그림 1-11] Pavlov의 고전적 조건화 실험

(A) Pavlov의 실험에서 조건화 전, 먹이는 무조건적 자극으로 침 분비와 같은 무조건적 반응을 일으킨다. 종소리는 중립적 자극으로 개에게 어떠한 반응도 일으키지 않지만, (B) 종소리와 먹이를 연합시키면 무조건적 반응을 일으킨다. (C) 이후에는 종소리가 조건적 자극으로서 조건적 반응인 개의 침 분비를 발생시킨다.

그러나 Albert가 흰쥐를 만지려 할 때마다 실험자는 큰 소음을 발생시켜 Albert를 깜짝 놀라게 만들었다. 이러한 과정을 통해 흰쥐와 소음을 연합하자 나중에는 Albert가 소음 없이 흰쥐만을 보고도 두려워하는 반응을 보였다([그림 1-12] 참조).

고전적 조건화가 비자발적 반응이 어떻게 형성되는지를 설명한다면, Skinner(1938)의 조작적 조건화(operant conditioning)는 자발적 행동이 어떻게 학습되고 지속되는지를 설명한다. 인간은 특정한 행동에 대한 결과가 긍정적이면 그 행동을 더욱 하고자 하며, 결과가 부정적이면 그 행동을 하지 않으려 한다. 예를 들어, Skinner의 상자에서 비둘기가 우연히 지렛대를 눌렀는데 먹이통에 모이가 떨어졌다고 가정하자. 비둘기는 지렛대를 누르는 특정 행동을 하였을 때 모이라는 보상을 받게 된다는 것을 학습하여 이후 지렛대를 누르고 모이를 먹을 것이다.

반면, 지렛대를 눌렀을 때 시끄러운 소음이 발생한다면, 비둘기는 그 특정 행동의 결과가 처벌이라고 학습하여 이후 지렛대를 회피하는 행동을 보일 것이다. 여기서 비둘기 모이와 같이 보상으로 작용하거나, 소음과 같이 처벌로 작용해 어떠한 행동을 증가시키는 결과를 강화(reinforcement)라고 한다. 강화는 정적 강화와 부적 강화로 나뉜다. 정적 강화(positive reinforcement)는 좋아하는 보상을 제공하여 특정 행동이 증가되게 하는 것이다. 예를 들어, 숙제를 해 온 아동에게 사탕을 준다면 아동은 사탕이라는 보상을 얻으려 숙제를 열심히 할 것이다. 부적 강화(negative reinforcement)는 혐오 자극을 제거하기 위해 행동이 증가되는 것이다. 예를 들어, 아동이 차에서 '삐–' 하는 경고음이 울려 고통스러워하다가, 우연히 안전벨트를 했을 때 그 소리가 멈췄다. 이러한 상황에서 아동은 그 소리가 들리면 안전벨트를 매는 행동을 자연스럽게 학습하게 된다. 이것이 부적 강화이다. 조성(shaping)은 강화를 사용하여 궁극적으로 원하는 행동을 끌어내는 것을 말한다. 예를 들어, Skinner 상자에 쥐를 한 마리 넣은 후 쥐가 막대를 누르게 하려면 마냥 기다리는 방법도 있지만 오랜 시간 기다려야 할 것이다. 따라서 쥐가 막대 근처에 왔을 때 먹이를 보상으로 주는 방법을 사용할 수 있다. 그러면 쥐는 점차 막대 쪽으로 자주 올 것이고 그때마다 쥐가 막대를 누르면 먹이를 또 보상으로 주게 된다. 이러한 정적 강화는 쥐가 막대를 누르게 행동하도록 조성하는 역할을 한다.

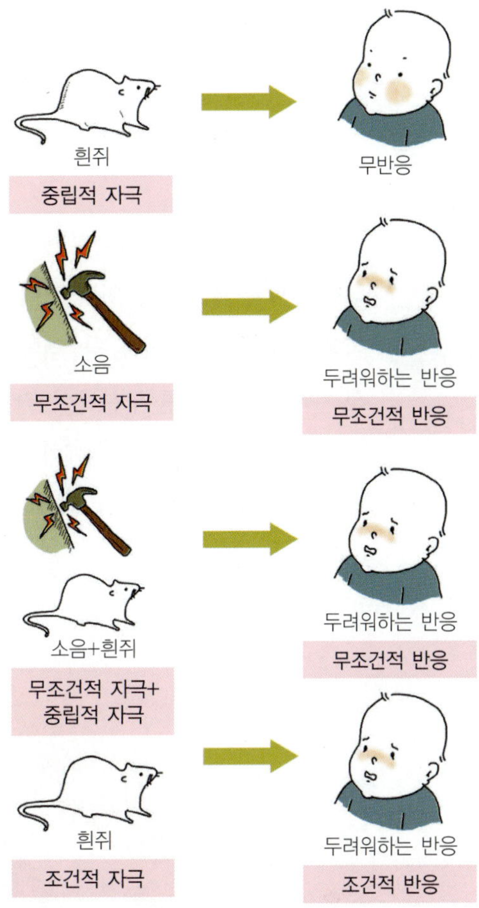

[그림 1-12] Watson과 Rayner의 'Little Albert' 실험

이 실험에서는 먼저 Albert에게 흰쥐를 제시한다. 처음에 흰쥐는 중립적 자극으로 Albert에게 어떠한 반응도 일으키지 않는다. 반면 소음은 Albert를 놀라게 하여 울음을 터뜨리게 만든다. 큰 소리와 흰쥐를 연합하면 흰쥐는 조건적 자극이 된다. 이러한 조건화 이후, Albert는 흰쥐만을 보고도 놀라며 울음을 터뜨리는 조건적 반응을 나타낸다.

행동주의적 관점은 다소 모호할 수 있는 인간의 발달을 과학적이고 객관적인 방식으로 접근하였다는 점에서 그 중요성을 가진다. 그러나 행동주의를 지지하는 연구자들은 인간의 심적 상태와 이것이 처리되는 과정을 완전히 무시한 채 환경적인 요소에만 주의를 기울였다는 점에서 비판을 받기도 한다.

4) 생태체계적 관점

생태체계적 관점(ecological perspectives)은 Bronfenbrenner(1979)의 생태체계 이론을 가지고 인간 발달을 설명한다. 이 관점에 의하면, 인간의 발달은 끊임없이 변화하는 환경과의 상호작용을 통해 이루어진다. 즉, 맥락 속 인간 발달에 초점을 두는 것이다. Bronfenbrenner는 다섯 가지 환경 체계를 구분하여, 각각의 체계가 가지는 특징을 서술한다([그림 1-13] 참조). 체계의 가장 안쪽에는 미시체계가 있고, 차례로 중간체계, 외체계 그리고 거시체계가 있다. 이와 더불어 발달의 방향을 나타내는 시간체계도 존재한다.

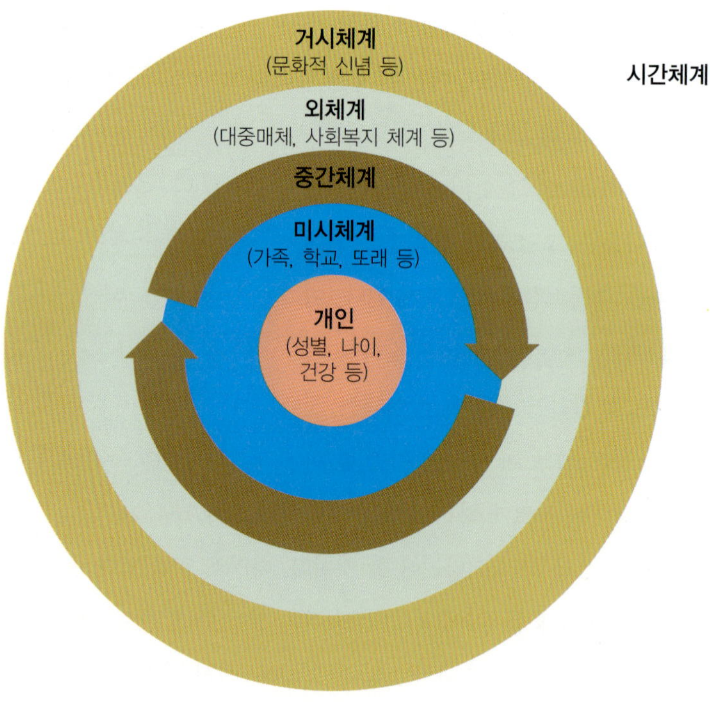

[그림 1-13] Bronfenbrenner의 생태체계

Bronfenbrenner의 생태체계 이론은 인간 발달에 영향을 미치는 다섯 가지 환경 체계를 포함한다. 먼저, 개인의 가장 가까이에 존재하는 미시체계는 가족, 학교, 또래 등으로 구성된다. 중간체계는 미시체계 간의 상호작용이 일어나는 영역이다. 외체계는 사회 체제나 대중매체, 지역사회 등 개인에게 간접적인 영향을 미치는 환경을 뜻한다. 거시체계는 개인이 속한 문화의 이데올로기 등을 포함한다. 마지막으로 시간체계는 이러한 생태 환경이 개인의 시간 흐름에 따라 발생한다는 것을 보여 준다.

미시체계(microsystem)는 개인으로부터 가장 가까운 환경적 맥락으로, 발달이 이루어지는 동안 이 영역은 점차 확장된다. 예를 들어, 영아기 동안에는 가정만이 미시체계에 포함된다. 그러나 아동이 자라 학교에 다니게 되면 학교 또한 아동의 미시체계에 속하게 된다. 미시체계는 개인에게 직접적인 영향을 주고, 개인 역시 이 미시체계에 영향을 끼치며 서로 상호작용한다.

중간체계(mesosystem)는 미시체계 간의 상호작용이 이루어지는 영역으로, 미시체계 간의 긍정적 상호관계는 아동 발달에도 긍정적인 영향을 미친다. 반면, 이러한 상호관계가 좋지 않을 때에는 아동 발달에 부정적인 영향을 미칠 수 있다. 예를 들어, 부모의 이혼은 아동의 가장 가까운 미시체계인 엄마와 아빠의 상호관계가 파괴되는 것으로 중간체계가 무너지는 것이기 때문에 아동 발달에 부정적인 영향을 끼칠 수 있다.

외체계(exosystem)는 개인과 직접적인 상호작용은 없지만, 간접적 영향을 미치는 환경적 맥락이다. 외체계에는 동네 주민이나 회사, 친척뿐 아니라 대중매체나 지역의 보건복지, 법률이 모두 이에 포함된다.

거시체계(macrosystem)는 개인이 속한 문화를 의미하며, 문화에 따른 신념이나 행동 규범 등은 인간 개인의 발달에 영향을 줄 수 있다.

마지막으로 시간체계(chronosystem)는 시간이 지남에 따라 변화하는 환경적 요인을 고려하여, 인간 발달을 설명한다. 예를 들어, 부모의 이혼은 아동의 삶에서 한 시점에 일어나는 사건으로 시간이 지남에 따라 발달에 미치는 영향은 달라질 수 있다.

Bronfenbrenner의 생태체계적 이론은 가정이나 학교와 같이 개인에게 가까운 주변 환경뿐 아니라 사회와 문화 그리고 이들 간의 상호작용을 포함하여 발달을 설명한다는 점에서 주목을 받고 있다. 그러나 발달에 미치는 생물학적 요인에 대한 설명이 부족하다는 점에서 비판을 받고 있다. Bronfenbrenner는 후에 생물학적 영향을 생태체계 이론에 추가하였지만, 여전히 그의 이론은 환경적인 영향에 중점을 두고 인간 발달을 설명한다(Bronfenbrenner & Morris, 2006).

5) 진화론적 관점

인간의 발달과 행동을 설명하기 위해 진화론적 관점(evolutionary perspectives)은 많은 연구자들의 주목을 받고 있다. Darwin(1859)은 인간의 진화 과정을 자연 선택(natural selection)으로 설명하였는데, 자연 선택은 그 환경에 가장 적합한 개체만이 생존하여 생산을 하게 되는 것을 말한다. 많은 진화발달심리학자들은 자녀를 부모의 유전자를 다음 세대에 전달하는 수단으로 본다.

진화심리학자들은 이러한 자연 선택이 전 생애적으로 나타나지만 특히 삶의 초기에 많이 일어난다고 주장한다. 즉, 어린 시절 생존하지 못하면 훗날 번식할 수 없다는 것이다. 이와 같은 생존과 생산이 반복되면 결국에는 전체 인구의 유전자 특성이 이전 인구와는 달라진다. 결과적으로, 선택받은 특정 유전자만이 다음 세대로 전달되며 환경에 적응적인 방향으로 나타나는데, 이를 진화(evolution)라고 한다. 하지만 사람이 살면서 예측할 수 있는 여러 적응 문제들에 직면한다는 사실은 발달심리학에서 현재 빠져 있다. 예를 들어, 영아는 생존 문제와 마주치지만 짝짓기 문제에는 직면하지 않는다. 하지만 양육 문제 전에, 짝짓기 문제를 맞닥뜨릴 것이라는 점은 예측할 수 있다. 진화심리학자들은 이러한 문제들이 종 보편적으로 얼마나 정확히 나타나는지에 따라 사람의 본성과 발달 이론을 설명할 수 있을 것이다(Buss, 2012).

Buss(2012)는 대표적인 진화심리학자로 인간의 신체적 특징뿐만 아니라 사고하는 방식이나 행동하는 방식 또한 진화에서 비롯된다고 주장한다. 예를 들어, 영아의 다양한 반사 행동은 이들의 생존율을 높여 주는 진화의 산물이다. 영아는 볼에 무언가 닿으면 그 방향으로 고개를 돌린다. 그리고 입에 닿는 것을 빠는 반사 행동을 보인다. 이러한 반사 행동은 아직 음식 섭취에 대해 알지 못하는 영아가 영양을 쉽게 얻을 수 있도록 도와준다는 점에서 적응적이다. 또한 남자 아동이 거친 놀이를 하며 노는 것은 후에 있을 물리적 대결을 위한 준비일 수 있다.

또한 13장 '도덕성 발달'에서 배울 공감 능력은 여자가 남자보다 더 뛰어나다(Baron-Cohen, 2005: Buss, 2012에서 재인용). 여자 아동은 남자 아동보다 공평성에 대해 더 민감하고, 대화 중 동등한 발언 기회를 주고자 하며, 다른 사람의 고통에 공감한다. 또한 다른 사람의 얼굴 표정을 읽는 데 주력하고 감정이나 느낌에 대한 이야기를 더 많이 한다. Baron-Cohen은 이러한 남녀 차이가 여자들 사이에서의 관계 협상과 자식 양육에서 비롯되었다고 주장한다(2005: Buss, 2012에서 재인용). 공감뿐 아니라 마음이론을 포함한 여러 심리적 기제는 발달 초기부터 완전히 가지고 있는 것이 아니라 나이가 들면서 발달한다(Buss, 2012).

생물학은 유전적인 요인만을 지나치게 강조하며, 생태학은 환경을 강조한다. 하지만 진화론은 유전과 환경을 통합한 이론이다. 즉, 인간의 발달과는 절대 떼려야 뗄 수 없는 관계라고 주장하는 것이다. 이처럼 진화론은 어떻게 유전자와 환경이 통합해서 인간의 발달을 설명하는지를 보여 준다. 즉, 인간의 지능이나 언어, 성격이나 도덕성 등 모두 다 일관되게 설명할 수 있는 유일한 이론이 바로 진화론이라 할 수 있다(Burgess & MacDonald, 2005).

진화론적 관점은 생물학적 입장뿐 아니라 환경적 입장을 함께 고려하여 인간의 발달을 설명한다는 점에서 중요성을 가진다. 그러나 진화는 오랜 시간에 걸쳐 일어나기 때문에 이에 대한 실증적 연구가 불가능하다는 단점이 있다.

6) 발달정신병리학적 관점

발달심리학에서는 인간 발달이 단계적으로 일어난다는 것을 전제로 한다. 정상적인 발달이 있기 위해서는 이전 단계의 과업이 완수되어야 그다음 단계로 넘어갈 수 있다. 이때 각 단계마다 성취되어야 하는 발달과업을 완수하지 못한 채 다음 발달 단계로 넘어갈 경우, 문제 혹은 장애의 원인이 된다. 발달정신병리학은 인간의 정상 발달을 전 생애에 걸쳐 연구하는 발달심리학을 응용한 것으로, 정상 발달에서 벗어난 장애 행동의 기원과 발달 경로에 관심을 둔 학문이다.

1984년 *Child Development* 저널에 'Developmental Psychopathology'에 관한 특집판이 만들어지고 Cicchetti의 노력이 있은 후 발달정신병리학은 독립된 분야로 인정되었다. 특히 Cicchetti는 1989년에 *Development and Psychopathology* 저널의 편집인으로 이 분야를 더욱 확장시키는 역할을 했다. 이후 발달정신병리학은 응용발달심리학의 하위에 속하지만 발달심리학 내에서는 독립된 분야로 여겨지고 있다(이춘재, 1994).

발달심리학과 임상병리학, 발달정신병리학은 유사해 보이지만 차이점이 있다. 발달심리학은 발달 과정을 연구하고, 임상심리학자들은 정신병리와 관련 요인에 대해 연구한다. 또한 발달정신병리학에서는 문제 행동의 원인과 과정, 연령에 따른 변화 양상 그리고 정상 행동과의 관계에 주로 초점을 두며 진단 기준이나 치료는 주 관심사가 아니라는 점에서 차이점을 가진다(이춘재, 1994).

발달정신병리학 관점(developmental psychopathology perspectives)을 가진 연구자들은 발달의 연속성과 불연속성을 근거로 한다. 만약 인간이 발달 단계에 따라 변화하지 않는다고 가정하면 발달적 경로를 연구할 수 없다. 발달정신병리학에서는 정상 발달과 이상 발달과 그의 상호작용 또한 연구한다. Sigmund Freud와 그의 딸 Anna Freud 그리고 Erikson과 같은 많은 학자들은 정신병리를 개인의 행동을 더욱 효과적으로 연구할 수 있는 하나의 방법으로 믿었다. 예컨대, 발달정신병리학자들은 병리적 태아를 연구하는 것이 정상적 태아를 연구하는 데 많은 도움이 될 것이라고 생각했다(Weiss, 1969). 발달정신병리학에서 장애 행동은 정상적인 발달 과정에서의 '일탈'이라고 보기 때문이다. 정상 발달 경로와 이상 발달 경로를 함께 연구하면 언제 그리고 어떻게 정상 발달 경로를 벗어나는지 알 수 있으며 병리적 증상들이 사실상 연결되어 있다는 것을 알 수 있다(장휘숙, 1998). 발달정신병리학자들은 어떤 경로를 통해 정상적 발달에서 비정상적 발달로 변화하는지를 연구하는 동시에 비정상적 발달에서 어떻게 정상적 발달로 다시 돌아올 수 있는지에 대해서도 관심을 가진다. Cicchetti(1984)는 개인이 보이는 정신병리는 시간이 흐르면서 계속 나타나기도 하고 그 형태가 변화할 수도 있기 때문에 하나의 '과정'이라고 주장했다.

이처럼 발달정신병리학자들은 어린 시절에 경험했던 일로 성인기의 장애를 예측할 수 있다고 주장하지만(Kohlberg, Lacross, & ricks, 1972: 장휘숙, 1998에서 재인용), 장애가 나타나기까지는 여러 경로가 존재할 수 있다는 한계점이 있어 다학제적 접근이 필요해 보인다.

오늘날에는 주의력결핍 과잉행동장애(ADHD)처럼 아동기에 주로 발병하는 정신장애와 고령화 사회를 맞아 노인 인구가 급증하면서 성인 후기에 주로 발병하는 치매와 같은 정신장애 또한 늘어나 발달정신병리학의 역할이 더욱 중요해졌다. 특히 발달정신병리학은 정상 발달 경로를 연구하고 단순한 치료를 넘어 정신병리의 발생을 예방하는 차원에까지 관심을 가진다는 점에서 큰 이점을 가진다.

6. 발달 연구의 윤리

발달심리학 연구에서 가장 중요한 것은 인간의 권리 확보와 존엄성 보호다. 특히 신체 및 정신적으로 미성숙한 아동을 대상으로 한 연구에서 윤리 문제는 더욱 민감할 수 있다. 미국심리학회(APA)와 미국아동발달학회(SRCD)는 이와 같은 윤리 문제에 대해 기준을 세워 심리학자들이 따를 수 있는 지침을 마련하고자 노력했다. 다음은 이들 학회에 명시된 연구윤리 강령의 내용을 요약한 것이다.

- **연구 참여 동의**: 연구에 앞서 연구자는 참여자로부터 사전 동의서(informed consent)를 받아야 한다. 이 과정에서 연구자는 참여자가 자발적으로 참여 여부를 선택할 수 있도

록 참여자가 이해할 수 있는 언어로 연구에 대해 자세히 설명해야 한다. 이에 따라 연구 참여 동의서에는 ① 연구 소요 시간과 연구 절차, ② 연구로부터 예상되는 위험 혹은 불편사항, ③ 연구로부터 받을 수 있는 혜택, ④ 연구 참여는 전적으로 개인이 자유롭게 선택할 수 있다는 사항이 명시되어야 한다.

- 비밀 보장: 연구에서 참여자의 사생활 보호와 비밀 보장(confidentiality)은 꼭 지켜져야 한다. 이러한 윤리 지침을 따르기 위해 어떤 연구는 참여자의 익명성을 보장할 수 있도록 연구 보고서에 가명을 사용하기도 한다. 특히 성병과 같이 참여자가 민감하게 여길 수 있는 정보는 연구 후 자료 보존 시에는 물론, 자료를 폐기할 때에도 개인 정보가 노출되지 않도록 확실하게 처리해야 한다.
- 해악으로부터의 보호: 참여자는 신체적이거나 심리적인 해악으로부터 보호받을 권리를 가진다. 이들은 어떠한 이유에서든지 보호되어야 하며, 신체적 손상은 물론 자존감 저하나 수치심과 같은 부정적인 정서 경험을 가져서는 안 된다. 또한 발달에 도움이 되는 처치가 일부의 참여자에게만 주어져서도 안 된다. 예를 들어, 어떤 연구에서 지능 향상 프로그램의 효과를 검증했다고 가정하자. 그리고 연구 결과 프로그램이 지능을 향상시켰다고 했을 때, 통제 집단의 참여자가 자신도 프로그램의 효과를 보고 싶다고 요구한다면 연구자는 프로그램을 제공해야만 한다.
- 속임/보고/결과에 대한 지식: 연구의 목적과 방법 그리고 결과를 참여자에게 정직하게 말하는 것은 중요하다. 그러나 어떤 연구에서는 거짓말이 불가피한 경우가 있다. 예컨대, 참여자가 실험에 참여하기 전 연구의 목적을 알았을 때 이것이 실험 결과에 영향을 줄 수 있다면 그 사실을 참여자에게 숨길 수밖에 없다. 이 경우에는 거짓말이 허용되나, 연구자는 연구가 끝난 후 반드시 참여자에게 실험의 목적과 사용된 실험 방법을 알려야 할 의무가 있다.

ISSUE 3

생명을 위해 생명을 희생한다?

사람들이 먹는 약이나 치료제는 어떻게 개발되는 것일까? 연구자들은 쥐들이 병에 걸리도록 하고, 그들에게 약을 투여하여 약의 효능을 검증한다. 사람들의 병을 고칠 수 있기까지는 쥐들의 희생이 있는 것이다. 이에 연간 20억 마리가 넘는 쥐들이 희생을 당한다. 어떤 과학자들은 '세계 쥐의 날'을 정해서 인간의 병을 고치기 위한 연구에 희생된 쥐들을 위해 위령제를 지낸다. 이렇게 쥐들을 위한 위령제도 지내는데, 실제 사람들을 죽음으로 몰아넣은 생체 실험을 했다면 믿겠는가? 터스키기 매독 연구(Tuskegee Syphilis Study)는 최악의 임상 실험으로 불린다.

미국 공중보건국은 1932년부터 1972년까지 40년 동안 매독(Syphilis)에 걸린 399명의 가난한 흑인 남성을 대상으로 실험을 진행했다(Bruner, n. d.). 실험자들은 이 흑인들의 몸속에 나쁜 피(bad blood)가 흐른다며 그것을 고쳐주겠다고 했다. 하지만 실제로 실험자들은 매독을 치료하기 위한 처방은 전혀 하지 않은 채 매독이 어떻게 전이되고, 심장이나 신경계에 어떤 영향을 미치는지를 연구했다. 즉, 실험자들은 이 흑인들이 매독이라는 병을 어떻게 앓다가 어떻게 죽는지 외에는 관심이 없었던 것이다. 자신도 모르는 사이에 연구에 참여하게 된 흑인들은 실험실의 쥐나 마찬가지였다. 결국 이 연구에 참여했던 흑인 중 28명은 매독으로 인해 죽었고, 100여 명 또한 매독 후유증으로 죽었다. 이것은 끝이 아니었다. 매독은 흑인 참여자들의 가족에게까지 영향을 미쳤다. 그들의 부인들도 매독에 감염되었고, 신생아까지도 매독으로 죽는 일이 발생했다. 1997년 빌 클린턴 대통령은 터스키기 매독 연구에 참여했던 흑인 중 생존자들을 백악관으로 초대해서 공식적인 사과를 했다.

■ 빌 클린턴 대통령과 터스키기 매독 연구의 생존자들 사진 ■

밝혀진 비윤리적 연구는 터스키기 매독 연구뿐만이 아니다. 미국이 1940년대에 실행한 페니실린 연구 또한 비윤리적인 모습을 보인다. 이 연구에서는 수천 명의 과테말라 사람들을 매독을 포함한 성병에 감염시켜 연구를 진행했다. 이 사실은 2010년이 되어서야 미국 웰슬리 대학(Wellesley College)의 Susan Revery 교수에 의해 밝혀졌다(McNeil, 2010). 미국은 페니실린의 효용성을 검증하기 위해 과테말라의 교도소, 정신병원 등에 수감된 사람들과 군인에게 병을 고의로 감염시켰다. 이 연구는 미국 공중보건국의 John Cutler가 이끌었는데, 그는 후에 터스키기 매독 연구에도 중요한 역할을 했다. 이러한 끔찍한 연구의 실상이 뒤늦게 알려지고 난 후, 오바마 대통령과 힐러리 클린턴 국무장관은 과테말라의 대통령에게 전화를 걸어 사과했다.

연구를 통해 생명을 살리는 것은 중요하다. 하지만 한 생명을 살리기 위해서 또 다른 약자를 희생시키는 것이 과연 옳은 일일까? 과학의 발달과 인간의 건강도 중요하지만, 그보다 먼저인 것은 인간의 존엄성을 보호해 줄 수 있는 윤리가 아닌가 싶다. 연구 윤리를 먼저 지키는 것이 연구의 시작이다.

주요 학습 개념

1. 발달심리학이란

- 발달(development)은 수정부터 죽음까지 전 생애 동안 사람에게서 나타나는 모든 변화 양상과 과정을 말한다. 그리고 이러한 발달적 변화를 과학적으로 탐구하는 학문을 발달심리학(developmental psychology) 혹은 전 생애 발달심리학(life-span developmental psychology)이라고 한다.
- 발달은 성숙과 성장 그리고 학습을 통해 이루어진다.
- 대략적인 발달 단계는 다음과 같다.

태내기	영아기	아동 초기	아동 중 · 후기	청소년기	성인 초기	성인 중기	성인 후기

- 발달심리학은 지각 발달, 운동 발달, 인지 발달, 도덕성 발달, 사회성 발달 그리고 정서 발달 등 다양한 영역을 연구한다.

2. 발달심리학의 역사

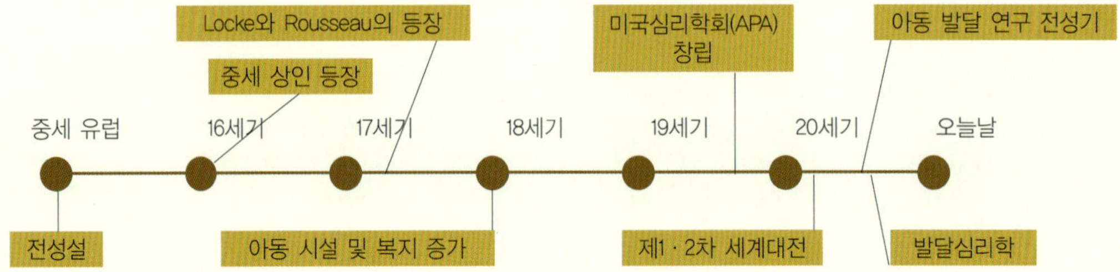

- 전성설(preformationism)은 인간의 형상은 생물 발생 이전부터 이미 완성되어 있다는 하나의 학설로 중세 유럽에서 흔히 받아들여졌던 개념이다. 따라서 아동과 성인을 따로 보지 않고 아동을 몸이 작은 성인으로 여긴다.
- 전성설과는 다른 아동관을 제시한 대표적인 학자로는 Locke와 Rousseau가 있다.

Locke의 주장	Rousseau의 주장
아동을 아무런 특성을 가지고 있지 않은 백지(tabula rasa) 상태로 여겼다.	아동을 무엇이 옳고 그른지를 이미 알고 있는 문명에 오염되지 않은 고결한 야만인(noble savage)으로 여겼다.

3. 발달심리학의 기본 쟁점

- 인간 발달과 관련하여 유전 대 환경, 연속성 대 비연속성, 능동 대 수동, 규준 대 개인차 그리고 초기 경험 대 후기 경험에 대한 논쟁은 계속되고 있다.

4. 연구 방법

- 과학적 방법(scientific method)은 현상 관찰 후 문제 제기, 문제를 설명하는 이론과 단서 수집 후 가설 제안 그리고 가설 검증 방법 설계 후 이를 검증한 뒤 기존 이론을 유지하거나 기각하는 순서를 거친다.
- 연구 자료를 수집하는 방법으로는 관찰법, 면접법, 질문지법 그리고 사례 연구가 있다.
- 일반적 연구 설계
  - ➤상관 설계(correlation design): 둘 이상의 변인들 간의 상관관계 탐색
  - ➤실험 설계(experimental design): 독립변인을 조작하여 이에 영향을 받는 종속변인과의 인과관계를 탐색
- 발달 연구 설계의 종류와 특징은 다음과 같다.

횡단적 설계 (cross-sectional design)	종단적 설계 (longitudinal design)	계열적 설계 (sequential design)	미시발생적 설계 (microgenetic design)
-동시대 집단 효과(cohort effect)	-연습 효과(practice effect) -측정 시기 효과(time of measurement effect) -연구 대상의 선별적 감소(selective attrition)	-횡단적 설계와 종단적 설계의 단점 보완, 장점 취합	-짧은 시간에 일어나는 발달과 그 과정을 파악하는 데 유리

5. 발달심리학 이론

- 정신분석적 관점은 인간의 발달이 단계별로 일어나며, 이전 단계의 필요조건이 충족되지 않고 다음 단계로 넘어가면 갈등이 일어날 수 있다고 주장한다.

Freud의 심리성적 이론	Erikson의 심리사회적 이론
-인간이 추구하는 쾌락과 성적 욕망에 초점을 두고 발달 설명 -연령별로 쾌락이 집중되는 신체 부위를 분류 -구강기, 항문기, 남근기, 잠복기 그리고 생식기의 다섯 단계로 구분	-타인으로부터 인정받고 싶은 욕구 또한 인간의 발달과 행동에 영향을 준다고 주장 -아동기뿐만 아니라 성인기까지 발달 단계에 포함하여 인간의 전 생애를 설명 -인간의 심리사회적 발달을 여덟 단계로 설명

- 인지적 관점은 어떻게 인간의 사고가 발달하며, 다양한 지식과 기술을 습득하는지에 대해 알고자 노력했다. 인지적 관점에서 인간 발달을 설명한 대표적 이론에는 Piaget의 인지 발달 이론과

Vygotsky의 사회문화적 이론 그리고 정보 처리 이론이 있다.

- 행동주의적 관점은 관찰될 수 있는 행동과 직접 조작할 수 있는 환경에 초점을 두고 인간의 발달을 연구한다.
  - ➤Pavlov의 고전적 조건화(classical conditioning) 실험
  - ➤Skinner의 조작적 조건화(operant conditioning) 실험
- 생태체계적 관점은 인간 발달을 변화하는 맥락과 연관지어 연구한다.
  - ➤Bronfenbrenner의 생태체계 이론: 미시체계, 중간체계, 외체계, 거시체계, 시간체계로 발달의 맥락을 나누고, 이를 통해 인간의 발달을 설명
- 진화론적 관점은 인간의 발달을 유전자의 자연적 선택에 빗대어 생존과 생산에 적응적인 방향으로 일어난다고 주장한다.
- 발달정신병리학적 관점은 인간의 정상 발달을 전 생애에 걸쳐 연구하는 발달심리학의 응용으로, 정상 발달에서 벗어난 장애 행동의 기원과 발달 경로에 대해 연구한다.

6. 발달 연구의 윤리

- 미국심리학회(APA)와 아동발달학회(SRCD)가 발달심리학 연구에서 인간의 권리와 존엄성을 보호하기 위한 연구윤리강령을 세웠다.
- 연구윤리강령에는 참여자로부터의 연구 참여 동의와 비밀 보장, 해악으로부터의 보호, 속임/보고/결과에 대한 지식 통보까지 연구 참여자의 인권과 존엄성을 확보하기 위한 내용이 포함된다.

2장

신경계, 신체 및 운동 발달

영아 발달 평가를 만든 Gesell의 또 다른 이면

좋은 유전자를 가진 사람에게만 자녀를 가질 수 있는 권한을 준다면 어떻게 될까? 1900년대 초반, 미국에서는 우생불임법(Eugenic Sterilization Laws)이 시행되었다. 우생불임법은 간질이나 지적장애를 가진 사람들, 시각장애인, 청각장애인 그리고 고아, 노숙자, 극빈자, 알코올중독자 등을 대상으로 자녀를 가질 수 없도록 한 법이다. 1924년 우생불임자는 약 3,000명에 달했다. 우생학(eugenics)은 1883년 영국 심리학자 Galton에 의해 '좋은 종자(well-born)'라는 뜻으로 처음 언급되었는데, 즉 평균 이상의 지능을 가진 사람들이 자녀를 더 낳을 수 있도록 장려함으로써 좋은 유전 인자를 가진 인구가 증가하도록 하자는 취지에서 만들어졌다.

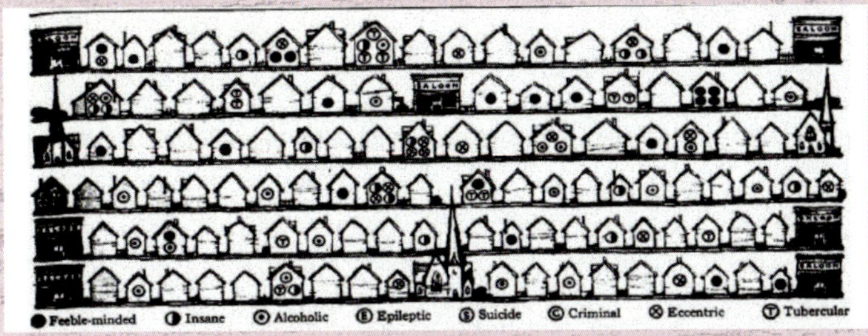

Gesell이 작성한 어떤 마을의 우생학 지도

Arnold Gesell의 성숙 이론은 인간 발달에 있어 환경보다 유전적인 요인을 강조했다는 점에서 우생학을 지지하였다. Gesell이 1913년에 쓴 'Village of a Thousand Souls'라는 기사를 보면 그 역시 우생학을 지지했음을 알 수 있다. Gesell은 잘 알려지지 않은 어떤 마을의 지적장애 환자나 알코올중독자 등을 표시한 '우생학 지도'까지 작성하는 열의를 보이며 우생불임법이 좋은 유전 인자를 늘리기 위한 유일한 해결책이라고 주장했다(Harris, 2011). Gesell의 우생학에 대한 생각은 시간이 지나면서 부정적으로 바뀌었으나, 그는 1930년 초반까지 우생학과 관련된 회의에 참가하는 등 우생학을 옹호하는 집단과의 관계를 유지했다. 그러나 우생학에 대한 사회적 논란이 점차 커지면서, Gesell은 우생학과 관련된 연구를 중단했다(Weizmann, 2010).

그 후, Gesell은 신생아에 관한 연구를 하며 비정상적인 아동과 정상적인 아동을 분류하기 위한 행동 발달 목록표를 개발했다. Gesell의 발달 평가는 오늘날까지도 유용하게 사용될 만큼 유명하다(Santrock, 2014).

Gesell의 죽음 이후 연구자들은 우생불임법에 대한 그의 견해를 알아보기 위해 당시 사용한 자료들을 살펴보려 하였으나, 우생학과 관련된 그의 모든 서류가 Gesell 가족의 일원 중 누군가에 의해 모두 사라지고 말았다(Harris, 2011). 증거는 없지만, 어쩌면 Gesell의 행동 발달 목록표도 우생불임법의 대상을 골라내기 위한 척도였을지도 모른다.

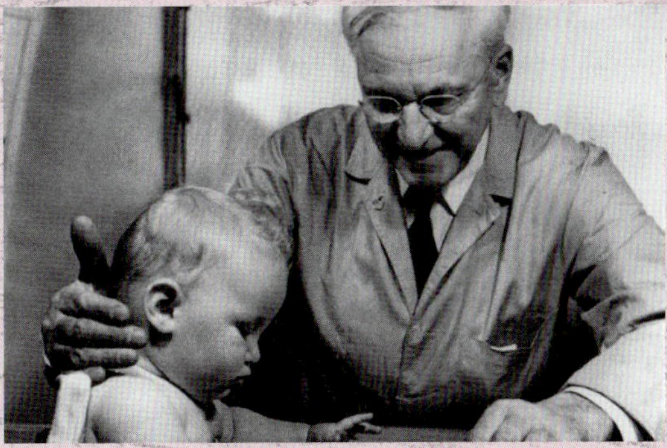
Arnold Gesell

발달은 정자와 난자가 만나 수정되는 순간부터 시작된다. 수정체는 태내기를 지나면서 태아로 발달하고, 태아는 엄마 뱃속에서 열 달이라는 시간을 보내며 세상을 맞을 준비를 한다. 세상에 나온 한 생명은 신생아기를 거쳐 아동기, 청소년기, 성인기, 노년기를 지나며 계속해서 발달을 이루게 된다. 출생을 전후로 가장 눈에 띄게 나타나는 발달에는 크게 신경계와 신체 그리고 운동 발달이 있다.

이 장에서는 정자와 난자가 수정되는 순간부터 시작되는 태내기 발달과 출생 직후인 신생아기의 발달을 알아보고, 신경계, 신체 및 운동 발달에 대해 좀 더 자세히 살펴보도록 한다.

1. 태내기 발달

정자와 난자가 수정되어 형성된 세포를 접합체(zygote)라고 한다. 태내기 발달(prenatal development)은 접합체가 형성되는 시점부터 시작된다. 태내기 발달은 발아기, 배아기, 태아기의 세 단계를 거치는데 각 단계의 특징과 발달 과정은 다음과 같다. 먼저, 발아기는 정자와 난자가 수정된 이후부터 2주의 기간을 일컬으며, 이 기간 동안 접합체는 자궁벽에 착상하게 된다([그림 2-1] 참조). 착상(implantation)이란, 접합체가 자궁벽에 붙는 것을 의미한다. 수정 후 약 4~5일이 지나면 접합체는 배반포로 분열되어 자궁에 거의 도달하게 되는데, 배반포는 이후 세 개의 세포층을 형성하여 신체기관(organ)을 형성하게 된다. 세포층은 물리적인 충격으로부터 태아를 보호해 주며 양수(amniotic fluid)를 분비하고 탯줄(umbilical cord)을 형성한다. 수정 후 약 6~7일이 되면 배반포는 자궁에 도달하고, 이때 배반포를 에워싸고 있는 영양세포증(trophoblast)이 자궁내막으로 확장되면서 태반을 형성하게 된다. 또한 이로부터 융모막 융모(chorionic villi)가 형성되어 배아와 모체의 혈액이 서로 섞이지 않고 영양소와 노폐물만 교환하도록 한다([그림 2-2] 참조). 배반포가 완전히 자궁벽에 자리를 잡고 영양분, 기체 및 노폐물의 교환이 안정적으로 이루어지기까지는 수정 후 약 11~15일 정도가 지나야 한다.

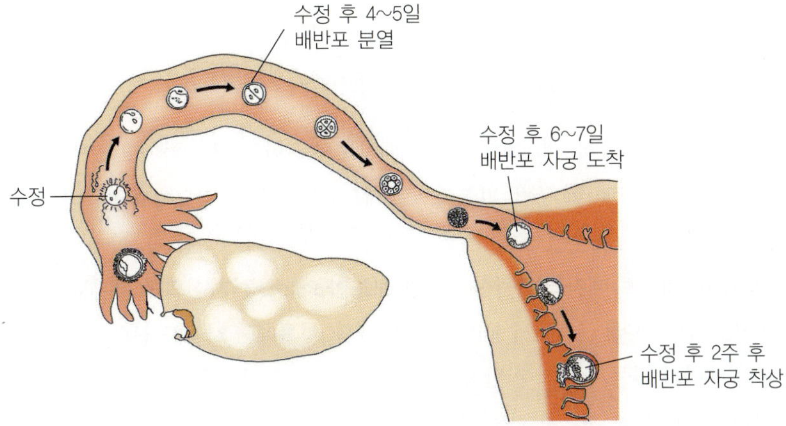

[그림 2-1] 발아기 과정

정자와 난자는 수란관 상부에서 만나 수정하게 된다. 이렇게 수정된 접합체는 2주간 수란관을 따라 이동하여 자궁벽에 착상하게 된다. 수정 후 약 4~5일이 지나면 접합체는 배반포로 분열되기 시작하고, 약 6~7일이 지나면 배반포는 자궁에 도달하게 된다. 이후 태반이 형성되고, 배반포는 완전히 자궁벽에 자리를 잡게 된다.

배아기는 수정 후 약 2주에서 8주까지의 기간을 말한다. 발아기 동안 자궁벽에 착상했던 배반포는 배아기 동안 세 개의 세포층을 형성하게 된다. 가장 바깥층인 외배엽(ectoderm)은 이후 피부, 머리카락 그리고 신경계로 분화된다. 또한 중간층인 중배엽(mesoderm)은 근골격계와 순환계로 분화되고, 가장 안쪽에 있는 내배엽(endoderm)은 소화 및 호흡과 관련된 내장기관(예: 폐, 간 등)으로 분화된다. 수정 후 약 3주가 지나면 신경관(neural tube)이 형성

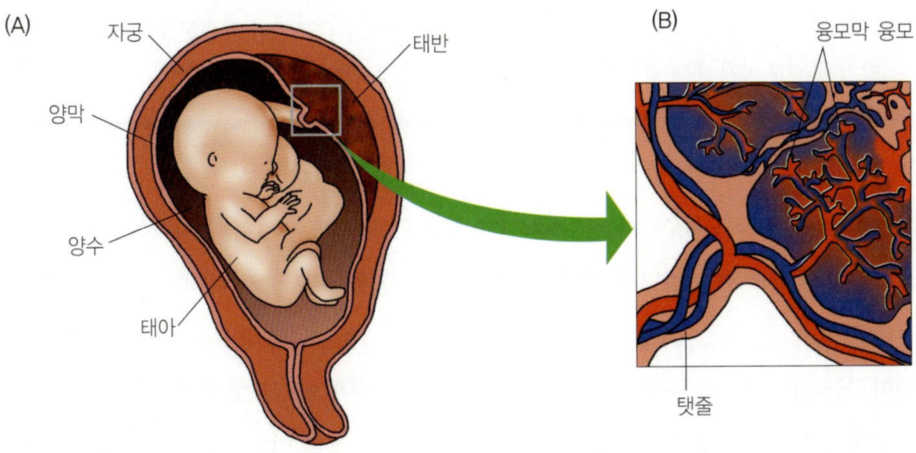

[그림 2-2] 태반 구조

(A) 태아는 양막 속의 양수에 떠다니고 있다. 탯줄을 통해 기체와 영양분 그리고 노폐물을 모체와 교환한다.

(B) 융모막 융모는 모체와 혈액을 섞지 않고 영양분과 노폐물을 교환하도록 도와준다.

ISSUE 1

성별에 따른 태아의 습관화 형성

한 연구(Hepper et al., 2012)에 의하면, 태아도 습관화 능력을 가지고 있는 것으로 나타났다. 습관화(habituation)란, 반복적으로 제시되는 자극에 익숙해져 반응이 감소하는 것을 말한다.

1925년에 최초로 태아의 습관화 능력을 보고한 Peiper는 자신의 실험에서 자동차 경적 소리를 산모의 배 근처에서 울려댔다. 그 결과, 처음에는 자동차 경적 소리에 반응을 보이던 태아가 자동차 경적이 반복적으로 울리자 점차 반응을 보이지 않기 시작했다. 즉, 태아는 반복되는 자동차 경적 소리를 알아듣고 이에 습관화가 된 것이었다.

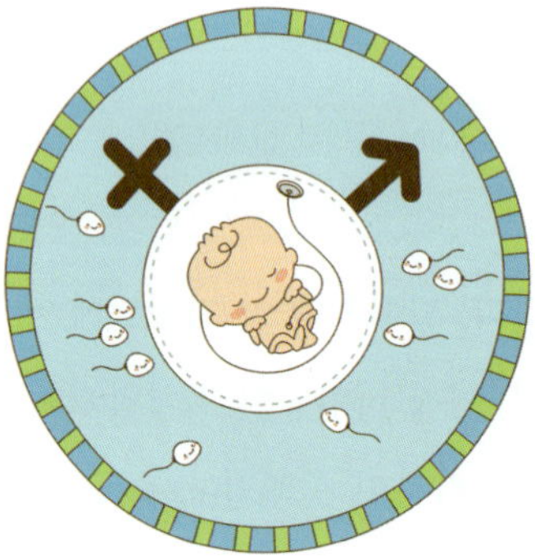

다양한 자극에 대한 태아의 습관화를 확인하는 연구는 출생 전 태아의 중추신경계 발달과 기능을 확인할 수 있는 기준이 되기 때문에 중요하다(Leader, 1995). 예를 들어, 다운증후군(Hepper & Shahidullah, 1992)이나 뇌에 이상이 있는 태아는 정상 태아보다 습관화되는 속도가 느리거나 습관화가 되지 않았다(Leader, Baillie, Martin, & Vermeuluen, 1982).

이 외에도 태아의 성별에 따라 습관화 능력에 차이가 있다는 것이 연구를 통해 밝혀졌다. Hepper 등(2013)은 수정 후 33주가 지난 태아를 대상으로 청각 자극에 대한 습관화 실험을 하였는데 그 결과, 여자 태아가 남자 태아보다 습관화되는 시간이 더 짧았다. 즉, 여자 태아는 남자 태아에 비해 청각 자극을 더 쉽고 빠르게 처리할 수 있었다. 그러나 아직까지 태아의 습관화와 관련된 연구가 많지 않기 때문에 이에 대해 좀 더 다양한 접근이 필요할 것으로 보인다.

되고, 이는 훗날 뇌와 척수가 된다. 배아기에는 눈의 형태도 나타나기 시작하고 심장도 형성되어 뛰게 된다. 뿐만 아니라 배아의 생식기가 뚜렷해지고, 팔과 다리가 될 싹도 보이기 시작한다.

태아기는 임신 후 2개월부터 출생까지를 말한다. 임신 후 약 3개월이 지나면 태아는 입을 오므렸다가 벌리거나 팔과 다리를 움직이는 등의 행동을 하며 엄마의 뱃속에서 움직이기 시작한다. 이 시기 동안 태아의 얼굴 형태는 명확해지고, 성호르몬의 분비로 인해 성별 또한 확실해진다. 임신 5개월이 되면 태아의 손톱, 발톱, 피부, 뼈와 연골 같은 골격 또한 발달한다. 그리고 6개월이 된 태아는 속눈썹, 머리카락과 같은 체모를 가지게 되고, 시각과 청각이 발달하여 보고 들을 수 있게 된다. 태아가 7개월이 되면 태아의 지방 조직이 발달하면서 몸무게도 증가한다. 이러한 지방 조직은 출생 후 몸의 온도를 유지하도록 도와준다. 출생 직전 태아의 움직임은 느려지고, 머리를 아래로 향한 채 팔과 다리를 구부린 자세로 세상에 나올 준비를 한다.

태내기는 발달 단계 중 가장 민감한 시기로, 이때 태아에게 악영향을 미칠 수 있는 환경적 요인은 무수히 많다. 대표적인 예로 1957년 처음으로 임신한 여성에게 처방되기 시작한 탈리도마이드(thalidomide)란 약은 임신 초기에 나타나는 메스꺼움 등의 증상을 완화하는 목적으로 개발되었다. 그러나 이 약물을 복용한 대다수의 산모들은 유산을 하거나 기형아를 출산하였다. 탈리도마이드와 같이 태아에게 유해한 물질을 기형유발물질(teratogen)이라고 하며, 여기에는 약물뿐 아니라 해로운 기체, 음식, 음료, 영양제 등 다양한 종류가 포함된다. 산모와 태아에게 가장 흔하게 알려진 기형유발물질로는 술의 알코올과 담배의 니코틴 그리고 커피의 카페인 등이 있다.

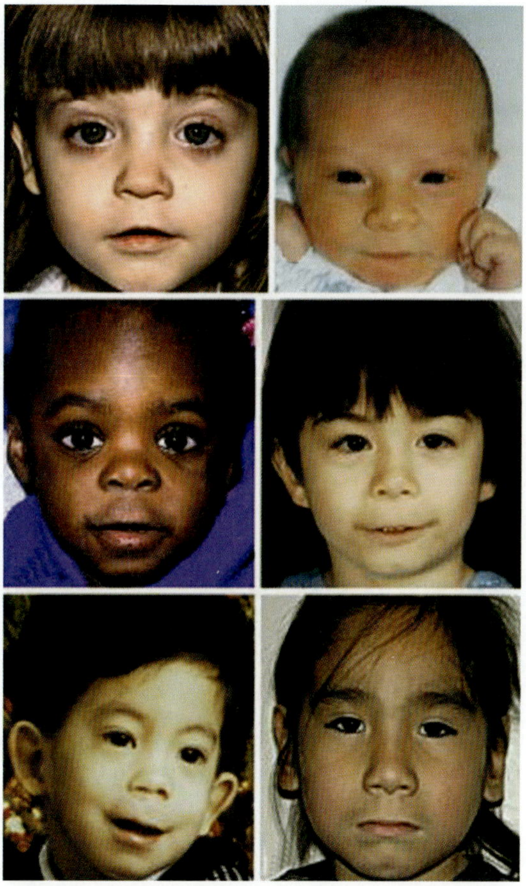

[그림 2-3] 태아 알코올 스펙트럼 장애 아동의 모습

FASD를 가지고 있는 아동은 머리가 작고 윗입술이 매우 얇으며, 작업 기억 결함, 학습부진, 낮은 지능의 특징을 가진다.

출처: Dorrie et al. (2014).

임신한 여성이 술을 마시면, 태아는 태아 알코올 스펙트럼 장애(fetal alcohol spectrum disorder: FASD)를 가지고 태어날 위험성이 커진다. FASD를 가진 아동은 [그림 2-3]과 같이 얼굴 기형 혹은 사지와 심장에 결함을 가지고 태어난다(Dorrie, Focker, Freunscht, & Hebebrand, 2014). 이 외에도 FASD를 가지고 있는 아동은 작업 기억 결함, 학습부진 그리고 낮은 지능 등의 특징을 지닌다.

엄마의 알코올 섭취뿐 아니라 아빠의 알코올 섭취도 태아를 위험하게 할 수 있으며, 심각할 경우 자연 유산으로 이어질 수 있다(Henriksen et al., 2004). 술을 마신 남성의 정자에서는 알코올 성분이 측정되는데, 알코올은 정자 세포에 유전적 결함을 발생시켜 이러한 정자로 수정된 태아에게 부정적인 영향을 미치게 되는 것이다.

담배의 주 성분인 니코틴은 성인에게도 해롭지만 태아에게 특히 더 치명적이다. 임신 기간 중 엄마가 흡연을 하면, 자녀는 미숙아나 저체중으로 태어날 가능성이 높아지며 최악의 경우 사망에 이를 수도 있다.

그뿐 아니라 엄마의 흡연은 자녀의 지적 능력이나 성격 형성에도 부정적인 영향을 미친다. 임신 중 흡연한 여성에게서 태어난 아동이 비흡연자에게서 태어난 아동에 비해 훗날 지적장애를 보이는 경향이 더 높다는 연구가 있으며(Olds, Henderson, & Tatelbaum, 1994) 신체적 공격성을 보인다는 연구도 있다(Huijbregts, Séguin, Zoccolillo, Boivin, & Tremblay, 2008).

카페인이 태아에게 악영향을 미친다는 주장에 대해서는 연구자들의 의견이 분분하다. 어떤 연구(Brent, Christian, & Diener, 2011)에서는 임신 기간에 마시는 카페인은 유산 혹은 기형의 원인이 될 수 없다고 주장한다. 그러나 다른 연구에서는 적은 양의 카페인도 태아의 뇌 발달에 부정적인 영향을 줄 수 있다고 말한다(Mioranzza et al., 2014). Sengpiel 등(2013)에 따르면 카페인은 태아의 저체중과 작은 신체 크기와 상관이 있다. 또한 태내기에 카페인에 노출된 태아는 이후 아동기에 비만이 될 확률이 높은 것으로 나타났다(Li, Ferber, & Odouli, 2014).

때때로 몸에 좋은 영양제도 태아에게 악영향을 준다. 대표적인 예로 임신한 여성이 비타민 A를 과도하게 섭취할 경우 태아의 눈, 사지 그리고 중추신경계에 기형이 생길 수 있다. 이 외에도 아스피린(aspirin)과 스트렙토마이신(streptomycin) 등의 항생제는 태아에게 위험 요인이 될 수 있다. 예컨대, 산모의 과도한 아스피린 복용은 태아의 성장 지연, 운동 저하 그리고 영아기 사망과 관련이 있다(Chomitz, Chung, & Liberman, 2000).

기형유발물질에 민감한 시기는 [그림 2-4]와 같이 발달 시기와 신체 부분에 따라 달라진다. 예를 들어, 발아기 동안 기형유발물질에 노출될 경우 자녀는 유산될 수 있다. 그리고 배아기 동안 기형유발물질에 노출되면 심장, 눈, 귀, 팔, 다리 등 신체 기관이나 장기가 형성되지 않거나 결함을 가질 수 있다. 이 외에도 태아기에 기형유발물질에 노출될 경우 뇌가 손상될 수 있다.

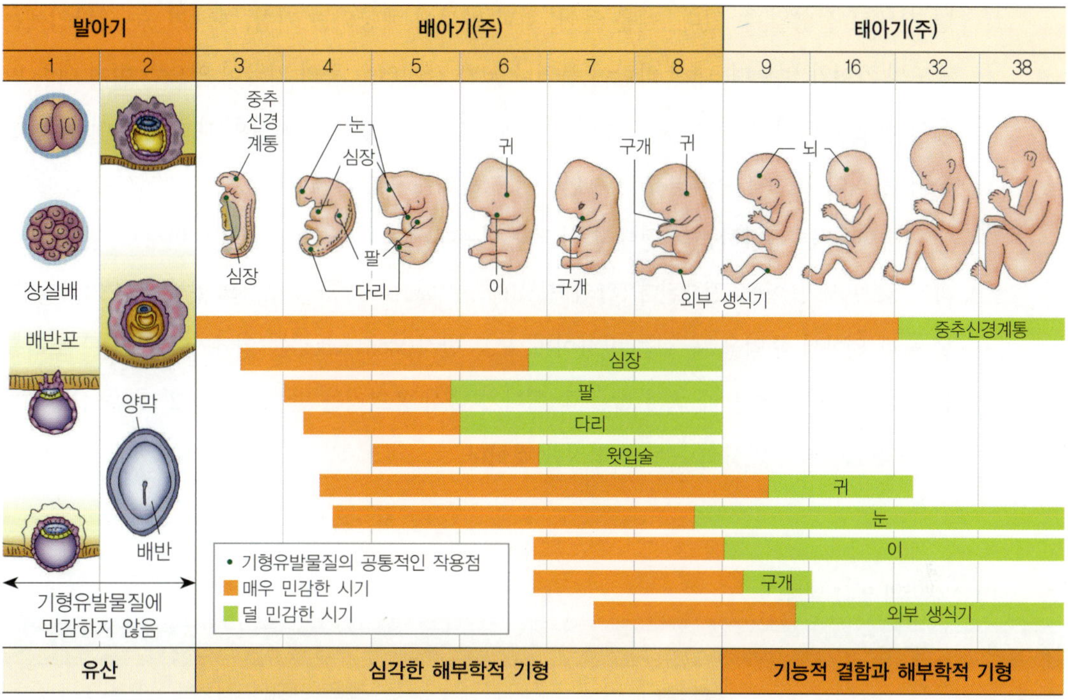

[그림 2-4] 태내 발달과 기형유발물질에 대한 민감기

태내 발달 시기에 따라 기형유발물질에 민감한 신체 부위가 다르다.

출처: Keil (2014).

2. 신생아기 발달

신생아는 주변의 소리나 빛 혹은 접촉과 같은 자극에 자동적인 반응을 보인다. 이를 반사(reflex) 행동이라고 한다. 이러한 반사 행동은 생존과 밀접한 관련이 있다. 반사의 유형은 크게 접근 반사, 회피 반사, 기타 반사의 세 가지 범주로 나뉠 수 있다(Steinberg et al., 2011). '접근 반사'는 받아들이는 행동으로 찾기, 빨기, 삼키기 등이 이에 해당된다. 예로, 찾기 반사(rooting reflex)는 입 주변에 가해지는 자극에 대한 반사로, 입 주변을 건드리면 신생아들은 자극이 오는 방향으로 고개를 돌린다. 이처럼 신생아는 반사적으로 자신의 볼에 닿은 엄마의 가슴을 향해 고개를 돌려 젖꼭지를 찾는다. 이후 빨기 반사와 삼키기 반사를 통해 엄마의 젖을 먹고 생명을 유지할 수 있게 된다.

'회피 반사'는 자극에 대해 최대치로 반응하거나 아예 반응을 하지 않기 때문에 '전부 아니면 전무'로 설명될 수 있다. 예를 들어, 회피 반사에 해당되는 기침, 재채기, 눈 깜박임에는 정도의 차이가 없으며, 대신 바람이 불거나 코가 간지러운 등의 자극이 있으면 이에 대한 반응이 바로 나타나게 된다. 회피 반사는 주로 신체를 위협하는 자극에 대한 반응이다. 예를 들어, 음식이 기도에 걸리면 인간은 반사적으로 재채기를 하게 된다.

'기타 반사'는 진화하는 과정에서 인간의 생존에 도움이 되는 적응적인 반사로, 잡기 반사와 모로 반사가 이에 포함된다. 잡기 반사(Palmer grasp reflex)는 영아의 손바닥에 자극을 가했을 때 영아가 주먹을 꽉 쥐는 반사이며, 모로 반사(Moro reflex)는 영아가 갑자기 큰 소리를 듣거나 균형을 잃었을 때 손과 발을 쭉 폈다가 다시 웅크리는 반사다. 〈표 2-1〉은 신생아에게 나타나는 여러 반사의 유형을 정리한 것이다.

〈표 2-1〉 신생아의 반사 행동

반사 종류	사진	설명	소실 시기
찾기 (rooting)	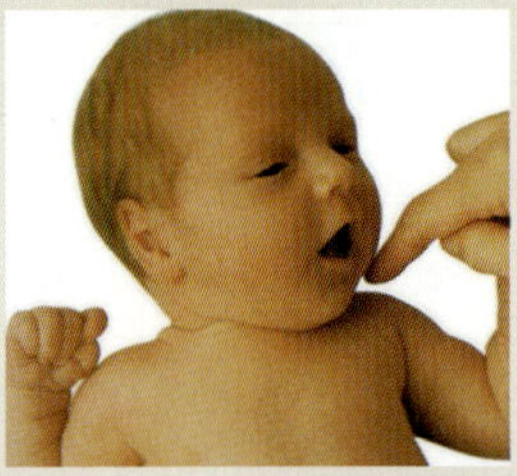	볼을 만지면 신생아는 그 방향을 향해 고개를 돌린다.	생후 3~4개월
빨기 (sucking)	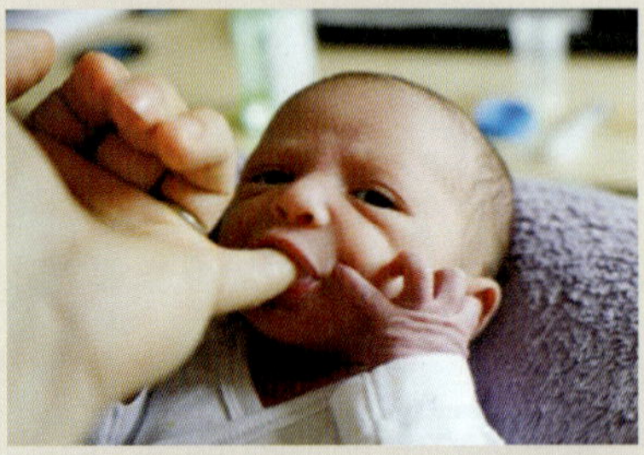	입가에 무언가를 대면 물고 빤다.	생후 3~4개월
모로 (Moro)		신생아를 자극하여 놀라게 하면 팔과 다리를 벌렸다가 다시 오므린다.	생후 3~4개월

바빈스키 (Babinski)	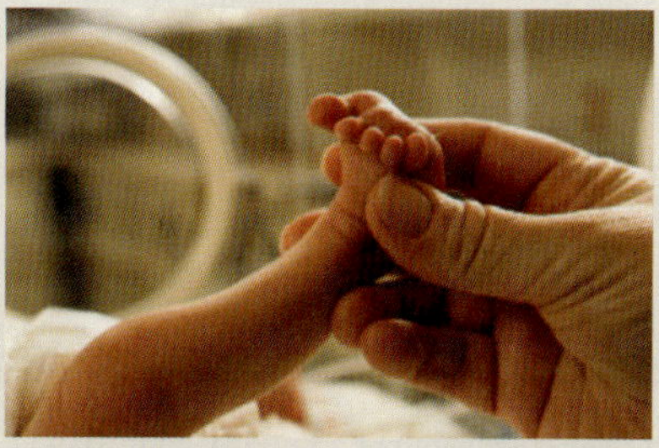	신생아의 발바닥을 만지면 부채처럼 폈다가 다시 오므린다.	생후 9~12개월 사이
긴장성 목 (tonic neck)	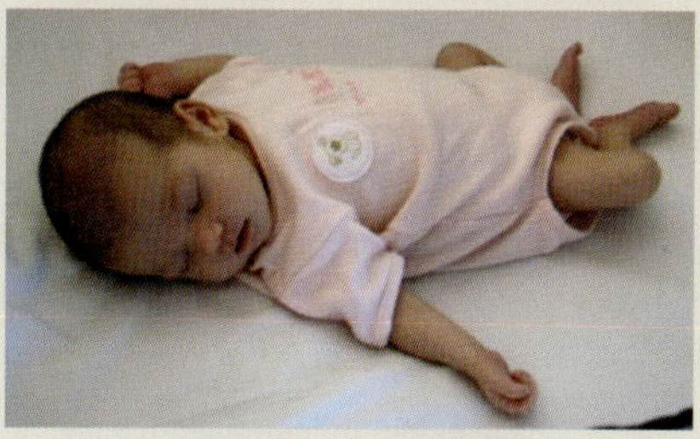	고개가 돌아가 있는 방향의 팔은 쭉 뻗고, 반대편 팔은 구부린다.	생후 2개월 이후
걷기 (stepping)	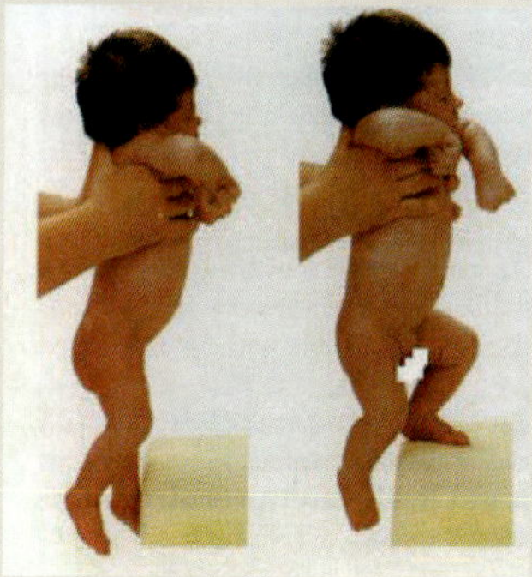	신생아를 세워 바닥에 발이 닿게 하면 마치 걷는 듯한 움직임을 보인다.	생후 3~4개월 이후
잡기 (grasping)	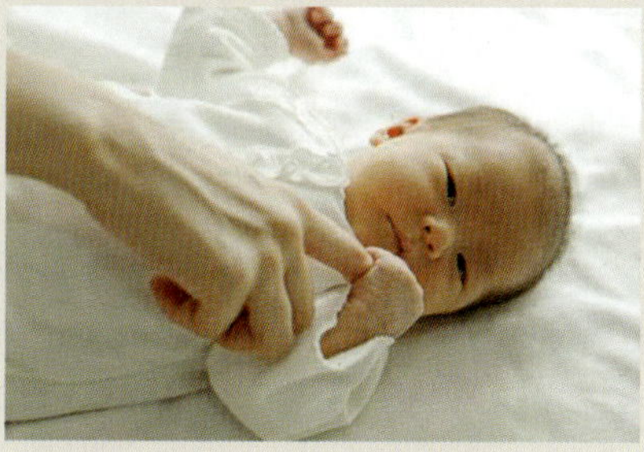	손바닥을 건드리면 물체를 꽉 쥔다.	생후 3개월 이후 약화, 12개월 이후 소멸

신생아의 반사 행동은 이들의 정상 발달을 평가하는 좋은 척도가 된다. 예를 들어, 아프가 척도(Apgar scale)는 태어난 지 1~5분 된 신생아의 심장박동률, 호흡, 근육, 피부색과 같은 생리적 기능과 함께 반사 행동을 평가하여 아동의 운동 및 신경 발달이 제대로 이루어졌는지를 평가한다(곽금주 외, 2005). 아프가 척도 외에 Brazelton의 신생아 행동평가척도(Brazelton Neonatal Behavioral Assessment Scale: NBAS)는 출생 후 24~36시간 내로 실시되며, 아프가 척도보다 신생아의 신경적 능력을 더 면밀하게 측정할 수 있다. 이 척도는 신생아의 피부색, 심장박동, 반사 민감성, 호흡, 근육 긴장 등의 5가지 기능 영역을 28가지 행동을 통해 측정한다. 이 외에도 Gesell의 발달지수(Developmental Quotient: DQ)는 소아과 의사들이 정상 영아와 비정상 영아를 분류할 때 사용된다. DQ는 Gesell의 발달계획표를 바탕으로 영아의 연령에 따른 발달 수준을 평가한다.

3. 신경계 발달

신경세포 혹은 뉴런(neuron)은 신경계를 구성하는 가장 기본이 되는 단위로, 몸의 다양한 신호가 뉴런을 통해 곳곳으로 전달된다. 신경세포는 [그림 2-5]와 같이 수상돌기, 세포체 그

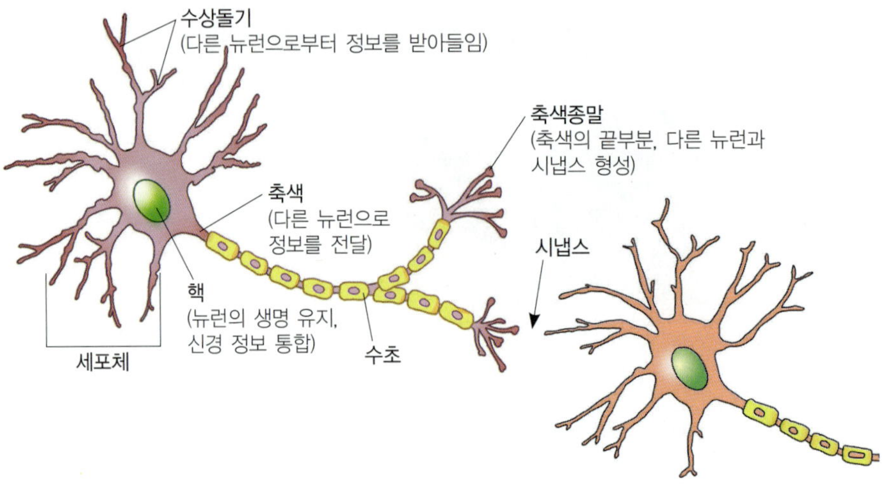

[그림 2-5] 신경세포 구조

신경세포는 수상돌기, 세포체 그리고 축색으로 이루어져 있다.

출처: 곽금주, 김연수(2014).

리고 축색으로 구성된다. 수상돌기(dendrites)는 다른 신경세포로부터 정보를 받아들인다. 세포체(cell body)는 핵을 가지고 있으며 세포의 생명 유지와 신경 정보 통합을 담당한다. 그리고 축색(axon)은 통합된 정보를 다른 신경세포나 신체 부위로 전달한다. 축색의 말단 부분은 여러 개의 종말단추로 구성되어 있고, 축색은 수초(myelin sheath)라는 지방 조직으로 둘러싸여 있다. 이 수초는 모든 자극을 신체에 빠르게 전달하여 뇌가 다른 신체 부위와 정보를 신속하게 주고받을 수 있도록 돕는다.

신경세포 간의 정보 전달은 한 신경세포의 축색종말과 다른 신경세포의 수상돌기 간의 연결인 시냅스(synapse)를 통해 이루어진다. 시냅스는 신경세포 사이에 있는 작은 공간을 뜻한다. 신경세포는 이 공간을 통해 신경전달물질(neurotransmitter)을 내보내어 정보를 전달하게 된다.

발달 초기에 시냅스는 매우 활발히 생성된다. 출생 후 첫 6개월에는 초당 10만 개의 시냅스가 형성되며, 만 2세에는 하나의 신경세포가 약 1만 개의 시냅스 연결을 가지게 된다(곽금주, 김연수, 2014). 이때 신경세포 간의 시냅스 연결이 형성되는 것을 시냅스 생성(synaptogenesis)이라고 하는데, 나이가 들면서 자주 사용되는 시냅스는 강화되고 그렇지 않은 시냅스는 다른 경로로 대체되거나 소멸된다. 이러한 과정을 시냅스 상실(synaptic pruning) 혹은 가지치기라고 한다.

시냅스 생성과 상실은 [그림 2-6]과 같이 뇌의 영역마다 다른 시기에 발생한다. 예컨대, 시각 영역에서의 시냅스 생성은 태내기부터 시작되어 출생 후 1년까지 가장 활발하게 일어나다가 이후에는 점차적으로 시냅스 상실이 진행되어 아동기까지 지속된다(Huttenlocher & Dabholkar, 1997). 청각피질의 시냅스 생성 및 상실 과정은 시각 영역보다 좀 더 늦게 나타난다. 또한 전전두엽피질은 대략 만 3세가 지나야 시냅스 생성이 최고점을 찍으며, 그 후로 청소년기까지 시냅스 상실이 계속해서 진행된다.

신경세포는 수면, 각성, 심장 박동 등 기본적인 생리 현상의 조절뿐 아니라 정보를 처리하고 기억하기 위해 꼭 필요한 구조다. 뉴런과 같은 신경세포의 집합체인 신경계는 배아 시기에 가장 먼저 형성되기 시작하여, 이후 다양한 발달에 영향을 미치게 된다. 이러한 신경계는 크게 중추신경계와 말초신경계로 나누어 볼 수 있다.

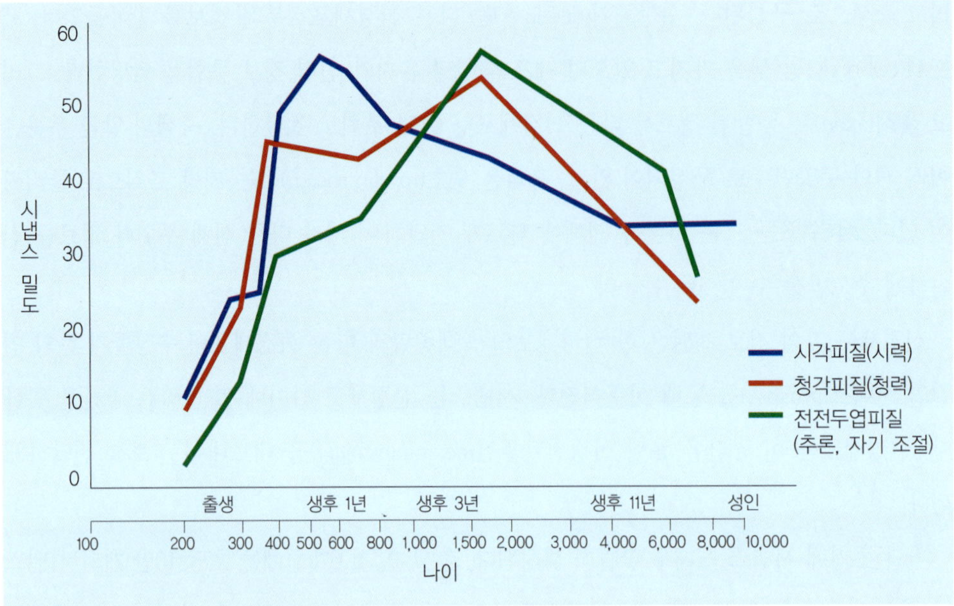

[그림 2-6] 시냅스 생성과 시냅스 상실

생후 2년 동안 시냅스는 폭발적으로 증가한다. 이후 생성된 시냅스의 절반 정도가 시냅스 상실 혹은 가지치기 과정을 거치며, 불필요한 시냅스는 줄어들게 된다. 대신 자주 사용하는 시냅스는 강화되어 정보처리에서의 효율성이 높아진다.

출처: Santrock (2014).

1) 중추신경계 발달

중추신경계는 뇌와 척수로 구성된다. 뇌(brain)는 인간의 행동 및 인지 조절 기능을 담당하며, 척수(spinal cord)는 여러 감각 기관들로부터 전달된 정보를 뇌로 전달하고, 반대로 뇌에서 보내는 정보를 신체 여러 부위에 전달해 행동하도록 도와준다. 중추신경계는 배아기 때 형성되기 시작하는데, 배아의 외배엽에서는 신경관(neural tube)이 형성되고, 이후 신경관의 앞부분은 뇌, 뒷부분은 척수로 분화된다. 그리고 신경관 주변 세포는 이후 자율신경계를 포함하는 말초신경계가 된다.

수정 후 4주가 지나면 [그림 2-7]과 같이 신경관의 앞쪽은 전뇌(forebrain), 중뇌(midbrain), 후뇌(hindbrain)로 발달한다. 이후 중뇌와 후뇌 일부는 뇌간이 되어 척수와 결합한다. 후뇌의 다른 부분은 몸의 균형 유지 등 운동 조절 기능과 관련 있는 소뇌(cerebellum)가 된다. 전뇌의 경우 체온 등 신체의 여러 기능을 통제하는 간뇌(diencephalon)와 고등 정신 활동을 담당하는 대뇌(cerebrum)를 이루게 된다. 대뇌는 이후 빠르게 성장하여 대뇌피질(cortex)을 형성하고,

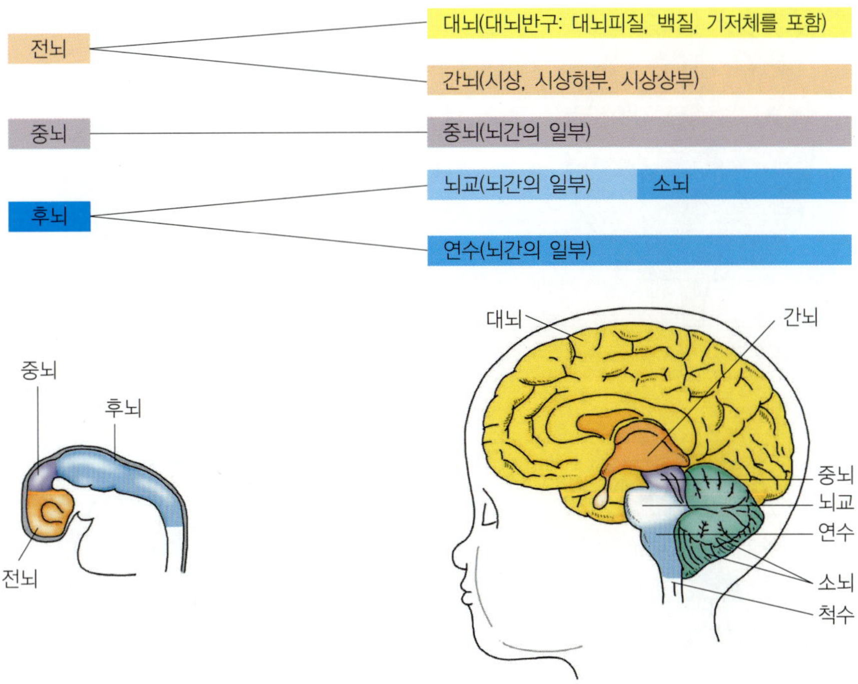

[그림 2-7] **뇌 발달**

태아의 뇌는 크게 전뇌, 중뇌, 후뇌로 우선 나뉜다. 그리고 이후 대뇌, 간뇌, 중뇌, 뇌교, 소뇌, 연수로 다시 나뉘게 된다. 각각의 구조는 서로 다른 기능을 한다.

이러한 대뇌피질은 뇌 구조의 대부분을 구성하게 된다.

대뇌는 두 개의 반구(hemisphere)로 구성되며, 축색 다발인 뇌량(corpus callosum)이 좌반구와 우반구를 연결하여 정보를 교환하게 된다(Silverthorn, 2009). 대뇌의 반구는 [그림 2-8]과 같이 전두엽, 두정엽, 측두엽 그리고 후두엽으로 구성된다. 전두엽(frontal lobe)은 의사 결정과 계획 및 추론 등 복잡한 인지 과정을 담당하며, 골격근을 조절한다. 이 외에도 전두엽은 언어 기능과 관련이 있다. 두정엽(parietal lobe)은 감각을 인식하고 감각 정보를 통합하는 역할을 하며, 측두엽(temporal lobe)에는 청각피질이 있어 청각 자극을 처리한다. 그리고 후두엽(occipital lobe)에는 시각피질이 있어서 시각 자극을 처리한다.

대뇌에는 회백질과 백질의 영역이 있다. 백질(white matter)은 수초로 둘러싸인 축색 다발이기 때문에 하얗게 보이고, 회백질(gray matter)은 수초가 없는 신경세포의 집합체이기 때문에 회색빛을 띤다. 대뇌의 회백질은 대뇌피질, 기저핵 그리고 변연계로 나눠 볼 수 있는데, 기저핵(basal ganglia)은 몸의 움직임을 조절하며, 변연계(limbic system)는 인간의 감정 처

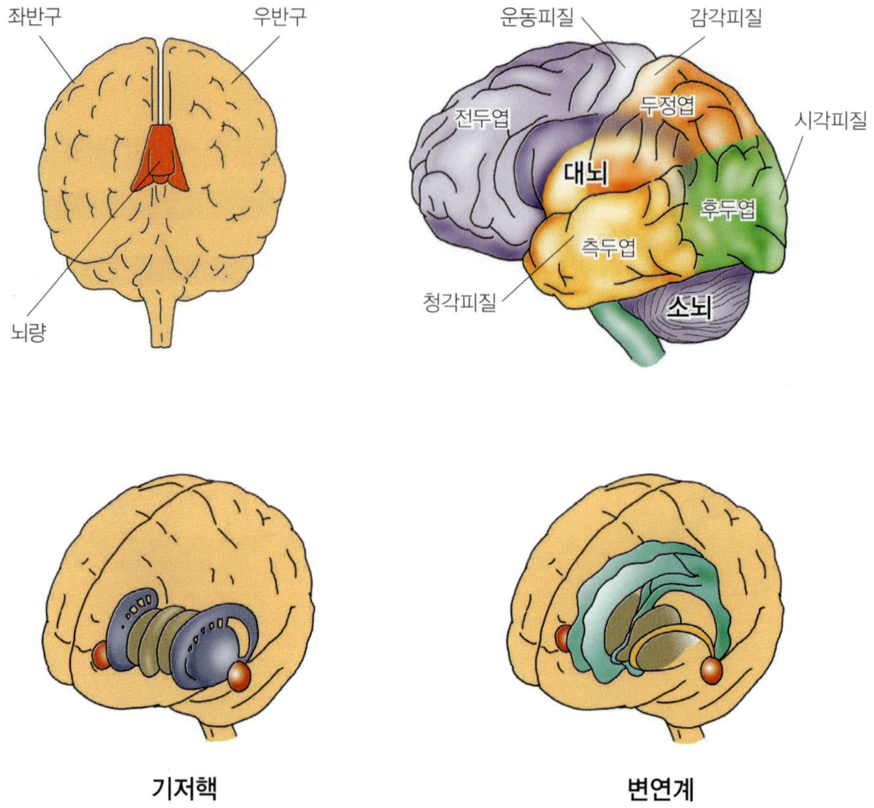

[그림 2-8] 인간의 뇌 구조

대뇌는 좌반구, 우반구의 두 개의 반구로 이루어져 있으며, 뇌량은 이 두 반구를 이어주는 굵은 축색 다발이다. 대뇌는 전두엽, 두정엽, 측두엽, 후두엽 총 네 영역으로 구성된다. 두정엽에는 감각피질이 있고, 측두엽에는 청각피질이 있으며, 후두엽에는 시각피질이 있다. 그리고 대뇌에는 기저핵과 변연계 또한 위치하고 있다.

출처: Keil (2014).

리를 담당한다. 변연계에는 편도체와 해마가 있는데, 편도체(amygdale)는 기억과 감정을 연결하는 역할을 하며, 해마(hippocampus)는 기억과 학습에 관여한다(Siverthorn, 2009). 대뇌피질(cortex)은 다양한 인지 활동 및 고차원적 기능을 수행하고, 기저핵이나 변연계보다 늦게 발달하여 청소년기까지 발달하게 된다.

ISSUE 2

청소년기 신경계 발달

청소년은 충동적이고 감정적이며 위험한 행동을 자주 한다. 요즘에는 이와 같은 청소년의 행동을 일컬어 '중2병'이라고도 부른다. 이 시기를 지나면서 청소년의 충동적인 행동은 점점 감소하게 되고, 청소년들은 좀 더 이성적이고 객관적인 사고를 하게 된다. 이 같은 변화는 청소년기에 일어나는 신경계 발달로 설명될 수 있다.

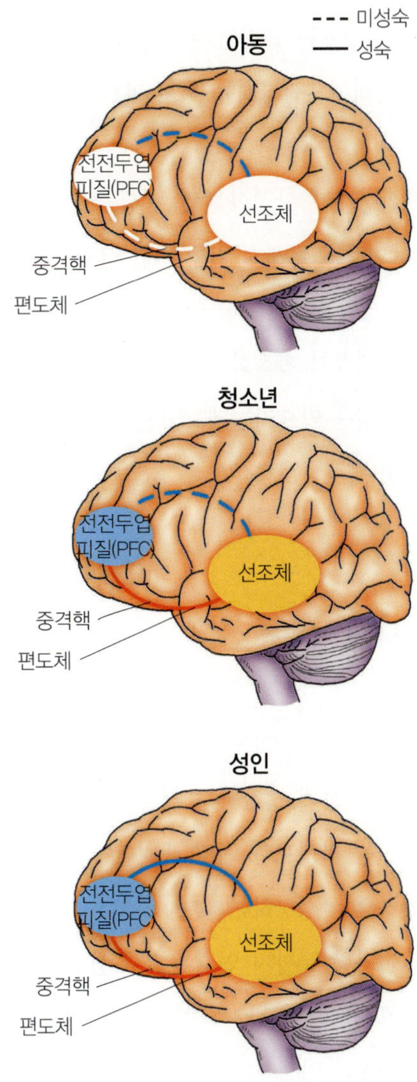

청소년기의 위험 행동은 전전두엽과 변연계의 상호작용이 원활하게 일어나지 않기 때문에 발생한다 (Steinberg, 2007). 변연계에는 선조체(striatum)라 불리는 보상과 관련된 구조가 있는데, 아동기에는 이 부분과 전전두엽의 조절 경로가 둘 다 미성숙하기 때문에 둘 사이의 상호작용이 제대로 이루어지지 않는다. 그러나 청소년기가 되면, 변연계와 함께 선조체의 보상 경로가 성숙해지면서, 보상에 대한 정보처리가 이전보다 빨라지게 된다. 반면 이때 전전두엽의 조절 경로는 아직까지 미성숙한 상태이기 때문에 청소년은 보상에 대해서는 큰 기대를 가지지만, 이에 대한 책임이나 결과에 대해서는 논리적으로 판단하지 못한다. 이로 인해 청소년은 충동적으로 행동하거나 위험한 행동이나 심지어 비행을 저지르게 되는 것이다.

출처: Keil (2014).

2) 말초신경계 발달

말초신경은 신체 장기로부터 받은 감각을 중추신경으로 전달하고, 중추신경의 자극을 다시 장기로 전달하는 통로 역할을 한다. 자율신경계는 말초신경의 일부로 비자발적 운동을 하는 심근이나 내장 기관의 근육들을 조절하여, 심장 박동수나 소화 작용 등을 조절한다. 자율신경계는 교감신경계(sympathetic division)와 부교감신경계(parasympathetic division)로 나뉘는데, 두 신경계는 서로 피드백을 주고 받으며 몸이 항상 일정한 상태를 유지하도록 한다.

교감신경계가 활성화되면 투쟁-도피 반응이 나타난다. 투쟁-도피 반응(fight-or-flight response)이란 스트레스 또는 위협 상황에서 자동적으로 일어나는 생리적 반응이다. 예를 들어, 공포 영화를 볼 때 동공이 확대되고 방광은 축소되며, 숨은 가빠지고 침샘이 마르는 것은 교감신경계가 활성화되어 투쟁-도피 반응이 일어난 것이다. 한편, 부교감신경계는 이와 반대의 현상을 일으키는데, 소화를 촉진하며, 졸음이 오는 등 신체가 쉴 수 있도록 도와주는 역할을 한다.

4. 신체 발달

신체 발달은 두미와 중심-말단 방향으로 진행된다. 두미(cephalocaudal) 방향은 머리에서부터 아래로 향해 성장하는 것을 뜻한다. 예를 들어, 신경계 발달에서는 위쪽에 있는 뇌가 아래에 있는 척수보다 먼저 생겨난다. 중심-말단(proximodistal) 방향은 가운데부터 시작하여 바깥쪽으로 성장하는 것을 의미하는데, 예로 신체 가운데의 중추신경계가 먼저 생기고 이후에 손가락 끝까지 연결된 말초신경계가 발달한다. 그리고 신체의 경우에는 몸통이 먼저 자라고 손가락과 발가락이 이후에 성장한다.

생후 며칠간 신생아의 몸무게는 감소한다. 이는 영양 섭취는 적은 반면, 태변과 소변의 배출은 지속적으로 이루어지기 때문이다. 그러나 영양 섭취가 원활해지면 신생아는 다시 급격히 성장한다. 영아의 몸무게는 출생 때보다 생후 4개월에 2배가 증가하고, 생후 1년에는 3배가 증가한다. 만 2세가 되면 영아의 성장 속도는 첫해보다 상대적으로 느려진다.

연령이 증가하면서 남녀는 신체 발달에서 서로 다른 양상을 보인다. 예를 들어, 아동기 여

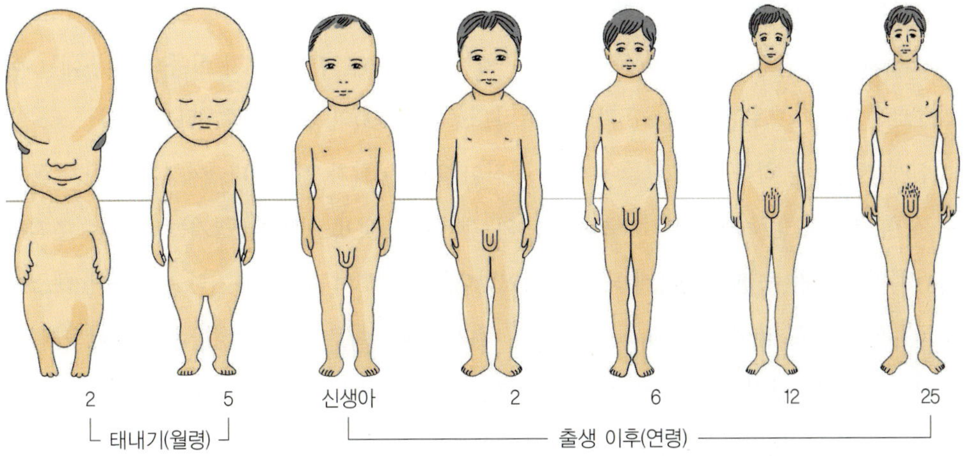

[그림 2-9] 태내기부터 성인기까지의 신체 비율의 변화

인간의 신체는 부위에 따라 서로 다른 속도로 발달한다. 다른 신체 부위보다 머리가 빨리 성장하기 때문에 태아, 영아, 유아는 아동 후기나 청소년기, 성인기와 비교했을 때 머리의 크기가 불균형하게 크다. 아동 후기에 이르면 다리가 자라면서 신체가 점점 더 성인과 유사한 비율을 갖추게 된다.

출처: Steinberg et al. (2011: 곽금주, 김연수, 2014에서 재인용).

아는 대체로 남아보다 지방 조직이 더 많은 반면, 남자 아동은 근육이 더 많다. 그러나 성별과 상관 없이 신체 발달에서의 개인차는 다양하게 나타날 수 있다.

발달 초기에는 머리가 급격히 자라나기 때문에 머리가 비정상적으로 커 보일 수 있다. 그러나 아동기에 접어들면서 다른 신체 부위도 함께 성장하게 되어 [그림 2-9]와 같이 아동의 신체 비율은 성인의 비율과 점점 비슷해진다.

청소년기가 되면 사춘기(puberty)를 시작으로 급격한 신체 변화와 성장이 일어나게 된다. 갑작스러운 호르몬의 변화로 청소년의 신장과 체중이 빨리 증가하는데, 이를 성장급등(growth spurt)이라 한다. 개인마다 신체 변화가 나타나는 시기는 조금씩 다르지만, 보편적으로 만 10~13세에 성장급등을 경험하게 된다. 또한 여아가 남아보다 사춘기를 좀 더 빨리 경험한다. 사춘기의 여자 아동은 가슴이 커지고, 생식기와 겨드랑이에 털이 자라며, 신장과 골반이 커지는 등의 신체 변화를 경험한다. 그리고 초경(menarche)을 시작하게 된다. 남자 아동의 경우 음경의 크기가 가장 먼저 커지고 이후 고환이 커지게 된다. 그리고 여성과 마찬가지로 생식기와 겨드랑이에 털이 자라나고, 신장 또한 자란다. 이 외에도 남자 아동은 목소리가 굵어지고, 근육이 급격히 성장하며 얼굴에 수염이 나기 시작한다.

이때 남자 아동과 여자 아동 모두에게 남성호르몬과 여성호르몬이 있으나, 각기 가진 성

호르몬의 양은 다르다. 남자 아동의 경우에는 사춘기에 접어들면서 남성호르몬인 안드로겐(androgen)과 테스토스테론(testosterone)의 수치가 증가한다. 반면, 여자 아동의 경우에는 여성호르몬인 에스트로겐(estrogens)과 에스트라디올(estradiol)의 수치가 증가하게 된다.

신체는 성장을 하다 나이가 들어 어느 시점이 되면 노화가 진행된다. 여성은 나이가 들면서 생식 주기가 멈추는 폐경기(menopause)와 갱년기를 맞게 된다. 폐경기는 호르몬 조절과 상관없이 난소가 수명을 다하게 되면서 일어난다. 남성도 여성의 폐경기와 비슷하게 테스토스테론의 감소로 남성 갱년기(andropause)를 겪게 된다. 이로 인해 남성들은 성욕감퇴와 불면증, 근육소실, 관절통 등의 증상을 나타내게 된다. 그러나 남성 갱년기의 유무에 대해서는 아직 확실히 밝혀지지 않았기 때문에 이에 대한 연구가 좀 더 필요할 것으로 보인다.

5. 운동 발달

운동 발달은 신체 발달과 마찬가지로 중심–말단 방향으로 일어난다. 예컨대, 아동은 몸통 부분을 먼저 통제할 수 있게 된 다음 팔과 손을 움직이게 된다. 운동 발달은 움직임에 사용되는 근육의 크기에 따라 대근육과 소근육 운동 발달로 나눠볼 수 있다. 대근육 발달은 소근육 발달보다 앞서 나타난다. 운동 발달은 신경계와 신체 발달에 따라 단계별로 일어나며, 모든 영아와 아동에게서 보편적으로 나타날 수 있다.

1) 대근육 운동 발달

대근육 운동(gross motor)은 걷기, 뛰기 등 큰 근육의 활동과 관련이 있다. 대근육 운동은 움직임(locomotion)뿐만 아니라 자세(posture) 조절에도 꼭 필요한 발달이다(Adolph & Robinson, 2015). 예를 들어, 영아가 무거운 머리를 스스로 가누기 위해서는 목으로 머리를 지탱할 수 있는 근육을 가져야만 한다. 평균적으로 생후 3개월이 된 영아는 엎드린 채로 고개를 들 수 있지만, 오래 버티지는 못한다. 그러나 생후 3개월이 지나면서 영아는 엎드린 채 어깨로 상체를 지탱할 수 있을 정도로 근육에 힘이 생긴다. 곽금주 등(2005)에 따르면 한국 영아는 생후 1개월경에 목을 가누기 시작한다. 생후 1개월이 된 영아의 36.1%가 엎드린 채로 45° 정도 머리를 들 수 있고, 생후 2개월경 영아의 79.7%가 엎드린 상태에서 머리를 들 수 있다. 그리고 생

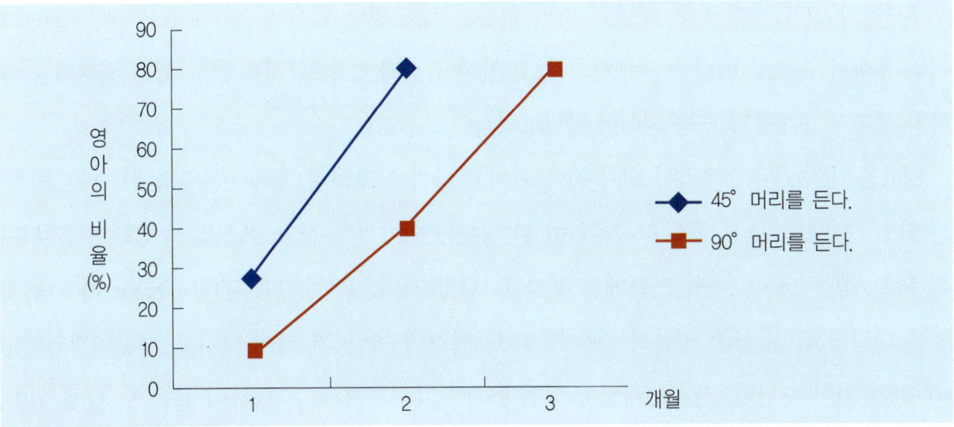

[그림 2-10] 목 가누기 발달지표(%)

생후 2개월의 영아 중 대부분이 45° 머리를 들 수 있고, 생후 3개월 정도면 대부분의 영아들이 90° 머리를 드는 것이 가능하다. 따라서 생후 3개월에는 이전보다 더 자유롭게 영아를 안거나 업어서 활동할 수 있게 된다.

출처: 곽금주, 김연수(2014).

후 3개월이 된 영아의 80.9%는 90°까지 머리를 들 수 있다([그림 2-10] 참조).

출생 후 2개월이 지나면 영아는 엄마의 무릎 위나 벽에 기대어 앉을 수 있다. 그리고 좀 더 시간이 지나면 양손으로 바닥을 짚고 앉아 있을 수 있게 된다. 영아가 생후 6개월이 되면 마침내 손을 짚지 않고도 앉을 수 있다. 한국 아동의 경우 생후 4개월의 영아 중 26%가, 생

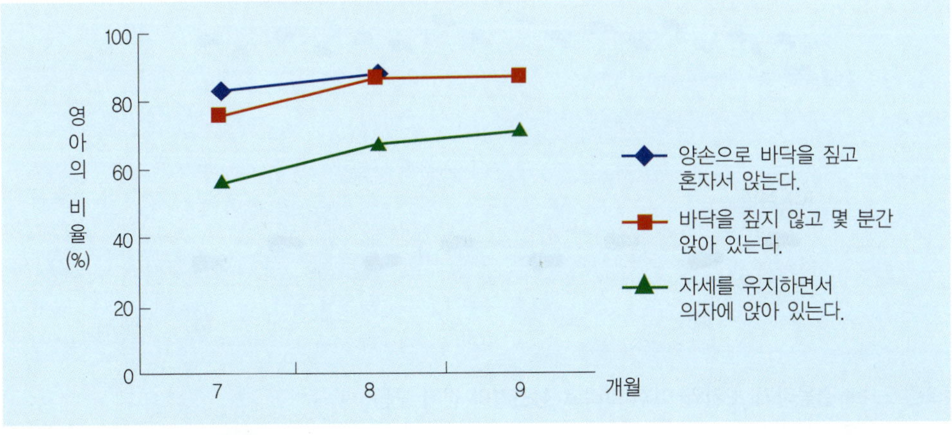

[그림 2-11] 앉기 발달지표(%)

한국 영아의 경우 앉은 상태에서 양손 사용을 비롯, 다양한 활동이 가능하도록 바닥에서 손을 떼고 앉을 수 있게 되는 것은 생후 8~9개월부터다.

출처: 곽금주, 김연수(2014).

후 8개월의 영아는 88.9%가 양손을 바닥에 짚은 채로 앉아 있을 수 있다(곽금주 외, 2005). 그러나 영아가 손으로 바닥을 지탱하지 않고 양손을 바닥에서 뗀 채로 앉아 있기 위해서는 영아가 생후 8~9개월 정도는 되어야 한다([그림 2-11] 참조).

영아는 대략 생후 3개월이 되기 전에 기어 다니기 시작하며, 생후 6개월경에는 빠르게 기어 다닐 수 있게 된다. 생후 8~9개월이 된 영아는 의자를 붙잡고 스스로 서 있는 법을 익히게 되고, 생후 10~12개월 즈음에는 혼자 두 발로 서 있을 수 있게 된다. 그리고 마침내 첫발을 내딛게 된다. 한국 영아의 경우 생후 7개월경에 65.9%가 기어 다니고, 생후 8개월에는 86.4%가 기어 다닌다. 생후 9개월이 되면 35%가 가구를 잡고 지탱하여 걸을 수 있게 되며, 생후 11개월에는 75.3%가 손을 잡아 주면 걸을 수 있다. 그리고 생후 15개월경에는 75%가 혼자서 걷게 된다(곽금주 외, 2005).

처음 걷기 시작한 아동은 균형을 잡는 데 어려움을 겪기 때문에 걸음이 느리고, 비대칭적이며, 보폭이 좁다. 그러나 연령이 증가하면서 이들의 걸음은 빨라지고, 이전보다 대칭적이게 되고, 두 발을 서로 교차해 가며 자연스럽게 걷게 된다. Adolph와 Robinson(2015)은 걸음

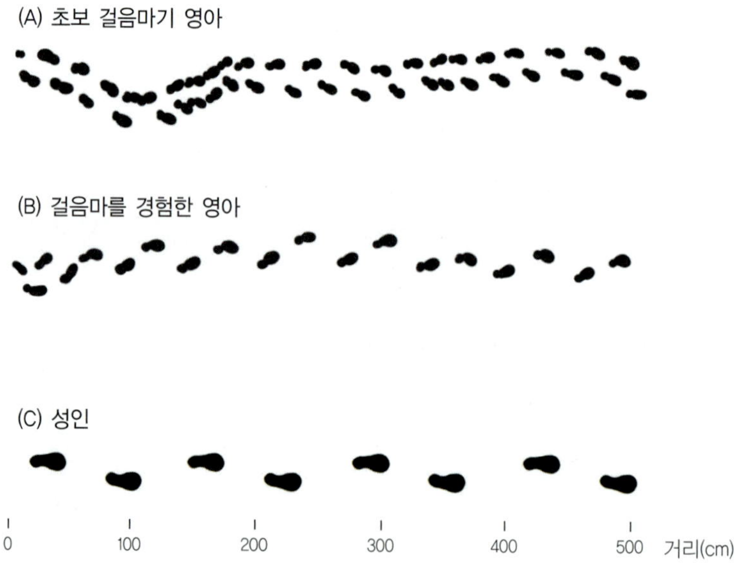

[그림 2-12] 걸음마기 초기와 이후 그리고 성인기의 걷기 운동

(A) 초보 걸음마기 영아는 보폭이 일정치 않았으며 일직선으로 걷는 데 어려움을 겪었다.

(B) 걸음마를 경험한 영아는 초보 걸음마기 때보다 보폭이 좀 더 넓어졌고 일정해졌으나, 성인의 걸음에는 미치지 못했다.

(C) 성인은 보폭이 일정했고 일직선으로 걸었다.

출처: Adolph & Robinson (2015).

마를 시작한 지 2주 된 영아, 5개월 된 영아, 그리고 성인을 대상으로 다리의 움직임과 발의 경로를 측정하였다. [그림 2-12]에서 확인할 수 있듯 초보 걸음마기 영아의 보폭은 일정치 않고, 영아는 일직선으로 걷는 데 어려움을 겪었다.

2) 소근육 운동 발달

소근육 운동(fine motor)은 손가락과 같이 미세한 근육을 사용하는 운동으로 젓가락 사용, 단추 잠그기, 양말 신기 등이 모두 이에 해당된다. 갓 태어난 신생아는 쥐기 반사를 통해 자신의 손에 닿은 것을 움켜쥔다. 또한 천장에 매달린 모빌을 향해 손을 뻗기도 한다. 생후 5개월이 되면 손 뻗기의 방향과 근육 사용이 좀 더 정교해지며, 생후 6~9개월경에는 한 손에서 다른 손으로 물건을 옮길 수 있게 된다. 대략 생후 10개월이 되면 작은 물체를 엄지와 집게손가락을 이용해 집기 시작한다. 영아의 집기는 연령이 증가하면서 좀 더 정교해지고 유연해지는데, 집는 대상의 크기, 모양, 질감에 따라 집는 행동을 다양하게 변화시킬 수 있게 된다.

아동 초기가 되면 아동은 소근육을 이용한 다양한 활동에 참여하게 된다. 예컨대, 퍼즐 맞추기, 색종이 접기, 그림 그리기, 가위 사용하기, 글쓰기 등은 이전보다 정교한 소근육 운동 기술을 필요로 한다. 이 시기의 아동은 이 같은 활동을 통해 성취감을 느끼고 자부심을 나타내기도 한다. 일반적으로 정교한 소근육 운동 발달은 남자 아동보다 여자 아동에게서 더 많이 나타난다.

국내 영아들도 이와 비슷한 양상을 보이는데, 곽금주 등(2005)의 연구에 따르면 국내 영아는 생후 4개월까지는 손가락 근육을 조절하는 데 어려움을 겪지만, 생후 5개월경부터는 45.3%의 영아가 손가락 전체를 사용하여 블록을 잡기 시작하였다. 또한 생후 7개월경에는 73.2%, 생후 9개월에는 85%의 영아가 손가락 전체를 사용하여 잡기 행동을 하였다. 한편, 생후 11개월이 된 영아는 엄지와 검지를 사용하여 잡기 행동을 하였다. 비록 생후 11개월경의 영아 중 11.1%만이 엄지와 검지를 사용했지만, 이후 그 비율은 증가하여 생후 12개월에는 26.4%의 영아가 엄지와 검지를 사용한 잡기 행동을 할 수 있었다([그림 2-13] 참조).

운동 발달은 모든 아동에게서 비슷한 시기에 비슷한 형태로 이루어진다. 그러나 아동마다 특정 운동 기술이 나타나는 시기는 다양하며, 어떤 운동 기술은 나타나지 않다가 다른 운동 기술이 발달한 이후에 나타나는 경우도 있다.

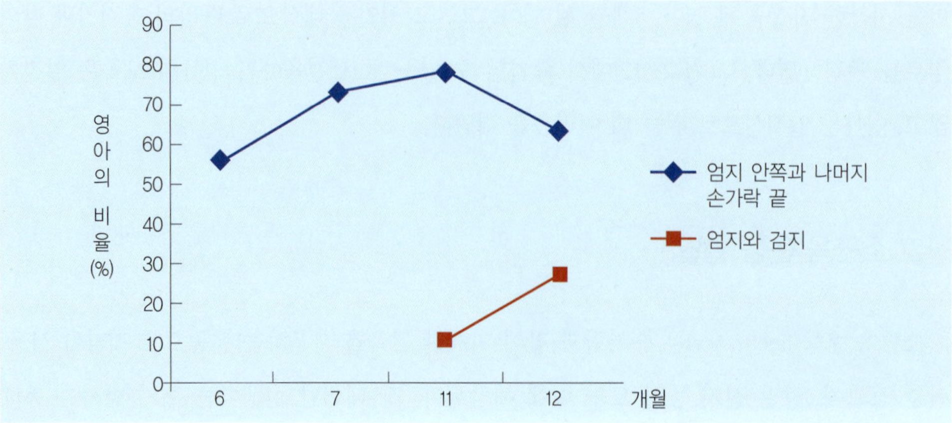

[그림 2-13] 잡기 발달지표(%)

블록과 같은 작은 물체를 잡는 행동은 보다 미세한 손가락 근육을 조절해야 한다. 4개월까지는 영아가 미세한 손가락 근육을 잘 조절하지 못하다가 5개월 무렵부터 엄지 안쪽과 나머지 손가락 끝으로 블록을 잡는 행동을 보인다. 또한 생후 11개월경이 되면 몇몇 영아들은 엄지와 검지를 사용하여 잡기 행동을 시작한다. 이와 같은 정교한 소근육 운동은 연령이 증가할수록 더욱 발달하게 된다.

출처: 곽금주, 김연수(2014).

부모와의 상호작용 방식은 아동의 운동 발달에 영향을 미친다. 예를 들어, 자녀가 스스로 앉고, 더 빨리 걸음마를 떼기 원하는 부모는 영아를 더 자주 일으키고 걷는 동작을 연습시킨다. 이러한 경험은 실제로 영아의 근육을 더 빨리 성장시킴으로써 자녀의 운동 발달을 촉진시킨다. 한 예로, 아프리카와 인도 그리고 카리브해 양육자는 영아의 운동 발달을 위해 마사지를 해 주고, 운동을 시킨다([그림 2-14] 참조). 이를 통해 영아의 근육은 더욱 탄탄해지고, 다른 문화권의 아동보다 운동 발달이 더 빨리 일어난다.

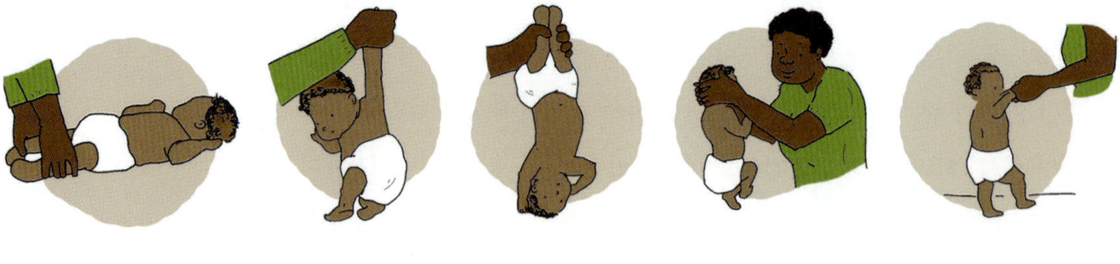

[그림 2-14] 영아 마사지

아프리카와 인도 그리고 카리부해의 양육자는 영아의 운동 발달을 촉진하기 위해 다양한 마사지 운동을 제공한다. 왼쪽부터 다리, 팔, 발목, 목의 근육을 강화시키기 위한 마사지이며, 마지막 그림은 걷기를 위한 연습이다.

출처: Adolph & Robinson (2015).

주요 학습 개념

1. 태내기 발달

• 태내기는 수정부터 출산까지 약 38주의 기간을 뜻하며, 다음의 세 발달 단계로 나뉜다.

발아기	배아기	태아기
수정 후 2주 –착상 –태반 형성	수정 후 2~8주 –세포층 형성 –신경관 형성	수정 후 2개월~출생 –태동 지각 –성별 구분 가능 –골격 발달 –체모 형성 –시청각 발달 –지방 조직의 발달

• 기형유발물질(teratogen)은 태내기 발달에 악영향을 미치는 물질이며, 여기에는 탈리도마이드(thalidomide), 알코올, 니코틴, 카페인 등이 속한다.

2. 신생아기 발달

• 반사의 유형은 크게 다음의 세 가지로 나뉜다.

➤접근 반사: 호흡, 빨기, 삼키기 등 받아들이는 행동

➤회피 반사: 기침, 재채기, 눈 깜박임 등 신체를 위협하는 자극에 대한 반응

➤기타 반사: 잡기 반사와 모로 반사 등 생존에 도움이 되는 적응적인 반사

• 대표적인 신생아 발달 평가 척도로 아프가 척도(Apgar scale)가 있다.

3. 신경계 발달

• 신경계를 구성하는 가장 기본 단위인 뉴런(neuron)을 통해 신경 정보가 전달된다.

➤뉴런: 수상돌기(dendrites), 세포체(cell body), 축색(axon)으로 구성

• 시냅스(synapse)는 한 신경세포의 축색종말과 다른 신경세포의 수상돌기 간의 연결로, 신경세포 사이에 있는 작은 공간을 뜻한다.

➤시냅스 생성(synaptogenesis): 뉴런 간 시냅스 연결이 형성되는 현상

➤시냅스 상실(synaptic pruning): 시간이 지나면서 자주 사용되는 시냅스는 강화되고 사용되지 않는 시냅스는 소멸되는 현상

- 중추신경계는 인간의 행동과 인지를 조절하는 뇌(brain), 뇌와 감각기관들 사이에서 정보를 전달하는 척수(spinal cord)로 구성된다.
- 태아의 뇌는 전뇌, 중뇌, 후뇌로 나뉘고, 이후 대뇌, 간뇌, 중뇌, 뇌교, 소뇌, 연수로 발달하게 된다.
- 말초신경계는 신체 장기로부터의 감각을 중추신경에 전달하고 중추신경의 자극을 다시 장기로 전달한다.

4. 신체 발달

- 신체 발달은 머리에서부터 아래로 성장하는 두미(cephalocaudal) 방향과 가운데부터 시작하여 바깥쪽으로 성장하는 중심-말단(proximodistal) 방향으로 진행된다.
- 이후 청소년기가 되면 성장급등(growth spurt)이 일어나는데, 호르몬의 변화로 신장과 체중이 빠르게 성장하게 된다.

5. 운동 발달

- 대근육 운동은 걷기, 뛰기 등과 같이 큰 근육을 사용하는 것이다.
- 소근육 운동은 젓가락 사용, 양말 신기 등과 같이 미세한 근육을 사용하는 것이다.
- 한국 영아의 운동 발달은 다음과 같다.

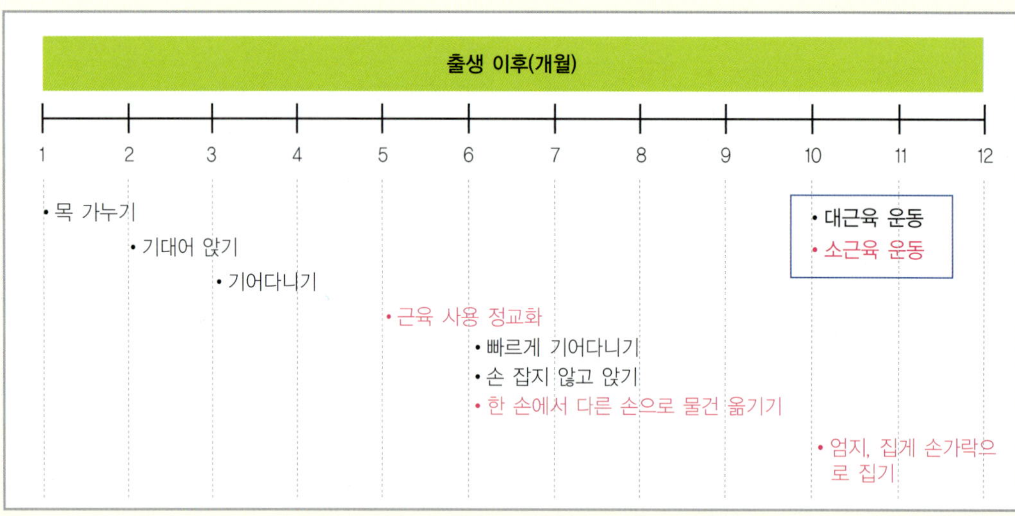

3장

지각 발달

1. 지각 연구 방법
2. 시각의 발달
3. 청각의 발달
4. 촉각의 발달
5. 미각 및 후각의 발달
6. 감각 간 지각 발달

끊임없이 노력한 Gibson, 시각 절벽 연구의 선구자가 되다

Eleanor Gibson의 '시각 절벽(visual cliff)' 실험은 심리학에서 유명한 실험으로 손꼽히며, 심리학을 막 배우기 시작한 학생들에게도 익숙한 실험이다. 이처럼 대표적인 지각 실험이 있기까지는 Gibson의 숨은 노력들이 있었다.

1950년대에는 과학적인 연구가 남자들의 산유물로 여겨졌기 때문에 실험심리학 분야에 진출한 여성심리학자는 극소수였다. 하지만 Gibson은 과학적인 것에 관심이 많아 동물을 연구할 수 있는 연구실에서 일하고 싶어 했다. Gibson은 침팬지 연구를 하는 연구실에 연락해 보았지만, 담당 교수는 연구실에 여자가 단 한 명도 없다는 이유로 그녀를 거절했다(Rodkey, 2011). 이후 Gibson은 다른 연구실에 들어가게 되었지만 16년 동안 돈을 받지 못하며 연구실 코디네이터로 일했다. 당시에는 결혼한 부부가 한 부서에서 일하는 것이 금지되어 있었는데, Gibson이 남편과 같은 부서에서 일했기 때문이었다. 그러나 Gibson은 월급을 받지 못하면서도 연구를 하고 싶어하는 열망이 있었다. 따라서 그녀는 염소 연구의 조교가 되었고 마침내 자신의 연구를 시작하게 되었다. 그런데 황당하게도 실험은 곧 중단되고 말았다. 농장 주인이 Gibson이 연구하던 염소들을 부활절 선물로 다른 곳에 보냈기 때문이었다(Rodkey, 2011). 하지만 그녀는 연구가 허무하게 중단된 상황에서도 또 다른 연구 기회를 찾기 위해 끊임없이 노력했다.

이 외에도 연구에 대한 Gibson의 열정을 잘 보여 주는 예가 있다. Gibson이 그녀의 가족과 함께 그랜드캐년(Grand Canyon)으로 여행을 갔을 때였다. 그녀는 아이들이 절벽 가장자리로 갈 수도 있다는 생각에 노심초사했다. 그러자 그녀의 남편은 아이들에게도 깊이를 지각하는 능력이 있을 거라며 그녀를 안심시켰다(Rodkey, 2011). 그 후 Gibson은 영아의 깊이 지각 능력에 대해 연구를 하였고 그 결과, 영아도 깊이를 인지할 수 있다는 것을 발견했다. 그녀의 남편이 무심코 위로하려 건넨 말이 사실이었던 것이다. 이것이 바로 Gibson의 유명한 시각 절벽 연구다. 이렇듯 Gibson은 매 순간 연구에 대한 생각의 끈을 놓지 않고 어느 곳에서든 연구에 대한 영감을 얻었다. 끊임없는 노력과 포기하지 않는 열정으로 그녀는 시각 절벽 연구의 선구자가 되었다.

Eleanor Gibson과 그녀의 시각 절벽 실험

사람은 시각, 청각, 촉각, 미각 그리고 후각을 가지고 있으며 이 다섯 가지 감각 기관을 통해 외부 자극을 받아들이고 세상을 이해한다. 이때 사람이 자극을 받아들이는 과정을 감각(sensation)이라고 하며, 그 자극을 통해 세상이 주는 정보를 이해하는 것을 지각(perception)이라고 한다. 예를 들어, 사람은 감각 과정을 통해 다가오는 자동차를 보고 지각 과정을 통해 '자동차다'라고 인지한 후, '위험하다, 피해야겠다'라는 생각을 하며 상황을 이해한다. 지각 발달은 주로 영아기에 이루어지기 때문에 연구자들은 영아를 대상으로 많은 연구를 진행해 왔다. 따라서 이 장에서는 영아기에 일어나는 지각 발달에 중점을 두고 지각 연구 방법과 시각, 청각, 촉각, 미각 및 후각 발달과 감각 간 지각 능력 발달에 대해 살펴보겠다.

1. 지각 연구 방법

영아는 자신의 상태나 생각을 말로 표현하지 못하고 다른 사람의 말도 이해하지 못한다. 이러한 영아의 지각을 연구하기 위해 연구자들은 다양한 방법들을 개발하였다. 그중 널리 쓰이는 방법으로는 지각적 선호 실험과 습관화 및 탈습관화가 있다. 이 외에도 아이 트래킹이나 뇌 영상법이 지각 연구에서 자주 사용되고 있다.

지각적 선호 실험(visual preference method)에서는 몇 가지 물체를 영아에게 보여 주고 영아가 어떠한 물체를 더 오랫동안 응시하는지 살핀다. 영아가 다른 물체보다 어느 특정한 물체를 좀 더 오래 응시한다면, 이는 영아가 그 물체를 선호하며 두 물체를 구분할 수 있다는 것을 뜻한다. 지각적 선호 실험은 Fantz에 의해 처음 실시되었다. Fantz(1963)는 [그림 3-1]과 같이 관찰 상자(looking chamber)를 이용해 영아에게 두 가지 그림을 보여 주고, 영아가 어느 그림을 더 오래 응시하는지 살폈다. 이때 영아는 두 그림 중 한 그림을 더 오래 응시하였고, 이는 영아가 두 그림이 다르다는 것을 지각한다는 것을 보여 주었다.

사람들은 새로운 자극에 많은 관심을 보이지만, 같은 자극을 반복적으로 보게 될 경우 흥미를 잃는다. 그러나 또 다른 새로운 자극이 주어지면 다시 관심을 보인다. 습관화 및 탈

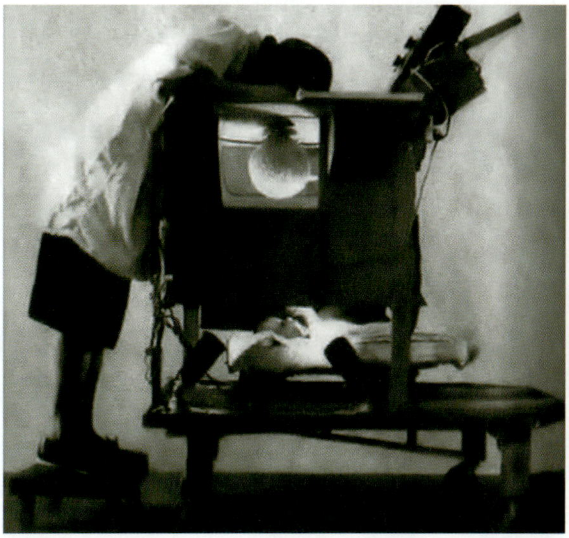

[그림 3-1] 지각적 선호 실험

Fantz(1963)가 지각적 선호 실험에서 영아에게 두 개의 그림을 보여 주자 영아는 그중 한 그림을 더 오래 응시하였다. 이는 영아가 두 물체를 구분할 수 있는 지각 능력을 가지고 있다는 것을 뜻한다.

출처: http://www.perkinselearning.org/webcast/visual-acuity-testing-part-1-history-preferential-looking-and-early-testing

습관화(habituation and dishabituation)는 이러한 과정을 이용하여 영아의 지각 능력을 측정한다. 예를 들어, 영아에게 한 그림을 보여 주었을 때, 영아가 지속적으로 그림을 쳐다보다가 흥미를 잃고 더는 쳐다보지 않는다면 이는 영아가 그 그림에 습관화됐다고 볼 수 있다. 이후 영아에게 새로운 그림을 보여 주었는데 영아가 새로운 그림을 이전 것보다 더 오랫동안 응시한다면 영아는 이전 그림에 대해 탈습관화가 된 것이다. 즉, 영아가 탈습관화를 했다는 것은 이전 자극과 새로운 자극을 구분할 수 있다는 것을 보여 준다.

습관화 및 탈습관화는 시각뿐 아니라 청각을 연구할 때에도 사용된다. 영아의 청각을 연구하기 위해 연구자들은 습관화와 탈습관화 원리를 이용한 높은 진폭의 빨기(high-amplitude sucking) 방법을 사용한다([그림 3-2] 참조). 이 실험에서 연구자들은 영아가 젖꼭지를 얼마나 빨리 빠는지를 먼저 측정한다. 이후 영아에게 기계와 연결된 인조 젖꼭지를 물리는데, 영아가 인조 젖꼭지를 평소보다 빨리 빨게 되면 기계에서 소리가 난다. 처음에 영아는 기계에서 나는 소리를 계속해서 듣고 싶어서 인조 젖꼭지를 빨리 빤다. 그러나 영아는 얼마 지나지 않아 반복되는 소리에 곧 싫증을 내고 인조 젖꼭지를 빠는 행동을 줄이게 된다(Menn & Stoel-Gammon, 2009). 그러다 또 다른 새로운 소리가 들리면 영아는 다시 흥미를 보이고 인조 젖꼭지를 빨리 빨기 시작한다.

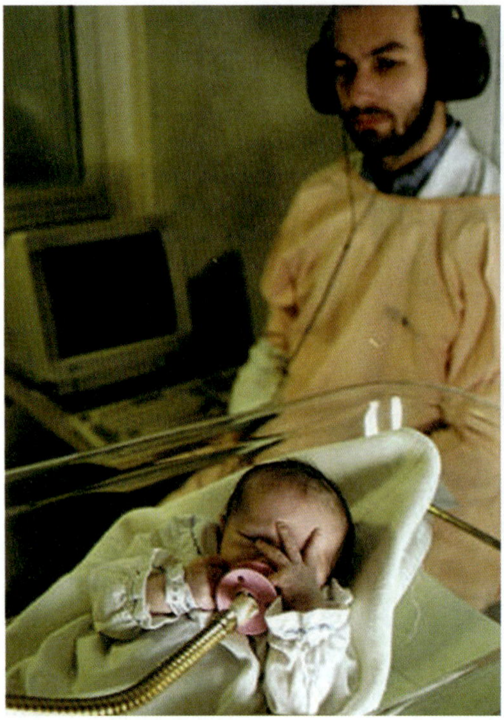

[그림 3-2] 높은 진폭의 빨기

높은 진폭의 빨기 방법을 이용해서 연구자가 영아의 청각 능력을 측정하고 있다. 인조 젖꼭지는 소리가 나는 기계와 연결되어 있는데, 영아가 인조 젖꼭지를 빨리 빨면 새로운 소리가 난다. 새로운 소리가 듣고 싶어 인조 젖꼭지를 빨리 빨던 영아는 곧 싫증을 내고 빨기 행동을 줄이게 된다.

출처: http://uohherald.commuoh.in/acquisition-of-spoken-language/

영아의 지각 능력을 연구할 수 있는 새로운 방법으로는 아이 트래킹이 있다. 아이 트래킹(eye-tracking)은 영아의 안구 운동을 측정하는 방법이며, 시표 측정이라고도 불린다. 연구자들은 [그림 3-3]의 (A)와 같이 초경량 무선기계를 영아의 머리에 달고 영아가 자유롭게 움직이는 동안 영아의 시선이 어디에 머무르는지 추적한다.

지각을 연구하는 또 다른 방법으로는 뇌 영상법(brain imaging)이 있다([그림 3-3]의 (B) 참조). 뇌 영상법은 어느 뇌 영역이 활성화되고 있는지를 이미지로 보여 준다. 원래 뇌 영상법에서 주로 사용되던 방법은 양전자 방출 단층촬영술(position emission tomography: PET)이다. PET는 인체에 해롭지 않은 방사선 물질을 혈관에 투입하는데, 이때 뇌가 활성화된 곳에 더 많은 혈류가 흐르게 되고 따라서 그 영역에서 다량의 방사선 물질이 촬영된다. 오늘날 보편적으로 사용되는 방법은 기능적 자기공명영상(functional magnetic resonance imaging: fMRI)으로 혈류 속에서 산소를 공급하는 헤모글로빈의 자성을 이용해 뇌 활성화를 측정한다. 즉, fMRI는 활성화된 뇌 영역이 산소를 더 많이 사용하면서 더 강한 자성을 띠게 된다는 특징을 이용해 활성화된 뇌 영역을 촬영하는 것이다.

이전의 많은 연구들은 습관화 방법에 의존하여 영아의 지각을 연구했지만, 최근에는 다양한 방법들이 쓰이고 있다. 이처럼 연구자들은 아이 트래킹, 뇌 영상법, 양전자 방출 단층촬영술 그리고 기능적 자기공명영상 등으로 영아의 지각을 측정하려는 노력을 한다.

(A)

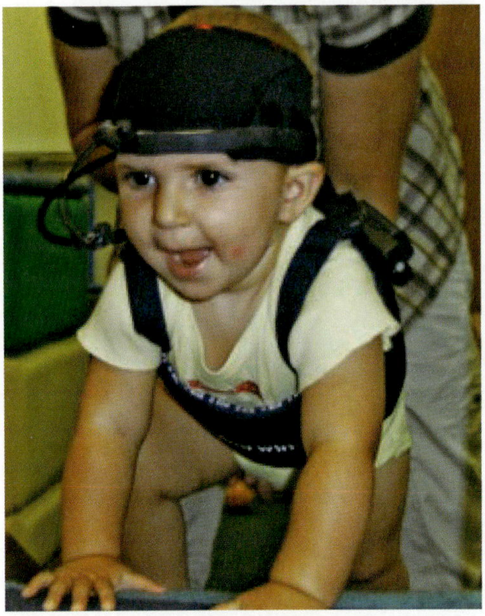

(B)

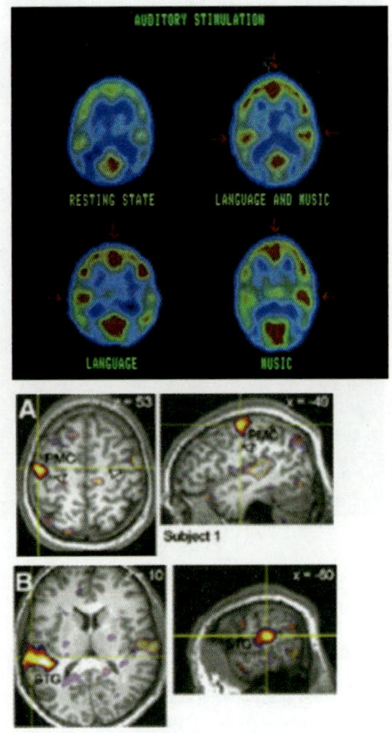

[그림 3-3] 아이 트래킹과 뇌 영상법

(A) 아이 트래킹은 초경량 무선기계를 영아들의 이마에 두르고 영아가 어디를 응시하는지 측정한다. 이를 통해 영아의 지각 발달을 측정할 수 있다.

(B) PET(위)는 방사선 물질을 혈관에 투입하여 활성화되는 뇌 영역을 촬영한다. fMRI(아래)는 뇌가 활성화된 부위에 높은 산소포화도가 나타나는 점을 활용하여, 산소의 헤모글로빈 자성을 이용해 뇌를 촬영한다.

출처: http://sfari.org/news-and-opinion/toolbox/2011/eye-tracking-device-travels-with-toddlers

2. 시각의 발달

시각은 눈을 통해 사물을 보는 감각으로, 인간은 시각을 통해 환경에 적응하고 많은 정보를 얻으며 세상을 배워 나간다. 시각이 발달하기 위해서는 시력의 발달뿐 아니라 시지각 발달이 함께 이루어져야 한다.

태어난 지 몇 분이 채 안 된 영아도 세상을 볼 수 있다. 그러나 이때의 시력은 성인의 시력에 한참 미치지 못한다(Siegler, 2010). 갓 태어난 영아의 시력은 성인 시력의 1/40밖에 되지 않는데, 이는 망막이 아직 성숙하지 않았기 때문이다(Maurer & Lewis, 2001). [그림 3-4]에서 보듯 성인이 보는 강아지의 모습과 영아가 보는 모습에는 큰 차이가 있다. 같은 대상을 보더라도 영아는 성인에 비해 흐릿한 형체만을 볼 수 있다. 영아의 시력은 생후 6개월 즈음이 되었을 때 빠른 속도로 발달하기 시작하여 출생 때보다 5배가 좋아지고, 만 6세가 되면 성인과

(A) 성인이 보는 강아지 (B) 영아가 보는 강아지

[그림 3-4] 영아기 시력의 발달

(A) 성인은 충분한 시각 경험을 하였으므로 성숙한 망막을 가지고 있다. 따라서 성인의 시력은 좋기 때문에 강아지를 잘 볼 수 있다.

(B) 영아는 불충분한 시각 경험을 하였으므로 미성숙한 망막을 가지고 있다. 따라서 영아의 시력은 좋지 않아 강아지의 모습을 또렷하게 볼 수 없다.

비슷한 시력을 갖게 된다(Kellman & Arterberry, 2006).

Maurer와 Lewis(2001)는 선천성 백내장을 가지고 태어난 영아는 훗날 수술을 받아도 완벽한 시력을 회복하지 못한다는 사실을 발견하고, 영아기 시각 경험의 중요성을 강조하였다. 영아가 정확한 시력을 갖기 위해서는 생후 약 1년 동안 충분한 시각 경험(visual experience)을 해야 한다.

영아의 시력은 성인에 비해 좋지 않지만, 그럼에도 영아는 시각을 통해 다양한 정보를 얻는다. 영아가 눈으로 보는 정보를 처리하고 이를 이해하는 시지각 능력의 발달은 형태, 얼굴, 색깔, 크기, 깊이뿐 아니라 움직임을 포함한 다양한 영역에서 확인할 수 있다. 이에 대하여 하나씩 살펴보도록 하겠다.

1) 형태 지각

영아기에는 아직 망막이 성숙되지 않았기 때문에 대비 민감도가 매우 낮다. 대비 민감도(contrast sensitivity)란 명도 차이에 대한 민감도를 말한다. 영아는 물체 간의 극명한 명도 차이를 구분하지 못한다(Banks & Dannemiller, 1987). 이 외에도 연구자들은 영아가 선호하는 형태

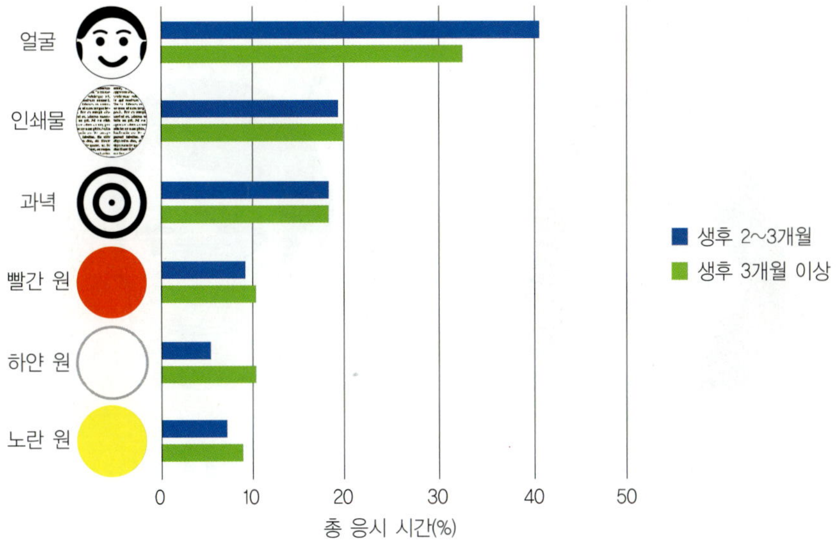

[그림 3-5] 유형 및 형태 지각

Fantz(1961)는 영아가 여러 가지 형태(얼굴, 인쇄물, 과녁, 빨간 원, 하얀 원, 노란 원)를 각각 응시한 시간을 측정하였다. 영아는 얼굴 형태를 가장 오래 응시하는 것으로 나타났다. 이는 영아가 더 오래 응시할수록 그 형태를 더 선호하는 것이다.

출처: Fantz (1961).

에 대한 연구를 하였다. 대표적인 연구로는 Fantz(1961)의 연구가 있는데, 그는 영아가 각각의 형태를 응시하는 시간을 측정해서 영아가 어떤 형태를 선호하는지 알아보았다. 실험자가 영아에게 보여 준 형태는 사람의 얼굴, 인쇄물, 과녁, 빨간 원, 하얀 원 그리고 노란 원이었다. 그 결과, [그림 3-5]에서 보듯이 영아는 얼굴 형태를 가장 가장 오래 쳐다보았다. 영아는 다른 형태보다 얼굴 형태를 더 선호했던 것이다. 또 다른 연구에서도 영아가 어떤 형태를 선호하는지를 알아보았다(Banks & Ginsburg, 1985). 그 결과, 영아는 모서리와 각이 있는 부분을 더 많이 쳐다 보았다. 또한 작은 물체보다는 큰 물체를, 내부보다는 외곽선을, 단순한 형태보다는 적당히 복잡한 형태를 선호하였다. 즉, 영아는 뚜렷하게 잘 보이는 형태를 선호한다고 할 수 있다. 다른 연구에서도 영아가 대비가 뚜렷한 윤곽을 선호한다는 특징을 보여 주는데, 이 실험에서는 생후 1개월의 영아와 생후 2개월의 영아가 사람의 얼굴을 볼 때 어느 부분들을 주로 보는지 알아보았다(Salapatek, 1975). 그 결과 [그림 3-6]에서 보여지는 것과 같이 생후 1개월의 영아는 얼굴 외곽을 주로 훑어보았고, 생후 2개월의 영아는 눈이나 코와 같이 세세한 부분을 응시했다. 이는 어린 영아일수록 시각피질과 피질하 구조가 아직 미성숙하므로 대비가 뚜렷하게 나타나는 윤곽을 더 많이 응시한다는 것을 보여 준다(Sieger, 2004).

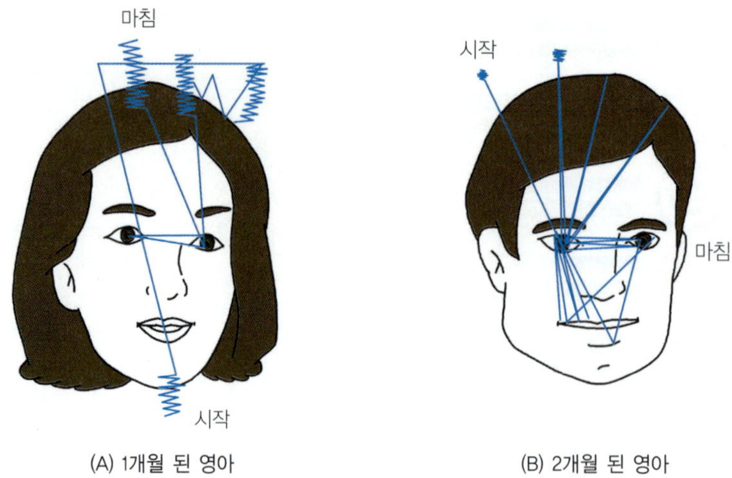

[그림 3-6] 대비 민감도

(A) 생후 1개월의 영아는 사람의 얼굴에서 윤곽을 더 많이 응시했다. 아직 망막이 성숙하지 않은 상태이기 때문에 극명한 대비를 보이는 얼굴 윤곽을 응시한 것이다.

(B) 생후 2개월의 영아는 눈과 코 등을 더 많이 응시했다. 이는 망막의 성숙으로 인해 더 자세한 부분을 응시한 것이다.

2) 얼굴 지각

[그림 3-7]을 한번 살펴보자. 두 남성의 얼굴이 다르다는 것은 금방 알 수 있지만, 두 원숭이의 얼굴은 구별하기 쉽지 않을 것이다. 그러나 Pascalis, de Haan과 Nelson(2002)이 생후 6개월의 영아에게 성인과 원숭이의 얼굴을 보여 주었던 연구에 따르면, 생후 6개월이 된 영아는 두 남성의 얼굴뿐만 아니라 비슷해 보이는 두 원숭이의 얼굴도 쉽게 구별할 수 있었다. 반면, 9개월이 된 영아는 두 남성의 얼굴은 구별했지만, 두 원숭이의 얼굴을 구별하는 데에는 어려움을 겪었다. 6개월 이후의 영아가 원숭이의 얼굴을 구별할 수 없는 정확한 이유는 알려져 있지 않지만, 많은 연구자는 이러한 결과를 통해 발달 초기의 시각 경험이 중요한 역할을 한다고 제안한다. 우리는 어렸을 때부터 사람의 얼굴에 많이 노출되기 때문에 이에 맞춰 사람의 얼굴을 지각할 수 있는 능력으로 조율된다. 그러나 아직 사람얼굴에 조율이 안 된 생후 6개월 영아는 원숭이 얼굴도 구별할 수 있는 것이다. 또 다른 연구에서는 어린 시기에 충분한 시각적 경험을 하지 못한 백내장 환자들이 사람의 얼굴을 인식하지 못한다는 결과를 보여 주었다(Le Grand, Mondloch, Maurer, & Brent, 2004). 그러나 백내장이 있는 영아 중 생후 6주 때 수술을 받은 경우에는 정상적으로 사람의 얼굴을 지각할 수

있었다(Mondloch, Lewis, Levin, & Maurer, 2013). 이를 통해 얼굴 지각은 이른 시기에 어떤 시각 경험을 하느냐와 초기에 어떤 얼굴에 더 많이 노출되느냐에 따라 '조율'된다고 볼 수 있다.

3) 색깔 지각

사람은 빛의 파장 중 400nm에서 700nm 사이를 볼 수 있는데, 450~480nm는 파란색, 510~540nm는 녹색 그리고 615~650nm는 빨간색으로 범주화하여 지각한다(곽금주, 김연수, 2014). 영아는 생후 약 8주가 되면 몇 가지 색깔을 구별할 수 있게 된다(Kelly, Borchert, & Teller, 1997).

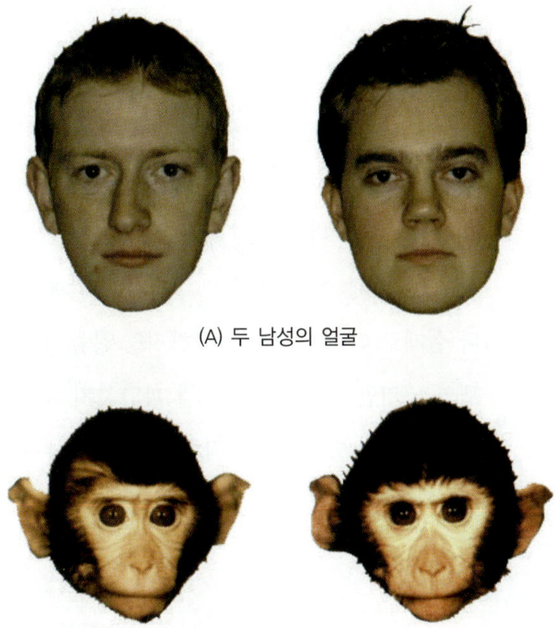

(A) 두 남성의 얼굴

(B) 두 원숭이의 얼굴

[그림 3-7] 얼굴 지각

(A) 생후 6개월의 영아와 생후 9개월의 영아 모두 두 남성의 얼굴을 잘 구별할 수 있었다.

(B) 생후 6개월의 영아는 두 원숭이의 얼굴을 잘 구별한 반면, 생후 9개월의 영아는 두 원숭이의 얼굴을 구별하는 데는 어려움을 겪었다.

그렇다면 영아가 선호하는 색깔이 따로 있을까? Zemach, Chang과 Teller(2007)는 색상과 채도는 다양하지만 같은 명도를 유지하는 색깔의 집합을 생후 3개월의 영아들에게 보여 주었다. 이후 영아들이 컴퓨터 화면을 통해 하얀색과 더불어 다른 색깔들을 순서대로 보는 동안 관찰자는 영아가 얼마나 오랫동안 각각의 색깔을 보는지 기록하였다. 그 결과, 영아는 하얀색보다 다른 색깔을 더 오래 응시했으며 특히 파란색과 보라색을 더 선호했다. 또 다른 연구에서는 빨강, 노랑, 초록, 파랑의 밝기를 다르게 하여 총 여덟 가지 색상을 성인과 영아에게 보여 주었다. 그 결과, 성인은 대체로 파란색을 선호하고 초록색 빛을 띠는 노란색을 가장 선호하지 않았지만, 영아는 성인과 비교했을 때 어두운 노란색을 선호했고 연한 하늘색을 덜 선호하는 것으로 나타났다(Taylor et al., 2013). 이처럼 다양한 실험 결과를 통해 영아가 색깔을 구분하고 범주화할 수 있다는 사실을 알 수 있다. 그렇지만 보편적으로 선호하는 색깔이 무엇인지에 대해서는 일관된 결과가 없기 때문에 여전히 많은 연구가 필요할 것으로 보인다.

4) 크기 지각

크기 항상성(size constancy)이란, 물체가 관찰자에게 가까이 있을 때와 멀리 있을 때 망막에 비치는 크기는 다르지만, 물체의 실제 크기는 변하지 않는다는 사실을 아는 것이다. 예를 들어, [그림 3-8]과 같이 눈 앞에 물병이 있고 창밖으로는 사람들이 운동을 하고 있다고 가정하자. 이때 눈 앞에 있는 물병은 창밖에 보이는 사람보다 커 보이지만, 그 물병이 사람보다 실제로 더 크다고는 생각하지는 않을 것이다. 이와 같이 성인은 단순히 망막에 비치는 물체의 크기만으로 모든 정보를 파악하지 않는다. 한편, 영아는 생후 약 3개월부터 크기 항상성을 조금씩 이해하기 시작한다(Day & McKenzie, 1973).

[그림 3-8] 크기 항상성

영아는 생후 3개월부터 크기 항상성에 대한 개념을 이해한다. 가까이 있는 물병이 멀리서 운동하는 사람보다 더 커 보이지만, 실제로는 물병이 사람보다 작다는 것을 아는 것이 크기 항상성이다.

5) 깊이 지각

높은 건물 옥상에서 아래를 내려다본다고 가정하자. 그러면 심장 박동수가 올라가고 점점 공포심을 느낄 것이다. 높은 곳이 위험하다는 것을 지각하고 있기 때문이다. Gibson과

[그림 3-9] 깊이 지각

Gibson과 Walk(1960)는 시각 절벽 실험을 통해 영아가 깊이를 지각할 수 있는지를 알아보았다. 영아는 투명한 유리로 덮인 곳을 지나 엄마에게 가야 했고, 유리는 지면으로부터 약 1미터가 떨어져 있었다. 생후 6개월의 영아는 유리 위를 지나기 전에 머뭇거렸는데, 이는 영아가 깊이를 지각한다는 것을 보여 주고 있다.

Walk(1960)는 시각 절벽(visual cliff)을 이용하여 영아가 깊이를 지각하는지 알아보았다. 이 실험에서 영아는 체크 패턴이 그려져 있는 판을 건너게 되는데, 이 판의 중간 부분은 투명한 유리로 덮여 있고 약 1미터 아래에 체크 패턴이 그려져 있어 마치 갑자기 땅이 꺼지는 듯한 느낌을 주도록 설계되어 있었다([그림 3-9] 참조). 연구 결과, 생후 6개월 이후 영아는 깊이를 지각하고, 투명한 유리로 덮여 있는 부분을 건너기 전 머뭇거렸다. Gibson과 Walk는 영아가 기어 다니기 시작하는 시기와 깊이를 지각하는 시기가 비슷하다고 제안했다. 그러나 후속연구에서는 어리게는 생후 1개월의 영아도 깊이를 지각할 수 있다고 제안하고 있다(Carroll & Gibson, 1981; Schmuckler & Li, 1998).

깊이를 알려 주는 단서는 다양하다. 그중 주로 쓰이는 것으로는 시각적 모션 단서나 양안 단서 그리고 그림 단서가 있다. 시각적 모션 단서(dynamic cues)는 물체가 움직이거나 관찰자가 움직일 때 물체의 '움직임'이 변하는 정도에 따라 거리 혹은 깊이를 지각하도록 도와준다. 예를 들어, [그림 3-10]처럼 눈에 보이는 대상의 거리에 따라 망막에 맺히는 상의 변화 폭은 다르다. 소처럼 가까이에 있는 대상은 관찰자가 한 위치에서 다른 위치로 움직

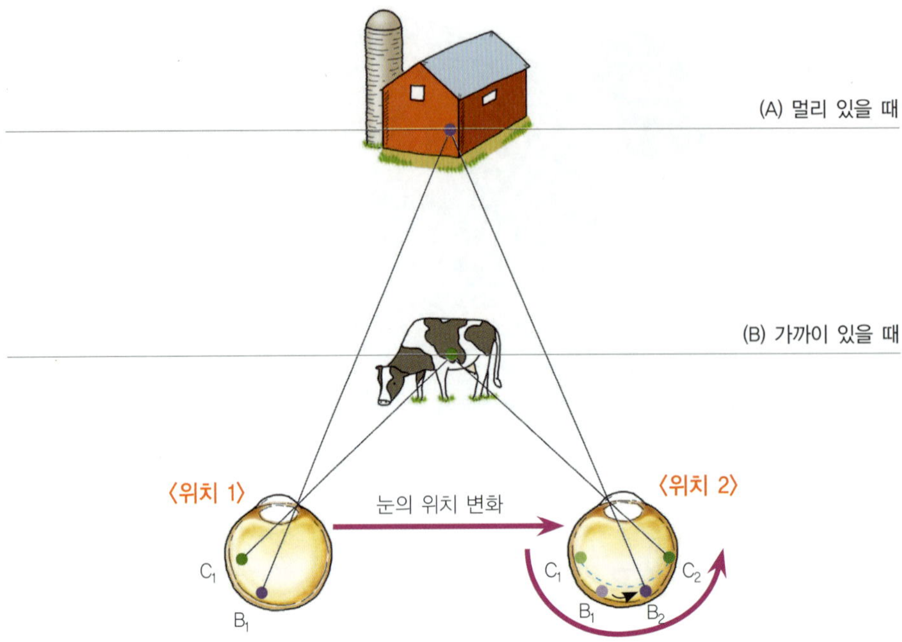

[그림 3-10] 시각적 모션 단서

(A) 멀리 있는 집을 〈위치 1〉에서 보면 B_1에 상이 맺히고, 〈위치 2〉에서 집을 보게 되면 B_2에 상이 맺힌다. 먼 곳을 볼 때는 상의 위치가 크게 달라지지 않았다고 할 수 있다.

(B) 가까이에 있는 소를 〈위치 1〉에서 볼 때는 C_1에 상이 맺히고, 〈위치 2〉로 이동하여 소를 보게 되면 C_2에 상이 맺힌다. 가까운 곳을 볼 때는 상의 위치가 크게 달라졌다고 할 수 있다.

일 때 맺히는 상의 위치가 크게 달라진다. 관찰자가 〈위치 1〉에서 소를 봤을 때 망막의 C_1에 상이 맺혔다면, 〈위치 2〉로 자리 이동을 한 후에는 C_2에 상이 맺힌다. 따라서 관찰자가 움직이면 소도 크게 움직이는 것처럼 보이는 것이다. 반면, 멀리 있는 건물은 관찰자의 움직임에 따라 맺히는 상의 위치가 크게 달라지지 않는다. 〈위치 1〉에서 보았을 때는 B_1에 맺혔지만 〈위치 2〉로 옮겼을 때는 B_2에 맺힌다. 관찰자가 크게 움직여도 멀리 있는 건물은 그 자리에 가만히 있는 것처럼 보이는 것이다. 이러한 움직임의 차이는 대상이 멀리 있는지 혹은 깊이 있는지를 알려주는 단서가 된다.

두 눈을 사용하는 양안 단서(binocular cues)로는 양안 시차(binocular disparity)와 수렴(convergence)이 있다. [그림 3-11]의 (A)에서 피라미드를 왼쪽 눈으로 바라보았을 때와 오른쪽 눈으로 바라보았을 때 보이는 모습이 다른데, 양안 시차는 이러한 차이를 이용해서 깊이를 지각한다. 물체가 가까이에 있을수록 양 눈에서 비치는 상의 차이가 크다. 양안 시차가 두 눈에 비치는 상의 차이를 이용한다면, 수렴은 두 눈의 '움직임'을 이용한다. [그림 3-11]의

(B)와 같이 연필을 손에 쥐고 팔을 멀리 뻗은 다음 연필을 바라보면 아무런 문제가 없지만, 연필을 코 가까이 가져와서 바라볼 때에는 초점을 맞추기가 어렵고 양 눈이 한 가운데로 모이게 된다. 이때는 물체의 거리에 따라 눈 주위에 있는 근육이 움직여 눈의 움직임을 조절하게 되는데 이때의 움직임의 차이를 통해 깊이를 지각할 수 있다.

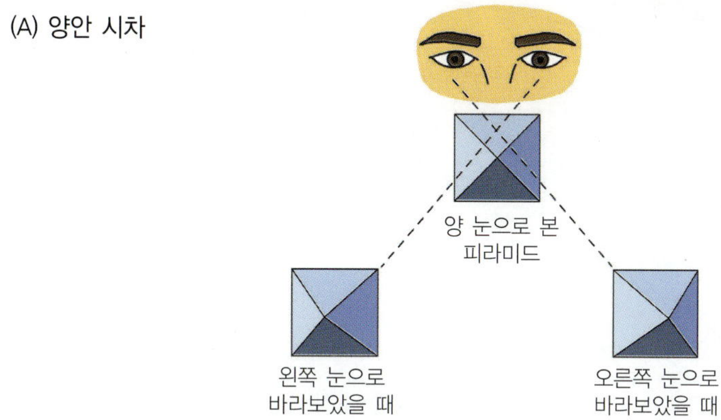

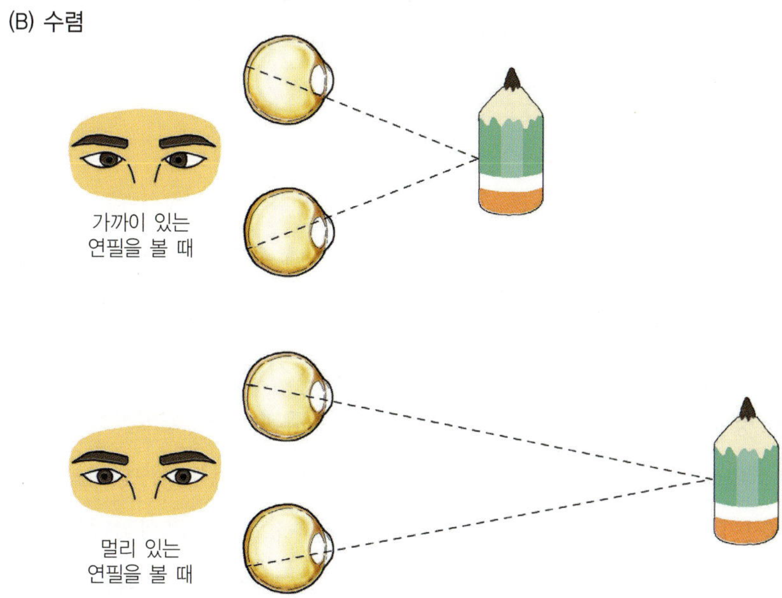

[그림 3-11] 양안 시차와 수렴

(A) 피라미드를 볼 때, 왼쪽 눈으로 봤을 때와 오른쪽 눈으로 봤을 때 보이는 모습이 다르다. 양안 시차는 이렇게 각 눈에 비치는 상의 차이를 이용해서 깊이를 지각하는 것을 뜻한다.

(B) 첫 번째 그림처럼 가까운 연필을 보면 눈이 가운데로 몰리면서 초점을 맞추기 힘들어지는 반면, 두 번째 그림처럼 멀리 있는 연필을 보면 이러한 문제가 없어진다. 인간의 눈은 이러한 단서들을 이용해서 깊이와 길이를 지각한다.

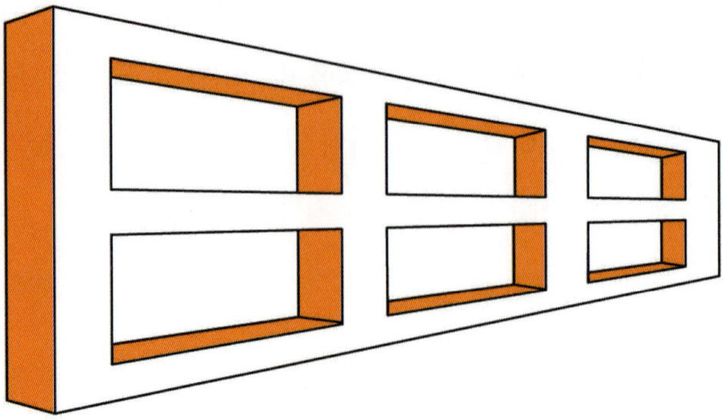

[그림 3-12] 그림 단서

그림 단서로는 한쪽 눈만 사용해도 깊이를 지각할 수 있다. 그림 단서는 단안 깊이 단서라고도 불리는데, 생후 7개월의 영아도 이를 이용해서 깊이를 지각한다.

그림 단서(pictorial cues)는 한쪽 눈으로도 사용할 수 있으므로 단안 깊이 단서(monocular depth cues)라고도 불린다. [그림 3-12]를 보면 물체가 살짝 대각선으로 놓여 있어서 물체의 왼쪽 부분이 오른쪽 부분보다 사람에게 더 가까이 있다는 것을 알 수 있다. 영아도 생후 7개월이 되면 이러한 그림 단서를 이용하여 깊이를 지각할 수 있다(Yonas, Cleaves, & Pettersen, 1978).

6) 운동 지각

일반적으로 사람들은 자신을 향해 달려오는 자동차를 볼 때, 위험을 지각하고 이를 피한다. 그러나 이때 움직이는 자동차를 지각하지 못한다면 차를 피하지 못해 매우 위험할 것이다. Ruff(1982)에 따르면 영아는 생후 약 3.5개월에 움직임을 지각한다. 그리고 생후 5개월이 되었을 때 한 방향에서 다른 방향으로 움직이는 진동 운동과 원을 그리는 회전 운동을 구별할 수 있게 된다(곽금주, 김연수, 2014). [그림 3-13]의 (A)와 같이 단순히 몇 개의 점들을 볼 때는 무슨 형상인지 정확하게 알아보기 쉽지 않다. 그러나 [그림 3-13]의 (B)와 같이 점들이 움직임을 나타내면 이 형상이 사람이 걷는 모습임을 바로 인지할 수 있다. 놀랍게도, Arterberry와 Bornstein(2001)에 따르면 영아도 생후 약 5개월부터 점들의 움직임을 보고 사람임을 지각할 수 있다고 한다.

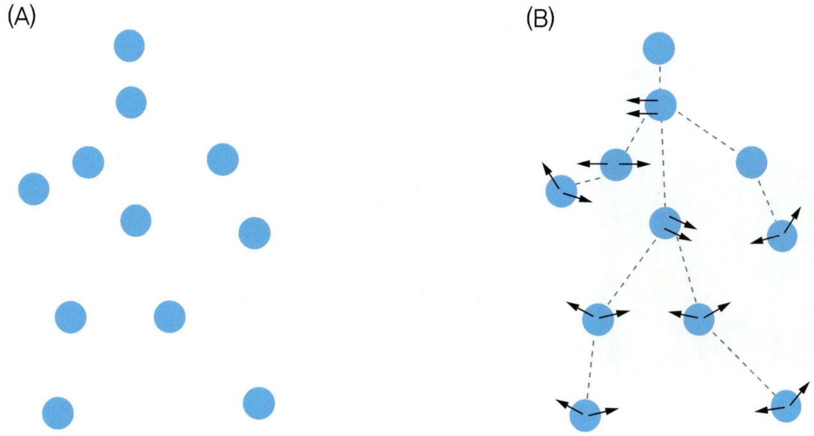

[그림 3-13] 운동 지각

(A) 점들만 그려져 있으면 점들이 무엇을 나타내는지 알기 어렵다.
(B) 점들이 움직이는 표시가 있으면, 점들이 사람을 나타낸다는 것을 쉽게 알 수 있다. 영아는 생후 5개월부터 움직이는 점들을 알아보는 운동 지각 능력을 갖추게 된다.

출처: Steinberg et al. (2011: 곽금주, 김연수, 2014에서 재인용).

7) 물체의 단일성

Kellman과 Spelke(1983)는 영아도 물체의 단일성을 알고 있다고 주장하였다. 물체의 단일성이란 부분적으로 가려진 것이 한 물체인 것을 아는 것이다. [그림 3-14]와 같이 막대가 네모난 박스 뒤에 가려져 두 개의 막대처럼 보여도 영아는 이것이 한 물체인 것을 안다. 이 실험에서 생후 4개월 된 영아들은 [그림 3-14]의 (A)처럼 네모난 물체 뒤에서 막대가 양 옆으로 움직이는 것을 보았다. 그 후 영아들은 (B)와 (C)를 보게 되었는데, 그들은 (B)보다 (C)를 더 오래 쳐다보았다. 영아들은 박스 뒤에 가려 두 개로 보이는 막대가 실제로는 (B)와 같은 하나의 막대라고 생각했는데, 자신들의 예측과는 다르게 (C)와 같이 분리된 두 개의 막대를 보고서 놀라면서 이를 더 오래 쳐다보는 것이다. 이처럼 영아는 부분적으로 가려진 물체가 함께 움직이면, 그 물체가 하나의 물체라는 것을 인식한다.

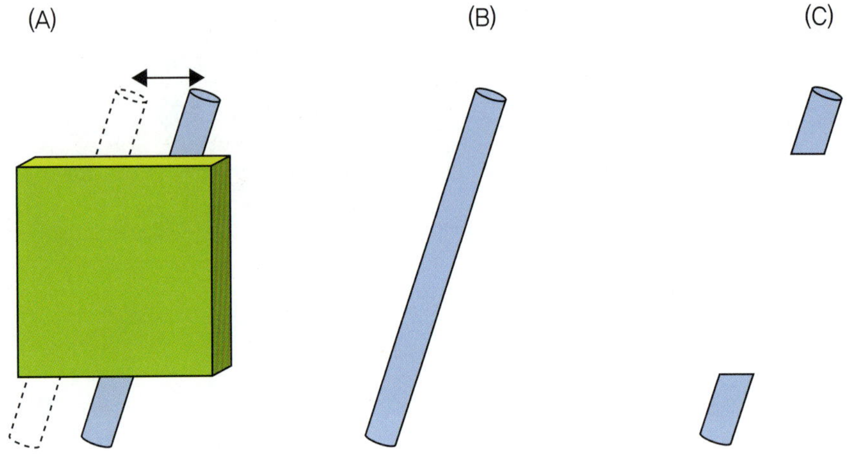

[그림 3-14] 물체의 단일성

(A) 영아는 네모난 박스 뒤에 있는 막대가 옆으로 움직이는 것을 본다.
(B) 영아에게 하나의 막대를 보여 준다. 영아는 박스 뒤의 움직이는 막대가 하나라고 생각했기 때문에, 이는 영아가 예측했던 막대와 동일한 막대이다.
(C) 영아에게 분리된 두 개의 막대를 보여 준다. 영아는 박스 뒤의 막대가 하나라고 생각했으므로 두 개의 막대에 놀라 오랫동안 쳐다보았다.

3. 청각의 발달

사람은 일상생활 속에서 다양한 소리를 듣고 정보를 얻는다. 예를 들어, 알람 소리에 잠에서 깨기도 하고, 강의를 들으면서 무엇을 배우기도 하는 등 청각은 사람이 세상을 이해하는 데 많은 도움을 준다. DeCasper와 Spence(1986)는 서로 다른 소리에 대한 변별 능력이 언제부터 발달하는지에 대해 연구하였다. 이들은 임신 약 7개월 반에 접어든 엄마들에게 6주 동안 매일 닥터 수스(Dr. Seuss)의 『모자 속의 고양이(The Cat in the Hat)』라는 책을 영아에게 읽어 주라고 했다. 출산 이후, 연구자들은 다시 엄마들에게 영아가 뱃속에서 6주 동안 매일 들었던 닥터 수스의 책과 처음 듣는 다른 책의 이야기를 읽어 주라고 지시했다. 이때 높은 진폭의 빨기 방법을 사용하여 영아가 어떤 책을 더 선호하는지 살펴보았는데, 영아는 이전에 들었던 닥터 수스의 책을 더 선호하는 것으로 나타났다. 이러한 연구 결과는 태내에서부터 소리에 대한 학습이 이루어질 수 있다는 것을 보여 준다.

이 외에도 신생아는 태내기 때의 음악을 기억한다는 연구도 있다(Hepper, 1988). 임신 중에 드라마를 보았던 엄마의 자녀는 엄마가 임신 중에 보았던 드라마의 주제곡을 들었을 때, 울던 것을 멈추고 정신을 차리는 경향이 있었다. 반면, 그 드라마를 보지 않았던 엄마의 자녀는 드라마의 주제곡에 반응을 보이지 않았다.

사람의 귀는 머리 양쪽에 위치하기 때문에 소리의 방향에 따라 소리가 각 귀에 도착하는 시간이 다르다. 사람은 소리의 이러한 특성을 이용하여 소리가 나오는 위치를 파악할 수 있다. 예를 들어, A가 친구 B를 발견하고는 큰 소리로 B를 부를 때, 친구 B는 그 소리를 듣고 A가 있는 방향을 향해 고개를 돌릴 수 있다. 성인과 마찬가지로 영아도 소리가 어디에서부터 오는지 파악할 수 있다(Morrongiello, Fenwick, & Chance, 1998). 그러나 이러한 능력의 발달 양상에는 흥미로운 점이 있다. Muir, Abraham, Forbes와 Harris(1979)에 의하면 생후 2~3개월의 영아는 신생아보다 소리의 위치 파악 능력이 오히려 떨어지는 것으로 나타났다. 그리고 생후 4개월이 됐을 때 영아의 위치 파악 능력이 신생아 때보다 향상되며, 이에 따라 [그림 3-15]와 같은 U형 곡선(U-shaped curve)의 발달 양상을 보인다고 하였다.

위치 파악 능력이 이와 같은 흥미로운 발달 양상을 보이는 이유는 영아가 사용하는 체계가 변하기 때문이다. 신생아들은 위치를 파악할 때 가장 기본적인 체계를 사용하다가, 다양한 영역에서 발달이 일어나면서 더 정교하고 새로운 체계를 사용하기 시작한다. 새로운 체계로 적응하는 시기에는 영아의 위치 파악 능력이 떨어지는 것처럼 보이지만, 적응이 끝난 이후에 영아는 더 높은 능력을 가지게 된다.

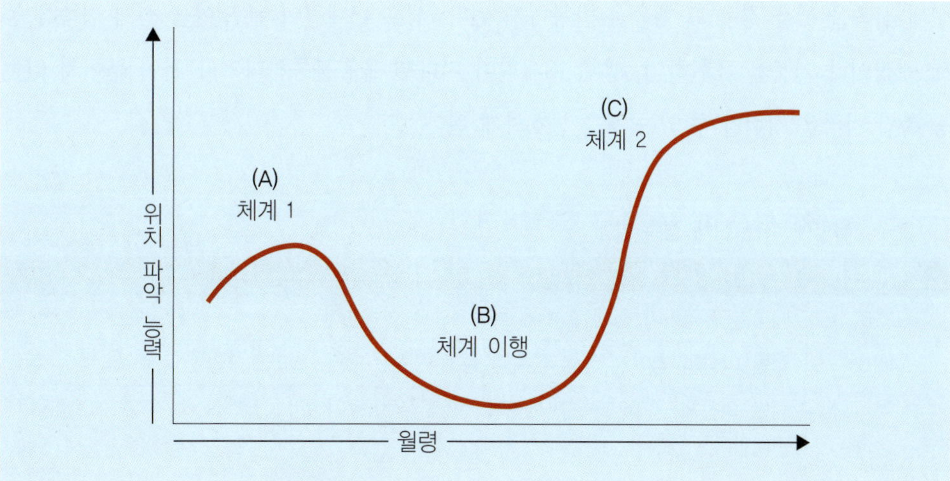

[그림 3-15] 영아기 위치 파악 능력의 U형 곡선

(A) 영아는 처음에 가장 기본적인 체계를 이용해서 위치를 파악한다.

(B) 더 높은 능력을 보이기 전에 능력의 저하가 생기는 것처럼 보이지만 이는 새로운 방법에 적응하는 것이다.

(C) 좀 더 정교한 체계를 사용하게 되면서 위치를 더 잘 파악한다.

4. 촉각의 발달

영아는 손가락, 발가락, 혀, 입 등 다양한 신체 부위를 이용해 감각을 느끼며 정보를 얻는다. 촉각은 다른 감각들과 달리 직접적으로 상호작용을 해야만 느낄 수 있기 때문에 가장 사회적인 감각 기관이라 불린다(곽금주, 김수정, 김연수, 2011). 영아는 불안하거나 졸릴 때, 엄마의 품 안에서 불안을 해소하며 엄마와의 애정을 쌓기도 한다(곽금주 외, 2011). 또한 김수정, 곽금주(2005)에 따르면 우울하거나 불안한 성향이 있는 엄마라도 수유를 하거나 기저귀를 갈아주는 상황, 목욕을 시키는 상황과 같이 자녀와 상호작용하는 상황에서 부드럽고 애정적인 접촉을 하였고 이는 영아 발달에 긍정적인 역할을 하였다.

곽금주 등(2005)에 따르면 엄마는 신체 접촉(touch)을 통해 자녀에게 의사 전달을 한다. 예를 들어, 영아가 졸려서 짜증을 내고 있다면 엄마는 영아를 부드럽게 쓰다듬어 위로하면서 의사 표현을 한다. 또한 영아가 말을 듣지 않으면 팔을 다소 거칠게 잡는 등 안 된다는 의사 표현을 하게 된다. 엄마와의 높은 수준의 신체 접촉은 영아의 안정 애착 형성에 도움을 준다. 〈표 3-1〉은 한국 영아의 신체 접촉 발달을 나열한 것이다. 한국 영아의 경우 생후 1개월에서 3개월까지는 대부분의 신체 접촉에 긍정적으로 반응한다. 생후 4~6개월이 되면 신체 접촉을 통해 원하는 것을 요구한다. 그리고 생후 7개월이 되면 특정 행동에 대해 엄마가 신체 접촉을 했을 경우 그 행동을 반복하게 된다. 생후 13개월이 된 영아는 신체 접촉을 통해 애정이나 기분을 표현하며, 생후 18개월이 지나면 울퉁불퉁하다거나 천이 붙어져 있는 등 촉감 자극을 경험할 수 있는 책을 선호하게 된다.

〈표 3-1〉 월령에 따른 신체 접촉 발달

월령(개월)	신체 접촉
1~3	대부분의 영아가 신체 접촉에 호의적으로 반응한다.
4~6	절반 이상의 영아가 신체 접촉을 통해 원하는 것을 달라고 행동한다.
7~12	절반 이상의 영아가 특정 행동을 한 후 엄마들이 신체 접촉을 해 주면 그 행동을 반복한다.
13~18	대부분의 영아가 부모를 껴안거나 입맞추는 신체 접촉을 통해 애정이나 기분을 표현할 수 있다.
19~24	영아들이 촉감 자극을 경험할 수 있는 책을 자주 보기 시작한다.

출처: 곽금주 외(2005).

의학 기술의 발달로 미숙아에게 다양하고 효과적인 치료가 제공되고 있지만(Martin et al., 2009), 이러한 의학적 치료보다 촉각 자극이 영아에게 더 큰 도움이 된다는 연구들이 발표되고 있다. Field(2001)는 조산아들을 대상으로 10일간 하루에 세 번씩 마사지를 받은 집단과 마사지를 받지 않은 집단을 비교하였다. 그 결과 [그림 3-16]에서 볼 수 있듯 마사지를 받은 조산아의 몸무게가 받지 않은 조산아보다 10일 동안 더 많이 늘었다. 이와 같이 마사지는 미숙아의 체중을 늘려주고 통증을 줄여주기도 한다(Field, Diego, & Hernandez-Reid, 2010). 이후 Field(2014)는 fMRI를 이용하여 마사지가 스트레스를 통제하는 뇌의 영역과 관련이 있다는 것을 알아냈다. 그러나 촉각과 뇌와의 연관성에 대한 연구는 좀 더 이루어져야 할 것으로 보인다.

신체 접촉의 중요성이 강조되면서 캥거루식 미숙아 돌보기에 대한 많은 연구가 발표되고 있다. 캥거루식 미숙아 돌보기(Kangaroo care)는 옷을 입지 않은 상태에서 미숙아의 피부와 부모의 피부를 직접 접촉하는 방법이다(Cong, 2012). 이는 1970년대 콜롬비아의 보고타에서 시작되어 1980년대 말 미국에 소개된 치료법이다. 캥거루식 미숙아 돌보기를 하는 부모는 가슴에 천을 대고 예정일보다 일찍 태어난 영아를 안게 되는데, 이를 통해 미숙아의 심장박동, 호흡률, 열 조절 등의 생리적 영역에서 긍정적인 효과를 보였다(Anderson, 1995). 다

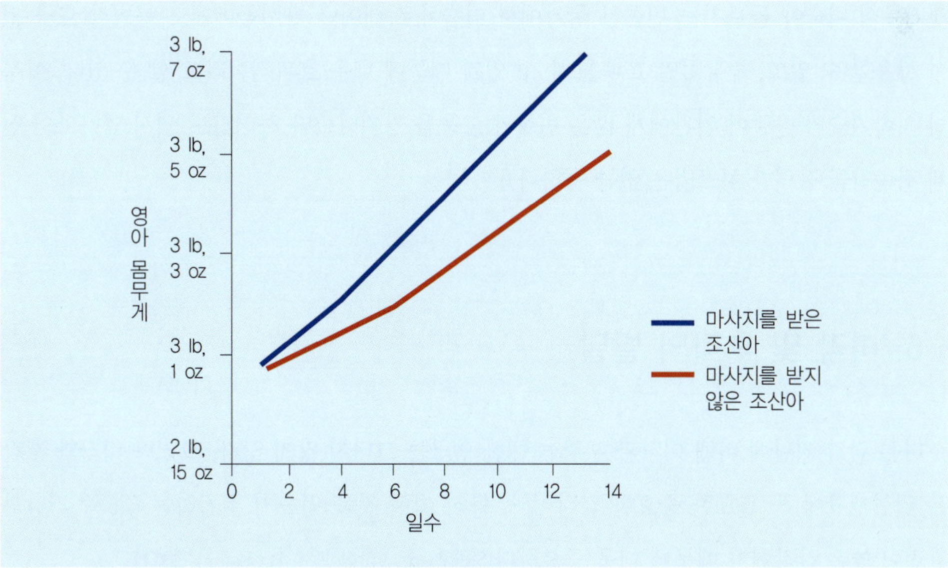

[그림 3-16] 촉각적 자극이 조산아의 체중 변화에 미치는 영향

마사지를 받지 않은 조산아에 비해 하루 세 번 마사지를 받은 조산아의 몸무게가 더 많이 늘어나 있었다.

출처: Santrock (2005: 곽금주, 김연수, 2014에서 재인용).

[그림 3-17] 캥거루식 미숙아 돌보기
엄마가 미숙아와 함께 캥거루식 미숙아 돌보기를 하고 있다. 캥거루식 미숙아 돌보기는 미숙아와 엄마 모두에게 좋은 영향을 주는 것으로 나타났다.

출처: http://www.ecobabysteps.com/2010/10/15/what-is-kangaroo-care/

른 연구에서도 이러한 처치를 받은 영아가 발달적으로 더 향상된 결과를 보이는 것으로 나타났다(Ludington-Hoe & Swinth, 1996). 미숙아들은 의학적인 치료를 받는 과정에서 스트레스를 받으며 힘들어한다. 그러나 캥거루식 미숙아 돌보기는 미숙아들의 고통을 줄여주고 건강을 회복하는 데 도움을 준다. 또한 이 방법은 미숙아가 병원에 입원하는 날짜를 줄여줄 뿐만 아니라(Gregson & Blacker, 2011), 엄마의 스트레스 완화에도 도움이 된다(Castral et al., 2014). Feldman, Rosenthal과 Eidelman(2014)은 캥거루식 미숙아 돌보기를 받은 영아들을 대상으로 10년간 종단 연구를 했다. 그 결과, 그들은 10세가 되었을 때 스트레스에 덜 민감하게 반응하고, 더 성숙한 자율신경계 기능을 보이며, 조직화된 수면 상태, 인지적 능력, 그리고 엄마와 더욱 긍정적인 상호작용을 보이는 것으로 나타났다. 이는 신생아기에 받은 엄마의 신체적 접촉이 자녀에게 장기적인 영향을 준다는 것을 보여 준다. 캥거루식 미숙아 돌보기는 빈곤한 국가에서 미숙아로 태어난 아이들에게도 특별한 도구 없이 사용할 수 있고, 즉각적인 효과를 볼 수 있기 때문에 매우 효과적이라고 할 수 있다. 아무리 의학기술의 발달이 인간에게 많은 변화와 도움을 가져다준다 하더라도 역시 엄마와의 신체 접촉만큼 강력한 치료법은 없는 듯하다.

5. 미각 및 후각의 발달

다른 감각 기관에 비해 미각과 후각에 대한 연구는 그다지 많지 않다. 그러나 미각과 후각은 일상생활에 꼭 필요한 중요한 감각이다. 특히 어떤 것을 먹을지 결정하는 것, 즉 건강과 관련이 높은 감각이기 때문에 더욱 중요하다(Steinberg, Vandell, & Bronstein, 2011).

사람은 혀를 통해 단맛, 쓴맛, 짠맛, 그리고 신맛을 느낀다. Rosenstein과 Oster(1988)는 태어난 지 2시간이 지난 영아에게 여러 맛을 보게 한 후 표정 변화를 살펴보았다. 실험 결과,

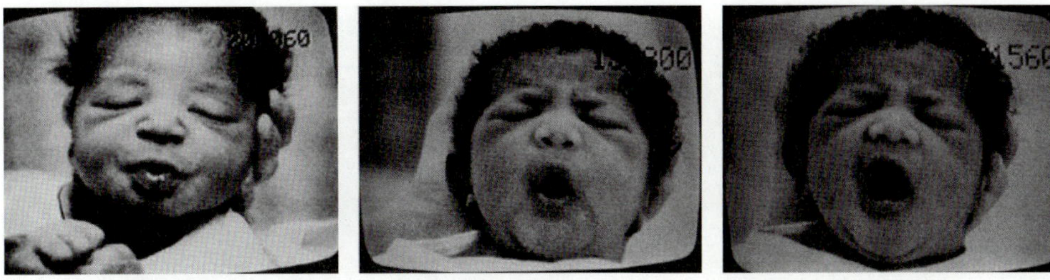

단맛 신맛 쓴맛

[그림 3-18] 맛에 따른 영아의 표정

태어난 지 2시간 된 영아들은 단맛, 신맛, 쓴맛을 맛보았을 때 표정이 각각 달랐다. 이는 신생아들도 각각의 맛을 구별할 수 있음을 뜻한다.

출처: Rosenstein & Oster (1988).

영아는 짠맛을 제외한 모든 맛에서 [그림 3-18]과 같이 각기 다른 표정 변화를 보였다. 이는 신생아들도 여러가지 맛을 구분할 수 있다는 것을 설명한다. 태어난 직후의 영아는 다른 맛에 비해 단맛을 선호하지만, 생후 4개월에는 짠맛을 가장 선호한다(Harris, Thomas, & Booth, 1990). 생후 4개월의 영아가 왜 짠맛을 선호하는지에 대한 명확한 이유는 밝혀지지 않았다. 하지만 한 연구에 따르면 시리얼이나 크래커와 같이 소금이 들어간 음식을 먹은 영아들이 특히 짠맛을 선호했는데 이는 영아의 식습관이 영아의 입맛을 바꾼다는 것을 보여 준다(Stein, Cowart, & Beauchamp, 2012). 현시대의 영아들은 나트륨이 많이 포함된 가공식품을 섭취하는 엄마의 모유를 먹고, 그 외에도 다양한 가공식품에 노출되는데, 이는 영아들로 하여금 자연스럽게 짠맛을 선호하게 할 수 있는 것이다. Mennella, Jagnow와 Beauchamp(2001)는 모유수유를 계획 중인 임신한 여성을 모집하였고 그들을 세 그룹으로 나눠 연구를 진행했다. 첫 번째 그룹의 여성들은 임신 중에는 당근 주스를 마시고 수유 기간에는 물을 마셨고, 두 번째 그룹의 여성들은 임신 중에는 물을 마시고 수유 기간에는 당근 주스를 마셨다. 마지막 그룹은 통제 집단으로 임신과 수유 기간 모두 물만 마셨다. 이후 이 여성들에게서 태어난 영아에게 당근 맛이 나는 시리얼을 먹이고 반응을 관찰했는데, 첫 번째 그룹과 두 번째 그룹의 여성에게 태어난 영아는 세 번째 그룹의 여성에게 태어난 영아와 다른 반응을 보였다. 첫 번째 그룹과 두 번째 그룹의 영아는 태아기나 이른 신생아기에 엄마를 통해 당근 주스를 마셨기 때문에 당근 맛이 나는 시리얼을 먹었을 때 덜 부정적인 얼굴 표정을 보였으며, 일반 시리얼보다 당근 맛 시리얼을 더 선호했다. 즉, 태아기나 이른 신생아기에 섭취하는 맛이 이후 선호하는 맛에 영향을 미치는 것이다. 이에 대해 어떤 연구자들은 어린 시기에 경험하는

[그림 3-19] 영아들의 후각 능력
영아들은 다른 사람의 유방 패드 냄새보다는 엄마의 유방 패드 냄새를 더 선호한다.
출처: https://1stgod.wordpress.com/2012/12/22/breast-is-breast/111212-health-breast-feeding-infant-mother-nutrition/

맛의 경험이 자신이 살고 있는 나라의 음식을 좋아하도록 할 수도 있다고 제안한다. 예를 들어, 한국인 엄마들은 임신 중이나 수유 중에도 한국 음식을 먹으므로 영아들도 자연스럽게 한국 음식의 맛에 익숙해져 훗날 한국 음식을 다른 나라 음식보다 더 선호하게 된다는 것이다(Mennella, 1997; Haller, Rummel, Hennenberg, Poller, & Koester, 1999).

인간은 어린 시절부터 뛰어난 후각 능력을 가지고 있으며, 다양한 냄새를 구별할 수 있다. 예컨대, 영아는 바닐라 향이나 딸기 향과 같은 냄새를 선호하고, 생선이나 썩은 달걀과 같은 냄새는 싫어한다(Steiner, 1979). MacFarlane(1975)는 생후 6일 된 영아에게 엄마가 사용하는 유방 패드(breast pad)와 다른 사람의 유방 패드를 주고 영아의 반응을 살폈다. 실험 결과, 영아는 엄마의 체취가 나는 패드를 더 선호했다. 그러나 생후 6일 이전에 같은 실험을 하였을 때에는 영아가 엄마의 냄새를 특별히 선호하지 않았다. 따라서 MacFarlane은 영아가 태어나서 엄마의 체취를 반복적으로 맡게 되면서 다른 사람의 체취와 엄마의 체취를 구별할 수 있게 된다고 주장했다. 또 다른 연구에 따르면, 처음 몇 시간 동안 엄마와 살을 맞댄 경험이 있는 영아는 빠르면 생후 2일에 엄마의 냄새를 인식할 수 있었다. 영아는 자신의 엄마 냄새일 때는 자극을 향해 20초 동안 고개를 유지했으나 다른 엄마의 냄새를 맡고는 11초 있다가 고개를 돌려버렸는데, 이는 영아도 냄새를 구별할 수 있다는 것을 보여 준다(Marin, Rapisardi, & Tani, 2015).

ISSUE 1

제5의 맛과 제6의 맛?

미국에서는 우마미 버거가 큰 인기를 끌고 있다. 우마미는 '맛이 좋은'이라는 뜻의 일본어로, 기본 맛인 단맛과 짠맛, 쓴맛, 신맛 외에 제5의 맛을 가리키는 용어이기도 하다. 우마미는 흔히 감칠맛으로 불리며, 사람들은 감칠맛을 내기 위해 MSG를 사용한다. 실제로 미국 마이애미 대학교 연구진은 동물 혀의 특정 미각 돌기가 글루타민산 모노나트륨(MSG)에 반응한다는 것을 밝혔다.

출처: http://firstwefeast.com/

흥미롭게도, 사람은 감칠맛을 좋아하도록 타고났다. Mouritsen과 Styraek(2014)의 연구에 따르면 사람의 모유에는 소 우유보다 열 배 많은 양의 유리형 글루타민산(free glutamic acid)과 감칠맛을 강화시키는 이노신산나트륨이 있다. 양수 또한 100g당 2.2mg 정도의 글루타메이트를 함유하고 있다. 이렇게 모유와 양수에 있는 성분들은 이후의 아동 입맛에 영향을 미치게 된다. 즉, 아동은 태어나기 전과 후 모두에서 감칠맛을 찾고 좋아하도록 프로그래밍이 되어 있는 것이다. 이 외에도 행동주의 연구자들은 여러 가지 맛을 본 신생아의 얼굴 표정을 연구했다. 신맛과 쓴맛은 영아의 얼굴을 찡그리게 한 반면, 단맛과 감칠맛은 영아로 하여금 안정되고 기쁜 표현을 하게 했다. 이는 사람이 본능적으로 감칠맛을 내는 음식을 선호한다는 것을 설명한다.

최근에는 감칠맛 이외에 지방맛(fat)을 제6의 맛으로 인정해야 한다는 연구 결과도 나왔다. Running, Craig와 Mattes(2015)는 참여자들을 대상으로 단맛, 신맛, 쓴맛, 짠맛, 감칠맛과 함께 지방맛을 구분하게 하는 실험을 진행했다. 실험 결과, 참여자들은 지방맛을 구분할 수 있었다. 연구진에 따르면, 지방의 맛이 쓰거나 신맛으로 묘사되기도 하지만, 다른 음식에 첨가될 때 그 맛을 더욱 풍부하게 만드는 효과가 있다고 설명한다. 또한 지방산(fatty acid)이 독특한 감각을 불러일으킨다는 증거 또한 발견되었기 때문에 지방맛을 기본 맛의 하나로 추가하여 제6의 맛으로 인정해야 한다고 주장한다.

6. 감각 간 지각 발달

서로 분리된 감각을 통합하여 정보를 받아들이는 것을 감각 간 지각(intermodal perception)이라고 한다(곽금주, 김연수, 2014). 사람들은 정보를 받아들일 때 주로 감각 간 지각을 사용한다(Bahrick, 2010). 예컨대, 사람들은 옷을 살 때 시각을 이용해서 옷의 색깔이나 디자인을 보고, 촉감을 이용해서 옷감을 만져 보고 느낀다. 이 절에서는 감각 간 지각을 '시각과 청각 간 지각'과 '시각과 촉각 간 지각' 그리고 '시각 간 후각 능력'으로 나누어 더 자세히 알아보려고 한다.

1) 시각과 청각 간 지각

인간은 시각과 청각 간 지각을 자주 사용한다. 예를 들어, 길을 지나가는데 친구가 이름을 부르면 친구의 목소리를 듣고 부른 친구의 얼굴을 보게 된다. 즉, 사람은 얼굴과 목소리를 대응해서 지각할 수 있다. Walker(1982)의 연구에서는 생후 2~7개월이 된 영아를 대상으로

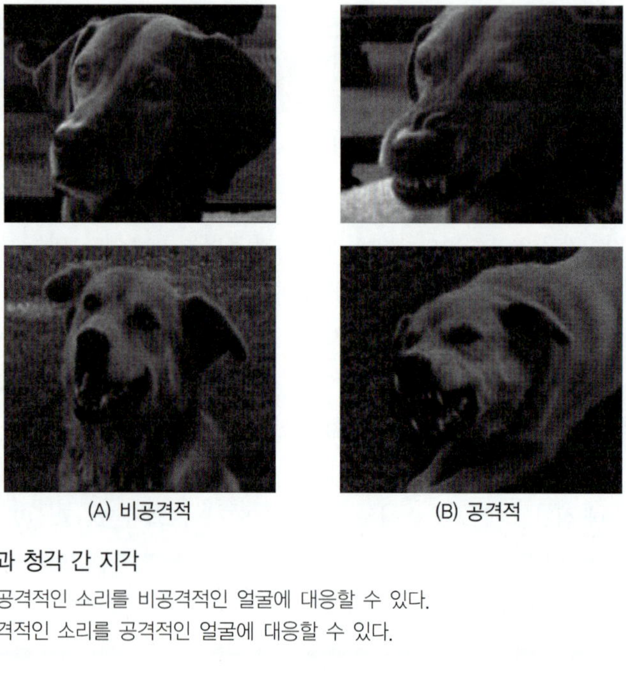

(A) 비공격적 (B) 공격적

[그림 3-20] 시각과 청각 간 지각

(A) 영아는 개의 비공격적인 소리를 비공격적인 얼굴에 대응할 수 있다.
(B) 영아는 개의 공격적인 소리를 공격적인 얼굴에 대응할 수 있다.

행복, 분노 그리고 슬픔을 나타내는 표정과 그에 알맞는 목소리를 영아가 대응시킬 수 있는지 살펴보았다. 연구 결과, 영아는 생후 5개월부터 타인의 표정과 목소리에 대응하여 지각할 수 있었다. Flom, Whipple과 Hyde(2009)의 연구에 따르면, 영아는 사람의 얼굴뿐만 아니라 개의 표정과 개가 짖는 소리를 서로 맞춰서 지각할 수 있었다(Flom, Whipple, & Hyde, 2009). 영아는 비공격적인 표정을 비공격적인 소리에, 공격적인 표정을 공격적인 소리에 성공적으로 대응시켰다. 또 다른 연구에 따르면, 영아는 모음 /a/, /i/, /u/의 소리를 듣고 사람의 입 모양과 연결시켜 누가 그 소리를 내는지 지각할 수 있는 능력도 있다고 한다(Kuhl & Meltzoff, 1982).

2) 시각과 촉각 간 지각

영아들의 시각과 촉각의 감각 간 지각을 살펴보기 위해 Meltzoff와 Borton(1979)은 돌기가 달린 젖꼭지와 매끈한 젖꼭지를 가지고 실험을 진행하였다([그림 3-21] 참조). 연구자들은 영아들의 눈을 가린 상태에서 돌기 달린 젖꼭지를 물린 후 두 가지 젖꼭지를 보여 주었을 때 영아들이 어떤 젖꼭지를 더 오래 쳐다보는지 살펴보았다. 실험 결과, 영아들은 돌기가 달린 젖꼭지를 더 오래 쳐다보았다. 즉, 영아들은 젖꼭지의 느낌(촉각)과 젖꼭지의 모양(시각)을 대응시킬 수 있는 능력을 가지고 있는 것이다.

(A) 돌기가 있는 젖꼭지　　(B) 돌기가 없는 젖꼭지

[그림 3-21] 시각과 촉각 간 지각

영아의 눈을 가리고 돌기가 있는 젖꼭지를 잠시 물린 후, 위와 같은 두 종류의 젖꼭지를 보여 주었다. 이때 영아는 돌기가 없는 것(B)보다 돌기가 있는 것(A)을 더 오래 쳐다보았다. 이는 영아에게도 촉각과 시각을 대응시킬 수 있는 능력이 있다는 것을 보여 준다.

ISSUE 2

시력은 Zero, 하지만 앞이 보인다?

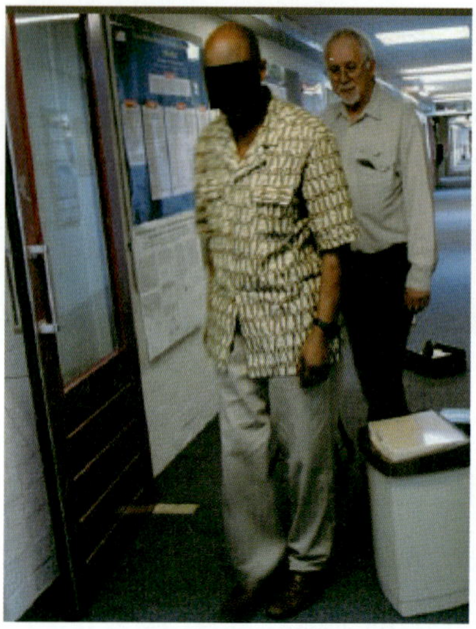

■ 맹시 환자 TN ■

TN이라고 불리는 위의 남자는 맹시를 가지고 있다. 그는 앞을 볼 수 없지만 복도에 있는 장애물들을 모두 비켜 지나갔다.

출처: de Gelder (2010).

시력을 완전히 잃은 사람이 장애물을 피해서 걸어간다면 이것은 기적일까? de Gelder(2010)의 실험에서는 실제로 앞이 보이지 않던 장님이 장애물을 피해 지나갔다. 이러한 현상은 맹시(blind sight)라고도 불리는데, 이는 뇌의 손상으로 앞이 안 보이는 경우를 말한다. 주로 1917년 제1차 세계대전의 부상자들에게서 맹시가 보고된다.

Weiskrantz(1972)는 V1영역이라고 불리는 시각피질이 없는 원숭이들도 움직임을 탐지하고 각기 다른 모양을 구별할 수 있다는 사실을 알아냈다. 이를 계기로 Weiskrantz(1990)는 동물이 아닌 사람들을 대상으로 맹시 연구를 확장하려 했으나 시각피질에만 손상이 간 환자가 드물었기 때문에 맹시에 대한 연구가 쉽지 않았다. 뿐만 아니라, 대부분의 연구자들은 맹시를 회의적인 시선으로 바라보았다. 이러한 어려움에도 불구하고 몇몇 연구자들은 맹시 환자들이 앞이 보이지 않음에도 동공의 수축과 같은 신체 변화를 보였으며, 이에 따라 맹시가 실제로 존재한다는 것을 실험을 통해 보여 주었다.

맹시에 대한 대부분의 이전 연구는 시각피질에 손상이 간 환자들에게 질문을 하고 답변을 듣는 방식이었지만, de Gelder(2010)는 좀 더 과학적이고 객관화된 새로운 방법을 고안하였다. 그는 TN이라고 불리는 맹시 환자에게 타인의 도움 없이 복도를 지나가 보라고 하였다. 처음에는 앞이 안 보인다며 망설이던 TN은 그의 앞에는 아무것도 없고 안전하다는 말을 듣고 용기를 내어 걷기 시작했다. 그러나 사실은 다양한 장애물들이 복도에 놓여 있었다. 놀랍게도, TN은 모든 장애물을 피해 무사히 복도를 지나갔다. TN은 자신이 무언가를 피해갔다는 사실을 전혀 인식하지 못했으며 그저 걸어갔다고만 보고하였다. 맹시가 어떻게 일어나는 것이며 왜 일어나는지에 대한 연구는 좀 더 진행되어야 하지만, 이 믿기 힘든 현상은 '보이는 것(seeing)'과 '지각하는 것(perceiving)'은 다르다는 사실을 보여 주고 있다.

3) 시각 간 후각 능력

영아에게는 시각 간 후각 능력도 있다고 한다. 한 실험에서는 생후 3개월 된 영아에게 딸기 향과 오래된 치즈 향 같은 좋지 않은 냄새를 맡게 하였다. 그 후 기쁜 표정, 역겨운 표정, 중립적인 표정을 보여 주었다. 그 결과, 영아에게 좋은 냄새를 맡게 하였을 때 영아는 역겨워하는 표정의 얼굴보다 웃는 얼굴을 선호했다. 즉, 생후 3개월 된 영아도 시각과 후각을 매칭할 수 있는 능력이 있는 것이다(Godard, Baudouin, Schaal, & Durand, 2016). 그러나 아직까지는 영아의 시각 간 후각 능력을 보여 주는 연구가 많이 없으므로, 더 많은 연구가 필요할 것으로 보인다.

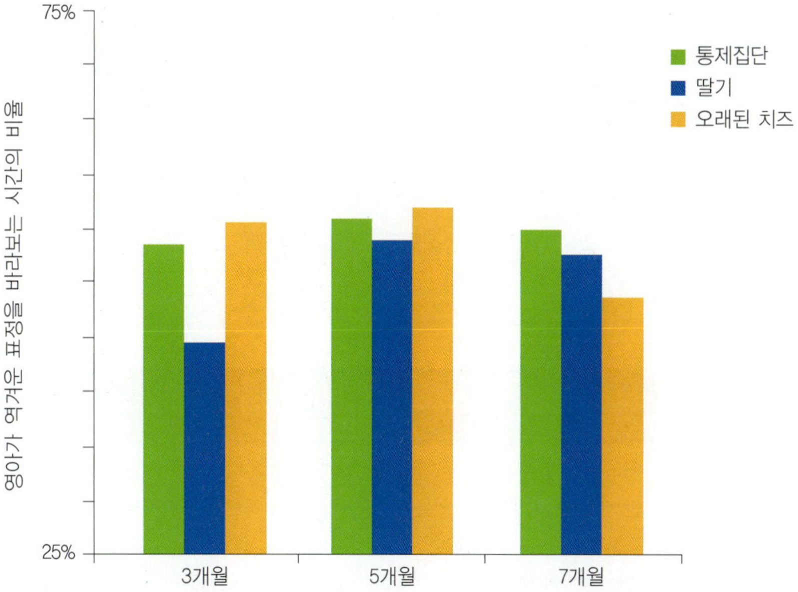

[그림 3-22] 시각과 후각 간 지각

영아에게 각각 다른 냄새를 맡게 한 후 다양한 표정의 얼굴을 보여 주었는데, 생후 3개월 된 영아는 오래된 치즈의 냄새를 맡았을 때 역겨워하는 표정의 얼굴을 더 오래 쳐다보았다. 이는 생후 3개월의 영아에게 시각과 후각을 대응시키는 능력이 있다는 것을 보여 준다.

주요 학습 개념

1. 지각 연구 방법

- 감각(sensation)이란 인간이 가진 감각기관을 통해 자극을 받아들이는 과정을 뜻한다. 지각(perception)이란 자극을 통해 주어진 정보를 이해하는 것을 뜻한다.
- 지각적 선호 실험(visual preference method)은 영아에게 두 개의 물체가 주어졌을 때 영아가 어느 물체를 더 오랫동안 쳐다보는지 알아보는 실험 방법이다. 한 물체를 더 오랫동안 본다는 것은 영아가 그 물체에 관심이 있다는 것을 뜻한다.
- 습관화 및 탈습관화(habituation and dishabituation)란 어느 대상에 반복적으로 노출되어 흥미를 잃은 영아에게 다른 대상을 보여 줬을 때 영아가 다시 흥미를 보이는 것을 뜻한다.
- 최신 기술의 발달로 시선의 움직임을 기록하는 아이 트래킹(eye-tracking)과 뇌 영역의 활성화를 측정하는 양전자 방출 단층촬영술(position emission tomography: PET), 기능적 자기공명영상(functional magnetic resonance imaging: fMRI) 또한 지각 연구에서 활용되고 있다.

2. 시각의 발달

- 형태, 얼굴, 색깔, 크기, 깊이, 그리고 물체의 움직임을 통해 영아의 시지각 능력 발달을 알아볼 수 있다.

형태 지각	얼굴 지각	색깔 지각	크기 지각	깊이 지각	운동 지각	물체의 단일성
영아는 망막이 완전히 발달되지 않았기 때문에 명도 차이에 대한 민감도를 뜻하는 대비 민감도(contrast sensitivity)가 낮다.	영아가 어떤 시각 경험을 하느냐에 따라 영아의 얼굴 지각 능력이 다르게 발달된다.	영아는 색깔뿐만 아니라, 명도를 구분할 수 있는 능력이 생긴다.	영아는 물체가 멀리 있을 때와 가까이 있을 때의 크기가 다르더라도 실제로는 두 물체의 크기가 같음을 안다.	영아는 기어 다니기 시작하는 시기에 물체의 깊이를 지각할 수 있는 능력을 가진다.	영아는 물건의 움직임을 지각할 수 있으며, 움직이는 방향 또한 구분할 수 있다.	영아는 어느 한 물체가 다른 물체에 가려져 보이지 않더라도 그 물체가 존재한다는 것을 이해한다.

3. 청각의 발달

- DeCasper와 Spence의 실험에서 산모는 6주 동안 태아에게 닥터 수스의 『모자 속의 고양이(The Cat in the Hat)』를 읽어 주었다. 이후 영아는 새로운 책보다 태아기에 읽었던 위의 책을 더 선호했다는 결과가 나왔다. 이를 통해 태내에서부터 소리에 대한 학습 능력이 이루어질 수 있다는 것을 알 수 있다.
- 생후 2~3개월의 영아는 신생아보다 소리의 위치를 파악하는 능력이 떨어진다. 그러나 생후 4개월이 되면 신생아 때보다 소리에 대한 변별력이 향상되는 U형 곡선(U-shaped curve)의 발달 과정이 나타난다.
- 어린 영아도 미미한 소리 차이를 구분하고, 모국어와 외국어의 소리의 차이를 구별할 수 있다.

4. 촉각의 발달

- 영아의 촉각 발달은 다음과 같이 이루어진다.

1~3개월	신체 접촉에 대해 긍정적인 반응을 보인다.
4~6개월	신체 접촉을 통해 자신이 원하는 것을 표현한다.
7~12개월	특정 행동을 한 후, 엄마가 신체 접촉을 하면 그 행동을 반복한다.
13~18개월	신체 접촉을 통해 기분을 표현한다.
19~24개월	촉감을 자극하는 책을 선호한다.

5. 미각 및 후각의 발달

- 영아에게도 여러 가지 맛의 차이를 구분하고 각기 다른 표정 반응을 보이는 미각 능력이 있으며, 각기 다른 냄새를 구별할 수 있는 후각 능력을 가지고 있다.

6. 감각 간 지각 발달

- 감각 간 지각(intermodal perception)이란, 각기 다른 감각을 통합하여 정보를 처리하는 능력을 말한다.

4장

인지 발달 1: 인지 이론

1. Piaget의 인지 발달 이론
2. Vygotsky의 사회문화적 인지 발달 이론
3. 정보 처리 이론
4. 이론-이론

동물을 좋아하는 어린 과학자 Piaget, 아동심리학의 아버지가 되다

Piaget는 인지 발달 분야에서 큰 족적을 남긴 20세기의 가장 영향력 있는 심리학자 중 한 명이다. 그는 아동이 수동적인 존재가 아니라 능동적인 존재로 끊임없이 주변 환경을 탐색한다고 주장했다. Piaget는 아동들, 특히 자신의 자녀를 연구하며, 아동의 인지 발달을 4단계로 나누어 설명했다. Piaget는 심리학자 중 최초로 체계적인 인지 발달 연구를 했기 때문에, 그의 연구가 가지는 의의는 매우 크다고 할 수 있다.

Piaget는 어린 시절부터 연구를 하고 논문을 냈는데, 첫 논문은 그의 나이 만 10세가 되던 해에 발표되었다. 하지만 Piaget가 낸 첫 논문은 아동심리 분야의 연구가 아닌 선천성 색소결핍증에 걸린 참새에 관한 연구였다. 놀랍게도, 그의 논문을 읽은 사람들은 Piaget의 나이가 어리다는 것을 알아차리지 못하고 그를 한 사람의 연구자로 여겼다. 이는 동물에 대한 그의 연구가 얼마나 뛰어났는지를 설명한다. Piaget가 고등학생이 되었을 때에는 본격적으로 자신의 가장 큰 관심 분야인 연체동물에 관한 논문을 쓰게 되었다. 이렇게 Piaget는 동물에 대한 애정을 가지고 생물학자이자 연체동물학자로서 첫 직업을 가지게 되었다(Boeree, 1999).

그러나 이후 Piaget는 정신분석학에 관심을 갖기 시작했다. 동물의 신체 구조에 대한 그의 관심이 아동의 정신 구조에 대한 관심으로 이어진 것이다. 이후 Piaget는 인지 발달 심리에 대한 과학적 연구의 새 장을 열었다. 그는 하버드 대학교(Harvard University)와 케임브리지 대학교(University of Cambridge)를 포함한 31개의 대학교에서 명예 박사학위를 받았으며, 사회 공헌을 인정받아 명망 있는 에라스무스 상(Erasmus Prize)과 발잔 상(Balzan Prize)을 수상하였다. 이러한 Piaget의 업적은 그가 세계적으로 얼마나 큰 영향을 미치는 학자였는지를 보여 준다(Boeree, 1999). Piaget의 인생은 자연과학으로 시작해서 심리학으로 끝났다. 아동심리 분야에서의 Piaget는 아동이 스스로 학습하는 능력이 있다고 믿으며, 아동을 '어린 과학자'로 묘사했다. 그의 이론들이 없었다면 아동은 여전히 수동적인 존재로 인식되고 있었을지도 모른다. Piaget가 아동을 능동적인 존재와 '어린 과학자'로 묘사한 이유는 Piaget 자신이 어린 과학자였기 때문은 아닐까.

Jean Piaget

인지(cognition)란 정보를 지각하고 이를 이해하는 것과 관련된 정신적 활동이며, 인지 발달(cognitive development)은 연령이 증가함에 따라 이와 같은 정신적 활동이 이전보다 정교해지고 복잡해지는 것을 말한다. 이 장에서는 인지 발달을 설명하는 대표적 이론인 Piaget의 인지 발달 이론과 Vygotsky의 사회문화적 인지 발달 이론, Case와 Siegler의 정보처리 이론, Gopnik의 이론-이론에 대해 살펴보도록 한다.

1. Piaget의 인지 발달 이론

Piaget(1969)는 아동을 '어린 과학자'라 표현했다. 이는 아동도 능동적으로 가설을 세우고 이에 대한 실험도 설계하며 검증할 수 있기 때문이다. 이처럼 Piaget는 아동이 스스로 학습하는 능력을 가지고 태어난다고 믿었다. 또한 Piaget는 1950년대에 '영아 지능'이라는 용어를 최초로 사용하였으며 다른 연구자들이 간과했던 영아의 인지 능력에 관심을 가졌다(Flavell, Miller & Miller, 2003).

1) 기본 개념 및 발달 단계

Piaget는 인지 발달이 질적으로 다른 네 단계를 통해 이루어진다고 설명했다. 이러한 인지 발달은 아동이 세상에 적응하는 과정이라 볼 수 있다(Lamb et al., 2002). Piaget의 인지 발달 이론에 따르면 아동은 환경으로부터 얻은 정보를 자신만의 방식으로 해석하고 이에 따라 행동한다. 이와 같이 정보를 조직화하고 해석하는 방식을 도식(scheme)이라고 한다. 이러한 도식을 이용해 세상을 이해하는 것을 동화(assimilation)라고 하며, 새로운 정보를 접했을 때 이에 맞게 기존의 도식을 수정하는 과정을 조절(accommodation)이라고 한다. 예를 들어, 아동이 빨간 사과를 보고 무엇이냐고 묻자 엄마는 그것이 사과라고 알려주었다. 그 후 아동이 빨간 자두를 보고 사과라고 부른다면 이는 아동이 빨간 과일은 사과라는 개념을 자두에 '동화'시킨 것이다. 엄마가 그것은 사과가 아닌 자두라고 알려준 후 아동이 그것을 자두라 부른다면, 아동은 기존의 도식을 '조절'한 것이다. 이처럼 아동은 동화와 조절을 통해 환경에서 접하는 정보와 자신이 기존에 가지고 있던 도식 간의 차이를 없애 인지적 균형을 추구해 나간다. 이러한 과정을 평형화(equilibration)라고 하며, 이를 통해 도식이 변하면서 아동의 인지는 점점 고차적인 단계로 발달하게 된다. Piaget는 아동이 세상을 이해하는 방식, 즉 도식의 변화에 따라 감각운동기, 전조작기, 구체적 조작기, 형식적 조작기의 4단계로 나누어 인지 발달을 설명한다.

(1) 감각운동기

감각운동기(sensorimotor period)는 출생부터 만 2세 사이 영아기에 해당하는 발달 단계로, 이 단계의 영아는 감각과 운동을 통해 세상을 이해하게 된다. 즉, 영아는 신체 감각 기관과 움직임을 통해 세상을 직접 보고, 듣고, 느끼면서 발달한다. 감각운동기의 영아 발달은 급속히 일어나기 때문에 단계를 좀 더 세분화하여 하위 6단계로 나눠 볼 수 있다.

① 감각운동기 1단계: 반사 활동(reflex activity, 출생~생후 1개월)

태어난 지 1개월이 되지 않은 영아도 빨기나 잡기와 같은 반사적 반응을 보인다. 반사는 발달에 있어 가장 간단한 형태의 도식이기 때문에, 감각운동기 1단계의 영아는 반사를 통해 세상을 배우고 환경에 적응한다. 예를 들어, 영아의 입에 젖병을 쥐어주면 영아는 젖꼭지를 빨아 우유를 마신다. 또한 영아의 손바닥에 엄마의 손가락이 닿으면, 영아는 엄마의 손가락을 꽉 쥔다.

② 감각운동기 2단계: 1차 순환반응(primary circular reaction, 생후 1~4개월)

감각운동기 2단계의 영아는 같은 행동을 여러 번 반복하는 1차 순환반응의 특징이 있다. 예를 들어, 영아가 우연히 어떤 행동을 했는데 그 행동의 결과가 영아에게 흥미롭게 느껴졌다고 하자. 이때 영아는 그 결과를 다시 얻기 위해 동일한 행동을 반복하게 된다. 특히 감각운동기 2단계인 생후 1~4개월의 영아는 외부의 사람이나 물체보다는 자신의 신체와 관련된 결과에 관심을 보인다. 감각운동기 2단계에 들어선 영아는 이전보다 다양하고 복잡한 도식을 형성하게 된다. 예를 들어, 이전에는 발을 쥔 채로 발가락을 빨지 못했지만, 감각운동기 2단계가 된 영아는 잡기와 빨기와 같은 반사 활동을 동시에 할 수 있게 된다.

[그림 4-1] 감각운동기의 영아
세상에 태어난 영아는 자동 반사를 통해 움직이기 시작하며, 이내 동화와 조절을 통하여 행동을 보다 정교화시킨다. 세상에 대한 관심을 가지기 전, 아동은 자신의 신체와 관련된 활동에 큰 비중을 둔다.

③ **감각운동기 3단계: 2차 순환반응**(secondary circular reaction, **생후** 4~8**개월**)

생후 4개월이 지난 영아의 발목에 줄을 달고 모빌에 연결하면, 영아는 모빌이 움직이는 것을 보기 위해 반복적으로 발을 찬다. 감각운동기 3단계의 영아는 자신의 신체 외에 다른 대상에 흥미를 느끼기 시작하고 흥미를 유발하는 행동을 반복적으로 한다. 이를 2차 순환반응이라 한다. 이 단계의 영아는 자신이 발을 차면 모빌이 움직인다는 인과관계를 이해하게 되어 자신의 행동에 대한 목표를 세우기 시작한다. 예를 들어, 영아는 자신이 인형을 떨어뜨리자 엄마가 그 인형을 주워 주는 것을 보고 계속해서 그 인형을 떨어뜨린다. 이는 영아가 인형을 떨어뜨리면 엄마가 주워 준다는 인과관계를 깨달은 것이다. 그러나 이 단계의 영아는 당장 눈앞에 보이는 결과가 없는 추상적인 목표를 세우는 데에는 어려움을 겪는다.

④ **감각운동기 4단계: 2차 순환반응의 협응**(coordination of secondary circular reaction, **생후** 8~12**개월**)

감각운동기 4단계의 영아는 자신의 목표를 위해 다양한 행동을 계획하고 실행할 수 있다. 이를 2차 순환반응의 협응이라 한다. 이 시기의 영아는 목표를 성취하기 위해 일련의 행동을 통해 이전보다 더욱 적극적으로 주변을 탐색한다. 예를 들어, 베개 밑에 아이가 좋아하는 장난감을 숨겨 놓으면 아이는 자신이 좋아하는 장난감을 가지고 놀기 위해 베개를 들어 장난감을 찾는다.

⑤ **감각운동기 5단계: 3차 순환반응**(tertiary circular reaction, **생후** 12~18**개월**)

감각운동기 5단계인 생후 12개월이 지난 영아는 새로운 행동들을 시도한다. 이때 영아는 3차 순환반응의 특징을 보인다. 2차 순환반응이 동일한 행동을 여러 번 반복하며 단순히 주변을 탐색하는 행동이었다면, 3차 순환반응은 특정한 반응을 보기 위해 영아가 여러 행동을 시도하는 것이다. 예를 들어, 영아는 소리 나는 오리 고무 인형의 소리를 듣기 위해 인형을 흔들어 보기도 하고 손으로 눌러 보기도 하는 등 여러 행동을 시도한다. 또한 높은 곳에 있는 장난감을 꺼내기 위해 막대기를 이용해 보기도 하고 물건을 던져 보기도 하며, 의자를 놓고 올라가서 장난감을 꺼내기도 한다. 이러한 행동은 모두 특정한 목표를 이루기 위한 영아의 반복적인 시도라 할 수 있다.

⑥ **감각운동기 6단계: 심적 표상**(mental representation, **생후** 18~24**개월**)

생후 18개월이 지난 감각운동기 6단계의 영아는 물체가 눈앞에 없어도 그 물체를 머릿속에 떠올릴 수 있게 된다. 즉, 이 단계의 영아는 심적 표상이 가능해진다. 이때부터 영아는 바나나를 가지고 전화기인 양 통화를 하는 등 다양한 상징놀이를 시작한다.

영아의 대상 영속성 발달 또한 감각운동기 단계에 따라 나눠 볼 수 있다. 대상 영속성(object permanence)이란 물체가 시야에서 사라져도 그것이 사라지지 않고 계속 존재한다는

[그림 4-2] **대상 영속성 발달**

대상 영속성이 완전히 발달하지 않은 영아는 엄마가 손으로 얼굴을 가리면 사라졌다고 생각한다. 그때 엄마가 "까꿍~" 하며 나타나면 엄마가 사라졌다가 짧은 시간 안에 다시 나타났다고 생각해서 영아는 깜짝 놀란다.

사실로, 감각운동기 1단계와 2단계의 영아에게는 아직 대상 영속성 개념이 발달되지 않았다. 그 때문에 영아는 물체가 눈앞에서 사라져도 이를 찾기 위해 노력하지 않는다.

그러나 감각운동기 3단계부터는 영아의 대상 영속성이 눈에 띄게 발달하기 시작한다. 이 단계의 영아는 보자기로 일부분이 가려진 장난감을 스스로 찾을 수 있다. 그러나 아직까지는 물체가 보자기로 완전히 가려지면 그 물체가 보자기 밑에 계속 존재한다는 사실을 완벽히 알지는 못한다.

감각운동기 4단계가 되면 영아는 완전히 숨겨진 물체도 찾을 수 있을 만큼 좀 더 명확한 대상 영속성 개념을 가지게 된다. 예컨대, 영아가 가지고 놀던 장난감을 엄마가 소파 뒤로 숨기면, 영아는 장난감을 찾기 위해 소파 뒤를 탐색한다. 그러나 감각운동기 4단계의 영아는 A-not-B 오류(A-not-B error) 혹은 위치 오류(place error)를 보인다. [그림 4-3]처럼 영아에게 A 덮개 아래에 물건을 숨겨 놓은 것을 보여 주면, 영아는 A 덮개 아래에서 물건을 찾게 된다. 이렇게 A 덮개 아래에서 몇 번에 걸쳐 물건을 찾은 영아에게 그 물건이 B 덮개 아래에 숨겨져 있다는 것을 보여 주면, 영아는 물건이 B 덮개 아래 있다는 것을 보았음에도 불구하고 계속해서 이전에 물건을 발견하였던 A 덮개 아래에서 그 물건을 찾는 오류를 범한다.

감각운동기 5단계에 들어서면서 영아의 A-not-B 오류는 사라진다. 즉, 이 시기의 영아는 물체의 위치가 여러 번 바뀌어도 최종 위치에서 물체를 성공적으로 찾을 수 있다. 그러나 자신이 볼 수 없는 공간에서 이동한 물체에 대해서는 대상 영속성 개념을 적용하지 못한다. 예를 들어, 보자기에 싼 장난감을 서랍 속에 넣은 후, 장난감은 서랍 속에 그대로 두고 보자기

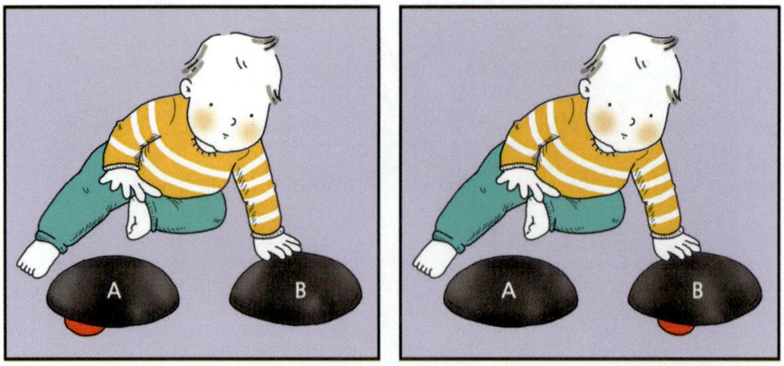

[그림 4-3] A-not-B 오류

감각운동기 4단계의 영아는 B 덮개 아래 물체가 있는 것을 확인하고도, 이전에 지속적으로 물체가 있었던 A덮개 아래를 탐색하는 A-not-B 오류를 보인다.

출처: Keil (2014).

만 꺼내어 영아에게 보여 준다면, 영아는 그 장난감을 찾기 위해 보자기만을 탐색할 뿐 서랍 속을 열어보지 않는다. 감각운동기 6단계가 되면 영아는 대상 영속성에 대한 완전한 개념을 가진다. 따라서 이 시기의 영아는 모든 물체가 독립적으로 존재하며, 자신 앞에 있지 않아도 계속해서 존재한다는 것을 완전히 이해하게 된다.

(2) 전조작기

전조작기(preoperational period)는 Piaget 인지 발달 단계의 두 번째 단계다. 이 단계에는 만 2~7세 아동이 포함된다. Piaget가 설명하는 전조작기 아동의 대표적 특징에는 상징적 표상, 중심화, 자기중심성 그리고 물활론적 사고가 있다.

상징적 표상(symbolic representation)이란, 실제 대상을 언어나 그림을 사용하여 상징적으로 표현하는 것이다. 아동이 만 2~4세가 되면 감각운동기 6단계에 시작한 상징놀이에 더 활발히 참여하게 된다. 이는 아동이 이전보다 훨씬 더 많은 상징적 표상을 만들기 때문이다. 무엇보다 아동은 실제로 눈앞에 있지 않은 대상을 정신적으로 그려낼 수 있는 능력을 가지게 된다. 예를 들어, 아동들은 소꿉놀이를 하며 그릇에 음식이 담긴 양 먹는 시늉을 곧잘 한다.

만 3~5세의 아동은 대상을 머릿속에 떠올릴 수 있을 뿐만 아니라, 머릿속의 심상을 상징적으로 표현할 수 있게 된다. 예를 들어, 자신이 생각하는 '참새'의 모습을 표현하기 위해 입을 삐죽 내밀어 부리를 흉내내고, 팔을 위 아래로 흔들어 날갯짓을 흉내내는 것은 아동 개인이 가지고 있는 '참새'의 심상을 동작으로 표현한 것이다.

또한 연령이 증가함에 따라 아동은 모든 사람이 함께 공유하는 상징적 표상인 언어를 습득한다. 이를 통해 사회 구성원 간 소통이 가능해지고, 상징적 표상 능력 또한 더욱 발달하게 된다. 언어뿐만 아니라 그림도 상징적 표상의 하나다. 따라서 그림 발달은 아동에게서 상징적 표상 능력의 지표가 될 수 있다. 〈표 4-1〉은 Piaget가 Luquet(1927)의 아동화 연구를 기반으로 그리기 발달 과정을 단계별로 설명한 것이다.

만 2~3세의 어린 아동은 목적 없어 보이는 그림을 그리며, 만 4~5세가 되면 점점 형태를 가진 그림을 그리게 된다. 예컨대, 동그란 머리에 눈과 입, 귀 등을 표현하기 시작한다. 그리고 만 5~7세 된 아동은 해를 동그라미로 표현하거나 햇빛을 선으로 표현하는 등 그림을 상징적으로 그리게 된다. 이후 만 8~9세가 되면 아동은 좀 더 사실적이고 입체적인 그림을 그리기 위해 노력하게 된다.

〈표 4-1〉 아동의 그림 발달 단계

단계	그림 예시	연령	특징
우연적 사실성 (fortuitous realism)		만 2~3세	• 아동은 아무런 목적이나 의미가 없어 보이는 선을 그린다. • 아동에게 무엇을 그렸는지 묻는다면, 아동은 현재 자신이 보고 있는 것이나 원하는 것을 그렸다고 대답한다.
불확실한 사실성 (obscure realism)	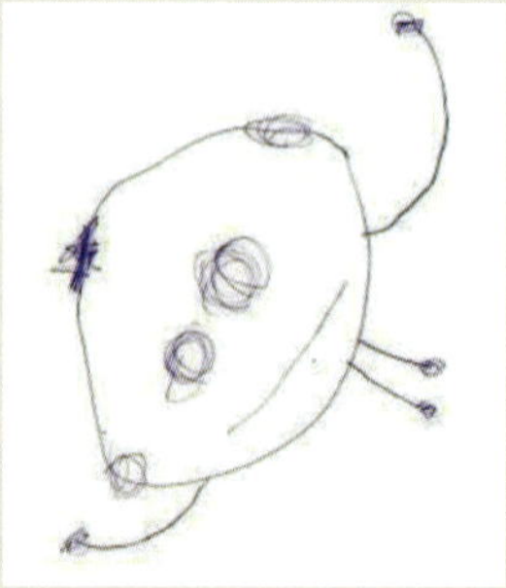	만 4~5세	• 아동의 그림이 점점 형태를 가지기 시작한다. • 그림에 눈과 입, 귀가 존재하고 팔과 다리가 있다. • 그러나 아동은 여전히 현실과는 다른 그림을 그린다.
지적 사실성 (tellectual realism)		만 5~7세	• 현실적인 그림의 형태를 가진다. • 그러나 눈에 보이는 것보다(예: 모자를 써서 머리카락이 보이지 않는다), 자신이 가진 심상 혹은 지식(예: 여자는 머리가 길다)에 따라 그림을 그린다. • 관습적인 표상(예: 집의 지붕은 삼각형)을 많이 사용한다. • 수평적 관점에서 그림을 그린다(예: 하늘과 땅이 수평선으로 나눠진 그림).
시각적 사실성 (visual realism)		만 8~9세	• 대상 간의 거리나 공간을 고려하여 그림을 그린다. • 위나 아래 등 다양한 관점에서 그림을 그린다. • 사실적인 그림을 그린다.

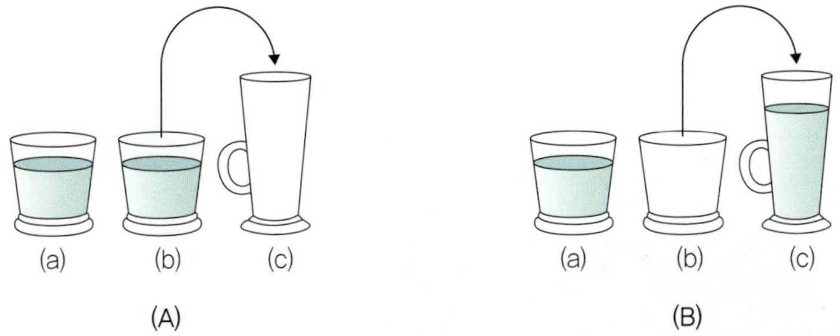

[그림 4-4] Piaget의 보존 개념 과제

Piaget의 보존 개념 과제는 물체의 형태가 변하더라도 양이 보존된다는 사실을 아동이 이해하는지 알아보고자 한다. 먼저 아동에게 같은 양의 물이 담긴 동일한 모양의 두 컵을 제시한다. 이후 (b)컵의 물을 길고 가느다란 (c)컵에 붓는다. 이때 아동에게 (a)컵과 (c)컵에 담긴 물의 양이 동일한지 물었을 때, 전조작기 아동은 "아니요."라고 대답한다. 이들은 (a)컵보다 (c)컵에 담긴 물 높이가 더 높으므로 (c)컵의 물의 양이 더 많다고 대답한다.

출처: Santrock (2014).

전조작기의 아동은 하나의 특징에만 모든 주의를 기울이고 나머지는 무시하는 경향이 있다. 이는 이 시기의 아동이 논리적인 사고보다는 지각적 특징에 초점을 둔 직관적인 사고를 더 많이 하기 때문이다. 이와 같이 뚜렷한 한 가지 측면만을 보고 전부를 이해하려는 것을 중심화라 하며, 중심화를 보여 주는 대표적인 예시로는 '보존 개념의 부족'이 있다.

보존 개념(conservation)은 어떠한 대상의 외양이 바뀌어도 근본적인 속성은 변하지 않는다는 것이다. [그림 4-4]와 같이 보존 개념이 부족한 전조작기 아동에게 동일한 양의 액체를 다른 모양의 컵(예: 하나는 짧고, 다른 하나는 길고 가는 컵)에 담아 보여 주면, 아동은 두 컵에 든 액체의 양이 다르다고 대답한다. 만약 물의 높낮이 차이가 아동의 눈에 더 띄었다면, 아동은 가늘고 긴 컵에 물이 더 많다고 대답할 것이다.

자기중심성(egocentrism)은 세상을 자신의 관점에서만 지각하여, 다른 사람의 생각이나 감정 혹은 믿음이 자신의 것과 동일하다고 여기는 것으로, 전조작기 아동의 또 다른 특징이다. 예컨대, 전화를 받은 아동에게 엄마가 집에 있는지 물었을 때, 아동이 고개만 끄덕인다면 이 아동은 자기중심적인 사고를 하는 것이다. 또한 아동이 동화책에 있는 그림을 자신에게만 보이도록 들고 엄마에게 그 그림이 무엇인지 묻는 행동도 자신의 관점에서만 생각하는 것이다.

아동의 자기중심성은 Piaget와 Inhelder(1969)가 개발한 세 산 모형 실험(three-mountains task: 3MTS)에서도 확인할 수 있다. 세 산 모형 실험은 [그림 4-5]와 같이 아동이 서로 다른 모양의 세 산을 A, B, C, D의 위치에서 어떻게 보는지 확인한다. A, B, C, D 중 한 곳에 아동을 앉힌 후, 아동이 앉은 곳과는 다른 위치에 인형을 둔다. 이때 아동은 인형이 바라보는 세 산의 모습

[그림 4-5] 세 산 모형실험

A자리에 앉아 산을 본 전조작기 아동에게 B나 C 혹은 D에 위치한 인형이 바라보는 산 모양을 고르라 했을 때, 아동은 자신의 관점인 A자리에서 보이는 산 모양의 사진 1을 고른다.

출처: Santrock (2014).

과 같은 사진을 골라야 한다. 실험 결과, 전조작기 아동은 인형의 관점에서 보이는 세 산의 모습을 고르지 못하고, 자신의 눈 앞에 보이는 세 산 모양의 사진을 고른다. 예컨대, 아동이 A 위치에 앉아 있고 인형이 C 위치에 앉아 있다고 가정하자. 이때 아동에게 인형의 관점에서 보이는 세 산 모형의 사진을 고르게 한다. 만약 아동이 인형의 관점을 이해할 수 있다면 사진 3을 고르겠지만, 전조작기의 아동은 자신의 위치에서 보이는 산 모양의 사진 1을 선택한다. 이는 전조작기의 아동이 자신의 관점대로 세상을 바라보는 경향이 있다는 것을 보여 준다. 다른 사람의 관점에서 지각할 수 있는 능력은 아동이 만 7~8세 이후가 되어야 나타난다.

Piaget가 설명하는 전조작기의 아동은 물활론적 사고를 하기도 한다. 물활론적 사고(animistic thinking)란 무생물이 생물과 같이 움직일 수 있고 느낄 수도 있다고 믿는 것이다. 예를 들어, 아동은 굴러가던 공이 벽에 부딪치는 것을 보고 공이 아프겠다고 말하기도 하고, [그림 4-6]처럼 인형을 앉혀 두고 마실 것을 주기도 한다. 이 외에도 아동은 자신이 걸을 때마다 달이 자신을 따라온다고 말하는 등 무생물이 생물과 같은 특징을 가지고 있다고 믿는다.

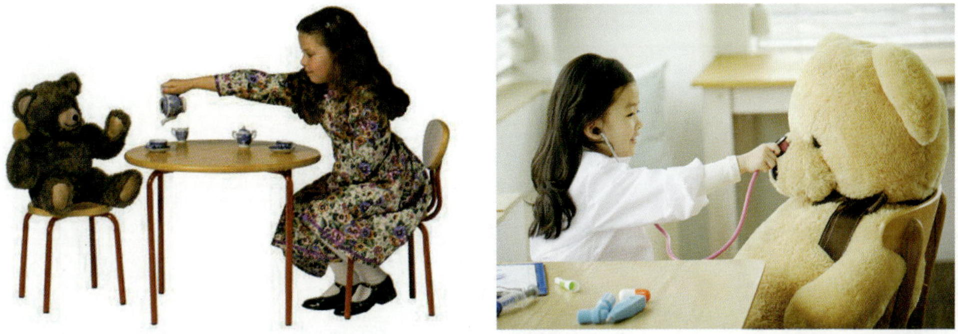

[그림 4-6] 물활론적 사고의 예

전조작기의 아동은 살아 있지 않은 무생물에게 생물의 특성을 부여하는 경향이 있다. 예컨대, 인형에게 먹을 것을 준다든지, 아픈 인형을 보살펴 주는 행동을 한다.

(3) 구체적 조작기

만 7~11세 아동은 Piaget의 인지 발달 이론 중 3단계인 구체적 조작기(concrete-operational period)에 속한다. 구체적 조작기의 아동은 정신적 조작을 할 수 있다. 정신적 조작이란 실제 그 행동을 하지 않고도 그 과정을 머릿속으로 떠올리기도 하고, 그 과정을 머릿속으로 되돌리기도 하는 것을 말한다. 이런 정신적 조작을 통해 아동들은 체계적으로 사고할 수 있게 된다. 또한 이 단계의 아동은 이전보다 논리적인 사고를 한다. 이와 같은 발달로 구체적 조작기의 아동은 보존 개념과 분류 개념, 서열 개념을 확립하게 된다.

구체적 조작기의 아동은 앞서 설명한 Piaget의 보존 개념 과제에서 물이 서로 다른 컵에 담겨 있어도 물의 양이 같다는 것을 안다. 이처럼 이 단계의 아동은 보존 개념을 이해한다(〈표 4-2〉 참조). 그러나 아동의 인지 발달은 모든 영역에서 일정한 속도로 이루어지기보다 영역에 따라 다르게 발달하기 때문에, 과제의 형태에 따른 습득 시기는 다양할 수 있다. 예를 들어, 물과 같은 액체에 대한 보존 개념은 좀 더 이른 시기에 나타나지만, 지점토의 모양이 바뀌어도 그 질량이 변하지 않는다는 사실은 좀 더 후에 배우게 된다. 이러한 습득 시기의 차이를 수평적 격차(horizontal decalage)라고 하며, 아동은 주로 수량, 길이, 액체량, 질량, 무게 그리고 부피 순으로 보존 개념을 가지게 된다.

구체적 조작기 이전의 아동은 색깔이나 모양과 같은 지각적 특성에 의존하여 대상을 분류한다. 그러나 구체적 조작기가 된 아동은 단순히 눈에 보이는 특징뿐만 아니라 대상 간의 관계성(예: 어미-새끼/ 도구-재료)을 고려하여 대상을 분류할 수 있게 된다. 또한 이전에는 두 개 이상의 기준을 가지고 대상을 나누는 데 어려움을 겪었지만, 구체적 조작기에 들어서면

〈표 4-2〉 아동의 보존 개념

구분			
액체	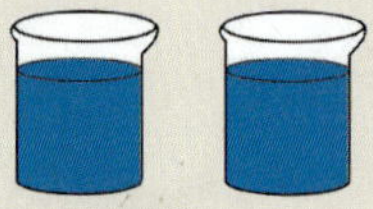 두 개의 동일한 비커에는 같은 양의 액체가 있다.	 한 비커 안에 들어 있는 액체를 다른 모양의 비커에 부으면, 두 비커의 높이가 달라진다.	보존 개념이 있는 아동은 각 비커에 있는 액체의 양이 같다고 인식한다. (평균 나이: 만 6~7세)
질량	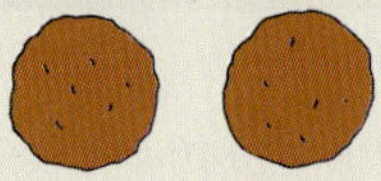 두 개의 동일한 지점토 공이 있다.	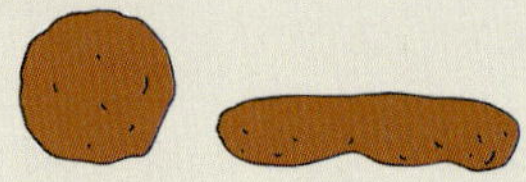 한 개의 공을 소시지 모양으로 만든다.	보존 개념이 있는 아동은 각각의 물체의 질량이 같다고 인식한다. (평균 나이: 만 6~7세)
수	 두 줄의 동전이 놓여 있다.	 한 줄의 동전을 길게 늘여 놓는다.	보존 개념이 있는 아동은 각 줄에 있는 동전의 수가 같다고 생각한다. (평균 나이: 만 6~7세)
부피	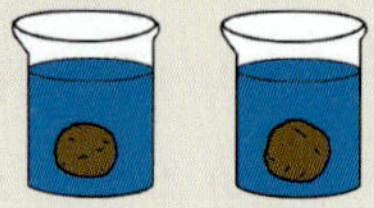 두 개의 동일한 지점토 공을 같은 양의 액체가 들어 있는 두 개의 동일한 비커 안에 각각 넣는다.	 한 개의 지점토 공을 비커에서 꺼내 다른 모양으로 만든다. 그 후, 꺼냈던 지점토를 다시 비커에 넣으면, 옆에 있는 비커 물의 높이와 어떻게 다를지 아동에게 물어본다.	보존 개념이 있는 아동은 지점토의 모양 외에는 달라진 것이 없기 때문에, 물의 높이가 같을 것이라고 생각한다. (평균 나이: 만 9~12세)

출처: Shaffer & Kipp (2007).

서 아동은 중다 분류(multiplicative classification)를 할 수 있게 된다. 예를 들어, 구체적 조작기의 아동은 [그림 4-7]을 보고 동물의 색깔을 고려하여 흰색이나 검은색 동물로 구분하거나, 종류를 고려하여 강아지 혹은 고양이로 분류할 수 있다.

서열 개념은 길이나 부피 등 양적 특성을 고려하여 순서를 나열하는 것이다. 구체적 조작기 이전의 아동은 [그림 4-8]의 왼쪽 그림처럼 길이에 따라 순서를 매기는 데 어려움을 겪는다. 반면, 구체적 조작기에 들어선 아동은 오른쪽 그림처럼 길이에 따라 막대를 세우거나, 크기에 따라 사탕을 순서대로 나열할 수 있게 된다.

[그림 4-7] 중다 분류의 예

구체적 조작기의 아동은 색깔과 동물의 종류, 두 범주를 모두 사용하여 위의 애완동물들을 분류할 수 있다.

(A) 전조작기 아동의 서열 능력 (B) 구체적 조작기 아동의 서열 능력

[그림 4-8] 전조작기 아동과 구체적 조작기 아동의 서열 조작 능력

(A) 전조작기 아동은 서로 다른 길이의 막대를 순서대로 나열하지 못한다.
(B) 구체적 조작기 아동은 서로 다른 길이의 막대를 순서대로 나열할 수 있다.

(4) 형식적 조작기

만 11세 이상의 아동은 Piaget의 인지 발달 이론 중 4단계인 형식적 조작기(formal operations period)에 속한다. 형식적 조작기는 Piaget의 인지 발달 단계 중 마지막 단계로, 추상적 사고와 과학적/논리적 사고가 주요 특징으로 나타난다. 형식적 조작기의 아동은 눈에 보이지 않는 가설적인 상황을 체계적으로 검증하기 위해 실험 계획을 세우기도 한다. 형식적 조작기에 나타나는 아동의 사고 변화는 학습에서도 나타난다. 이전 단계의 아동은 여러 시행착오를 통해 우연히 어떠한 사실을 배우는 반면, 형식적 조작기의 아동은 오류를 최소화하고 체계적으로 학습할 수 있게 된다. 예를 들어, 형식적 조작기 이전의 아동은 손이 닿지 않는 곳의 물건을 꺼내기 위해 뛰어보기도 하고 손을 뻗는 등 다양한 행동을 한다. 그러다가 우연히 긴 막대로 쳤을 때 물건이 떨어지는 것을 보고 손이 닿지 않는 물건을 꺼내기 위해서는 긴 막대를 이용하면 된다는 것을 배우게 된다. 반면, 형식적 조작기의 아동은 손이 닿지 않는 물건을 얻기 위해 손을 뻗거나 뛰는 것으로는 물건에 닿지 않을 것임을 추상적 사고를 통해 미리 판단하고 닿지 않는 길이를 논리적으로 추론하여 그 길이에 해당하는 막대를 사용할 것이다. 대인관계를 형성할 때에도 형식적 조작기의 아동은 더욱 계획적으로 상대와의 관계를 쌓아간다. 한 예로, 어린 아동은 좋아하는 이성의 관심을 끌기 위해 잘해 주기보다는 상대를 놀리거나 괴롭힌다. 반면, 형식적 조작기의 아동은 좋아하는 이성 친구의 호감을 얻기 위해 필기 도구를 빌려 주는 등 상대에게 호의를 베풀며 좀 더 계획적으로 접근한다.

2) Piaget에 대한 반박

Piaget의 이론은 발달에 있어 수동적이기보다 능동적인 아동의 역할을 강조하였다. 이러한 관점은 오늘날까지도 널리 받아들여지고 있다. 그러나 Piaget는 아동의 개인차를 고려하지 않고 일반적인 아동 발달에 관해서만 설명하였다. 또한 환경의 차이에 따른 발달 차이를 언급하지 않았다는 점에서 비판을 받고 있다. 그리고 무엇보다 Piaget의 이론은 어린 아동의 능력을 과소평가하였다.

(1) 감각운동기에 대한 반박

Piaget는 영아의 능력을 과소평가했을 뿐만 아니라, 영아의 인지 발달을 '감각이나 운동'에 너무 큰 비중을 두고 설명하였다는 점에서도 많은 비판을 받는다. 예를 들어, 감각운동을 할 수 없는 선천성 사지 기형아들이 정상적인 인지 발달을 보인다(Steinberg, de Jong, Andreassen, Werge, Borglum, Mors et al., 2011)는 사실은 Piaget의 인지 이론으로 설명될 수 없다.

Baillargeon(1987)은 감각운동기 1~2단계에 해당되는 영아는 대상 영속성 개념을 가지기 어렵다고 했던 Piaget의 주장을 실험으로 반박하였다. 그녀는 영아의 대상 영속성을 확인하기 위해, 생후 4.5개월의 영아를 대상으로 기대 위배(violation of expectation) 방법을 사용하여 도개교 실험을 실시하였다. 여기서 기대 위배 실험이란 영아가 알고 있던 지식과 다른 사건을 영아에게 제시하였을 때, 영아가 어떻게 반응하는지를 살피는 과제다. 이때 만약 영아가 놀라는 반응을 보이고 흥미를 느끼며 그 사건을 계속 쳐다본다면, 이것은 그 사건이 영아의 기대와 어긋났음을 의미한다. 즉, 영아는 가능한 사건과 불가능한 사건을 구별할 수 있는 것이다.

(A) 습관화
영아에게 스크린이 앞에서 뒤로 180° 회전하는 모습을 보여 주고 이를 습관화시킨다.

(B) 가능한 사건
스크린 뒤에 막대 상자가 있어 스크린이 180°로 회전하지 못한다.

(C) 불가능한 사건
스크린 뒤에 막대 상자가 있음에도 스크린이 180° 회전한다.

[그림 4-9] 4개월 영아의 기대위배 실험

도개교 실험을 통해 생후 4개월 된 영아도 대상 영속성과 물질 특성에 관한 개념을 가지고 있음을 알 수 있다. 먼저, (A)와 같이 영아는 스크린이 180° 회전하는 모습에 습관화되었다. 영아에게 스크린 뒤의 막대 상자 때문에 스크린이 더 이상 회전하지 못하는 모습(B)과 회전하는 모습(C)을 보여 주고 반응을 살폈다. 그 결과, 영아는 불가능한 사건(C)을 더 오래 응시하였다.

출처: Keil (2014).

Baillargeon의 도개교 실험에서는 먼저 영아에게 [그림 4-9]의 (A)와 같이 스크린이 오른쪽에서 왼쪽으로 180° 회전하는 모습을 습관화시킨다. 이에 습관화된 영아가 더 이상 스크린을 응시하지 않게 되면, [그림 4-9]의 (B)와 같이 스크린 뒤에 작은 막대 상자를 놓는다. 그 후 스크린이 회전하는 모습을 보여 준다. 이때 영아는 가능한 사건과 불가능한 사건을 관찰하게 된다. 여기서 가능한 사건이란 스크린이 상자에 막혀 더 이상 회전하지 못하는 것이고, 불가능한 사건이란 스크린 뒤에 상자가 있음에도 스크린이 180° 회전하는 것이다.

만약 Piaget의 주장대로 영아가 대상 영속성 개념을 가지고 있지 않는다면, 스크린이 회전하여 작은 상자를 가림과 동시에, 영아는 상자가 더 이상 존재하지 않는다고 생각할 것이다. 그러므로 스크린이 180°로 회전하는 것에 습관화된 영아는 상자가 스크린 뒤에 있어도 스크린이 180°로 회전하는 '불가능한 사건'에 별로 놀라지 않을 것이다. 오히려 스크린이 회전하다 상자에 막혀 멈춘다면, 이것은 습관화된 사건과 다르므로 영아는 더욱 관심을 가지고 응시할 것이다.

반대로, 영아가 대상 영속성을 이해하고 있다면, 상자가 스크린 뒤에 가려도 계속 있다는 것을 인지하고 스크린이 180°로 회전하는 사건에 오히려 더 놀라며, 오래 응시할 것이다. Baillargeon의 실험 결과에 따르면, 생후 4개월이 된 영아는 스크린이 180°로 회전하는 '불가능한 사건'을 관찰하였을 때 이에 놀라며 더 오래 응시하였다. 즉, 어린 영아는 대상 영속성을 가지며, 불가능한 사건과 가능한 사건을 구별할 수 있었다.

(2) 전조작기에 대한 반박

Piaget에 따르면 전조작기 아동은 여러 인지적 제약을 가진다. 그러나 Piaget의 주장과는 달리 최근 연구는 아동이 비교적 이른 시기에 인지적 제약들을 극복한다고 주장한다. 다만 Piaget의 실험에서 전조작기 아동이 여러 인지적 제약을 가지고 있는 것처럼 보인 이유는 그가 실시한 과제들의 방법에 문제가 있기 때문이라고 지적한다.

먼저 Piaget의 과제들은 능력(competence)을 평가하기보다는 수행(performance)에 초점을 둔다. 그래서 Piaget의 과제처럼 난이도가 높은 경우 능력을 평가하기는커녕 수행 자체가 불가능한 경우가 많다. 또한 Piaget의 과제는 언어적 발달이 완전히 이루어지지 않은 아동에게 언어적 이해를 필요로 했다는 점에서 문제점을 가진다.

이 외에도 Piaget 과제의 문제점을 보여 주는 실험들은 다양하다. 예를 들어, Piaget의 보존 개념 과제에서 아동은 동일한 개수의 동전으로 나열된 두 직선을 본다. 이때 동전들은 일정한 간격으로 놓여 있어서, 두 직선의 전체 길이 또한 동일하게 보인다. 따라서 실험자가 아동에게 두 직선에 놓인 동전의 개수가 동일한지 물으면, 아동은 그렇다고 대답한다. 그러나 실험자가 한 직선에 놓인 동전들의 간격을 넓힌다면, 그 직선의 전체 길이는 길어진다. 이때 실험자가 아동에게 두 직선의 동전이 같은 개수인지 묻는다면, 아동은 동전의 개수가 다르다고 대답한다. Piaget는 이러한 결과를 제시하며, 전조작기의 아동은 수 보존 개념이 부족하다고 주장하였다. 그러나 이후의 연구는 다음의 이유를 제시하며, Piaget의 주장에 반박한다.

반박에 따르면, 아동은 실험자의 의도에 맞도록 답을 하려는 경향이 있어서 보존 개념 과제에서 일부러 틀린 답을 말한다. 예컨대, 앞서 아동에게 두 직선의 동전 개수가 동일한지

[그림 4-10] 변형된 보존 개념 과제의 예

(A) 실험자가 동일한 간격으로 놓여진 a와 b의 동전 개수가 동일한지 묻자 아동은 동일하다고 대답한다.
(B) 실험자는 곰돌이 인형이 a의 동전 간격을 실수로 넓혔다고 말한다.
(C) 실험자는 아동에게 a와 b에 있는 동전의 개수가 동일한지를 묻자, 아동은 동일하다고 대답한다.

물었던 실험자가 동전의 간격을 바꾼 뒤 똑같은 질문을 아동에게 했을 때, 아동은 앞에서 자신이 제시한 답이 틀렸다고 생각하거나 실험자가 다른 대답을 원한다고 생각할 수 있다. 그러므로 아동은 실험자에게 이전과는 다른 대답을 주어야 한다고 생각해 똑같은 질문을 두 번째로 받았을 경우 동전의 양이 같지 않다고 대답하는 것이다.

실험자가 원하는 대답을 해야 한다는 아동의 부담감을 줄이기 위해, McGarrigle과

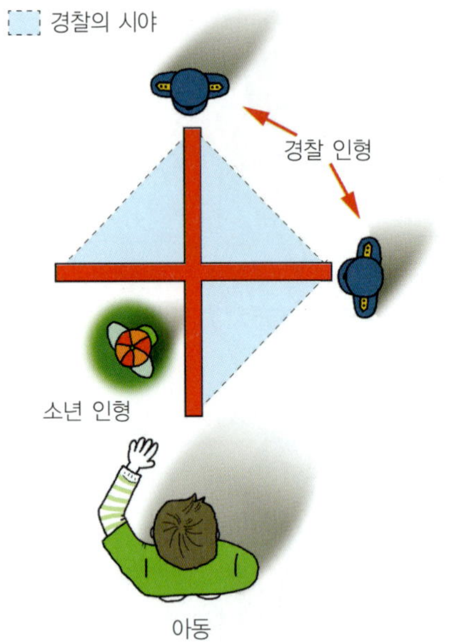

[그림 4-11] 경찰놀이 과제

아동은 경찰 인형으로부터 소년 인형을 숨겨주어야 했다. 그러자 아동은 소년 인형이 경찰 인형이 볼 수 없는 곳에 숨도록 도와주었다. 이는 아동이 소년의 입장에서 생각하는 탈자기중심적 사고를 했음을 보여 준다.

Donaldson(1974)은 전조작기 아동에게 변형된 Piaget의 보존 개념 과제를 주었다([그림 4-10] 참조). 이전 Piaget의 실험에서는 실험자가 직접 동전 사이의 간격을 넓힌 후, 아동에게 두 직선의 동전 개수가 동일한지를 질문하였다. 그러나 변형된 보존 개념 과제에서는 실험자 대신, '말썽꾸러기 곰돌이 인형'이 장난을 치다가 '실수로' 동전 사이의 간격을 넓혔다고 아동에게 말한다. 이후 실험자가 아동에게 두 직선의 동전 개수가 동일한지 물었다. 실험 결과, 놀랍게도 두 직선의 전체 길이에 상관없이 아동은 동전 개수가 동일하다고 대답했다. 이는 Piaget의 주장과는 달리 전조작기의 아동은 수 보존 개념을 가지고 있다는 것을 보여 준다.

Piaget의 세 산 모형 실험 또한 아동이 수행하기에 너무 어려웠다는 비판을 받는다. Hughes(1975)는 만 3.5~5세 아동에게 세 산 모형 실험을 좀 더 쉽게 변형시킨 경찰놀이 과제(the policeman-doll task)를 [그림 4-11]과 같이 진행하였다. 그림과 같이, 이 연구에서 실험자는 아동에게 경찰 인형이 소년 인형을 잡으려고 한다는 상황을 설명해 준 후, 아동에게 경찰이 소년을 잡을 수 없도록 소년을 잘 숨겨달라고 지시하였다. 그 결과, 대부분의 아동은 자신의 관점이 아닌 소년의 입장에서 경찰에게 보이지 않도록 소년을 잘 숨겨 주었다.

또 다른 연구(Flavell, 1981)에서는 실험자가 한 면에는 강아지가, 다른 면에는 고양이가 그려진 카드를 만 3세 아동에게 보여 주었다. 그리고 아동과 실험자가 마주 보고 앉아 있는 상황에서 아동에게 강아지가 그려진 면이 보이도록 하고, 실험자에게는 어떤 동물이 보일지를 물었다. 대부분의 아동은 실험자가 자신이 보고 있는 강아지의 반대편에 그려진 고양이를 볼 것이라고 대답했다. 결론적으로, 과제를 단순화시킨 위의 두 연구는 아동이 탈자기중심적인 사고를 할 수 있음을 보여 준다.

이 외에도 아동이 물활론적 사고를 한다는 Piaget의 주장은 바람이나 달처럼 성인도 생물

ISSUE 1

유능한 영아는 부모가 만든다?

1983년 8월 15일, 미국 타임지에는 "영아들이 무엇을 알고 있는가(What do babies know)?"라는 제목으로, 대부분의 사람이 생각하는 것과 달리 신생아가 얼마나 많은 것을 할 수 있는지에 대한 내용의 기사가 실렸다. 글의 저자 Friedrich(1983)는 갓 태어난 신생아는 어른들이 생각하는 것보다 훨씬 더 잘 보고 들으며, 뛰어난 사회성을 가진다고 주장하였다.

한 예로 Meltzoff와 Moore(1981)의 연구결과에 따르면, 태어난 지 채 42분밖에 되지 않은 신생아도 상대방의 표정을 모방하고 혀를 내미는 행동을 따라 할 수 있었다. 그리고 생후 12일 된 신생아는 상대방의 표정을 기억하였다가 이후에 모방 행동을 보여 주기도 하였다.

Friedrich에 따르면 영아 능력에 대한 부모의 믿음에 따라 부모는 자녀에게 다르게 반응하고 행동한다. 예를 들어, 어린 영아가 잘 보지 못한다고 생각하는 부모는 모빌을 영아 얼굴 가까이에 달 것이고, 잘 보인다고 생각하는 부모는 모빌을 천장 높이 달 것이다. 또한 영아가 말을 알아듣는다고 생각하는 부모라면 더 많은 의사소통을 자녀에게 시도할 것이고, 그렇지 않은 부모라면 많은 상호작용을 시도하지 않을 것이다. 이처럼 영아의 능력에 대한 부모의 믿음은 자녀 양육 방식이나 교육방식을 결정하는 데 큰 영향을 끼친다. 그리고 더 나아가 이렇게 결정된 자녀 양육 방식이나 교육 방식은 자녀의 발달에도 영향을 끼친다. 예를 들어, 의사소통을 많이 시도한 부모일수록 자녀에게 언어 자극을 많이 제공하여 자녀의 언어 발달에 긍정적 영향을 끼친다. 그러므로 부모들은 "애가 뭘 알아"라는 잘못된 생각에서 벗어나, 자녀가 어느 시기에 무엇을 할 수 있고, 더 나아가 자녀의 잠재력을 믿고 양육할 필요가 있다.

인지 무생물인지 대답하기 애매한 것들을 아동에게 질문했다는 점에서 타당하지 않다는 비판을 받는다. Piaget 이후의 연구자들은 Piaget의 주장과 달리 어린 영아도 생물과 무생물의 차이를 알고 그것을 구분할 수 있다는 데에 의견을 모으고 있다(Mandler & McDonough, 1998).

2. Vygotsky의 사회문화적 인지 발달 이론

발달에 있어 사회적 혹은 문화적 역할을 강조하는 이론을 사회문화적 이론(sociocultural theory)이라고 한다. 사회문화적 이론은 다양한 상호관계 속에서 적용될 수 있다. 러시아 심리학자 Vygotsky(1978)는 사회문화적 이론의 창시자로서, Piaget의 주장과는 달리 아동은 혼자서 발달하기보다 자신이 속한 사회와 문화에서 주변인과의 상호작용을 통해 인지적 성장을 이루게 된다고 하였다. 사회문화적 이론을 설명하는 주요 개념으로는 근접발달영역, 발판화, 유도된 참여가 있다.

근접발달영역(zone of proximal development: ZPD)은 실제적 발달수준(level of actual development)과 잠재적 발달수준(level of potential development) 간의 차이를 말한다. 여기서 실제적 발달 수준은 아동이 누군가의 도움 없이 스스로 기술을 터득하거나 학습할 수 있는 능력 정도이며, 잠재적 발달수준은 유능한 타인의 도움을 받았을 때 아동이 배울 수 있는 능력 정도를 뜻한다. Vygotsky의 근접발달영역은 타인의 도움을 통해 성장할 수 있는 아동의 잠재 능력을 고려한다는 점에서 중요하다. Vygotsky의 근접발달영역은 단순히 지능만을 검사하던 이전의 측정 방법과는 달리 아동의 잠재 능력도 고려해서 지식 수준을 평가한다는 점

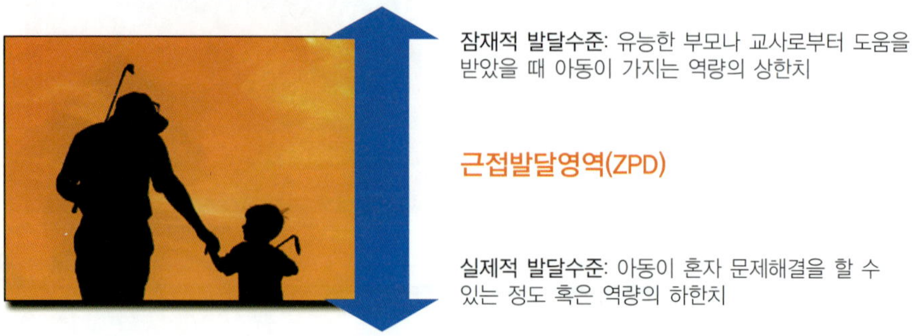

[그림 4-12] 근접발달영역

근접발달영역이란 아동이 누군가의 도움 없이 독립적으로 가지는 능력인 실제적 발달수준과 유능한 지도자의 도움을 받았을 때의 향상된 능력인 잠재적 발달수준 간의 차이이다.

에서 중요하다. 실제로 이러한 방식으로 실시한 지능검사에서 아동들은 더 많은 능력을 보여 줄 수 있었다(Swanson & Lussier, 2001; Siegler, 2004/2007).

Vygotsky는 아동의 수준에 맞추어 가르치는 것이 매우 중요하다고 강조하였다. 이것을 발판화(scaffolding)라고 하며, 아동이 스스로 무언가를 할 수 있을 때까지 유능한 성인이 아동의 수준에 맞는 발판을 제공하는 것이다. 학교 선생님이 아동의 학습 수준에 따라 다른 내용을 가르치는 것도 발판화의 한 예가 될 수 있다.

아동은 성인이나 또래와 상호작용을 하며 자신이 속한 문화나 사회에서 받아들여지는 다양한 활동에 참여함으로써 사회화 과정에 오르게 되는데, 이러한 과정을 유도된 참여(guided participation)라 한다. 아동은 어른이나 또래를 관찰하며 그들의 가치나 기술, 방식 등을 배우게 된다(Rogoff, 1990). 이때 사회문화적 특성에 따라 아동의 발달 목표나 배우는 내용과 방식은 다양할 수 있다. 예를 들어, 농경 사회의 아동은 어려서부터 부모와 함께 밭일을 하거나 가축을 돌보면서, 농경 문화나 사회에서 실질적으로 필요한 것을 배워 나간다. 반대로, 산업사회의 아동은 부모가 하는 활동에 직접적으로 참여하기보다 학교와 같은 기관을 통해 다양한 지식을 배우게 된다(Siegler, 2004/2007).

사회문화적 인지 발달 이론에 따르면 아동은 매일 다른 사람과의 상호작용을 통해 학습한 사회문화적 요소를 자신의 것으로 만든다. 이때 아동을 가르치는 사람은 다양하다. 부모나 교사와 같이 나이가 많은 성인이거나 또래, 손위 형제자매일 수 있다.

성인은 아동의 수준에 맞는 지도를 적절히 제공한다. 아동 또한 다른 또래나 형제자매로부터 지도를 받을 때보다 성인에게 지도를 받을 때 더 많이 반응한다(Radizszewska & Rogoff, 1988, 1991). 아동이 또래 아동에게 무언가를 가르칠 때는 이유를 제대로 설명하지 않고 행동으로만 보여 주려는 경향이 있다(Ellis & Rogoff, 1982). 그러나 성인은 아동의 이해 수준을 파악하고, 이에 따라 목표를 요약해 주거나 방향을 제시해 준다. 따라서 아동을 잘 파악하는 성인일수록, 아동에게 더 좋은 지도자가 된다.

한편, 어린 동생은 자신의 언니·누나나 형·오빠를 다른 또래보다 더 잘 따른다. 손위 형제자매 또한 자신의 동생을 다른 아동보다 더 책임감을 가지고 보살핀다. 그리고 이들은 자신의 동생에게 더 자세하고 긍정적인 피드백을 제공하며, 동생 역시 다른 사람보다 손위 형제자매에게 좀 더 자유롭게 질문을 하기 때문에 혈육 관계인 형제나 자매로부터 지도를 받을 때, 아동의 학습 효과는 향상된다.

아동은 연령이 증가할수록 많은 시간을 또래와 함께 보내게 된다. 아동은 또래와의 협동을 통하여 학습이나 과제에 대한 동기를 높이고, 서로의 생각을 전달하기 위해 사고를 정리함으로써 학습 효과도 높일 수 있다(Siegler, 2004/2007). 그러나 아동은 협동하는 것에 능숙하지 않기 때문에 학습이 비효율적일 때가 많다. 따라서 부모나 교사는 아동의 협동 능력을 향상시키기 위한 적절한 개입과 피드백을 제공할 필요가 있다.

문화적 가치나 삶의 방식은 아동이 부모, 형제, 또래 등 주변 사람과 의사소통하는 방식에 영향을 준다. 특히 언어는 가장 중요한 문화적 도구로서 발달하는 아동과 주변 사람 간의 상호작용에서 가장 흔하게 쓰인다. 이와 같은 문화적 도구는 문화권마다 다양하게 나타나며, 인지 발달에 중요한 역할을 하게 된다. Miller, Smith, Zhu와 Zhang(1995)은 중국과 미국 아동을 대상으로 문화적 도구 차이에 따른 아동의 인지 능력을 살펴보았다. 중국은 우리나라처럼 10에서 20 사이의 수를 지칭하는 언어가 체계적이다. 예를 들어, 11, 12, 13의 경우 중국어로 십-일, 십-이, 십-삼으로 불린다. 즉, 숫자의 앞에는 '십'이 붙고 뒤에는 1~9까지의 숫자를 그대로 적용한다. 그러나 영어의 경우 10에서 20 사이의 수가 체계적인 규칙을 가지지 않는다. 예를 들어, 11은 'ten-one'이 아닌 'eleven'이라는 새로운 명칭을 가진다. 이와 같은 이유로 [그림 4-13]과 같이 십진법을 배우기 시작하는 약 만 3세경부터 중국 아동의 수 세기 능력이 미국 아동에 비해 급속히 향상된다.

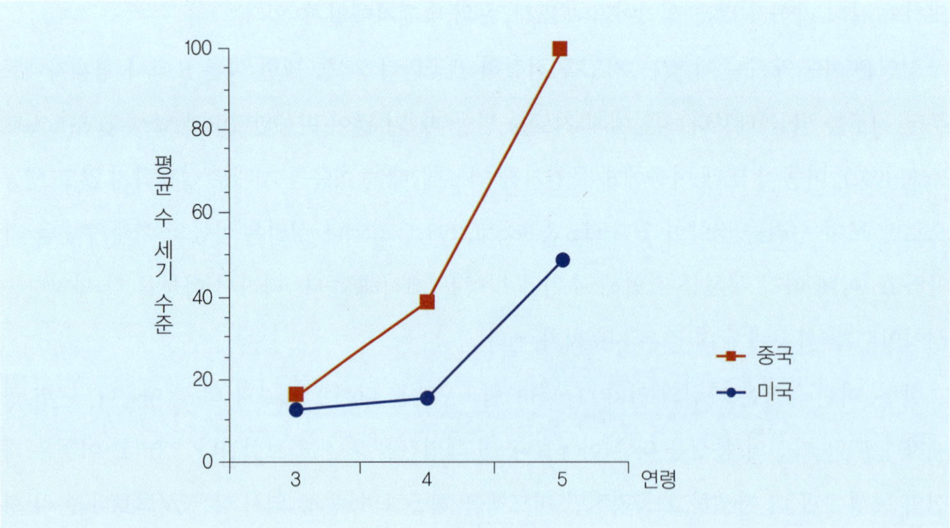

[그림 4-13] 중국과 미국 아동의 십진법 수 세기 발달 차이

좀 더 체계적인 십진법 수 체계를 가진 중국 아동은 만 3세경 수 세기가 급격히 증가하는 반면, 미국 아동의 수 세기는 서서히 증가한다.

출처: Miller, Smith, Zhu, & Zhang (1995).

Vygotsky의 사회문화적 인지 발달 이론은 많은 교육 현장과 연구자들로부터 지지를 받지만, 연령에 따른 변화를 기술하지 못한다는 평가를 받기도 한다. 또한 아동의 인지와 사고 발달은 비언어적인 측면에서도 일어나는데, Vygotsky는 인지 발달을 언어적 측면에만 초점을 두고 설명하였다는 점에서 비판을 받는다. 그뿐 아니라, 사회문화적 인지 발달 이론은 인지 발달에 중점을 두기보다는 인간의 사회적인 면모에만 너무 집중하고 있다는 이유로도 비판을 받는다(Tudge & Rogoff, 1989). 예컨대, 사회문화적 인지 발달 이론은 어떠한 방법론적인 이론과 존재론으로도 사회와 개인을 분리하여 생각할 수 없다고 주장한다(Sawyer, 2002). 그러나 이러한 주장은 개개인의 차이를 고려하지 않는다는 한계가 있다. 그리고 근접발달영역 또한 측정하는 기준이 모호하여 실생활에 적용하기 어렵다는 점에서 Vygotsky의 사회문화적 인지 발달 이론은 제한점을 가진다.

3. 정보 처리 이론

발달 연구자들은 인지 발달을 설명하기 위해 컴퓨터를 모델로 사용하여 정보 처리 이론을 만들었다. 정보 처리 이론(information-processing theory)은 인간의 인지 활동을 컴퓨터의 정보 처리 과정에 비교한다. 예를 들어, 인간의 인지 능력은 컴퓨터와 같이 외부의 다양한 정보를 중앙장치, 즉 뇌가 처리할 수 있는 형태로 바꾼다. 그리고 이렇게 바뀐 형태의 정보를 저장하고, 필요할 때 출력한다. 정보 처리 과정을 설명한 다중저장 모델은 다음의 세 요소를 포함한다([그림 4-14] 참조). 첫째, 감각저장(sensory store)은 의식적이든 비의식적이든 인간의 감각을 통해 들어온 정보를 저장하는 체계다. 둘째, 단기저장(short-term store)은 감각저장 체계

[그림 4-14] 정보 처리 모델

정보 처리 모델은 인간의 인지 활동을 컴퓨터 기능에 비유하여 만들어졌다. 소리나 빛 등 감각적 자극이 입력되면 먼저 감각저장이 된다. 단기저장은 어떠한 정보에 주의를 기울일지 결정하고 이러한 정보를 잠시 동안 저장하여 활용할 수 있게 한다. 장기저장된 정보는 필요할 때 인출해서 다시 활용할 수 있다.

에 저장된 정보에 주의를 집중하고, 이를 일시적으로 저장 및 처리하는 체계를 말한다. 마지막으로 장기저장(long-term store)은 큰 용량의 정보를 영구적으로 저장하는 체계다. 장기저장된 정보는 나중에 인출되어 다시 사용된다.

컴퓨터와 같이 인간의 인지 체계에도 정보를 입력하고 출력할 수 있는 물리적 장치인 하드웨어와 정보 처리 과정을 계획하고 처리하고 이해하는 소프트웨어가 있다. 뇌와 같이 정보의 입출력이 이루어지는 신체 영역은 하드웨어에 속하며, 저장방식이나 기억 전략 사용 등 정보 처리 과정의 내용은 소프트웨어에 포함된다. 정보 처리 이론에 따르면, 인간의 뇌는 연령이 증가할수록 성숙한다. 특히 대뇌피질 전반과 전두엽의 성숙은 정보 처리 용량을 증가시킨다. 그리고 신경 축삭에 지방질이 덮이는 수초화는 좀 더 빠르게 정보를 처리하도록 도와준다. 또한 출생 시 불필요하게 많았던 신경 간의 연결이 시냅스 상실 혹은 가지치기를 통해 사라지게 되면서, 더욱 빠르고 효과적인 정보 처리가 가능해진다(Silverthorn, 2009). 이와 같은 뇌와 신경의 성숙은 아동기를 거쳐 청소년기까지 지속된다. 또한 연령이 증가함에 따라 이전보다 정교한 전략을 사용하게 되면서 정보를 효율적으로 부호화하고 처리하며 인출도 할 수 있게 된다. 정보 처리 과정은 주의와 기억 등 다양한 인지 활동을 포함한다. 정보 처리 이론을 설명하는 대표적인 이론에는 Case의 '신피아제 이론'과 Siegler의 '진화론적 이론'이 있다.

신피아제 이론은 Piaget의 인지 발달 이론의 4단계를 정보 처리 이론에 적용하였다. Case (1985)는 신피아제 이론을 지지하는 연구자 중 한 명으로, Piaget 인지 발달 이론의 각 발달 단계 구조와 각 단계 사이에 일어나는 변화 과정에 초점을 두고 인지 발달을 설명하였다. 따라서 Case는 발달을 감각운동적 조작 단계, 표상적 조작 단계, 논리적 조작 단계 그리고 형식적 조작 단계의 4단계로 나누었다([그림 4-15] 참조).

Case에 따르면 감각운동적 조작 단계의 아동은 감각 정보를 받아들이며, 표상적 조작 단계에서는 이러한 정보를 심상화한다. 또한 논리적 조작 단계가 된 아동은 감각 정보에 대한 추상적인 표상화가 가능해지며, 이에 대해 단순한 정보 처리 혹은 문제 해결을 할 수 있게 된다. 마지막으로 형식적 조작 단계의 아동은 좀 더 복잡한 정보 처리나 문제 해결을 한다.

Case는 인지 발달 단계의 구조뿐 아니라 그 과정 또한 설명한다. Case(2013)에 따르면 인지 발달은 정보 처리의 복잡성(complexity) 정도에 따라 일어나며, 작업 기억 용량의 증가는 이러한 변화에 기여하는 요인이 된다.

정보 처리의 복잡성은 다음의 네 단계로 나뉜다. 첫 번째 단계인 목표 조직화(operational

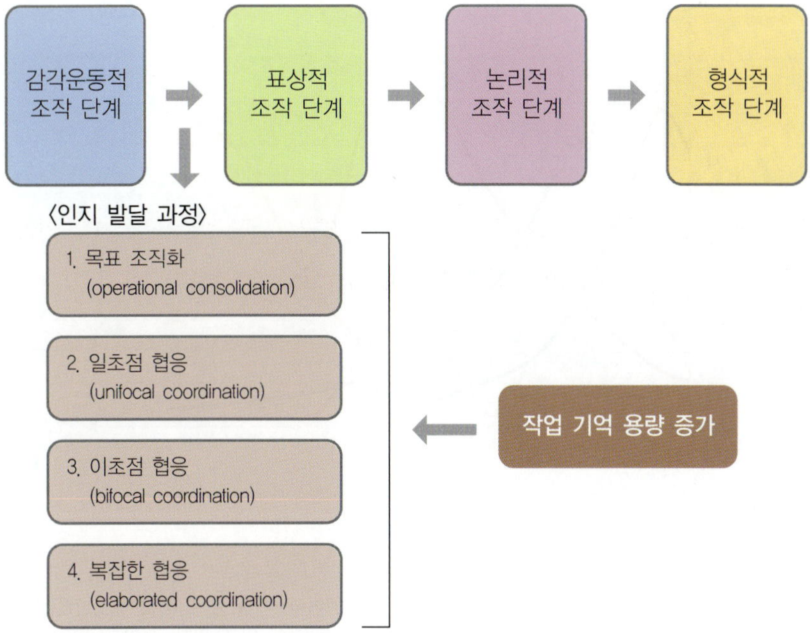

[그림 4-15] Case의 인지 발달 이론

Case는 Piaget의 인지 발달 이론의 4단계의 구조와 과정을 정보 처리 이론에 적용하여 인지 발달을 설명한다. 따라서 Case의 정보 처리 이론은 감각운동적 조작 단계, 표상적 조작 단계, 논리적 조작 단계, 형식적 조작 단계로 나뉜다. 또한 Case는 인지 발달 단계의 과정을 설명하기 위해 정보 처리의 복잡성을 4단계로 나눈다. 그리고 생물학적 성숙을 통해 작업 기억의 용량이 증가하면서 복잡성 단계가 높아짐에 따라 이전 인지 발달 단계에서 다음 단계로 발달을 이루게 된다.

consolidation) 단계에서 아동은 자신이 학습한 것을 이해한다. 두 번째 단계에서 아동은 새롭게 배운 기술을 다양한 방면에 적용하지만 한 번에 한 영역에만 집중하여 정보를 처리할 수 있다. 이와 같은 단계를 일초점 협응(unifocal coordination)이라 한다. 그다음은 이초점 협응(bifocal coordination) 단계로 이때의 아동은 동시에 두 영역에 초점을 두고 정보를 처리할 수 있게 된다. 마지막은 복잡한 협응(elaborated coordination) 단계로, 이 단계의 아동은 동시에 여러 생각을 하여 복잡한 문제를 해결할 수 있다.

Siegler(2000)는 진화론적 관점에서 인지 발달에서의 정보 처리 과정을 설명하였다. 그에 따르면 진화가 발생하기 위해서는 먼저 유전적 결함이나 유전자의 결합으로 새로운 돌연변이체가 나타나야 한다. 이러한 돌연변이 유전자는 환경에 적응하면서 생존하고 번식하게 되는데, 이것을 진화라 한다. 환경에 가장 적합한 유전자가 선택되어 진화되듯, 인지 능력도 여러 능력 중 환경에 가장 적합하고 효율적인 것이 선택되어 발달한다. 그리고 각 시기별로 적합한 유전자가 다를 수 있듯, 아동의 연령별로 가장 적합한 인지 능력은 다를 수 있다. 이

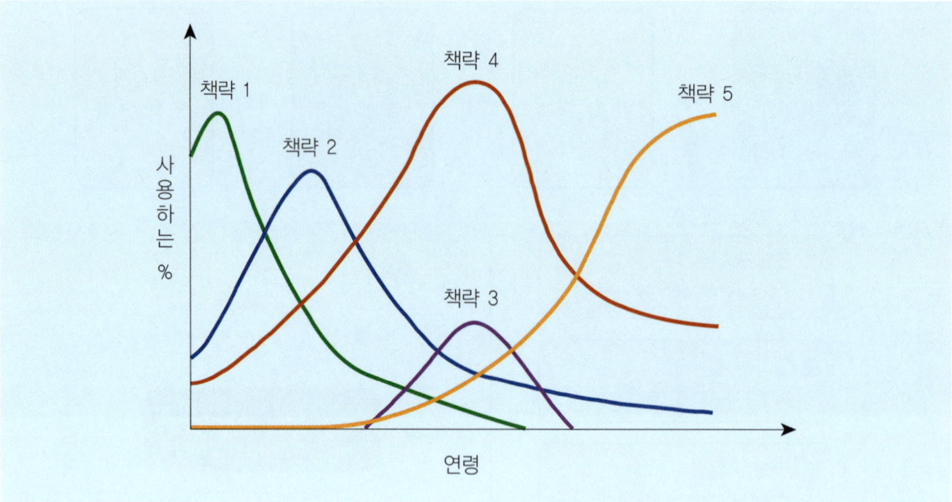

[그림 4-16] Siegler의 중복파도 모델

Siegler는 진화론적 관점에서 인지 발달을 설명한다. 유전자처럼 인지 능력도 그 환경에 가장 유리한 것이 선택된다. 이러한 적응적 과정을 표현한 것이 Siegler의 중복파도 모델이다. 예를 들어, 어린 시절 가장 많이 쓰던 책략 1은 점점 사용하지 않게 되고, 다른 책략들도 점점 많이 쓰다가 쓰지 않게 된다. 그리고 어느 순간부터 나이가 증가할수록 책략 5를 많이 쓰게 된다.

출처: Siegler (2004/2007).

러한 현상은 Siegler의 중복파도 모델에서 잘 나타난다. 예컨대, [그림 4-16]에서 보듯, 아동이 선호하는 책략은 연령별로 다르게 나타난다.

정보 처리 이론은 인지의 발달 단계뿐만 아니라 과정 또한 반영한다는 점에서 많은 주목을 받고 있다. 그러나 정보 처리 이론 역시 인지 발달을 완벽히 설명할 수는 없다. 실제로 인간의 인지 활동은 한 번에 하나의 정보를 처리하기보다는 동시에 많은 정보를 처리한다. 그러므로 순차적 과정만을 서술하는 정보 처리 이론은 제한적이다. Hawkins(2003)는 사람의 뇌가 컴퓨터처럼 입력되고 진행되며 출력이 된다면 모든 일이 지연될 것이라고 정보 처리 이론을 반박했다. 또한 Sheppard(1997)에 따르면, 정보 처리 시스템은 장기 기억과 작업 기억을 구별하여 산출해 내지 못하므로 사람의 인지 활동을 컴퓨터에 비교하는 것은 적절하지 못하다. 그뿐 아니라, 인간은 감정이나 동기와 같은 정서적 요인을 가지며 이러한 정서적 요인 역시 인간의 인지 발달에 영향을 주기 때문에, 이를 단순히 정보를 모아 통합하는 컴퓨터에 비교하는 것 또한 적절하지 않다.

4. 이론-이론

이론이란 무엇일까? 이론은 어떠한 현상이나 대상을 이해하기 위한, 논리적이고 체계적인 명제다. 이론은 현상 그 자체보다는 눈에 직접적으로 보이지 않는 인과관계를 추론하도록 도와준다. 이론-이론('theory' theory)은 이러한 이론의 특성을 기반으로, 아동의 인지 발달을 설명한다. 이론-이론에 따르면 아동은 단순히 지식 습득을 통해 세상을 배우는 것이 아니라 세상에 대한 이론을 가지고 통찰력을 갖게 된다.

이론-이론에 따르면 영아는 태어나면서부터 세상에 대한 이론 형성과 이에 대한 실험 및 검증 능력을 가진다. 또한 경험을 통해 이론을 수정 혹은 폐기하며 더 효율적인 이론을 만들어 간다(Gopnik & Wellman, 2013; Gopnik & Meltzoff, 1997). 아동이 이러한 능력을 가지고 태어난다는 주장은 신생득론(neo-nativism)과 같은 입장이다. 그러나 이론-이론은 Piaget와 같이 경험에 큰 중점을 두고 있다. 따라서 두 아동이 똑같은 이론 형성 능력을 가지고 태어났더라도, 이후 개인의 경험에 따라 이론은 다양해질 수 있다고 주장한다.

이론-이론은 아동이 인지 능력을 갖추고 태어난다는 생득론적 입장과 탐색과 경험을 통해 스스로를 구성해 간다는 인지 발달의 구성주의적 입장을 모두 수렴한다는 점에서 높은 평가를 받고 있다. 그러나 아동이 실제로 이론 형성과 같은 추상적인 사고 활동을 태어나면서부터 할 수 있는지에 대해서는 아직까지 확실히 밝혀진 바가 없다. 또한 이론-이론은 아동이 언제 무엇을 아는지에 대해서는 설명할 수 있지만, 이론이 구성되고 수정되는 과정에 대한 설명이 부족하다는 점에서 비판을 받고 있다. 뿐만 아니라, 연구자마다 이론-이론에 대한 개념정의가 다양하기 때문에 서로 다른 해석을 하여 본래의 개념을 변질시킬 수도 있다는 비판이 제기되고 있다(Weiskopf, 2015). 무엇보다 이론-이론에 관한 많은 연구가 아직 이루어지지 않았으므로 충분한 연구가 더 필요할 것으로 보인다(Weiskopf, 2015).

주요 학습 개념

1. Piaget의 인지 발달 이론

- Piaget는 다음과 같은 기본 개념을 통해 아동의 인지 발달을 설명하였다.
  - ➤도식(scheme): 아동이 환경으로부터 얻은 정보를 조직화하고 해석하는 자신만의 방식
  - ➤동화(assimilation): 아동이 기존의 도식을 이용해 세상을 이해하는 과정
  - ➤조절(accommodation): 아동이 새로운 정보를 접하고 그에 맞게 기존의 도식을 수정하는 과정
  - ➤평형화(equilibration): 아동이 동화와 조절을 이용해 환경으로부터의 정보와 자신의 도식 간의 인지적 균형을 추구하는 과정

- Piaget의 인지 발달은 네 가지 단계로 나뉘고 각 단계별 주요 특징은 다음과 같다.

감각운동기(출생~24개월)	전조작기(만 2~7세)	구체적 조작기(만 7~11세)	형식적 조작기(청소년기 이후)
-감각과 운동을 통해 이해 -물체가 시야에서 사라져도 계속 존재한다는 것을 이해(대상 영속성)	-실제 대상 언어나 그림으로 표현(상징적 표상) -특징 하나에만 주의 집중(중심화) -자신의 관점으로만 이해(자기중심성) -무생물을 생물처럼 사고(물활론적 사고)	-형태가 변해도 양은 그대로 유지된다는 것을 이해(보존 개념) -대상 간 관계성을 고려하여 분류(중다 분류) -양적 특성에 따라 나열(서열 개념)	-추상적 사고와 과학적/논리적 사고

- 몇몇 연구자들은 Piaget가 영아의 능력을 과소평가했고 과제가 능력을 보는 것이 아니라 수행 중심이었다며, Piaget가 주장한 것보다 영아는 더 많은 능력을 가졌다고 반박했다.
- Bailargeon은 기대 위배 패러다임을 통해 영아가 대상 영속성 개념을 가지고 있다는 사실을 발견하였다.

2. Vygotsky의 사회문화적 인지 발달 이론

- 근접발달영역(zone of proximal development: ZPD)이란 실제적 발달수준(level of actual development)과 잠재적 발달수준(level of potential development) 간의 차이를 말한다.
- 발판화(scaffolding)란 아동이 스스로 할 수 있을 때까지 성인이 아동의 수준에 맞추어 가르치는 것이다.

- 유도된 참여(guided participation)란 아동이 성인이나 또래와의 상호작용에 참여하며 사회화를 하게 되는 것이다.
- Vygotsky의 이론은 인지 발달을 언어적 측면에서만 설명했고, 사회적인 측면에 주로 초점을 둔다는 점에서 비판을 받는다.

3. 정보 처리 이론

- 정보 처리 이론(information-processing theory)은 인지 발달을 설명하기 위해 컴퓨터를 모델로 만들어졌다.
  - Case의 신피아제 이론: Piaget의 인지 발달 이론 4단계의 구조와 과정을 정보 처리 이론에 적용해서 인지 발달을 설명
  - Siegler의 진화론적 이론: 여러 인지 능력 중 환경에 가장 적합하고 효율적인 능력이 선택돼서 발달한다며, 진화 과정에 빗대어 인지 발달을 설명
- 인간의 인지 활동은 동시다발적으로 발생하는데, 정보 처리 이론은 순차적 과정밖에 설명하지 못한다는 점에서 제한점이 있다.

4. 이론-이론

- 이론-이론('theory' theory)은 영아가 태어나면서부터 세상에 대한 이론을 형성하고 이에 대해 실험 및 검증 능력을 가진다고 주장한다.
- 아동이 이론 형성과 같은 추상적인 사고 활동을 태어나면서부터 할 수 있는지에 대한 실증적인 연구가 아직까지는 없다.

5장 인지 발달 2 : 주의, 기억, 실행기능 및 상위 인지

자신의 길을 묵묵히 걸어가는 Loftus

DNA 검사가 시행되기 전, 죄 없는 사람들이 유죄판결을 받고 감옥에 수감되는 일이 종종 있었다. 이러한 사람 300명을 모아 분석해 보니 그중 3/4은 피해자의 거짓 기억으로 인해 유죄 판결을 받았다. 실제로 죄가 없었던 Titus라는 사람이 피해자의 거짓 기억으로 인해 고통을 받다가 세상을 떠난 일도 있었다. Titus가 타던 차와 그의 차가 비슷해서였을까? 아니면 그의 얼굴이 강간범의 얼굴과 비슷해서였을까? 피해자는 Titus를 용의자로 지목했고 재판에서는 그가 강간범임을 확신한다고 말했다. 그 결과, Titus는 유죄판결을 받았다. 다행히도 이후에 진짜 범인을 찾았지만, 그때는 이미 Titus가 직장과 약혼녀를 잃고 난 뒤였다. 결국 Titus는 이 사건으로 극심한 스트레스를 받다 만 35세의 이른 나이에 심장마비로 세상을 떠났다(Loftus, 2013).

Elizabeth Loftus는 Titus와 같이 무죄인 사람들을 도우며, 거짓 기억을 연구하는 심리학자다. 수년간 거짓 기억에 대해 연구한 결과, Loftus는 상상이나 최면과 같은 특정 심리치료 방법이 사람들에게 거짓 기억을 심어줄 수 있다고 주장했다. 이러한 주장 때문에 최면을 사용하는 심리치료사들은 Loftus에게 적대감을 가지게 되었고, 심지어 그녀를 해고하라는 캠페인까지 일어났다. 그녀를 위협하는 무리들 때문에 Loftus는 초청강연을 갈 때에도 항상 경호원을 동행해야 했다. Loftus는 진실을 밝히고자 했지만, 자신의 이야기가 알려지기를 원치 않았던 사람들에게 고소를 당하기도 했다(Loftus, 2013).

한 예로, 1980년대 중반 미국을 시끄럽게 한 하나의 사건이 있었다. 어떤 사람이 어린 시절 엄마에게 학대를 받았다며 엄마를 고발한 것이다. Loftus는 이 사건에 대해 의구심을 가지고 조사를 하였고 그 결과, 그 사람은 사실 단 한 번도 학대를 받은 적이 없다는 증거를 찾게 되었다. 결국 이 모든 사건이 한 사람의 거짓 기억으로 인해 일어난 것이었다. 이 사건에서 Loftus는 새엄마와 아빠의 영향으로 인해 그 사람이 거짓 기억을 만들어 냈으리라 추정하였다. 그 후 2002년 Loftus는 "누가 아무개를 학대했을까?"라는 제목으로 이 사건에 대한 이야기를 기사로 실었다. Loftus가 이 사건의 주인공의 실명을 공개하지 않았음에도 불구하고 Loftus는 명예훼손과 사생활침해로 고소를 당했다. 그 때문에 Loftus는 5년이 넘게 소송에 시달려야 했고 심리학자를 포함한 많은 사람들에게 손가락질을 받아야 했다(Loftus, 2013). Loftus는 이렇게 온갖 비난을 받으며 고생했지만, 아직까지도 거짓 기억에 대한 연구를 지속하고 있다. 지금 당장은 아니지만 언젠가는 억울한 사람을 돕고자 했던 그녀의 이름을 이 세상이 인정하는 날이 오지 않을까 싶다.

Elizabeth Loftus

인지의 중요한 기능에는 주의, 기억, 실행기능 그리고 상위 인지가 있다. 사람은 일상 생활에서 많은 것을 보고 듣고 느끼며, 다양한 자극을 받는다. 그러나 사람이 모든 자극에 주의를 기울인다면 그 어떤 것에도 집중할 수 없을 것이다. 또한 우리가 받는 다양한 자극 중 기억에 남는 자극은 일부분이다. 그렇다면 사람은 어떤 정보에 주의를 기울이고 그 중 무엇을 어떻게 기억하고 기억하지 않는 것일까? 또 어떤 과정을 거쳐 그 정보를 활용하는 것일까? 이 장에서 하나씩 살펴보도록 하자.

1. 주의

아동은 유치원에서 친구가 하는 말, 밖에서 들리는 자동차 소리, 과자 냄새 등 다양한 자극을 받지만 수업에 집중하기 위해서는 교사의 말에만 집중해야 한다. 이처럼 특정 대상에 집중하는 것을 주의(attention)라 하며, 이때 사용되는 주의 체계는 영아기부터 발달하기 시작한다.

1) 주의 체계 발달

주의 체계에는 정향과 각성이 있다. 정향(orienting)이란, 중요한 대상에 주의를 기울이는 것이다. 예를 들어, 어떤 소리가 나거나 알록달록한 색깔의 물체가 있을 때 영아가 고개를 돌려 쳐다보는 것이 이에 속한다. 정향은 가장 이른 시기에 발달하는 주의 체계이며 영아기에 완전히 발달한다(Keil, 2014). 각성(alerting)은 주의를 기울이는 정도를 통제하는 것이다(Posner & Petersen, 1990). 예를 들어, 아동이 신호등이 적색에서 녹색으로 변한다는 사실을 알고 있고 길을 건너가야 한다면, 아동은 적색 신호등이 녹색으로 변하는지에 많은 주의를 기울일 것이다. 각성은 영아기부터 나타나지만, 아동이 초등학생이 되면서 더욱 정교화된다.

2) 주의 유형

주의는 지속적 주의와 선택적 주의로 나눠 볼 수 있다. 지속적 주의(sustained attention)는 특정 대상에 오랜 시간 주의를 기울이는 것이다. 나이가 어린 아동일수록 지속적 주의에 어려움을 느낀다. 그리고 만 2세를 전후로 하여 아동이 목표 지향적 행동을 하기 시작하면서 더 오랜 시간 주의를 지속할 수 있다. 아동은 청소년기가 된 후에야 성인처럼 오랜 시간 주의를 기울일 수 있게 되는데, 그 이유를 뇌와 연결시켜 생각해 볼 수 있다. 지속적 주의는 뇌의 영역 중 망상체(reticular formation)와 관련이 있는데(Silverthorn, 2009) 망상체에서 수초화가 진행되면서 빠른 신경 정보 전달이 가능해진다. 이러한 수초화는 청소년기에 활발하게 진행되기 때문에 아동은 이 시기부터 향상된 주의 능력을 가지고 긴 시간 주의를 집중할 수 있게 된다.

(A) (B)

[그림 5-1] 선택적 주의가 필요한 숨은 그림 찾기

(B)에 있는 그림들을 (A)에서 찾으려면, 찾아야 하는 그림 외에는 주의를 기울이지 않는 억제 능력이 필요하다.

출처: http://www.allkidsnetwork.com/hidden-pictures/Detail.asp?fil=hidden-pictures-4th-of-july.jpg

선택적 주의(selective attention)는 다양한 정보 중 특정 정보에만 선택적으로 집중하는 것이다. 예를 들어, 아동이 엄마의 부탁으로 슈퍼마켓에 심부름을 갔다고 가정하자. 이때 아동이 수많은 물품 중에서 엄마가 이야기한 물건을 고르기 위해서는 선택적 주의를 기울여야 한다. 또한 [그림 5-1]과 같은 숨은 그림 찾기나 모양 찾기 과제에서도 특정 정보에만 주의를 기울여야 과제를 수행할 수 있다. 선택적 주의는 불필요한 자극에 주의를 기울이지 않는 억제 능력과 관련이 있고 억제 능력은 대뇌의 전두엽과 관련이 있다. 그러나 어린 아동의 전두엽은 미성숙하기 때문에 이들의 선택적 주의 능력은 성인에 비해 떨어진다. 선택적 주의 능력은 만 6세에서 9세 사이에 급격히 발달하여, 만 10세가 되면 성인과 비슷한 수준이 된다(Klenberg, Korkman, & Lahti-Nuuttila, 2001).

2. 기억

1) 기억 과정

기억(memory)은 저장된 정보를 떠올리는 것이다. 기억을 하기 위해서는 일련의 과정을 거쳐야 하는데, 이때 기억을 하는 방식에 따라 기억의 유형을 나눠 볼 수 있다. 먼저 기억 과정은 부호화, 저장, 인출로 이루어져 있다. 부호화(encoding)는 뇌가 정보를 처리할 수 있는 형태로 변환하는 것이다. 이렇게 입력된 정보는 인간의 뇌에 저장(storage)된다. 이후 이미 저장된 정보가 필요할 때 다시 찾아 사용하는 것을 인출(retrieval)이라 한다. 인출에는 재인과 회상이 있다.

재인(recognition)이란 특정 단서를 통해 이미 저장된 정보를 떠올리는 것인데, 예를 들어 아동이 백화점에 전시된 인형을 보고 집에 있는 인형을 떠올리는 것이 이에 해당된다. 회상(recall)은 아무런 단서도 사용하지 않고 저장된 정보를 떠올리는 것이기 때문에 재인보다는 다소 어렵다. 예를 들어, 아무 정보도 없이 1년 전 오늘 있었던 일을 기억하는 것은 그날에 찍은 사진을 보거나 그때 만났던 사람을 다시 만나 기억을 떠올리는 것보다 훨씬 더 어려운 것이다. 시험을 칠 때도 보기가 없는 문항이 있는 문항보다 어렵다는 점에서 회상은 재인보다 어렵다는 것을 알 수 있다.

영아에게도 이런 회상 능력이 있다는 것은 Meltzoff(1985)의 지연모방(deferred imitation) 과제

ISSUE 1

멀티태스킹은 수행의 질을 떨어트린다?

어떤 사람들은 공부하면서 노래를 듣거나, 친구와 이야기를 하는 도중 핸드폰으로 다른 친구에게 연락을 한다. 이처럼 여러 가지 일을 동시에 하는 것을 멀티태스킹(multitasking)이라고 한다. 여러 일을 동시에 하다 보면 수행의 질이 떨어질 수 있지만, 최근 연구는 이와 상반되는 결과를 보여 준다. Bavelier, Green과 Pouget(2012)은 목표 설정, 의사 결정, 공간 기억, 주의 분배 등을 동시에 해야 하는 프로게이머를 대상으로 한 실험을 진행했다. 그 결과, 멀티태스킹을 하는 게이머 집단은 게이머가 아닌 집단보다 주의를 빠르게 전환해야 하는 과제에서 더 높은 점수를 받았고, 더 빨리 과제를 수행했다. 일반 집단을 대상으로 액션 게임을 연습시켰을 때 또한 이후의 주의 과제(예: 시각 탐색)에서 향상된 점수를 보였다. 놀랍게도 액션 게임을 통해 향상된 주의는 다른 과제들과 일상생활 활동에서도 지속적으로 향상되어 나타났다.

Courage 등(2015)은 어떤 과제를 하느냐에 따라 멀티태스킹의 영향이 달라진다고 주장한다. 연구 결과, 같은 뇌 영역을 사용하는 두 가지 과제를 동시에 하는 경우에는 뇌 활성화가 낮게 나타났다. 이는 정보 처리가 자동으로 이루어지기 때문에 나타나는 현상이며 인지적 활동의 효율성이 높다고 볼 수 있다. 그러나 서로 다른 뇌 영역을 사용하는 과제에서는 뇌 활성화가 높게 나오기도 했다. 이러한 연구들을 통해 멀티태스킹이 부정적인 것만은 아니라는 것을 알 수 있다. 그러나 멀티태스킹과 관련된 연구는 좀 더 이루어져야 할 것으로 보인다.

출처: https://sicohen.wordpress.com/2014/05/11/weekly-choice-on-multitasking-hobbies-and-amour/

[그림 5-2] Meltzoff의 지연모방 과제

(A) 영아에게 나무 아령을 보여 주었다. 이 아령은 나무 블록을 당겼을 때 플라스틱 관과 분리되도록 제작되었다.
(B) 나무 아령을 분리하는 모습을 세 번 연속하여 보여 주었다. 24시간 후에 영아에게 아령을 주자 영아는 즉각적으로 실험자가 했던 것과 같이 아령을 분리했다. 즉, 영아에게도 회상 능력이 있는 것이다.

출처: Meltzoff (2011: 곽금주, 김연수, 2014에서 재인용).

를 통해 알 수 있다. 이 실험에서는 실험자가 생후 14개월 영아와 마주 보고 앉아서 실험을 위해 제작한 나무 아령을 보여 주었다. 이 아령의 양 끝에 있는 나무 블록을 힘을 주어 당기면 [그림 5-2] (B)와 같이 분리되었다. 이 과정을 영아에게 세 번 반복하여 보여 주고 나서 24시간 후 동일한 나무 아령을 영아에게 주자, 영아는 즉각적으로 아령을 당겨 분리했다. 이는 생후 14개월 된 영아에게도 회상 능력이 있다는 것을 보여 준다.

2) 기억 유형

기억의 유형에는 단기 기억과 장기 기억이 있다. 단기 기억(short-term memory: STM)은 일시적으로 정보를 저장하는 것이며, 작업 기억(working memory)이라고도 불린다. 단기 기억의 지속 시간과 용량은 제한적인데, 이는 간단한 실험을 통해서도 알 수 있다. 친구가 여러 단어를 불러 주고 그중 몇 개의 단어를 외울 수 있는지 실험해 보는 것이다. Miller(1956)에 따르면, 대부분의 사람은 약 15초에서 30초 동안 정보를 유지하고, 7개 내외의 정보를 기억한다고 한다. 작업 기억은 문제 해결, 계획, 의사 결정과 같은 고차원적 인지 활동과 관련이 있다. 이는 Baddeley(2012)의 작업 기억 모델에 의해 설명될 수 있다([그림 5-3] 참조). 이 모델에 따르면 작업 기억은 시공간 저장고, 음운 고리 그리고 중앙 관리자로 이루어져 있다. 시공간 저장고(visuospatial working memory)는 시각적 정보와 공간적 정보를 잠시 저장하고, 음운 고리(phonological loop)는 언어와 관련된 정보를 저장한다. 중앙 관리자(central executive)는 시공간 저장고와 음운 고리 사이의 통제자 역할을 하며, 어떤 정보를 선택하여 저장할지 혹은 단기 기억을 장기 기억으로 만들지를 결정한다. 작업 기억과 관련된 뇌 영역은 전전두피질(prefrontal cortex)로 이 영역은 약 만 4세에 형성되어 만 6~15세 사이에 완전히 발달된다(Alloway, Gathercole, & Pickering, 2006).

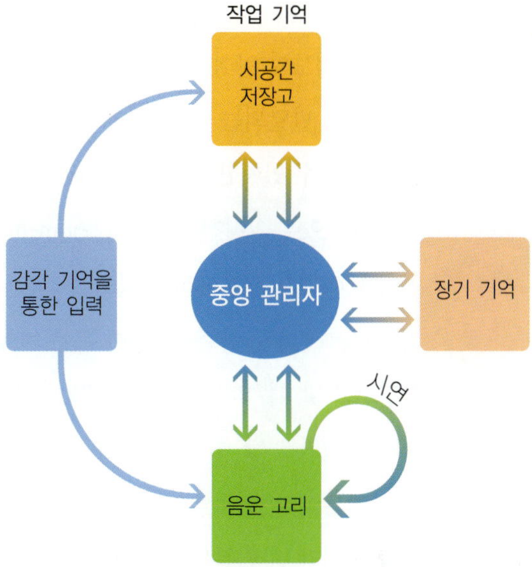

[그림 5-3] 작업 기억 모델
Baddeley의 작업 기억 모델에 따르면, 작업 기억은 시공간 저장고, 음운 고리, 중앙 관리자로 이루어져 있다.
출처: Santrock (2014).

장기 기억(long-term memory: LTM)은 많은 양의 정보를 영구적으로 저장하여 회상할 수 있는 기억이다. 장기 기억은 크게 ① 서술적 기억과 절차적 기억, ② 일화적 기억과 의미적 기억, ③ 외현적 기억과 내현적 기억으로 구별된다.

서술적 기억(declarative memory)은 어떠한 일이 일어난 것을 '아는' 것이다. 예를 들어, 어제 친구와 놀이터에서 그네를 탔다는 것을 기억하는 것이 이에 속한다. 이러한 기억은 생후 20개월부터 형성된다(Bauer, 2007). 절차적 기억(procedural memory)은 어떤 일을 '어떻게 하는지 아는' 것이다. 예컨대, 요리 순서나 종이접기 순서를 아는 것은 절차적 기억에 해당된다. 서술적 기억은 주로 언어를 통해 표현되고, 절차적 기억은 몸의 움직임 혹은 감각과 관련된 정보를 저장하고 인출한다. Mandler(1998)는 절차적 기억이 서술적 기억보다 먼저 형성된다고 제안한다.

일화적 기억(episodic memory)은 자신의 경험에 대한 기억으로서 특정 시간과 장소에 대한 정보를 기억하는 것이다. 이는 자전적 기억(autobiographical memory)이라고도 불린다. 예를 들어, 자신이 작년 여름에 제주도에서 휴가를 보낸 기억은 일화적 기억이다. 일화적 기억은 오직 사람에게만 나타나는 것으로 알려져 있다(Wheeler et al., 1997). 일화적 기억은 대략 만 4세에 형성되며 이후 언어 발달로 인해 더욱 정교해진다(Picard, Cousin, Guillery-Girard, Eustache, & Piolino, 2012). 만 3세의 아동은 '어제' 혹은 '내일'과 같은 시간적 단어를 사용하고 자신에 관해 이야기할 수 있는 능력을 가지지만, 어제 자신이 무엇을 했으며 어떤 일이 일어났는지에 대해서는 기억하지 못한다(Fivush, 2011). 반면, 4~5세의 아동은 어제 있었던 일을 기억하고, 그 기억을 바탕으로 내일에 대한 계획을 세울 수 있다(Busby & Suddendorf, 2005).

의미적 기억(semantic memory)은 세상에 대한 일반적인 지식으로, 직접적인 시간이나 장소에 대한 정보의 인식 없이 형성되며 오랜 기간에 걸쳐 축적된다. 의미적 기억은 일화적 기억보다 먼저 발달되는 것으로 여겨진다(Perner, 2001). 예를 들어, 영아들은 놀이공원이 어떤 곳인지는 알 수 있지만, 자신이 놀이공원에서 경험한 것에 대해서는 자세하게 기억하지 못한다.

마지막으로 외현적 기억(explicit memory)은 의식적으로 정보를 기억하는 것이다. 새로운 언어를 배우기 위해서 의식적으로 그 언어의 철자를 외우는 것이 이에 속한다. 반면, 내현적 기억(implicit memory)은 우연히 혹은 자동적으로 정보를 기억하는 것이다. 예컨대, 사람들이 자전거를 탈 때, 의식적으로 자전거 타는 방법을 기억해 내서 타기보다 타는 방법을 몸에 익혀서 자전거를 탈 수 있게 된다. 이러한 내현적 기억은 출생 직후부터 형성되는 반면, 외현적 기억은 대뇌 전두엽피질이 발달하는 시기인 생후 6~8개월에 형성되기 시작한다. 외현적 기억이 여러 번 반복되면 내현적 기억이 되기도 한다(Silverthorn, 2009). 예를 들어, 처음 컴퓨터 자판을 익힐 때는 자판에 있는 자음과 모음의 위치를 기억하지 못하기 때문에 타자 속도가 느릴 것이나 여러 번 반복하다 보면 타자를 자유롭게 칠 수 있게 된다. 이는 외현적 기억이었던 컴퓨터 자판의 위치가 내현적 기억이 되었음을 보여 준다.

기억 형성과 관련된 뇌의 영역으로는 전두엽과 측두엽이 있다([그림 5-4] 참조). 특히 전두엽의 가장 앞부분에 위치한 전전두엽은 작업 기억과 밀접한 연관이 있다. 전전두엽은 어떤 정보에 집중할지를 결정하고 새로운 정보를 작업 기억에서 장기 기억으로 이동시키는 역할

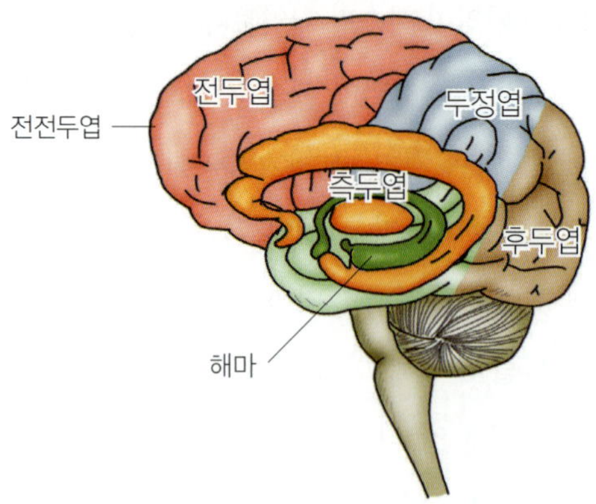

[그림 5-4] 기억 관련 뇌 구조

뇌의 발달은 기억 능력과 연관이 있다. 특히 뇌의 전두엽과 해마는 기억에 있어 중요한 역할을 한다. 전두엽에 위치한 전전두엽은 집중해야 할 정보를 결정하고 작업 기억을 장기 기억으로 바꾼다. 해마는 새로운 지식이나 경험을 기억하는 데 도움을 준다.

출처: Silverthorn (2009).

을 한다. 측두엽에 위치한 해마는 새로운 지식이나 경험을 저장하고 인출하는 역할을 한다. 그래서 해마에 손상을 입을 경우 새로운 정보를 기억하는 데는 어려움을 겪지만, 이전 기억을 떠올리는 데에는 문제가 없다.

3) 영아기 기억상실증

영아기 기억상실증(infantile amnesia)이란, 만 2.5세 이전의 일을 회상하지 못하는 것을 뜻한다. 영아기 기억상실증에 대한 다양한 가설이 존재하지만 그중 가장 주목받고 있는 가설로는 신경 변화 가설과 기억 체계 변화 가설이 있다. 신경 변화 가설(neural change hypothesis)에 의하면, 영아기 기억상실증은 영아의 미성숙한 뇌와 관련이 있다. 뇌의 영역 중 해마와 전두엽은 일화적 기억과 같은 장기 기억이 저장되는 곳이다. 그러나 영아의 해마는 매우 미성숙한 상태이며 기억 능력을 더욱 견고히 하는 전두엽 또한 뇌의 구조 중 상대적으로 늦게 발달하기 때문에 미성숙하다. 따라서 영아는 기억을 형성하기 어려우므로 만 2.5세 이전의 영아기 때 있었던 일을 회상하는 것은 어려운 것이다.

기억 체계 변화 가설(memory format change hypothesis)에 의하면 연령에 따라 정보를 저장하는 체계가 변하기 때문에 성인이 되면 영아기를 기억할 수 없다는 것으로 영아기 기억상실증을 설명한다. 언어 발달은 기억 체계 변화 가설의 한 예로 설명될 수 있다. 전언어기의 영아는 언어 대신 시각이나 촉각과 같은 감각에 의존하여 정보를 기억한다. 이후 언어를 사용하기 시작하면, 영아는 글이나 문장을 통해 기억을 형성한다. 이렇게 발달하는 과정에서 영아가 사용하는 기억 체계가 변했기 때문에, 만 2.5세 전의 일은 기억하지 못하는 것이다. 예를 들어, 만 2세 아동은 놀이동산에 대한 기억을 놀이기구, 그곳에서 파는 솜사탕, 아이스크림을 이미지로 기억할 수 있다. 반면, 초등학생이 된 아동은 놀이동산에 간 경험을 문장으로 구성하여 기억할 수 있다. 이러한 기억 체계의 차이가 후에 이미지 방식으로 부호화된 것을 언어적으로 인출하는 데 어려움을 야기할 수 있는 것이다.

4) 기억과 지식

인간이 기존에 가지고 있던 지식의 양은 기억력에 영향을 미친다. 예를 들어, 만화를 좋아하는 아동은 만화에 대한 풍부한 지식을 가지고 있기 때문에 이와 관련된 많은 정보를 잘 기억한다. 이처럼 새로운 정보를 기억하는 능력은 자신이 이미 가지고 있는 지식, 즉 지식기반(knowledge)에 따라 달라진다.

Chi(1978)는 지식기반에 따른 기억력의 차이를 연구하고자 체스를 전문적으로 배운 아동과 체스를 배운 경험이 없는 성인에게 동일한 기억 과제를 주고 체스 말들의 위치를 기억하게 했다. 연구 결과, [그림 5-5]와 같이 체스를 전문적으로 배운 아동이 나이가 어림에도 불구하고 체스 말들의 위치를 더 잘 기억하였다. 이 연구 결과를 통해 Chi는 체스를 전문적으로 배운 아동이 성인에 비해 기억 용량이 더 클 것이라고 가정하였다. 그러나 10개의 숫자를 듣고 바로 회상해야 하는 표준 숫자 폭 과제(digit span task)에서는 그림과 같이 성인이 더 많은 항목을 적었다. 이는 자신이 기존에 가지고 있었던 지식과 관련된 정보만이 기억력에 영향을 준다는 것을 보여 준다.

지식은 기억할 수 있는 정보의 양뿐 아니라, 정보의 내용에도 영향을 미친다. 인간은 기존에 자신이 알고 있는 지식을 바탕으로 정보를 기억한다. 예를 들어, 아동이 동물원에는 다양한 동물이 있다는 사실을 알고 있다고 가정하자. 이 경우, 아동은 동물원에서 무엇을 먹었는지를 기억하기보다는 어떤 동물이 있었는지를 더 많이 기억하게 된다.

어떤 경우에는 기존에 가지고 있던 지식이 잘못된 기억을 형성하게도 한다. Leichtman과 Ceci(1995)의 Sam Stone 실험에서 아동은 약 2분 동안 Sam Stone이라는 인물을 소개받게 된

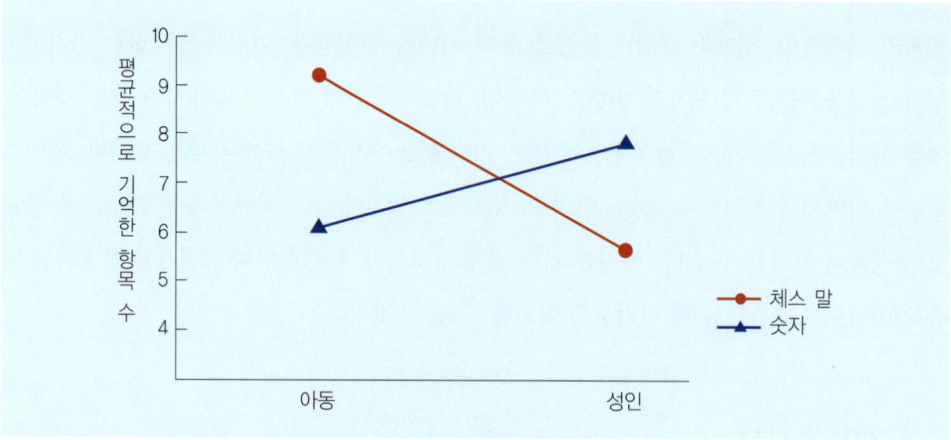

[그림 5-5] 아동과 성인의 체스 과제와 숫자 과제 성과

체스 전문가 아동들은 체스 규칙과 관련된 기억 과제에서 성인보다 높은 점수를 받았지만, 숫자와 관련된 기억 과제에서는 성인보다 낮은 점수를 받았다. 이는 기존에 가지고 있는 지식이 기억력에 영향을 미친다는 것을 보여 준다.

출처: Siegler (2004/2007).

다. 이후 실험자는 아동에게 누군가가 아이스크림을 곰인형에 흘리고 책을 찢었다고 말하며, 누가 이런 일을 했을 것 같은지 물어보았다. 그 결과 Sam Stone이 어리석은 인물이라고 소개받은 아동들은 Sam Stone이 범인이라는 잘못된 기억을 형성하였다. 이러한 결과는 아동의 고정관념이 훗날 기억의 오류로 이어진다는 것을 보여 준다.

5) 기억의 재구성과 아동 증언

인간의 기억은 완벽하지 않으며 어린 아동일수록 기억에 오류가 생길 수 있다. 기억의 오류가 생기는 이유는 다음과 같다. 첫째, 성인은 핵심적인 정보에 중점을 두는 반면, 아동은 사소한 정보에 중점을 둔다. 예컨대, 성인은 어제 만난 사람의 성별이나 연령대를 기억하지만, 아동은 상대방이 입고 있었던 옷의 상표나 단추 개수 등 세부적인 정보를 기억한다. 만약 아동이 세부적인 정보만을 기억하게 되면, 핵심적인 정보를 기억하지 못하여 기억의 오류가 생길 수 있다. 둘째, 아동이 가지고 있는 지식의 양은 성인이 가지고 있는 지식의 양보다 적다. 앞에서 보았듯이 자신이 가지고 있는 지식은 기억에 영향을 미친다. 그래서 지식의 양이 한정적인 아동은 다양한 지식을 가진 성인보다 정보를 저장하고 인출하는 것에 능숙하지 않을 수 있다. 셋째, 어린 아동일수록 기억을 유지하는 시간이 짧다(Josselyn & Frankland, 2012). 그러므로 같은 경험을 했을지라도 오랜 시간이 지난 후에는 어린 아동이 성인에 비해 기억하는 정보가 적은 것이다. 넷째, 아동은 성인에 비해 상상과 현실을 구분하는 능력이 떨어진다. 그러므로 아동은 상상과 현실을 혼동하여 옳지 않은 기억을 형성하기도 한다. 마지막으로, 아동은 정보를 저장할 당시의 경험에 큰 영향을 받는다. 예컨대, 특정한 의도를 가지고 아동에게 유도신문을 한다면, 아동은 유도신문에 맞게 기억을 재구성한다. 이러한 유도적인 질문을 암시성(suggestibility) 질문이라고 한다. 아동은 성인이 원하는 대답을 주고 싶어하는 욕구가 크기 때문에, 아동에게 암시성 질문을 하는 것은 아동의 기억을 왜곡시킬 수 있다.

전 세계적으로 아동 증언과 관련한 연구가 큰 주목을 받고 있는데, 국내에서도 아동이 증언하는 과정에서 이들의 기억에 영향을 미치는 요인에 대한 연구가 활발히 진행되었다. 이러한 요인에는 질문의 특징(이승진, 곽금주, 2014), 아동의 개인적인 특성(이승진, 곽금주, 2013; 이승진, 김호영, 곽금주, 2015), 질문자의 특성(곽금주, 김연수, 2003; 곽금주, 이승진, 2014; 이승진, 곽금주, 2009) 등이 있다. 한 예로, 이승진과 곽금주(2014)의 연구에 따르면 개방형 질문을 했

ISSUE 2

당신은 '벅스 바니'를 만난 적이 있나요?

Grinley(2002)는 암시성 질문이 아동의 기억에 영향을 주는지 알아보기 위해 디즈니랜드를 방문한 경험이 있는 아동을 대상으로 실험을 진행했다. 실험 참여 아동들은 네 집단으로 나뉘었다. 첫 번째 집단은 디즈니랜드와 관련된 광고를 읽었으며 이 광고에서는 벅스 바니(Bugs Bunny)가 언급되지 않았다. 두 번째 집단은 동일한 광고문을 읽고 난 후 벅스 바니 인형을 보았다. 세 번째 집단은 벅스 바니가 나오는 가짜 광고문을 읽었다. 마지막 집단은 세 번째 집단과 동일하게 벅스 바니가 나오는 가짜 광고를 읽고 벅스 바니 인형을 보았다. 이후 연구자는 모든 참여 아동에게 디즈니랜드에 놀러 갔을 때 벅스 바니를 만났는지 물어보았다. 사실, 벅스 바니는 디즈니 캐릭터가 아니기 때문에 디즈니랜드에서 만날 수 있는 캐릭터가 아니다. 그러므로 아동이 벅스 바니를 만난 적이 있다고 대답한다면, 아동의 기억이 재구성됐다고 할 수 있다. 연구 결과, 첫 번째 집단과 두 번째 집단 중 약 10%만이 벅스 바니를 만난 적이 있다고 대답하였다. 반면, 세 번째 집단과 네 번째 집단은 아동의 30~40%가 벅스 바니를 만난 적이 있다고 대답하였다. 벅스 바니를 언급한 광고가 아동의 기억에 영향을 미친 것이다. 이 연구는 암시성 질문이 아동의 기억을 왜곡시킬 수 있다는 것을 보여 준다.

기억의 재구성은 성인에게도 나타난다. Braun-Latour, Grinley와 Loftus(2006)는 대학생을 대상으로 위와 동일한 디즈니랜드 실험을 하였다. 연구 결과, 잘못된 정보를 암시하는 광고나 이야기는 대학생의 기억에도 영향을 미쳤다. 즉, 정보를 정확하게 저장했더라도, 회상하는 과정에서 암시적 질문이나 잘못된 정보가 기억을 재구성시키기도 한다는 것이다.

캐릭터가 언급되지 않은 광고

캐릭터가 언급되지 않은 광고/
벅스 바니 캐릭터

벅스 바니가 나오는 가짜 광고

벅스 바니가 나오는 가짜 광고/벅스 바니 캐릭터

을 때 아동은 좀 더 자발적으로 자신의 기억을 말했고 암시성 질문에도 영향을 적게 받았다. 그리고 불안 정도가 높은 아동일수록 암시성 질문에 더 큰 영향을 받는 것으로 나타났다(이승진, 곽금주, 2014). 즉, 질문의 특징뿐 아니라 아동의 특성 역시 증언에 영향을 미치는 것이다. 이승진, 김호영, 곽금주(2015)에 따르면 부모와의 애착 유형 역시 아동의 기억에 영향을 미친다. 연구 결과, 불안정 애착 유형에 속한 아동은 자유롭게 이야기할 수 있는 상황에서 자신의 스트레스 사건에 대해 많이 진술할 수 있지만, 그 진술 안에는 부정확한 답변 역시 포함되어 있었다.

면담자의 지지 또한 어린 아동의 기억에 큰 영향을 미치는 것으로 나타났다(이승진, 곽금주, 2013). 면담자의 지지를 받은 아동들의 자유회상 점수는 면담자의 지지를 받지 않았던 아동들의 점수보다 높았다. 그리고 아동에게 암시성 질문을 했을 때에도 면담자의 지지를 받은 아동이 지지를 받지 않은 경우보다 더 정확하게 반응했다(곽금주 외, 2015). 이 외에도 사건 당시의 스트레스 수준보다 그에 대해 질문을 받고 회상해야 하는 면담 과정에서의 스트레스 수준에 따라 아동의 기억 능력은 다르게 나타났다. 이러한 연구 결과는 더욱 정확한 아동 증언을 위해 편안한 환경과 적절한 질문 형태를 사용하는 것이 중요하다는 것을 보여 준다.

3. 기억 책략

어떠한 정보를 기억할 때 사용하는 인지적 행동을 기억 책략이라고 한다. 기억 책략은 기억의 세 단계인 부호화, 저장 그리고 인출 과정에서 모두 사용된다. 효율적인 기억을 위한 기억 책략의 방법은 다양하다. 여기서는 가장 대표적인 기억 책략인 시연, 조직화 그리고 정교화에 대해서 살펴보겠다.

시연(rehearsal)은 여러 번 반복하여 외우는 것이며 단기 기억에 도움을 준다. 예컨대, 음식을 주문할 때 가게 전화번호를 반복적으로 말하며 외우는 것이 이에 해당한다. 아동은 만 6~7세에 시연을 하기 시작하지만, 만 9세가 되어서야 성인과 비슷한 수준의 시연 능력을 갖는다. Flavell, Beach와 Chinsky(1966)는 아동의 시연이 그들의 회상에 어떤 영향을 미치는지를 연구하였다. 이 실험에서 실험자는 만 5세와 만 10세인 아동에게 7개의 그림을 보여 주고 그중 3개를 차례대로 가리켰다. 아동은 15초가 지난 뒤에 실험자가 가리켰던 세 개의 그림

ISSUE 3

아동의 목격자 진술, 어디까지가 진실이고 어디까지 믿어야 하나?

지난 2003년 SBS와 서울대학교 심리학과 곽금주 교수 연구팀은 아동 증언과 관련한 실험을 진행하였다. 실험에서 아동은 직접 상황을 경험한 아동 집단과 그 상황을 관찰한 아동 집단으로 나누었다. 놀랍게도 상황을 목격만 한 아동의 경우, 실험자가 다른 아동의 손을 만진 적이 없음에도 만졌다고 대답하는 등 직접 상황을 경험한 아동보다 기억이 정확하지 못했다.

출처: SBS 그것이 알고싶다

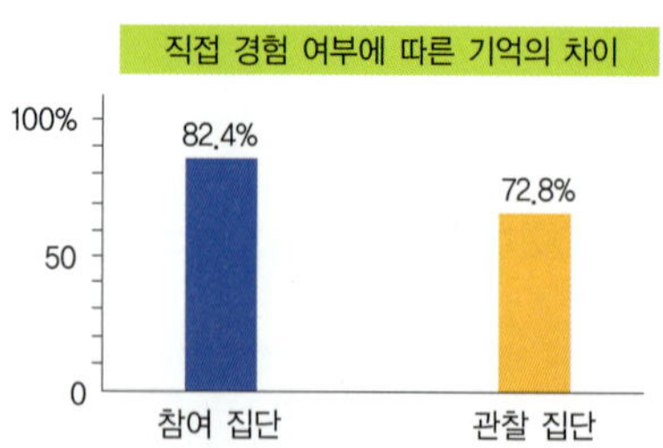

특히 관찰자 집단의 아동은 질문자의 유도 질문, 즉 암시성 질문에 매우 취약한 것으로 나타났다. 이러한 실험 결과를 통해 제3자 아동의 목격을 무조건적으로 믿을 수 없다는 사실이 밝혀졌다.

면담 시 상황에 따라서도 아동의 기억 정도는 다르게 나타났는데, 형사 면담처럼 위협적이고 불편한 면담 상황에서 아동의 기억은 정확하지 않은 것으로 나타났다. 이는 아동 증언의 맹목적 신뢰에 대한 위험성과 특히 면담 시 질문자의 질문 방식이나 환경의 중요성을 설명한다.

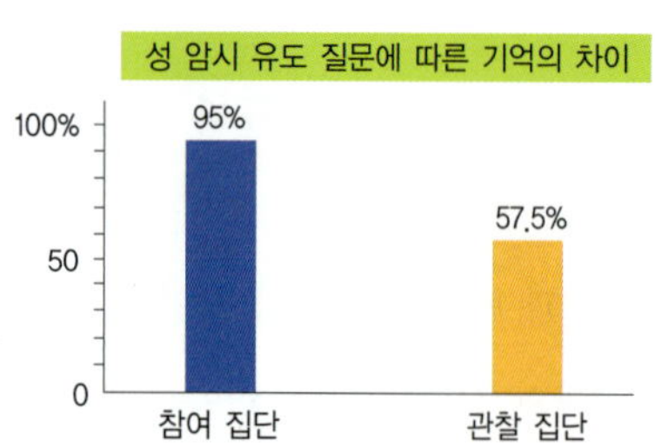

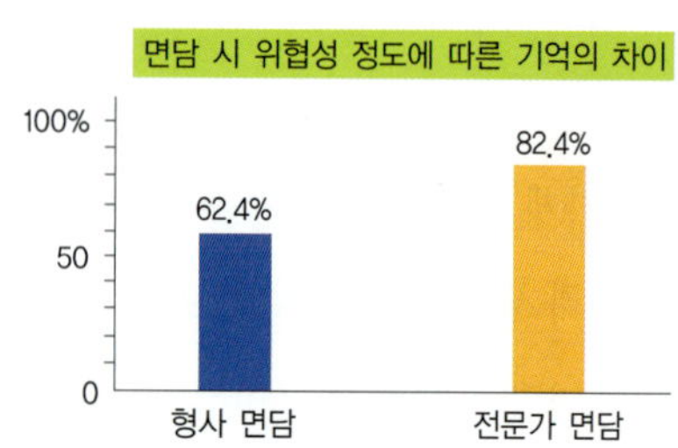

을 기억해서 말해야 했다. 실험 결과, 만 5세 아동보다 만 10세 아동이 중간의 15초 동안 세 개의 그림을 반복해서 말하면서 외우려고 노력했다. 또한 이렇게 정보를 반복적으로 말하면서 시연했던 아동이 시연하지 않았던 아동보다 기억을 더 잘하는 경향이 있었다. 이를 통해, 나이가 많은 아동이 어린 아동에 비해 시연과 같은 기억 책략을 더 잘 사용한다는 것을 알 수 있다.

조직화(organization)는 주어진 정보를 범주화해서 외우는 책략이다. 이 책략은 순서대로 정보를 기억하지 않아도 될 때 주로 사용된다. 예를 들어, 아동이 휴지, 지우개, 옷, 연필, 수세미를 외워야 한다고 가정하자. 이때 아동은 휴지, 옷, 수세미는 생필품으로, 지우개와 연필은 학용품으로 범주화해서 외울 수 있다. 아동은 주로 시연을 하기 시작하는 시기에 조직화도 하기 시작한다. 만 4~5세의 아동도 조직화를 할 수 있지만 이를 적절히 적용하지는 못한다(Williams & Goulet, 1975).

정교화(elaboration)는 특정 정보를 다른 것과 연관 지어 기억하는 책략이다. 예를 들어, 교과서 내용을 자신의 말로 고쳐 쓰거나 자신의 경험과 관련지어 외우는 것이 이에 해당된다. 정교화는 약 만 11세에 사용하기 시작하며 성인이 됐을 때 좀 더 자유롭게 사용할 수 있게 된다(Berk, 2003).

이와 같은 기억 책략을 잘 활용해 건망증을 극복하고 기억 콘테스트에서 3년 연속 우승한 Tatiana Cooley라는 여성이 있다. 그녀는 정보를 여러 번 소리 내어 외우는 시연화 방법과 알고 있는 정보와 연관시켜 기억하는 정교화 방법을 사용하였고 이를 통해 기억 콘테스트에서 좋은 성과를 거둘 수 있었다. 많은 연구자는 대부분의 사람들이 그녀와 같이 기억 책략을 사용할 수 있다고 설명한다.

기억 책략을 사용할 때 나타날 수 있는 오류에는 생성결함과 사용결함이 있다. 생성결함(production deficiency)이란, 책략을 배우고 이를 통해 과제를 수행했음에도 다음 과제에서 책략을 스스로 생성하지 못하는 것이다. 사용결함(utilization deficiency)은 책략을 사용하지만 이를 통해 이득을 얻지 못하는 것이다. Woody-Dorning과 Miller(2001)의 연구에 의하면, 기억력이 좋은 아동은 그렇지 않은 아동에 비해 사용결함이 적게 나타난다. Clerc와 Miller(2013)는 만 4세, 4.5세 그리고 5세를 대상으로 생성결함과 사용결함에 대해 연구했는데, 그 결과 만 4세 아동들은 생성결함을 보였다. 즉, 만 4세 아동들은 새로운 과제를 수행할 때 이전에 배운 책략을 스스로 생성하지 못한 것이다. 사용결함은 모든 연령대에서 나타났지만 스스로 책략을 생성해 내고 활용한 아동의 경우는 사용결함이 덜 나타났다.

ISSUE 4

사람들은 어떤 정보를 잘 기억할까?

사람들은 길거리를 무심코 지나거나 멍하니 앉아 있다가도 어디선가 자신의 이름이 들려오면 그곳에 주의를 기울이게 된다. 또한 카페에 앉아 친구와 얘기를 하다가도 전혀 의식하지 않았던 옆 테이블에서 자신이 아는 사람에 대한 이야기가 들려오면 친구와의 대화에 집중하지 못하고 옆 테이블의 이야기에 집중을 하기도 한다. 사람들은 이렇게 자신과 관련된 이야기에 주의를 기울인다.

그리고 사람들은 주의를 기울이는 것뿐 아니라, 기억하는 것에 있어서도 자신과 연관된 정보를 더 잘 기억한다. 이러한 현상을 자기 참조 효과(self-reference effect)라고 한다. 자기 참조 효과란 어떤 것을 자신과 관련시켜서 기억할 때에 그렇지 않을 때보다 더 기억을 잘하는 것을 말한다. 실제로 한 연구에서는 친구의 생일을 기억하는 정도와 자신의 생일과는 어떠한 관련이 있는지 알아보았다(Kesebir & Oishi, 2010). 이 연구에서는 참여자들에게 10명의 친구의 이름을 적게 한 후, 그들의 생일을 기억나는 대로 적게 했다. 이후 SNS에 들어가서 미처 적지 못했던 친구들의 생일을 확인하게 했다. 그 결과, 참여자들이 기억했던 생일은 자신의 생일로부터 평균 79일 떨어져 있었던 반면, 기억하지 못했던 생일은 자신의 생일로부터 평균 98일 떨어져 있었다.

또 다른 연구에서도 참여자에게 친구의 생일을 떠올려 보게 하고, 기억나는 생일과 자신의 생일과의 관계를 알아보았다(Rathbone & Moulin, 2010). 참여자들은 친구들의 생일을 기억해서 쓰고, 그 날짜가 자신의 생일과 얼마나 가까운지를 1(가깝지 않음)부터 3(매우 가까움)까지로 순위를 매겼다. 연구 결과, 참여자들은 평균 약 8명의 생일을 기억했고, 특히 자신의 생일과 가까운 친구의 생일을 가장 잘 기억했다.

이처럼 사람들은 자신과 관련 있는 정보를 더 잘 기억한다. 그러니 당신의 친구가 다른 사람의 생일은 챙기고, 당신의 생일은 잊었다고 서운해 하지 말라. 당신의 친구에게는 그저 다른 친구의 생일이 자신의 생일과 연관시켜서 기억하기 쉬웠던 것일지도 모른다.

앞으로 새로운 정보를 접할 때 자기 참조 효과를 이용하여 자신과 연관시켜 기억해 보는 것은 어떨까? 이는 자신만의 효과적인 기억 책략이 될 수도 있다.

4. 실행기능

실행기능(executive function)은 특정한 목표를 성취하기 위해 어떤 방법을 언제, 어디서, 어떻게 사용할 것인지를 깨닫고 행동에 적용하는 것이다. 실행기능은 목표를 성취하는 데 도움을 주는데, 예컨대 다이어트라는 목표를 이루기 위해 식단은 어떻게 할 것인지, 운동은 일주일에 몇 번 어디에서 할 것인지 계획을 짜고 실행을 하게 된다. 이처럼 실행기능은 계획을 세우거나 자기 조절을 하는 등의 고차원적인 인지 활동과 관련이 있으며, 언제 행동을 하고 멈추어야 하는지 등을 아는 것과 관련이 있다(Cox, 2007; Zelazo, 2010).

이러한 실행기능은 전 생애적으로 발달하는데 [그림 5-6]과 같이 영아기부터 시작하여 만 3~5세 사이에 급격히 향상된다(Weintraub et al., 2010: Center, 2012에서 재인용). 또한 청소년기와 성인 초기에도 계속해서 발달하여 만 25세 전후에는 가장 향상된 실행기능을 보이는 것으로 나타났다.

Friedman, Miyake, Robinson과 Hewitt(2011)에 따르면 어린 시절의 실행기능이 성인이 되어서도 비슷하게 나타난다. 예를 들어, 초등학교 때 자기 조절을 잘 하지 못하거나 계획을

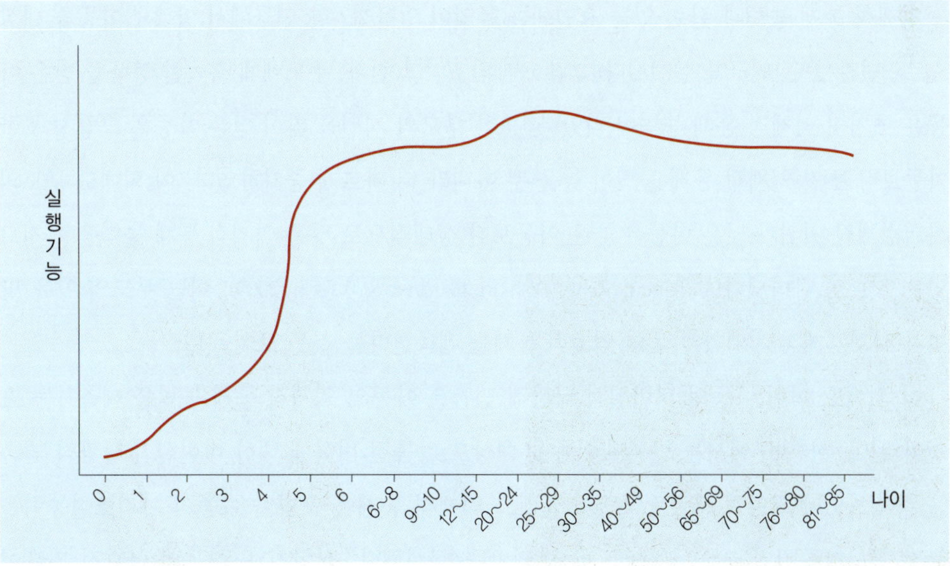

[그림 5-6] 실행기능의 발달

실행기능의 발달은 영아기부터 시작하여 만 3~5세 사이에 급격한 성장을 보이며 계속적으로 발달한다.

출처: Weintraub et al. (2010: Center, 2012에서 재인용)

잘 세우지 못하는 등 실행기능이 떨어진 사람은 성장한 이후에도 상대적으로 실행기능이 떨어지는 경향이 있다. 그뿐 아니라 실제로 실행기능에 문제가 있는 아동은 훗날 낮은 사회경제적 지위를 가지는 경향이 있었고(Hackman & Farah, 2009), 주의력결핍 과잉행동장애나 자폐증이 있는 것으로 나타났다(Willcutt, Doyel, Niggm Faraone, & Penninton, 2005; Hughes, Russell, & Robbins, 1994). 이 외에도 실행기능은 언어 발달을 예측하기도 하였다. 김연수, 곽금주(2014)에 따르면, 만 4세 때의 실행기능은 만 6세의 읽기 유창성 및 이해도를 예측한다. 이와 같이 아동발달에 다양하게 영향을 끼치는 실행기능의 세 가지 하위 유형으로는 억제적 통제, 인지적 유연성 그리고 작업 기억이 있다.

1) 억제적 통제

억제적 통제(inhibitory control)란 자신이 하는 일과 상관없는 자극을 무시하는 것이다. 예를 들어, 억제적 통제를 잘하는 아동은 독서 시간 중에 점심에 나올 음식이나 엄마 생각이 나더라도 그것을 억제하고 책을 읽는 것에 집중할 것이다. 이러한 능력은 행동 조절을 담당하는 전두엽과 관련이 있다. 그러나 전두엽은 청소년기 혹은 성인 초기가 되어야 온전히 발달한다.

억제적 통제 능력과 관련 있는 요인에는 무엇이 있을까? 한 연구에서 만 2세 아동을 대상으로 2년간 종단 연구를 실시했다([그림 5-7] 참조). 그 결과, 부모에게 혹독한 양육을 받은 아동은 초기의 억제적 통제 능력이 낮았다. 또한 부모의 지원을 많이 받은 아동은 그렇지 못한 아동보다 초기 억제적 통제 능력이 높을 뿐 아니라 더 빠르게 증가하였다. 이 외에도 부모의 사회경제적 지위가 낮은 아동은 높은 아동보다 상대적으로 낮은 억제적 통제 능력을 가지고 있는 것으로 나타났다(Moilanen, Shaw, Dishion, Gardner & Wilson, 2009). 이는 부모의 양육 방법과 사회경제적 지위가 아동의 억제적 통제를 예측한다는 것을 보여 준다.

이 외에도 어린 아동의 비현실적 낙관적 믿음은 아동의 억제적 통제 능력을 예측하는 요인이 된다. 한 연구에서는 만 4세 아동을 대상으로 특질 변화에 대한 비현실적 낙관적 믿음을 측정하였다(김연수, 곽금주, 2015). 그리고 억제적 통제를 포함한 아동의 자기조절능력을 측정하는 만족지연(delay of gratification) 과제를 실시했다. 실험결과, 아동의 낙관적 믿음이 클수록 억제적 통제 능력이 높게 나타났다.

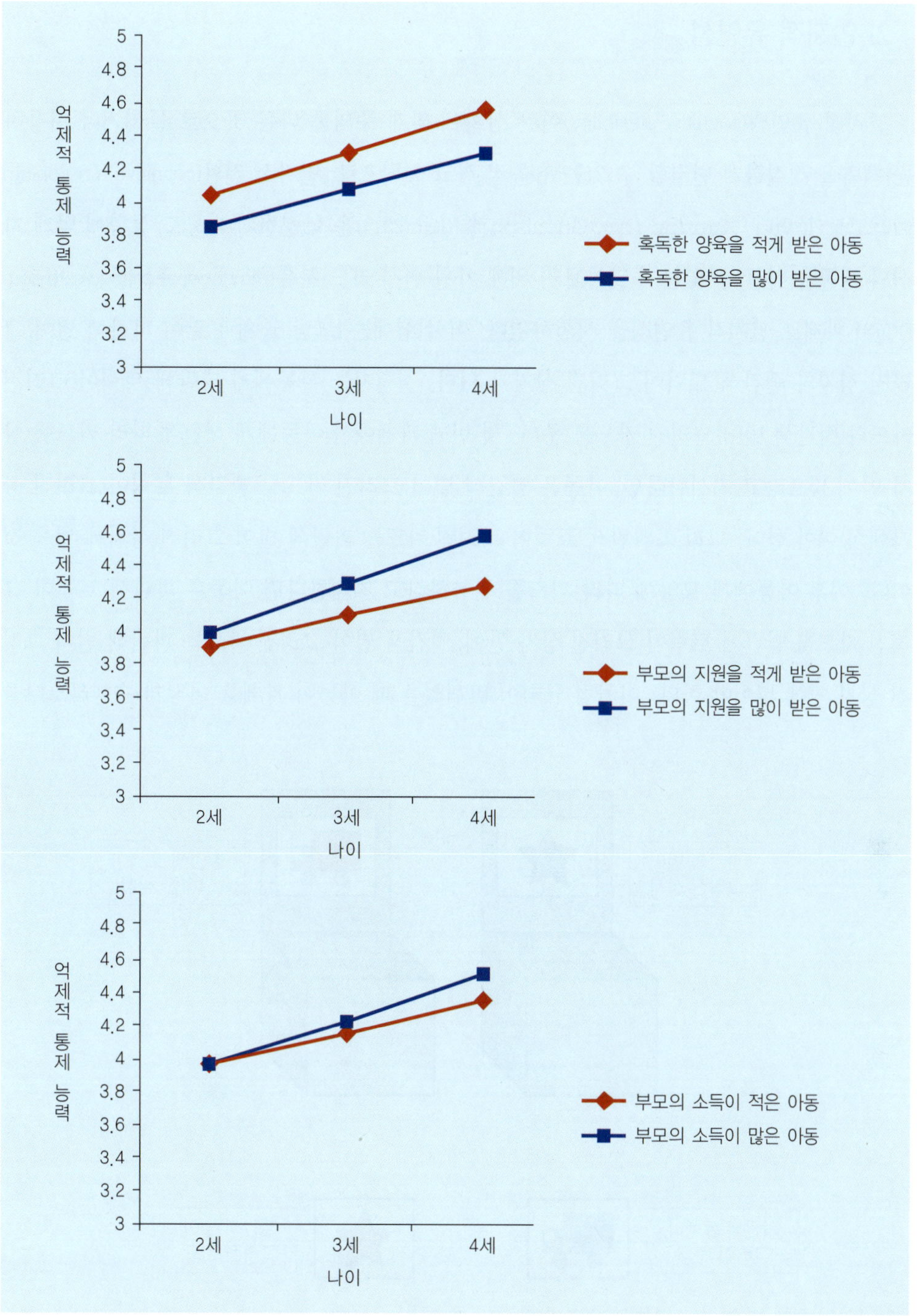

[그림 5-7] 억제적 통제 능력에 영향을 미치는 요인

부모의 양육 방법과 사회경제적 지위는 억제적 통제 능력에 영향을 미쳤다. 부모로부터 혹독한 양육을 받은 아동은 억제적 통제 능력이 낮았고, 부모의 지원을 적게 받은 아동도 억제적 통제 능력이 낮았다. 사회경제적 지위가 낮은 부모의 아동들 또한 억제적 통제 능력이 낮았다.

출처: Moilanen, Shaw, Dishion, Gardner, & Wilson (2009).

2) 인지적 유연성

인지적 유연성(cognitive flexibility)이란 상황에 맞게 주의를 다른 곳으로 돌리거나 사용하는 책략을 적절하게 변경할 수 있는 유동적 사고 능력으로, 인지적 전환(cognitive functioning)이라고도 불린다. Ramscar, Dye, Gustafson과 Klein(2013)은 학령전기 아동도 상황에 맞게 자신의 행동을 바꿀 수 있는지 알아보기 위해 차원 변경 카드 분류(dimensional change-card sort: DCCS) 과제로 인지적 유연성을 시험하였다. 이 실험에는 [그림 5-8]과 같이 파란색 별이 그려진 상자와 빨간색 트럭이 그려진 상자가 있다. 실험자는 아동에게 파란색 트럭이 그려진 카드와 빨간색 별이 그려진 카드를 준다. 첫 번째 과제에서 아동에게 색깔에 따라 카드를 상자 안에 넣으라고 지시한다면, 아동은 빨간색 별이 그려진 카드를 빨간색 트럭이 그려진 상자에 넣어야 한다. 그리고 파란색 트럭이 그려진 카드는 파란색 별이 그려진 상자에 넣을 것이다. 이후 아동에게 모양에 따라 카드를 분류하라고 지시한다면 아동은 파란색 트럭이 그려진 카드를 빨간색 트럭이 그려진 상자 안에, 빨간색 별이 그려진 카드는 파란색 별이 그려진 상자 안에 넣어야 한다. 이처럼 규칙이 바뀌었을 때 아동이 과제를 어떻게 수행하느냐를

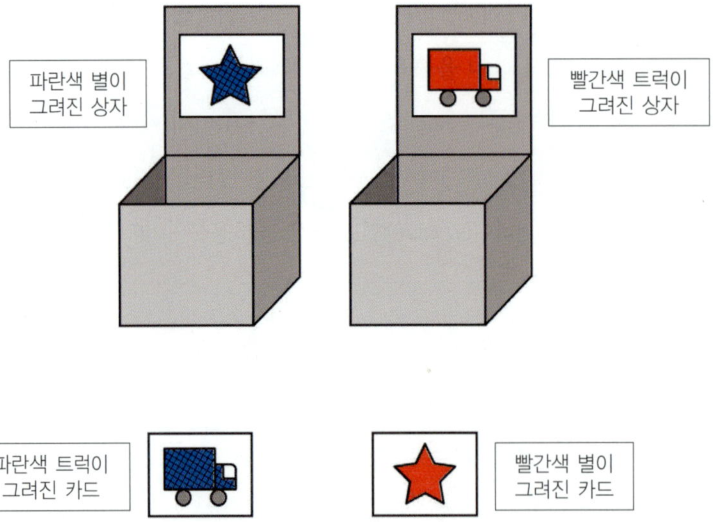

[그림 5-8] 차원 변경 카드 분류(DCCS) 과제

실험자가 아동에게 색깔에 따라 카드를 분류하라고 하면 아동은 빨간색 별이 그려진 카드는 빨간색 트럭이 그려진 상자에 넣어야 한다. 만약 모양에 따라 카드를 분류하라고 하면 아동은 빨간색 별이 그려진 카드를 파란색 별이 그려진 상자에 넣어야 한다. 이와 같은 DCCS 과제는 아동이 이전의 규칙을 얼마나 잘 억제하고 인지적 전환을 잘하는지 알아보는 도구로 사용된다.

출처: Ramscar, Dye, Gustalson, & Klein (2013).

살펴보면 아동의 인지적 유연성을 알 수 있다. 연구 결과, 만 4세 아동부터 큰 어려움 없이 DCCS 과제를 수행할 수 있는 것으로 나타났다. 이전 연구에 따르면 만 4세 미만의 아동은 인지적 유연성이 낮아 상황에 맞게 과제를 수행하지 못하는 것으로 나타났다. 하지만 본 연구는 만 3세 아동도 훈련을 받으면 인지적 유연성을 이용해 규칙에 맞게 과제를 수행할 수 있다고 제안했다. 즉, 학령전기 아동도 훈련을 통해 주어진 단서에 따라 행동을 바꿀 수 있는 것이다.

Blaye와 Chevalier(2011)는 주어진 단서의 종류가 억제적 통제와 인지적 유연성에 어떠한 영향을 미치는지 연구하였다. 단서는 크게 '명백한 단서'와 '추상적 단서'로 나뉘었다. 명백한 단서는 아동으로 하여금 무슨 과제를 해야 하는지 연상할 수 있게 했다. 예컨대, [그림 5-9]의 마이크(a)는 말하는 것과 관련이 있다. 따라서 아동은 마이크가 그려진 단서인 a를 보고

[그림 5-9] 단서의 종류에 따른 억제적 통제와 인지적 유연성

(A) 억제적 통제 과제에서는 마이크(a)와 열쇠(c)를 보면 색깔을 말해야 했고, 손바닥(b)과 나무(d)를 보면 침묵을 유지해야 했다.

(B) 유연성 과제에서는 무지개 카드(e)와 가방(g)을 보면 색깔을 말해야 했고, 다양한 모양이 그려져 있는 카드(f)를 보거나 우산(h)을 보면 모양을 말해야 했다.

실험 결과, 두 과제 모두 명백한 단서가 제시되었을 때 수행 능력이 높았다.

출처: Blaye & Chevalier (2011).

는 그림의 색깔을 말해야 하는 것을 자연스럽게 연상하고 빨강이라고 답해야 했다. 또한 손바닥이 그려진 단서 (b)는 말하지 않고 침묵을 유지하라는 것과 연결시켜 생각할 수 있었다. 이 경우 아동은 아무 말도 하지 않아야 했다. 반대로 추상적 단서는 과제와 전혀 상관없는 그림이었다. 아동은 열쇠 (c)를 보면 그림의 색깔을 말해야 했고, 나무 (d)를 보면 침묵을 유지해야 했다. 즉, (c)의 경우 노랑이라고 답해야 했고 (d)의 경우 침묵해야 했다. 그러나 열쇠나 나무는 말하는 것과 큰 관련이 있지 않으므로 참여자가 이를 보고 모형의 색깔을 말해야 하는지 침묵을 유지해야 하는지 연결시켜 생각하기 어려웠다.

인지적 유연성 과제에서도 명백한 단서 조건과 추상적 단서 조건으로 나누어 실험을 진행했다. 명백한 단서 조건에서 아동은 무지개가 그려진 카드를 보면 모형의 색깔을 말해야 했고 다양한 모양이 그려진 카드를 보면 모형이 무슨 모양인지 말해야 했다. 무지개 카드 (e)를 보면 아동은 자연스럽게 색깔을 말해야 한다는 것을 알 수 있었고 모양이 그려진 카드 (f)를 보면 모양을 말해야 한다는 것이 명백했다. 즉, (e)의 경우 노랑이라고 해야 했고 (f)의 경우 달이라고 답해야 했다. 반면, 색깔과 아무 관련 없는 가방과 모양과 아무 관련 없는 우산은 추상적 단서였다. 추상적 단서 조건에서 아동은 가방이 그려진 카드 (g)를 보면 모형이 무슨 색인지 말해야 했고 우산이 그려진 카드 (h)를 보면 모형이 무슨 모양인지 말해야 했다. 즉, (g)의 경우 파랑이라고 해야 했고 (h)의 경우 하트라고 대답해야 했다. 실험 결과, 아동은 억제적 통제 과제와 인지적 유연성 과제 모두에서 명백한 단서가 제시되었을 때 과제를 더 잘 수행했다. 또한 연령이 어릴수록 추상적 단서보다는 명백한 단서가 제공되었을 때 더 효과적으로 인지 활동을 조절했다.

3) 작업 기억

앞에서 살펴보았듯이, 작업 기억은 단기 기억이라고도 불리며 문제를 해결하거나 어떤 일을 계획하고 결정하는 것과 같은 고차원적인 인지 활동과 연관이 있다. 작업 기억은 인지 수행을 통제하는 역할을 하며 짧은 시간 동안 정보를 유지하는 역할을 한다(McCabe, Roediger, McDaniel, Balota, & Hambrick, 2010). 이때 실행기능은 작업 기억의 처리 과정을 통제하는 역할을 한다. 많은 정보 중 어떤 것을 저장할지 그리고 어떤 기억을 단기 기억에서 장기 기억으로 변환시킬지를 결정한다. 또한 주의를 조절하여 어떤 대상이나 일에 집중하도록 하며, 의사 결정을 내리고 정보를 회상하는 등 다양한 인지 활동을 통제하는 역할을 한다.

ISSUE 5

아동의 통증 기억

병원에서 예방 접종을 맞기 위해 순서를 기다리고 있는 아동들의 모습을 상상해 보라. 어떤 아동은 주사를 맞기 전부터 울기 시작하고, 어떤 아동은 아무것도 모른 채 뛰어놀고 있을 것이다. 그렇다면 주사를 맞고 난 이후에는 어떨까? 통증 때문에 놀라 잠깐 울다 그치는 아동이 있는 반면, 큰 소리로 자지러지게 우는 아동도 있을 것이다. 이러한 차이는 아동의 통증 기억에서 비롯된다고 할 수 있다. 통증 기억의 정의에 대해서는 명확한 합의가 이루어지지 않았지만, 의료 절차나 특정 자극에 대한 아동의 반응과 회상 보고 등을 통증 기억이라고 할 수 있다(이승진, 곽금주, 2015). 아동의 통증 기억은 아동이 이후 받는 자극에 대한 반응에 영향을 미치는데, 실제로 Taddio, Katz, Ilersich와 Koren(1997)의 연구에서는 할례를 받을 때 마취를 했던 영아와 하지 않았던 영아가 이후 예방 접종 시 어떤 반응을 보이는지를 연구했다. 그 결과, 할례를 받을 당시 마취를 하지 않았던 영아들이 마취를 했던 영아들보다 더 심하게 울었고, 표출되는 행동적, 생리적 고통의 강도도 더 높았다. 또 다른 연구에서는 반복적으로 발꿈치에서 피를 뽑는 검사를 받은 영아들과 이러한 검사를 받지 않았던 영아들이 정맥천자 시술을 받았을 때 어떤 반응을 보이는지에 대해 연구했다(Taddio, Shah, Gilbert-MacLeod, & Katz, 2002). 결과에 따르면, 피 뽑는 검사를 통해 이미 통증을 경험했던 영아들이 실제 수술 과정부터 정리 과정까지 더 심한 고통을 표출했다. 이는 아동들이 경험한 통증이 이후에 경험하게 되는 통증에까지 영향을 미친다는 것을 보여 준다. 만약 아동이 주사를 맞은 이후에 유달리 큰 고통을 호소한다면, 그 아동이 이전에 경험했던 자극을 떠올려 보고 아동을 이해하기 위해 노력해 보는 것은 어떨까 생각해 본다.

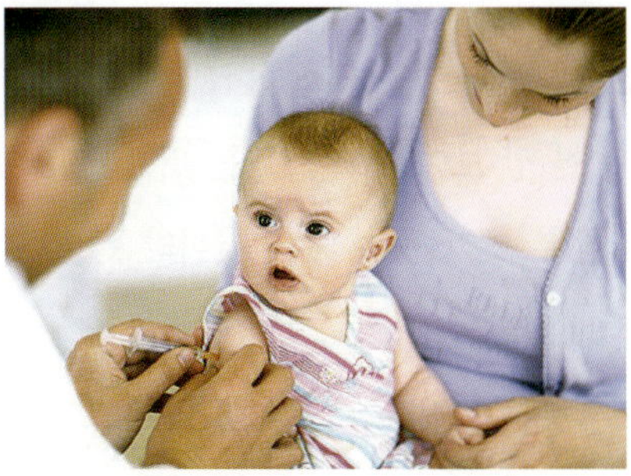

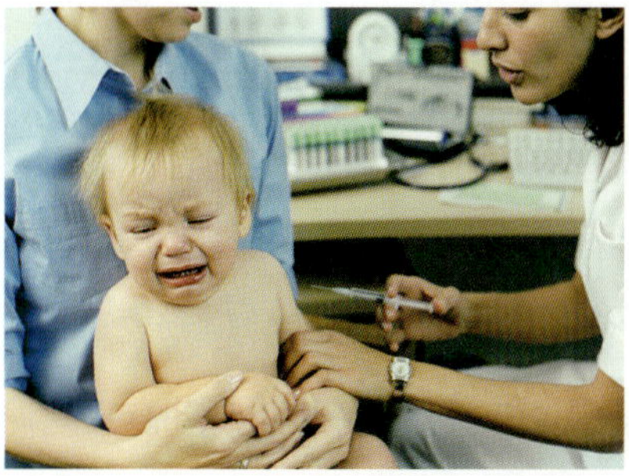

출처: http://www.expatechodubai.com/kids/childhood-vaccinations/
http://healthlevelup.com/vaccinations-and-children/

5. 상위 인지

상위 인지(metacognition)는 '인지에 대한 인지' 혹은 '아는 것에 대한 아는 것'을 말한다(Flavell, 1999). 자신이 알고 있는 것이 무엇인지 아는 학생들은 높은 성적을 받는 것으로 나타났으며(Young & Fry, 2008; Vrugt & Oort, 2008), 문제해결 능력이 뛰어나고(Fortunato, Hecht, Tittle, & Alvarez), 마음이해 능력(Alexander & Schwanenflugel, 1996) 또한 탁월했다.

상위 인지에는 상위 주의와 상위 기억이 있다. 상위 주의(meta-attention)란 주의 과정을 스스로 인식하고 이해하는 것이다. Loper와 Hallahan(1982)은 만 5세, 7세, 10세 그리고 12세 아동을 대상으로 상위 주의를 연구하였다. 연구 결과, 만 5세 그리고 7세 아동은 외부 방해나 보상 같은 외적인 요소가 주의 과정에 영향을 미친다고 생각하였다. 반면, 만 10세와 12세 아동은 관심의 정도와 같은 내적인 요소도 주의 과정에 영향을 미칠 수 있다는 것을 이해했다. 예를 들어, 아동은 좋아하는 드라마를 볼 때에는 시간이 가는 줄 모르고 오랜 시간 집중할 수 있지만, 싫어하는 과목을 공부할 때는 집중하지 못한다는 것을 안다.

상위 기억(metamemory)은 자신의 기억, 기억 체계의 기능 및 발달 능력에 대해 지각하는 것이다. 한 연구에서는 아동이 과제를 더 오래 기억하기 위해서는 더 오랜 시간 공부해야 한다는 사실을 아는지를 알아보기 위한 실험을 하였다. 실험자는 만 4세, 6세, 8세 아동에게 다양한 그림을 주고 그림마다 기억하고 있어야 하는 기간이 다르다고 알려주었다. 그 결과, 참여자 중 만 8세 아동만이 더 오랜 시간 기억해야 하는 그림을 공부하는 데 더 많은 시간을 보냈다. 이를 통해 아동의 연령이 높아질수록 상위 기억을 가지는 것을 알 수 있다(Rogoff, Newcombe, & Kagan, 1974). Yussen과 Levy(1975)는 만 4세를 대상으로 상위 기억 능력을 연구하였다. 실험자는 [그림 5-10]과 같이 그림 카드를 한 장 보여 주고 카드를 뒤집고도 무슨 카드였는지 기억할 수 있겠냐고 물었다. 그러자 아동은 기억할 수 있을 것이라 답했다. 카드를 한 장씩 늘려가며 실험을 계속한 결과, 만 4세 아동은 많게는 10장의 카드를 모두 기억할 수 있다고 대답하였다. 하지만 실제로는 대부분의 만 4세 아동은 두세 장의 그림만을 기억할 수 있었다. 즉, 만 4세의 아동은 자신이 기억할 수 있는 정보의 양을 알지 못한 것이다. 반면, 만 8~10세의 아동은 카드의 장수가 5장이 넘어가면 더 이상은 기억을 못한다는 현실적인 판단을 한다(Veenman & Spaans, 2006). 이는 아동의 연령에 따른 상위 기억이 달라진다는 것을 보여 준다.

[그림 5-10] 아동의 상위 기억

실험자가 카드를 뒤집으면 그 카드에 무슨 그림이 그려 있었는지 기억할 수 있는지 묻자 만 4세 아동은 충분히 외울 수 있다고 말한다. 하지만 대부분의 만 4세 아동은 실제로 두세 장만의 그림만을 기억할 수 있었다. 반면, 만 8~10세 아동은 만 4세 아동에 비해 자신이 기억할 수 있는 정도를 상대적으로 잘 안다.

출처: Yussen & Levy (1975: Keil, 2014에서 재인용).

주요 학습 개념

1. 주의

- 주의(attention)란 특정 대상에 집중하는 것으로, 대상에 주의를 기울이는 정향(orienting)과 어느 정도 주의를 기울이느냐를 통제하는 각성(alerting)이 있다.
- 주의는 지속적 주의와 선택적 주의로 나뉜다.

주의 유형	정의	관련 있는 뇌의 영역
지속적 주의 (sustained attention)	특정한 대상에 장시간 주의를 기울이는 것	망상체
선택적 주의 (selective attention)	불필요한 자극에 주의를 기울이는 것을 억제하고, 특정 정보에만 선택적으로 주의를 기울이는 것	전두엽

2. 기억

- 기억(memory)은 가지고 있는 정보를 떠올리는 것으로 다음의 과정을 거친다.

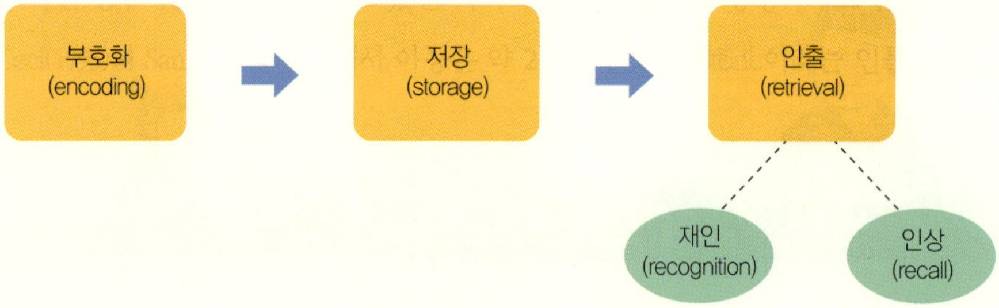

- 기억의 유형은 크게 단기 기억과 장기 기억으로 나뉜다.
  - ➤단기 기억(short-term memory: STM): 작업 기억(working memory)이라고도 불리며 적은 양의 정보를 짧은 시간 동안 저장하는 것으로 문제해결, 계획, 의사 결정 등의 인지 활동과 관련
  - ➤장기 기억(long-term memory: LTM): 많은 정보를 영구적으로 저장하는 것으로 서술적 기억과 절차적 기억, 의미적 기억과 일화적 기억, 외현적 기억과 내현적 기억으로 분류 가능
- 전두엽과 측두엽은 기억을 담당하는 뇌의 영역으로, 특히 전두엽의 전전두엽은 집중할 정보를 결정하고 작업 기억을 장기 기억으로 이동시키는 역할을 한다.
- 측두엽에 있는 해마는 새로운 지식과 경험을 저장하고 인출하는 역할과 관련이 있다.
- 영아기 기억상실증(infantile amnesia)이란 만 2.5세 전에 일어난 일을 기억하지 못하는 것으로 신경 변화 가설과 기억 체계 변화 가설로 설명된다.

• 개인이 가지고 있는 지식기반(knowledge)에 따라 새로운 정보를 기억하는 능력은 다르다.

3. 기억 책략

• 기억을 효율적으로 할 수 있도록 돕는 방법을 기억 책략이라 하며 시연, 조직화, 정교화 등이 있다.
  ➤ 시연(rehearsal): 반복해서 외우는 것으로 단기 기억에 효율적인 책략
  ➤ 조직화(organization): 기억해야 할 항목들을 범주화하여 외우는 것으로서 순서에 상관없이 외울 때 효율적인 책략
  ➤ 정교화(elaboration): 다른 것과 연결해 외우는 책략

• 기억 책략 오류에는 생성결함과 사용결함이 있다.
  ➤ 생성결함(production deficiency): 책략을 통해 과제를 수행했지만 그다음 과제에서 스스로 책략을 생성하지 못하는 것
  ➤ 사용결함(utilization deficiency): 책략을 사용해도 이득을 얻지 못하는 것

4. 실행기능

• 실행기능(executive functioning)은 다양한 고차원적인 인지 활동을 통제하는 것이며 억제적 통제, 인지적 유연성, 작업 기억 등을 포함한다.
  ➤ 억제적 통제(inhibitory control): 자신이 하는 일과 상관없는 자극을 무시하는 능력
  ➤ 인지적 유연성(cognitive flexibility): 상황에 유연하게 사용하는 책략을 변경하는 사고 능력
  ➤ 작업 기억(working memory): 단기 기억이라고도 하며, 일을 계획하고 결정하는 능력

5. 상위 인지

• 상위 인지(metacognition)는 자신이 아는 것에 대해 아는 것으로 상위 주의와 상위 기억이 있다.

6장

인지 발달 3: 개념, 추론 및 문제해결

1. 개념 발달
2. 개념 유형에 따른 발달
3. 추론
4. 문제해결

오늘날의 Piaget를 있게 한 Flavell

발달심리학에서 인지 발달의 대표적 심리학자로 언급되는 사람은 바로 Piaget이다. 이러한 Piaget의 인지 발달 이론이 미국에 알려지는 데에는 상위 인지를 연구한 John Flavell의 공이 컸다. Flavell은 Piaget의 연구를 정리한 책과 논문이 미국에는 거의 없는 것을 보고 Piaget의 이론에 관한 책을 내야겠다고 결심했다.

그러나 Piaget의 연구를 파악하기는 생각보다 쉽지 않았다. 그 당시 유럽 출신이었던 Piaget의 연구가 모두 불어로 정리되어 있었기 때문이다. 불어가 모국어가 아니었던 Flavell은 먼저 불어를 공부해야 했고, Piaget의 이론을 보며 모르는 단어가 나올 때마다 사전을 찾아가며 어려운 그의 연구를 이해해야 했다. Flavell은 이 작업을 하며 번역가들에게 연민을 느낄 정도였다고 한다(Lyon, 1993).

1963년, Flavell의 끝없는 노고 끝에 *The Developmental psychology of Jean Piaget*가 출판되었고 이 책은 많은 심리학자들의 사랑을 받았다. 불어가 모국어인 사람들도 어려운 Piaget의 논문 대신, Flavell의 책을 읽을 정도였다. 그의 책은 Piaget의 인지 발달에 관해 처음으로 영문으로 쓰여졌다는 점에서도 의의가 있지만, 재미있는 산문체를 사용하여 많은 비평가들로부터 극찬을 받았다. 게다가 그의 책에는 Piaget 연구의 타당성에 관한 그의 견해가 포함되어 있었다.

Flavell은 Piaget가 자신의 책을 보고 흡족하도록 정리하기 위해 애를 썼다고 한다. 그 노력을 알았는지 Piaget는 Flavell의 책 서문에서 그의 노력을 높이 산다는 평을 하였다. Piaget는 자신이 생각했을 때에도 자신의 연구는 이해하기 어려운데, 이를 완전히 이해하고 영어로 풀어 썼다는 것이 대단하다며 Flavell에 대한 칭찬을 아끼지 않았다(Flavell, 1963). 이처럼 많은 사람이 Piaget의 이론을 이해하기까지는 보이지 않은 Flavell의 노력이 있었다. 성경에는 예수가 있고 이를 전파한 바울이 있다면, 인지 이론에는 Piaget가 있고 이를 널리 알린 Flavell이 있었던 게 아닐까.

John Flavell과 Piaget 인지 발달 이론을 연구한 그의 책

눈앞에 케이크와 참외, 수박 그리고 마카롱이 있다고 할 때, 우리는 이 사물들을 디저트와 과일의 범주로 쉽게 묶을 수 있을 것이다. 사람은 이와 같이 개념을 범주화하는 등 인지 활동을 통해 새로운 개념을 형성한다. 그리고 이러한 개념을 바탕으로 삶에서 마주치는 문제의 원인을 추론하고 해결한다. 이 장에서는 개념 발달의 과정과 발달하는 과정에서 보편적으로 습득하는 개념 유형에 대해 알아본 후 추론 및 문제해결 능력에 대해서 살펴보도록 한다.

1. 개념 발달

개념(concept)이란 사물 혹은 사건의 속성이나 특징을 바탕으로 형성된 심적 표상, 즉 추상적인 생각을 말한다. 개념은 이전 경험을 바탕으로 형성되며 다양한 사건이나 대상을 쉽게 구분하고 이해하고 기억할 수 있게 한다. 예를 들어, 방 청소를 하고 있다고 가정하자. 이때 사물에 대한 개념이 없다면 방 정리가 어려울 것이다. 그러나 학용품, 옷, 신발에 대한 개념이 형성됐다면 좀 더 쉽고 체계적으로 방을 정리할 수 있다. 개념을 형성하는 방식은 어떤 요소로 대상들을 묶을지에 따라 달라진다.

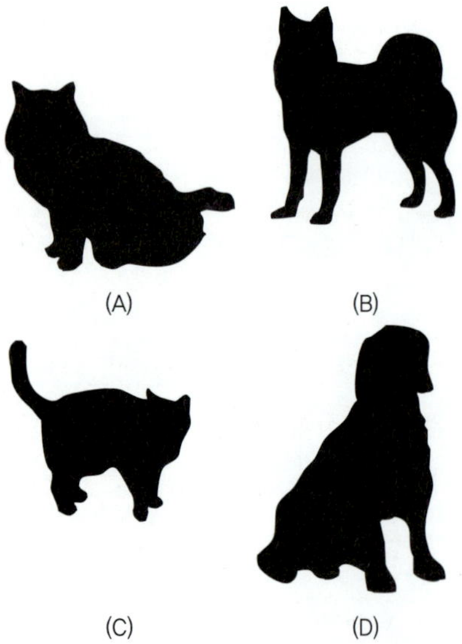

[그림 6-1] 실루엣을 이용한 지각적 범주화

생후 3~4개월 된 영아는 고양이와 개의 실루엣만으로도 지각적 범주화를 할 수 있는 것으로 나타났다. 예를 들어, 고양이의 실루엣인 (A)와 (C)를 같은 범주로 구분하고, 개의 실루엣인 (B)와 (D)를 같은 범주로 구분하는 것이다.

출처: Quinn, Eimas, & Tarr (2001).

지각적 범주화(perceptual categorization)는 형태와 색깔에 따라 대상을 분류하는 것으로, 생후 3~4개월 된 영아도 지각적 범주화가 가능하다. Quinn과 Eimas (1996)는 영아들에게 다르게 생긴 고양이 한 쌍의 사진을 반복적으로 보여 주었다. 이후 고양이 사진에 대한 영아의 관심이 사라졌을 때, 연구자는 영아에게 다른 동물의 사진과 다른 고양이 사진을 보여 주었다. 그리

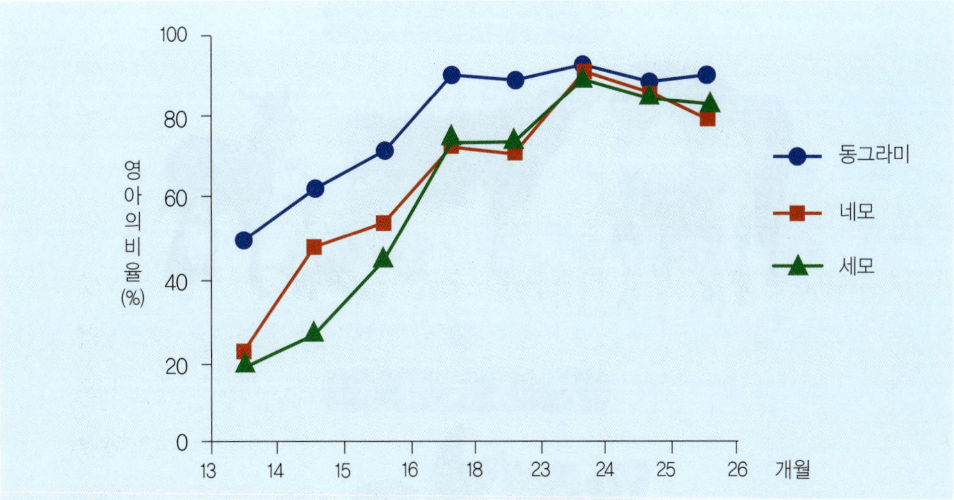

[그림 6-2] 형태 지각 발달 양상

한국 영아는 대략 생후 13개월 이후부터 형태에 대한 개념이 발달한다. 여러 형태 중 동그라미에 대한 개념을 가장 먼저 형성하고 이후 네모, 세모 순으로 이해하게 된다.

출처: 곽금주, 김연수(2014).

고 연구자는 영아가 어떤 사진에 더 관심을 보이며 더 오래 쳐다보는지를 살펴보았다. 연구 결과, 영아는 고양이가 아닌 새로운 동물을 더 오랫동안 쳐다보았다. 이는 생후 3~4개월 된 영아들도 지각적 범주화를 사용하여 서로 다른 동물의 차이점을 구별할 수 있다는 것을 보여 준다. 이후 Quinn, Eimas와 Tarr(2001)의 연구에서도 생후 3~4개월이 된 영아들은 고양이와 개의 실루엣을 구별할 수 있었다.

한국 영아의 경우에도 지각적 범주화가 가능해지면서 월령이 증가함에 따라 형태에 대한 개념이 발달한다(곽금주 외, 2005). [그림 6-2]와 같이, 형태에 대한 영아의 개념은 동그라미, 네모 그리고 세모 순으로 형성된다. 이후 영아는 좀 더 다양한 형태도 범주화를 할 수 있게 된다.

범주 위계(category hierarchy)란 대상을 상·하위의 관계로 범주화하는 것으로 이는 상위 수준, 기초 수준 그리고 하위 수준 세 가지로 나뉜다. 예를 들어, [그림 6-3]과 같이 '동물'이라는 상위 수준 아래 '개'라는 기초 수준이 있고 그 아래에는 '푸들'이라는 하위 수준이 있다. 이와 같이, 상위 수준은 가장 보편적인 개념이며 아래 수준으로 내려갈수록 더 구체적이고 특징적인 개념을 가진다. 아동은 세 가지 수준 중에서 기초 수준을 가장 먼저 이해한다. 상위 수준의 개념은 너무 일반적이기 때문에 아동이 이를 이해하기는 어려울 수 있다. 또한 하위 수준을 이해하기 위해서는 매우 상세한 개념을 구분할 수 있어야 하기 때문에 이 또한 어린 영아가 습득하기는 어렵다.

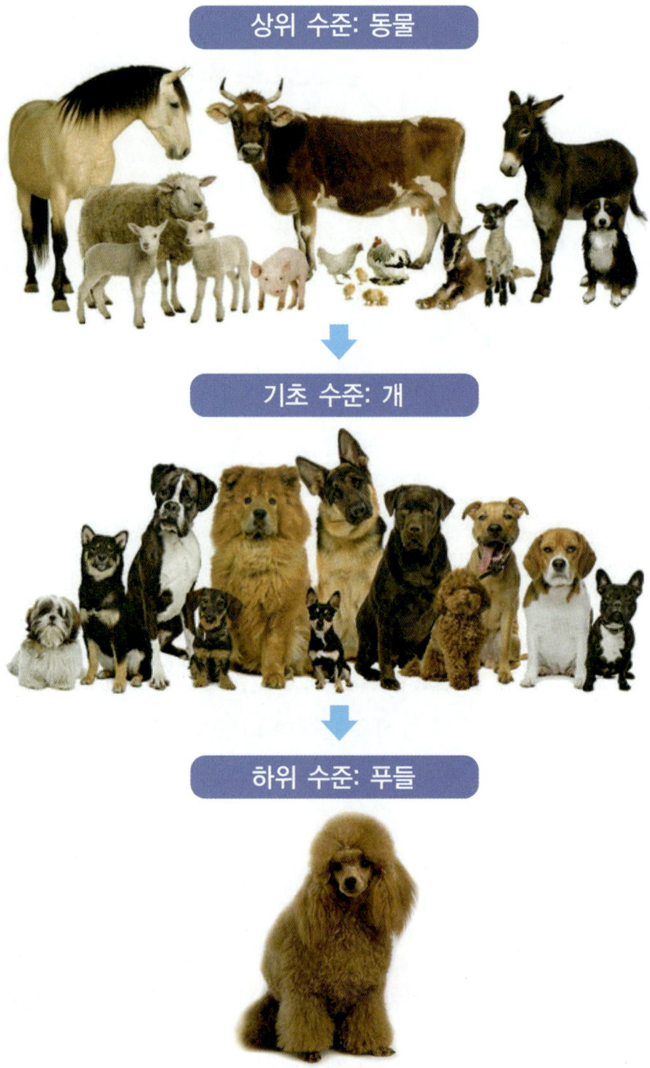

[그림 6-3] 범주 위계

범주 위계는 대상을 상·하위 관계로 범주화하는 것이며 상위 수준, 기초 수준 그리고 하위 수준의 세 수준으로 이루어져 있다. 상위 수준은 가장 일반적 개념이다. 기초 수준은 상위 수준보다는 좀 더 구체적이나 하위 수준보다는 좀 더 보편적인 특징을 설명하는 개념이다.

2. 개념 유형에 따른 발달

아동은 보편적으로 수, 생물, 시간 그리고 공간에 대한 개념을 발달시킨다. 각 개념에 대한 발달 과정과 특징에 대한 설명은 다음과 같다.

1) 수 개념

수에 대한 개념이 형성되면 아동은 집에 가족이 몇 명이 있는지, 바구니에 사탕은 몇 개가 남았는지 등을 파악할 수 있다. 이렇게 수 개념이 발달할 때 수량 변별, 수 세기, 산수 등의 기초적인 수 조작 능력이 나타난다. 수량 변별은 수의 크기가 다르다는 것을 아는 것으로, 예를 들어 하나보다는 두 개가 더 많고 세 개보다는 다섯 개가 많다는 것을 이해하는 것이다. Van Loosbroek과 Smitsman(1990)의 연구에서는 영아가 서로 다른 수량을 변별할 수 있는지를 알아보았다. 연구자는 영아에게 [그림 6-4]와 같이 막대사탕, 쿠키, 곰 세 개씩을 순서대로 보여 주었고, 영아는 곧 세 개의 수량으로 이루어진 대상들에 습관화가 되었다. 이후 연구자는 한 개의 딸랑이와 두 개의 주스와 같이 서로 다른 개수로 이루어진 대상을 영아에게 보여 주었다. 이때 영아는 서로 다른 개수로 이루어진 대상을 더 오래 쳐다보았다. 즉, 영아는 서로 다른 수량을 비교할 수 있었던 것이다. 이러한 영아의 수량 변별 능력은 생후 약 5개월부터 나타났다.

[그림 6-4] **수량 변별**

(A) 영아는 막대사탕, 쿠키, 곰 세 개씩을 보게 되고, 세 개의 물건에 습관화가 되었다.
(B) 영아는 한 개의 딸랑이와 두 개의 주스를 보게 된다. 영아는 세 개가 아닌 한 개의 딸랑이와 두 개의 주스를 더 오래 쳐다보았다. 이는 영아가 수량을 비교할 수 있는 능력이 있다는 것을 의미한다.

〈표 6-1〉 수 세기의 다섯 원리

원리	내용
① 일대일 대응 원리	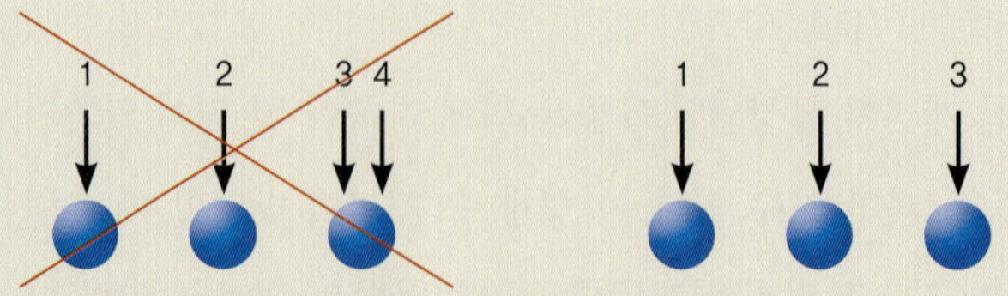 • 하나의 물체에 오직 하나의 수만을 배정한다.
② 고정 순서 원리	• 하나, 둘, 셋, 넷 (O) 넷, 셋, 둘 (X)
③ 수의 크기 원리	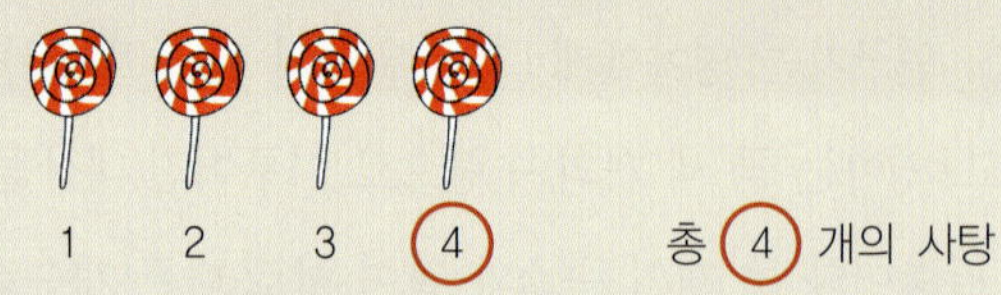 • 무리의 총 개수는 수 세기의 마지막 수와 동일하다.
④ 순서 무상관 원리	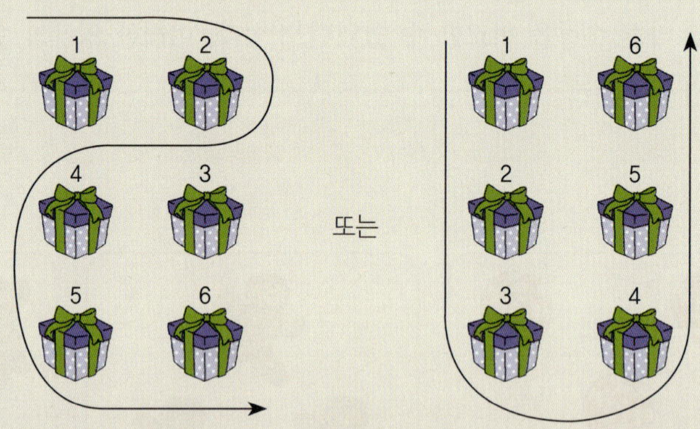 • 무리의 개수를 셀 때, 왼쪽 그림과 같은 순서로 세든지 오른쪽 그림과 같은 순서로 세든지 상관이 없다.
⑤ 추상화 원리	 • 서로 다른 대상이라도 어떠한 대상이든 상관없이 수 세기의 원리대로 셀 수 있다.

아동이 "하나, 둘, 셋……"과 같이 수를 세는 장면을 보았던 적이 있을 것이다. 이러한 수 세기는 만 3세부터 가능하며 이 시기의 아동은 약 10까지 셀 수 있게 된다(Berteletti, Lucangeli, Piazza, Dehaene, & Zorzi, 2010). 아동이 만 5세가 되면 세 자릿수를 읽고 쓸 수 있게 된다(Byrge, Smith, & Mix, 2013). 수 세기를 할 때에는 〈표 6-1〉과 같이 ① 일대일 대응, ② 고정 순서, ③ 수의 크기, ④ 순서 무상관, ⑤ 추상화의 다섯 가지 원리를 바탕으로 한다(Ziegler, 2007).

일대일 대응 원리(one-one correspondence principle)는 하나의 물체에 오직 한 가지 수를 배정하는 것이고, 고정 순서 원리(stable order principle)는 수를 세는 순서가 항상 일정한 것이다. 수의 크기 원리(cardinal principle)란 수 세기의 가장 마지막 숫자가 대상의 전체 수를 나타내는 것이다. 순서 무상관(order irrelevance)은 여러 대상이 있을 때 어떤 물체부터 세는지는 수 세기와 상관이 없는 것이며, 마지막으로 추상화 원리(abstraction principle)는 앞서 살펴본 네 가지의 수 세기 원리가 모든 대상에 사용될 수 있다는 것을 아는 것이다.

생후 6~8개월 된 영아는 1+1=2 혹은 2−1=1과 같은 간단한 산수가 가능하다. Wynn (1992)은 생후 5개월의 영아도 더하기와 빼기를 이해할 수 있다는 획기적인 실험을 실시하였다. 먼저, [그림 6-5]의 ①, ②처럼 영아에게 한 개의 물체를 먼저 보여 준 후 스크린으로 물체

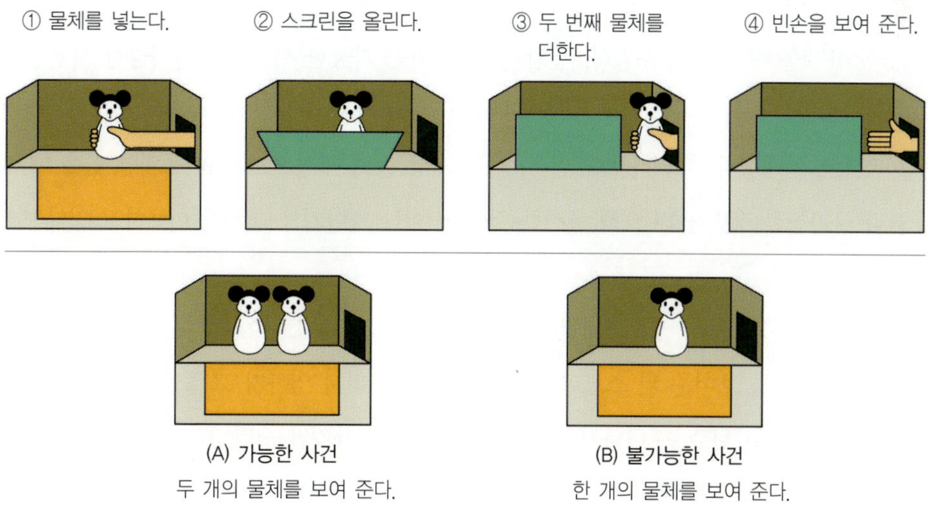

[그림 6-5] 영아의 더하기 이해 실험

(A)에서는 1+1=2의 가능한 사건을 보여 주었고, (B)에서는 1+1=1의 불가능한 사건을 보여 주었다. 실험 결과, 영아는 불가능한 사건(B)을 더 오래 쳐다보았다. 이는 영아가 덧셈을 이해한다는 것을 보여 준다.

출처: Wynn (1992).

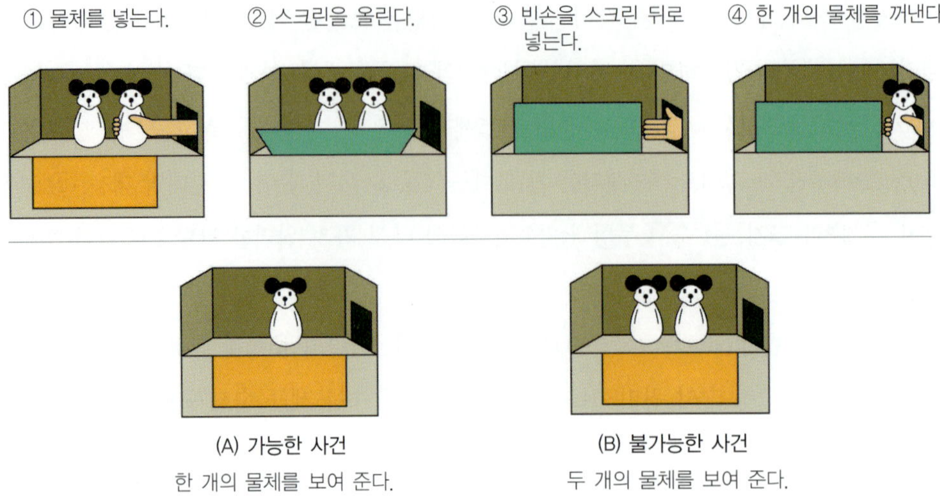

[그림 6-6] 영아의 빼기 이해 실험

(A)에서는 2-1=1의 가능한 사건을 보여 주었고, (B)에서는 2-1=2의 불가능한 사건을 보여 주었다. 실험 결과, 영아는 불가능한 사건(B)을 더 오래 쳐다보았다. 즉, 영아는 뺄셈을 이해하는 것이다.

출처: Wynn (1992).

를 가려서 영아가 그 물체를 볼 수 없게 했다. 다음으로 ③, ④처럼 가려진 스크린 뒤로 또 다른 물체 하나를 더하여 스크린 뒤에 두고 가는 장면을 보여 주었다. 이후 스크린을 치우고 영아에게 두 개의 물체가 놓여 있는 장면[(A) 가능한 사건]과 한 개의 물체가 놓여 있는 장면[(B) 불가능한 사건]을 각각 보여 주었다. 실험 결과, 영아는 가능한 사건보다 불가능한 사건을 더 오래 쳐다보았다. 즉, 영아는 물체 하나에 다른 물체 하나가 더해졌기 때문에 두 개의 물체가 있을 것으로 기대했다. 그러나 스크린 뒤에 두 개의 물체 대신에 하나의 물체만 있을 때, 이에 놀라 불가능한 장면을 더 오래 응시한 것이다. 이는 영아가 1+1=2를 이해하고 있다는 것을 보여 준다.

[그림 6-6]에서 보듯이 생후 5개월의 영아는 2-1=1의 빼기도 이해한다. Wynn은 영아에게 두 개의 물체를 보여준 뒤 스크린으로 두 물체를 가려서 영아가 그 둘을 보지 못하게 하였다. 그 후 스크린 뒤로 손 하나가 나타나 물체 하나를 가져가는 장면을 보여 주었다. 스크린을 치우고 영아에게 각각 한 개의 물체가 놓여 있는 장면[(A) 가능한 사건]과 두 개의 물체가 놓여 있는 장면[(B) 불가능한 사건]을 보여 주었다. 그 결과 영아는 두 개의 물체 중 하나를 뺀 후에도 두 개의 물체가 여전히 스크린 뒤에 남아 있는 불가능한 사건을 더 오래 응시하였다. 즉, 영아는 더하기뿐만 아니라 빼기도 이해할 수 있었다.

Clearfield와 Mix(1999)는 영아의 산수 능력을 직관적 수 세기(subitizing)로 설명하는데, 이는 개수가 적은 대상을 볼 때 즉각적으로 몇 개가 있는지 아는 것이다. 이러한 직관적 수 세기 능력은 아동과 성인 사이에 큰 차이가 없다(Chi & Klahr, 1975). 아동이 대략 만 3~4세가 되면 덧셈과 뺄셈에 대한 개념을 이해하기 시작하고, 만 6세가 되면 10보다 작은 수로 자유롭게 덧셈과 뺄셈을 하며, 20까지의 수를 가지고도 덧셈과 뺄셈이 가능해진다. 만 7~8세가 되면 구구단을 외우기 시작하고, 두 자릿수의 숫자를 가지고 덧셈과 뺄셈을 할 수 있게 된다. 또한 이 시기에는 3+9+5=6+___ 와 같은 수학 문제도 풀 수 있게 된다(Rittle-Johnson, 2006). 세 자릿수를 이용한 산수는 약 만 8~9세가 되어야 가능해지며 그때에는 곱셈과 나눗셈도 이해하기 시작한다.

수 개념 발달은 문화보편적이지만 수 개념을 습득하기 시작하는 시기는 문화마다 다르다. 예를 들어, 체계적인 십진법을 가지고 있는 중국 아동은 미국 아동보다 수 세기 발달이 더 빨리 이루어지고(Miller, Smith, Zhu, & Zhang, 1995) 한국이나 중국과 같이 수학 교육에 큰 비중을 두는 문화권의 아동일 경우, 수 개념 발달 속도가 상대적으로 빠르다.

또한 많은 연구에 따르면, 학령전기나 초등학교 1학년의 수 개념 발달 속도는 이후의 학업 성취를 예측하기도 한다(Jordan, Glutting, & Ramineni, 2010; Duncan et al., 2007; Lee & Burkam, 2002). 따라서 부모가 학령전기 아동에게 수 개념 발달을 도울 수 있는 대화나 놀이를 주도한다면 이후 아동의 학업 성취에 긍정적인 영향을 줄 수도 있을 것이다(Levine et al., 2010).

2) 생물 개념

생물과 무생물에 대한 개념은 만 1세 이전에 형성되기 시작한다. 또한 영아는 돌 혹은 책과 같은 무생물보다 동물이나 식물과 같은 생물에 더 큰 관심을 보인다. 생물과 무생물을 구별하여 범주화하는 능력은 영아기에 형성되는데, 한 예로 Poulin-Dubois(1999)의 실험 결과 생후 9개월이 된 영아도 무생물에 대한 개념이 있는 것으로 나타났다. 영아들은 주로 대상의 움직임 유무를 통해 생물과 무생물을 구분하는데 이 실험에서 연구자는 영아에게 로봇이 움직이는 장면을 보여 주고 영아의 반응을 살펴보았다. 그 결과, 영아는 로봇과 같은 무생물이 움직이는 것에 놀라는 반응을 보였다. 이는 영아가 무생물인 로봇은 움직이지 않는다는 개념을 가지고 있다는 것을 보여 준다.

만 3세가 되면 아동은 별 어려움 없이 생물과 무생물을 구분할 수 있게 되지만(Margett &

ISSUE 1

누가 수학을 잘하는가?

사람들이 살아가는 데 있어서 수학은 중요하다. 실제로 수학적 능력은 기술 사회에서 학업적인 성공과 전문적인 성공의 기초를 마련해 준다는 연구도 있다(National Mathematics Advisory Panel, 2008: Young, Wu, & Menon, 2012에서 재인용). 우리나라는 다른 과목에 비해 특히나 수학 교육을 강조한다. 어떤 임산부들은 태어날 자녀의 높은 수학적 능력을 기대하면서 태교로 수학 공부를 하기도 한다. 그렇다면 아동의 수학적 능력을 미리 예측할 수 있는 방법은 없을까?

스탠포드 의학대학원(Stanford University School of Medicine)의 Evans 연구팀은 뇌 영상법으로 아동의 뇌를 촬영해서 수학적 능력이 있는 아동들을 예상할 수 있는지를 연구했다. 이 연구에서는 참여 아동을 6년간 추적하는 종단 연구를 진행했다. 연구팀은 먼저 뇌 영상 fMRI를 촬영해서 뇌 구조와 뇌 영역들 간의 연결성을 측정했다. 이후 아동들이 만 8세가 되었을 때 IQ, 읽기, 수학, 작업 기억 능력을 측정하는 표준화된 검사를 실시했다. 배측부 후두피질(Ventro-temporal ocipital cortex)은 시각적 인지를 지원하는 뇌의 영역이고, 두정간구(intra-parietal sulcus)는 숫자를 비교하고 이에 대한 판단을 내릴 수 있도록 돕는 영역인데, 연구 결과 이 두 영역의 연결성과 부피가 아동의 수학 능력을 예측하는 것으로 나타났다.

이러한 연구는 뇌 영상 촬영을 통해 아동의 뇌 영역의 연결성이 향후 6년 동안 아동기와 초기 청소년기의 수학 능력을 미리 예측할 수 있다는 것을 보여 준다.

그러나 자신의 뇌가 수학을 잘 하도록 형성되어 있지 않는다 해서 애초부터 수학을 포기하는 것은 올바르지 않은 태도이다. 이는 자신의 잠재력을 짓밟는 행동이기 때문이다. 한 연구에 따르면 노력하고 배워서 수학 능력이 향상될 수 있다고 믿는 것이 실제로 높은 수학 점수를 예측했다(Blackwell, Trzesniewski, & Dweck, 2007). 그러므로 자신의 뇌가 이후 높은 수학적 능력을 예측하지 않더라도, 수학적 능력이 향상될 것이라는 믿음을 가지고 노력한다면 누구든 수학을 잘할 수 있을 것이다.

Mitherinton, 2011), 만 4~5세가 되어서도 식물과 동물의 생물학적 특징을 구별하는 데에는 여전히 어려움을 겪는다(Hatano, Siegler, Richardes, Inagake, Stavy, & Wax, 1993). 예컨대, 식물은 생물이지만 자라나는 속도가 눈에 잘 보이지 않기 때문에 아동은 식물을 무생물로 여기는 경우가 많다(Opfer & Gelman, 2001). 이와 관련하여 Margett과 Witherington(2011)은 만 3~5세 아동이 생물에 대한 개념을 가지고 있는지를 연구하기 위해 아동에게 식물, 동물, 움직이는 조형물, 움직이지 않는 조형물의 네 가지 유형을 보여 주었다([그림 6-7] 참조). 이때 실험

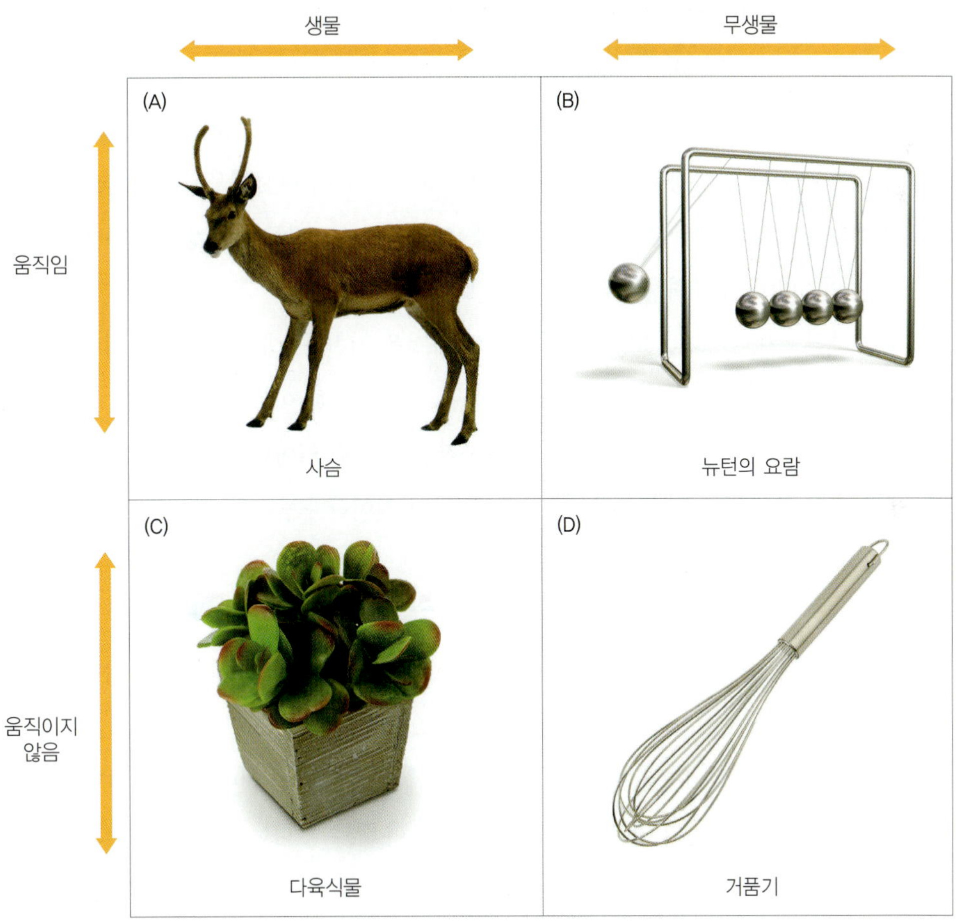

[그림 6-7] 아동의 생물학적 범주화 능력

Margett과 Witherington(2011)이 사용한 생물과 무생물의 예이다. 아동은 생물인 사슴(A)과 다육식물(C)은 성장하는 대상이라는 것을 이해하고 있었다. 또한 (D)와 같이 움직이지 않는 조형물에 대해서는 생물학적 질문보다 기능적 질문을 더 많이 했다. 하지만 어떤 아동들은 움직임이 없는 식물(C)을 무생물로 구분하고, 뉴턴의 요람과 같이 움직이는 조형물(B)을 생물로 구분하기도 했다. 이는 아직 아동의 생물과 무생물에 대한 개념이 완전히 성립되지 않았다는 것을 보여 준다.

출처: Margett & Witherington (2011).

은 세 단계로 이루어졌는데, 1단계에서는 네 가지 대상에 대해 아동이 자유롭게 질문을 할 수 있도록 했다. 그리고 2단계에서는 연구자가 아동에게 각 대상에 대해 "이 대상은 물이 필요합니까?" "이 대상은 성장합니까?" "이 대상은 스스로 움직입니까?" "이 대상은 음식이 필요합니까?"와 같은 질문을 하였다. 그리고 3단계에서는 아동에게 각 대상이 생물인지 무생물인지 구분하도록 했다. 연구 결과, 1단계에서 아동은 조형물과 움직이지 않는 물체보다 식물과 동물을 얘기할 때 생물학적 질문을 더 많이 했다. 움직임이 없는 조형물에 대해서는 기능적인 질문(예: "어떻게 작동하나요?" 등)을 더 많이 했지만, 움직이는 조형물에 관해서는 생물학적인 질문을 더 많이 하고 기능적인 질문은 적게 했다. 2단계에서 아동은 생물이 성장할 수 있으며 물이 필요한 대상이라는 것을 이해하는 것으로 나타났다. 그러나 식물보다는 동물에 대해 얘기할 때 이러한 대답이 더 많이 나왔다. 3단계에서 아동은 동물을 생물로 그리고 움직이지 않는 조형물을 무생물로 구분할 수 있었으나, 몇몇 아동은 식물을 무생물로 구분하고 움직이는 조형물을 생물로 구분하는 양상을 보였다. 이는 아동에게 생물과 무생물에 대한 개념은 있지만 아직 완벽하지 않다는 것을 보여 준다.

생물은 기본적으로 성장, 질병, 회복, 죽음의 과정을 거친다. 대략 만 3세가 되면 아동은 생물만이 성장할 수 있다는 것을 알게 된다(Carey, 1985). 또한 이 시기의 아동은 성장이 작은 것에서 큰 것으로 혹은 단순한 형태에서 복잡한 형태로 일어난다는 것을 이해한다. 만 4~5세가 되면 아동은 영양분의 섭취로 인해 성장이 일어난다는 것도 추론할 수 있게 된다(Backscheider, Shatz, & Gelman, 1993).

질병에 대한 일반적인 지식은 만 3세에 형성되는데, 예를 들어 이 시기 아동은 세균에 감염된 음식을 먹게 될 경우 아플 수 있다는 것을 이해한다. 그리고 만 4~6세가 되면 원인에 따라 질병을 판단하기 시작하며, 보이지 않는 원인으로도 질병이 생길 수 있다는 것을 이해하게 된다(Kalish, 1996). 예를 들어, 상한 음식과 같이 눈에 보이는 것이 원인이 아닌 바이러스 감염과 같이 눈에 보이지 않는 것이 원인이 되어 아플 수 있다는 사실을 알게 되는 것이다. 이후 학령전기가 되면 감염뿐만 아니라 유전으로 인해 질병이 생길 수 있다는 것 또한 알게 된다(Raman & Gelman, 2005). 그러나 아직 잠복 기간에 대한 개념은 이해하지 못한다. 그렇기 때문에 바이러스에 감염되면 바로 아플 것이라고 생각한다. 더불어 질병에 걸리는 것이 확률적이라는 인식이 없기 때문에 자신이 아프면 가족 모두가 아플 것이라고 여긴다(Siegler, 2004).

생물이 질병에 걸렸을 때나 상처가 났을 때 회복할 수 있다는 개념은 학령전기부터 나타난다. 예를 들어, 만 4세 아동은 머리카락이나 손톱을 자르고 나면 그것들이 다시 자라난다는 것을 알고, 상처가 생기면 아문다는 사실도 안다. 반면, 무생물은 이러한 회복 능력이 없다는 것을 안다. 예를 들어, 아동은 식물에 상처가 나면 식물 스스로 회복한다고 생각하지만, 자동차가 긁히면 자동차 스스로 회복하지 못한다고 생각한다(Backscheider et al., 1993).

아동은 생물과 무생물에 대한 구분보다 죽은 생물과 살아있는 생물을 구분하는 것을 더 어려워한다(Barrett & Behne, 2004). 죽음에 대한 개념은 만 3세에 나타나는데, 이 시기의 아동은 모든 생물이 시간이 지나면 죽고 다시 살아날 수 없다는 것을 이해하기 시작한다(Nguyen & Gelman, 2002). 그러나 만 4~6세 아동은 만 6~8세 아동에 비해 이러한 개념을 잘 이해하지 못한다(Bering & Bjorklund, 2004). 아동이 죽음에 대해 성인과 같은 수준의 이해력을 가지려면 만 7세경이 되어야 한다.

생물에 대한 개념은 아동의 환경 혹은 문화에 따라 달라지기도 하는데, 예를 들어 식물을 쉽게 접할 수 있는 농촌 지역의 아동은 도시 아동보다 이른 시기에 식물의 생물학적 특징에 대해 이해한다. 그리고 환생을 믿는 문화권에서는 무생물도 생물처럼 고통이나 추위를 느낀다고 생각하는 경향이 있다(Hatano et al., 1993).

3) 시간 개념

시간에 대한 개념은 과거, 현재 그리고 미래를 이해하는 것과 시간의 순서나 기간에 대한 이해가 이에 포함된다. 시간의 순서는 어떤 사건이 먼저 일어났고 어떤 사건이 후에 일어났는지 이해하는 것인데, 이러한 개념은 생후 4개월이 된 영아도 가지고 있다. 한 연구에서는 영아가 시간 개념을 이해하는지를 알아보았다(Lewkowicz, 2004). 영아는 세 가지 물체를 순서대로 바닥에 떨어트리는 장면을 반복적으로 보았다. 그후 물체가 떨어지는 순서를 바꾸어 영아에게 보여 주었다. 예를 들어, 처음에는 동그라미, 세모, 네모의 순서대로 물체를 떨어트리다가, 이후에는 네모, 동그라미, 세모 순으로 물체를 떨어트리는 것이었다. 실험 결과 영아는 물체가 떨어지는 순서가 바뀐 장면에 더 큰 관심을 보였다. 이는 영아도 시간의 순서를 이해하고 있다는 것을 보여 준다.

또한 생후 4개월이 된 영아는 시간의 방향에 대해서도 이해를 한다. Friedman(2002)은 영아에게 [그림 6-8]의 (A)와 같이 컵에 물을 붓는 장면이나 (C)와 같이 쿠키를 자르는 장면을 보여 주었다. 그리고 이후 (B)와 (D)처럼 이 전에 봤던 (A)와 (B) 영상을 거꾸로 재생해서 보

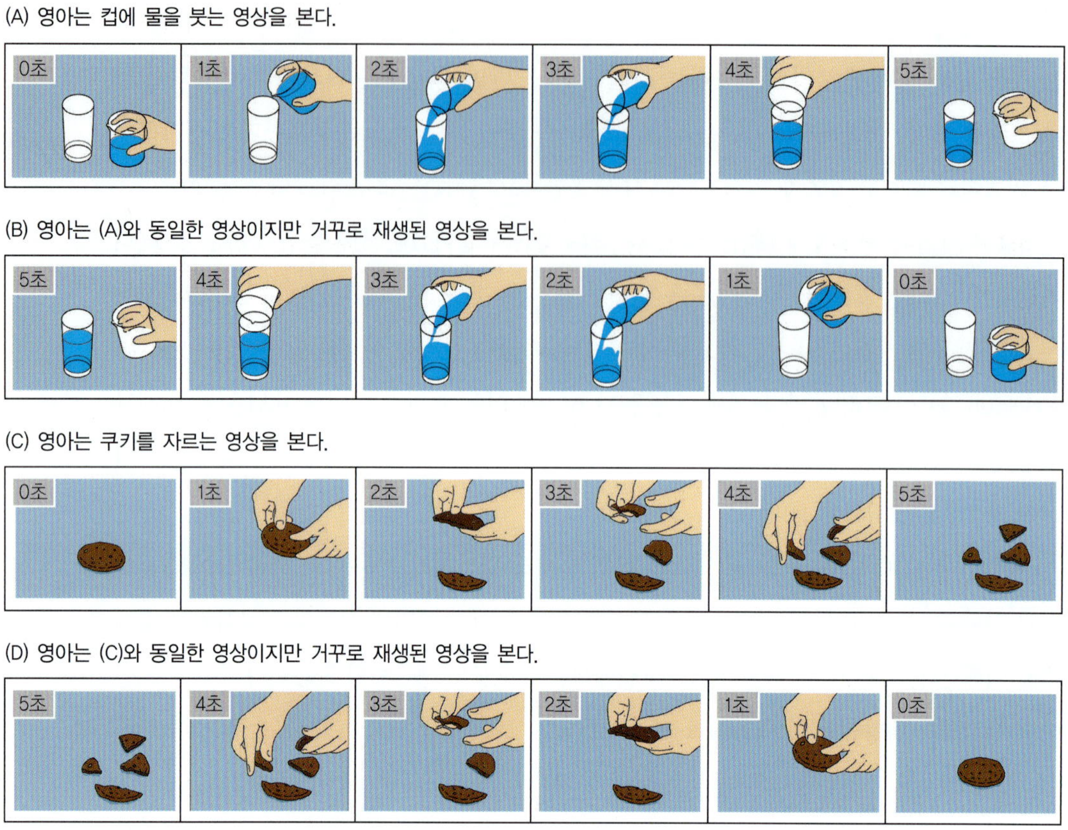

[그림 6-8] 시간의 방향에 대한 이해

영아는 (A)와 같이 컵에 물을 붓는 영상이나, (C)와 같이 쿠키를 자르는 영상을 본다. 이후 영아는 (B)와 (D)처럼 거꾸로 재생된 영상을 보게 된다. 거꾸로 재생된 영상을 본 영아는 놀라는 반응을 보였다. 이는 영아가 시간이 흐르는 방향에 대해서 이해하고 있었다는 것을 보여 준다.

출처: Friedman (2002).

여 주었다. 예를 들어, 쿠키를 자르는 영상이 거꾸로 재생되었다면, 잘려진 쿠키가 다시 원래 모습으로 돌아오는 영상을 보게 된 것이다. 연구 결과, 영아는 거꾸로 재생된 영상을 보았을 때 놀라는 반응을 보였다. 이는 생후 4개월의 영아도 시간이 흐르는 방향에 대해서 이해하고 있다는 것을 보여 준다.

영아는 기간에 대한 개념도 가지고 있다. 한 연구(Colombo & Richman, 2002)에서는 생후 4개월 된 영아에게 약 2초 동안 빛을 쏘이고 3~5초 동안 어두운 상태를 유지한 후 다시 2초 동안 빛을 쏘는 것을 반복했다. 그리고 이 실험이 진행되는 동안 영아의 심장 박동수를 측정하였는데 연구 결과, 빛이 나타날 시점인데도 나타나지 않자 영아의 심장 박동수가 감소한 것으로 나타났다. 영아는 흥미로운 사건이나 대상을 보았을 때 심장 박동수가 감소하는 양상을 보이는데, 이는 영아가 빛과 어둠 사이의 기간을 기억하고 언제 빛이 나올지를 예상하고 있었다는 것을 보여 준다. 기간에 대한 개념은 연령이 증가하면서 점점 정교해지고, 만 9세가 되면 기간을 정확하게 가늠할 수 있게 된다(Friedman & Lyon, 2005).

아동은 시간의 순서와 방향, 기간뿐 아니라 아직 일어나지 않은 시간인 미래에 대해서도 이해한다. 만 3세 아동은 과거와 미래의 의미를 이해한다(Friedman, 1990). 만 5~6세 아동은 계절, 휴일, 시간표에 대한 개념도 알게 된다. 또한 이 시기에는 시계와 달력의 기능을 이해하기 시작한다. 예를 들어, 누군가가 아동에게 "지금 몇 시니?"라고 물어볼 경우, 아동은 시계를 쳐다본다거나 가리킨다. 미래 시간에 대한 개념은 초등학교에 입학하는 시점부터 점점 더 명확해진다. 예를 들어, 이 시기의 아동은 시계를 읽을 수 있고, 달력도 잘 이해할 수 있게 돼서 공휴일을 애타게 기다리기도 한다.

4) 공간 개념

공간에 대한 개념 또한 영아기에 형성된다. 많은 시간을 기어 다니거나 보행기를 타고 다닌 영아는 그렇지 않은 영아보다 공간 안에서 물체를 찾아내는 능력이 더 뛰어나다(Bai & Bertenthal, 1992). 일반적으로 영아들은 벽의 색깔이나 모양 등의 비기하학적 특징보다는 길이나 각도와 같은 기하학적 정보에 의존해서 공간을 파악한다고 알려져 왔다(Cheng & Newcombe, 2005). 그러나 Newcombe, Ratliff, Shallcross와 Twyman(2010)의 연구에 따르면 만 2~5세의 아동은 기하학적 정보뿐 아니라 비기하학적 정보 또한 사용하여 공간 개념을 형성하는 것으로 나타났다. 실험에서 아동들은 아무런 단서가 없는 방에서 벽면의 각도보다는 길이에 의존하여 위치를 파악했다. 또한 같은 실험에서 한쪽 벽면을 빨간색으로 칠한 후 아동들이 이 벽면을 이정표로 사용할 수 있는지를 확인하였다. 그 결과, 만 5세 아동들은 흰 벽면에 숨겨진 사물들보다 붉은 벽면 근처에 숨겨진 사물을 더 쉽게 찾았다. 즉, 아동들은 숨겨진 물체를 찾기 위해 벽면의 길이, 빨간색 벽의 위치 등 다양한 정보를 모두 사용하여 위치를 파악할 수 있는 공간 개념이 있었다.

ISSUE 2

문화마다 시간이 흐르는 방향은 다르다

자신이 태어났을 때부터 현재까지를 연대표에 그린다고 가정하자. 이때 사건이 일어나는 방향을 왼쪽에서 오른쪽으로 향하게 그릴 것인가? 아니면 그 반대 방향으로 그릴 것인가? 우리나라에서는 시간의 흐름을 그림으로 묘사할 때, 왼쪽을 과거로 그리고 미래를 오른쪽으로 그린다. 그러나 이러한 시간의 방향은 문화에 따라 차이를 보인다.

Quellet, Santiago, Israeli와 Gabay(2010)는 스페인어와 히브리어를 사용하는 실험 참여자를 대상으로 시간의 방향에 대해서 연구하였다. 실험 참여자들은 왼쪽과 오른쪽에 위치한 스피커에서 과거나 미래를 의미하는 단어를 듣게 된다. 이때 참여자는 왼쪽에서 소리가 들리면 왼쪽 버튼을, 오른쪽에서 들리면 오른쪽 버튼을 눌러야 했다.

실험 결과, 그래프에서 볼 수 있듯이 스페인어 사용자는 과거와 관련된 단어가 왼쪽에 나올 때와 미래와 관련된 단어가 오른쪽에서 나올 때의 반응 속도가 더 빨랐다. 반면, 히브리어 사용자는 과거와 관련된 단어가 오른쪽에서 나올 때와 미래와 관련된 단어가 왼쪽에서 나올 때 더 빨리 반응했다.

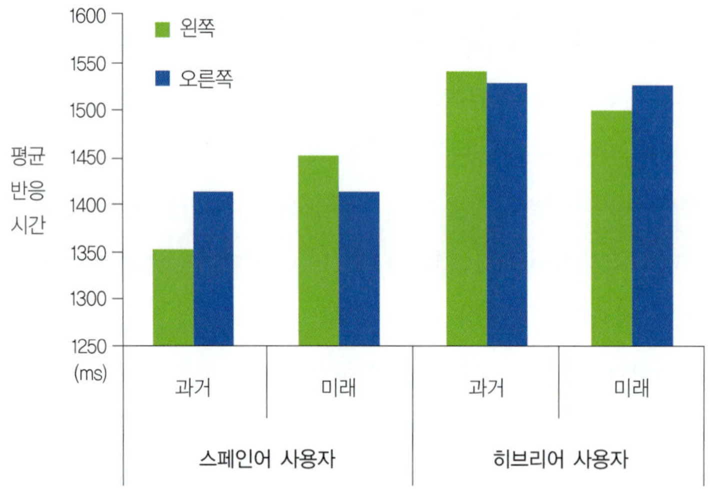

이에 대해 Quellet과 동료들은 스페인어 사용자와 히브리어 사용자는 시간의 방향에 대한 이해가 다르다고 설명하였다. 왜냐하면 스페인어는 왼쪽에서 오른쪽으로 쓰고 히브리어는 오른쪽에서 왼쪽으로 쓰는 서로 다른 글씨 표기 체계를 사용하므로 시간의 흐름 방향에 대해서도 두 나라가 다른 개념을 가지고 있기 때문이다. 이처럼 언어와 같은 문화적 요소는 사람들의 시간 개념 형성에 영향을 미친다.

3. 추론

추론(reasoning)이란 어떤 사건이 왜 일어났는지 생각하는 것이다. 인간은 추론을 사용하여 개념을 형성하기도 하고, 새로운 상황에서 어떻게 행동할지를 정하기도 한다. 추론에는 인과 추론, 유추 추론 그리고 과학적/논리적 추론의 세 유형이 있다. 인과 추론(causal reasoning)은 어떤 사건의 원인과 결과를 파악하는 것과 관련이 있다. 예를 들어, '왜 그럴까?' 혹은 '왜 그랬을까?'라는 질문을 던지는 것이 인과 추론에 포함된다. 인과 추론은 다음의 세 가지 방법을 통해 사건의 원인과 결과를 파악한다(Siegler, 2004). 첫째, 원인과 결과가 되는 사건이 시공간적으로 가까워야 한다. 둘째, 원인이 되는 사건이 결과보다 먼저 나타나야 한다. 셋째, 원인과 결과는 과거에도 일관성 있게 일어났어야 한다.

인과 추론 능력은 생후 6~10개월에 나타나기 시작하며 연령이 증가할수록 정교해진다. Buchana와 Sobel(2011)은 만 3세와 4세 아동을 대상으로 인과 추론 능력을 연구하였다. 연구자들은 [그림 6-9]와 같이 아동에게 2개의 작은 전등과 1개의 큰 전등을 보여 주었다. 그리고 [그림 6-9]의 (A)와 같이 큰 전등과 선으로 연결된 작은 전등을 누르면 큰 전등에 불이 들어오는 것을 보여 주었다. 또한 선으로 연결되어 있지 않은 다른 작은 전등을 눌렀을 때는 불이 들어오지 않는 것도 보여 주었다. 이후 아동은 [그림 6-9]의 (B)와 같이 새롭게 연결된 전등을 받았다. 여기에는 이전과 다른 전등이 선에 연결되어 있었다. 연구자들은 아동이

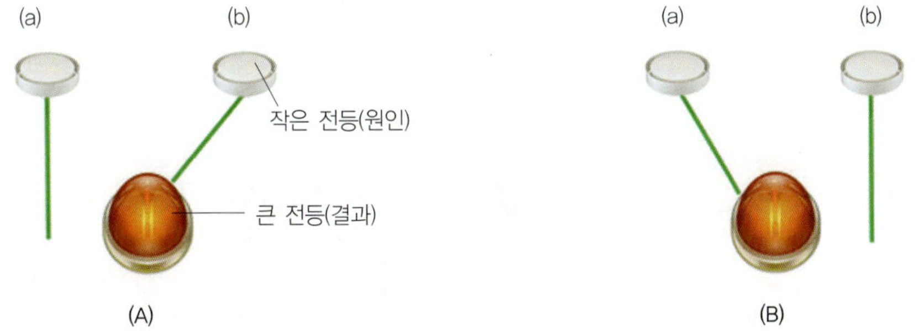

[그림 6-9] 인과 추론 능력

(A) 아동은 큰 전등과 연결된 작은 전등 (b)를 눌렀을 때 큰 전등에 불이 들어오는 것을 보게 된다.

(B) 아동이 큰 전등과 연결된 작은 전등이 큰 전등에 불이 들어오는 원인이 된다는 인과 추론을 할 수 있게 되면, 아동은 이전에 눌렀던 전등인 (b)가 아니라 큰 전등에 연결된 (a)를 누르게 된다.

출처: Buchana & Sobel (2011).

어떤 전등을 누르는지 살펴보고, 이전 과제로부터 선이 연결되어야 전등에 불이 들어온다는 인과 추론을 할 수 있을지 확인하였다. 연구 결과, 만 4세의 아동은 알맞은 전등을 누르는 반면, 만 3세 아동은 이전과 똑같은 전등을 누르는 오류를 범했다. 이를 통해, 만 3세 아동보다 만 4세 아동의 인과 추론 능력이 뛰어나다는 것을 알 수 있었다.

유추 추론(analogical reasoning)은 이전에 일어난 비슷한 사건을 토대로 다른 사건을 이해하는 것으로, 아동은 만 3세부터 유추 추론을 할 수 있지만 이때에는 다소 제한적인 추론을 한다. 아동의 연령이 증가하면서 다양한 영역의 지식이 쌓이면서 아동은 유추 추론을 더 잘 활용할 수 있게 된다. 유추 추론 능력에 영향은 주는 요소에는 세 가지가 있다. 첫째, 아동이 보유하고 있는 지식이다. 지식이 많이 쌓일수록 아동은 유추 추론을 더 잘한다. 둘째, 유추하는 두 대상의 유사성이다. 두 대상이 유사할수록 아동은 두 대상의 관계를 쉽게 유추한다. 셋째, 유추하는 대상의 특징이 얼마나 추상적인지에 따라 추론 능력이 달라진다. 만약 대상이 너무 추상적인 경우 아동은 유추하는 데 어려움을 겪는다. 예컨대, Goswami와 Brown(1989)은 만 3세 아동에게 [그림 6-10]과 같이, 한 덩어리의 찰흙 사진을 보여 주고, 그 옆에 네 조각으로 잘린 찰흙을 보여 주었다. 이후 아동에게 사과 사진을 보여 주고, 여러 사진 중 어느 사진을 사과 옆에 놓아야 할지 물어보았다. 연구 결과, 아동은 찰흙 덩어리와 조각난 찰흙의 관계성을 추론하여 조각 나 있는 사과 사진이 옆에 놓여야 한다고 선택했다.

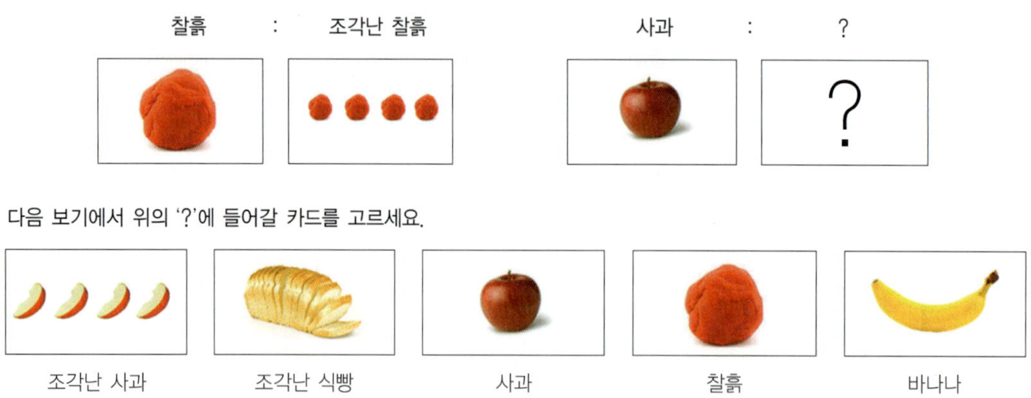

[그림 6-10] **유추 추론 능력**

아동에게 찰흙 한 덩어리와 네 조각으로 잘린 찰흙을 보여 주고, 사과 옆 무엇이 들어가야 할지 물어보았다. 아동은 유추 추론 능력을 사용하여 네 조각으로 잘린 사과를 선택하였다.

출처: Goswami & Brown (1989).

과학적/논리적 추론(scientific/logical reasoning)은 가설을 세우고 실험 및 검증 과정을 통해 결과를 추론하는 것이다. 만 4~6세 아동은 증거를 확인하여 추론을 하며(Tullos & Wooley, 2009), 만 6세경에는 증거를 통해 가설을 세울 수 있게 된다(Ruffman, Perner, Olson, & Doherty, 1993). 그러나 이러한 추론 능력이 있음에도 아동은 아직 제한된 지식을 가지고 있기 때문에 결과에 영향을 줄 수 있는 다양한 원인을 고려하지 못한다. 예를 들어, 아동은 자신이 좋아하는 초콜릿이 없어졌다는 사실을 알았을 때 음식을 많이 먹는 아빠가 자신의 초콜릿을 먹었을 것이라는 가설을 세우고, 아빠를 의심할 수 있다. 그러나 집에 있었던 강아지, 동생 혹은 엄마가 먹었을 수도 있다는 생각은 전혀 하지 못한다. 이처럼 이 시기의 아동은 전체적인 결과보다는 자신이 원하는 결과에 초점을 두는 경향이 있다(Klahr, 2000). 이러한 경향은 아동이 비과학적인 추론을 하게 하여 원인과 결과를 제대로 파악하지 못하도록 하기도 한다. 아동의 과학적/논리적 추론 능력은 주로 학교에 입학한 후 학습을 통해 향상된다.

4. 문제해결

문제해결(problem solving)이란 다양한 문제에 직면했을 때 목표를 세우고 그에 따른 대처 방법을 생각하여 행동으로 옮기는 과정을 계획하는 것이다. 문제해결은 주의, 기억, 억제, 추론과 같이 다양한 인지 활동을 통합해야 한다. 대표적인 문제해결 방법에는 계획하기와 도구 사용이 있다.

계획하기(planning)는 자신이 할 일을 어떻게 할 것인지 미리 준비하는 활동이다. 아동들도 문제를 해결하기 전에 미리 계획을 세울 수 있지만, 아직 미래에 대한 개념이 미성숙하기 때문에 계획을 세우는 일은 어렵다(Ellis & Siegler, 1997). 또한 계획하기는 미래에 있을 일을 위해서 즉각적인 충동을 억제할 수 있어야 하는데, 아동은 충동을 억제하는 데 어려움을 겪는다. 이는 아동의 충동억제와 관련 있는 뇌의 전두엽이 아직 온전히 발달하지 않았기 때문이다. 더불어, 아동은 자신이 계획을 세우지 않아도 충분히 문제를 해결할 수 있다는 지나친 낙관성을 가지고 있기 때문에 애초부터 계획을 세우지 않는다(Stipek, 1984). 그러나 나이가 들수록 아동은 점차 계획을 세워 가며 다양한 문제를 해결할 수 있게 된다.

아동은 다른 사람과 함께 계획을 세우는 것을 어려워한다. 특히 어린 아동들은 협동 개념

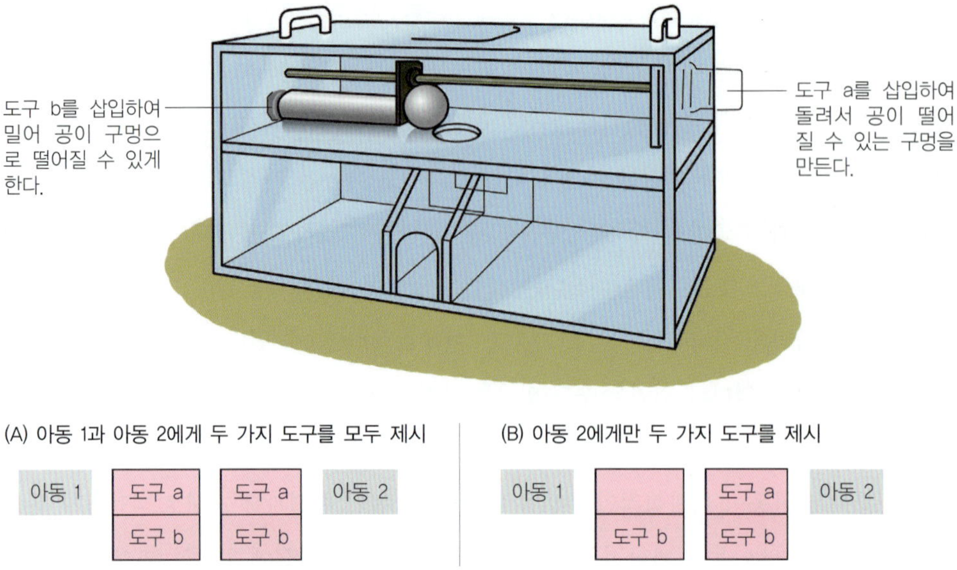

[그림 6-11] 공동 문제해결 과제 실험

이 실험에서 한 아동은 그림과 같은 문제해결 장치의 오른쪽에서 도구 a를 삽입해서 판이 움직여 공이 나올 수 있도록 해야 한다. 그동안 다른 아동은 이 장치의 왼쪽에서 미는 도구 b를 이용해서 공이 빠질 수 있도록 해야 한다.

(A) 처음에는 아동 1과 아동 2의 앞에 두 가지 도구가 모두 주어진다. 이때, 아동 1이 도구 b를 고르면, 아동 2는 공동 문제해결을 위해 도구 a를 골라야 한다.

(B) 그러나 이후 아동 1의 앞에는 한 가지 도구만 주어지고 아동 2의 앞에는 두 가지 도구가 모두 주어진다. 이때 아동 2가 문제를 해결하기 위해서는 아동 1에게 도구 b만 있다는 것을 인식하고 자신은 도구 a를 선택해야 한다.

이 부족하기 때문에, 상대의 행동을 고려하여 자신이 어떻게 행동할 것인지 계획을 세우는 능력이 부족하다(Warneken, Steinwender, Hamann, & Tomasello, 2014). Warneken 연구 팀은 공동 문제해결 과제를 통해 만 3세와 5세 아동의 계획 능력을 알아보았다([그림 6-11] 참조). 같은 연령의 집단 안에서 두 명씩 짝을 지어 문제해결 과제를 수행하게 했다. 한 아동이 도구 a인 쇠막대를 돌려 판을 움직여서 공이 나올 수 있는 구멍을 만드는 동안, 다른 한 명은 미는 도구 b를 사용하여 공을 구멍으로 밀어 넣는 것이 과제의 핵심이었다. 참여 아동에게는 두 가지 상황이 제시되었는데 첫 번째 상황에서는 각 아동 앞에 두 가지 도구가 모두 제시되었다. 두 번째 상황에서는 한 아동 앞에 한 종류의 도구만이 놓여 있었고, 다른 아동 앞에는 두 가지 도구가 모두 놓여 있었다. 실험 결과, 만 5세 아동은 두 상황 모두에서 능숙하게 계획을 세워 적절한 도구를 선택하여 사용할 수 있었다. 반면, 만 3세 아동은 상대가 선택한 도구를 보고도, 적절한 도구를 선택하지 못했다. 이는 만 5세 아동이 만 3세 아동에 비해 공동 작업에서 계획하는 능력이 더 발달하였음을 보여 준다.

다양한 문제를 해결하기 위해서는 도구 사용을 해야 하는데, 이러한 행동은 영아기부터 관찰된다. 영아는 도구가 어떠한 기능을 하는지 탐색하고 어떻게 활용해야 하는지 학습한다. 아동은 연령이 증가하면서 다양한 도구를 접하게 되고, 이를 익히고 적절히 사용하게 된다(Lockman, 2000). 예를 들어, Klatzky, Lederman과 Mankinen(2005)의 연구에서 만 3세와 4세 아동은 다양한 크기의 숟가락을 이용해서 두 가지 과제를 수행했다. 첫 번째 과제에서는 아동이 숟가락을 이용해서 사탕을 옮겨야 했다. 이때 아동은 너무 작지도, 너무 크지도 않은 숟가락을 사용해서 사탕을 옮겼다. 두 번째 과제에서는 아동이 설탕을 저어야 했다. 이때 아동은 숟가락의 크기를 고려하기보다는 숟가락이 얼마나 단단한지를 고려해서 숟가락을 선택했다. 이와 같이, 아동은 도구의 특징을 잘 이해하여 문제를 해결한다.

아동은 타인의 행동을 관찰함으로써 도구의 사용법을 학습하는데, 이는 스스로 사용법을 익힐 때보다 더 효과적인 것으로 나타났다(Call, Carpenter, & Tomasello, 2005). 예컨대, Gardiner, Bjorklund와 Greif(2012)는 만 2~3세 아동이 언제 도구의 용도를 잘 파악하는지 알아보았다. 그 결과, 아동은 자기 스스로 경험한 후 도구의 용도를 관찰했을 때보다 타인이 도구를 어떻게 사용하는지 확인한 후 도구를 직접 경험했을 때, 도구의 용도를 더 잘 파악했다.

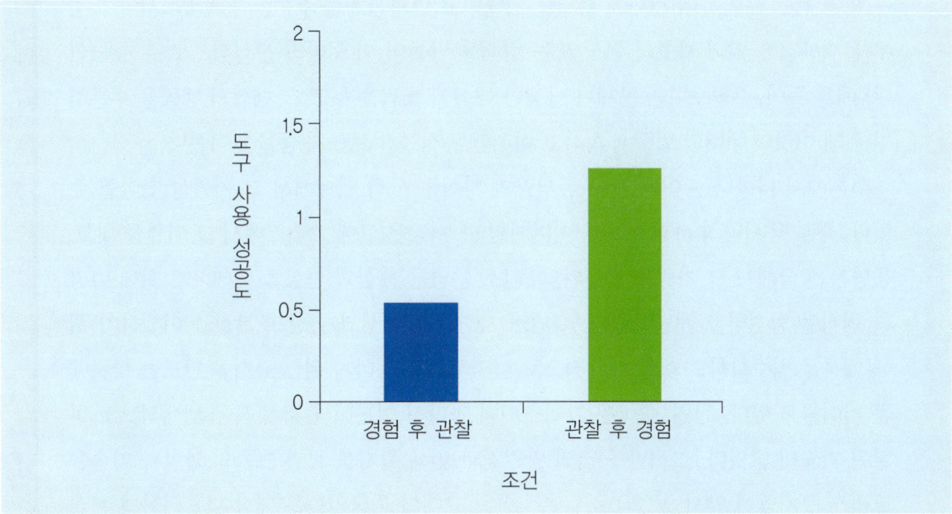

[그림 6-12] 도구 사용

아동은 타인이 도구를 어떻게 사용하는지 본 후 직접 만져보고 경험했을 때(관찰 후 경험), 도구를 경험한 후 타인이 어떻게 사용하는지 관찰했을 때(경험 후 관찰)보다 도구를 더 적절히 사용했다.

출처: Gardiner, Bjorklund, Greif, & Gray (2012).

ISSUE 3

동양인과 서양인의 문제해결 방식은 다르다?!

같은 상황을 보더라도 사람들은 그 상황을 각각 다르게 인지할 수 있다. 예를 들어, 다음의 그림을 보았을 때 어떤 사람에게는 가운데 서 있는 사람의 성난 얼굴이 먼저 보이겠지만, 또 다른 사람에게는 가운데의 사람보다 뒤에 서 있는 사람들의 웃는 얼굴이 먼저 눈에 들어 올 수 있다. 이러한 인지적 차이는 개인의 특성에서도 나타나지만, 문화적인 특성에서도 그 차이가 나타난다.

Nisbett(2003)에 따르면 서양인과 동양인이 문제를 해결하기 위해 사용하는 인지적 접근, 즉 추론 방식은 다르다. 동양 특히 동아시아의 경우, 상황을 볼 때 전체적인 그림을 보는 경향이 있다. 따라서 문제가 있을 때 문제 그 자체만을 바라보기보다 그 주변의 모든 환경 등을 포함하여 전체에 주의를 기울이고 인과관계를 추론한다. 반면, 서양의 경우 문제해결에 있어 사고의 형식 또는 법칙을 만들어 이에 따라 분석적으로 추론을 한다. 예를 들어, 주변보다는 문제가 발생한 대상에 초점을 두고 그 대상의 행동을 추론하기 위해 이것이 어떠한 범주에 속하고 어떠한 규칙을 따르는지 등을 알아본다.

추론에서 나타나는 이와 같은 동서양의 차이는 사회 체계에서 그 기원을 찾아볼 수 있다. 주로 동서양의 사회 체계를 이야기할 때 서양은 고대 그리스에서 그 기원을 찾고, 동양은 중국에서 그 기원을 찾는다. 그리스 문명은 세상의 현상을 이해하기 위해 다양한 법칙을 발견하고 개발하였다. 그리스 사람들은 대상과 현상의 본질을 이해하기 위해 대상을 범주화하고 이를 체계적으로 설명하고 예측하기 위한 규칙을 만드는 학문에 큰 기여를 하였다. 반면, 중국은 그리스처럼 과학적 이론이나 지식 혹은 체계적으로 발달된 기술이 없었다. 그러나 중국의 망원경과 인쇄 활자를 보면 그들의 과학과 기술은 그리스 못지않게 앞서 있었음을 알 수 있다. 고대의 중국인들은 대상이나 현상의 본질을 알기 위한 법칙과 같은 개념을 만들지 않았다. 대상이나 현상을 따로 놓고 이해하기보다 모든 자연과 인간을 연결된 존재로 인식하고, 직관과 경험을 바탕으로 다양한 기술 발전을 이루어 냈다. 이러한 기원에서 비롯된 동서양 사고 체계의 차이는 사회적 환경에 따라 더욱 강화되고 유지되었다. 예를 들어, 농경사회가 대부분이었던 중국의 농부는 목축업자나 사냥꾼에 비해 좀 더 타인과 그 주변을 고려해야 할 경우가 많았을 것이다. 이러한 문화적 환경에 따른 차이는 결국 동양이 전체론적인 추론 양식을 따르고, 서양은 좀 더 분석적인 추론 양식을 가지도록 했을 것이다.

동서양의 인지 체계 차이를 보여 주는 실험의 예로 Masuda, Ellsworth, Mesquita, Leu, Tanida와 Van de Veerdonk(2012)가 미국과 일본 학생들을 대상으로 실시한 실험이 있다. 이 실험에서 참여자들은 모니터를 통해 앞에서 보았던 그림과 같이 가운데 큰 인물 한 명이 서 있고 배경에 여러 사람들이 있는 사진을 보았다. 이때 가운데 사람과 배경에 있는 사람들이 같은 표정을 짓는 경우가 있었고, 반대로 가운데 사람과 배경에 있는 사람들이 다른 표정을 짓는 경우가 제시되었다. 총 56장의 사진이 제시되었고, 사진이 제시될 때 참여자들은 가운데 있었던 인물이 얼마나 분노하는지, 혹은 슬픈지, 기쁜지를 10점 척도로 점수를 매겨야 했다. 그 결과, 미국 참여자들은 배경에 있는 사람들의 표정이 가운데 있는 사람의 표정과 '같은 상황'일 때와 '다른 상황'일 때와는 상관없이 가운데 사람의 표정에만 집중해서 감정을 평가했다. 따라서 두 상황에서의 점수차가 별반 다르지 않았다. 그러나 일본 참여자들의 경우, 배경에 있는 사람과 가운데 있는 사람의 표정이 같을 때와 다를 때에 평가한 점수의 차이가 크게 나타났다. 즉, 일본인들은 가운데 사람에만 초점을 두고 그 사람의 감정을 인지적으로 추리하기보다는 배경에 있는 사람들까지 고려하여 가운데 사람의 감정을 추론한 것이다.

감정 추론 과제가 끝난 후, 참여자들은 다시 56장의 사진을 제시받고 변화를 파악해야 했다. 사진 중 절반은 이전 과제에서 보았던 사진에서 가운데 사람의 표정이나 옷, 배경에 있는 사람들의 표정이나 옷을 바꾼 것이었다. 실험 결과, 그래프에서와 같이 일본인 참여자들은 미국인 참여자들에 비해 배경 인물들의 표정이 바뀐 것을 더 정확하게 파악하였다. 이와 같은 연구는 문화에 따라 인지 체계가 다를 수 있으며, 따라서 정보를 처리하고 문제를 해결하고자 추론할 때 문화마다 다른 방식을 사용할 수 있다는 것을 보여준다.

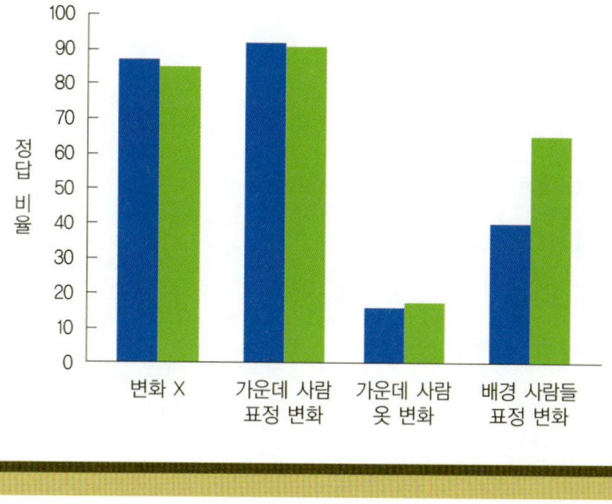

주요 학습 개념

1. 개념 발달

- 개념(concept)은 사물 혹은 사건의 속성이나 특징을 바탕으로 형성된 심적 표상, 즉 추상적인 생각이다.
- 지각적 범주화(perceptual categorization)는 모양에 따라 대상을 분류하는 것이며, Quinn의 연구에서는 생후 3~4개월 된 영아가 고양이와 개의 실루엣만으로도 지각적 범주화가 가능하다는 결과가 나왔다.
- 범주 위계(category hierarchy)는 상위 수준, 기초 수준 그리고 하위 수준 세 가지로 나뉘어 대상을 상·하위의 관계로 범주화한다.

2. 개념 유형에 따른 발달

- 아동은 대부분 수, 생물, 시간 그리고 공간에 대한 개념을 먼저 형성하게 된다.
- 수 세기에는 다음과 같이 다섯 가지의 원리가 있다.

일대일 대응 원리 (one-one correspondence principle)	하나의 물체에 단 한 가지의 수를 배정하는 것이다.
고정 순서 원리 (stable order principle)	항상 수를 세는 순서가 일정하다는 것이다.
수의 크기 원리 (cardinal principle)	수를 셀 때, 가장 마지막 순서가 대상의 전체 수를 나타내는 것이다.
순서 무상관 원리 (order irrelevance)	여러 대상이 서로 떨어져 있다면 물체를 세는 순서는 상관이 없다는 것이다.
추상화 원리 (abstraction principle)	앞서 다룬 네 가지 원리가 모든 대상에 사용할 수 있다는 것이다.

- Wynn의 실험에서 빠르게는 생후 5개월 된 영아도 더하기와 빼기를 이해할 수 있었다.
- 만 1세 이전에 영아들은 생물과 무생물에 대한 개념이 형성되기 시작한다. 또한 생물학적 과정에 대한 아동의 이해도 다음과 같이 발달한다.
  - ➤싱장: 만 3세가 되면 생물만이 성장할 수 있다는 것을 이해
  - ➤질병: 만 4~6세가 되면 원인에 따라 질병을 판단
  - ➤회복: 학령전기부터 회복의 개념 형성

➤죽음: 만 7세 때 성인과 같은 수준으로 죽음에 대한 개념을 이해

3. 추론

• 추론(reasoning)은 일어난 사건에 대한 이유를 생각하는 것이며, 크게 다음의 세 가지로 나뉜다.

인과 추론 (causal reasoning)	유추 추론 (analogical reasoning)	과학적/논리적 추론 (scientific/logical reasoning)
사건의 원인과 결과를 파악하는 것과 연관되어 있다.	이전에 일어난 비슷한 사건을 바탕으로 또 다른 사건을 이해하는 것이다.	가설을 토대로 실험 및 검증 과정을 걸쳐 추론하는 것이다.

4. 문제해결

• 문제해결(problem solving)은 다양한 문제를 마주하였을 때 목표를 세우고 대처 방법을 생각하여 이를 행동으로 옮기는 과정을 계획(Planning)하는 능력이며, 대표적인 방법으로는 계획하기와 도구 사용이 있다.

7장

지능 발달

1. 지능 이론
2. 지능의 안정성과 이후의 결과
3. 영재성
4. 지능에 영향을 미치는 요인

Terman 군단, Terman kids, Termites!

Lewis Terman은 지능검사의 선구자로서, 최초로 'IQ'라는 개념을 미국에 소개하였다. 그는 젊었을 때부터 영재 아동 연구에 관심과 애정을 가지고 있었다. 그는 박사 학위 논문으로도 영재 연구를 하려 했고, 지도 교수의 반대에도 굴하지 않고 지도 교수가 아닌 다른 교수의 지도하에 영재 아동에 대한 논문을 쓰기도 했다. Terman은 영재 연구에 대한 끝없는 열정과 끈기로 지능검사를 비롯하여 영재 아동의 연구에서 다양한 업적을 이루었다. 그중 하나가 영재 아동을 대상으로 한 35년의 종단 연구였다. 이 연구를 위해 참여 아동들은 IQ 검사를 받았는데, 이때 높은 점수를 받은 영재 아동들은 따로 선발되어 'Terman Kids' 혹은 'Termites'라 불렸다(Minton, 2008). Terman은 이 아동들을 가리켜 'my gifted children(나의 똑똑한 아이들 혹은 나의 선물이라는 이중 의미를 가짐)'이라고 불렀다. 그는 Termites의 멘토이자 상담자 역할을 하며 그들에 대한 애정을 드러냈다. 1928년이 되었을 때 Termites는 자그마치 1,528명이나 되었다(Leslie, 2000). 그렇다면 이 영재들은 Terman이 기대했던 대로 다른 사람들보다 더 나은 삶을 살았을까?

Termites가 공통적으로 가졌던 특징은 바로 고등 교육에 대한 열의였다. Termites 중 60퍼센트 이상이 학사 학위를 받았다. 이는 그 당시가 경제 대공황 시기였음을 감안하면 굉장히 높은 비율이다. 많은 Termites는 학사 학위에 그치지 않고 대학원까지 진학하였다. 이와 같이 Termites는 교육 면에서는 뛰어난 모습을 보였지만, 다른 면에서는 평범했다. 어떤 Termites는 사고나 질병으로 일찍 세상을 떠나기도 했고, 이혼하거나 알코올중독자가 되기도 했으며, 심지어 자살하기도 했다(Leslie, 2000).

Terman은 자신의 영재들이 일반 아동에 비해 더 뛰어나다고 주장했지만 다른 사람들은 그의 말에 동의하지 않았다. 평균적으로 Termites의 교육수준은 더 높았을지 몰라도, Terman이 예상했던 것만큼 특출나게 뛰어난 사람은 없었기 때문이다. Termites 중에는 단 한 명의 노벨상 수상자도 없었고 퓰리처상 수상자도 나오지 않았다. 반면, Terman의 영재 시험에서 떨어졌던 Shockley는 노벨 물리학상을 받았다. 또한 애착 이론을 제안한 유명한 심리학자인 Harlow도 Terman의 시험에서 탈락된 이례가 있다. 이는 지능이 한 사람의 성공을 보장하지 않는다는 것을 보여 주는 동시에 Terman이 주장했던 '천재성'에 대해 의문을 갖게 한다.

지능검사의 선구자 Lewis Terman과 그의 Termite

지능이 높은 사람을 흔히 똑똑하다고 표현하지만, 똑똑한 사람이 수학을 잘하는 사람인지, 글을 잘 쓰는 사람인지 혹은 말을 잘하는 사람인지에 대한 명확한 기준이나 구분은 없다. 학자마다 정의하는 지능은 각기 다르다(Warner, 2002). 특히 지능은 눈으로 직접 볼 수 있는 것이 아니기에 오랫동안 지능에 대한 연구가 진행됐음에도 여전히 밝혀지지 않은 부분들이 많다(Gottfredson & Saklofske, 2009). 이 장에서는 지능 이론과 이를 측정하는 방법 그리고 지능과 관련 있는 신경 구조에 대해 알아본다. 또한 지능의 안정성과 이후의 결과, 영재성 그리고 지능에 영향을 주는 요인들에 대해 살펴보겠다.

1. 지능 이론

학자마다 지능과 지능검사에 대해 주장하는 바가 다르고 이는 아직까지 많은 논란이 되고 있지만, 지능검사는 오늘날까지 학교나 직장 등 여러 곳에서 활용되고 있다. 그렇다면 지능검사는 어떻게 만들어지게 되었을까? 지능검사의 아버지라 불리는 Binet가 개발한 지능검사가 그 시작점이라고 할 수 있다.

1904년 Binet와 Simon은 프랑스 정부로부터 보충 교육이 필요한 학생을 판별할 수 있는 검사를 만들어 달라는 의뢰를 받았다. 이를 계기로 Binet와 Simon은 최초의 지능검사를 만들었다. 이 검사는 언어, 기억, 추론, 숫자 외우기 등 학교 수업과 관련된 능력을 측정하는 문항들로 구성되었다. Binet와 Simon은 자신들이 만든 이 검사로 아동의 정신 연령(mental age)을 측정해서 지능의 발달 수준을 객관적으로 보여 주고자 하였다. 정신 연령은 연령별로 풀 수 있는 문항을 가지고 측정하는데, 자신의 연령에 맞는 문항을 틀릴 경우 낮은 정신 연령으로 측정된다. 반면, 자신보다 높은 연령에 해당되는 문항을 맞힐 경우 높은 정신 연령을 가진 것으로 측정된다. 예를 들어, 대부분의 만 7세 아동은 맞히지만 만 6세 아동은 못 맞히는 문항은 만 7세 아동의 정신 연령을 측정할 수 있는 문항으로 사용되었다.

Binet는 정신 연령이 지능 전체를 평가할 수 있다고 말하지만 Spearman을 포함한 많은 연구자들은 지능이 다양한 요인에 의해 영향을 받는다는 다요인적인 이론을 주장한다. 이 외에도 Gardner의 다중 지능 이론과 Sternberg의 삼원 이론 그리고 정서 지능 이론은 지능에 대해 다양한 설명을 하고 있다.

1) 심리측정적 다요인 이론

Binet의 견해처럼 지능을 한 가지 수치로만 평가할 수 있을까? Binet의 생각과 달리 다른 연구자들은 지능이 한 가지가 아닌 다양한 요인에 의해 결정된다고 주장했다. 지능의 다요인적 견해를 지지한 대표적인 지능 이론으로는 Spearman의 일반 지능과 특수 지능, Thurstone의 기초 정신 능력, Guilford의 지능 구조 모델, Cattell과 Horn의 유동성 지능과 결정성 지능 그리고 Carroll의 지능의 3계층 모델이 있다.

(1) Spearman의 일반 지능과 특수 지능

Spearman(1927)은 요인 분석을 실시하여 지능의 2요인설(two factor theory)을 주장했다. 여기서 요인 분석(factor analysis)이란 다양한 요인 중 서로 상관이 높은 요인을 찾는 통계 방법이다. 예를 들어, 지능을 측정하는 100개의 요인을 분석한 결과, 50개의 요인이 서로 높은 상

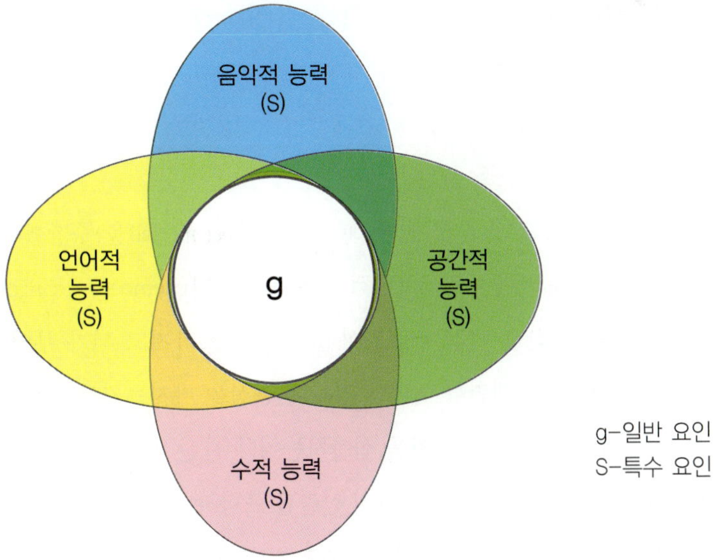

[그림 7-1] Spearman의 2요인설

Spearman의 2요인설에 따르면, 지능은 두 가지 유형, 즉 일반 요인과 특수 요인으로 구성된다. 특수 요인은 일반 요인과 구별되는 것으로 음악적, 언어적, 공간적, 수적 능력을 포함한다.

관을 보였다고 하자. 이는 50개의 요인 중 하나에서 높은 점수를 받는다면, 나머지 49개 요인에서도 높은 점수를 받을 수도 있다는 것을 의미한다. 따라서 상관이 높은 50개의 요인은 단일 요인으로 묶여 하나의 능력을 측정하는 것으로 해석될 수 있다. 이와 같은 요인 분석을 통해 Spearman은 지능을 크게 두 가지 유형으로 나누어 보았다. 그중 하나는 일반 요인(g-factor) 혹은 일반 지능으로, 지능검사 점수 간 높은 상관을 보인 영역들로 구성된다. 일반 요인은 모든 종류의 인지적 수행에서 쓰일 수 있는 능력이다. 일반 지능은 전반적인 능력과 지능에 영향을 준다. 또 다른 유형은 특수 요인(s-factor) 혹은 특수 지능으로, 특정한 종류의 인지적 수행에서만 쓰일 수 있는 능력이다. 특수 지능은 수학 문제 혹은 음악성과 같이 어느 특정한 영역에서만 사용되는 능력을 나타내며, 이는 환경에서 학습되고 습득되는 것으로 그 양은 개인에 따라 다르게 나타난다. 특수 요인은 일반 요인과는 상관 없는 영역으로 구성되는데, [그림 7-1]에서 보는 것과 같이 언어적, 수적, 공간적, 음악적 능력을 포함한다(Jensen, 1993).

(2) Thurstone의 기초 정신 능력

Thurstone(1938)은 중학교 2학년 학생과 대학생을 대상으로 정신 능력을 검사하고 요인 분석을 실시하였다. 분석 결과 7개의 요인을 발견하였고, 이를 1차적 정신 능력(primary mental abilities)이라 불렀다. 7개의 요인에는 공간 능력, 지각 속도, 수적 사고, 언어적 의미, 단어 유창성, 기억, 귀납적 사고가 포함된다.

(3) Guilford의 지능 구조 모델

Guilford(1967)는 지능 구조 모델(structure of intellect model)을 주장했다. 지능 구조 모델은 조작, 내용, 산출로 이루어진 3차원적 구조를 가진다(Sternberg & Grigorenko, 2001). 조작(operation)은 내용과 산출 과정에서 받아들인 정보를 가지고 뇌가 무엇을 하는지와 관련이 있고, 내용(content)은 개인이 어떠한 정보에 관심을 가지는지와 관련이 있다. 그리고 산출(products)은 내용 중 어떠한 정보를 산출하는지와 관련 있다(Barlow, 2000). Guilford(1967)의 연구는 5가지 조작, 4가지 내용, 6가지 산출을 포함하며, 이에 따라 5(조작) ×4(내용) ×6(산출)로 총 120개의 요인으로 구성된다. Guilford의 지능 구조 모델은 Thurstone의 이론의 확장이지만, 지능 구조 모델은 7개의 1차적 정신 능력을 나누고 새로운 능력을 추가하였다(Sternberg & Grigorenko, 2001).

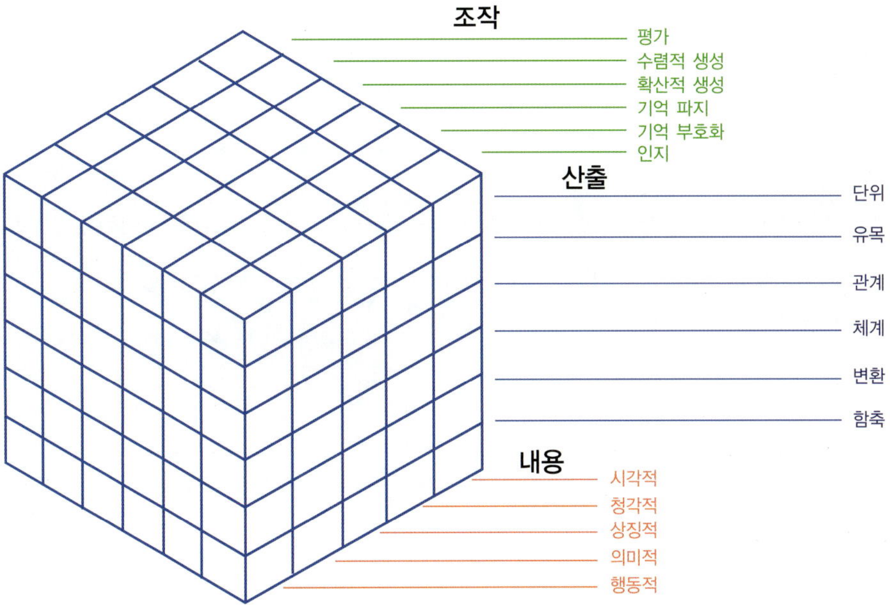

[그림 7-2] Guilford의 지능 구조 모델

Guilford의 지능 구조 모델은 지능을 조작, 내용, 산출로 나누어 설명한다. 더불어 6가지 조작, 5가지 내용 그리고 6가지 산출(6X5X6)로 인해 지능에는 180개의 요인이 존재한다고 주장한다.

이후 Guilford는 6가지 조작, 5가지 내용, 6가지 산출(6×5×6)을 통해 정신 능력의 수를 180개로 늘렸다(Sternberg & Griforenko, 2001; [그림 7-2] 참조). 이때 6가지 조작에는 평가, 수렴적 생성, 확산적 생성, 기억 파지, 기억 부호화 그리고 인지가 포함되며, 5가지 내용에는 시각적, 청각적, 상징적, 의미적, 행동적 내용이 포함된다. 또한 6가지 산출에는 단위, 유목, 관계, 체계, 변환, 함축이 포함된다. Guildford는 180개의 요인 또한 서로 독립적이라고 주장했지만, 여러 연구는 이 요인들이 서로 독립적이기보다 상관을 가진다고 보고한다(Romney & Pyryt, 1999).

(4) Cattell과 Horn의 유동성 지능과 결정성 지능

Cattell과 Horn에 의하면 지능은 유동성 지능(fluid intelligence: Gf)과 결정성 지능(crystallized intelligence: Gc)으로 나뉜다(Cattell, 1963; Horn & Cattell, 1982). 여기서 유동성 지능이란 학습과는 무관한 선천적인 지능을 의미하며, 인종이나 문화와 상관없이 보편적으로 나타난다. 예를 들어, 퍼즐 맞추기 과제에서는 유동성 지능을 사용해서 문제해결을 한다. 반면에, 결정성 지능은 학습을 통해서 얻게 되는 지능이다. 예를 들어, 학교 시험을 볼 때는 결정성 지능을 사용한다. Cattell과 Horn(1967)에 따르면 나이가 들수록 유동성 지능은 떨어지고, 결정성 지

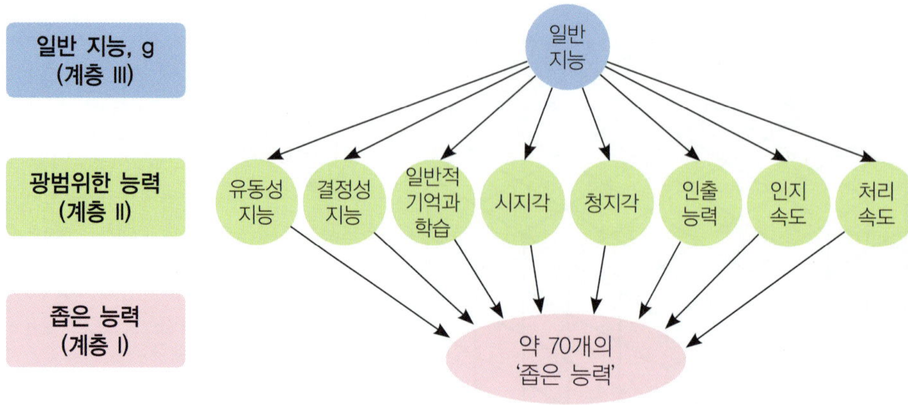

[그림 7-3] Carroll의 지능의 3계층 모델

Carroll이 말한 지능의 3계층 모델에서 계층 I는 약 70개의 좁은 능력이고, 계층 II는 광범위한 능력이며, 계층 III는 일반 지능이다.

능은 높아지는 것으로 나타났다.

(5) Carroll의 지능의 3계층 모델

Carroll(1997)이 개발한 지능의 3계층 모델(three-stratum theory of intelligence)은 이전의 지능 이론들을 확장한 것으로, 지능을 세 단계로 나누어 위계적으로 설명한다. [그림 7-3]처럼 3계층 모델의 가장 위에 있는 계층 III에는 일반 지능 g가 있다. g 아래 계층 II에 속하는 8개의 광범위한 능력(broad abilities)은 유동성 지능, 결정성 지능, 일반적 기억과 학습, 시지각, 청지각, 인출 능력, 인지 속도 그리고 처리 속도를 포함한다. 그리고 맨 아래에 있는 계층 I의 좁은 능력(narrow abilities)에는 약 70개의 요인이 포함된다. 이와 같이 Carroll은 기존의 지능 이론들보다 다양한 하위 요인을 포함한 3계층 모델을 사용하여 각 개인이 다양한 인지 능력을 가지고 있다고 설명하였다(Carroll, 1997).

2) Gardner의 다중 지능 이론

개인이 속한 문화와 생활을 고려하지 않았던 기존의 지능 이론과는 다르게 Gardner는 한 개인의 지능을 측정할 때 개인의 삶과 문화를 고려해야 한다고 주장하며(Almeida, 2010), 학습의 중요성을 강조했다(Gardner, 1999). 또한 Gardner는 IQ처럼 단 하나의 수치로 한 개인의

〈표 7-1〉 Gardner의 다중 지능 이론

지능	특징	직업
공간	시각적 세계에 대한 이해가 높으며, 시각화를 이용한 암기 능력이 높다.	건축사, 조종사, 인테리어 디자이너, 미술가
언어	언어 사용 능력이 뛰어나며, 언어의 순서와 의미에 민감하다.	변호사, 저널리스트, 시인
음악	음조, 멜로디, 리듬과 같은 비언어적 소리에 민감하다.	음악 선생님, 작곡가, 보컬리스트
논리-수학	추상적인 관계나 양식에 대한 이해가 높으며, 문제풀이 능력이 높다.	회계사, 엔지니어, 과학자
신체-운동감각	눈-손 협응(hand-eye coordination)에 뛰어나며 도구 사용에 능하다.	운동선수, 안무가, 댄서, 배우
대인관계	타인을 이해하고 공감하는 데 능하다.	상담사, 간호사, 영업사원, 선생님
개인 내적	스스로 동기를 부여하며 자신의 동기나 감성에 대해 의식하고 있다.	CEO, 성직자, 심리학자
자연	자연 세계를 이해하고 관찰하는 능력이 뛰어나다.	생물학자, 농부, 수의사
실존적	존재 이유나 가치에 대해 깊이 생각하고 이해한다.	철학자, 수도승

지능을 모두 나타낼 수 없다고 주장하며(Barrington, 2004), 지능을 일곱 가지로 나누어 설명했다(Gardner, 1983). 일곱 가지 지능에는 공간, 언어, 음악, 논리-수학, 신체-운동감각, 대인관계 그리고 개인 내적 지능이 포함된다. 이후 Gardner(1999)는 자연 세계를 이해하고 관찰하는 능력인 자연 지능과 존재에 대한 근본적 문제를 고려하여 이해하는 능력인 실존적 지능에 대해 추가적으로 설명했다. 〈표 7-1〉을 보면 각 지능이 어떤 능력과 관련이 있으며, 어떠한 직업과 관련이 있는지 살펴볼 수 있다.

3) Sternberg의 삼원 이론

Sternberg의 삼원 이론(triarchic theory)은 인지 이론의 정보처리적 관점에서 지능을 설명한다. Sternberg(1985)에 따르면, 지능은 세 가지 영역으로 이루어져 있다. 이는 실용적 지능, 창의적 지능 그리고 분석적 지능이다. 이 세 가지 지능은 [그림 7-4]처럼 독립적인 지능이지만 서로 연관성을 가진다(Ekinci, 2014). 실용적 지능(practical intelligence)은 실생활에 실제적으로 적용할 수 있는 지능으로, 환경이 변해도 적응을 잘하며 아이디어를 내고 이를 적용하는 능

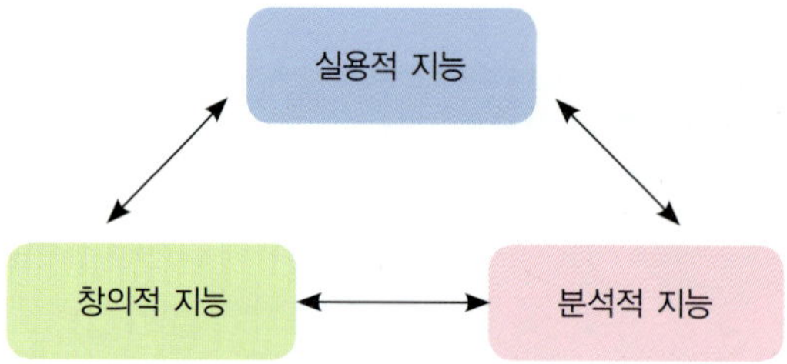

[그림 7-4] Sternberg의 삼원 이론
Sternberg의 삼원 이론에서는 지능을 실용적 지능, 창의적 지능, 분석적 지능으로 나눈다.

력이다. 때로는 상식이라고 불리기도 한다. 창의적 지능(creative intelligence)은 창조하고 상상하는 능력이며, 새로운 환경에서 효과적인 추론을 가능하게 한다. 예를 들어, 처음 보는 문제를 풀게 했을 때 원래 있던 지식을 독창적으로 활용해서 그 문제를 푸는 것이다. 마지막으로 분석적 지능(analytical intelligence)은 분석하고 평가하고 판단하는 능력으로, 수학능력이나 언어 등 전통적인 지능검사에서 측정되어 온 능력이 이에 속한다(곽금주, 2010). Sternberg(2000)는 이 세 가지 지능이 모두 조화롭게 사용되어야 성공할 수 있다고 말한다.

4) 정서 지능 이론

Gardner와 Sternberg에 의해 지능의 다양성이 알려지면서 정서 지능에 대한 관심이 높아졌다. 정서 지능(emotional intelligence: EQ)이란 자신을 포함하여 다른 사람의 감정을 인식하고 구별하며 이해하는 능력이다. 그리고 이를 바탕으로 감정에 따라 적절한 행동을 하는 것이다. 정서 지능이라는 개념을 처음 구조화한 Mayer와 Salovey는 정서 지능이 네 가지 영역으로 구성되어 있다고 제안했다(Waterhouse, 2006). 정서 지각, 정서 사고 촉진, 정서 이해, 정서 조절이다(〈표 7-2〉 참조). 먼저, 정서 지각은 자신이나 타인의 정서를 지각하는 능력이다.

〈표 7-2〉 Mayer와 Salovey가 제안한 정서 지능 모형의 4영역

영역	설명
정서 지각	얼굴과 사진에 나타나는 정서를 알아볼 수 있는 능력
정서 사고 촉진	정서적인 정보를 이용하고자 하는 사고와 전략 구상 능력
정서 이해	관계 속에 나타나는 정서적 정보나 정서에 대한 언어적 정보 등 정서 관련 지식을 이해하는 능력
정서 조절	정서 표현을 조절하는 능력

출처: Mayer et al. (2001).

정서 사고 촉진은 정서와 관련된 정보에 대해 사고하는 방법을 아는 능력이다. 예컨대, 타인이 말하기를 머뭇거리는 것을 보았을 때 이를 알아차리는 것은 정서 지각이 될 수 있고, 이러한 행동이 어떠한 의미를 가지는지 사고하는 것이 정서 사고 촉진이다. 정서 사고 촉진을 통해 정서를 이해하게 되는데, 이러한 능력을 정서 이해라고 한다. 마지막으로 가장 상위 영역인 정서 조절은 자신의 감정을 조절하여 개인과 타인의 정서적 관계를 성장시키는 능력이다(Mayer et al., 2001).

한 연구에서는 정서 지능과 의과대학 학생들의 의사소통 능력 및 대인 감수성(interpersonal sensitivity) 간의 상관관계를 알아보는 실험을 실시했다(Libbrecht, Lievens, Carette, & Côté, 2014). 의대 입학 후 학생들은 3학년까지 환자와 의사 간의 의사소통 방법을 가르치는 교과목을 매년 필수과목으로 들어야 했다. 본 연구에서는 이 과목의 3년간의 평균 성적을 이용해 학생들의 대인 감수성과 의사소통 능력을 측정하였고 정서 지능 및 성격 특성을 알아보는 질문지를 통해 학생들의 정서 지능을 측정하였다. 그 결과, 정서 지능과 대인관계 과목 성적 사이에는 정적 상관관계가 있다는 것이 밝혀졌다. 이는 정서 지능의 측정이 누가 효과적으로 의사소통을 하고 대인 민감성을 보이는지를 예측할 수 있는 방법이라는 것을 제안한다. 그러나 아직까지는 정서 지능에 대한 정확한 개념이 구축되지 않았기 때문에 더 많은 연구가 이루어져야 할 것으로 보인다(Mayer et al., 2008).

2. 지능의 안정성과 이후의 결과

어릴 때 측정한 지능이 성인이 되어서도 지속적으로 유지될지에 관한 문제는 지능이 이후의 학업이나 직업 그리고 건강이나 행복과 같은 삶의 다양한 요소를 예측할 수 있는가에 대한 해답을 제공한다.

1) 지능의 안정성

지능의 안정성(stability)이란 언제 어디서나 지능을 측정해도 그 결과가 일정하게 나타나는 정도를 말한다. 어린 시절 측정한 지능검사 결과와 나이가 들어서 측정한 지능검사의 결과가 동일하지 않다면, 지능의 안정성이 낮다고 말할 수 있다. 생득론적 입장에서는 지능이 태

ISSUE 1

뇌가 클수록 지능이 높다?

요즘에는 얼굴이 작고, 머리가 작은 사람이 인기다. 그러나 불과 얼마 전까지만 해도 머리가 작은 사람은 머리가 나쁘다는 생각이 지배적이었다. 특히 머리가 작은 사람을 '새대가리'로 비하하기도 했다. 그렇다면 머리가 작은 사람은 머리가 나쁘고, 머리가 큰 사람은 머리가 좋은 것일까? 정말 뇌의 크기와 지능은 관련이 있는 것일까?

아주 오래전 Galton(1869)은 이와 관련해서 뇌의 크기를 정확하게 측정할 수 없기 때문에 머리 둘레와 지능이 연관성이 있을 것이라고 제안했다. 비록 상관이 크지는 않지만 실제로도 머리 크기가 클수록 지능이 높다는 연구 결과가 일관되게 보고되고 있다.

머리 크기와 지능의 연관성은 진화론적인 관점으로 설명될 수 있는데, 고고학적 그리고 인류학적 증거에 의하면 진화되는 과정에서 인간은 몸 크기에 비해 큰 머리를 선택한 것으로 보인다(Jung & Haier, 2007). 실제로 IQ는 뇌의 회백질 양과 관련이 있는데, 특정 뇌 영역에 회백질이 많으면, IQ도 높게 나타나는 경향이 있다. 이러한 진화적 선택은 매우 적응적이었으며 다른 종보다 신체적으로는 약한 인간을 결국 오늘날 먹이사슬의 가장 위에 있게 한 것이 아닌가 생각해 본다.

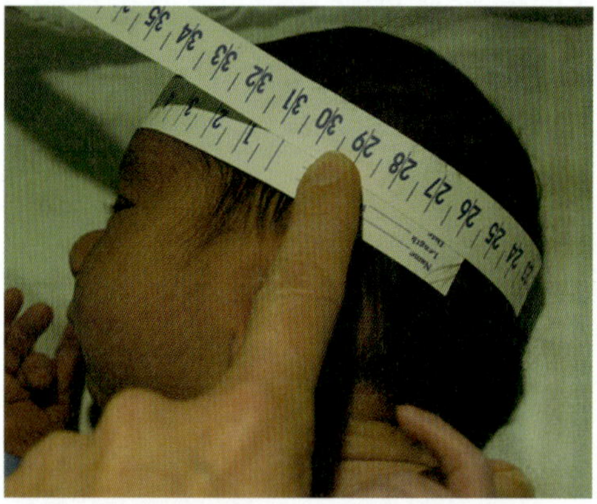

▪ 머리둘레를 재고 있는 영아 ▪

출처: http://newborns.stanford.edu/PhotoGallery/OFC1.html

이 외에도 신경과학 기술의 발달로 뇌와 지능의 연관성에 대한 연구가 활발하게 이루어지고 있는데, 이러한 연구를 통해 뇌의 어떤 영역이 지능과 관련이 있으며 그 영역에서 개인차가 있는지 등을 확인할 수 있다(Haier & Jung, 2008). Luder, Narr와 Thompson(2009)의 연구에서는 높은 지능이 뇌의 측두엽과 후두엽과도 연관되어 있다는 사실을 밝혔다. 뇌와 지능의 연관성에 대한 연구들이 발표되고 있지만, 더 명확하고 일관적인 연관성을 찾기 위해서는 좀 더 많은 연구가 필요할 것이다.

〈표 7-3〉 연령별 측정된 IQ 간 상관

아동의 연령	7세 IQ와의 상관	17세 IQ와의 상관	23세 IQ와의 상관
4세	.69	.40	.46
5세	.64	.54	.48
7세	–	.64	.58
17세	–	–	.95
23세	–	–	–

만 4세의 IQ는 이후의 IQ와 상관성을 보인다. 이러한 상관성은 연령이 증가할수록 더욱 높게 나타난다. 나이가 들어 측정한 IQ는 이후의 IQ를 좀 더 정확하게 예측할 수 있다.

출처: Schneider et al. (2014)

어나면서부터 가지는 유전적인 특성이라고 주장한다. 따라서 그들은 지능을 연령에 상관없이 일정하게 나타나는 개인의 안정적인 특징이라고 여긴다.

지능의 안정성은 크게 두 유형으로 나누어 설명할 수 있다. 하나는 집단의 평균 지능에 대한 안정성이고, 다른 하나는 지능의 개인차에 대한 안정성이다. 지능과 관련있는 실행기능을 담당하는 전전두엽의 성숙이 만 4세경에 이루어지기 때문에(Bjorklund, 2012) 지능의 안정성을 확인할 때에는 대략 만 4세의 아동을 대상으로 연구를 해야 연령별로 측정한 IQ 사이에 유의미한 관계가 형성된다(Schneider, Niklas, & Schmiedeler, 2014).

Schneider 등(2014)은 집단의 지능 안정성을 알아보기 위해 아동 200명의 지능을 만 4세와 7세 사이에 측정한 후, 이들이 만 17세와 만 23세가 되었을 때 다시 측정했다. 그 결과, 전반적인 지능의 안정성은 비교적 높게 나타났으며, 연령이 증가할수록 안정성은 높아졌다. 또한 이전 검사와의 검사 간격이 짧을수록 안정성은 높게 나타났다. 즉, 지능은 연령이 증가할수록 크게 변하지 않고 유지되었다. 〈표 7-3〉은 연령별로 측정된 IQ 간의 상관관계를 나타낸 것인데, 만 4세의 IQ는 이후의 IQ와 상관이 있었다. 연령과 IQ 간의 상관성은 아동의 연령이 증가할수록 높게 나타났고, 더 높은 연령에서 측정한 IQ는 이후의 IQ를 좀 더 정확하게 예측할 수 있었다.

흥미롭게도 낮은 지능의 안정성은 높은 지능의 안정성보다 높게 나왔다. 즉, 처음부터 낮은 지능을 가진 아동은 나이가 들어서도 일관되게 낮은 지능을 가질 가능성이 크다는 것이다. 반면, 처음부터 높은 지능을 가지고 있던 아동은 이후에 지능이 높지 않을 수도 있다. Lohman과 Korb(2006)의 연구에서 1학년 때 높은 지능검사 점수를 받은 아동은 1년 혹은 2년

후에는 이처럼 높은 점수를 유지하지 못했다. 그러나 한편에선 이와 반대되는 결과를 보여주는 연구도 있다. 예컨대, Spangler와 Sabatino의 연구에서는 영재 아동의 높은 지능이 6년 후에도 여전히 높은 것으로 나타났다(Spangler & Sabatino, 1995). 그러므로 지능의 높고 낮음에 따라 안정성을 설명하기 위해서는 좀 더 많은 연구가 필요할 것으로 보인다.

개인의 지능은 한 사람에게서 일어나는 연속적인 발달 현상으로 안정성을 가질 수도 있고 그렇지 않을 수도 있다. 한 연구에서 아동의 지능을 만 2.5세부터 만 17세까지 측정했는데(McCall, Appelbaum, & Hogarty, 1973), 그 결과 반 이상의 아동의 지능점수는 평균 28점 이상이나 변화하였다. 그러나 많은 부모들은 지능이 안정적인 것으로서 변화되지 않는다고 생각하여 영아 때부터 자녀의 지능을 궁금해한다.

많은 부모는 자녀의 영아기 발달지수(developmental quotient: DQ)를 측정해서 이후의 지능을 예측하고자 한다. 발달지수는 영아의 발달 상태를 다른 또래와 비교한 상대적인 점수를 보여주지만, 안타깝게도 영아 발달지수는 이후 영아가 아동이 되고 성인이 되어 측정한 지능과는 아무런 관련이 없는 것으로 나타났다. 예로, Bayley(1949)가 실시한 종단 연구에서 만 3~4세 영아의 발달지수는 만 18세의 지능지수와 관련이 없었다. 또한 1979년부터 시작된 Fullerton 종단 연구에서도 만 1세 그리고 만 3.5세의 발달지수는 만 17세의 지능점수와 상관이 없었다(Gottfried, Gottfried, & Guerin, 2009). 이처럼 영아기의 발달지수가 이후의 지능검사 점수와 일관되게 나타나지 않는 이유는 영아기의 발달검사가 아동과 성인을 대상으로 한 지능검사와는 그 특성이 다르기 때문이다. 영아의 발달검사는 언어적 사고를 측정하기보다는 감각 운동적 · 사회적 기술을 중점적으로 측정한다. 반면, 성인검사는 주로 언어적 사고, 개념 형성, 문제해결 등 추상적인 능력을 측정한다. 따라서 이러한 제한점을 수정한 영아검사들이 개발되고 있다. 예를 들어, 베일리 영아발달검사-III는 기존의 운동, 사회 정서, 적응 능력과 더불어 인지와 언어 기술을 측정하기 때문에 이후 성인 지능검사 결과와도 비교할 수 있다.

발달지수와는 달리 영아의 인지 능력은 이후의 지능검사 점수를 예측할 수 있다. Rose, Feldman, Jankowski와 Rossem(2012)은 131명의 영아를 대상으로 이들이 생후 7, 12, 24, 36개월일 때와 시간이 흘러 만 11세가 되었을 때, 정보 처리와 관련된 네 가지 인지 영역(주의, 처리 속도, 기억 그리고 표상 능력)을 측정하였다. 그 결과, 영아기의 인지 능력은 만 11세 때와 동일하게 나타났으며, 지능 또한 예측할 수 있었다. 이러한 결과는 Fagan(1990)이 실시한 영아기 습관화 연구에서도 확인할 수 있다. 3장에서 설명했듯이 습관화(habituation)란 영아가 주어진 자극에 지속적으로 노출되었을 때, 흥미를 잃고 익숙해지는 것을 말한다. 이와 같은 습관화 과정은 정보에 주의를 기울이고 기억하는 정보 처리 능력을 필요로 하며, 새로운 정보를 보았을 때 이전의 정보를 기억하여 비교하는 표상적 능력 또한 갖춰야 한다. 빠르게 습관화된 영아는 그렇지 않은 영아에 비해 정보 처리 능력과 다른 인지적 능력이 뛰어나다고 볼 수 있다. 따라서 영아의 습관화를 측정하는 것은 이후의 지능을 예측하는 방법이 될 수 있다. Fagan(1990)에 의하면 영아기의 습관화 정도는 아동기와 청소년기, 심지어 성인기의 지능과도 상관이 있었다. 예를 들어, 생후 6~12개월 된 영아의 주의 능력은 만 21세의 지능과 정적 상관관계를 나타냈다(Fagan, Hollan, & Wheeler, 2007).

국내에서도 생후 6개월 영아들의 습관화와 정보 처리 능력을 확인하고 이후 지능과의 관계를 확인하였다. 생후 6개월의 영아들을 대상으로 습관화와 기억 능력을 측정하였는데, 그 결과 생후 6개월의 습관화 능력은 17개월 때의 지능을 예측하였다(성현란, 배기조, 곽금주, 장유경, 심희옥, 2005). 습관화 이외에도 영아의 기질로 지능을 예측할 수 있었는데, 박혜원, 곽금주, 정철주(1994)는 생후 67~92주 사이의 영아를 대상으로 기질을 측정하고, 지능과 관련한 기억 능력을 측정하였다. 그 결과, 오히려 까다로운 기질의 아동일수록 더 높은 지능 점수를 가지는 것으로 나타났다.

2) 예측 요인으로서의 지능

연구자들은 지능과 삶의 다양한 요인 간의 상관관계에 대해 연구해 왔다. 그중 지능과 가장 명확한 상관관계를 나타내는 요인으로는 학업 성취와 직업이 있다. IQ 점수는 학교 성적이나 학업 성취도 평가 점수와 유의미한 정적 상관관계를 가진다(Deary, Strand, Smith, & Fernandes, 2007). 즉, IQ 점수가 높을수록 학교 성적과 학업 성취도 평가 점수도 높다. 이뿐만 아니라 아동기의 IQ는 학업을 지속하는 것에 대한 여부도 예측한다.

예로 Schneider 등(2014)이 만 4~7세 아동 200명을 대상으로 IQ 검사를 실시한 후 이들의 학업 발달을 추적한 결과, 높은 IQ 점수를 가졌던 아동이 성인 초기까지 학업에서 앞서 나갈 뿐만 아니라, 상위교육(예: 대학교 혹은 대학원 등)까지 학업을 지속하는 경향을 보였다. [그림 7-5]에서 보듯이 만 4~7세 때 높은 IQ 점수를 기록했던 아동은 이후 대학교를 졸업한 비율이 거의 80%였던 반면, 낮은 IQ를 가졌던 아동은 약 30% 정도만이 대학교를 졸업했다. 또한 높은 IQ를 가진 사람은 상위 계층의 직업을 가지고 있고, 낮은 IQ를 가진 사람은 하위 계층의 직업을 가지고 있는 경우가 많았다(Jensen, 1972). 한편, 같은 직업을 가졌더라도

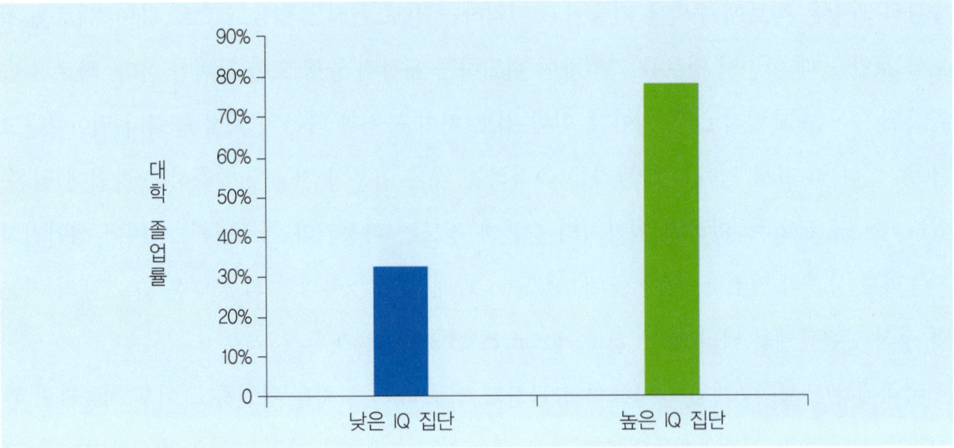

[그림 7-5] 초기 IQ와 학업의 상관관계

어린 시절 측정했던 IQ가 높았던 아동 대부분이 이후 대학교에 진학해서 졸업을 했다. 반면, 어린 시절 측정했던 IQ가 낮았던 아동의 대학 졸업률은 그의 절반 수준에도 미치지 못하였다.

출처: Schneider et al. (2014).

높은 IQ를 가진 사람이 더 뛰어난 수행 능력을 가지며, 더 높은 수입을 얻고, 승진도 더 잘하는 것으로 나타났다(Schmidt & Hunter, 2004).

왜 지능이 높은 사람들이 사회경제적으로 더 높은 직업을 갖게 되는 것일까? 지능이 높은 사람은 전반적인 인지 능력이 뛰어나 주어진 상황에서 잘 적응할 수 있기 때문이다. 특히 정서 지능은 일할 때의 적응 능력과 관련이 있다. Coetzee와 Harry(2014)는 콜센터 직원들을 대상으로 이들의 정서 조절 능력을 측정하고, 직업에 대한 자신감, 궁금증, 통제 능력 등을 확인했다. 그 결과, 정서 조절 능력이 높은 사람은 직업에 대한 자신감, 궁금증, 통제 능력도 높은 것으로 나타났다. 결과적으로 아동기와 성인 초기의 지능은 직업에서의 성취를 예측한 요인이 될 수 있다.

학업과 직업 이외에도 육체적 · 심리적 건강(행복 등) 또한 지능과 관련이 있다는 연구가 있다. Batty, Deary와 Gottfredson(2007)은 질병이 생기기 이전의 지능검사 점수와 성인기 사망 위험 요인 사이에 연관이 있음을 발견하였다. 다양한 신체적 질병 중 특히 심장마비라고 불리는 관상 심장질환(coronary heart disease)은 아동기의 낮은 지능과 연관성이 높았다(Deary, Weiss, & Batty, 2010). 이는 지능이 낮을수록 스트레스와 같은 부정적 정서와 질병들을 전략적으로 대처하는 것에 어려움을 겪기 때문이다.

최근 기능적 자기공명영상(fMRI)을 사용한 다양한 연구들은 높은 지능을 가진 사람의 뇌가

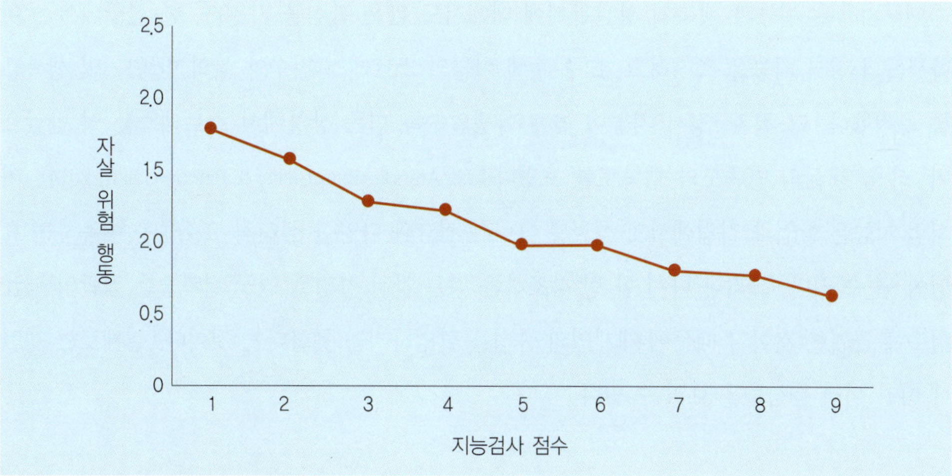

[그림 7-6] 지능검사 점수와 자살 위험 행동 간의 상관관계

지능검사 점수가 낮을수록 중년에 자살 위험 행동 비율이 더 높게 나타났으며, 지능검사 점수가 높을수록 자살 위험 행동 비율이 낮아졌다. 이러한 결과는 지능이 건강뿐 아니라 죽음과도 연관이 있음을 보여 준다.

출처: Gunnell, Magnusson, & Rasmussen (2005).

정보를 처리할 때 더 효율적이라는 사실을 발견했다(Neubauer & Fink, 2009). 즉, 이와 같은 연구 결과는 지능이 신체뿐 아니라 뇌와 같은 중추 신경계의 건강과도 관련이 있음을 시사한다.

연구자들은 지능이 신체적 건강뿐 아니라 심리적 혹은 정신적 건강에도 영향을 준다고 믿었기 때문에 지능과 정신질환 간의 관계에 대해 연구하기 시작했다. 실제로, 정신질환을 겪고 있는 사람은 낮은 지능을 가지는 것으로 나타났다(Phillips, Batty, Gale, Deary, Osborn, & MacIntyre, 2009). 또 다른 연구에서는 백만 명의 스칸디나비안 남성을 대상으로 이들의 지능을 만 20세에 측정한 후, 중년(대략 만 45~60세) 때의 정신질환 위험 요소를 확인하였다(Gale, Batty, Tynelius, Deary, & Rasmussen, 2010). 그 결과, 만 20세 때 낮은 지능을 가진 남성은 중년이 되었을 때 정신질환을 가질 확률이 더 높은 것으로 나타났다. 지능과 정신질환의 정적 상관관계는 베트남(Gale et al., 2008)과 스웨덴의 연구(Moran, Klinteberg, Batty, & Vagero, 2009)에서도 비슷하게 나타났다. [그림 7-6]은 스웨덴 징집 연구(the Swedish Conscript Study)에서 보고된 결과로, 질병 발생 전 측정한 지능검사 점수가 낮을수록 중년에 자살 시도를 많이 하였다는 것을 보여 준다(Gunnell, Magnusson, & Rasmussen, 2005). 이처럼 지능은 신체적 건강뿐 아니라 정신적 건강과도 연관이 있으며, 죽음에도 영향을 미친다는 사실을 보여 준다.

연구자들은 지능과 행복의 상관관계에 대해서도 많은 관심을 가진다. 한 연구에서는 여학생들의 정서 지능을 측정하고, 12주 후에 이들의 스트레스 지수와 삶의 만족도 및 행복도를 측정했다. 그 결과, 정서 지능이 높은 학생일수록 힘든 상황에서 스트레스를 덜 받았으며, 더 높은 삶의 만족도와 행복도를 보였다(Ruiz-Aranda, Extremera, & Pineda-Galan, 2014). 이처럼 지능은 학업과 직업에서의 성공뿐 아니라 건강과 다양한 심리적 요소들을 예측하는 요인이 될 수 있다. 그러나 다시 한 번 강조하는 점은 앞서 설명한 연구 결과들은 집단의 평균 점수에 근거한 것이기 때문에 개개인의 특성을 설명하지는 못한다는 것이다. 실제로는 개인에 따라 여러 특성들을 보일 수 있다.

3. 영재성

일반적으로 영재라고 불리는 사람은 평균보다 높은 지능(IQ가 130 이상인 경우)을 가지거나 특정 분야에서 뛰어난 재능을 보인다. 우리나라의 많은 부모들은 자녀를 영재로 '만들기' 위해 노력한다. 영재성은 타고난 것일까 아니면 만들어지는 것일까? 영재성(giftedness)의 기원과 영재들의 특징 그리고 국내 영재 아동 관련 연구에 대해 알아보겠다.

1) 영재성의 기원

영재 아동은 별다른 교육이나 훈련 없이도 어릴 때부터 특정 영역에서 뛰어난 재능을 보인다. 이는 영재들이 그 특성을 지니고 태어났기 때문일 수 있다. 예를 들어, 학습 중 활성화되는 영재 아동의 뇌 구조는 일반 아동과 다르다(Klingberg, Forssberg, & Westerberg, 2002). 즉, 영재 아동은 일반 아동과 비교하여 학습을 좀 더 효율적으로 할 수 있는 신경학적 구조를 가지고 태어난다.

그러나 모든 영재가 성인이 되어서도 뛰어난 재능을 유지하는 것은 아니다. 어릴 때 영재성을 보였더라도 낙후된 환경에서 양육된 아동의 지능은 뛰어나게 발달하지 않는다(Stormont, Stebbins, & Gregory, 2001). 실제로 다양한 분야에서 지속적으로 뛰어난 재능을 보이는 사람의 경우, 오랜 시간 동안 훈련을 받았고 가족들의 지지를 받아 왔다(Bloom, 1985). 즉, 영재 아동의 선천적인 능력은 이후 후천적인 요소에 영향을 받는 것이다.

2) 영재 아동의 특성

전 세계적으로 나타나는 영재 아동의 특징은 다음과 같다(Robinson & Robinson, 1992). 먼저, 영재 아동은 긴 시간 동안 한 가지 과제에 집중할 수 있고, 기억력이 뛰어나다. 또 호기심을 가지고 심도 있는 질문을 하기도 하며, 부모나 교사에게 큰 도움을 받지 않고도 학습을 할 수 있다. 그뿐 아니라 수에 대해 관심이 많고, 우수한 언어 및 읽기 능력, 논리적·추상적 추론 능력을 가진다. 이 외에도 영재 아동은 에너지가 넘치고 혼자 노는 것을 즐긴다.

사람들은 간혹 영재 중에 정신질환자나 사회 부적응자가 많다는 잘못된 편견을 가지기도 한다. 그러나 아직까지 영재성과 정신질환 사이에는 어떠한 상관관계도 없는 것으로 나타난다. 오히려 영재 아동은 일반 또래 아동보다 사회에 적응을 더 잘하며, 자신의 감정 조절도 더 잘한다. 또한 자신의 영재성에 대해 잘난 체하며 다른 사람을 무시하기보다는 자신만이 가지는 특성을 겸손하게 말하며 다른 사람과의 관계를 원만하게 유지하고자 한다.

예를 들어, Cross, Coleman과 Terhaar-Yonkers(2014)는 영재 아동이 또래와 상호작용할 때 어떻게 자신의 영재성을 알리고 행동하는지 알아보았다. 연구자들은 만 14~18세 사이의 영재 아동과 일반 아동을 대상으로 학교에서 실제로 겪을 만한 시나리오를 주고 어떠한 문제 해결 전략을 사용하는지 알아보았다. 아동이 사용할 수 있는 문제해결 전략에는 진실 말하기(Truth), 달래기(Placate), 회피하기(Cop-out), 감추기(Cover-up), 거짓말하기(Lie) 등이 있었다. 진실 말하기는 영재 아동이 자신과 타인의 차이점을 그대로 드러내는 방식이다. 또한 달래기는 자신의 재능을 겸손히 낮춰 얘기하면서 타인과의 차이점을 사실대로 말하는 것이다. 회피하기는 질문에 직접적인 대답을 하지 않고 화제를 전환하는 방식이며, 감추기는 자신의 능력이나 재능을 낮추어 얘기하는 방식이다. 그리고 거짓말하기는 자신의 능력이나 믿음과는 반대로 대답을 하는 것이다. 시나리오의 예시는 [그림 7-7]과 같다.

이전 연구에서는 많은 영재 아동이 남들과 다른 자신의 능력을 이질적으로 여겨 일부러 자신의 영재성을 숨기거나 오히려 다른 영재 아동을 놀린다는 결과가 있었다(Coleman, 1985). 그러나 Cross 등(2014)의 연구 결과, 많은 영재 아동은 달래기 전략을 사용하였다. 즉, 영재 아동은 자신의 능력에 대해 솔직하게 말하는 동시에 이러한 재능이 대단하지 않은 것처럼 겸손하게 표현했다. 이와 같이 영재 아동은 일반 아동과는 다른 특별한 특징을 가지지만, 적절한 상호작용 전략을 사용하여 다른 사람에게 이질적일 수도 있는 특징을 잘 이야기하여 타인과의 원만한 관계를 유지할 수 있다.

학생 식당에서 점심 배식을 받기 위해 줄을 서 있는데, 같은 수업을 듣는 학생들이 생물 시험에 대해 이야기를 하고 있다.

트레이시: 아! 그 시험 진짜 불가능하지 않았어? 나는 근육 조직 도표에 명칭 쓰는 데만 10분이나 걸렸어.
크리스: 나도 완전 망했어. 나 정말 공부 열심히 했는데…….
마티: 나도 아마 낙제할 거야.

마티가 존에게 "너는 교과서도 한 번 안 열어 보고도 잘 풀었을 거야."라고 말한다. 사실 존은 시험을 위해 몇 시간 정도 공부를 했고, 시험은 별로 어렵지 않았다고 생각했다.
만약 당신이 존이라면, 다음 중 어떤 대답을 하겠는가?

a: "나도 네가 공부한 만큼 했을 거야."[감추기]
b: "맞아, 그 시험 진짜 어려웠어."[거짓말하기]
c: "나도 너만큼 열심히 공부를 했을 거야. 그런데 시험은 그렇게 어렵진 않았어."[달래기]
d: "내 생각엔 시험이 쉬웠어."[진실 말하기]
e: "너 얼마나 공부했어?"[회피하기]

[그림 7-7] 영재 아동 실험의 시나리오

Cross, Coleman과 Terhaar-Yonkers(2014)의 연구에서 영재 아동에게 제시된 시나리오 중 한 예다. 이 시나리오에서 자신이라면 영재라는 사실을 들킬 만한 상황에서 어떻게 대처할 것인지를 물어본다. 아동은 이 시나리오를 읽고 감추기, 거짓말하기, 달래기, 진실 말하기, 회피하기 등 다양한 문제해결 전략 중에 어떤 방법을 사용할 것인지를 선택하게 된다. 그 결과, 많은 영재 아동이 달래기 전략을 사용했다.

3) 국내의 영재 아동 연구

우리나라는 영재에 대한 관심이 매우 높지만, 최근까지도 영재를 분류하는 기준이 뚜렷하지 않다. 예컨대, 사람들은 흔히 학업 능력이 뛰어난 아동만을 영재라고 지칭하는 경향이 있다. 이 때문에 학업 외 분야에서 재능을 가진 아동은 영재라고 인식되지 못하는 실정이다. 이 외에도 다양한 분야(예: 미술, 음악 혹은 체육)에서 영재를 발굴하기 위해 정부가 지원한다는 보도도 있지만, 여전히 학업 외 영역에서의 영재에 대한 이해와 인식은 매우 낮은 편이다(강주희, 2014). 이러한 인식을 개선하기 위해 국내에서도 영재 아동을 대상으로 한 연구가 이루어지기 시작하였다. 최은주, 박재국, 김혜리(2013)는 초등학교 영재 아동과 일반 아동을 대상으로 이들의 스트레스와 학교 적응 간 관계를 알아보았다. 그 결과, 영재 아동이 일반 아동보다 스트레스를 덜 받았고, 학교생활에 적응을 더 잘하는 것으로 나타났다. 그러나 영재 아동의 경우, 스트레스와 학교 적응의 부적 상관관계가 일반 아동보다 훨씬 높게 나타났다.

즉, 영재 아동은 일반 아동에 비해 스트레스를 덜 받지만, 만약 스트레스를 받게 될 경우 그 수준이 높을수록 학교 적응에 더 큰 어려움을 겪게 되는 것이다.

4. 지능에 영향을 미치는 요인

초기 연구자들은 지능이 오로지 유전에 의해 결정된다고 믿었지만, 이후 많은 연구자들은 유전과 환경이 어떻게 상호작용하여 지능에 영향을 미치는지에 더 많은 관심을 가지고 있다. 그렇다면 지능에 영향을 미치는 유전적 요인과 환경적 요인에는 어떠한 것들이 있을까?

1) 유전적 요인

유전적 요인이 지능에 기여하는 정도를 알아보기 위해 연구자들은 동일한 유전자를 공유하는 일란성 쌍둥이와 유전자의 반을 공유하는 이란성 쌍둥이 혹은 형제자매 등 혈연관계를 중심으로 지능을 연구한다. 또한 유전과 환경의 상호작용을 확인하기 위해 혈연관계일지라도 다른 환경에서 자란 입양아를 대상으로 지능 연구를 한다.

가족 연구에 따르면, 가족 구성원 간의 지능은 서로 유의미한 상관관계를 보인다. Nichols (1978)에 따르면 일란성 쌍둥이의 경우 서로의 지능의 상관 정도가 .82이었고, 이란성 쌍둥이의 경우는 .59, 형제자매의 지능 상관관계는 .55였으며, 부모와 자녀는 .50, 조부모와 손자녀는 .27, 사촌과는 .26이었다. 이는 유전자를 더 많이 공유할수록 지능이 더욱 비슷하다는 것을 보여 준다. 또 다른 연구에서는 MRI를 통해 일란성 쌍둥이의 뇌를 분석하였고 그 결과 전두엽의 특정 부분과 해마가 유전에 의해 많은 영향을 받는 것으로 나타났다(Peper, Brouwer, Boomsma, Kahn, & Hulshoff Pol, 2007). 또한 Toga와 Thompson(2005)은 일란성 쌍둥이와 이란성 쌍둥이를 대상으로 유전에 따른 뇌 용량 차이를 확인하였다. 그 결과 더 많은 유전자를 공유할수록 뇌 용량의 크기는 비슷한 것으로 나타났다. 뇌 용량은 지능검사 점수와 상관이 있으므로 이와 같은 결과는 지능에 있어서 유전의 영향이 크다는 것을 보여 준다.

그러나 쌍둥이 형제 및 자매와 같이 대부분의 가까운 혈연관계는 유전자뿐만 아니라 환경 또한 공유하기 마련이다. 그러므로 이들의 비슷한 지능이 유전으로부터인지 환경으로부터인지 확신하기 어렵다. 이 때문에 연구자들은 혈연관계이지만 태어날 때부터 헤어져 서로 다른 환경에서 자라난 아동의 지능을 비교한다. 입양아 연구는 동일한 유전자를 공유하지만 주위 환경은 공유하지 않을 경우 지능의 상관관계가 어떻게 나타나는지를 보여 준다. 예컨대, 동일한 환경에서 자란 일란성 쌍둥이의 경우 지능의 상관 정도는 .85였고, 다른 환경에서 자란 일란성 쌍둥이들의 지능은 .74의 상관관계를 보였다. 즉, 같은 일란성 쌍둥이라도 다른 환경에서 성장했을 경우 지능의 상관 점수가 더 낮았다. 그러나 이들의 지능 상관 값은 동일한 환경에서 성장한 이란성 쌍둥이나 형제자매의 지능 상관 값보다는 높았다(Loehlin, Horn, & Willerman, 1989). 또한 입양아의 지능은 그들의 입양 부모보다 생물학적 부모와 더 높은 상관관계를 나타냈다(Plomin, Fulker, Corley, & DeFries, 1997). 이러한 결과는 환경의 다양성에도 불구하고 지능에 미치는 유전적 영향이 크다는 것을 보여 준다.

지능에 미치는 유전적 영향은 아동 초기에 어느 정도 나타나다가 청소년기를 지나 성인이 될수록 더욱 뚜렷하게 나타난다. 이러한 양상은 쌍둥이 연구와 입양아 연구에서 더욱 명백히 나타난다. 예컨대, 일란성 쌍둥이의 IQ 상관 정도는 학령전기에서 성인기까지 지속해서 상승하는 경향을 보인다. 그러나 이들보다 유전자를 더 적게 공유하는 이란성 쌍둥이의 경우는 연령이 증가할수록 IQ의 상관 값이 떨어진다(McGue, Bouchard, Iacono, & Lykken, 1993). 입양아의 경우에도 연령이 증가할수록 생물학적 부모와 지능의 상관관계 값이 더욱 커지는 반면, 입양 부모와의 상관 정도는 낮아지는 경향을 보인다(Plomin et al., 1997).

연구자들에 따르면, 사람들은 어릴 때 부모 또는 양육자가 정해 준 환경에서 생활하지만, 연령이 증가할수록 자신이 가장 선호하고 자신에게 적합한 것들을 스스로 선택하기 때문에 연령이 증가할수록 지능의 유전적 영향이 더 크게 나타난다. 이때 인간의 선택과 행동은 유전의 영향을 받아 이루어지기 때문에 유전의 영향이 환경으로까지 이어지는 것이다.

이처럼 유전자가 지능에 미치는 영향은 매우 크다. 그러나 앞서 보았듯 영재 아동이 아무리 높은 지능을 가지고 태어났더라도 열악한 환경에서 자란다면, 이들의 지능이 특출나게 발달하지는 않을 것이다. 그러므로 유전자가 지능의 모든 것을 설명하기보다는 타고난 지능 유전자가 어떻게 환경과 상호작용하여 지능에 영향을 미치는지가 더 중요하다.

2) 환경적 요인

환경이 지능에 미치는 영향은 다양하다. 아동은 먼저 부모에게 가장 많은 영향을 받고, 나이가 들어 학교에 진학하면서 또래나 교사로부터, 그리고 더 나아가 사회와 문화로부터

ISSUE 2

아들은 엄마의 머리를 닮는다?

한 가족이 식탁에 둘러앉아 저녁을 먹으며 자녀의 성적에 대한 얘기를 나누고 있다. "우리 아들은 역시 나를 닮아서 수학을 잘해!" 아빠가 말한다. 옆에서 그 소리를 가만히 듣던 엄마가 아빠의 말에 반박을 한다. "무슨 소리? 얘가 머리는 날 닮았지." 그렇다면 이 아동은 부모 중 누구를 닮아 똑똑한 것일까? Gillian Turner였다면 이 같은 질문에 대해 자녀는 엄마의 지능을 닮는다는 대답을 해 줄 것이다. Turner(1996)에 따르면, X염색체에는 중요한 지능 유전자가 있다. 여자는 엄마와 아빠로부터 각각 X염색체를 받아서 XX염색체를 가지게 된다. 반면, 남자는 엄마에게는 X염색체를, 아빠에게는 Y염색체를 받아 XY염색체를 가진다. 이는 여자는 엄마와 아빠의 X염색체의 지능 유전자 영향을 모두 받지만, 남자는 엄마의 지능 유전자의 영향을 많이 받게 된다는 것을 의미한다. 아들은 엄마의 지능 유전자를 물려받아 태어나는 것이다.

아래의 그림은 Charles Darwin의 요약된 가계도다. 이 가계도는 지능의 유전이 Y염색체와 연관이 있다는 것을 설명하는 그림이었다. 즉, 지능은 아빠의 영향을 받는다는 것이다. 하지만 Turner(1996)는 반대로 이 가계도로 X염색체가 지능에 미치는 역할에 대해 설명한다. Turner의 설명에 따르면, Charles Darwin은 그의 명석한 머리를 외할아버지인 Josiah Wedgwood(2)로부터 물려받았다. Charles Darwin의 엄마(3)는 자신의 아빠인 Josiah Wedgwood(2)와 엄마(1)에게서 각각 X염색체를 물려받은 후, 그 X염색체를 다시 Charles Darwin에게 전해 준 것이다. 또한 Erasmus Darwin(4)의 명석한 머리도 XX염색체를 가진 그의 딸(7)을 통해서 Francis Galton에게 전해졌다. 이는 외가쪽 유전자가 얼마나 중요한지를 설명한다.

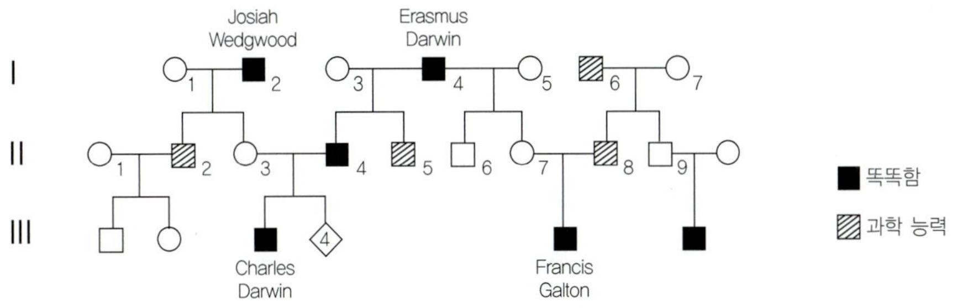

엄마의 똑똑함을 물려받은 인물은 우리나라 역사에서도 찾을 수 있다. 바로 위대한 학자이자 정치가였던 율곡 이이와 그의 어머니 신사임당이다. 신사임당은 현모양처로 잘 알려져 있지만, 그보다 먼저 글과 그림에 뛰어난 사람이었다. 반면, 율곡 이이의 아버지는 오랜 시간을 공부해 낮은 관직에 들어갔던 사람이었다. 율곡 이이의 뛰어난 재능은 어머니인 신사임당에게서 물려받았을 것으로 생각된다. "너는 나를 닮아서 똑똑한 거야."라는 엄마의 말은 거짓말이 아닐지도 모른다.

직간접적인 영향을 받게 된다. 예컨대, 입양 아동의 지능은 생물학적 부모의 지능과 유사성을 보이지만 환경에도 영향을 받는다. 예를 들어, 생물학적 부모의 지능이 낮더라도 적절한 환경과 교육을 제공하는 가정에 입양된 아동은 만 4~7세경이 되면 평균 이상의 지능을 보이는 것으로 나타났다(Duyme, Dumaret, & Tomkiewicz, 1999). 또한 같은 환경에서 자란 일란성 쌍둥이들의 지능 상관관계가 다른 환경에서 자란 일란성 쌍둥이보다 높게 나타난 점은 환경이 지능에 영향을 미친다는 것을 보여 준다. 이 외에도 혈연관계는 아니지만 같은 가정에서 자란 아동들의 지능이 비슷하게 나타난다는 점에서 환경이 지능 발달에 영향을 미친다는 것을 알 수 있다.

Caldwell과 Bradeley(1979)는 가정환경이 지능에 미치는 영향을 확인하기 위해 가정환경자극척도(Home Observation for Measurement of the Environment: HOME)를 개발하였다. HOME은 출생부터 만 3세 사이 아동의 생활 공간 구조가 어떠하고, 안전한지, 또 부모로부터 정서적 지지와 학업적 자극이 주어지는지 등 다양한 가정환경 요소들을 측정한다. 최근에는 유아용 가정환경 자극척도(EC-HOME)가 출시되었으며(Caldwell & Bradley, 2003), 이는 국내에서도 한국 실정에 맞게 타당화되어 활용되고 있다(김수정, 곽금주, 2013).

HOME 점수는 아동의 IQ 점수 및 수학 · 읽기 성취도와 정적 상관관계를 나타내고, 이후의 IQ 점수를 예측하기도 한다(Bradley, Corwyn, Burchinal, McAdoo, & Garcia Coll, 2001). 한 연구에서는 생후 6개월 영아의 HOME 점수가 만 4세 때의 IQ 점수와 정적 상관관계를 가졌고, 만 2세의 HOME 점수는 만 11세의 IQ 점수와 정적 상관관계를 가진다는 것을 보여 주었다(Olson, Bates, & Kaskie, 1992). 국내에서도 김수정과 곽금주(2013)가 HOME을 사용하여 아동의 초기 가정환경과 지능의 상관성을 보기 위해 143명의 아동을 대상으로 만 3세 때의 가정환경과 발달 수준을 측정하고, 이후 만 7세 때의 아동 지능을 측정하였다. 그 결과, 만 3세의 가정환경 자극은 이후 아동 발달과 지능 모두와 정적 상관관계를 보였다. 즉, 장난감이나 다양한 책 등 영아의 지적 발달을 촉진하는 자극이 풍부한 가정환경은 아동 발달과 지능 발달에 긍정적인 영향을 미쳤다.

가정에서의 출생순위 또한 아동 지능에 영향을 미칠 수 있다. 이는 출생순위에 따른 성향 차이에서 비롯되는데, 예를 들어 맏이들은 주로 질서, 의무, 신중함을 중요시하는 성실한 성격을 가지는 반면(Badger & Reddy, 2009), 둘째는 다른 형제들에 비해 가장 충동적이고 개방적이며, 막내는 타인에게 우호적이고 이타적이며 부드러운 성격을 주로 가지는 경향이 있다(Healey & Ellis, 2007; Saroglou & Fiasse, 2003).

ISSUE 3

어릴 때 무엇을 얼마나 먹는가가 우리의 지능을 결정한다!

음식이 이후의 지능과 상관이 있다면 믿겠는가? 이미 많은 연구들은 모유수유가 아동 초기와 중기의 지능에 영향을 미친다는 것을 보여 주었다. 그뿐 아니라 모유수유한 기간 또한 이후 아동기의 지능에 영향을 끼친다는 연구도 있다(Mortensen Michaelsen, Sanders, & Reinisc, 2002). 무엇보다 이러한 영향은 아동기에 국한된 것이 아니라 성인기의 지능에도 영향을 주었다는 점에서 큰 의의를 가진다.

Mortensen 등(2002)은 1959년부터 1961년 사이에 태어난 인구를 대상으로, 생후 1년간 모유수유 기간을 확인하였다. 그리고 이 아동들이 약 만 27.2세의 성인이 되었을 때, 웩슬러 성인지능검사(WAIS)를 사용하여 이들의 지능을 측정하였다. 실험 결과, 놀랍게도 모유수유 기간과 지능은 정적 상관관계를 보였는데, 전체 지능지수뿐만 아니라 언어성 지능지수와 동작성 지능지수 모두 모유수유 기간이 길수록 높게 나왔다.

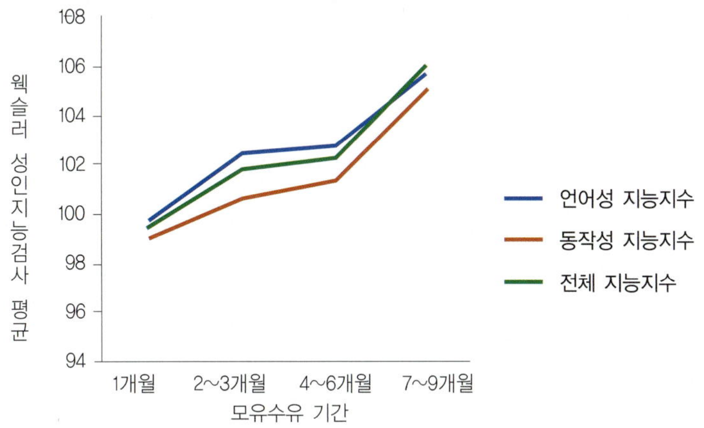

출처: Mortensen et al. (2002).

이와 같은 결과는 엄마의 모유에만 있는 특정 성분이 아동의 뇌 발달을 자극했을 수도 있음을 제시한다. 또한 모유수유는 영양 공급뿐 아니라 엄마와 영아가 가까운 신체 접촉을 하고, 정서적 교류를 하도록 돕기 때문에 아동 지능 발달에 영향을 주었을 수 있다. 더 나아가, 아동 초기의 식습관 또한 아동 지능에 영향을 미친다. 최근의 한 연구에서는 참여 아동이 만 3세, 4세, 7세, 8.5세가 되었을 때의 식습관을 알아보고, 만 8.5세가 되었을 때 IQ를 측정하였다(Northstone, Joinson, Emmett, Ness, & Paus, 2011). 실험 결과, 만 3세 때의 '가공' 식품 섭취는 만 8.5세 때의 IQ와 부적 상관관계를 나타내었다. 반대로, 만 3세 때의 '건강'한 식습관은 만 8.5세의 IQ와 정적 상관관계를 보였다. 이는 아동 초기에 무엇을 먹느냐가 이후의 지능과 상당한 연관이 있음을 보여 준다.

그렇다면 출생순위에 따라 아동의 지능은 어떻게 달라질까? Zajonc(1976)는 맏이가 자신보다 나이가 어리고 미숙한 동생에게 다양한 것을 가르쳐 주며 부족한 부분을 고쳐 주는 기회를 더 자주 접하기 때문에 인지 능력과 지능이 더 높다고 설명했다. 그는 미국과 네덜란드 학생들을 대상으로 형제간의 나이 차이가 지적 능력에 어떤 영향을 미치는지 알아보았는데, 그 결과 첫째가 가장 높은 지능을 가지고 있었고, 형제의 출생순위가 낮아질수록 지능도 감소하는 경향을 보였다. 최근 연구 결과들도 늦게 태어난 아동이 첫째 아동보다 더 낮은 IQ 점수를 가진다고 보여 준다(Black, Devereux, & Salvanes, 2011).

가정환경뿐 아니라 학교 환경도 아동의 지능에 영향을 미친다. 지능은 아동이 학교에 다니며 다양한 인지 및 학업 기술을 배움으로써 향상된다. 또한 학년이 올라갈수록 더 다양한 인지 및 학업 기술을 배우기 때문에 연령이 같거나 비슷할 경우에도 학년이 높은 아동이 낮은 아동보다 성적과 지능 점수가 더 높게 나타난다(Cahan & Cahan, 1989).

더 나아가 지능은 사회경제적 지위(socioeconomic status: SES)의 영향을 받기도 한다. 예를 들어, Heyns(1978)는 학기 중과 방학 때 다양한 사회경제적 지위에 속하는 아동의 IQ 점수를 알아보았다. 그 결과, 높은 사회경제적 지위 환경의 아동은 방학 동안 일정하거나 상승된 지능을 보인 반면, 낮은 사회경제적 지위 환경에 있는 아동의 평균 IQ 점수는 학기 중에는 향상되지만, 방학 때에는 감소하는 경향이 있었다. 이것은 사회경제적 지위가 높은 아동은 방학을 하더라도 학교를 다닐 때만큼 교육을 받으며 다양한 경험을 할 기회를 많이 가지지만, 사회경제적 지위가 낮은 아동은 방학 동안 교육적인 경험을 할 기회가 상대적으로 적기 때문이라고 설명할 수 있다(Ceci, 1991).

사회경제가 아동 지능에 미치는 영향은 생각보다 크다. 가장 대표적인 예로 플린 효과를 생각해 볼 수 있다. 플린 효과(Flynn effect)란 20세기 동안 모든 나라의 평균 지능이 10년간 3점씩 높아진 현상을 일컫는다(Flynn, 1984). 이때, 문제해결이나 추론 및 분석과 관련이 있는 유동성 지능이 특히 향상되었고, 언어 추론이나 기억과 같은 능력은 거의 일정하게 나타났다. 이와 같은 현상으로 인해 여러 지능검사들은 특정 기간이 지나면 증가한 평균 지능에 맞추기 위해 재표준화 작업을 하게 된다. 플린 효과처럼 짧은 기간 동안 나타나는 인구 집단의 전반적인 변화는 오랜 시간에 걸친 변화를 보여 주는 진화론적 관점으로는 설명하기 어렵다. 대신 연구자들은 플린 효과가 사회적 · 경제적 변화에 따른 인구 집단의 변화라고 주장한다.

과거 낮은 사회경제적 지위의 아동은 태아 시절부터 적절한 영양을 공급받지 못해 미숙아로 태어났을 가능성이 크다. 또한 이들은 출생 후에도 제대로 먹지 못하여 신체 발달이 다른

ISSUE 4

자연환경과 창의력

빽빽한 아파트 길을 돌아 학교에 간다. 삭막한 콘크리트 벽을 보며 학원을 다녀온다. 그러고는 집 안에 들어서면 곧장 TV나 컴퓨터를 켠다. 요즘 아이들의 일상에는 숲과 하늘과 바람은 어디에도 없다. 흙을 만지며 놀기는커녕 밟을 기회조차 많지 않다. 뒹굴며 놀 풀밭도, 차분히 땀을 식힐 나무 그늘도 드물긴 마찬가지다. 공부와 TV, 그리고 컴퓨터 사이를 끊임없이 쳇바퀴마냥 반복하는 아이들에게는 모두 너무나 멀리 있는 것들이다.

환경심리학자들에 의하면, 아이들은 자연에서 멀어진 순간부터 여러 신체적 · 심리적 병리 현상을 나타낸다. 좀처럼 움직이지 않는 탓에 몸은 날로 비대해진다. 늘 자극적인 모니터를 주시하기 때문에 조금이라도 자극이 덜한 상황이 되면 끊임없이 자극을 찾아 주의가 분산된다. 그래서 주의가 산만해진다. 더군다나 자극적인 게임에도 싫증이 나면 생활은 더 무료하고 심심해진다. 심한 경우 우울증까지 찾아온다. 일상에서 자연이 결핍되고 좁은 집에 아이를 '가둬 놓고' 키운 탓이다.

이처럼 자연이 결핍되었을 때 자연에서 시간을 보내는 경험은 잠시라 할지라도 엄청나게 커다란 효과를 만들어 낸다. 특히 아이들의 주의집중력을 높이는 데 효과적이다. 코넬 대학교의 심리학자 Wells는 도심에 살던 빈곤 계층의 아동들이 나무와 풀밭으로 주변이 잘 꾸며진 더 쾌적한 지역으로 이사한 후, 어떤 변화가 있는지를 살펴보았다. 보다 여건이 좋은 곳에 살게 되고 가정의 경제적 사정이 좋아졌다는 점을 감안하더라도, 집 주변에 녹지가 있을 때 아이들의 주의집중력과 학업 수행은 현저하게 높아졌다.

'창의력' 역시 자연 속에서 자랄 수 있다. 미국의 심리학자 Kuo는 시카고의 공공주택 한복판에 만들어진 야외 놀이 공간 64곳에서 아이들이 어떤 놀이를 하는지 연구하였다. 덩그러니 놀이기구만 있는 곳보다는 나무와 숲이 있는 놀이 공간에서 아이들의 놀이 유형이 더 다양했으며 새로운 것을 창조해 내는 창의성을 보였다. 또 학교에 자연 요소가 많을수록, 즉 잔디나 흙이 많고 뒤편에 산이 있는 환경일수록 아이들은 놀이할 때 더 많은 상상력을 발휘했으며 편 가르기 없이 서로 평등하게 즐길 수 있는 놀이를 더 많이 하였다. 인공적인 놀잇감만 있는 환경에서 아이들은 체격이나 힘과 같은 각자의 신체 능력을 견주고 서열을 만들지만, 나무와 풀이 있는 공간에서는 여유롭게 새로운 놀이 아이디어를 만들어 낼 수 있었다. 또 놀이 장소를 직접 선택하게 할 때, 창의적인 놀이를 하는 아이들은 저절로 자연을 놀이 장소로 선택하는 경향이 있었다. 인형놀이나 규칙이 정해진 게임에는 놀이에 한계가 있기 때문이다. 곰 인형은 그저 곰 인형일 뿐 다른 무엇이 되기 어렵지만 자연은 상황에 따라 달리 해석하고 달리 의미를 붙일 수 있다. 나무를 우주선으로, 바위를 거북이로 생각하며 아이들은 자연 속에서 얼마든지 다양하게 상상의 나래를 펼칠 수 있기 때문이다.

늘 시간에 쫓기고 해야 할 일이 너무 많은 우리 아이들, 한번쯤이라도 자연의 푸른 틈새를 경험하도록 해 보는 것은 어떨까.

출처: 곽금주(2008. 4. 26.). 숲에서 자란 아이 창의력도 쑥쑥…… 자연은 '상상력의 寶庫'. 매일경제

아동에 비해 뒤처질 수 있으며, 질병에 걸리더라도 적절한 치료를 받기 어려울 수 있다. 그리고 이들의 부모는 하루 중 대부분의 시간을 집 밖에서 보내기 때문에 아동은 부모에게 충분한 물리적 · 정서적 지지를 받지 못하고, 심지어 장난감이나 동화책과 같은 자원도 받지 못했을 가능성이 크다. 이러한 열악한 환경은 아동의 지능에 부정적인 영향을 미치며, 이에 따라 인구 집단의 평균 IQ 점수도 달라졌을 수 있다. 그러나 여러 국가에서 산업화가 일어나고 다양한 복지 정책이 이루어짐에 따라 낮은 사회경제적 지위의 아동 또한 이전에 받지 못한 여러 관리와 혜택을 받게 되었다. 일부 연구자들은 이와 같은 사회적 지지로 인해 플린 효과가 나타났다고 주장한다(Lynn, 1989; Steen, 2009).

한 예로, Geary(2005)는 1942년에서 1980년 사이에 출생한 덴마크 아동을 대상으로 IQ를 분석하였다. 연구 결과, 그 시기 동안 상위 10%의 사회경제적 지위에 속한 인구 집단의 IQ 점수 차는 없었던 반면, 사회경제적 지위가 하위 10%인 인구 집단의 변화 차이는 크게 나타났다([그림 7-8] 참조). 이와 같은 연구 결과는 복지 정책 등의 사회적 변화가 낮은 사회경제적 지위의 아동에게 긍정적인 영향을 주어 플린 효과가 발생했다는 사실을 뒷받침해 준다.

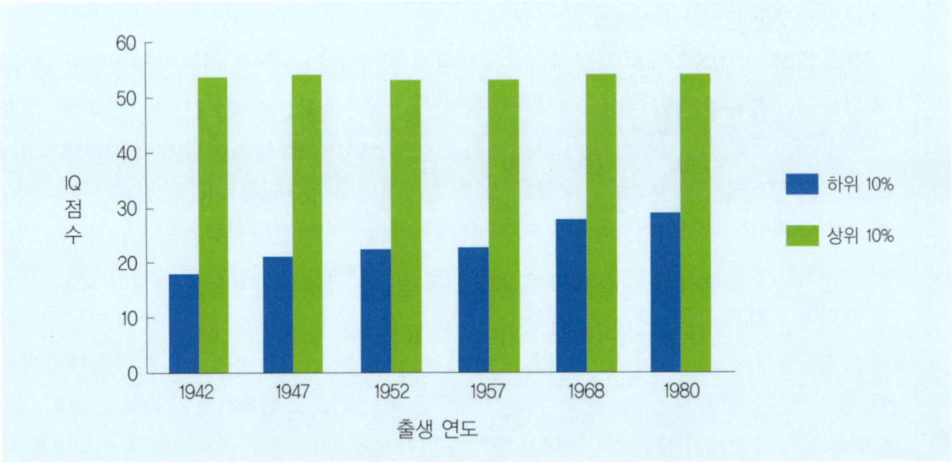

[그림 7-8] 덴마크 성인의 연도별 상위 IQ(90th)와 하위 IQ(10th) 변화 비교

1942년에서 1980년 사이 사회경제적 지위의 상위 10%에 속한 이들의 IQ 점수는 50점보다 조금 높은 선에서 거의 일정하게 유지된다. 반면, 하위 10%에 속한 빈곤 계층의 IQ 점수는 상위 10% 집단의 점수보다는 낮지만, 눈에 띄게 증가했다는 것을 볼 수 있다.

출처: Geary (2005).

ISSUE 5

우리의 지능은 후퇴하고 있다?

지난 20세기 동안 모든 나라의 평균 지능이 증가하는 플린 효과와는 반대로, 최근에는 '역플린 효과(negative Flynn effect)'가 나타나고 있다. 역플린 효과는 1990년대 중반부터 평균 집단의 IQ 점수가 감소하는 현상이다. Dutton과 Lynn(2013)은 이를 확인하기 위해 1988년부터 2009년까지 25,000명의 핀란드 군대 징집자를 대상으로 평균 IQ를 조사하였다. 그 결과, 1990년대 초반까지는 도형, 언어 그리고 수의 평균 IQ 검사 점수가 상승하는 경향을 보였지만, 이후로는 점차 감소하는 것을 발견하였다. 즉, 1979년부터 2010년까지 거의 매년 1점씩 평균 IQ 점수가 하락한 것이라고 볼 수 있다. 연구자들은 이러한 사회적 현상이 앞으로 전 세계적으로 퍼질 것이라고 주장한다.

역플린 효과에 대한 설명은 다양하게 제기되고 있다. 먼저 연구자들은 문화 · 환경적 요인 중 안정적인 환경이 오히려 IQ 하락에 영향을 미쳤을 수 있다고 설명한다. 과거에 비해 사회복지 환경이 개선되어 많은 사람들이 혜택을 받아 지능 역시 증가했지만, 더 큰 지능의 증가를 위해서는 더욱 이상적인 환경이 주어져야 한다. 그러나 이러한 극적인 개선이 주어지고 있지 않기 때문에 지능 수준의 증가는 정체되거나 심지어 하락하게 된 것이다.

한편, 고학력, 고소득 여성의 출산율, 혹은 이민자의 이주가 감소하는 IQ점수와 관련이 있다고 주장되기도 한다. 그러나 아직까지 역플린 효과에 대한 정확한 답이 없기 때문에 이에 대한 연구가 더욱 필요하다.

주요 학습 개념

1. 지능 이론

- Binet와 Simon은 지능의 발달 수준을 객관적으로 보여 주는 정신 연령(mental age)을 측정했고 이것이 지능 전체를 평가할 수 있다고 주장했다.
- Spearman은 지능의 2요인설(two factor theory)을 주장했다.
  - ➤일반 지능: 모든 종류의 인지적 수행에 영향을 미치는 기본적 지능
  - ➤특수 지능: 언어적, 수적, 공간적, 음악적 능력 등을 포함하는 지능
- Thurstone은 공간 능력, 지각 속도, 수적 사고, 언어적 의미, 단어 유창성, 기억, 귀납적 사고를 포함한 지능의 일곱 가지 요인을 발견하였다.
- Guilford는 지능이 독립적인 180개의 요인들(내용 6 x 산출 5 x 조작 6)로 이루어진 지능 구조 모델을 주장했다.
- Cattell과 Horn에 의하면 지능은 유동성 지능과 결정성 지능으로 나뉜다.
  - ➤유동성 지능: 학습과는 무관한 선천적인 지능을 의미하며, 문화 보편적인 지능
  - ➤결정성 지능: 학습을 통해서 얻게 되는 지능
- Carroll의 지능의 3계층 모델에 따르면 지능은 차례로 일반 지능인 Ⅲ 계층, 8영역을 포함하는 Ⅱ 계층과 마지막으로 약 70개의 세부적인 능력으로 구성된 Ⅰ 계층으로 나눠 볼 수 있다.
- Gardner는 지능을 하나의 수치만으로는 나타낼 수 없다는 다중 지능 이론을 주장했다.
- Sternberg는 인지 이론의 정보 처리적 관점에서 지능을 세 가지 영역으로 나누어 설명한 삼원 이론(triarchic theory)을 주장했다.
  - ➤실용적 지능: 적응력과 응용력과 관련 있는 지능
  - ➤창의적 지능: 창의적인 문제해결 능력과 관련 있는 지능
  - ➤분석적 지능: 학구적인 문제를 해결하는 능력과 관련 있는 지능
- 정서 지능(emotional intelligence: EQ)이란 자신을 포함하여 다른 사람의 감정을 인식하고 구별하고 이해하는 능력이다. Mayer와 Salovey는 정서 지능을 네 가지 영역으로 나누어 설명했다.

2. 지능의 안정성과 이후의 결과

- 지능검사의 안정성(stability)이란 언제 어디서나 지능을 측정해도 그 결과가 일정하게 나타나는 정도를 말한다.
- 베일리 영아발달검사-Ⅲ는 영아의 운동, 사회 정서, 적응 능력, 인지, 언어 기술을 측정해 이후의 지능검사 점수를 예측할 수 있다.

- Fagan의 습관화 연구에 따르면, 영아가 빠르게 습관화하기 위해서는 정보 처리 능력과 다른 인지적 능력이 필요하므로 이를 통해 아동의 이후 지능을 측정할 수 있다.
- 까다로운 기질의 아동일수록 이후 더 높은 지능을 가지는 것으로 나타났다.
- 개인의 지능과 달리 집단에서의 지능은 연령이 증가하면서 더욱 안정적이므로 이를 통해 이후의 지능을 예측할 수 있다.
- 지능검사로 학업, 직업, 건강을 예측할 수 있다.

3. 영재성

- 평균보다 높은 지능을 가지거나 특정 분야에서 뛰어난 재능을 보이는 아동을 영재라 부른다.
- 선천적으로 영재로 태어났어도 환경이 뒷받침되지 않는다면 재능을 유지할 수 없다.
- 영재는 문화보편적으로 긴 시간을 집중할 수 있고, 뛰어난 기억력을 가진다. 우수한 언어 발달 능력, 추론 능력, 학업적 능력을 가진다.

4. 지능에 영향을 미치는 요인

- 지능에 미치는 유전적 영향은 성인이 될수록 더욱 뚜렷하게 나타나는 경향이 있다.
- 지능에 미치는 환경적 영향에는 가정환경과 학교, 사회환경이 모두 포함된다. 대표적으로 플린 효과(Flynn effect)는 20세기 동안 평균 지능이 10년간 3점씩 높아지는 현상을 말한다.
  - ➤ 역플린 효과(negative Flynn effect): 최근에 나타난 것으로, 1990년대 중반부터 평균 집단의 IQ 점수가 낮아지는 경향

8장

언어 발달

1. 언어의 구성 요소
2. 언어 발달 이론
3. 단계별 언어 발달
4. 뇌와 언어의 연관성
5. 환경과 문화가 언어 발달에 미치는 영향
6. 이중 언어

생득론적 관점을 삶으로 보여 준 Chomsky

현대 언어학의 아버지로 불리는 Noam Chomsky는 철학자인 동시에 언어학자로 생득론적 관점에서 언어 습득을 설명하였다. 그의 주장에 따르면 언어는 매우 복잡한 체계를 가지고 있다. 그런데도 아동이 언어를 습득할 수 있는 이유는 모든 사람이 선천적으로 가지고 있는 '언어 습득 장치' 때문이다. 언어 습득에 관한 그의 주장은 많은 언어학자들에게 영감을 주었지만, 환경이 언어 발달에 미치는 영향은 고려하지 않았다는 이유로 비판을 받기도 한다.

그가 언어학을 전공하게 된 이유는 가정환경에 있었다. Chomsky는 히브리어를 연구한 아버지 밑에서 자라나면서 언어학에 관심을 두게 되었다. 이후에는 구문론 획득(syntax acquisition) 연구로 잘 알려진 언어학자 Carol Chomsky와 결혼하였다. 이처럼 Chomsky의 가까운 사람들은 모두 언어학에 열정을 가지고 있었다. 이러한 환경적 영향들은 Chomsky가 언어학자로 자리 잡기까지 큰 영향을 미쳤을 것이다. 그러나 환경적 영향에도 불구하고 그는 언어학 연구 외에 정치 운동을 늘 하고 싶어 했다.

그의 바람대로 지난 몇 년간 Chomsky는 정치 이론가인 동시에 사회운동가로서 다양한 활동을 하고 있다. 그는 9·11 테러, 외교 정책, 미국의 민주주의 등 여러 주제에 대해 자신의 의견을 꿋꿋하게 주장하여 많은 사람들의 이목을 끌고 있다. 그중 하나는 다른 나라에 대한 미국의 태도에 관한 것인데, Chomsky는 미국이 핵을 보유하고 있다는 것을 권력으로 삼아 폭력적인 행동이나 불법 행동 등을 한다고 주장하며, 미국을 세계 평화를 위협하는 가장 큰 테러리스트라고 묘사하기도 했다(Kumar, 2015).

Chomsky는 바쁜 일정 속에서도 그의 의견을 듣고 싶어 하는 사람이라면 누구든 만나 대화를 나눈다. 그뿐 아니라 매일 받는 수백 통의 이메일에 답장을 하여 관대한 학자라는 평판이 자자하다. Chomsky가 언어학과 상관없어 보이는 정치 분야의 전문가로 활동할 수 있었던 것은 그가 주장했던 생득론적 관점처럼 자신이 좋아하는 것을 본능적으로 하고 있어서가 아닐까.

언어학자이자 정치운동가인 Noam Chomsky

언어는 자신의 생각이나 느낌을 표현할 수 있는 가장 대표적인 상징적 표상 체계인 동시에 문화적 도구다. 세상의 수많은 동물 중 인간만이 언어를 사용한다. 아동은 발달하는 과정에서 자연스럽게 언어를 터득하고, 이를 통해 타인과 의사소통을 하고 감정을 나눈다. 이 장에서는 언어의 구성 요소와 언어 발달을 설명하는 이론, 발달 단계별로 일어나는 언어 발달과 언어와 관련된 뇌의 신경 구조, 언어 발달에 미치는 환경과 문화적 영향, 이중 언어에 대해 살펴보겠다.

1. 언어의 구성 요소

갓 태어난 신생아는 울음소리로 세상과 의사소통을 시작한다. 그리고 점차 자라면서 다양한 단어와 이야기를 듣고 말하며, 나중에는 다른 사람과 대화까지 가능하게 된다.

타인과 원활한 소통을 하기 위해서는 언어의 기본적인 구성 요소인 음운론, 의미론, 구문론 그리고 화용론을 이해해야 한다. 먼저 음운(phoneme)이란 단어 뜻을 구분해 주는 최소의 단위로, 음운론적 발달(phonological development)은 모국어의 소리를 익히는 것과 관련 있다. 어떤 언어든 각각의 음운론을 가진다(예컨대 한국어에서는 'ㄹ' 한 가지로 인식되는 음운이 영어에서는 'r'과 'l' 두 가지로 인식된다. 또한 한국어에서는 두 입술을 맞대어 내는 소리가 'ㅂ, ㅃ, ㅍ, ㅁ'가 있는데, 영어에서는 'p, b, m' 총 세 가지다). 한국어는 모음 21개와 자음 19개로 구성되어 있다. 아동은 각 모음과 자음이 무슨 소리를 내며, 모음과 자음이 합쳐졌을 때에는 또 어떤 소리가 나는지 습득해야 한다. 아동은 주변에서 '아가' '엄마' 혹은 '아빠' 등 여러 단어를 접하게 되면서 이러한 음운을 익힌다.

아동은 여러 단어를 접하면서 각각의 사물이 서로 다른 이름을 가진다는 것을 깨닫게 된다. 이를 의미론적 발달(semantic development)이라고 한다. 예를 들어, 집에서 엄마가 과자를 꺼낼 때마다 "까까" 혹은 지나가는 강아지가 나타날 때마다 "멍멍이"라고 한다면, 아동은 사물마다 다른 이름이 있다는 것을 이해하게 된다.

또한 구문론적 발달(syntactic development)이 이루어지면 아동은 알맞은 문법을 사용하여 문장을 구성할 수 있게 된다. 어린 아동은 두 개의 단어를 겨우 결합하여 간단한 문장을 만들지만, 연령이 증가하면서 좀 더 복잡한 문장을 만들 수 있게 된다. 예를 들어, 배가 고플 때 "맘마 줘."라고 말하던 아이는 연령이 증가하면 "엄마, 저 배고파요. 밥 주세요."라고 문장을 만들어 자신의 의사를 표현할 수 있게 된다.

마지막으로 화용론적 발달(pragmatic development)이란 의사소통을 할 때 상황에 맞게 언어를 사용하는 것이다. 예를 들어, 한국어에는 영어에는 없는 존댓말이 있다. 따라서 한국 아동이 어른과 원활하게 소통하기 위해서는 존댓말을 알맞게 사용해야 한다. 예컨대, 친구에게는 반말을 사용하여 "우리 같이 책 읽자."라고 말하지만 어른에게는 "우리 같이 책 읽어요."라고 말해야 한다. 이처럼 언어는 같은 말이라도 상황에 따라 다르게 표현해야 한다.

2. 언어 발달 이론

언어 발달이 선천적인 것인지, 아니면 환경에 영향을 받는 것인지에 대해서는 논쟁이 계속되고 있다. 언어 발달을 설명하는 대표적인 이론에는 행동주의적 관점, 생득론적 관점, 상호주의적 관점, 인지론적 관점 그리고 연결주의적 관점이 있다.

1) 행동주의적 관점

행동주의적 관점(behaviorist perspectives)에 따르면 아동은 보상이나 모방 등의 학습 기제를 통해 언어를 습득한다. Skinner(1957)는 아동의 말에 대한 부모의 반응이 아동의 발성과 언어 발달에 큰 영향을 미친다고 주장했다. 예를 들어, 아동이 "우아아"라고 했을 때 어떤 부모는 이를 의미 없는 발성으로 여길 수 있지만, 부모가 이에 대해 언어적인 반응을 보이면 아동은 이를 더 표현하기 위해 노력할 것이고 결국 언어 발달로 이어지게 된다. 또한 엄마와의 상호작용은 생후 15개월 된 영아의 어휘 발달에 영향을 미치기도 한다(이지연, 장유경, 곽금주, 성현란, 심희옥, 2005). 즉, 아동의 발성이나 언어 사용에 관심과 반응을 보이는 엄마의 정적 보상은 아동의 언어 행동을 강화시킴으로써 이들의 언어 발달에 긍정적인 영향을 준다.

Bandura에 따르면 부모가 강화를 하지 않아도 아동은 양육자가 사용하는 말을 듣고 관찰한 후 모방하며 언어를 습득할 수 있다. 예를 들어, 양육자가 "이 놈!"이라는 말을 자주 쓰면 영아 역시 그 말을 듣고 배워 똑같이 따라 할 수 있다는 것이다.

행동주의적 관점은 언어 발달을 단순하게 설명하기 때문에 매력적이지만(Chomsky, 1986) 이러한 학습 기제만으로는 복잡하고 정교한 문법을 습득하는 것이 어렵다는 점에서 제한점이 있다. 예컨대, 대부분의 양육자는 일일이 문법에 맞게 말하지 않는다. 영아에게 밥을 먹으라고 할 때, "밥을 먹어."라고 조사까지 붙여서 말하는 것이 아니라, "밥." 또는 "밥 먹어."라고 말하는 것이다. 영아는 그들이 듣는 것보다 더 많은 문법적인 문장을 배우게 된다. 따라서 단순히 들은 것을 모방하여 언어를 습득한다는 행동주의자들의 설명에는 한계가 있다.

2) 생득론적 관점

행동주의적 관점을 가진 학자들은 아동이 학습 기제를 통해 언어를 습득한다고 주장하지만, 생득론적 관점(nativist perspectives)에 따르면 아동은 언어를 습득할 수 있는 능력을 가지고 태어난다. 한 예로, 청각장애인 부모의 자녀는 장애가 없는 부모의 자녀보다 언어적 경험이 부족할 수 있지만, 동일하게 옹알이를 한다(Lenneberg et al., 1967). 청각장애인 부모가 아니더라도 아동이 받는 외부 자극은 아동이 말하는 것에 비해 극히 적다. Chomsky(1968) 또한 아동이 받는 외부 자극은 복잡하고 정교한 언어를 학습하기에 턱없이 부족하다고 주장하며, 이를 자극의 빈곤(poverty of stimulus)이라 불렀다. 예컨대, 많은 부모는 자녀와 이야기를 할 때 완벽한 문장을 사용하기보다 자녀에게 "맘마?" "그랬어?"와 같이 제한적인 문장을 사용한다. 이러한 예들을 종합하면 아동은 언어 습득 능력을 타고난다.

Chomsky는 아동이 외부에서 받는 자극이 충분하지 않아도 언어를 습득할 수 있는 이유를 언어 습득 장치로 설명했다. 언어 습득 장치(Language Acquisition Device: LAD)란 언어를 습득하고 처리할 수 있는 장치로, 모든 사람은 이를 가지고 태어난다. 예를 들자면, wait의 과거형은 'waited'이고, point의 과거형은 'pointed'이다. 이러한 예시를 보고 아동은 '-ed'를 붙이면 과거형이 된다고 생각할 수 있지만, 'go'의 과거형은 'goed'가 아닌 'went', 'cut'의 과거형은 'cutted'가 아닌 'cut'이다. 이처럼 단어마다 과거형이 다르고 비규칙적이기 때문에 언어를 배우기 시작하는 아동은 시제사용에 있어 많은 실수를 할 수 있다. 그러나 아동은 부모가 실수를 고쳐 주는 횟수에 비해 더 빨리 동사의 과거형에 대해 이해하고 점차 실수를 줄여 간다. 이는 아동에게 선천적으로 언어를 터득하는 능력이 있다는 것을 보여 준다. 또한 생득론적 관점을 지지하는 연구자들은 다른 나라의 아동들도 비슷한 속도로 언어를 습득하는 것을 보고 보편 문법(universal grammar)이라는 개념을 주장한다. 이것은 모든 나라의 언어에는 동일한 문법적 규칙이 있다는 추상적인 개념이다. 즉, 누구나 문법을 익힐 수 있는 언어적 능력을 문화와 같은 후천적 영향 없이 가지고 태어난다는 것이다.

한편, 생득론적 관점을 반박하는 세 가지 입장도 있다. 첫째, 생득론적 관점은 행동주의적 관점을 반박하는 데에만 너무 집중하여, 아동이 부모나 주위 환경으로부터 받는 영향을 간과했다는 것이다(Tomasello, 2008). 둘째, 언어 습득 장치에 대한 원리나 구조는 눈에 보이지 않는 추상적인 개념이기 때문에 증명하기가 어렵다(Palmer, 2000). 마지막으로, 생득론적 관점은 직접 관찰하거나 실험을 통해 얻은 실증적 증거(empirical evidence)가 아직까지 충분하지 않다.

3) 상호주의적 관점

행동주의적 관점과 생득론적 관점의 한계를 보완한 상호주의적 관점(interactionist perspectives)에 따르면 언어 발달은 선천적 능력과 경험이 상호작용하여 이루어진다. 예를 들어, 대부분의 영아는 생후 12개월에 첫 단어를 말하지만 모든 영아가 생후 12개월에 첫 단어를 말하는 것은 아니다. 영아가 누구와 어떻게 상호작용하는가에 따라서 언어 발달의 속도나 질이 달라진다(Tomasello, 2008).

이러한 상호주의적 관점과 일치하는 예가 있다. 과거 남아메리카의 니카라과에는 청각장애 아동들이 집에 격리되어 있었다. 그들은 1981년 청각장애 아동들이 직장을 얻을 수 있도록 도와주는 학교에 입학하기 전까지 다른 사람을 만난 경험도 없었고, 집에서 수화를 배운 적도 없었고 학교에서도 그들에게 따로 수화를 가르쳐 준 적이 없었기 때문에 처음에 이들이 수화로 의사소통하는 것은 불가능했다. 그러나 시간이 흐를수록 그들은 자신들만의 손동작을 만들어 의사소통을 하기 시작했다. 처음에는 단순한 손짓과 몸짓에 불과했지만 이후에는 점차 발달하여 복잡한 내용의 대화도 가능하게 되었다(Senghas, Kita, & Ozyurek, 2004). 이러한 예시는 언어를 사용하여 의사소통하려는 인간의 내재되어 있는 특성과 학교에서 만난 다른 장애 아동과의 경험이 상호작용하여 언어 발달을 이룬다는 것을 보여 준다.

그러나 상호주의적 관점은 아동이 정확히 어떻게 언어를 습득하게 되는지에 대해서는 자세히 설명하지 못한다는 제한점을 가진다.

4) 인지론적 관점

인지론적 관점(cognitive perspectives)은 언어 발달과 인지 발달을 연관지어 생각한다. Piaget와 Vygotsky 모두 언어 발달을 인지론적 관점으로 설명하였지만 언어와 사고의 관계를 다르게 설명했다는 점에서 차이가 있다. 먼저 Piaget(1967)는 인지 능력이 발달한 후에야 언어 발달이 이루어진다고 주장했다. 그의 주장에 의하면 새로 습득한 지식은 아동이 표현하는 말에 내재되어 있으며, 이를 인지 언어적 연관성(cognitive-linguistic links)이라고 부른다. 예를 들어, 아동은 대상이 눈앞에서 사라져도 영원히 사라진 것이 아니라는 대상 영속성에 대한 개념을 이해할 때에야만 비로소 '갔어(gone)'와 같은 단어를 사용하게 된다(Gopnick & Meltzoff, 1986). 이와 같은 아동의 언어 발달은 인지 발달의 정도에 맞게 이루어진다.

이러한 주장을 하는 Piaget와 달리 Vygotsky(1962)는 그의 책 *Thought and Language*에서 언어와 사고가 상호 독립적으로 발달하다가 후에 통합된다고 주장했다. 또한 그는 아동의 언어 발달이 부모나 보호자의 영향을 받아 이루어진다고 주장하며, 이를 타인 주도적인 과정(other-guided process)이라고 일컬었다. Piaget와 Vygotsky가 아동의 혼잣말을 어떻게 설명하는지를 보면 이론의 차이점을 좀 더 명확히 알 수 있다. Piaget는 혼잣말이 자기중심적인 사고를 하는 아동의 특성이 언어 발달에 나타난 것이라고 한 반면, Vygotsky는 혼잣말을 부모와 시간을 보내며 들은 외적 언어를 내재적 사고로 바꾸는 과정에서 나타나는 것이라고 설명했다.

그러나 인지론적 관점은 앞서 '4장 인지 발달 1'에서도 살펴보았듯 아동의 능력을 과소평가하였다는 제한점을 가진다. 또한 Piaget의 인지론적 관점은 서양 문화만을 토대로 만들어졌기 때문에 문화적인 영향을 배제하고 있다(Buck-Morss, 1975).

5) 연결주의적 관점

마지막으로 연결주의적 관점(connectionist perspectives)은 개인의 경험과 학습이 언어 발달에 중요한 역할을 한다고 주장한다. 연결주의적 관점에 따르면 언어 표현은 처음부터 가지고 있는 것이 아니라 서서히 배우는 것이고 언어적 환경과 상호작용하며 갖게 되는 것으로(MacWhinney, 2001), Chomsky의 생득론적 관점과는 상반된다. 또한 연결주의적 관점은 행동주의적 관점과 유사하지만 신경계 구조도 고려한다는 점에서 차이점을 가진다.

연결주의적 관점을 가진 연구자들은 생각하는 과정뿐 아니라 신경 기능까지 이해하려고 하기 때문에 뇌의 구조에 대해서도 연구를 한다(Rumelhart, 1989). 그들은 뇌에 있는 뉴런이 상호작용하면서 언어 발달이 나타난다고 말하며, 인간의 뇌가 컴퓨터 프로그램처럼 작동한다고 가정한다.

그러나 Pinker와 Prince(1988)에 따르면, 아동이 소리를 받아들이는 것과 컴퓨터가 정보를 받아들이는 것에는 차이가 있다. 컴퓨터는 아동이 언어를 배우는 것에 비해 훨씬 효율적인 능력을 가지고 있다. 따라서 컴퓨터의 모델이 설명하는 것을 아동도 똑같이 할 것이라고 기대할 수는 없다. 이처럼 연결주의적 관점은 과학을 근거로 한 것처럼 보이지만, 이를 뒷받침할 실증적 증거는 아직까지 부족하다.

3. 단계별 언어 발달

언어 발달은 전언어기, 전 언어기 이후 영아기, 아동 초기 그리고 아동 중기 이후까지 지속적으로 발달한다.

1) 전언어기

전언어기의 영아는 아직 성대에서 입술이나 콧구멍에 이르는 통로인 성도(vocal tract)가 완벽하게 발달되지 않았기 때문에 극히 제한된 소리만을 낼 수 있다. 따라서 전언어기의 영아는 목 울리기나 옹알이, 몸짓 등으로 자신의 의사를 표현한다. 목 울리기(cooing)는 영아가 주로 기쁘거나 만족감을 느낄 때 성대 뒤쪽에서 울려 내는 소리로, 생후 약 1개월에서 2개월 사이의 영아에게서 나타난다. 목 울리기에 대한 양육자의 긍정적인 반응은 아동의 발화를 강화하며 이후의 언어 발달에 긍정적인 영향을 미친다(Yoshikawa, Asaka, & Hosoda, 2003).

생후 약 6개월 정도가 되면 영아는 옹알이(babbling)를 시작한다. 과거에는 옹알이가 의사소통과 연관성이 없다고 여겨졌기 때문에 많은 연구가 이루어지지 않았다. 그러나 영아가 옹알이를 했을 때 나타나는 양육자의 반응은 전언어기의 발성 발달에 결정적인 역할을 한다(Goldstein & Schwade, 2008). 생후 8개월에서 12개월 사이에 영아는 목소리를 내는 것 외에도 몸짓을 사용하여 자신의 의사를 표현하기 시작한다. 예를 들어, 손을 흔들며 인사를 하기도 하고 알겠다는 의미로 고개를 끄덕이기도 한다. 또한 자신의 빈 컵을 보여 주며 우유를 더 달라고 한다.

이러한 행동 외에도 영아의 대표적 몸짓에는 가리키기가 있다. 어린 영아는 어른의 시선을 의식하지 않고 손가락으로 자신이 원하는 것만 가리킨다. 그러다 좀 더 자라면 어른과 사물을 번갈아 보며 손가락으로 가리키기 시작하는데 이는 사회적 도구로서 몸짓 언어가 발달해 가는 것을 보여 준다. Begus와 Southgate(2012)에 의하면 손가락으로 가리키기는 같은 외부 대상에 두 사람이 동시에 주의를 기울이는 공동주의(joint attention) 발달에도 중요한 요소가 된다. 공동주의에 대해서는 '10장 사회인지 발달 2'에서 좀 더 자세히 다루도록 한다.

Goldin-Meadow와 Alibali(2013)는 가리키기를 제대로 하지 못하는 영아는 소통 체계에 문제가 있을 수 있다고 주장했다. 또한 Colonnesi와 다른 연구자들(2010)은 가리키는 몸짓을 잘하지 못하는 것은 대부분의 자폐 아동의 특징이라고도 설명했다. 이 외에도 Rowe와 Goldin-Meadow(2009)에 따르면, 영아가 생후 14개월에 사용한 몸짓은 생후 54개월의 어휘력과 관련이 있었다. 즉, 영아가 어릴 때 많은 몸짓을 사용하는 것은 이후 긍정적인 언어 발달과 상관이 있었다.

태어난 지 얼마 되지 않은 영아는 음소 변별 능력을 가지고 있다. 영아에게 여러 나라의 음소를 스피커로 들려주면 영아는 미세한 차이도 구분해 낸다. 예컨대 'bababa'와 같이 같은 음절을 여러 번 재생한 후 비슷하지만 다른 음절인 'papapapa'로 바꾸어 다시 재생하면 영아는 이를 구분한다. 한국 성인의 경우 영어의 'r'과 'l'을 구분하는 데 어려움을 겪지만, 한국 영아는 'r'과 'l'도 쉽게 구분한다. 그러나 생후 6개월경이 지나 영아는 모든 음절을 알아차리기보다 모국어의 음소 차이만을 잘 인식하게 된다. 이는 영아가 특정한 언어 환경에 노출되면서 그 언어에 필요한 능력만 유지하게 되고, 다른 언어의 음소 변별 능력은 점차 사라지기 때문이다(Santrock, 2014).

Kuhl(1992)의 실험에서도 미국과 스웨덴의 생후 6개월 영아를 대상으로, 특정 언어에 노출된 영아의 음소 변별 능력을 알아보았다. 서로 다른 음절이 스피커에서 재생될 때마다 영아가 고개를 돌리면 이에 대한 보상으로, 영아 옆의 곰돌이 장난감이 춤을 추며 드럼을 쳤다([그림 8-1] 참조). 실험 결과 생후 6개월 전까지의 영아는 음절이 바뀔 때마다 이를 알아차리고 고개를 돌렸다. 그러나 생후 6개월이 지난 영아는 모든 음절을 구별하기보다 모국어의 음소 차이만을 인식했다.

(A)

(B)

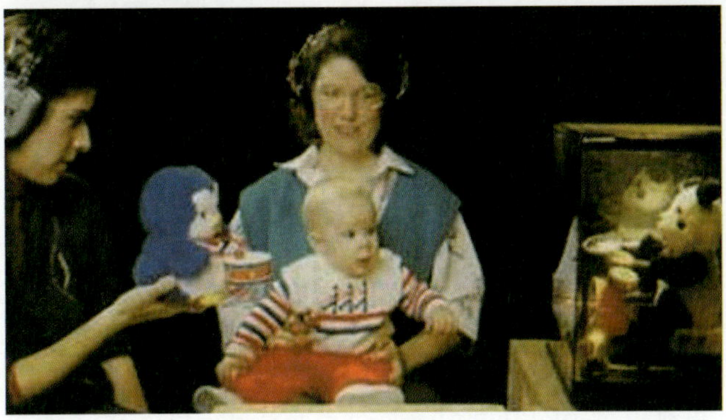

[그림 8-1] 영아의 음소 변별 능력

(A) 영아가 인형을 보고 있는 동안 같은 음절을 여러 번 들려준 후 다른 음절을 들려주었다(예: ba-ba-ba-ba-pa-pa-pa-pa).

(B) 영아가 음절이 바뀐 것을 알아채고 스피커 쪽으로 고개를 돌리면 그에 대한 보상으로 상자에 불이 켜지고 인형이 춤을 추었다. 실험 결과, 영아에게는 음소 변별 능력이 있는 것으로 나타났다.

출처: Kuhl (2004).

2) 전언어기 이후 영아기

언어를 사용하지 못했던 전언어기와는 달리 영아기에는 다양한 언어 발달이 일어난다. 영아는 생후 약 12개월이 되면 의미를 지닌 단어를 처음 말하는데, 이때 영아가 흔히 저지르는 실수로는 과잉 확장과 과소 확장이 있다(Hollich & Houston, 2007). 과잉 확장(overextension)이란 그 뜻을 가진 사물뿐만 아니라 다른 사물에도 똑같은 단어를 사용하는 것이다(Kay & Anglin, 1982). 예를 들어, 엄마가 평소 강아지를 가리키며 영아에게 “멍멍이”라고 말했다. 그런데 영아가 [그림 8-2]와 같이 네 발로 걷고 털이 있는 고양이에게도 “멍멍이”라고 말한다면 이는 영아가 과잉 확장의 오류를 범한 것이다.

[그림 8-2] 영아의 과잉 확장과 과잉 축소

양육자가 강아지를 가리키며 "멍멍이"라고 말했다고 가정하자. (A) 과잉 확장을 할 경우, 아동은 털이 있고 네 다리가 있는 동물을 모두 개라고 생각하여 고양이에게도 "멍멍이"라고 할 것이다. (B) 반면, 과잉 축소를 할 경우에는 다른 종의 강아지를 보고 개라고 생각하지 못하고 "저것"이라고 한다.

과잉 축소(underextension)는 같은 범주에 속하는 단어임에도 동일하지 않은 대상에게는 무조건 다른 단어를 말하는 것이다(Kay & Anglin, 1982). 예를 들어, 양육자가 강아지를 가리키며 "멍멍이"라고 말했을 때 영아가 과잉 축소의 오류를 범한다면, 그림과 같이 다른 종의 강아지나 다르게 생긴 강아지를 "멍멍이"라고 부르지 않을 것이다.

영아가 단어에 맞게 의미를 습득하는 방법으로는 신속 대응과 제약이 있다. 신속 대응(fast mapping)이란 짧은 노출에도 불구하고 단어의 의미를 습득하는 것이다. 신속 대응을 하려면 영아는 지시 대상 선정과 지시 대상 보유가 가능해야 한다. 지시 대상 선정(referent selection)이란 새로 알게 된 언어에 알맞은 지시 대상을 선택하는 것이다. 예를 들어, 엄마가 "강아지"라고 했을 때 영아는 다른 대상이 아닌 꼬리가 달리고 털이 있는 개를 그렇게 부른다는 것을 아는 것이 지시 대상 선정이다. 그리고 지시 대상 보유(referent retention)는 지시 대상 선정을 통해 새로 접한 사물을 기억하는 것이다. 만약 영아가 후에 강아지를 보았을 때 강아지인 것을 안다면 지시 대상 보유 능력이 있다고 할 수 있다. Carey와 Bartlett(1978)에 따르면 영아는 새로운 단어를 한 번만 듣고도 1주 이상 그 단어를 기억했고, Markson과 Bloom(1997)에 따르면 영아는 한 달 넘도록 단어를 기억하는 능력을 갖고 있었다. 어느 순간부터 영아는 한 달에 약 500개의 단어를 배울 수 있게 되는데, 이는 신속 대응이 가능하기 때문이다.

Spiegel과 Halberda(2011)는 만 2세 영아의 신속 대응 능력을 실험하였다. 이 실험에서 연구자들은 영아에게 새로운 단어를 3초 동안 한 번만 보여 주거나 들려주었고, 실험에 참가한 영아 대부분은 그 단어를 이해하고 기억했다. 그러나 Horst와 Samuelson(2008)의 연구에서는 생후 24개월 영아의 경우 지시 대상 선정 능력은 있었지만, 지시 대상 보유는 일시적인 것으로 나타났다. 이처럼 일관되지 않은 연구 결과는 앞으로도 신속 대응에 대한 좀 더 많은 연구가 필요하다는 것을 보여 준다.

또한 영아는 특정 단어의 뜻을 유추할 때 수많은 의미 중 몇 가지 가설을 가지고 단어를 학습하는 경향이 있는데, 이를 제약(constraint)이라고 한다. 영아가 사용하는 제약에는 지각적 제약, 개념적 제약 그리고 화용론적 제약이 있다.

지각적 제약(perceptual constraint)은 지각적 정보를 이용해서 특정한 사물을 분류하는 것이다. 지각적 제약을 가장 잘 설명하는 예로는 대상의 크기나 재질 등 생김새나 '모양'에 치중하여 사물을 분류하는 모양 편향(shape bias)이 있다(Landau, Smith, & Jones, 1988; [그림 8-3] 참조). 예를 들어, 영아에게 어떤 모형을 보여 주고 이것이 'dax'라고 한 후, 모양이나 재질이 다른 모형을 다시 보여 주며 "내게 dax를 보여 주겠니?"라고 물었다고 가정하자. 첫 번째 모형은 모양이 같았고, 두 번째 모형은 재질이 같으며, 세 번째 모형은 색깔이 같았다면, 이와 같은 상황에서 영아는 모양이 같은 첫 번째 모형을 고르는 경향을 보였다(Yee, Jones, & Smith, 2012).

[그림 8-3] 모양 편향

(A) 아동에게 왼쪽의 모형을 보여 주며 이름이 'dax' 라고 알려주었다.
(B) 그 후 아동에게 오른쪽에 있는 세 모형을 보여 주며 dax를 보여 달라고 하니 아동은 모양이 같은 첫 번째 모형을 dax라고 하였다.

출처: Yee, Jones, & Smith (2012).

개념적 제약(conceptual constraint) 혹은 대상의 범위 제약(whole-object bias)은 새로운 단어를 들었을 때 그것이 물건 전체를 가리키는 것을 아는 것이다(Hollich, Jusczyk, & Luce, 2000). [그림 8-4]와 같이 엄마가 고양이를 가리키며 "고양이"라고 했을 때 영아는 이를 보고 고양이가 머리나 귀, 털, 발, 꼬리와 같이 고양이의 일부를 의미하는 것이 아니라, 고양이 전체를 가리킨다는 것을 아는 것이다.

화용론적 제약(mutual exclusivity)은 [그림 8-5]와 같이 2개의 사물 중 하나의 이름을 알고 있을 때 그 단어가 아닌 새로운 단어를 듣는다면, 그 새로운 단어가 자신이 이름을 모

[그림 8-4] 개념적 제약

엄마가 "고양이"라고 하였을 때 영아가 고양이의 꼬리, 귀, 눈이 아닌 고양이 전체라고 이해하는 것을 개념적 제약이라고 한다.

[그림 8-5] 화용론적 제약

영아가 '컵'의 이름을 이미 알고 있다고 가정하자. 이때 아빠가 '안경'을 달라고 하면, 영아는 안경이 컵의 옆에 놓여 있는 물체라고 생각할 수 있다. 이를 화용론적 제약이라고 한다.

르는 사물을 지칭한다는 것을 유추하는 것이다. 예를 들어, [그림 8-5]처럼 영아의 앞에 컵과 안경이 있다. 영아가 '컵'이 무엇인지 알고 있는 상태에서 아빠가 '안경'을 건네 달라고 말한다면, 컵이 아닌 옆의 다른 물체를 안경으로 유추하여 아빠에게 안경을 건넬 것이다. Halberda(2003)에 의하면 생후 17개월 영아는 화용론적 제약을 사용할 수 있지만, 생후 14개월 영아는 사용하지 못하는 것으로 나타났다.

영아기에 나타나는 언어 발달 중 가장 눈에 띄는 변화는 바로 어휘 폭발일 것이다. 어휘 폭발(vocabulary explosion)은 아동의 단어 습득 능력이 급격히 향상되는 것을 말하는데, 이에 대해 Pinker(1994)는 이 시기를 '진공 청소기와 같다.'고 비유하기도 했다. 아동은 만 2세경에 약 200개의 어휘를 알고 3세에는 900~1,000개의 어휘를 안다. 그리고 6세에는 8,000~14,000개의 어휘를 안다(Carey, 1978). 하루에 대략 10개의 어휘를 배우는 것이다.

영아의 어휘 능력은 표현 어휘와 이해 어휘로 나눠 볼 수 있는데, 일반적으로 이해 어휘가 표현 어휘보다 먼저 나타난다. 참고로 표현 어휘는 아동이 이해하지 못하더라도 표현할 수 있는 단어를 말하며, 이해 어휘는 아동이 이해하는 단어를 뜻한다. 이해 어휘의 양은 실제로 아동이 사용하는 어휘의 양보다 많을 수 있다. 표현 어휘와 이해 어휘 발달은 성별에 따라 다르게 나타난다. [그림 8-6]과 [그림 8-7]처럼, 여아의 표현 어휘와 이해 어휘가 남아의 것보다 많았다. 여아는 남아보다 60개 내지 100개의 단어를 더 표현하며, 더 많은 어휘를 이해

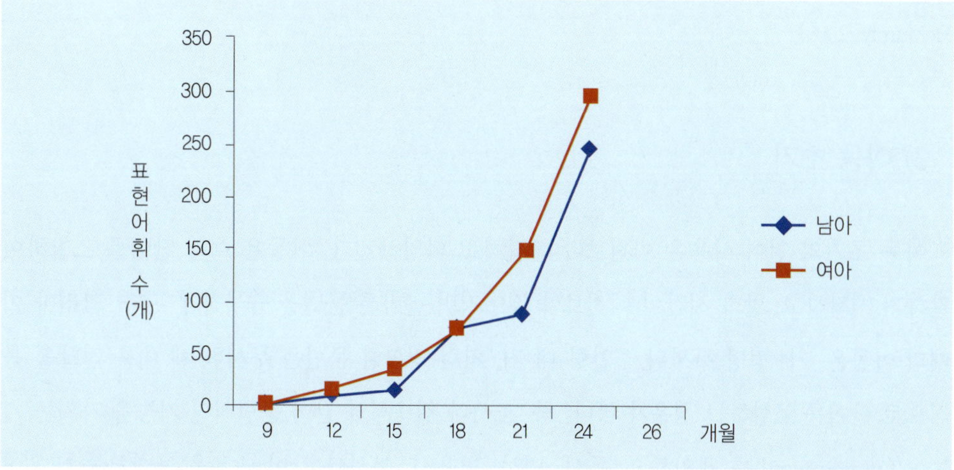

[그림 8-6] 영아의 표현 어휘 발달

생후 23개월에서 24개월 사이에 어휘 폭발이 일어난다. 또한 여아의 표현 어휘가 남아의 표현 어휘보다 많다.

출처: 곽금주, 김연수(2014).

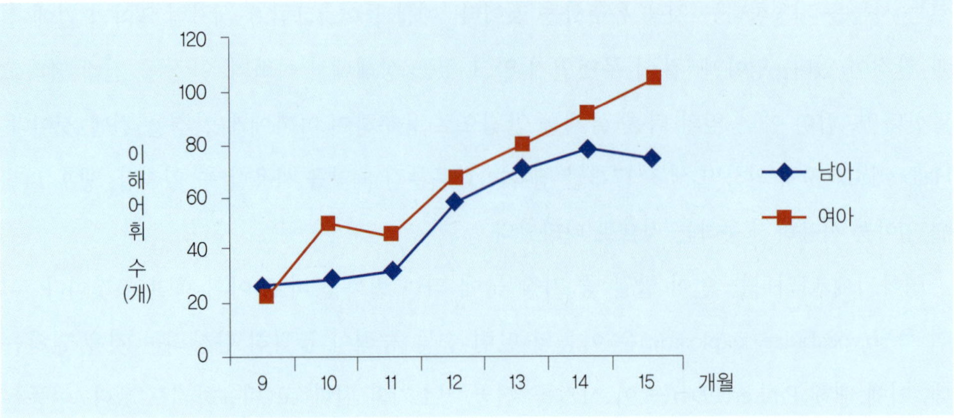

[그림 8-7] 영아의 이해 어휘 발달
전반적으로 여아의 이해 어휘가 남아의 이해 어휘보다 많다.
출처: 곽금주, 김연수(2014).

하는 것으로 나타났다(곽금주 외, 2005). 또한 월령에 따라 표현 어휘와 이해 어휘가 다른 것으로 나타났다. 대부분의 영아에게서 어휘 이해 능력이 표현 능력보다 먼저 발달하는 것으로 나타났다. 생후 13개월경의 영아는 약 70개의 어휘를 이해할 수 있는데, 생후 18개월경이 되어서야 70개의 단어를 표현할 수 있다(김연수, 곽금주, 2014).

한국 아동과 미국 아동의 어휘 폭발 시기는 다르다. 한국 아동은 생후 23개월에서 24개월에 어휘 폭발이 일어나는 반면, 미국 아동은 생후 18개월에 어휘 폭발이 나타난다(Mitchell & McMurray, 2008).

3) 아동 초기

아동 초기의 언어 사용은 이전보다 복잡하고 다양해진다. 아동은 여러 단어를 조합하여 말하기 시작하고, 발화 시간이 이전보다 길어지며 올바른 문법을 습득하게 된다. 그러나 이 때의 아동은 "가! 멍멍 무서워." "인형 내 거."처럼 정확한 문법은 무시한 채 내용 전달을 목적으로 단어를 조합하는 경우가 많다. 즉, 조사나 접속사와 같이 문법적인 기능을 가지는 기능어(function word)를 제외하고, 동사, 명사, 형용사, 부사와 같이 내용을 포함하는 내용어(content word)를 주로 사용한다. 이 같은 문장은 과거 전보를 칠 때 쓰던 문장과 비슷하여 '전보어'라고 불리기도 한다(Eilers, 1975).

ISSUE 1

인간만 신속 대응을 할 수 있을까?

강아지도 신속 대응을 할 수 있는 것으로 나타났다. 독일에 있는 보더콜리 종의 '리코'라는 애완견은 약 200개의 단어를 알고 있는 것으로 밝혀져 화제가 되었다. 리코가 생후 10개월이 되었을 때, 주인은 세 가지 물체를 다른 장소에 놓고 그중 한 가지 물체를 가지고 오라고 시켰다. 주인이 말한 물체를 가지고 오면 리코에게 음식이나 주인과 놀 수 있게 되는 보상이 주어졌다. 그렇게 리코는 점차 많은 물체와 익숙해졌다. 주인이 리코에게 새로운 물체를 알려 줄 때면 물체를 보여 주며 두세 번 반복해서 이름을 알려주고 가지고 놀게 했다.

Kanimski, Call과 Fischer(2004)는 리코의 능력을 시험해 보고자 하였다. 리코에게 익숙한 200개의 단어를 무작위로 20묶음으로 분류한 후 실험실에 한 묶음의 물체들을 진열해 놓았다. 그 후에 주인은 리코에게 무작위로 두 가지 물체를 하나하나 가져오라고 시켰다. 그 결과, 리코는 40번 중 37번 알맞은 물체를 주인에게 가지고 왔다.

그뿐 아니라 새로운 물체를 이미 알고 있는 7개의 물체와 함께 놓고 실험을 했다. 리코의 주인이 리코에게 처음에는 익숙한 물체를 가지고 오라고 시켰고 그 후에는 새로운 물체를 가지고 오라고 했다. 그러자 리코는 10번 중 7번을 성공했다. 이것은 리코가 새로운 단어를 배울 때 자신이 그동안 알고 있는 것과는 다르다는 것을 인지하고, 새로운 사물에 대한 이름을 배우는 능력이 있음을 보여 준다(지시 대상 선정). 그뿐만 아니라 리코는 4주가 지난 뒤 그 물체들을 기억하기까지 했다(지시 대상 보유). 이와 같은 연구 결과는 인간만이 아니라 동물도 신속 대응을 통해 빠른 속도로 단어를 습득할 수 있다는 것을 보여 준다.

출처: http://www.telegraph.co.uk/news/uknews/1464252/Rico-the-collie-that-can-understand-200-words.html

아동 초기에 아동의 발화 시간은 길어지며, 평균 발화 길이로 언어 발달 정도를 측정할 수 있다. 평균 발화 길이(mean length of utterance: MLU)는 문장 속에 포함된 낱말이나 형태소의 평균 수를 나타낸 값으로, 아동의 전체 발화에서 뜻을 가진 작은 단어인 형태소의 개수만큼을 나누어서 구할 수 있다(Klee & Fitzgerald, 1985). 예를 들어, 아동이 "멍멍이 있다." 라고 하면, 이 문장은 2개의 형태소를 연결시켜 말한 것이다. 그러다 아동이 문장어미를 이해하여 "멍멍이들이 있다."라고 하면 형태소가 3개가 되어 평균 발화 길이 역시 늘어나게 된다. 평균 발화 길이는 나이가 들면서 늘어난다. Rice, Smolik, Perpich, Thompson, Rytting과 Blossom(2010)의 연구에서는 정상적인 언어 발달을 하는 아동과 단순 언어 장애(specific language development)가 있는 아동의 평균 발화 길이를 비교한 결과, 정상적인 언어 발달을 보이는 아동의 평균 발화 길이가 더 길었다. 배소영(2001)에 따르면 우리나라 아동은 만 3세 전후에 기본적인 문장을 말하고, 형태소도 적절하게 사용하기 시작한다.

아동 초기에는 말을 오래 할 뿐만 아니라 문법적 형태소와 과잉 규칙화의 발달이 일어난다. 문법적 형태소는 그 자체로는 아무런 의미가 없지만, 문법에서 기능적 역할을 하기 때문에 기능어라고도 불린다. Brown(1973)은 영어가 모국어인 3명의 아동을 대상으로 문법적 형태소의 발달 순서를 발견했다. 연구 결과, 복수를 나타내는 's'에 대한 이해를 가장 빨리 했으며, 다음으로 소유격 's', 그리고 삼인칭 단수 동사에 붙는 's'에 대한 문법을 마지막으로 익혔다.

과잉 규칙화(overregularization)란 아동이 주변에서 듣고 배운 문법을 예외의 상황에서도 활용하는 것이다. 한국어에서 조사 '가'는 명사 뒤에 쓰이지만, 예외인 경우도 있다. 예로, 받침이 있는 글자 뒤에는 '이가'를 써야 한다. 만약 아동이 친구의 이름을 말할 때 "소영이가"라고 말하는 대신 "소영가"라고 말을 한다면 이는 과잉 규칙화의 오류를 범한 것이다. 미국 아동에게도 과잉 규칙화가 나타나는데, 예로 복수형에는 's'가 주로 붙지만 예외인 경우가 있다. 예컨대, 'tooth'의 복수형은 'teeth'이지만 아동은 흔히들 'tooths'라고 말한다.

4) 아동 중기

아동 중기가 되면 아동은 문법을 어느 정도 익히게 되어 자신의 생각과 감정을 좀 더 정확히 표현할 수 있다. 특히 대화 기술이 발달하고 의사소통의 명확성이 증가한다. 아동은 풍자와 은유를 이해하고 사용하기 시작한다. 풍자(satire)란 사회에 대한 비판적인 메시지를 유머로 승화시켜 표현하는 것이다. 아동 초기에는 풍자가 정확히 무슨 의미를 전달하려는 것인지 파악하지 못하고 표면적으로 나타나는 유머만 이해할 수 있지만, 아동 중기 이후부터는 이를 이해하고 적절히 사용한다. 은유(metaphor)는 설명하고자 하는 대상을 다른 것에 빗대어 설명하는 것으로, 예를 들어 '인생은 여행과 같다.'처럼 인생을 다양한 경험을 하고 수많은 사람을 만나는 여행에 빗대어서 이야기한 것이다.

타인과 원활히 소통하기 위해서는 상대방이 하는 말에 주의를 기울이고 그와 관련된 말을 해야 한다. 이때 중요한 것은 참조적 의사소통 기술의 발달이다. 여기서 참조적 의사소통(referential communication) 기술이란 화용론적 기술로 다른 사람과 특정 참조물에 대해서 소통하는 것을 말한다. 이때 특정 참조물을 가지고 타인과 대화하기 위해서는 그 사물에 대한 지식을 가지고 있어야 하며, 소통하는 방법이나 과정을 알아야 한다.

Krauss와 Glucksberg(1977)는 참조적 의사소통 기술이 언제 발달하는지 살펴보기 위해 실험에 참가한 만 4~10세 아동을 '말하는 집단'과 '듣는 집단'으로 나누었다. 그리고 [그림 8-8]과 같이 서로 다른 집단의 아동 사이에 칸막이를 두고, 말하는 집단의 아동에게 블록을 하나씩 집어서 듣는 집단의 아동에게 블록이 어떻게 생겼는지 설명하고 블록을 순서대로 쌓게 했다. 듣는 집단의 아동은 말하는 집단 아동의 설명만을 듣고 알맞은 블록을 찾아 순서대로 쌓아야 했다. 연구 결과, 만 4~7세 아동은 블록 모양을 설명하는 것이 제각각이어서 듣는 집단의 아동이 정확한 블록을 찾아 쌓는 데 어려움을 겪었다. 반면, 만 8세경이 된 아동은 블록을 상대 아동에게 상세히 설명할 수 있었다. 즉, 참조적 의사소통 기술은 만 8세경에 발달

[그림 8-8] 아동의 참조적 의사소통 기술

두 아동을 마주보게 앉힌 후 사이에 칸막이를 두었다. 아동은 서로를 보지 않고 블록 하나를 정해 이를 설명하고 순서대로 쌓아야 했다. 그 결과, 만 8세 이전의 아동들은 알맞은 블록을 쌓는 데 어려움을 겪었다.

하는 것으로 나타났다.

Roby와 Kidd(2008)는 상상 속 친구와 참조적 의사소통 기술의 연관성에 대해 연구하였다. 상상 속 친구(imaginary companion: IC)란 놀이를 하며 아동과 함께 노는 가상의 존재로(Svendsen, 1934), 의인화시킨 곰돌이 인형도 상상 속 친구의 한 예로 여겨진다(Taylor, Shawber, & Mannering, 2008). 연구 결과에 따르면, 상상 속 친구가 있는 아동의 참조적 의사소통 기술은 상상 속 친구가 없는 아동에 비해 뛰어났다(Roby & Kidd, 2008). 또 다른 연구에 따르면, 아동은 상상 속 친구와 가상 놀이를 하며 여러 개념을 배우고 구두 능력을 발달시킨다(Lewis, Boucher, Lupton, & Watson, 2000). 결국 아동들이 여러 가지 인형이나 모형을 늘어놓고 혼잣말을 하면서 노는 것도 바로 이러한 의사소통 능력을 키우는 한 방법이라 볼 수 있다.

아동 중기에는 주로 글에서 쓰는 말인 문어(literary) 발달 또한 일어난다. 이 시기의 아동은 어느 정도 문법을 익혔으며, 글을 읽고 쓸 수 있게 된다. 아동의 읽기 능력은 주로 아동 중기 이후에 나타난다. Chall, Jacobs와 Baldwin(2009)은 아동의 읽기 발달을 다음과 같이 총 여섯 단계로 나누어 설명한다.

0번째 단계는 만 6세 이전 아동이 포함된다. 이 단계의 아동은 책을 보면서 이전에 다른 사람이 읽어 주었던 내용을 토대로 책을 '읽는 척' 한다.

첫 번째 단계에는 초등학교 1학년과 2학년 아동이 속한다. 이 단계는 글을 읽기 위한 준비 기간이라고 볼 수 있으며, 아동은 자신이 속한 나라의 언어 형태나 법칙을 배워 나간다. 예를 들어, 한국 아동은 글을 읽을 때와 쓸 때 왼쪽에서 오른쪽으로 읽는 법칙을 배운다. 그러나 이 단계의 아동은 글을 소리 내어 읽을 수는 있지만, 글의 내용 전체를 이해하지는 못한다.

두 번째 단계는 초등학교 2학년에서 3학년 시기를 포함한다. 이때의 아동은 자신이 이전에 여러 번 읽었던 책을 읽을 수 있게 된다. 글자를 읽는 능력이 향상되는 시기다.

세 번째 단계는 초등학교 4학년부터 중학교 3학년 때까지의 읽기 능력 발달을 설명한다. 이 시기에는 글을 읽고 그 글이 무엇을 의미하는지 이해하게 되며 글을 통해 정보를 습득할 수 있게 된다. 그러나 자신이 모르는 주제에 관한 글을 읽는 데에는 어려움을 겪는다.

네 번째 단계가 된 고등학생 청소년들은 글을 정확하게 읽고 다양한 관점에서 글을 이해할 수 있게 된다. 또한 이 단계에서는 광범위한 내용을 다루고 있는 글을 읽고도 핵심을 파악할 수 있다. 따라서 이 시기의 청소년들은 문학과 정치처럼 어려운 주제에 대해 이해하고 친구들과 토론까지 할 수 있게 된다.

〈표 8-1〉 아동 초기의 쓰기 발달 단계

단계	그림 예시
1	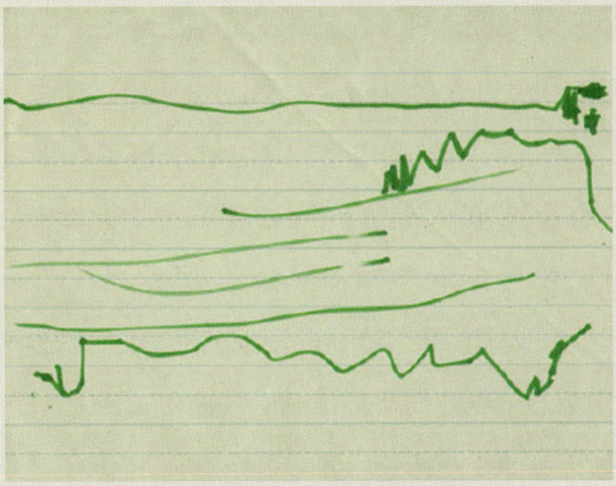 낙서가 왼쪽에서 오른쪽으로 향한다.
2	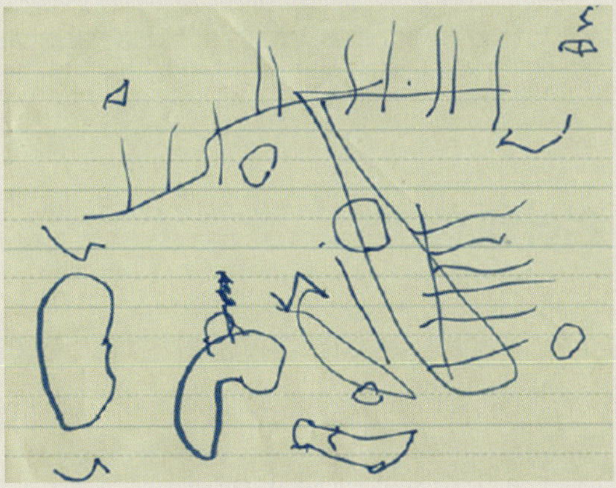 낙서의 모양이 글자 형태로 나타나기 시작한다.
3	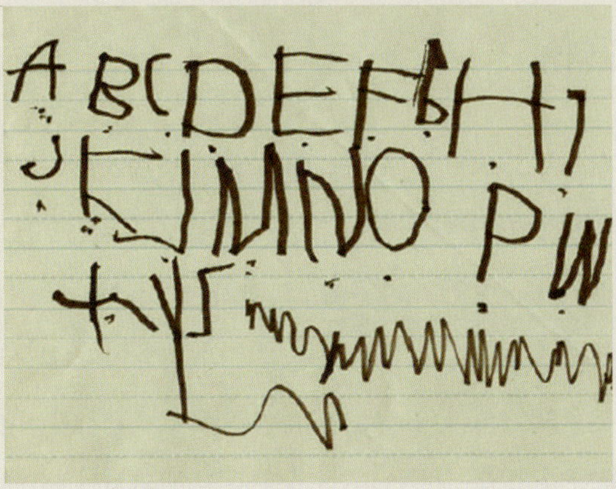 배운 글자들을 특정한 순서 없이 적기 시작한다.

출처: Dennis & Votteler (2013).

마지막으로 다섯 번째 단계는 성인기가 되어야 나타나며, 자신의 필요와 목적에 적합한 정보를 추려 읽는다. 성인은 타인의 지식을 읽고 자신만의 새로운 지식을 창조할 수도 있게 된다. 이 같은 읽기 발달 단계는 문화와 나라별로 다르게 나타날 수 있다.

읽기 능력과 마찬가지로 쓰기 능력 또한 하루아침에 발달하지 않는다(Temple, Nathan, & Temple, 2013). 아동 초기 때는 완벽하게 글을 쓸 수는 없지만 이 시기의 쓰기 능력은 이후의 언어 발달에 영향을 미친다. 한 연구에서는 아동 초기의 쓰기 능력이 초등학교 때의 읽기 능력을 예측하기도 했다(Denton, West, & Walston, 2003).

그러므로 부모나 교사는 이 시기의 아동이 적극적으로 무엇을 그리거나 적을 수 있게끔 지도할 필요가 있다. Dennis와 Votteler(2013)는 〈표 8-1〉처럼 만 3~5세 사이에 미국 아동에게서 나타나는 쓰기 능력의 발달 순서를 정리하였다. 첫 번째 단계의 아동은 글자를 모르지만, 낙서를 왼쪽에서 오른쪽으로 그리기 시작한다. 두 번째 단계에서는 낙서가 글자 형태로 나타나기 시작하며, 세 번째 단계에서는 글자들을 아무런 규칙이나 순서 없이 적기 시작한다.

4. 뇌와 언어의 연관성

언어를 사용하기 시작하고 숙달되는 과정에 뇌가 미치는 영향이 있을까? 뇌와 언어는 어떠한 연관성이 있을까? 뇌의 영역 중 언어에 영향을 미치는 영역은 크게 두 곳이 있다. 바로 좌뇌에 있는 브로카 영역과 베르니케 영역이다.

1) 브로카 영역

브로카 영역(Broca's area)은 프랑스 외과 의사인 Broca에 의해 처음 발견되었다(Corballis, 2002). Broca의 환자 중 언어 능력이 다른 환자들보다 낮은 사람이 있었다. 그 환자가 할 수 있는 유일한 말은 "tan"이었기 때문에, 그 환자는 'tan'이라고 불렸다. 그가 죽은 후 Broca는 그의 뇌를 해부해 보았고, 그 결과 현재 브로카 영역이라고 불리는 하측 전두엽의 일부 영역이 손상된 것을 발견했다. Broca는 그 이후로 'tan' 환자와 비슷한 언어장애를 보이는 8명의 뇌를 살펴보았고, 그들 모두 'tan' 환자와 동일한 위치의 뇌 영역이 손상되어 있는 것을 발견하였다. 그리고 이 영역이 언어와 관련이 있다고 확신했다. 브로카 영역에 손상을 입은 사

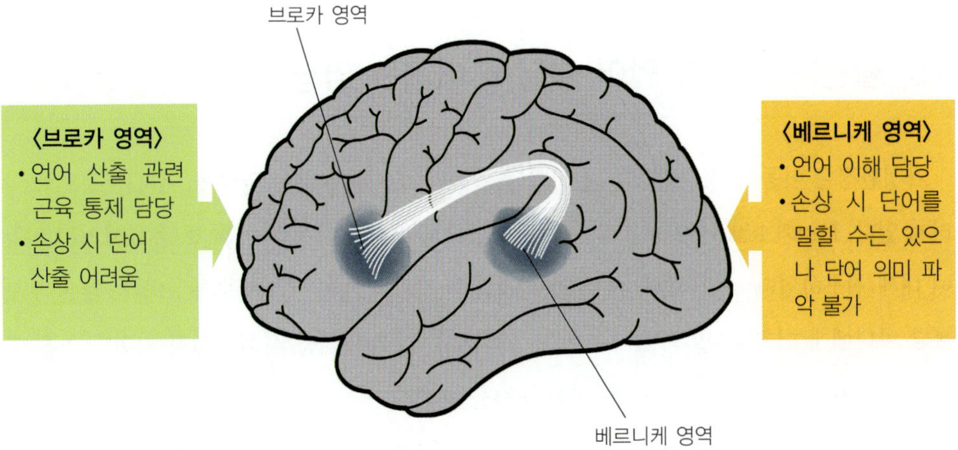

[그림 8-9] 브로카 영역과 베르니케 영역
브로카 영역은 언어 산출을 담당하며, 베르니케 영역은 언어 이해를 담당한다.
출처: 곽금주, 김연수(2014).

람은 브로카 실어증(Broca's aphasia)이 생길 수 있다. 브로카 실어증에 걸린 사람은 언어 이해 능력은 정상이지만, 언어 구사 능력은 현저히 떨어진다.

2) 베르니케 영역

베르니케 영역(Wernicke's area)을 발견한 사람은 독일의 신경정신과 의사 Wernicke다. 베르니케 영역은 좌측 측두엽에 위치하고 있으며, 언어를 이해하는 능력, 해석하는 능력과 관련이 있다. 베르니케 영역에 손상을 입은 사람은 언어를 구사할 수 있고 문법적으로도 맞는 말을 하지만, 언어 이해 능력이 떨어지며(Corballis, 2002) 의미 없는 말을 하는 경향이 있다(Sakai, 2005). 이러한 증상을 베르니케 실어증(Wernicke's Aphasia)이라고 한다. 예를 들어, 베르니케 실어증 환자들은 "나는 배고파요. 어젯밤에 정말 힘들었어요. 기분이 매우 좋아요. 나는 잘 몰라요."와 같이 단어들을 일관성 없게 나열한다. 이를 샐러드 안에 있는 각종 채소와 같다 하여 '말 비빔(word salad)'이라고 부르기도 한다(Elias & Deborah, 2006).

5. 환경과 문화가 언어 발달에 미치는 영향

가정환경은 아동의 정신 발달, 신체 발달, 언어 발달 등에 많은 영향을 미치는 것으로 알려져 있다. Hart와 Risley(1995)는 부모의 사회경제적 지위가 아동의 어휘 발달에 미치는 영향에 대해 연구하였다. 연구 결과, 높은 사회경제적 지위를 가진 부모일수록 그렇지 않은 부모보다 자녀에게 더 많은 말을 했다([그림 8-10] 참조). 그뿐 아니라 사회경제적 지위가 높은 부모의 자녀일수록 만 3세에 더 높은 어휘 능력을 보였다.

Fernald, Marchman과 Weisleder(2013)의 연구에서도 사회경제적 지위에 따라 아동의 어휘 능력이 다르게 발달하는 것으로 나타났다. 심지어 낮은 사회경제적 지위의 만 2세 아동은 다른 아동들에 비해 언어 발달이 6개월 정도 더디게 이루어졌다(Fernald, Marchman, & Weisleder, 2013). 국내에서도 사회경제적 지위와 만 3세 아동의 언어 발달 간의 관계를 살펴보았다. 그 결과, 부모의 수입, 학력, 가정환경은 3세 아동의 언어 발달과 정적 상관이 있는

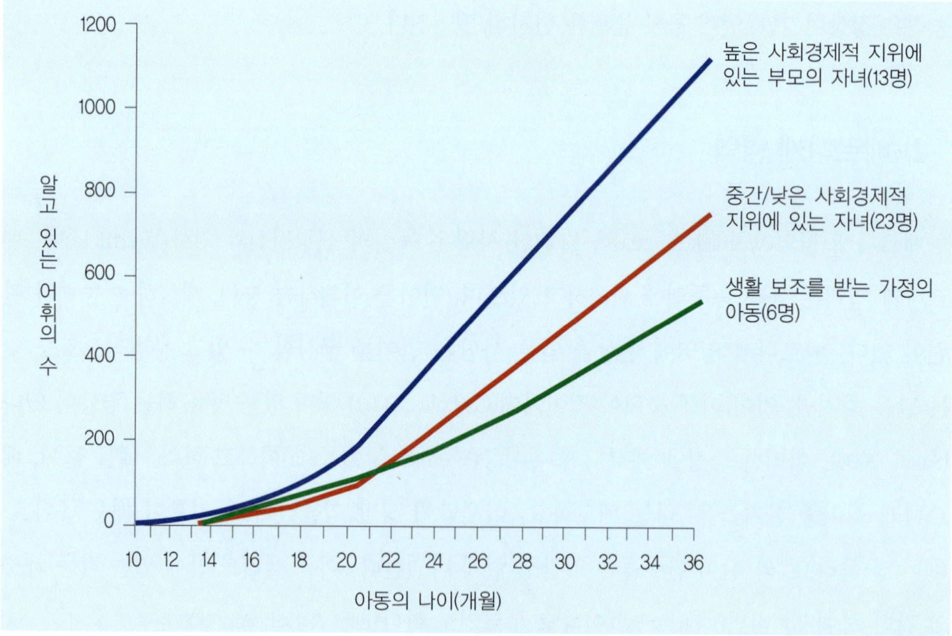

[그림 8-10] 부모의 사회경제적 지위에 따른 자녀의 어휘 발달

아동은 부모의 사회적 지위에 따라 어휘 발달에 차이를 보인다. 높은 사회경제적 지위에 있는 부모의 자녀가 낮은 사회경제적 지위에 있는 부모의 자녀보다 더 많은 어휘를 알고 있는 것으로 나타났다.

출처: Hart & Risley (1995).

것으로 나타났다(이지연, 곽금주, 2008). 만 3세의 단어 능력이 훗날 학령기의 단어 능력을 예측한다는 연구도 있다(Hart & Risely, 2003). 만 3세 때의 단어 수준이 높으면 3학년 때의 단어 수준 또한 높고, 만 3세 때의 단어 수준이 낮다면 3학년 때의 단어 수준 또한 낮았다. 이를 통해 어릴 적 환경이 아동에게 얼마나 중요한지 알 수 있다. 이는 사회경제적 지위가 높은 부모들이 아동의 발달에 적합한 자극을 줄 수 있는 여유가 있어서일 수 있다. 또한 부모의 높은 학력은 아동이 다양한 주제와 단어들을 경험하도록 할 수도 있다(Hart & Risley, 1995).

뇌 연구에서도 비슷한 결과가 나타났다. 뇌의 영역 중 회백질은 일반 지능, 제2외국어 숙달 정도 등과 관련이 있다(Golestani, Molko, Dehaene, LeBihan, & Pallier, 2007; Haier, Jung, Yeo, Head, & Alkire, 2004). 또한 오른쪽 해마에 있는 회백질의 농도는 생후 12개월 영아의 표현 언어 능력과 강한 정적 상관을 가진다(Can, Richards, & Kuhl, 2013). 한 연구에 따르면 사회경제적 지위에 따라 언어 능력과 관련 있는 회백질의 성장 양상이 다르게 나타났다. [그림 8-11]과 같이 영아들은 비슷한 크기의 회백질을 가지고 태어났지만 사회경제적 지위에 따라 회백질의 부피가 다르게 성장하였다. 낮은 사회경제적 지위에 속하는 영아의 회백질은 높은 사회경제적 지위의 영아보다 확연히 더디게 성장하는 것으로 나타났다(Hanson et al., 2013). 이처럼 사회경제적 지위는 언어와 관련된 영아의 뇌에도 영향을 미친다.

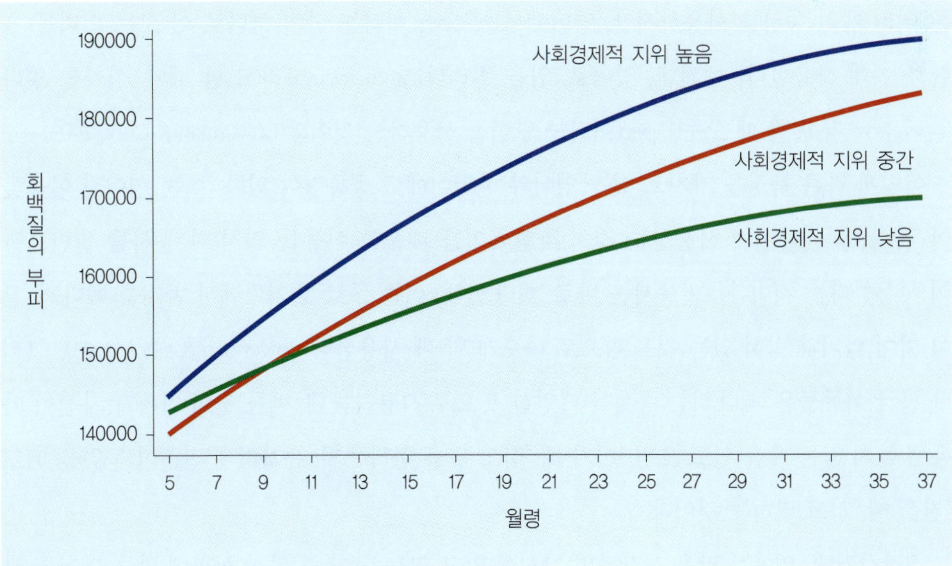

[그림 8-11] 사회경제적 지위에 따른 회백질의 성장 속도

높은 사회경제적 지위에 따라 회백질의 성장 정도가 다르게 나타난다.

출처: Hanson et al. (2013).

사회적이며 문화적 도구인 언어는 당연하게도 발달에 있어 문화에 따른 차이를 보인다. Goldfield와 Reznick(1990)은 영어를 사용하는 생후 18개월 된 영아의 언어를 조사한 결과, 이들이 처음 사용하는 50개의 단어 중 대부분은 명사였다. Gentner(1982)는 영어 이외에도 독일어, 일본어, 중국어, 터키어 등 6개 나라의 아동이 사용하는 단어를 살펴보았는데, 연구 결과 생후 약 12개월에서 30개월 사이의 아동은 주로 명사를 사용하였고, 동사는 거의 사용하지 않는 것으로 나타났다. 이러한 연구 결과를 토대로 많은 연구자들은 모든 문화권의 아동이 동사보다 명사를 더 먼저 사용한다고 여겼다.

그러나 한국 아동은 영아기에 명사뿐만 아니라 동사도 많이 사용하는 것으로 나타났다(Choi, McDonough, Bowerman, & Mandler, 1999; Choi & Gopnik, 1995). 이는 한국어와 영어의 언어적 차이 때문이다. Bowerman과 Choi(2003)에 따르면, 영어는 'put'이라는 하나의 동사에 여러 가지 다른 전치사를 사용하여 물건의 위치에 알맞게 용도를 설명할 수 있다([그림 8-12] 참조). 반면, 한국어는 물체가 놓여진 위치에 따라 '붙이다' '끼다' '넣다' '쓰다' 등 다양한 동사를 사용한다([그림 8-13] 참조). 따라서 한국 아동은 미국 아동에 비해 더 많은 동사를 익히게 된다.

또 다른 예로 영어에서는 한국어와는 다르게 'open'이라는 단어로 많은 뜻을 표현할 수 있다. 예를 들어, 한국어는 '문을 열다' '봉투를 뜯다' '책을 펼치다'와 같이 의미에 따라 서로 다른 여러 개의 동사를 사용하지만, 영어에서는 'open'이라는 단어 하나로 이 모든 의미를 표현하는 데 사용한다. 예컨대, 영어로 '입을 벌리다(open mouth)'라고 할 때와 '상자를 열다(open box)'라고 할 때 모두 'open'이라는 단어를 사용하는 것이다(Bowerman & Choi, 2003).

이렇게 다른 특징을 가지고 있는 영어와 한국어에도 공통점이 있다. 이는 영어권 아동들이 'open'을 지나치게 사용하는 것처럼 한국어를 배우는 아동들 역시 한 동사를 일반화하여 사용한다는 것이다. 그 동사는 바로 '빼다'인데, 이는 주로 '손가락에서 반지를 빼다'와 같이 끼어 있거나 박혀 있는 것을 밖으로 나오게 할 때 사용한다(Bowerman & Choi, 2003). 그러나 한국 아동들은 '빼다'라는 동사를 다양한 뜻으로 사용하는데, 예를 들어 아빠가 자신이 마음에 들지 않는 옷을 입고 오면 "이거 빼."라고 말을 한다든지, 손가락에 진흙이 묻었을 때도 "진흙 빼."라고 말하는 것이다.

짐작하건대, 영아가 말을 시작하면 자신이 알고 있는 단어 중 가장 상황에 맞는 단어를 사용하여 말하려고 노력할 것이다. 그러나 때로는 아동이 머릿속에서는 알맞은 개념을 가지고 있지만 어떤 단어가 그 상황에 맞는 것인지를 알아차리지 못할 수 있다(Bowerman & Choi,

[그림 8-12] 영어에서의 공간적 분류

영어에서는 'put in'과 'put on'을 사용하여 공간적 분류를 할 수 있다.

출처: Bowerman & Choi (2003).

[그림 8-13] 한국어에서의 공간적 분류

한국어에서는 '놓다' '붙이다' '쓰다' '끼다' '넣다' 등의 표현을 써서 공간적 분류를 한다.

출처: Bowerman & Choi (2003).

ISSUE 2

인간과의 접촉이 없었던 야생 아동은 언어를 배울 수 있을까?

■ 야생 소년 Victor ■

영화나 책에서 야생 소녀나 소년을 본 적이 있을 것이다. 이는 상상 속에만 존재하는 것일까? 실제로도 인간과 접촉이 전혀 없었던 야생 소녀와 소년이 있었다. 그들의 이름은 Genie와 Victor다. Victor는 18세기 프랑스에서 발견된 야생 소년이다(Newton, 2002). 그 소년은 12세까지 인간과의 접촉 없이 살다가 구조되었다. 하지만 이후 많은 사람의 노력에도 불구하고 Victor는 가장 기본적인 언어 능력밖에 습득하지 못했다.

반면, Genie는 미국 캘리포니아에 있는 한 가정집에서 발견된 소녀다(Singleton & Muñoz, 2011). Genie의 부모는 그녀에게 결함이 있다고 생각해 그녀를 13세까지 유아용 변기나 여물통에 묶어 생활하게 하는 등 지속적으로 그녀를 학대하였다. 또한 부모는 Genie에게 소리를 지르거나 동물처럼 으르렁거리기만 했을 뿐 단 한 번도 언어를 사용하여 의사소통하지 않았다. Genie는 발견된 순간 부모에게서 격리되었고, 많은 전문가가 그녀를 도왔다. 그로부터 4년이 흐른 뒤, Genie는 언어와 관련이 없는 인지 능력에서는 많은 발달을 이루었다. 하지만 유독 언어를 배우는 것에 어려움을 느꼈다. 특히 단어를 외우는 것은 가능해 보였지만, 문법을 이해하지는 못했다.

이렇게 Victor와 Genie가 노력을 했음에도 불구하고 언어를 완벽하게 습득하지 못한 것을 보면, 인간에게는 언어를 배워야 하는 결정적인 시기가 있는 것처럼 보인다. 그러나 연구자들은 Genie와 Victor가 부모나 다른 사람들과 의사소통을 하지 않았기 때문에 언어를 습득하지 못하는 것인지, 아니면 다른 사회적 혹은 인지적 요인들이 이들의 언어 발달에 영향을 미친 것인지에 대해서는 좀 더 많은 연구가 필요하다고 말한다(Jia & Aaronson, 2003).

■ 야생 소녀 Genie ■

구조된 지 얼마 안 된 Genie(좌)와 훗날 그녀의 모습(우)

2003). 이는 마치 길에서 외국인을 만났을 때 머릿속에는 외운 영어단어가 가득하지만, 그 상황에 맞는 단어가 무엇인지 떠오르지 않아 생각처럼 유창한 외국어 실력을 보여 주지 못하는 것과 비슷하다고 볼 수 있다. 따라서 양육자는 영아가 구사하는 말을 듣고 답답해하기보다 적절한 반응을 하여 언어 발달을 돕는 것이 필요하다.

6. 이중 언어

한국에 거주하는 외국인은 증가추세이다. 2015년 통계청 통계에 따르면, 다문화 가정은 약 82만 가구에 육박했다. 이 수치는 매년 지속적으로 증가하여 2020년에는 100만 명에 달할 것으로 예상된다. 이와 같이 다문화 가정이 늘어나면서, 자연스레 이중 언어를 배우게 되는 아동도 늘어났다. 이중 언어를 사용하는 것이 어떠한 영향을 미치는지에 대해 연구자들은 늘 궁금증을 가져 왔는데, Lanbert(1985)는 하나의 언어에만 노출된 아동과 이중 언어를 접한 아동의 지능에 차이가 없음을 발견했다. 그러나 많은 연구들은 계속해서 이중 언어 사용의 긍정적인 측면을 보여 주고 있다.

한 연구에서는 이중 언어를 사용하는 아동이 단일 언어를 사용하는 아동에 비해 작업 기억이 더 뛰어난 것으로 나타났다(Bialystock, Craik, Klein, & Viswanathan, 2004). 또한 단일 언어 사용자에 비해 이중 언어 사용자는 4년 늦게 치매 증상을 보이는 경향이 있었다(Bialystok, Craik, & Freedman, 2007). 이처럼 대부분의 연구에서 이중 언어 사용의 긍정적인 영향에 대해서 말하고 있지만, 이중 언어의 부정적인 영향에 대한 연구 결과도 있다. Portocarrero, Burright와 Donovick(2007)에 따르면 이중 언어를 사용하는 아동이 사용하는 단어의 개수는 한 언어를 구사하는 아동에 비해 상대적으로 제한적이었다.

흥미롭게도 이중 언어 사용자와 단일 언어 사용자의 뇌가 다른 모습을 보인다는 연구가 있다. 이 연구에 따르면 이중 언어 사용자는 그렇지 않은 사람에 비해 왼쪽 반구에 더 진한 회백질을 가지고 있는데, 이러한 양상은 만 5세 전에 두 번째 언어를 배운 사람에게서 더 강하게 나타났다(Mechelli, Crinion, Noppeney, O'doherty, Ashburner, Frackowiak, & Price, 2004).

어떤 연구자들은 특정한 나이가 되기 전에 언어를 배워야만 언어 습득이 가능하다고 주장하는데, 이를 결정적 시기 가설(critical-period hypothesis)이라고 한다. 주로 첫 번째 언어, 즉 모국어에 대한 결정적 시기와 관련된 연구가 대부분이지만, 결정적 시기 가설은 두 번째 언어 습득에도 결정적 시기가 있을 것으로 예측한다(Krashen, 1975). Johnson과 Newport(1989)의 연구에서는 한국과 중국에서 3~39세 사이에 미국으로 이민 간 동양인을 대상으로 언어 습득과 관련한 연구를 진행하였다. 참가자들은 영어 문법을 평가하는 다양한 시험을 보았고, 그 결과 [그림 8-14]처럼 더 어린 연령에 이민을 간 참여자일수록 문법 시험에서 높은 점수를 받았다. 즉, 두 번째 언어도 결정적 시기에 습득할수록 좋은 점수를 얻을 수 있는 것이다.

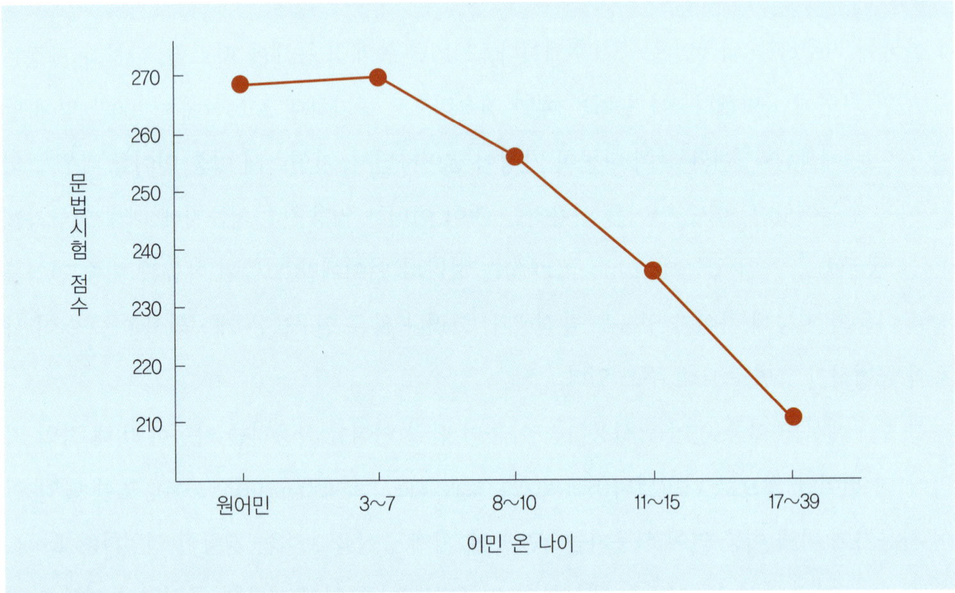

[그림 8-14] Johnson과 Newport(1989)의 연구

이른 나이에 두 번째 언어에 노출될수록 원어민과 같은 수준의 언어를 구사할 수 있다. 늦게 접하면 접할수록 낮은 점수를 보였다.

출처: Johnson & Newport (1989).

ISSUE 3

'언어 유전자'라는 것은 존재할까?

아동의 발달에 영향을 주는 것이 유전인지 양육인지에 대한 논쟁은 발달심리학에서 오랫동안 지속되어 왔다. 이 논쟁은 언어 발달에서도 예외가 아니다. 최근 뇌에 대한 연구가 활발해지면서 '언어 유전자'의 유무에 대해 많은 연구가 이루어지고 있다.

연구자들은 영국에 있는 KE 가족 3대를 연구하였는데 그 이유는 KE 가족 구성원 중 언어장애를 가지고 있는 사람이 많았기 때문이다. 그들의 유전자를 조사한 결과, 37명의 가족 구성원 중 15명의 $FOXP_2$ 유전자에 돌연변이가 있는 것으로 나타났다(Tomblin et al., 2009). 이를 통해 $FOXP_2$ 유전자는 언어 구사 능력과 관련 있는 유전자로 밝혀졌다. 이후 몇몇 연구자들은 포유류 모두 비슷한 언어 유전자를 가졌지만, 인간이 다른 언어 구사 능력을 가진 이유를 $FOXP_2$ 유전자의 일부 변이 때문이라고 주장했다(Enard et al., 2002). 이 유전자는 715개의 분자로 이루어져 있는데 이 중 침팬지와는 단 2개의 분자가 다르다. 따라서 어떤 연구자들은 이러한 차이가 인간과 동물의 언어 능력에 차이를 가져왔을 것이라고 주장하고, 사람의 $FOXP_2$ 유전자를 침팬지에 투입하면 사람처럼 말을 할 수 있을 것이라고 주장하기도 한다.

또한 $FOXP_2$ 유전자는 언어를 구사하는 데 필수적인 발성과도 관련이 있는 것으로 나타났다. 예컨대, 독일의 Enard 박사는 사람의 $FOXP_2$ 유전자를 쥐에 주입해 실험한 결과, 쥐의 '찍찍'울음소리가 바뀌었고, 뇌 신경세포의 양상도 다르게 나타났다(Enard et al., 2009). 이와 같은 연구 결과들은 $FOXP_2$가 언어와 관련이 있는 것을 보여준다.

그러나 $FOXP_2$를 언어 유전자라고 부르기는 아직 섣부르다. 연관성이 있다는 것은 알려졌지만, 어떻게 영향을 주는 것인지는 아직 알려진 바가 없다. 그 이유는 이 유전자 외의 다른 유전자들도 인간의 언어 구사 능력과 연관이 있는 것으로 추정되기 때문이다. 따라서 $FOXP_2$를 '언어 유전자'라고 부르기까지는 좀 더 많은 연구가 진행되어야 할 것으로 보인다.

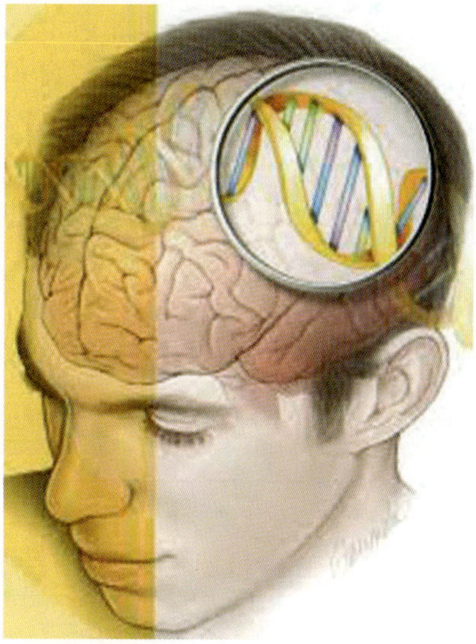

출처: https://allthingslearning.wordpress.com/tag/foxp2/

주요 학습 개념

1. 언어의 구성 요소

• 언어를 능숙하게 구사하기 위해서는 다음과 같은 언어의 네 가지 구성 요소에 따른 발달이 온전히 이루어져야 한다.

음운론적 발달 (Phonological development)	의미론적 발달 (Semantic development)	구문론적 발달 (Syntactic development)	화용론적 발달 (Pragmatic development)
각각의 모음과 자음이 어떤 소리를 내며, 모음과 자음을 합쳤을 때 어떤 소리가 나는지를 아는 것이다.	여러 사물에 대한 이름이 각각 다르다는 것을 아는 것이다.	문법에 맞춰 언어를 구사하게 되는 것이다.	문장의 뜻을 그대로 받아들이지 않고 맥락에 맞게 받아들이는 것을 터득하게 되는 것이다.

2. 언어 발달 이론

• 언어 발달을 설명하는 이론에는 다음과 같이 대표적인 다섯 가지 관점이 있다.

행동주의적 관점	생득론적 관점	상호주의적 관점	인지론적 관점	연결주의적 관점
아동은 보상이나 모방 혹은 강화와 같은 학습 기제를 통해 언어를 배운다.	인간은 태어날 때부터 언어를 습득할 수 있는 능력인 언어 습득 장치를 가지고 있다.	영아는 어느 정도의 언어 능력을 가지고 태어나지만, 이후 경험 또한 언어 발달에 큰 영향을 미친다.	인지 발달이 언어 발달에 중요한 역할을 한다.	아동의 경험과 학습뿐만 아니라 신경계 구조 또한 언어 발달에 영향을 미친다.

3. 단계별 언어 발달

영아기	아동 초기	아동 중기
–과잉 확장(overextension) 및 과잉 축소(underextention) 사용 –신속 대응(fast mapping) 가능	–평균 발화 길이(mean length of utterance: MLU) 증가 –기능어(function word) 이해 –과잉 규칙화(overregularization) 발달	–풍자(satire)/은유(metaphor)의 이해 등 대화 기술 발달 –참조적 의사소통(referential communication) 가능 –읽기, 문법, 쓰기의 발달

4. 뇌와 언어의 연관성

- 전두엽에 위치하는 뇌 영역 중 하나인 브로카 영역(Broca's area)이 손상된 사람은 언어를 이해할 수는 있지만 언어 산출에는 어려움을 겪을 수 있다.
- 측두엽에 위치하고 있는 베르니케 영역(Wernicke's area)은 언어를 이해하는 것과 관련이 있다. 베르니케 영역에 손상을 입은 사람은 언어를 자유롭게 구사할 수 있지만, 언어 이해력은 현저히 떨어진다.

5. 환경과 문화가 언어 발달에 미치는 영향

- 높은 사회경제적 지위에 속한 부모의 자녀가 더 많은 어휘를 알고 있었고 그 수준 역시 높았다.
- 대부분 문화권의 아동은 동사보다 명사를 더 먼저 사용한다. 반면, 한국 아동은 명사뿐 아니라 동사도 많이 사용한다.

6. 이중 언어

- 이중 언어를 사용하는 사람이 단일 언어를 사용하는 사람보다 작업 기억이 뛰어나고, 치매 증상을 늦게 보인다.
- 이중 언어를 사용하는 아동이 단일 언어를 사용하는 아동에 비해 사용하는 어휘 개수가 적다.
- 결정적 시기 가설(critical-period hypothesis)이란 언어 습득이 특정한 시기에 일어나야 한다는 주장으로, 외국어를 습득할 때에도 결정적 시기가 있을 것으로 예상한다.

9장

사회인지 발달 1: 자기이해

1. 자기개념 발달
2. 자존감 발달
3. 성취귀인 발달
4. 정체감 발달
5. 성 역할 발달

평생을 방황한 Erikson, 정체감에 대해 논하다

Erik Erikson은 심리사회적 발달 단계를 주장한 대표적인 발달심리학자이자 아동정신분석가다. Erikson은 Freud의 심리성적 발달 단계를 반박했는데, 발달은 전 생애에 걸쳐 일어나며 성적 욕구뿐만 아니라 사회적 존재로 인정 받고자 하는 욕구 또한 인간 발달에 영향을 미친다고 주장하였다. Erikson은 심리사회적 발달 단계를 연구한 것으로도 유명하지만, 청소년기와 성년기에 나타나는 '자아정체감'에 대한 연구로도 잘 알려져 있다.

Erikson은 왜 그토록 자아정체감 연구에 매진했던 것일까? 이 질문에 대한 답변의 실마리는 그의 삶에서 찾아볼 수 있다. Erikson은 유대인 가정에서 성장했지만 보통 유대인에게서는 볼 수 없는 푸른 눈과 금발을 가지고 있었다. 이러한 외모 때문에 Erikson은 유년 시절부터 친구들에게 괴롭힘과 놀림을 당했다고 한다. 이와 같은 경험은 어린 Erikson으로 하여금 자신이 누구인지에 대해 깊이 고민하도록 했다. 사실 Erikson은 엄청난 출생의 비밀을 가지고 있었다. 바로 Erikson은 불륜으로 인해 태어난 자식이었던 것이다. Erikson의 어머니는 간통으로 이혼을 하게 되었고, 얼마 지나지 않아 다른 사람과 재혼을 했다. 그리고 Erikson에게는 출생의 비밀을 숨긴 채 그를 키웠다. 성인이 되어서야 이 사실을 알게 된 Erikson은 정체감에 큰 혼란을 겪었다고 한다.

Erikson은 대학을 진학하는 대신 유럽 전역을 돌아다니며 학문의 길을 이어갔는데, 거기서 Freud 부녀를 만나 정신분석을 배우게 되었다. 또한 아내 Joan을 만나 가정까지 꾸리게 되었다. 그러나 얼마 있지 않아 나치가 베를린을 위협하고 Freud의 연구도 반대하게 되면서, Erikson은 함께 공부하던 동료와 이별을 하고 덴마크로 이주하게 되었다. 덴마크에서 출생했던 그는 그곳에서 국적을 회복하고자 했지만 실패하였다.

평생을 자아정체감 연구에 매진했던 Erikson. 그에게는 출생의 비밀과 동료와의 이별, 국적 거부 등으로 인한 방황의 시절이 있었기에 정체감 위기를 진정으로 이해하고 이에 대한 이론적 작업과 연구를 완성시킬 수 있었던 것이 아닐까.

Erik Erikson과 그의 아내 Joan

사회적 존재인 인간은 타인과 함께 지내며 타인과는 다른 자기 자신을 인식하고 자신에 대한 개념을 형성해 나간다. 이때 개인은 자신에게 가치를 부여하기도 하고, 사회 속에서 자신의 역할을 찾기도 하며, 자신의 행동을 설명하기 위해 노력한다. 이 장에서는 자기개념과 자존감, 성취귀인, 정체감, 성 역할 발달을 통해 인간이 어떻게 자기 자신을 이해하는지 그 과정을 살펴보도록 하겠다.

1. 자기개념 발달

자기개념(self-concept)이란 자신을 생각할 때 떠오르는 생각이나 이미지로, 사람은 자기개념 발달을 통해 자신이 다른 사람과는 다르게 독립적으로 존재한다는 것을 이해하게 된다. 쉽게 말해서, 자기개념은 '나는 누구인가?'에 대한 답과 같다. 따라서 자기개념은 자신의 신체를 지각하는 것부터 자신만의 감정, 생각, 신념, 행동 등을 인식하고, 평가하는 능력까지 자신과 관련된 모든 정신 활동을 포함한다.

자기개념은 다음의 다섯 가지 측면에서 발달된다(Neisser, 1995). 첫째는 생태적 자기(ecological self)개념의 발달로 자신이 주변 환경과는 독립된 하나의 존재임을 알게 되는 것이다. 생태적 자기개념이 발달된 아동은 환경과의 상호작용을 통해 자신의 위치를 파악하고 환경에 알맞은 움직임을 보인다. 둘째, 대인관계적 자기(interpersonal self)개념의 발달은 말 그대로 '타인'과의 관계를 통해 자신이 타인과는 독립된 존재임을 이해하는 것이다. 셋째, 확장된 자기(extended self)개념 발달은 자신이 과거와 현재 그리고 미래에도 존재할 것이라는 점을 깨닫는 것이다. 넷째, 사적 자기(private self)개념은 다른 사람이 볼 수도, 들을 수도, 알 수도 없는 오직 자신만이 아는 본인의 모습이다. 예로, 내 옆에 앉아 있는 친구는 지난 주말에 내가 혼자 집에서 무엇을 했는지, 또는 지금 내가 무슨 생각을 하는지 알지 못한다. 즉, 사적 자기개념의 발달을 통해 사람은 자신만의 생각, 자신만의 경험 등을 갖게 된다. 마지막으로 개념적 자기(conceptual self)개념은 사회적 맥락과 문화적 맥락에서 개인이 자신의 역할을 알게 되면서 형성된다. 예를 들어, 자신이 어느 나라의 국민이고 가족 내에서 어떤 역할을 맡고 있는지 아는 것은 개념적 자기에 해당된다.

서로 다른 다섯 가지 유형의 자기개념은 각각 독립적으로 발달하다가 연령이 증가하면서 통합된 하나의 자기개념을 형성하게 된다. 이렇게 '나'를 있게 하는 자기개념은 영아기, 아동 초기, 아동 중기 및 청소년기에 걸쳐 성인기에 이르기까지 계속 발달한다.

1) 영아기

영아기의 자기개념 발달은 다양한 측면에서 발달된 자기를 통합된 하나의 '자기'로 만들어 가는 과정이다. 영아는 주변 환경과 다른 사람과의 상호작용을 통해 자신의 존재를 인식하고, 자신에 대한 개념을 형성한다. 예를 들어, 영아는 자신의 팔에 달린 손이 자기 것임을 알게 되고, 자신이 어떻게 생겼는지 어떤 모습인지도 알아차리게 된다.

영아는 새로운 환경에서 자신의 몸을 움직여도 보고, 자신의 신체를 관찰하면서 각각의 신체 부위가 어떻게 움직이는지, 무엇을 할 수 있는지 그리고 서로 어떻게 연결되어 있는지를 알게 된다(Adolph & Berger, 2006). Rochat와 Morgan(1995)은 영아에게 자신의 신체를 지각할 수 있는 능력이 있는지 알아보고자 연구를 진행하였다. [그림 9-1]처럼 생후 3~5개월의

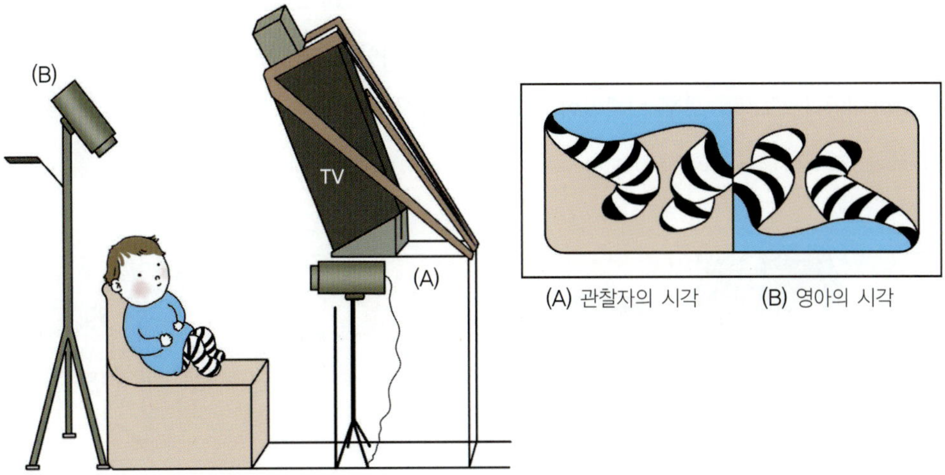

[그림 9-1] Rochat와 Morgan(1995)의 영아 신체 지각 실험

생후 3~5개월의 영아에게 얼룩 무늬 양말을 신기고 영아의 시각에서 촬영한 영상과 관찰자의 시각에서 촬영한 영상을 보여 주었다. 그 결과, 영아는 자신의 시점(B)에서 촬영한 영상보다 관찰자 시점(A)에서 촬영한 영상을 더 오랫동안 응시하였다. 이는 영아가 자신의 신체를 지각할 수 있다는 것을 보여 준다.

출처: 곽금주, 김연수(2014).

영아에게 얼룩 줄무늬 양말을 신기고, 각각 다른 위치에 설치한 카메라로 영아의 발을 촬영하였다. 그리고 화면을 통해 촬영되는 영아의 발을 실시간으로 보여 주었다. 한 화면은 영아의 머리 위에 설치된 카메라로 촬영한 것으로 [그림 9-1]의 (B)와 같이 영아 자신이 다리를 내려다 보았을 때의 모습과 같았다. 반면, 다른 화면은 [그림 9-1]의 (A)와 같이 관찰자 시각에서 촬영한 모습을 영아에게 보여 주었다. 영아는 영아의 시각에서 촬영된 화면은 항상 봐온 모습이기 때문에 익숙하게 느꼈지만, 관찰자 시각에서 촬영한 화면은 새롭고 낯설게 느꼈다. 따라서 영아는 새로운 자극인 관찰자 시각에서 촬영한 화면을 더 오래 응시하였다. 이는 아주 어린 영아도 자신의 신체를 지각하고 다른 것과 구분할 수 있다는 것을 보여 준다.

영아는 자신의 신체를 지각할 뿐 아니라 자신의 모습도 알아볼 수 있다. 이렇게 자신을 알아보는 것을 자기재인(self-recognition)이라 한다. 대표적인 자기재인 검사에는 Lewis와 Brooks-Gunn(1979)이 고안한 '루즈 테스트'가 있다. 루즈 테스트는 영아가 거울에 비친 자신의 모습을 보고 자신의 모습임을 알아보는지, 즉 영아의 자기재인 능력을 알아보는 실험이다. 그 절차는 다음과 같다([그림 9-2] 참조). 먼저 엄마와 영아가 상호작용을 하다가 엄마가 영아의 코에 몰래 루즈를 묻힌다. 그 후 영아를 거울 앞에 앉히고 반응을 살피게 된다. 이때 영아가 거울에 비친 사람이 자신이라는 것을 안다면, 코의 루즈 자국을 보고 손으로 자신의 코를 비빌 것이다. 반대로, 영아가 거울 속 모습이 자신의 모습인 줄 모른다면, 자신의 코가 아닌 거울에 비친 사람의 코를 손으로 만질 것이다. 루즈 테스트 결과, 생후 18개월에서 24개월 사이의 영아는 주로 거울에 비친 사람이 자신이라는 것을 알고, 자신의 코에 묻은 루즈를 닦아내었다. 그러나 생후 12개월이 된 영아는 자신의 코가 아닌 거울 쪽으로 손을 뻗었다(Courage, Edison, & Howe, 2004).

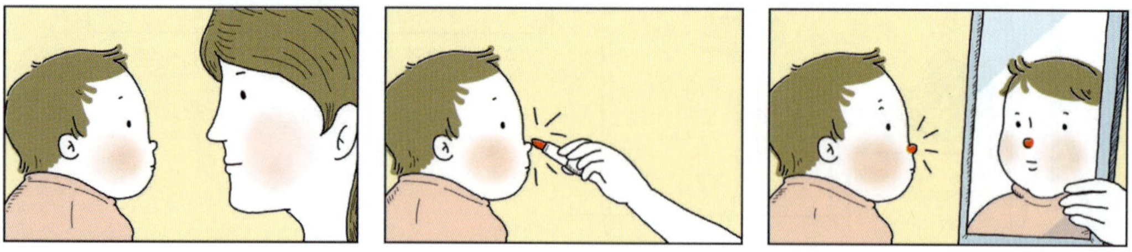

영아와 엄마의 면대면 상호작용 | 영아의 코에 루즈를 바름 | 영아에게 거울을 보여 주고 반응 관찰

[그림 9-2] Lewis와 Brooks-Gunn(1979)의 루즈 테스트

영아가 자신의 신체를 인식하는지 알아보기 위해, 영아의 코에 루즈를 묻힌 후 거울을 보여 주고 반응을 살폈다. 이때 영아가 자신의 코를 만지면 거울 속 자신을 인식하는 것이고, 거울로 손을 뻗는다면 아직 자신을 인식하지 못하는 것이다.

출처: 곽금주, 김연수(2014).

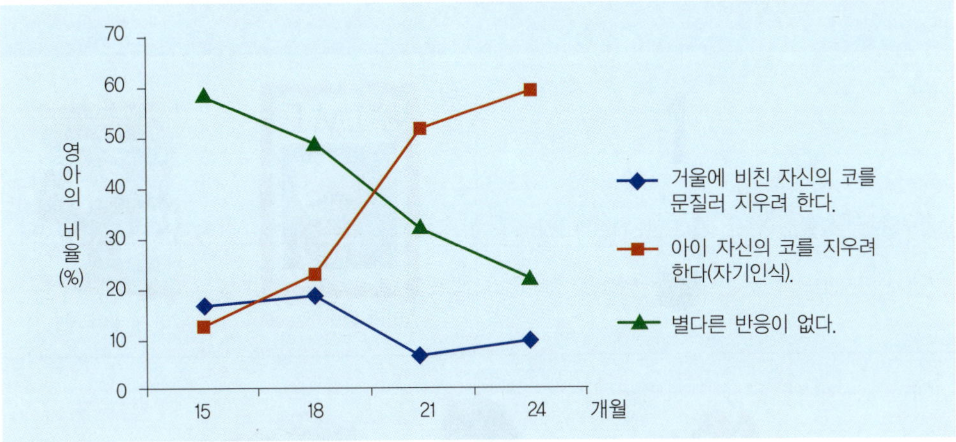

[그림 9-3] 국내 아동의 루즈 테스트 결과

한국 영아를 대상으로 루즈 테스트를 실시한 결과, 대략 60%의 생후 24개월 영아만이 거울 속 자신의 모습을 인식하였다. 이는 생후 18개월경에 거울 속 자기 모습을 인식하는 서양의 영아보다는 한국 영아가 다소 느리게 자기개념을 발달시킨다는 것을 보여 준다.

출처: 곽금주, 김연수(2014).

그렇다면 우리나라 영아의 자기재인 능력은 어느 정도일까? 한 연구에서는 한국 영아를 대상으로 루즈 테스트를 실시하였다(곽금주 외, 2005). 생후 24개월이 된 영아 중 59.5%만이 거울 속 자신의 모습을 인식할 수 있었다([그림 9-3] 참조). 흥미롭게도 우리나라 영아는 서양의 영아보다 자기재인 능력이 좀 더 늦게 발달된다. 이와 같은 결과는 '우리'를 강조하는 집단주의 문화권에 속한 한국과 '나'를 강조하는 개인주의 문화권인 서양 국가의 차이에서 비롯된 것일 수 있다(곽금주 외, 2005). 결론적으로, 개인에게 더 많은 초점을 두는 서양의 아동은 동양의 아동보다 더 빨리 자기재인 능력을 갖추게 되는 것이다.

또한 영아는 소유권을 이해한다. 소유권에 대한 이해는 확장된 자기개념과 대인관계적 자기개념을 먼저 필요로 한다. 만약 어떤 물건이 '현재' 자신의 것이라면, 개인은 '과거'에 이미 그 물건을 소유하였고, '미래'에도 자신의 물건임을 알아야 한다. 시간의 흐름 속에 존재하는 자신인 확장된 자기개념을 가지는 것이다. 또한 자신을 타인으로부터 구분할 수 있어야 타인의 물건과 내 물건을 구분할 수 있다. 그러므로 대인관계적 자기개념 또한 소유권을 이해하는 데 꼭 필요한 개념이라 볼 수 있다.

한 연구(Rodgon & Rashman, 1976)에 따르면 어리게는 생후 14개월의 영아도 자신의 물건에 이름을 붙이고 인칭 대명사를 사용하여 그것이 자기 소유임을 표현한다. 그러나 이는 영아가 소유 개념을 가져서 이러한 행동을 한다기보다 영아가 평소에 많은 시간을 경험했던 대

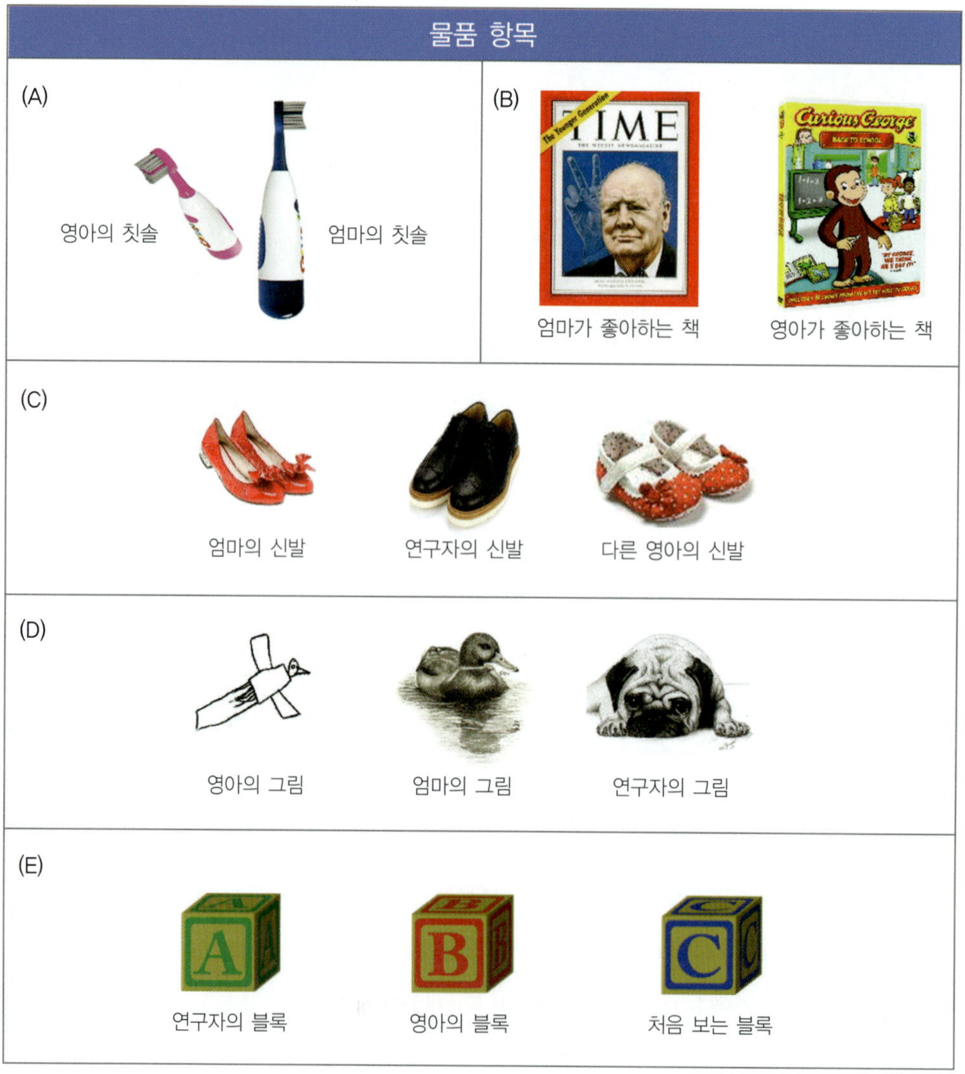

[그림 9-4] Fasig(2000)의 영아 소유 개념 실험 도구

영아의 소유 개념을 알아보기 위한 도구다. 영아는 (A)~(E)에서 보이는 물건들 중 자신의 물건을 선택해야 했다. 실험 결과, 월령이 높은 영아일수록 소유의 개념을 더 잘 이해하는 경향이 있었다.

상에 대해 익숙함을 느끼기 때문에 나타난 습관화된 행동으로 설명된다.

Fasig(2000)는 이 같은 제한점을 고려하여 소유권에 대한 영아의 이해를 확인하는 흥미로운 실험을 고안하였다([그림 9-4] 참조). 첫 번째로 영아는 주어진 칫솔 중 자신의 칫솔과 엄마의 칫솔을 구분해야 했다. 두 번째로, 영아는 자신이 가장 좋아하는 책과 엄마가 좋아하는 책 중 자신의 책을 골라야 했다. 세 번째 선택에서 영아는 엄마의 신발, 연구자의 신발 그리고 다른 영아의 신발 중에서 자신의 신발을 골라야 했다. 다른 영아의 신발을 넣은 이유는 영아가 유아적인 특징에 근거해 자신의 물건을 고르는 것이 아니라는 것을 알려 주기 위해서였다. 만약 영아가 소유 개념을 이해하고 있다면, 영아는 세 가지 신발 중 자신의 것은 없다고 대답해야 한다. 네 번째 선택에서 영아는 자신과 엄마 그리고 연구자가 그린 그림 중 자신의 그림을 골라야 했다. 이때 영아는 단순히 그림을 그리는 동안 자신의 그림을 더 오래 보았기 때문에 자기 그림을 선택할 수도 있다. 이러한 상황을 통제하고자 마지막 실험을 시행하였다. 먼저, 실험자는 영아에게 생소한 블록 하나를 3분 동안 보여 주고 그 블록은 연구자의 것이라고 말했다. 이후 다른 블록을 영아에게 5초간 보여 준 뒤, 그 블록은 영아의 것임을 알려 주었다. 이때 영아는 연구자의 블록, 영아의 블록 그리고 처음 보는 블록 중 어느 것이 자신의 것인지를 선택해야 했다. 그 결과, 생후 24~28개월의 영아는 자신의 것과 타인의 것을 구별할 수 있었고, 몇몇 생후 18개월의 영아도 자신의 것과 타인의 것을 구별했다. 소유에 대한 개념은 월령이 증가할수록 더욱 뚜렷하게 나타났으며, 경험이나 익숙함이 소유 개념에 미치는 영향도 줄어들었다.

2) 아동 초기

영아와 달리 아동은 좀 더 다양한 측면에서 자신을 이해하게 된다. 그러나 아동 초기에는 여전히 눈에 보이는 것만으로 자기개념을 형성한다. 따라서 이 시기의 아동은 외모나 행동과 같이 외적인 특징을 통해 자기를 이해하고 개념화한다. 예를 들어, 아동은 '원피스를 입은 나' '빨간 자동차 장난감이 있는 나'로 자기를 개념화하는 것이다. 이 시기의 아동은 타인과 많은 상호작용을 하지 않으므로 객관적인 자기 평가를 할 수 없다. 그리고 현실과 비현실을 구분하는 데 어려움을 겪으며 비현실적인 낙관성을 가지기 때문에 자신의 능력을 실제보다 높게 평가하는 경향이 있다.

부모와의 상호작용은 어린 아동의 자기개념 형성에 영향을 미친다. 예를 들어, 생후 3개월의 영아와 부모의 상호작용 경험은 이후 생후 18~20개월이 됐을 때 영아의 자기 인지 능력과 상관이 있다(Borke, Lamm, Eickhorst, & Keller, 2007). 더 나아가 부모의 양육 방식도 아동의 자기개념 형성에 영향을 미칠 수 있다. 실제로 부모의 수용적인 양육 방식은 아동의 자기개념 발달에 긍정적인 영향을 미치지만, 자녀를 거부하고 통제하는 양육 방식은 부정적인 영향을 미친다(Glasgow, Dornbusch, Troyer, Steinberg, & Ritter, 1997).

아동의 자기개념 발달은 삶에 다양한 영향을 미친다. 예를 들어, 긍정적 자기개념을 가진 아동은 타인을 더 많이 도와주고 협조하는 행동을 보이는 반면(Cauley, & Tyler, 1989), 부정적 자기개념을 가진 아동은 일탈 행동을 더 많이 한다(곽금주, 김근영, 1997; 곽금주, 문은영, 1993, 1995).

국내의 한 연구에서는 만 7~8세 아동을 대상으로 자기개념이 친사회성과 학교 적응에 미치는 영향을 확인하였다(김수정, 곽금주, 2012). 그 결과, 긍정적인 자기개념을 형성한 아동이 더 친사회적이었으며, 학교 적응도 더 잘하는 것으로 나타났다.

3) 아동 중기와 청소년기

아동 중기에는 이전보다 좀 더 추상적인 사고가 가능해진다. 따라서 이 시기의 아동은 외모나 행동 등 눈에 보이는 특징뿐 아니라, 자신이 믿는 신념 혹은 성격과 같은 추상적인 내적 특징을 통해 자신을 이해하고 개념화한다. 특히 만 8~11세의 아동은 자신을 묘사할 때 심리적인 특징을 많이 사용한다. 예를 들어, 만 8세 이전의 아동은 자신을 표현할 때 "나는 머리가 길어." "나는 엄마보다 작아."와 같이 눈에 보이는 특징을 얘기하지만, 만 8~11세의 아동은 "나는 똑똑해." 혹은 "나는 마음이 여려."와 같이 눈에 보이지 않는 심리적 특징을 얘기한다.

무엇보다 이 시기의 아동은 학교와 같은 사회 기관에 속하는 구성원으로서 사회문화적 맥락에서의 역할을 이해하는 개념적 자기개념이 뚜렷해진다. 또한 사회 속에서 타인과의 상호작용을 통해 대인관계적 자기개념을 정교히 발달시키게 된다. 예를 들어, "나는 내 친구보다 키가 커." 혹은 "나는 내 친구보다 더 겁이 많아." 등 타인과의 비교를 통해 자신을 표현하게 된다. 사회적 비교를 통해 아동은 이전보다 현실적인 사고를 하게 되고, 자신의 능력을 객관적으로 판단하여 실제 자기와 자신이 원하는 이상적인 자기상을 구분할 수 있게 된다.

한편, 청소년이 되면 남의 시선을 의식하고 다른 사람과의 비교에 민감해진다. 또한 이상적인 자기 모습을 상상하고 때로는 이상적인 자기상에 따라 행동하려 노력한다. 만약 실제 자신의 모습과 자신이 추구하는 이상적인 모습에 큰 차이가 있다면, 청소년은 괴로워하며 자기개념에 혼란을 겪을 것이다. 무엇보다 청소년기의 자기개념 발달은 단순히 '자기'라는 존재를 스스로 이해하는 것뿐만 아니라, 자신이 속할 사회적 지지 집단을 스스로 선택하고 이러한 집단으로부터 자기개념에 대해 피드백을 주고받는 과정을 포함한다(이춘재, 이시재, 곽금주, 1997). 이러한 모든 과정을 통해 통합된 자기개념을 형성하는 것이 청소년기의 대표적 과업이다.

Harter, Marold, Whitesell과 Cobb(1996)에 의하면 청소년은 상대방을 기쁘게 하거나 좋은 인상을 주기 위해, 혹은 남들로부터 인정을 받기 위해 '진짜 나'의 모습과는 다른 거짓 자기 행동(false self-behavior)을 보이기도 한다. 거짓 자기 행동은 자신의 모습이 좋지 않게 평가되었을 때 나타날 확률이 높으며, 거짓 자기 행동을 자주 보이는 청소년은 진짜 자신에 대해서는 잘 모르는 경향이 있다(Harter et al., 1996).

2. 자존감 발달

자존감(self-esteem)이란 자신이 인지한 자신의 특성이나 속성을 평가하여 이로부터 형성하는 자기 가치감을 뜻한다. 자기 가치감은 현실을 반영한 것일 수도 있지만 현실을 반영하지 않은 것일 수도 있다(Vohs & Baumeister, 2012). 예를 들어, 반에서 2등을 하는 아동도 자신이 똑똑하지 않다고 생각해 낮은 자존감을 가질 수 있다. 반대로 객관적으로는 그다지 매력적이지 않지만 스스로는 자신을 매력적이라 생각하고 높은 자존감을 가지는 아동도 있다. 그렇다면 자존감은 어떻게 발달하고, 삶에 어떠한 영향을 미치며, 반대로 어떠한 요인이 자존감에 영향을 미치는 것일까?

1) 자존감 발달 과정

자존감의 발달은 자기평가 과정에서 나타나며, 아동의 자기평가는 타인의 평가로부터 민감한 만 2~3세경에 뚜렷이 나타난다(곽금주, 김연수, 2014). Stipek, Recchia와 McClintic(1992)은 생후 13~39개월 아동을 대상으로 아동이 타인의 평가에 어떻게 반응하는지를 확인하였다. 이 실험에서 아동은 실험자로부터 여러 장난감을 소개받고, 장난감이 어떻게 작동되는지를 배웠다. 실험 결과, 생후 21개월 이전의 영아는 실험자가 장난감을 작동시켰을 때나 자신이 작동시켰을 때 반응에 차이가 없었다. 그러나 생후 21개월 이후의 아동은 실험자가 작동시켰을 때보다 자신이 장난감을 작동시킨 후에 실험자를 더 자주 쳐다보았다. 이는 생후 21개월 이후의 아동이 자신의 수행에 대하여 실험자의 칭찬 혹은 긍정적 반응을 살피는 것으로, 이

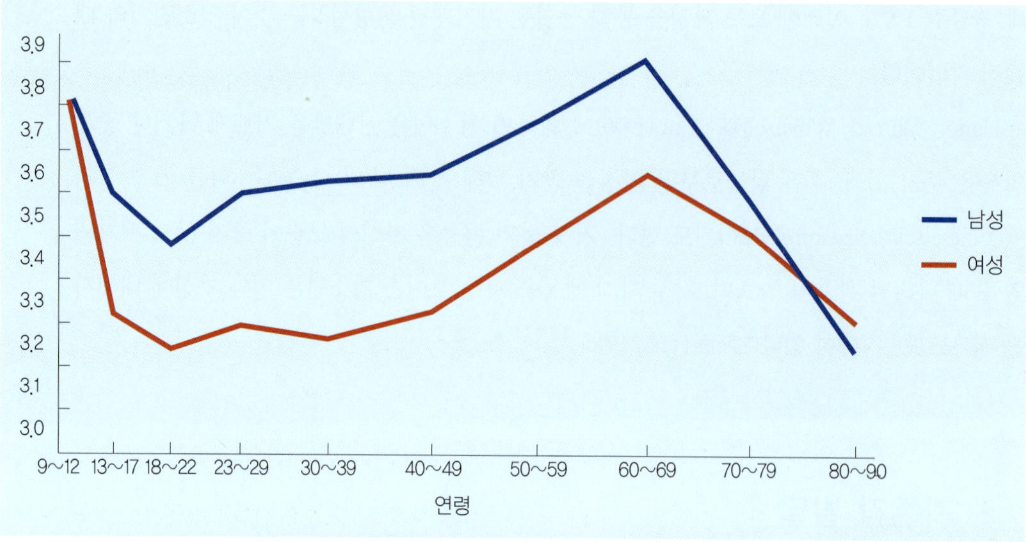

[그림 9-5] 성별에 따른 일생의 자존감 변화 양상

전 생애에 걸쳐 나타나는 자존감 변화 양상이다. 청소년기에는 자존감이 감소하지만 성인기에는 자존감이 다시 회복되어 점점 증가하는 양상을 보인다. 이렇게 증가하던 자존감은 계속해서 증가하다가 나이가 들면 다시 감소한다. 또한 전반적으로 남성이 여성보다 자존감이 높다.

출처: Robins et al. (2002: Santrock, 2014에서 재인용).

처럼 대략 만 2세가 되면 아동은 상대의 반응을 살피어 자신의 행동을 평가하게 된다.

그렇다면 아동기를 지나 이후의 자존감은 어떻게 변화할까? Robins 등(2002)은 전 생애에 걸쳐 나타나는 자존감 변화 양상을 연구하였다. 이를 위해 이 연구에서는 300,000명 이상의 참여자들의 자존감을 연령별로 측정했다. 참여자들은 자신의 자존감을 5점 척도로 평가했고, 높은 자존감에는 5점, 낮은 자존감에는 1점을 매겼다. 그 결과, [그림 9-5]에서 보듯 자존감은 아동기 동안 높아졌다가 청소년기에 하락했다. 그리고 성인기에 다시 증가하여 성인 후기가 되면서 다시 감소했다. 또한 평생에 걸쳐 남성이 여성에 비해 전반적으로 높은 자존감을 가진다.

Orth, Robins와 Widaman(2012)은 만 16~97세 1,824명을 대상으로 12년 동안 인간의 자존감 발달 과정을 분석하였다. 그 결과 [그림 9-6]의 (A)와 같이 청소년기부터 성인 중기까지 자존감은 지속해서 증가하며, 대략 만 50세가 되었을 때 자존감이 최고치를 이루었다. 그리고 이후 나이가 들수록 점점 감소하는 양상을 보였다. 또한 [그림 9-6]의 (B)에서 볼 수 있듯이 높은 교육 경험을 가진 집단이 그렇지 않은 집단보다 전반적인 자존감이 높게 나타났다.

많은 사람은 사춘기가 되면 청소년의 자존감이 급격히 떨어진다고 생각한다. 그러나 실

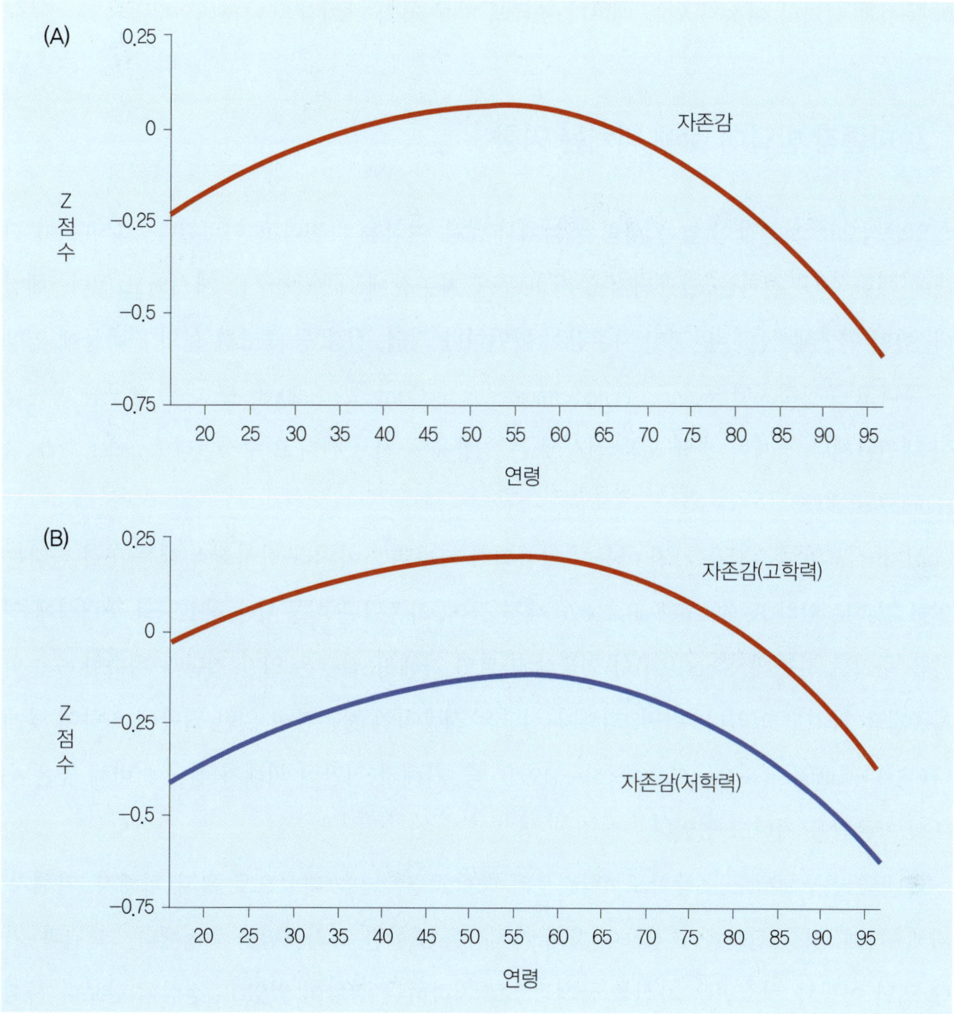

[그림 9-6] **학력 수준에 따른 일생의 자존감 변화 양상**

전 생애에 걸쳐 나타나는 자존감 변화 양상이다. 청소년기부터 성인 중기까지 자존감은 증가하지만 성인 중기가 지나면서 점점 감소한다. 또한 고학력 집단이 저학력 집단에 비해 더 높은 자존감을 가진다.

출처: Orth, Robins, & Widaman (2012).

제로 청소년기의 자존감 감소는 매우 일시적이며 그 정도도 작다(Harter, 2012; Hyde & Else-Quest, 2013). 청소년이 되면 타인에게 인식되는 자신의 모습을 많이 신경 쓰게 되는데, Cooley는 이를 한 사람이 거울 앞에 서 있는 모습으로 비유하여 거울 속 자기(looking-glass self)라고 불렀다. Harter와 동료들(1998)은 청소년의 자존감이 주변 사람과의 관계에 영향을 많이 받는 이유를 청소년이 관계의 맥락에 따라 자신의 가치감을 다르게 평가하기 때문이라고 설명했다. 연구 결과에 따르면 청소년은 부모와 있을 때와 교사와 있을 때 혹은 또래의 동성과 있거나 이성과 있을 때마다 조금씩 다른 자기 가치감을 나타내었다.

2) 자존감 발달이 삶에 미치는 영향

일반적으로 자존감이 높은 사람은 삶에서 많은 이점을 가진다고 여겨진다. 그러나 이 견해에 대한 연구 결과는 일관되지 않기 때문에 자존감에 대한 연구는 계속되고 있다. 예컨대, 어떤 연구에서는 전반적인 자존감이 학업이나 직업, 건강 등 중요한 삶의 결과물에 영향을 준다고 주장하지만(Swann, Chang-Schneider, & McClarty, 2007, 2008), 또 다른 연구는 자존감이 대인관계나 경제적 생활 혹은 건강에 큰 영향을 주지 못한다고 주장한다(Krueger, Vohs, & Baumeister, 2008).

심지어 높은 자존감을 가진 아동이 친사회적 행동뿐만 아니라 반사회적 행동 또한 한다는 연구 결과도 있다(Bushman et al., 2009). 예를 들어, 자존감은 아동이나 청소년의 폭력성에 영향을 주기도 하는데, Slee(1994)의 연구에 따르면 가해자 집단은 일반 집단과 비슷한 수준의 자존감을 가지고 있었다. 반면, 피해자 집단은 전반적인 자존감이 일반 집단에 비하여 낮게 나타났다(Callaghan & Joseph, 1995; Slee, 1995). 즉, 가해자 집단이 피해자 집단에 비해 높은 수준의 자존감을 지니고 있었다.

국내의 연구에서도 초등학교 4학년부터 중학교 3학년을 대상으로 왕따 피해자, 가해자, 피해-가해, 정상 집단을 표집하여 자기 가치감을 포함한 자기개념을 측정했다. 그 결과, 가해 집단 아동과 청소년은 자신을 긍정적으로 지각하는 경향이 있었고, 정상 집단보다 사회적 수용 능력이 좀 더 높게 나타났다(이춘재, 곽금주, 2000). 이처럼 일반적인 견해와는 다르게 높은 자존감은 아동에게 부정적인 영향을 끼치기도 한다.

반면, 자존감 발달은 삶의 다양한 영역에서 긍정적인 영향을 미치기도 한다. Orth 등(2012)은 관계 만족도와 직업 만족도, 직장에서의 지위와 연봉, 긍정 및 부정적 정서, 우울증 그리고 신체적 건강과 같은 삶의 중요한 요소와 자존감의 관계를 분석하였다. 그 결과, 자존감은 삶의 중요한 요소의 원인으로 작용하였으며, 각각의 요소마다 자존감과의 상관성은 다양하게 나타났다. [그림 9-7]의 (D)와 (E)에서 볼 수 있듯이 자존감이 높은 사람일수록 인생 전반에 긍정적인 정서를 가졌으며, 자존감이 낮은 사람일수록 부정적인 정서를 보였다. 또한 자존감이 높은 사람일수록 우울증(F)의 빈도는 낮게 나타났다. 그리고 자존감은 관계(A)나 직업 만족도(B)에 어느 정도 영향을 끼쳤으며, 적지만 건강(G)에도 영향을 주었다. 그러나 직

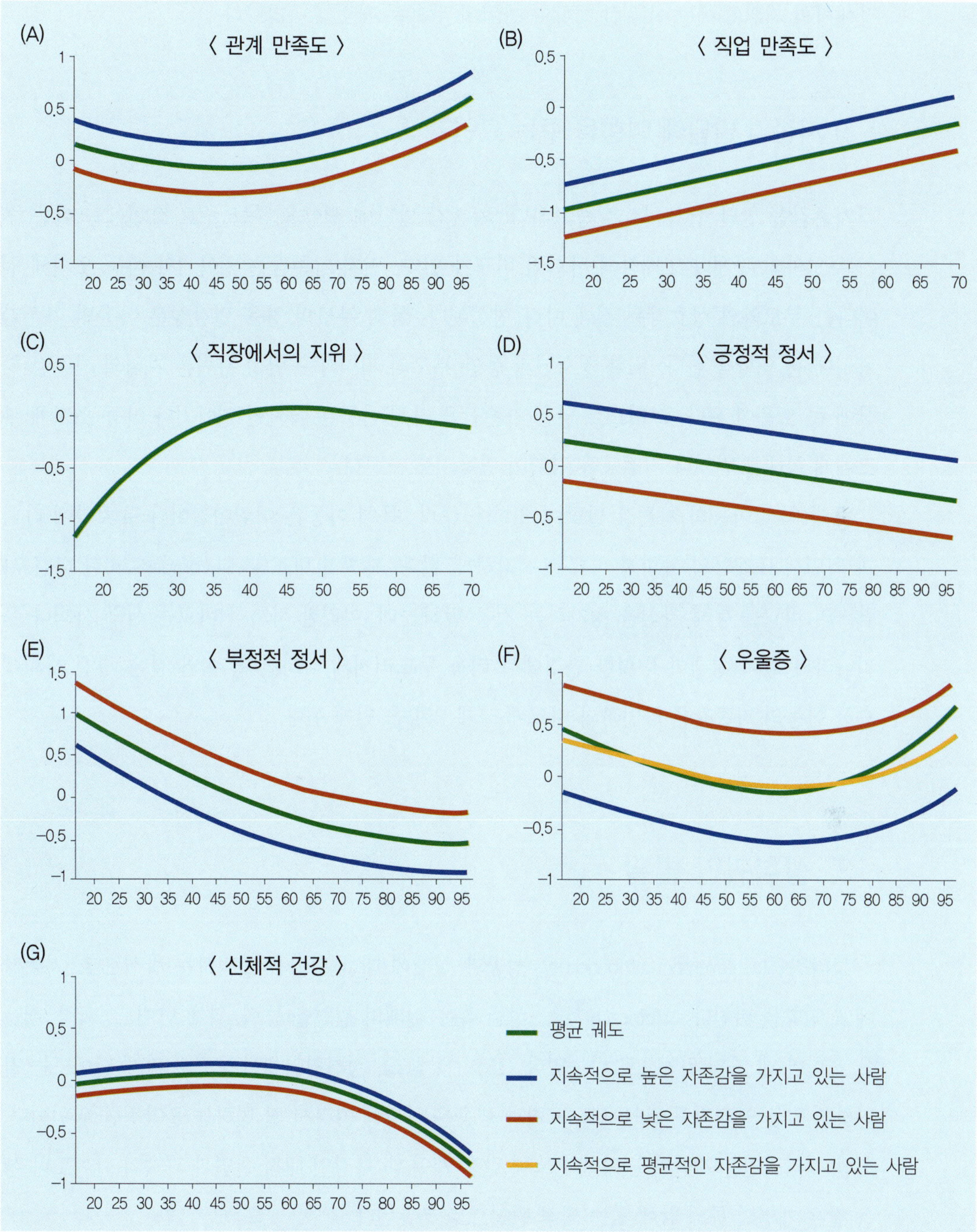

[그림 9-7] 자존감 발달과 삶의 요소와의 관계

(A) 자존감이 높은 사람은 관계 만족도가 높았다.
(B) 자존감이 높은 사람은 직업 만족도가 높았다.
(C) 자존감은 직장에서의 지위에는 영향을 미치지 않았다.
(D) 자존감이 높은 사람은 긍정적 정서를 가졌다.
(E) 자존감이 낮은 사람은 부정적 정서를 가졌다.
(F) 자존감이 높은 사람은 우울증이 적게 나타났다.
(G) 자존감이 높은 사람은 좀 더 건강했다.

출처: Orth et al. (2012).

장에서의 지위(C)에는 아무런 영향도 끼치지 못하는 것으로 나타났다.

3) 자존감 발달에 영향을 주는 요인

자존감을 발달시키는 것은 중요하다. 자존감 발달에 영향을 주는 주요 요인에는 아동 초기 부모와의 관계나 또래와의 사회적 비교가 있다. 먼저 자존감은 영아기와 아동 초기에 일어나는 부모와의 상호작용 질에 따라 형성된다. 특히 부모의 양육 민감성은 아동의 자존감 형성에 큰 역할을 한다. 또한 청소년기 동안 부모의 지지와 독립성 훈련은 자녀의 자존감 향상에 큰 도움이 된다. 그러므로 낮은 자존감을 가진 아동은 어쩌면 영아기나 아동 초기에 부모에게 학대를 받거나 거절당한 경험이 있을지도 모른다.

또래 역시 아동의 자존감 발달에 영향을 준다. 특히 아동은 어린이집이나 유치원에 다니게 되면서 또래와의 사회적 비교를 시작하게 된다. 사회적 비교(social comparison)란 다른 사람과의 비교를 통해 자신을 평가하는 것을 말하는데, 이러한 사회적 비교는 서구 사회나 우리나라와 같이 경쟁이 뚜렷한 환경에서 더욱 두드러지게 나타난다. 이와 같은 경쟁 사회에 속한 아동의 자존감은 타인과의 비교에 크게 영향을 받게 된다.

3. 성취귀인 발달

성취귀인(achievement attribution)은 성공과 실패에 대한 원인을 설명하는 방식으로, 자존감에도 영향을 미친다. Weiner(1974)는 성공 혹은 실패의 원인을 능력, 과제 난이도, 노력, 행운을 포함한 네 가지 원인으로 나누었다(〈표 9-1〉 참조). 성취귀인에서 능력과 과제 난이도는 잘 변하지 않는 안정적인 원인이고, 노력과 행운은 상황에 따라서 잘 변하는 불안정한 원인이다. 또한 성취귀인은 개인의 능력이나 노력 같은 개인 내 특징인 내적 원인과 과제의 난이도나 행운 같은 개인의 통제 밖에 있는 외적 원인으로 분류된다.

어떤 아동은 어려운 문제를 풀지 못했을 때, 그 원인을 자신의 능력 같은 내적이고 안정적인 것에 귀인한다. 이처럼 변하지 않는 자신의 특징을 실패의 원인으로 돌리게 되면 자신에 대해 낮은 자존감을 가지게 된다. 또한 실패를 극복하고자 노력하지 않으며, 이후에는 쉬운 문제만 풀고자 한다. 한편, 문제를 풀지 못했을 때 실패의 원인을 노력과 같이 내적이고 언

ISSUE 1

나르시시스트의 자존감은 낮다?

그리스 로마 신화에서 물에 비친 자신의 모습에 반한 나르키소스의 이야기를 들어본 적이 있을 것이다. 나르시시즘은 나르키소스의 이야기에서 유래된 단어로, 자신의 모습이 아름답다고 생각하여 자신에게 애착을 가지는 현상을 뜻한다. 자존감과 나르시시즘은 때때로 비슷한 개념이 되지만, 자존감과 나르시시즘은 상관관계가 없다(Barry, Frick, & Killian, 2003). 자존감은 스스로 느끼는 자신의 가치와 자신감 등 전반적인 자기 수용과 관련이 있다. 반면, 나르시시즘에 빠진 사람은 자신을 과시하려는 경향이 있고, 거창한 듯하지만 사실은 취약한 자기상을 가진다. 이렇게 나르시시즘에 빠진 사람을 나르시시스트라고 한다. 나르시시스트는 자신의 개인적 이익을 위하여 다른 사람에게 착취를 일삼고 특권의식을 가진다. 만약 아동과 청소년이 나르시시즘에 빠지게 되면 어떻게 될까?

■ John William Waterhouse, 〈에코와 나르시스〉, 1903 ■

몇몇 연구에 따르면 나르시시즘은 아동과 청소년기의 공격적 행동과 정적 상관관계를 보이며, 이후의 괴롭힘 행동을 예측한다(Ang, Ong, Lim, & Lim, 2010; Fanti & Kimonis, 2012). 한편, 나르시시즘을 가진 아동과 청소년은 자신을 과장되게 표현하지만 취약한 자기상을 가지고 있으므로 자신을 피해자라고 여기는 경향이 크다(McCullough, Emmons, Kilpatrick, & Mooney, 2003). 따라서 나르시시즘이 높은 청소년은 가해자이면서 동시에 피해자 집단에 속하기도 한다(Baumeister, Smart, & Boden, 1996).

나르시시즘은 자존감과 함께 청소년의 다양한 문제 행동에 대한 고위험 요인으로 작용한다(Barry et al., 2003). Fanti와 Henrich(2014)의 연구에 따르면 높은 나르시시즘을 가진 청소년일수록 가해 행동을 더 많이 보였다. 이때 청소년이 낮은 자존감을 가질수록 괴롭힘의 정도가 더 높게 나타났다.

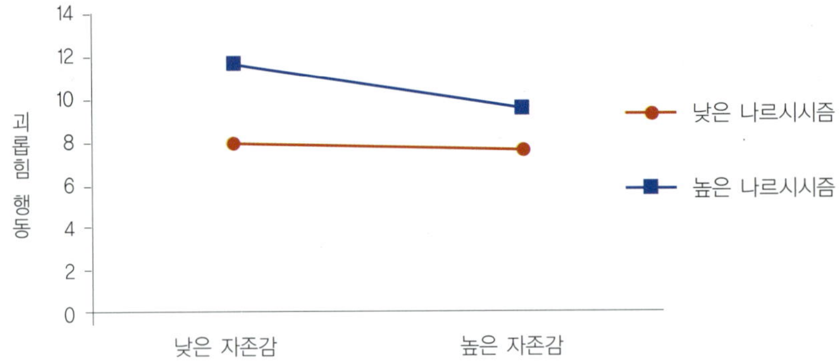

▪ 자존감과 괴롭힘 행동 사이의 상호작용 ▪

높은 나르시시즘을 가진 청소년이 낮은 자존감을 가질수록 피해를 당하는 빈도나 정도 또한 크게 나타났다.

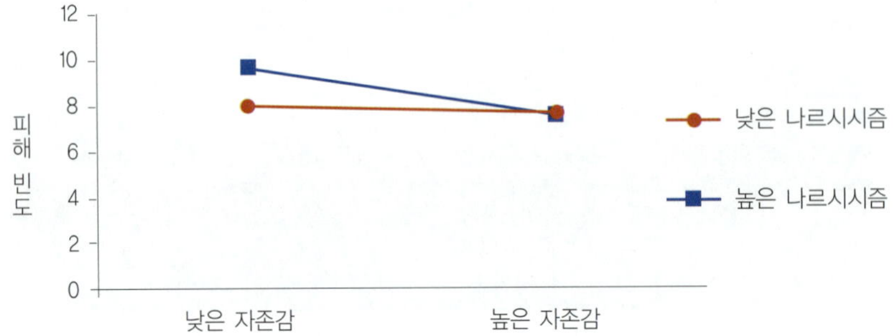

▪ 자존감과 피해 빈도 사이의 상호작용 ▪

이러한 결과는 자신의 모습에 매료된 나르시시스트도 낮은 자존감을 가질 수 있다는 것을 보여 준다. 그리고 이러한 성향을 가진 청소년일수록 그렇지 않은 청소년에 비해 더욱 남을 괴롭히거나 반대로 괴롭힘을 당할 수 있다. 그러니 혹시 주위에 나르시시스트가 있다면, 한없이 도도해 보이는 이들의 내면에 감춰진 낮은 자존감을 살펴보자. 자존감을 높여 주는 것이 이들의 폭력성을 낮춰 주고 이들이 또 다른 피해자가 되는 것을 막는 하나의 방법이 될 수 있다.

제든 변할 수 있는 불안정한 원인에 귀인하는 아동도 있다. 이 경우, 아동은 자신의 노력 부족으로 실패했다고 생각해서 다음번에는 실패를 극복하고자 노력한다. 이 외에도 아동은 자신이 어려운 문제를 풀지 못했을 때, 그 원인을 외적인 요인에 귀인하기도 한다. 예를 들어, 자신의 실패를 과제 난이도와 같이 외적이고 안정적인 원인에 귀인하는 아동은 과제가 어려워서 실패했다고 생각한다. 반면, 실패의 원인을 운과 같이 외적이고 불안정한 원인에 귀인하는 아동도 있다. 이 경우에는 다음번에 행운이 따르면 성공할 것이라고 생각한다.

Dweck은 Weiner의 연구를 바탕으로 실패한 후 포기하는 아동과 끝까지 노력하여 성공하는 아동이 자신의 실패를 어떻게 설명하는지에 따라 두 유형으로 나누어 보았다(Dweck, 2001; Dweck & Leggett, 1988: Shaffer & Kipp, 2014에서 재인용). 첫 번째 유형은 숙달 지향(mastery orientation) 유형으로 성공은 자신의 능력과 같은 안정적인 원인으로 귀인하고, 실패는 자신의 노력이 부족하였기 때문이라고 생각하여 실패한 후에도 더욱 노력하면 성공할 것이라 믿고 포기하지 않는다. 두 번째 유형은 학습된 무력감 지향(learned-helplessness orientation) 유형으로 성공을 운이나 노력과 같은 불안정한 원인으로 보고, 실패는 자신의 부족한 능력으로 귀인한다. 그래서 실패를 하게 되면 자신이 더 노력하여도 목적을 성취할 수 없다고 생각해서 포기하거나 노력을 중단하는 경향이 있다.

성취귀인은 어리게는 학령전기부터 발달하기 시작한다. 그러나 대부분 만 7세 이전의 아동은 지속적인 실패에도 자신은 해낼 수 있다는 비현실적 낙관성을 가지고 있기 때문에 (Stipek & Mac Iver, 1989) 성취귀인 이론을 어린 아동에게 적용하는 것은 적절하지 않을 수 있다. 성취귀인은 주로 학령기에 접어든 아동이 학교 생활을 경험하면서 발달하게 된다. 특히 우리나라의 학교 교육은 능력 평가와 경쟁에 큰 비중을 두기 때문에 우리나라의 학령기 아

〈표 9-1〉 Weiner의 성취 결과의 원인에 대한 분류

	인과성의 소재	
	내적 원인	외적 원인
안정적인 원인	능력 "나는 수학에 가망이 없어."	과제 난이도 "그 시험이 너무 어렵고 길었어."
불안정한 원인	노력 "나는 음악회에 가지 말고 공부를 더 열심히 했어야 하는데……"	행운 "세상에 이럴 수가, 내가 결석한 날 배운 내용만 시험에 나왔네."

출처: Shaffer & Kipp (2014).

동은 자신의 성취나 실패의 원인이 어디에 있는지를 찾고자 한다. 그러므로 학령기에 접어든 아동이 좀 더 적응적이고 긍정적인 성취귀인을 할 수 있도록 부모나 교사는 적절한 칭찬과 처벌을 통해 아동을 평가해야 할 것이다.

4. 정체감 발달

'나는 누구인가?'에 대한 답이 바로 정체감(identity)이다. 정체감은 한 개인이 가지는 특성과 성격뿐 아니라 사회적 관계, 역할, 속해 있는 사회 집단 등을 통해 그 사람이 누구인지를 말해 준다(Oyserman et al., 2012). 또한 정체감은 개인의 과거, 현재, 미래를 나누어 설명할 수 있다. 예컨대, 내가 과거에 누구였는지, 현재는 누구인지 그리고 미래에는 누구이고 싶은지, 누가 될 것 같은지 혹은 누가 되어야만 하는지를 설명한다. 즉, 정체감은 시간의 흐름에 따라 사회 속에서 다양한 모습으로 존재하는 '나'를 모두 포괄하는 '통합된 나'다. 정체감 발달은 통합된 나를 이루는 과정으로 전 생애에 걸쳐 역동적으로 나타나지만 주로 청소년기에 이루어진다.

1) 정체감 발달 과정

청소년은 자신의 정체감에 대해 많은 고민을 한다. Erikson(1950, 1968) 또한 청소년기를 정체감 대 역할 혼미(identity versus role confusion) 단계라 지칭하였고, 청소년은 이 시기 동안 자신이 누구인지, 앞으로 자신의 삶은 어떻게 될 것인지 등을 끊임없이 고민한다고 하였다. 청소년은 아동기와 성인기 사이에서 수많은 과제에 직면하게 되는데, 예로 부모의 보호에서 벗어나 독립적인 삶을 살아갈 것인지, 그렇다면 어떤 직업을 얻고 누구를 만나 어떠한 성향을 가지고 살아야 할지 등을 고민하게 된다.

Erikson에 의하면 청소년기를 심리 · 사회적 유예기(psychosocial moratorium)라 할 수 있다. 이 시기는 아동기의 안정성과 성인기의 독립성 사이에 끼인 시기로, 이 시기 동안 청소년은 비교적 자유롭게 다양한 사회적 역할을 경험하고 자신의 성향을 탐색하게 된다. 이 시기를 성공적으로 지나지 못한 청소년은 정체감 혼란을 겪기도 한다. 이와 같은 정체감 혼란은 청소년을 가족이나 또래로부터 격리시키거나 또래나 대중매체 등 다수의 의견에 휩쓸려 자신의 정체감을 잃게 하기도 한다.

Marcia(1966)는 Erikson의 정체감 발달 이론을 기반으로 '위기'와 '관여'에 따라 정체감 지위를 네 가지 단계로 분류하였다([그림 9-8] 참조). 여기서 위기(Crisis)란 직업 선택이나 이념과 같이 개인적 정체감을 확립하기 위해 고뇌하고 끊임없이 질문하고 탐색하는 시기를 뜻하고, 관여(commitment)는 자신이 확실히 하고자 하는 것에 대한 개인적인 노력을 뜻한다.

정체감 혼미(identity diffusion) 상태의 사람은 아직 특별한 정체감을 가지지 않았으며, 위기와 관여를 경험하지 않은 상태다. 이 상태의 사람은 정체감을 찾기 위해 아무런 노력을 하지 않는다. 예를 들어, 자신의 진로에 대해 잘 모르겠다며 삶의 방향을 계획하지 않는 경우가 이에 해당된다(곽금주, 2010).

정체감 유실(identity foreclosure) 상태의 사람은 위기를 경험하지 않은 채 잘못된 정체감을 확립하고 있다. 예를 들어, 자신의 정체감에 대한 탐색 없이 부모님의 정치 성향이나 종교관을 그대로 받아들이는 경우가 이에 해당된다(곽금주, 2010).

정체감 유예(identity moratorium) 상태에 있는 사람은 현재 위기 상태를 겪고 있으며, 끊임없이 자신의 정체감을 찾기 위해 활발한 탐색 활동을 벌인다. 예를 들어, 법대에 진학하려고 계획 중이던 사람이 자신의 적성에 정말 맞는 것이 무엇인지 고민하는 것이 이에 해당된다(곽금주, 2010).

정체감 성취(identity achievement) 상태에 있는 사람은 위기의 시간을 통해 확고한 정체감을 가지며 자신의 신념이나 가치를 확립하고 그에 맞는 개인적 활동이나 사고에 관여한다.

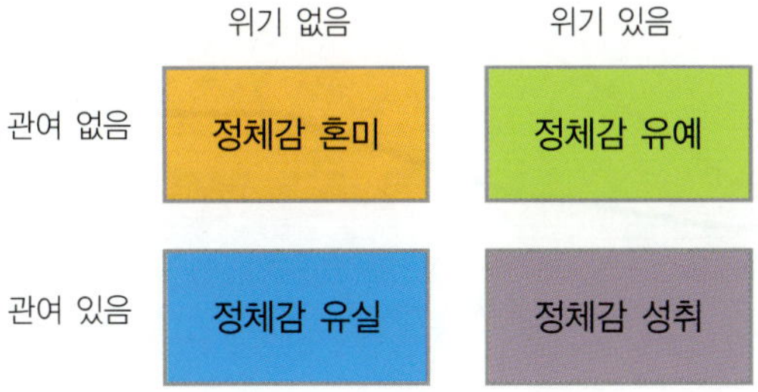

[그림 9-8] Marcia의 정체감 지위

James Marcia(1966)는 청소년의 정체감을 정체감 혼미, 정체감 유실, 정체감 유예, 정체감 성취로 구분하였다. 정체감 혼미는 아직까지 정체감 위기와 관여의 시기를 경험하지 않은 상태이며, 정체감 유실은 정체감의 위기 없이 부모의 신념이나 가치관을 따라 정체감에 관여하는 것을 뜻한다. 정체감 유예는 정체감을 확립하기 위해 끊임없이 자신에 대해 질문하고 다양한 경험을 하는 것이다. 정체감 성취는 위기의 시간을 통해 정체감을 확립하고 이에 관여한 상태를 뜻한다.

출처: 곽금주(2010).

예를 들어, 많은 고민 끝에 자신의 적성에 맞고 자신이 잘할 수 있는 일을 찾는 것이다(곽금주, 2010).

Marcia의 4단계 정체감 지위는 청소년의 정체감 발달 과정을 설명하는 데 유용하다. 그러나 정체감은 청소년 시기를 지나면 안정적으로 정착되기보다 끊임없이 변화하는 역동적 개념이다. 이렇게 역동적인 개념인 정체감을 정적인 개념으로 설명하였다는 점에서 Marcia의 정체감 지위는 비판을 받기도 한다.

실제로 정체감 발달 과정은 일정하지 않다. 어떤 사람은 좀 더 일찍 정체감을 성취하기도 하고, 어떤 사람은 늦은 나이에 정체감을 성취하기도 한다. 많은 연구들은 청소년기보다 성인 초기(만 18~25세)나 그 이후 정체감에 핵심적 변화가 나타난다고 제시한다(Meilman, 1979: Shaffer & Kipp, 2014에서 재인용; [그림 9-9] 참조).

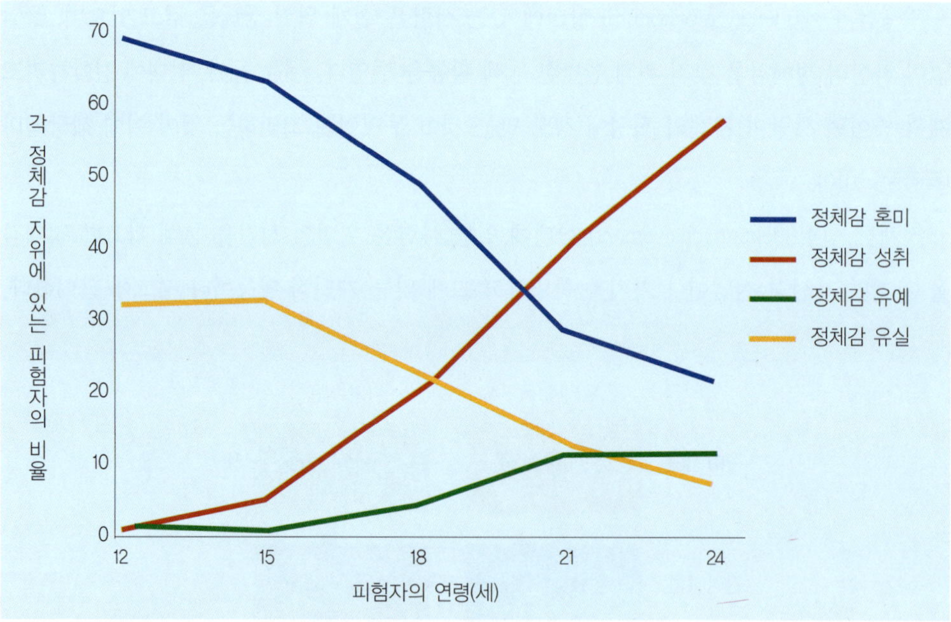

[그림 9-9] 연령별 정체감 지위 변화

연령별 정체감 지위 변화를 나타난 그래프다. 청소년기보다 성인 초기(만 18~25세) 이후에 정체감에 핵심적인 변화가 나타나는 경향을 보인다. 정체감 유실, 정체감 혼미의 비율이 점점 감소하는 것으로 보아 나이가 들수록 위기를 경험하는 사람도 줄어든다고 할 수 있다. 정체감 성취의 비율도 점점 증가하는데, 이는 연령이 증가하면서 정체감이 안정되고 있다는 것을 보여 준다.

출처: Shaffer (2014).

ISSUE 2

낮은 자존감의 아동에게 칭찬은 약이 아니라 독이다?

흔히 아동의 낮은 자존감을 높이기 위한 최고의 방법은 칭찬이라고 생각한다. 그러나 칭찬 중에서도 적절하고 올바른 칭찬만이 아동의 자존감을 높일 수 있다. 그렇다면 적절하고 올바른 칭찬이란 무엇일까? Brummelman 등(2014)은 이를 알아보기 위해 두 가지 실험을 진행하였다.

연구자들은 357명의 부모를 대상으로 자존감이 높은 아동과 자존감이 낮은 아동을 묘사한 이야기를 들려주었다. 그리고 각 아동에게 어떤 칭찬을 해 줄지 적도록 했다. 그 결과, 부모는 아동의 자존감 수준에 따라 다른 방식으로 칭찬을 했다. 부모는 자존감이 낮은 아동에게 "너는 똑똑하다." "너는 타고난 화가네."와 같이 아동 자체 혹은 아동의 본질적 특성을 칭찬하는 인물 칭찬(person praise)을 두 배나 더 많이 했다. 반면, 자존감이 높은 아동에게는 인물 칭찬보다 "그림 그리는 것을 잘하네." "열심히 하네."와 같이 아동이 노력한 과정을 칭찬하는 과정 칭찬(process praise)이나 "멋진 그림이네."와 같은 다른 종류의 칭찬을 더 많이 했다.

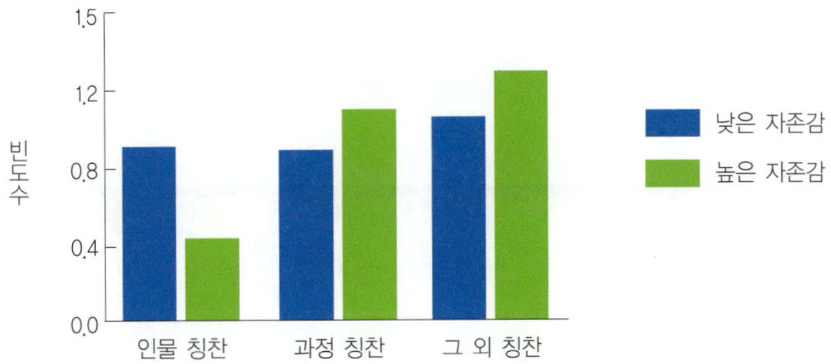

■ 아동의 자존감 수준과 부모의 칭찬 유형 ■

그렇다면 인물 칭찬과 과정 칭찬이 자존감이 낮은 아동과 높은 아동에게 각각 어떤 영향을 끼칠까? 이 실험에서는 아동이 비경쟁적인 활동을 하게 한 후, 자존감이 낮은 집단을 반으로 나눠서 한 집단에게는 인물 칭찬을, 다른 집단에게는 과정 칭찬을 했다. 마찬가지로 자존감이 높은 집단도 두 집단으로 나눠 각기 다른 칭찬을 해 줬다. 이후 아동에게 경쟁적인 활동을 하게 한 후 그들이 실패했을 때 느끼는 수치심을 측정했다. 그 결과, 인물 칭찬을 받은 아동은 과정 칭찬을 받은 아동보다 실패를 경험한 후 수치심을 더 많이 느꼈다. 또한 인물 칭찬으로 인한 수치심은 자존감이 낮은 아동에게서 특히 강하게 나타났다.

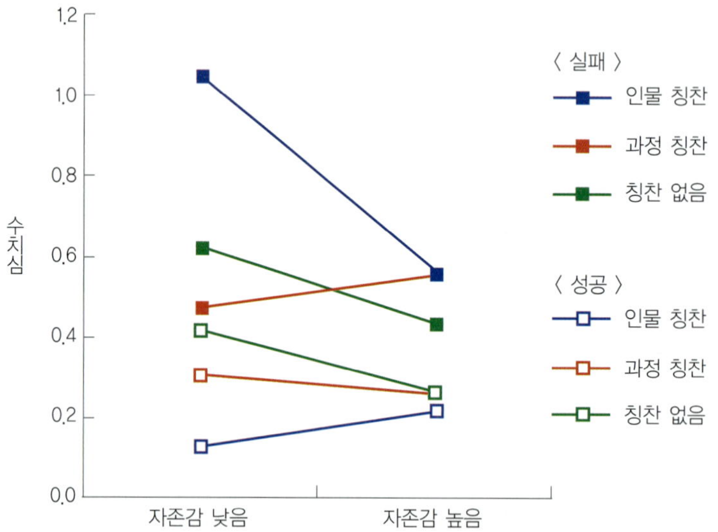

■ 아동의 자존감, 칭찬 유형 그리고 수치심의 관계 ■

이러한 연구 결과는 아동을 양육할 때 부모가 인물 칭찬을 할 경우 오히려 아동의 자존감에 부정적 영향을 끼칠 수도 있다는 것을 시사한다. 그러나 부모가 인물 칭찬이 아닌 행동 과정을 칭찬한다면, 오히려 그 행동에 대한 아동의 사기를 높일 수 있다. 따라서 부모는 아동, 특히 자존감이 낮은 아동을 칭찬할 때 신중을 기하여 적합한 칭찬을 해야 할 것이다.

2) 정체감 발달에 영향을 주는 요인

정체감에 영향을 미치는 요인은 다양하다. 먼저 개인이 가지고 태어나는 성향이나 능력은 정체감에 영향을 준다. 이 외에도 부모나 또래 그리고 개인이 속한 민족/문화는 개인의 정체감 형성에 직간접적인 영향을 미친다.

부모의 양육 행동은 청소년기 정체감 발달에 중요한 역할을 한다. 아동은 부모와의 상호작용을 통해 정체감 확립을 위한 다양한 바탕을 마련하게 되는데, 예로 부모는 아동과 함께 다양한 활동에 참여함으로써 아동의 관심사를 만들어 줄 수 있다. 부모가 아동과 매주 함께 교회를 나간다면 이는 아동의 종교관에 영향을 줄 수 있으며, 아동에게 특정 가치관을 직접 가르침으로써 아동의 정체감 형성에 영향을 끼치게 된다.

이처럼 부모는 아동에게 발판화(scaffolding)를 제공할 뿐만 아니라, 이들이 정체감을 찾을 수 있게 다양한 가치와 행동, 생각, 재능 등을 탐색하고 질문하는 동안 꼭 필요한 안전지대를 제공해 준다. 그리고 이러한 안전지대를 제공해 주는 부모의 양육 행동은 아동이 좀 더 긍정적인 정체감을 형성할 수 있도록 도와준다. 그러나 청소년기 자녀를 둔 부모는 안전지대를 제공해 줌과 동시에 자녀의 독립성 또한 길러 줘야 한다. 예컨대, 자녀가 자유롭게 자신의 의견을 이야기하고 혼자만의 시간을 가질 수 있도록 해야 한다.

청소년은 또래로부터 많은 영향을 받는다. 특히 또래와의 우정은 아동의 정체감 형성에 큰 영향을 미친다. 아동은 친구처럼 편한 대상과 함께 다양한 활동을 공유하고 경험함으로써 긍정적인 정체감 탐색 과정을 거친다. 그리고 이러한 과정에서 긍정적인 자기 정체감을 형성하게 된다(Deamen et al., 2012).

청소년 시기에 또래는 부정적인 영향 또한 끼칠 수 있다. 예컨대, 많은 청소년은 또래의 영향을 받아 약물 복용이나 비행 행동 등 위험 행동을 하게 된다. 그러나 청소년기에 정체감을 확립하고 자신의 정체감에 더욱 관여한 아동일수록 그렇지 않은 아동보다 또래 압력에 영향을 덜 받는다(Dumas, Ellis, & Wolfe, 2012). 그러므로 주위의 부모나 교사는 아동이 또래와 가지는 관계의 질을 파악하고 긍정적인 정체감을 가질 수 있도록 관심을 가져야 한다.

이 외에도 정체감은 한 개인이 속한 문화와 민족성을 반영한다. 그만큼 정체감은 자신이 속한 문화와 민족에 영향을 많이 받는다. 민족성은 특정 집단이나 사회의 구성원이 됨으로써 형성될 수 있는데, 특히 이러한 집단 정체감은 동일 구성원들에 대해 강한 유대감을 형성하도록 도와준다.

5. 성 역할 발달

자기개념이나 정체감이 발달하면서 아동의 성별(gender)에 대한 개념도 발달한다. 아동은 생후 6개월부터 남성과 여성이 다르다는 것을 인식한다(Miller, 1983). 그리고 만 2.5~3.5세가 되면 자신의 성이 무엇인지 알게 된다. 그러나 이 시기의 아동은 옷이나 머리 모양이 바뀌면 성별 또한 달라질 수 있다고 생각한다(Fagot, 1985b). 이후 대략 만 5~7세가 되면 아동이 성별은 변할 수 없다는 것을 알게 되고(Szkrybalo & Ruble, 1999), 각 성별에 대한 성 고정관념이 생기며 성 역할에 대해 이해하게 된다. 여기서 성 고정관념(gender stereotype)이란, 남성과 여성의 특성에 대한 일반화된 선입견을 말한다(Bussey & Bandura, 1999).

1) 성 역할 이론

성 역할(gender role)이란 남성과 여성에게 각각 적합하다고 여겨지는 행동으로, 이에 대한 개념이 발달하면서 아동은 자신의 성별에 맞게 행동하고 사고하며 사회적 관계를 맺게 된다. 성 역할 발달을 설명하는 대표적 이론에는 정신분석 이론, 사회 학습 이론, 인지 발달 이론 그리고 정보 처리 이론이 있다.

정신분석 이론에서는 아동이 오이디푸스 콤플렉스(Oedipus complex)와 엘렉트라 콤플렉스(Electra complex)를 극복하는 과정에서 성 역할 발달이 일어난다고 주장한다. 남아의 경우 오이디푸스 콤플렉스 때문에 아빠를 경쟁자로 여기며, 동시에 아버지에게 거세를 당할 것이라는 거세 불안(castration anxiety)을 겪는다. 이 불안감을 계기로 자신과 아빠를 동일시하면서 오이디푸스 콤플렉스를 극복해 나가고 남성의 역할을 배운다. 반면, 여아는 남성의 생식기를 가지고 있지 않아 이미 거세를 당한 기분을 느낀다. 그리고 자신에게 없는 남성의 생식기를 가지고 있는 아빠의 관심을 끌기 위해 엄마와 자신을 동일시하고, 이를 통해 여성의 역할에 대해서 배우게 된다.

사회 학습 이론에 따르면 아동의 성 역할은 강화와 모방을 통해 발달한다(Mischel, 1970). 부모는 자녀가 자신의 성 역할에 맞는 행동을 했을 때 칭찬하여 그 행동을 강화하고, 성 역할에 맞지 않는 행동을 했을 때는 처벌하여 그 행동을 하지 않도록 한다. 이러한 과정을 통해 아동은 자신의 성 역할에 맞는 행동을 유지하고 맞지 않은 행동은 덜 하게 된다.

Maccoby(1992)에 따르면 아동은 다른 남성이나 여성의 행동을 모방하면서 성 역할을 발달시킨다. 예를 들어, 여아는 엄마가 화장하는 모습을 보고 자신의 장난감 화장품으로 화장하는 모습을 따라 할 수 있다. 그리고 남아는 아빠가 운전하는 모습을 보고 장난감 자동차로 운전하는 척 흉내를 낼 수 있다. 이러한 과정을 통해 아동은 자신의 성 역할을 학습하게 된다.

인지 발달 이론에 따르면 성 역할에 대한 인지적 개념이 먼저 발달해야 행동 또한 발달할 수 있다(Kohlberg, 1966). Kohlberg는 성 역할 발달을 기본적 성 정체감, 성 안정성 그리고 성 일관성의 세 단계로 나누어 설명했다. 기본적 성 정체감(gender identity) 단계는 자신이 여성인지 남성인지를 깨닫는 단계이고, 성 안정성(gender stability) 단계는 시간이 지나도 자신의 성별이 안정적이라는 것을 지각하는 시기로, 예를 들면, 남자 아동은 자라서 성인 남자가 되고 여자 아동은 자라서 성인 여자가 된다는 것을 지각하는 시기다. 그리고 성 일관성(gender consistency) 단계에서는 남자 아동이 여자 아동의 옷을 입거나 여자 아동이 남자 아동의 옷을 입어도 자신의 성별이 바뀌지 않는다는 것을 인식하게 된다.

성 도식 이론에 따르면 아동이 성 도식을 깨닫게 되면서 성 역할 발달이 일어난다. 여기서 도식(schema)이란 개인의 지각을 체계화하고 안내하는 인지적 구조로(Bem, 1981), 새로운 지식이나 정보를 효율적으로 정리하는 데 도움을 주며 일관성 있게 행동하고 새로운 상황에 대해 예측할 수 있도록 해 준다(Stockard, 1999). 성 도식(gender schema)은 성 범주화(gender categorization)를 토대로 정보를 처리하는 인지적 도식이다.

Martin과 Halverson(1981, 1987)에 의하면, 성 도식에는 두 가지가 있다. 첫 번째 도식은 내집단(in-group)에 의해 발달한 성 도식이고, 다른 하나는 외집단(out-group)에 의해 발달한 성 도식이다. 아동은 새로운 정보가 내집단(동성 집단)에 속하는지 외집단(이성 집단)에 속하는지를 범주화한 후 그에 따라 행동한다. 예를 들어, 한 여아가 인형과 자동차 장난감을 새로 접했다고 가정하자. 그 여아의 성 도식에 따르면, 자동차 장난감은 외집단인 남아의 장난감으로 분류되고 다른 장난감은 내집단인 여아의 장난감으로 분류된다. 이때 여아는 내집단 장난감인 인형을 가지고 놀 것이다.

2) 성 역할 발달에 영향을 주는 요인

성 역할 발달에 영향을 주는 요인으로는 호르몬, 또래, 부모 등 다양한 요인이 있으며, 크게 생물학적 요인과 환경적 요인으로 나눠 볼 수 있다. 인간은 생물학적으로 성염색체(sex chromosome)에 따라 성별이 달라진다. 여성은 X염색체를 2개 가지고 있으며, 남성은 X염색체와 Y염색체를 각 1개씩 가지고 있다. 서로 다른 성염색체는 호르몬과 뇌에 영향을 미치고, 결과적으로 성 역할 발달에 영향을 준다(Hines, 2011).

이 외에도 성염색체에 따라서 생식선(gonad)이 결정된다(Arnold, 2009). Y염색체 안에 있는 유전적 정보는 고환을 발달시키며, Y염색체가 없을 때는 난소가 발달한다(Wilson et al., 1981). 이때 고환에서는 테스토스테론(testosterone)이라는 남성 호르몬이 분비되지만, 난소에서는 테스토스테론이 분비되지 않는다. 즉, 남성과 여성의 테스토스테론 수치는 선천적으로 다르며 연구자들은 이 차이에 관심을 가진다.

아동의 성 역할 발달에는 생물학적 요인 외에도 환경적 요인이 영향을 미친다. 대표적인 환경적 요인에는 또래와 가정이 있다. 아동은 자라면서 또래와 많은 시간을 보내게 된다. 그러면서 아동은 자연스럽게 또래의 영향을 받게 되는데 남아와 여아는 어떤 성별의 또래와 같이 노느냐에 따라 다르게 행동한다. 아동은 주로 동성 또래와 놀이하는 것을 선호한다(Stockard, 1999). 그리고 이런 양상은 만 3세부터 시작하여 대략 만 11세까지 유지된다(Stockard, 1999). Maccoby(1988)에 따르면 여아는 남아의 놀이 형태가 자신의 놀이 형태보다 더 거칠다는 것을 느끼고 그것을 피하려 한다. 그리고 남아와 여아는 상호 작용하는 형태가 서로 다르므로 동성 또래와의 놀이를 더 선호하게 된다.

또래와 성 역할에 관한 흥미로운 연구가 있는데, Lee와 Troop-Gordon(2011)에 따르면 남아와 여아가 또래로부터 받는 영향은 또래의 성별에 따라 다르게 나타났다. 동성 친구가 많은 남아에게 '성 역할에 맞지 않는 행동을 한다면 또래에게 놀림을 받을 것'이라고 말하였을 때 이들은 성 역할에 맞지 않는 행동을 거의 하지 않았다. 반대로 이성 친구가 많은 남아에게 같은 말을 했을 때에는 성 역할에 맞지 않는 행동이 줄어들지 않고 증가했다. 한편, 여아의 경우 이성 친구가 많은 여아만이 '성 역할에 맞지 않는 행동을 한다면 놀림을 받을 것'이라는 생각에 이러한 행동을 덜 하는 것으로 나타났다. 즉, 아동은 어떠한 성별의 또래를 사귀느냐에 따라 성 역할에서 또래에게 받는 영향이 달라진다.

부모는 아동의 성 역할 발달에 있어 또래보다도 더 큰 영향을 미친다. 예를 들어, [그림 9-10]처럼 부모는 여아에게 분홍색 옷을 입히고 남아에게는 파란색 옷을 입힌다. 또한 여아에게는 인형을 사주고 남아에게는 자동차 장난감을 사준다. 부모의 성 고정관념이 아동이 입는 옷부터 시작하여 가지고 노는 장난감뿐만 아니라 아동의 수행 능력에도 영향을 미치는 것이다. 이 외에도 대부분의 부모는 아들이 딸보다 수학을 더 잘한다는 성 고정관념적인

[그림 9-10] 아동의 성 역할 발달
부모는 여아에게는 어릴때부터 분홍색 옷을 입히고 남아에게는 파란색 옷을 입힌다. 이와 같은 양육 방식은 아동으로 하여금 성 고정관념을 가지게 한다.

생각을 지닌다. 이러한 성 고정관념은 미국뿐 아니라 일본, 대만에서도 나타난다(Lummis & Stevenson, 1990). 그리고 수학과 관련된 성 고정관념은 아동이 수학을 배우기 전부터 나타나 실제로 여아의 수학 수행 능력을 저하시키는 것으로 나타났다(Tomasetto et al., 2011).

3) 성 고정관념

성 고정관념은 성별에 따른 일반화된 선입견이며, 어린 시절부터 형성된다. Gelman, Taylor와 Nguyen(2004)의 연구 결과에 따르면 만 2.5~3.5세 아동은 남아와 여아의 행동이 다르다는 것을 알고 있었다. Ruble 등(2006)의 연구에서도 생후 30개월 이전의 영아에게 장난감에 대한 성 고정관념이 발달하는 것으로 나타났다. 예를 들어, 여아는 인형 놀이를 좋아하고 남아는 자동차 놀이를 좋아한다는 고정관념을 가지고 있는 것이다.

한 연구에서는 아동의 성 고정관념이 급격히 발달하는 시기를 발견하였다(Hamlin, Ruble, Tamin-Lemonda, Zosuls, Lurye, & Greulich, 2014). 여아는 어느 특정한 시기가 되면 핑크색에 주름 장식이 많은 드레스를 선호하고, 남아는 여아와 연관되는 그 어떠한 옷도 거부하는 것으로 나타났다. 이러한 양상은 여아의 경우 만 3~4세 사이에 주로 나타나고, 남아의 경우 만 5~6세에 많이 나타났다. 또한 이 같은 양상은 미국에 거주하고 있는 만 4세 아프리카계 미국인 그리고 중국계 미국인에게서도 동일하게 나타났다(Hamlin et al., 2014).

이 외에도 아동은 발달하면서 사회가 정한 성 고정관념에 영향을 받는다. 사회가 가지고 있는 대표적인 성 고정관념 중 하나는 남자가 여자보다 공간적 능력(spatial ability)이 뛰어나다는 것이다(Massa, Mayer, & Bohon, 2005). 이와 관련하여 Massa 등(2005)은 성 역할 가설을 연구하였는데, 성 역할 가설이란 개인이 자신의 성과 일관되는(consistent) 문제나 수행을 할 때 자신의 성과 일관되지 않은 수행을 할 때보다 더 열심히 할 것이라는 것이다. 예를 들어, 남성보다 여성이 수학을 잘한다는 고정관념이 있을 때 수학 시험을 본다면, 성 역할 가설에 따라 남성보다 여성이 시험 문제를 더 열심히 풀 것이다.

Massa와 연구자들(2005)에 의하면 실험자가 어떻게 지시를 내리느냐에 따라서도 실험 참가자들의 수행 능력에 차이가 나타났다. 여성 참여자에게 과제를 주고 한 집단에게는 "이 시험은 공간적 능력을 알아보는 시험이에요."라고 말하고, 다른 집단에게는 "이 시험은 공감 능력을 알아보는 시험이에요."라고 말했다. 그 결과, [그림 9-11]에서 볼 수 있듯 여성 참가자 중 여성의 성 역할 믿음(gender role beliefs)을 가지고 있었던 여성은 공간적 능력을 살펴본다고 말했을 때보다 공감 능력을 살펴본다고 했을 때 시험을 더 잘 봤다. 반면, 남성의 성 역할 믿음을 가지고 있는 여성은 공감 능력을 측정한다고 말했을 때보다 공간적 능력을 측정하는 것이라고 말했을 때 시험을 더 잘 봤다. 그러나 이러한 차이가 남성 참가자들에게는 나타나지 않았다. 즉, 여성이 남성보다 성 고정관념에 영향을 더 많이 받는다고 할 수 있다.

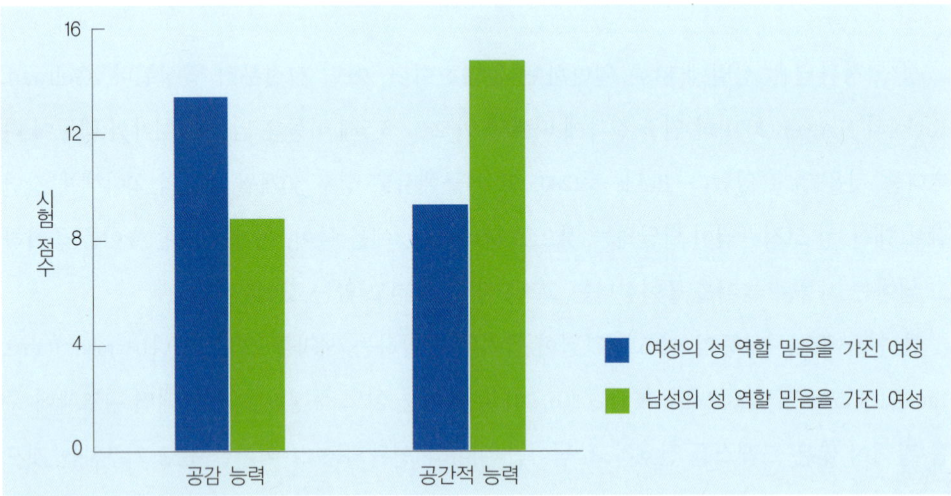

[그림 9-11] 성 역할 믿음에 따른 수행 능력

여성 참가자 중에서 여성의 성 역할 믿음을 가지고 있었던 여성은 시험을 통해 공간적 능력을 살펴본다고 말했을 때보다 공감 능력을 살펴본다고 했을 때 더 잘 봤다. 반면에, 남성의 성 역할 믿음을 가지고 있는 여성들은 시험으로 공감 능력을 측정한다고 말했을 때보다 공간적 능력을 측정한다고 말할 때 더 잘 봤다.

출처: Massa et al. (2005).

ISSUE 3

성별 구별이 어려운 아동들의 성을 의사와 부모 마음대로 정한다?

안타깝게도 어떤 아동은 성별 구분이 불가능한 생식기를 가지고 태어난다. 이처럼 '모호한 생식기(ambiguous genitalia)'를 가지고 태어난 아동은 남성의 것도 여성의 것도 아닌 생식기를 가진다. 이와 같은 경우에 아동의 성염색체, 즉 생물학적 성과는 무관하게 수술하기 쉬운 방향으로 아동의 생식기, 곧 아동의 성별을 결정하여 수술을 하였다. 그 결과, 모호한 생식기를 가지고 태어난 아동 중 일부는 자신의 생물학적 성과 일치하는 생식기로 수술이 되었지만, 나머지는 자신의 생물학적 성과 반대로 수술이 되었던 아동도 있었다.

이러한 수술에 대해 윤리적인 문제가 제기되면서, 연구자들을 포함한 많은 사람들이 이에 대해 관심을 가지고 있다(Wiesemann et al., 2010). 부모의 동의로 아동의 모호한 생식기를 수술할 경우, 아동은 살아가면서 일반 사람과 비슷한 모양의 정상 생식기를 가지기 때문에 어떤 면에서는 좋을 수도 있다. 그러나 문제는 부모가 모호한 생식기를 가지고 태어났던 아동에게 수술 사실을 알리지 않으면서 이들이 성 정체감에 혼란을 겪는 경우가 많다는 것이다. 이 때문에 모호한 생식기를 가지고 태어난 사람들을 포함하여 성 발달장애를 가지고 있는 사람들은 개인의 성 정체감이 확립되기 전까지는 아동에게 어떠한 생식기 수술을 해서는 안 된다고 주장한다.

Caster Semenya라는 육상선수는 제12회 베를린 세계 육상 선수권 대회에서 여자 800m 금메달을 수상했으나, 수상의 기쁨도 잠시 그녀는 많은 사람 앞에서 수치스러운 일을 겪어야 했다. 국제육상경기연맹은 Semenya에게 성 선별검사(gender screening test)를 받도록 지시했던 것이다. 이로 인해 많은 사람은 그녀가 자신의 성별을 속이고 대회에 참가했다고 의심하게 되었다. 이후 밝혀진 사실에 의하면 Semenya는 생물학적으로 여자지만, 모호한 생식기를 가지고 있었다. 이 사건에 대해 Wonkam, Fieggen과 Ramesar(2010)는 우리 사회가 모호한 생식기를 가지고 있는 사람들을 대할 때 좀 더 성숙한 태도를 가질 필요가 있다고 주장했다.

주요 학습 개념

1. 자기개념 발달

- 자기개념(self-concept)이란 자신에 대해서 어떻게 생각하는지 인지하는 것이며 생태적 자기, 대인관계적 자기, 확장된 자기, 사적 자기, 개념적 자기 등 다양한 측면에서 발달된다.
- Rochat와 Morgan의 얼룩 무늬 양말 실험 결과, 생후 3~5개월 영아도 자신의 신체를 지각하고 구분할 수 있었다.
- 자기재인(self-recognition)은 자신을 알아보는 것을 말하며, 대표적인 실험에는 Lewis와 Brooks-Gunn의 루즈 테스트가 있다. 실험 결과, 생후 18~24개월의 영아는 자기재인 능력이 있는 것으로 나타났다.
- 아동 초기에는 눈에 보이는 측면만 가지고 자기개념을 형성하고, 객관적으로 자신을 평가하지 못하는 경향이 있었다.
- 아동 중기에는 추상적인 특징을 가지고 자신을 이해하기도 하고, 자신이 속할 사회적 지지 집단을 수립해 나간다.

2. 자존감 발달

- 자존감(self-esteem)이란 자신이 생각하는 자신의 특성이나 속성을 평가하며 형성하는 자기 가치감이다.
- 아동의 자존감은 아동기 동안 높아지다가 청소년기에 일시적으로 하락하고 다시 성인기에 증가하다가 성인 후기부터 다시 감소한다.
- 남성이 여성에 비해 전반적으로 높은 자존감을 가지고, 높은 교육 경험을 가진 집단이 전반적으로 높은 자존감을 가진다.
- 자존감은 만 2~3세에 명백하게 나타나는데 자존감 발달은 아동의 친사회적 행동과 반사회적 행동에 영향을 미친다.
- 아동 초기에 부모와의 관계와 또래와의 사회적 비교(social comparison)는 자존감 발달에 영향을 끼치는 주요 요인이다.

3. 성취귀인 발달

- 성취귀인(achievement attribution)은 성공과 실패의 원인을 설명하는 방식으로 자존감에 영향을 미친다.
- Weiner에 따르면 성공과 실패의 원인은 다음 표와 같이 총 네 가지로 나누어 설명할 수 있다.

	인과성의 소재	
	내적 원인	외적 원인
안정적인 원인	능력	과제 난이도
불안정한 원인	노력	행운

- 실패한 후 아동의 반응은 성공은 자신의 능력 때문이나 실패는 자신의 노력이 부족하였기 때문이라고 생각하는 숙달 지향적 유형과, 성공은 행운 때문이고 실패는 자신의 능력 부족으로 설명하는 학습된 무력감 지향 유형으로 나뉜다.

4. 정체감 발달

- 정체감(identity)은 한 개인이 가지는 특성과 성격뿐 아니라 사회적 관계, 역할, 속해 있는 사회 집단 등을 통해 개인이 누구인지를 말해 준다.
- Erikson은 청소년이 정체감에 대해 많이 고민하는 모습을 보고 청소년기를 정체감 대 역할 혼미(identity versus identity confusion) 단계라 불렀다. 또한 청소년기에는 아동기의 안전성과 성인기의 독립성 사이에 갈등을 겪는데, 이를 심리 · 사회적 유예기(psychosocial moratorium)라고 하였다.
- Marcia는 개인의 정체감을 확립하기 위해 탐색하는 시기인 위기(Crisis)와 하고자 하는 것에 대한 개인적인 노력을 의미하는 관여(commitment)에 따라 정체감 지위를 네 가지 단계로 분류하였다.
  - 정체감 혼미(identity diffusion): 정체감을 가지고 있지 않으며 이를 위한 노력 부재
  - 정체감 유실(identity foreclosure): 위기는 겪지 않았지만 목표나 가치 보유
  - 정체감 유예(identity moratorium): 위기 상태를 겪고 있지만 계속되는 탐색 활동으로 자신의 정체감을 탐색
  - 정체감 성취(identity achievement): 현재 상대적으로 확고한 정체감을 가지고 있고 개인의 신념이나 가치가 확고하여 그에 맞는 행동이나 사고에 관여

5. 성 역할 발달

- 성 역할이란 성별에 따라 적합하다고 여겨지는 행동을 말한다. 성 역할 발달에 영향을 미치는 요인에는 성염색체와 같은 생물학적 요인과 또래나 가정과 같은 환경적 요인이 있다.
- 성 고정관념이란 성별에 따른 일반화된 선입견이며, 어린 시절부터 형성되어 발달한다. 사람들은 사회가 정한 성 고정관념에 영향을 받는 것으로 나타났으며 여성이 남성보다 성 고정관념의 영향을 많이 받는다고 알려져 있다.

10장

사회인지 발달 2: 타인 및 사회적 세계 이해

1. 타인 이해를 위한 생애 초기 능력
2. 타인 마음에 대한 이해
3. 사회적 세계에 대한 이해

Baron-Cohen의 사랑하는 여동생, 자폐 연구에 힘이 되다

Simon Baron-Cohen은 자폐증이 다른 사람의 감정이나 생각을 이해하는 능력인 마음이론의 발달을 지연시킨다는 사실을 처음으로 주장한 심리학자 중 한 명이다. 그는 자폐 아동이 다른 사람의 감정을 인지하고 이해할 수 있도록 돕는 만화영화 시리즈를 만들고, 이들의 특수교육을 위해 마음읽기 소프트웨어를 개발하여 영국 아카데미상을 받기도 했다. 이처럼 Baron-Cohen은 자폐 아동에 대한 연구뿐 아니라 그들을 실질적으로 도울 수 있는 방법에 대해 늘 고민했다.

사실 자폐 아동에 대한 Baron-Cohen의 관심과 열정은 그의 사랑하는 여동생 Suzie에게서 비롯되었다. 그에게는 두 명의 남자 형제와 두 명의 여자 형제가 있었는데, 그중에서도 Suzie는 매우 특별한 존재였다. Suzie는 태어날 때부터 간질발작과 지적장애, 자폐증 등의 증상을 보이는 스터지 웨버 증후군(Sturge Weber Syndrome)이라는 병을 가지고 있었다. 이 때문에 그녀는 정상적인 발달을 하지 못했고, 심지어 의사는 그녀가 15세를 넘기지 못하고 죽을 것이라고 했다. Suzie를 돌보기 어려웠던 부모는 결국 그녀를 보육원에 보내게 되었고, Baron-Cohen은 사랑하는 동생을 보기 위해 자주 보육원을 찾았다. 그러던 중 Suzie가 만 10세가 되던 해에 그녀는 병원을 옮기게 되었는데, 그 병원은 환자들이 소리를 지르거나 위협적일 수 있었기 때문에 미성년자의 출입이 통제되었다. 미성년자였던 Baron-Cohen과 형제들은 더 이상 그녀를 볼 수 없게 되었다(Baron-Cohen, 2014).

이후 바쁜 학업과 일상 속에 10년이 지나고, Baron-Cohen은 대학을 졸업했다. 졸업 후 그는 한 자폐아동센터에서 일을 하게 되었는데, 센터는 Suzie의 병원으로부터 20분 거리도 채 되지 않은 곳에 있었다. Baron-Cohen은 어릴 때부터 동생이 가졌던 장애에 대한 두려움이 늘 마음속에 있었다. 하지만 그는 이러한 두려움을 극복하지 못한다면 자폐 아동을 연구할 자격이 없다고 생각했고, 그러던 어느 날 여동생을 보기 위해 병원으로 달려갔다. Baron-Cohen의 회고록에 따르면 이 날이 그의 인생에서 가장 특별한 날 중 하루로 기록되고 있다. 그는 Suzie가 여전히 아름다웠고, 그녀가 말을 할 수는 없었지만 두 남매는 정서적으로 연결되어 있었다고 설명했다(Baron-Cohen, 2014). 이렇게 여동생을 향한 그의 사랑이 자폐 아동 연구에 대한 그의 열정에 큰 몫을 한 것이 아닌가 생각해 본다.

Simon Baron-Cohen과 자폐에 대한 그의 저서

아동은 다른 사람과 관계를 맺으며 사회라는 집단 속에서 자라난다. 그러므로 아동에게 있어 타인과 사회적 세계를 이해하는 일은 매우 중요하다. 그렇다면 아동은 어떠한 능력을 통해 다른 사람을 인식하고, 이해하고, 그들과 사회적 상호작용을 시작하는 것일까? 이 장에서는 생애 초기에 발달하는 영아의 사회적 상호작용 능력과 아동의 마음이론 발달 그리고 사회적 세계에 대한 지식 습득에 대해 살펴보겠다.

1. 타인 이해를 위한 생애 초기 능력

다른 사람을 이해하기 위해서는 먼저 그들에게 관심을 가져야 한다. 아주 어린 영아도 다른 물건이나 동물보다 사람에게 더 많은 관심을 가진다. 예를 들어, [그림 10-1]의 형태를 영아에게 보여 주면, 영아는 다른 모형보다 얼굴처럼 보이는 (B)와 (F) 형태에 더 많은 관심을

[그림 10-1] 영아의 얼굴 선호

위의 그림 중 영아가 가장 오랫동안 응시한 것은 무엇일까? 어린 영아는 (B)와 (F)같이 비교적 사람 얼굴처럼 보이는 형태를 가장 선호한다.

출처: http://trixieupdate.com/2003/09/08/infant-visual-stimulation-revisited/

나타낸다(Johnson, Dziurawiec, Ellis, & Morton, 1991). 그러나 다른 사람의 얼굴에 관심을 갖는 것만으로는 사회적인 상호작용이 이루어지지 않는다. 이에 영아는 시선 쫓기와 공동주의 능력을 통해 다른 사람을 이해하고, 기본적인 사회적 상호작용을 시작하게 된다.

시선 쫓기(gaze-following)는 다른 사람이 응시하는 물체를 따라서 쳐다보는 것이다. 영아는 시선 쫓기를 통해 다른 사람이 어디에 주의를 기울이고 있는지 알 수 있고, 이러한 능력은 타인의 마음을 이해하기 위한 기초가 된다. 시선 쫓기는 '5장 인지 발달 2'에서 본 영아의 정향 발달로부터 시작한다. 처음에는 영아가 성인이 고개를 돌리는 쪽으로 자신의 고개를 돌리게 된다. 그리고 연령이 증가함에 따라 정향 행동은 더욱 정교해져 나중에는 고개는 돌리지 않고 눈동자만 움직여 시선 쫓기를 하게 된다.

시선 쫓기는 생후 9~11개월 사이에 급격히 발달한다. Meltzoff와 Brooks(2007)는 성인이 고개를 돌리는 방향과 시선의 방향을 다르게 했을 때, 영아가 어느 방향에 더 주의를 기울이는지 알아보았다. 그 결과, 생후 9개월 영아는 성인의 시선보다는 고개를 돌리는 방향에 더 주의를 기울인 반면, 생후 10~11개월이 된 영아는 성인의 고개 방향보다 시선을 따라 주의를 기울였다. 흥미롭게도 시선 쫓기는 인간만이 가지는 사회적 능력이다. 다른 종(species)과 달리 인간은 검은자위와 대비되는 흰자위를 가지는데, 이는 진화론적으로 효율적인 시선 쫓기를 가능하게 한다(Tomasello et al., 2007: Keil, 2014에서 재인용).

공동주의(joint attention)는 두 사람이 동시에 같은 대상에 주의를 기울이는 상태를 일컫는다. 공동주의가 이루어지기 위해서는 세 가지 기초적 능력이 필요하다(Brune, 2004). 첫째, 영아는 다른 사람이 특정 대상에 주의를 기울이고 있다는 것을 알아야 한다. 둘째, 영아는 다른 사람이 주의를 기울이는 특정 대상에게 자신도 주의를 두거나, 자신이 관심 있어 하는 특정 대상에 다른 사람도 관심을 기울이도록 주의를 끌 수 있어야 한다. 마지막으로, 영아는 자신의 주의를 조절할 수 있어야 한다. 즉, 타인이 주의를 둔 대상에 같이 주의를 기울이는 것을 넘어서 때로는 자신의 주의를 다른 곳으로 옮겨야 하는 능력이 필요하다(김연수, 정윤경, 곽금주, 2009).

공동주의는 생후 6개월경에 나타나 영아기 전반에 걸쳐 발달하게 된다(곽금주, 김연수,

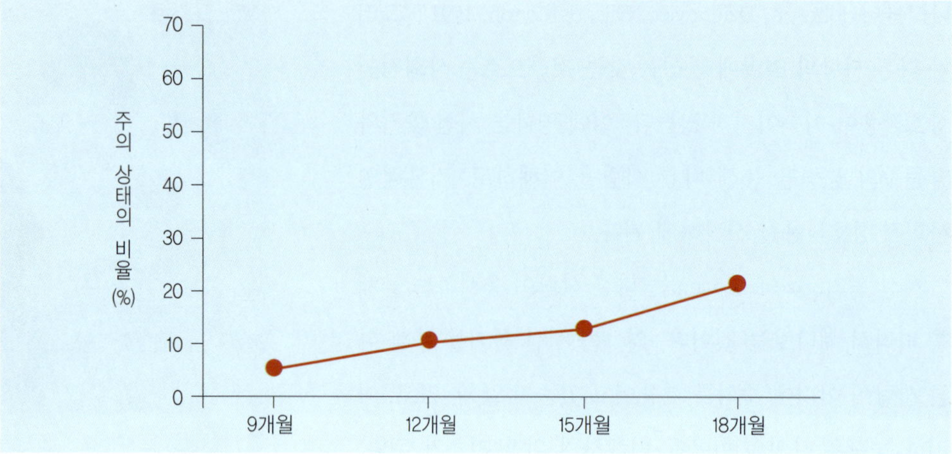

[그림 10-2] 월령별 영아의 주의 상태 양상
월령이 증가할수록 영아의 공동주의 양은 증가하였다. 특히 생후 15~18개월 사이에 급속히 증가하는 것을 볼 수 있다.
출처: 정윤경, 곽금주(2005).

2014). 생후 6개월의 영아는 엄마와 외부 대상을 번갈아 가며 주의를 기울인다. 생후 9개월에는 타인이 바라보는 대상을 영아도 따라 보며, 생후 12개월이 되면 영아는 자신이 관심 있는 대상에 다른 사람의 주의를 끌고자 눈짓, 몸짓, 소리 등을 사용한다. 그리고 [그림 10-2]에서 볼 수 있듯이, 생후 15개월에서 18개월 사이에 걸쳐 공동주의 능력은 급격히 발달하게 된다(정윤경, 곽금주, 2005).

영아의 공동주의는 이후 다른 사람의 생각과 마음을 이해하는 마음이론과도 밀접한 관련이 있다. 김연수, 정윤경, 곽금주(2009)는 엄마와의 자유놀이 상황에서 생후 12개월, 15개월, 18개월 영아의 공동주의를 측정하였고, 이 영아가 만 4세가 되었을 때 마음이론 능력을 측정하였다. 그 결과, 생후 15개월과 18개월에 더 많은 공동주의를 보였던 아동의 마음이론 점수가 더 높게 나타났다. 즉, 영아기 동안 다른 사람과 함께 같은 사물에 주의를 기울이는 능력은 이후 다른 사람의 마음과 생각을 이해하는 데 도움이 된다는 것이다.

공동주의는 아동의 언어 발달과도 상관이 있다. 한 연구에서는 생후 9개월 영아의 공동주의 능력과 생후 10~15개월의 이해 어휘를 측정하였다. 그 결과 영아의 공동주의 점수가 높을수록 이후 영아는 더 많은 어휘를 이해하는 것으로 나타났다(Carpenter et al., 1998). 국내 아동을 대상으로 한 연구에서도 생후 9~28개월의 공동주의 능력이 이후 만 3세 때의 언어 능력에 긍정적인 영향을 미치는 것으로 나타났다(박슬기, 곽금주, 김연수, 2014).

ISSUE 1

영아의 공동주의 능력, 이후의 도덕성을 예측한다?

공동주의는 영아와 엄마의 상호작용 중 나타나는 동시성(synchrony)에 중요한 역할을 한다. 동시성이란 상호작용을 할 때 부모와 영아가 서로의 말과 행동 그리고 정서적 표현에 즉각적으로 반응하는 것이다. 이를 위해서는 상대가 무엇에 주의를 기울이고 있는지 혹은 어디로 주의를 옮기는지에 대해 민감해야 한다. 공동주의가 잘 이루어지고 동시성이 높은 상호작용은 아동의 언어 발달에 도움이 되며(Siller & Sigman, 2002) 정서 조절에도 효과적이다(Feldman, 2012). 심지어 도덕성 발달과도 깊은 관련이 있다.

Feldman(2007)은 생후 3개월부터 만 13세 아동을 대상으로 상호작용의 동시성과 이후 도덕성 발달 간의 관계를 알아보았다. 연구자는 생후 3개월과 9개월 영아와 엄마 사이의 상호작용을 관찰하여 공동주의 및 동시성을 측정하였다. 이후 영아가 만 6세와 13세가 되었을 때 엄마와의 대화 중 얼마나 공감을 하는지 혹은 배려를 하는지를 측정하여 아동의 도덕성을 평가하였다. 그 결과, 만 1세 때 엄마와의 상호작용에서 관찰된 아동의 공동주의 및 동시성 능력은 만 6세와 13세의 도덕성과 연관이 있었다. 즉, 영아는 엄마와의 상호작용 동안 엄마의 말과 행동에 반응하고, 함께 주의를 기울이면서 다른 사람의 생각과 마음을 더 잘 이해하게 된다. 결과적으로 영아기의 공동주의는 자녀에게 배려와 공감을 가르치는 하나의 좋은 방법이 될 수 있다.

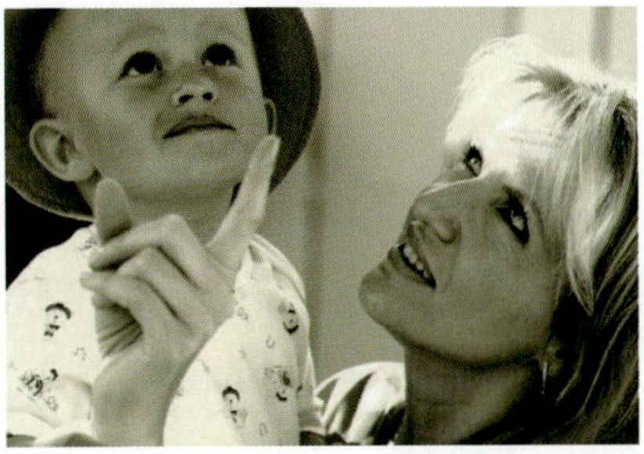

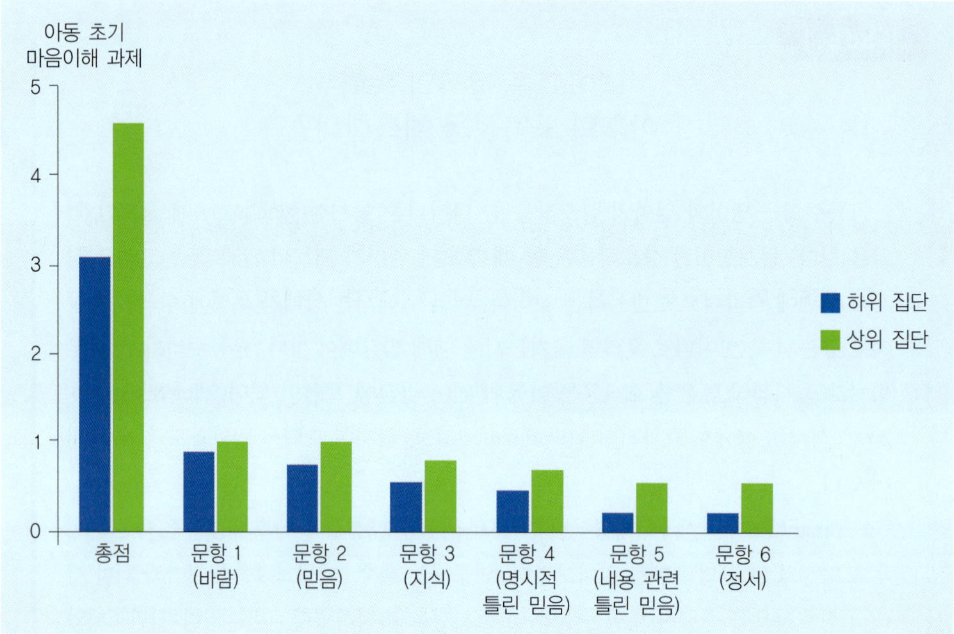

[그림 10-3] 18개월 영아의 공동주의 양에 따른 4세 아동의 마음이론 수행 능력

생후 18개월의 공동주의 비율에 따라 하위 집단과 상위 집단을 나누고, 이들이 만 4세가 되었을 때 다양한 마음이론 과제를 수행토록 했다. 그 결과, 생후 18개월에 공동주의의 비율이 높았던 아동일수록 그렇지 않은 아동보다 마음이론 과제 수행을 더 잘하였다.

출처: 김연수 외(2009).

2. 타인 마음에 대한 이해

인간은 태어나면서부터 다른 사람과 사회적 교류를 시작한다. 따라서 타인의 마음을 이해하는 능력은 삶에서 중요한 역할을 하게 된다. 마음이론(theory of mind: ToM)은 타인을 이해하는 능력으로 자신뿐 아니라 타인도 의도나 바람, 감정, 믿음과 같은 다양한 정신 상태를 가지고 있으며, 이에 따라 행동한다는 것을 이해하는 것이다(Sung & Hsu, 2014). 마음이론은 타인의 특정한 행동이 왜 이루어졌는지, 이후에는 어떠한 행동이 이루어질 것인지 예측하도록 돕기 때문에(Kana et al., 2014), 다른 사람과 더욱 원만한 사회적 관계를 유지하는 데 도움이 된다. 이 절에서는 마음이론의 발달 과정과 이차순위 마음이론, 마음이론 발달에 영향을 주는 요인 및 마음이론 발달을 설명하는 이론에 대해 살펴보겠다.

1) 마음이론 발달 과정

마음이론의 발달 시기에 대해서는 여러 의견이 있다. 그렇지만 일반적으로 만 2세경부터 아동은 타인의 욕구나 심적 상태를 얘기하기 시작하고, 만 3세경부터 타인과 자신의 심적 상태를 구분하면서 마음이론이 점차 발달하기 시작하며, 만 5세경이 되면 아동은 자신이 알고 있는 것을 다른 사람은 모를 수 있다는 사실을 이해하게 된다. 인간은 의도, 바람, 믿음 등의 심적 상태를 가지고 행동하게 된다.

먼저, 인간은 목적과 의도(intention)를 가지고 행동한다. 의도와 관련된 마음이론 발달 과정은 다음과 같다. 보통 만 4세 아동은 다른 사람의 마음을 이해하기 시작하지만, 행동에 대한 정확한 의도는 알지 못한다. 반면, 만 5~6세 아동은 행동에 대한 상대방의 의도를 파악하고, 상대방의 의도적인 행동과 우연한 행동을 구분할 수 있다(Ziv et al., 2008; Myers & Liben, 2008). 만 7~8세가 되면 아동은 상대방의 의도를 이해하며 그에 대한 이유도 어느 정도 설명할 수는 있다. 그러나 만 9세가 되어야만 아동은 비로소 성인과 같은 수준으로 상대방의 의도를 정확히 이해하며 이에 따른 설명을 할 수 있게 된다(Myers & Liben 2008).

여러 연구들은 자폐증 환자의 마음이론이 온전히 발달되지 않는 것을 보여 준다(Leslie & Thaiss, 1992; Perner et al., 1989; Sodian & Frith, 1992). 한 연구에 따르면 마음이론 능력은 측두-두정엽 경계 영역(temporo-parietal junction: TPJ)과 상관이 있는데(Kana et al., 2014), [그림

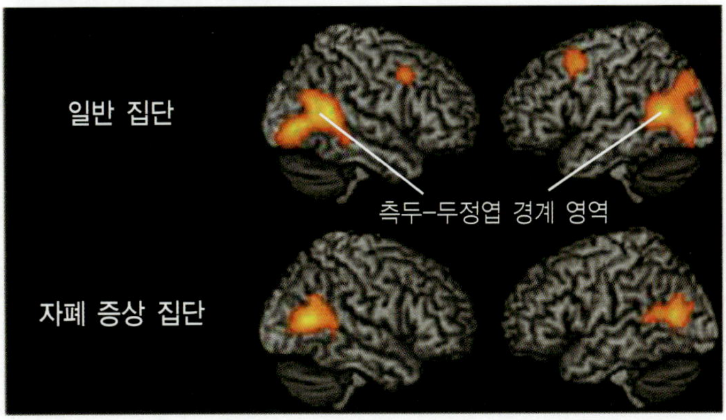

[그림 10-4] 타인의 의도적 행동을 관찰했을 때 뇌의 활성화

타인의 의도적 행동을 관찰하였을 때 일반 집단과 자폐 집단의 뇌 활성화를 측정하였다. 그 결과, 자폐 증상을 가진 집단은 일반 집단보다 측두-두정엽 경계 영역의 활성화 정도가 매우 낮았다.

출처: Kana et al. (2014).

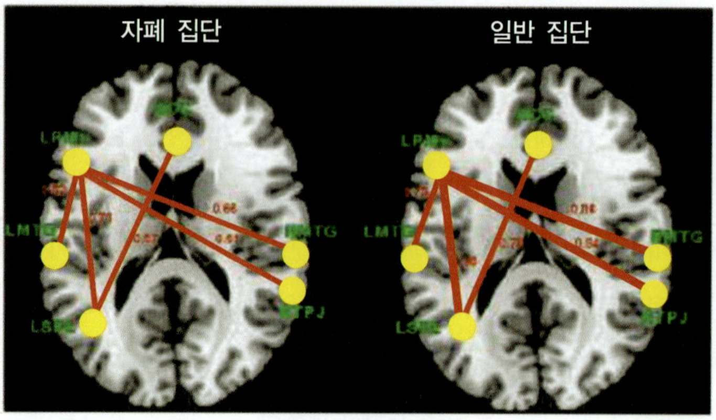

[그림 10-5] 자폐 집단과 일반 집단의 뇌 활동 차이 비교

타인 행동 관찰 시 자폐 집단과 일반 집단의 뇌 신경 연결을 관찰하였다. 자폐 집단은 마음이론 능력과 관련된 뇌의 영역 간 신경 연결이 일반 집단보다 약하게 나타났다. 즉, 신경 연결이 제대로 이루어지지 않아 신경들 사이의 피드백을 주고받는 등의 기능을 제대로 하지 못하였다.

출처: Kana et al. (2014).

10-4]처럼 자폐 증상을 가진 집단의 경우 그렇지 않은 집단에 비해 이 측두-두정엽 경계 영역 부위의 활성화가 낮았다. 여기서 뇌의 활성화가 낮다는 것은 그 부위가 활동하지 않는다는 것을 말한다.

또한 자폐 집단의 경우 타인의 의도적 행동을 관찰하는 동안 측두-두정엽 경계 영역과 대뇌피질 운동령 사이의 기능적 연결(functional connectivity)이 약하게 나타났다([그림 10-5] 참조). 기능적 연결이란 활성화되는 뇌 영역 간 신경 연결로, 이 연결이 강할수록 뇌 기능이 더욱 활성화된다. 즉, 자폐 아동은 측두-두정엽 경계 영역의 낮은 활성화와 측두-두정엽 경계 영역과 대뇌피질 간의 약한 기능적 연결 때문에 마음이론 능력이 발달하지 못한 것이다.

바람(desire)은 무언가를 원하거나 갖고 싶어 하는 심적 상태로, 의도나 믿음보다는 더 구체적인 상태이기 때문에 아동은 비교적 일찍 바람을 이해하게 된다(Astington, 1993; Bartsch & Wellman, 1995). 예컨대, 인간은 배가 고프면 음식과 같이 눈앞에 보이는 대상을 원한다. 바람은 이처럼 원하는 대상이 시각화되어 나타나는 경우가 많아서 어린 영아도 쉽게 이해할 수 있다.

Phillips, Wellman과 Spelke(2002)는 영아의 바람 이해를 알아보기 위한 실험을 진행하였다. 먼저 실험자는 [그림 10-6]처럼 앞에 놓인 2개의 인형 중 하나만을 긍정적인 표정으로 쳐다보았다. 이와 같이 한 인형에 대한 긍정적인 표정은 실험자가 두 인형 중 어떤 것을 원하는

[그림 10-6] 습관화를 통한 영아의 타인 이해 실험

(A) 실험자는 양쪽에 놓인 두 인형 중 하나를 긍정적인 표정으로 쳐다본 후, 그 인형을 집는다. 영아는 이러한 행동에 습관화가 된다.

(B) 실험자는 자신이 쳐다보았던 인형을 집는다. 이는 바람에 따른 실험자의 일관된 행동이다.

(C) 실험자는 자신이 쳐다보지 않았던 인형을 집는다. 이는 실험자의 바람과 일관되지 않은 행동이다.

출처: Philips, Wellman, & Spelke (2002).

지 알려 주는 단서가 되었다. 이후 실험자가 두 인형 중 하나를 집었을 때 영아의 반응을 관찰하였는데, 그 결과 생후 12개월의 영아는 실험자가 긍정적으로 응시했던 물건을 집었을 때보다 그렇지 않은 물건을 집었을 때 더 오랫동안 쳐다보았다. 즉, 영아는 실험자가 긍정적인 표정으로 쳐다보았던 인형이 실험자가 원하는 인형이라고 예상하고 그 인형을 집을 것이라 기대했는데, 다른 인형을 잡자 이에 놀라 반응을 보인 것이다. 결론적으로, 생후 12개월의 영아는 타인의 바람을 이해하고 이에 따라 행동하기를 기대한다.

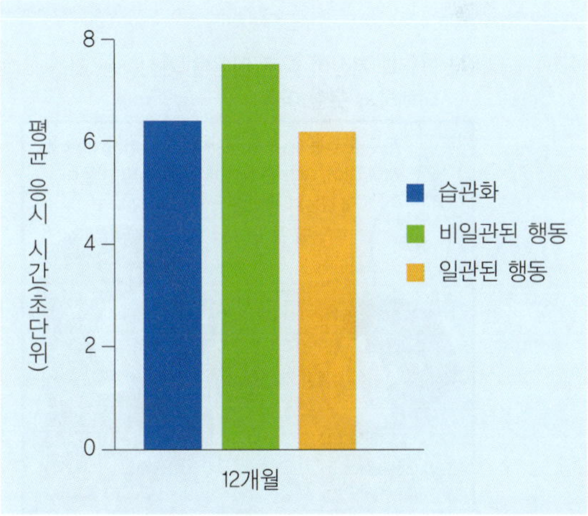

[그림 10-7] 8개월과 12개월 영아의 타인의 바람 이해 실험 결과

12개월 영아는 실험자가 긍정적으로 응시했던 물건을 집었을 때보다 그렇지 않은 물건을 집었을 때, 즉 실험자의 바람과 일관되지 않는 행동에 놀라며 오랫동안 응시하였다.

출처: Phillips, Wellman, & Spelke (2002).

의도나 바람과 달리 믿음(belief)은 매우 추상적인 심적 상태다. 예컨대, 지갑 안을 보지 않고도 그 안에 돈이 들어 있다고 생각하는 것은 믿음의 한 예가 된다. 연구자들은 아동의 믿음이해 능력을 확인하기 위해 주로 틀린 믿음 과제를 사용한다. 틀린 믿음 과제(false belief task)를 통해 아동이 다양한 상황에서 타인이 자신과 다른 믿음을 가질 수 있고, 자신이 아는 것을 타인은 모를 수 있다는 사실을 아는지 확인할 수 있다. 틀린 믿음 과제에는 내용교체 과제와 위치이동 과제 두 가지가 있다. '내용교체 과제'는 [그림 10-8]처럼 내용물을 담고 있는 봉지와 실제 내용물이 다르다는 것을 아동에게 알려 주고, 봉지 겉면만을 본 타인이 그 안의 내용물을 무엇으로 생각할지 묻는 과제다. 예를 들어, 아동이 m&m 초콜릿 봉지를

[그림 10-8] 내용교체 과제의 예

아동에게 m&m 초콜릿 봉지 안에 무엇이 들어 있는지를 묻자 아동은 m&m 초콜릿이 들어 있다고 대답한다. 이후 아동은 m&m 봉지 안에 초콜릿 대신 연필이 들어 있다는 것을 보게 된다. 이때 아동에게 다른 친구에게 m&m 봉지 안에 무엇이 들어 있는지 묻는다면 친구가 어떻게 대답할 것인지를 묻는다. 만약 타인과 자신이 다른 믿음을 가진다는 것을 이해하지 못한 아동이라면 (A)와 같이 자신이 아는 대로 연필이라고 한다. 그러나 타인과 자신이 다른 믿음을 가진다는 것을 이해하는 아동은 (B)처럼 초콜릿이 들었다고 대답한다.

본다면 그 안에는 당연히 m&m 초콜릿이 들어 있을 것이라 생각한다. 이때 실험자는 m&m 봉지를 열고 아동에게 그 안에 초콜릿 대신 연필이 있다는 것을 보여 준다. 이후 아동에게 m&m 봉지의 겉만을 본 다른 사람의 경우, 그 봉지 안에 무엇이 들어 있다고 생각할지 추론해 보라고 한다. 이때, 타인과 자신이 다른 믿음을 가질 수 있다는 것을 이해한 아동은 m&m 초콜릿이라고 답할 것이고, 그렇지 않은 아동은 연필이라고 답할 것이다.

한편, '위치이동 과제'에서는 아동에게 물건의 위치가 바뀌는 일련의 이야기를 들려준다([그림 10-9] 참조). 이야기 속 주인공 아동은 초콜릿을 노란 찬장 안에 넣어 두고 놀이터에 가서 시간을 보낸다. 그동안 엄마는 아동이 노란 찬장에 넣어 놓은 초콜릿을 초록 찬장으로 옮긴다. 이후 주인공이 초콜릿을 찾기 위해 어느 찬장을 열어 볼 것인지를 물어본다. 이때 타

[그림 10-9] 위치이동 과제의 예

아동은 (A)부터 (F)까지의 이야기를 순서대로 듣는다. 이후 (A)와 같이 이야기 속 주인공이 노란 찬장에 초콜릿을 넣어 둔 후, (C)와 같이 엄마가 그 초콜릿을 다른 찬장으로 옮겼을 때, 주인공은 어느 찬장에서 초콜릿을 찾을지를 아동에게 물어본다. 이때 타인과 자신이 다른 믿음을 가질 수 있다는 것을 이해한 아동은 주인공이 원래 초콜릿을 넣어 둔 노란 찬장에서 초콜릿을 찾을 것이라고 대답한다. 반면, 타인과 자신이 다른 믿음을 가질 수 있다는 것을 이해하지 못한 아동은 주인공이 엄마가 옮겨 놓은 초록 찬장에서 초콜릿을 찾을 것이라고 대답한다.

인과 자신이 다른 믿음을 가질 수 있다는 것을 이해한 아동은 이야기 속 주인공이 초콜릿을 넣었던 노란 찬장을 열 것이라고 대답하고, 그렇지 않은 아동은 엄마가 초콜릿을 옮겨 놓은 초록 찬장을 열 것이라고 답할 것이다.

기존 연구에 따르면 아동은 만 3세와 만 5세 사이에 자신이 생각하는 바가 다른 사람의 생각과 다를 수 있다는 사실을 이해하게 된다(Gopnik & Astington, 1988; Perner, 1991; Wellman, 1990). 그러나 이후 연구에서는 더 어린 영아에게도 마음이론 능력이 있다는 사실이 밝혀지고 있다. 한 예로 Onish와 Baillargeon(2005)의 연구는 생후 15개월경의 어린 영아도 마음이론 능력을 갖추고 있음을 보여 준다.

기존의 틀린 믿음 과제에는 몇 가지 제한점이 있다. 첫째, 언어 발달이 미성숙한 아동에게 틀린 믿음 과제는 다소 어려울 수 있다. 둘째, 기존의 위치이동 과제의 경우 '이것 아니면 저것'과 같이 두 위치 중 하나만을 선택해야 하는데(예: 상자 속 혹은 옷장 안), 실제 상황에서 타인의 믿음을 이해하는 일은 두 가지 선택사항에서 고를 수 있는 것이 아니다.

따라서 연구자들은 이와 같은 전통적 틀린 믿음 과제의 제한점을 극복하기 위해 많은 노력을 하고 있다. 예를 들어, Onishi와 Baillargeon(2005)은 언어적 부담을 줄여 영아도 틀린 믿음 과제 상황을 이해할 수 있도록 기존의 과제를 변형하여 생후 15개월 영아에게 제시하였다. 실험 과정은 [그림 10-10]과 같다.

Onishi와 Baillargeon(2005)의 실험 과정은 크게 (1) 습관화 단계, (2) 믿음 유도 단계, (3) 검사 단계로 나뉜다.

(1) 습관화 단계

습관화 단계에서 영아는 실험자가 수박 모형을 초록 상자에 넣었다 빼는 행동에 습관화된다.

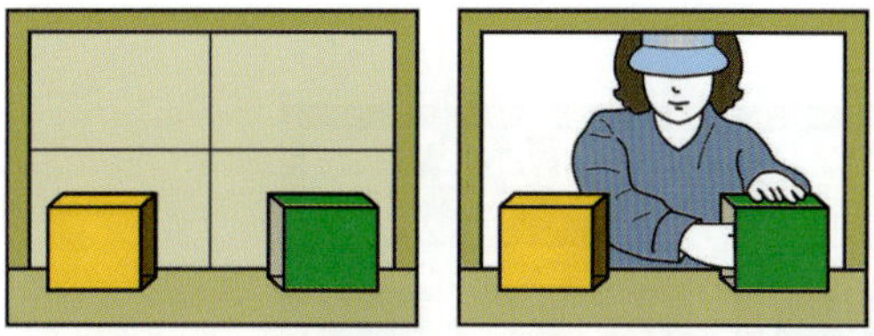

영아는 실험자가 마지막에 수박 모형을 초록 상자에 넣어 두는 것을 본다.

(2) 믿음 유도 단계

믿음 유도 단계는 습관화 단계 마지막에서 수박 모형이 초록 상자 안에 놓여 있는 시점부터 시작된다. 습관화된 영아는 A, B, C, D 네 집단으로 분류되어 다음의 네 조건 중 하나를 관찰하게 된다.

A. 옳은 믿음–초록 상자 조건

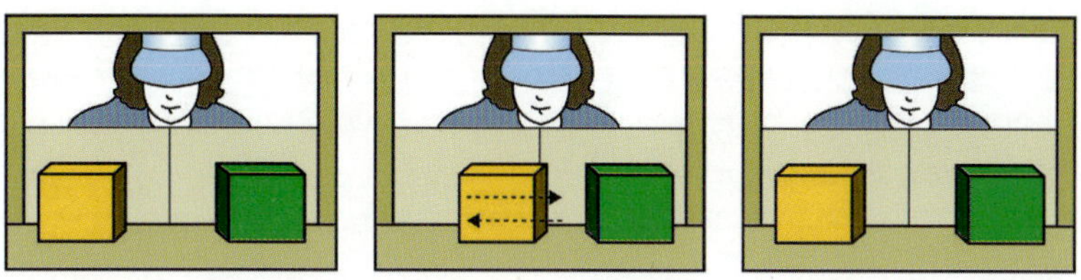

이 조건에서 실험자는 노란 상자가 이동하는 것을 관찰하고, 그 안에 아무것도 들어 있지 않다는 것을 확인한다. 이때 실험자는 초록 상자에 수박 모형이 그대로 있다고 생각한다.

B. 옳은 믿음–노란 상자 조건

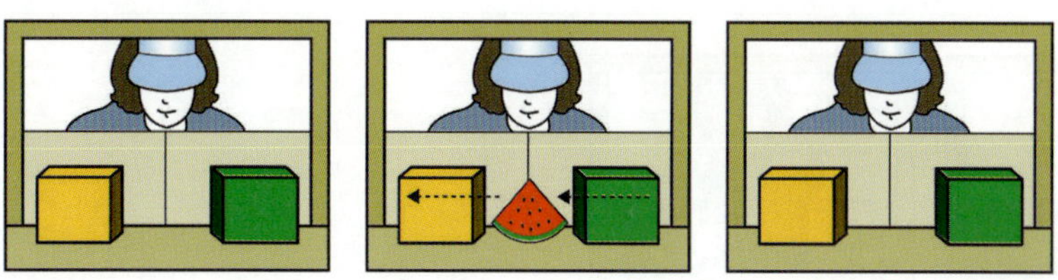

실험자는 수박 모형이 초록 상자에서 나와 노란 상자로 들어가는 것을 관찰하게 된다. 이때 실험자는 수박 모형이 노란 상자 안에 있다고 생각하게 된다.

C. 틀린 믿음–초록 상자 조건

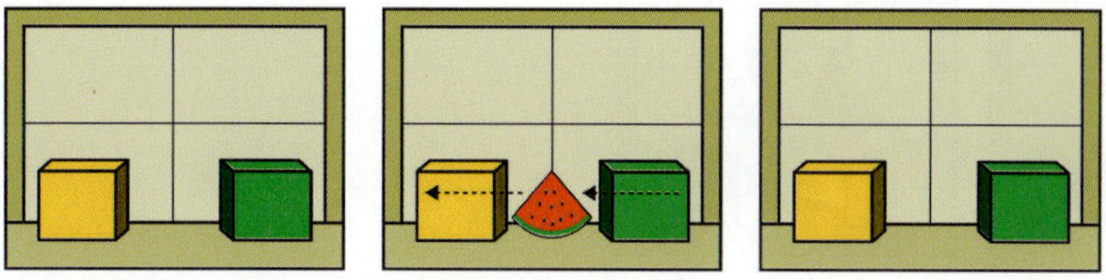

이 조건에서는 커튼이 내려와 실험자가 보고 있지 않은 상황에서 수박 모형이 초록 상자에서 나와 노란 상자로 이동한다. 따라서 실험자는 수박 모형이 초록 상자에 있다고 생각하는 틀린 믿음을 가지게 된다. 반면, 영아는 수박 모형이 이동하는 것을 보았기 때문에 그것이 노란 상자에 있다는 것을 안다.

D. 틀린 믿음-노란 상자 조건

실험자는 먼저 수박 모형이 초록 상자에서 나와 노란 상자로 이동하는 것을 본다. 이후 실험자 앞에 커튼이 내려오고 실험자가 볼 수 없는 상태에서 수박 모형은 노란 상자에서 다시 초록 상자로 이동한다. 그러므로 실험자는 초록 상자로 이동한 수박 모형이 여전히 노란 상자에 있다고 틀린 믿음을 가지게 된다. 그러나 영아는 수박 모형이 초록 상자 안에 있다는 것을 안다.

(3) 검사 단계

검사 단계에서 믿음 유도 단계의 A, B, C, D 각 조건을 관찰한 네 집단의 영아에게 초록 상자 조건과 노란 상자 조건을 제시하고 이들의 응시 시간을 측정한다.

• 초록 상자 조건

실험자가 수박 모형을 찾기 위해 초록 상자에 손을 넣었다.

• 노란 상자 조건

실험자가 수박 모형을 찾기 위해 노란 상자에 손을 넣는다.

[그림 10-10] Onishi와 Baillargeon(2005)의 비언어적 틀린 믿음 과제 절차

실험 결과, 실험자가 수박 모형이 있을 것이라고 생각하는 장소가 아닌 다른 상자에 손을 넣는 장면을 관찰한 영아는 실험자의 믿음과 일치되지 않는 행동에 놀라며, 더 오랜 시간 실험자를 응시하였다(Onishi & Baillargeon, 2005; [그림 10-11] 참조). 예를 들어, 믿음 유도 단계의 C 조건을 관찰한 영아는 수박 모형이 노란 상자에 있다는 사실을 안다. 그렇지만 영아는 수박 모형이 이동하는 것을 보지 못한 실험자가 수박 모형이 당연히 초록 상자에 있다는 믿음을 가질 것으로 생각한다. 그러므로 검사 단계에서 노란 상자 조건을 관찰한 영아는 실험자가 수박 모형을 초록 상자가 아닌 노란 상자에서 찾는 행동에 놀라게 된다. 이와 같은 실험은 생후 15개월의 영아도 틀린 믿음을 이해한다는 것을 보여 준다.

또 다른 연구에서는 기존의 위치이동 과제를 보완하여 명백한 두 위치 중 하나만을 선택하는 대신, 모래 상자와 같이 지속적으로 연결된 공간 안에서 옮겨진 물체의 위치를 추론하도록 했다(Sommerville, Bernstein, & Meltzoff, 2013). 이 실험에서는 아동 앞에 긴 모래 상자가 놓여 있고, 실험자는 아동의 앞에 앉아서 이야기를 들려준다. 이 이야기에서 주인공은 한 장소에 물건을 모래 아래에 숨기게 되는데, 주인공이 잠깐 자리를 비운 사이에 또 다른 주인공이 나와서 그 물건을 새로운 장소로 옮기거나 새로운 물건을 새로운 장소에 숨긴다. 이후 참

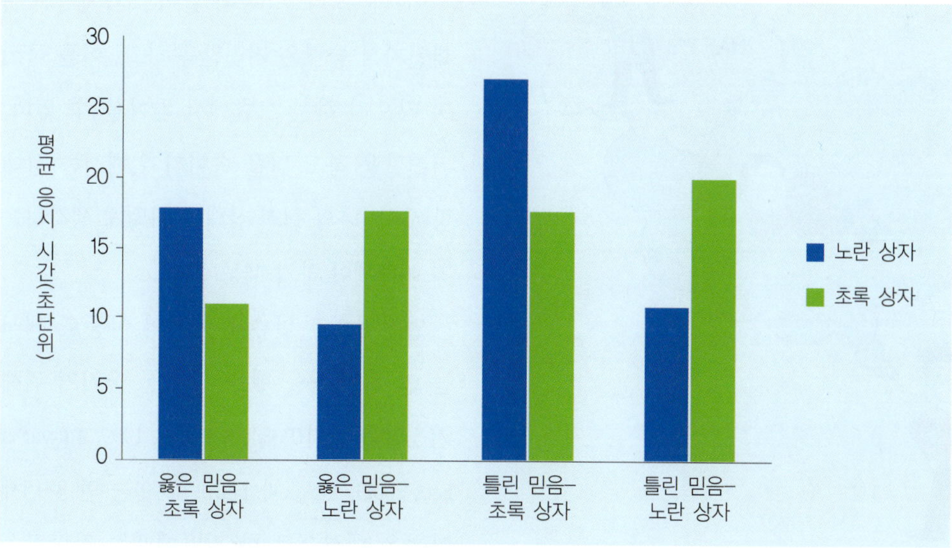

[그림 10-11] Onishi와 Baillargeon(2005) 실험 결과

영아는 실험자의 손이 수박 모형이 들어 있는 상자가 아닌 다른 상자에 들어갈 때 더 오랜 시간 실험자를 응시하였다. 이것은 어린 영아도 타인의 믿음 상태를 예측할 수 있다는 것을 보여 준다.

여 아동에게 주인공이 돌아와서 어느 장소에서 물건을 찾을지를 물어본다. 실험 결과, 처음 숨긴 위치와 두 번째 숨긴 위치의 간격이 넓을수록 마음이론 점수는 높게 나타났고, 좁을수록 낮게 나타났다. 즉, 처음 숨긴 위치가 두 번째 숨긴 위치와 큰 차이가 있을 때는 어린 아동도 타인의 틀린 믿음을 이해하고, 물건이 이동하는 장면을 보지 못한 타인은 처음 물건을 숨긴 위치 주변을 탐색할 것이라고 대답했다. 반면, 처음 위치와 두 번째 위치가 가까워 물건의 위치가 애매한 상황에서 아동은 타인의 생각을 잘 고려하지 못하고, 타인이 물건이 이동하는 장면을 보지 못했음에도 아동은 자신이 아는 대로 타인도 새로 옮긴 위치에서 물건을 찾을 것이라 대답했다.

2) 이차순위 마음이론

이차순위 마음이론(second-order theory of mind: ToM_2)이란 나 말고 다른 사람이 또 다른 제3자의 심적 상태에 대해 생각하고 있다는 것을 이해하는 능력이다. 즉, 앞서 설명한 기존의 일차순위 마음이론은 타인 A의 심적 상태를 내가 생각할 수 있는 능력이고, 이차순위 마음이론은 [그림 10-12]처럼 제3자인 B를 생각하는 A의 심적 상태를 내가 이해하는 능력이다.

[그림 10-12] 이차순위 마음이론
이차순위 마음이론이란 제3자인 B의 심적 상태를 생각하는 A의 마음을 내가 이해하는 것이다.

이차순위 마음이론과 같이 고차원적인 사회인지적 능력은 거짓말을 하고, 이를 들키지 않으려 하는 모습에서 찾아볼 수 있다. 거짓말을 하고 남을 속이기 위해서는 상대방(A)이 나의 심적 상태를 어떻게 생각하는지 이해해야 하기 때문이다.

일반적으로 만 7세 이전의 아동도 해서는 안 될 행동을 했을 때 이를 숨기기 위해 거짓말을 한다(Polak & Harris, 1999; Talwar & Lee, 2002). Polak과 Harris(1999)는 만 3~5세 아동을 대상으로 한 집단에게는 장난감을 가지고 놀 것을 허락하였고, 다른 집단에게는 이를 허락하지 않았다. 이후 아동에게 장

ISSUE 2

마음이론이 높으면 더 공격적이다?

마음이론 능력이 높으면 흔히들 더 착하고 도덕적일 것이라 생각한다. 그러나 Gomez-Garibello와 Talwar(2015)가 실시한 연구 결과에 따르면 오히려 마음이론 능력이 높은 어린 아동일수록 인간관계에서 더 공격적인 면을 보이는 것으로 나타났다.

이 실험에서는 만 6~9세 사이의 아동을 대상으로 마음이론과 관계적 공격성(relational aggression) 간의 관계를 알아보았다. 그리고 이 관계에서 아동의 연령이 어떠한 영향을 주는지 알아보고자 하였다. 관계적 공격성이란 한 개인의 사회적 지위에 해를 가하기 위한 모든 행동을 일컫는 말로, 나쁜 소문을 퍼뜨리거나 왕따를 시키는 등의 행동이 이에 속한다(Crick & Grotpeter, 1995). 관계적 공격성은 간접적 공격성으로도 불리며, 주로 남자보다 여자들 사이에서 많이 나타나는 행동이다. 타인의 사회적 관계와 지위에 해를 가하기 위해서는 음모를 꾸미고, 소문을 퍼뜨리며, 사회적으로 배척을 시켜야 한다. 이를 위해 복잡한 인지적 과정과 조망 수용 기술이 필수적이다. 마음이론이 높은 아동은 어떻게 해야 상대방이 고통을 느낄지 안다고 할 수 있다. 즉, 마음이론의 발달은 관계적 공격성의 발달과 관련이 있다.

이때 연령에 따라 마음이론과 단계적 공격성 발달 간의 상관성은 달라진다. Gomez-Garibello와 Talwar(2015)의 실험 결과에 따르면 만 6세 이전의 아동과 만 9세 이상의 아동에게서 나타나는 마음이론과 관계적 공격성 간의 상관성이 다르게 나타났는데, 어린 아동일수록(만 6세 이하) 마음이론 점수가 관계적 공격성 점수와 정적 상관관계를 나타냈다. 즉, 마음이론 능력이 높은 아동일수록 더 높은 관계적 공격성을 나타냈다. 이는 이전 연구에서 간접적 공격성 행동을 하기 위해서는 사회인지적 기술이 필요하다는 결과와 일치한다(Bjorkqvist et al., 1992). 반면, 좀 더 나이가 있는 아동의 경우(만 9세 이상) 마음이론 점수가 높을수록 관계적 공격성은 낮게 나타났다. 나이가 들수록 마음이해 능력 외에도 공감과 같은 다른 영역의 발달도 함께 이루어지기 때문이다. 따라서 공감과 마음이론은 서로 상호작용하여 아동으로 하여금 관계적 공격성과 같은 부정적 행동을 자제하도록 이끌 수 있다. 그러므로 부모는 아동의 사회인지적 능력인 마음이론 발달에만 초점을 둘 것이 아니라, 타인의 감정과 정서를 이해하며, 양심을 가지고 무엇이 옳고 그른지를 알 수 있도록 공감 능력과 도덕성 발달에도 관심을 가져야 할 것이다.

난감을 만졌는지 물어보았을 때 장난감을 가지고 노는 것이 허용되었던 집단의 아동은 장난감을 가지고 놀았다고 솔직하게 대답한 반면, 장난감을 가지고 노는 것이 금지된 집단의 아동은 장난감을 만지고도 만지지 않았다고 거짓말을 했다. 이러한 결과는 아동이 장난감을 만진 것을 기억하지 못하는 것이 아니라, 의도적으로 타인을 속일 수 있다는 사실을 보여 준다.

그러나 대부분의 아동이 어렸을 때부터 거짓말에 능숙한 것은 아니다. Talwar와 Lee(2002)의 연구에 따르면, 만 3~5세 아동은 거짓말을 할 때 일관적이지 못하다. 이 시기 아동은 상자 안에 숨겨진 장난감을 본 적이 없다고 거짓말을 하고선, 장난감이 어떻게 생겼고 무슨 색이었는지 등의 질문을 받으면 곧잘 대답을 한다. 한편, 만 6~7세경의 아동 중 반은 거짓말을 들키지 않고 마치 장난감을 본 적 없는 듯 거짓말을 이어간다. 이와 같이 거짓말한 사실을 남들이 모르게 하려면 앞뒤 말을 일관성 있게 해야 하는데, 이러한 능력을 의미 누설 통제(semantic leakage control) 능력이라 한다. 이 능력은 아동 중기까지 계속 발달하며, 이차순위 마음이론의 바탕이 된다.

Talwar, Gordon과 Lee(2007)는 만 6~11세 아동을 대상으로 거짓말 지속 능력과 이차순위 마음이론의 관계를 확인하였다. 실험자는 시험 답안지를 아동이 혼자 있는 방에 남겨 두었다. 이때 대부분의 아동은 답안지를 훔쳐보았지만, 이를 보았냐는 질문에 보지 않았다고 대답했다. 이후 참여 아동들은 시험을 보고, 이차순위 마음이론 과제에 참여했다. 그 결과, 이차순위 마음이론 능력이 높은 아동일수록 그렇지 않은 아동보다 오답의 수가 많았다([그림 10-13] 참조). 즉, 이차순위 마음이론 능력이 높은 아동일수록 상대가 나에 대해 어떻게 생각할지를 추론하여 고의로 오답을 적어 자신이 몰래 답안지를 훔쳐보았다는 사실을 숨기고자 한 것이다.

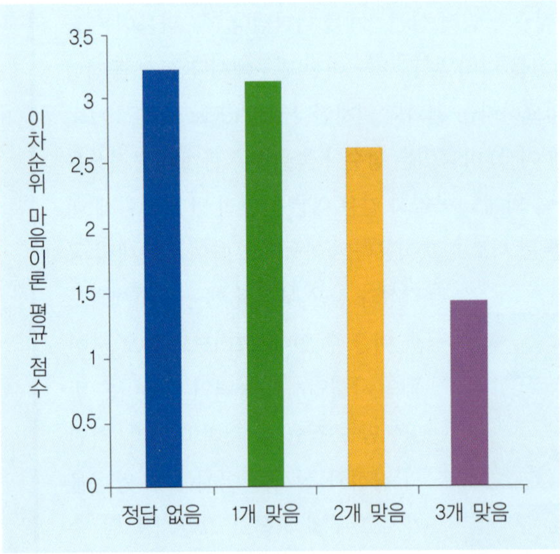

[그림 10-13] 시험 정답 개수에 따른 이차순위 마음이론 점수
답안지를 보지 않았다고 거짓말을 한 아동이 시험 질문에 의도적으로 틀리게 대답하는 것은 이 아동이 높은 이차순위 마음이론을 가지고 있음을 제시한다.
출처: Talwar et al. (2007).

이차순위 마음이론은 선의의 거짓말을 하기 위해서도 필요하다. 이를 알아보기 위해 국내 연구에서는 만 4~5세 아동을 대상으로 선의의 거짓말을 할 만한 상황을 만들어 거짓말을 할지 혹은 하지 않을지를 물어보았다(서정아, 2011). 이후 선의의 거짓말을 한 아동과 하지 않은 아동을 나누어 이들의 이차순위 마음이론과 감정 이해 능력을 알아보았다. 그 결과 [그림 10-14]처럼 선의의 거짓말을 많이 한 아동일수록 더 높은 이차순위 마음이론 점수를 받았다. 즉, 좋은 거짓말이든 나쁜 거짓말이든 이를 잘하려면 타인의 마음을 잘 이해할 수 있어야 한다.

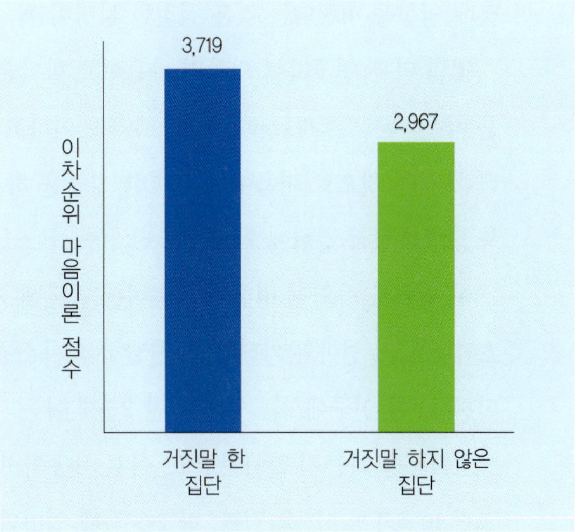

[그림 10-14] **선의의 거짓말과 이차순위 마음이론**
선의의 거짓말을 한 집단은 그렇지 않은 집단보다 더 높은 이차순위 마음이론 점수를 받았다.
출처: 서정아(2011).

이차순위 마음이론의 발달 시기에 대하여 대다수의 연구자들은 이 능력이 일차순위 마음이론보다 이후에 나타나 청소년기까지 지속적으로 발달한다고 주장한다(Sullivan, Zaitchik, & Tager-Flusberg, 1994; Wimmer & Perner, 1983). 그렇지만 정확한 시기에 대해서는 서로 다른 입장을 내세운다. 몇몇 연구자는 이차순위 마음이론이 만 6~7세에 발달한다고 주장하지만(Gross & Harris, 1988; Jingxin, Jiliang, & Wenxin, 2006; Landry & Lyons-Ruth, 1980), 또 다른 연구자들은 이보다 더 이른 시기인 만 3~4세경에 나타난다고 주장한다(Bussey, 1999; Jones, Abbey, & Cumberland, 1998; Talwar & Lee, 2002; Talwar, Murphy, & Lee, 2007).

3) 마음이론 발달에 영향을 주는 요인

이와 같이 타인의 마음을 이해하는 고차원적인 능력인 마음이론의 발달에 영향을 미치는 요인은 무엇일까? Carlson과 Moses(2001)는 주의, 기억 등 다양한 인지 능력이 마음이론 발달에 영향을 미친다고 주장한다. 예를 들어, 마음이론 능력을 평가하는 틀린 믿음 과제의 경우 물건이 숨겨진 실제 위치를 있는 그대로 말하지 않고 '억제'하는 동시에 주인공이 처음 숨겨 놓았던 위치를 '기억'하여 답해야 한다. 그러나 자폐증 환자의 경우 인지 능력에는 아무런 문제가 없지만, 마음이론 능력은 현저히 낮다. 따라서 전반적인 인지 능력 향상이 마음이론 발달에 영향을 미친다는 것은 적절한 설명이 될 수 없다.

몇몇 다른 연구자에 의하면 마음이론 발달은 그 자체만의 독립된 발달 체계를 가지며, 이를 마음이론 모듈(theory of mind module)이라고 한다(Keil, 2014). 이러한 모듈은 태어나면서부터 가지는 것으로 처음에는 완벽한 기능을 하지 않지만, 시간이 흐름에 따라 성숙해지거나 특정한 환경적 경험에 의해 발달된다(Scholl & Leslie, 2001).

이 외에도 사회적 경험이 마음이론 발달에 영향을 미친다. 그중 하나는 엄마와 아동의 상호작용으로, 엄마와 자녀 간의 활발한 의사소통은 아동의 마음이론 발달에 긍정적인 영향을 미친다. 한 연구에서는 엄마와 만 2.5세 아동의 놀이를 관찰하여 이들이 얼마나 적극적으로 상호작용을 하는지 알아보았고, 이후 아동의 마음이론 능력을 측정하였다(Sung & Hsu, 2014; [그림 10-15] 참조). 그 결과, 만 2.5세 때 엄마와 함께 적극적으로 상호작용한 아동은 그렇지 않은 아동보다 만 4세가 되었을 때 더 높은 마음이론 능력을 보였다.

뿐만 아니라 아동의 언어 능력도 마음이론 발달에 영향을 끼친다. Milligan, Astington과 Dack(2007)에 의하면 언어 능력이 발달하고 정교화될수록 아동은 실험자의 설명과 지시문을 더 잘 이해하게 되기 때문에 틀린 믿음 과제를 더 성공적으로 수행할 수 있다. 또한 아동

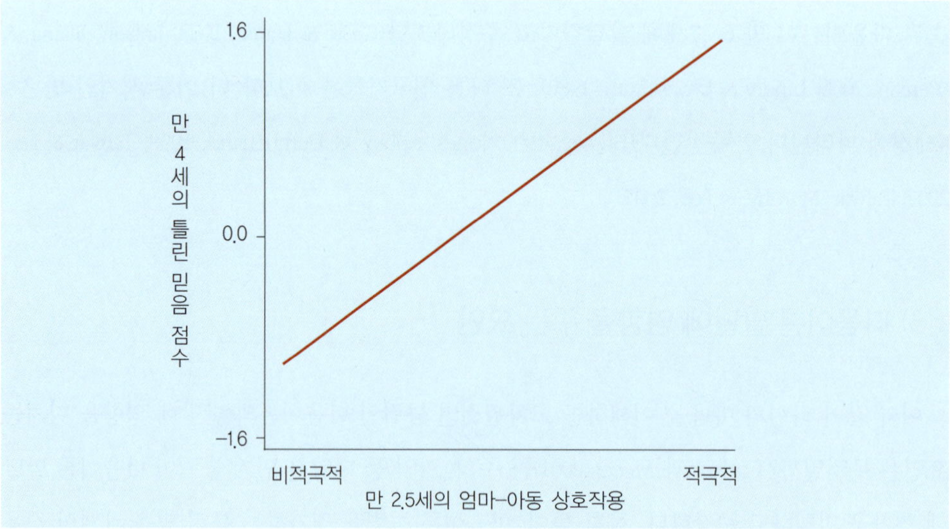

[그림 10-15] 엄마와 아동의 상호작용과 이후 아동의 마음이론 능력

만 2.5세 때 엄마와 함께 협력적으로 의사소통하고, 적극적으로 상호작용한 아동은 만 4세 때 틀린 믿음 과제에서 수행을 잘했다.

출처: Sung & Hsu (2014).

의 언어 능력이 높으면 '생각하다' '알다' '믿는다'와 같은 개념을 언어적으로 이해하기 때문에 다른 사람의 심적 상태를 더 잘 표현하고 이해할 수 있게 된다. 이와 같이 아동의 언어 능력은 마음이론 발달에 중요한 역할을 한다.

아동의 기질적 특성 또한 마음이론 발달에 영향을 미치는 것으로 나타났다(김연수, 곽금주, 2016). 이 연구에서는 18개월에 수줍음 기질이 높았던 영아일수록 4세 때 더 높은 마음이론 점수를 받았고, 공격적 기질 특성이 높았던 영아는 이후 낮은 마음이론 점수를 받았다. 이에 대해 수줍음이 많은 아동일수록 사회적 상호작용에 대한 두려움과 긴장이 클 수도 있지만, 반대로 사회적 상호작용에 성급히 참여하기보다 다른 사람에 대해 신중히 주의를 기울임으로써 타인의 심적 상태를 이해하는 능력인 마음이론 발달에 긍정적 영향을 미칠 수 있다. 반면, 공격적 기질은 다른 사람의 심적 상태를 이해하는 능력을 배울 수 있는 사회적 상황으로부터 환영받지 못하는 경우가 많다. 따라서 공격적 기질 특성은 마음이론 발달을 저해하는 요인이 되기도 한다.

4) 마음이론 발달을 설명하는 이론

마음이론 발달을 설명하는 이론은 다양하다. 먼저 믿음과 바람 등 마음 상태에 따라 행동이 결정된다고 설명하는 Wellman(2002)의 믿음-바람 마음이론이 있다. 또한 인지 발달 이론에서 일반적인 인지 능력의 발달로 마음이론을 설명하는 Perner(1991)의 표상적 마음이론이 있으며, 마음이론이 태어나면서부터 가지는 능력이라 보는 생득론적 모듈 혹은 단원 이론과 태어나서 겪는 경험으로 형성된다는 모사 이론이 있다.

(1) Wellman의 믿음-바람 마음이론

Wellman은 믿음과 바람이라는 서로 다른 심적 상태가 사람의 행동을 결정한다고 보았다. [그림 10-16]의 Wellman의 믿음-바람 마음이론(belief-desire theory of mind)에 의하면 인간은 다양한 지각 과정을 통해 정보를 얻고 추론을 통해 믿음을 형성하고, 다양한 생리적 현상과 정서를 통해 바람을 형성한다. 이렇게 형성된 믿음과 바람은 의사결정 과정에 영향을 주어 결국 개인의 행동으로 나타나게 된다.

Wellman은 믿음과 바람이 서로 다른 시기에 발달한다고 주장했다. 만 2세경의 아동은 무언가를 바라는 마음만이 행동의 원인이라고 생각하여 '다른 사람이 무언가를 원해서 어떠한

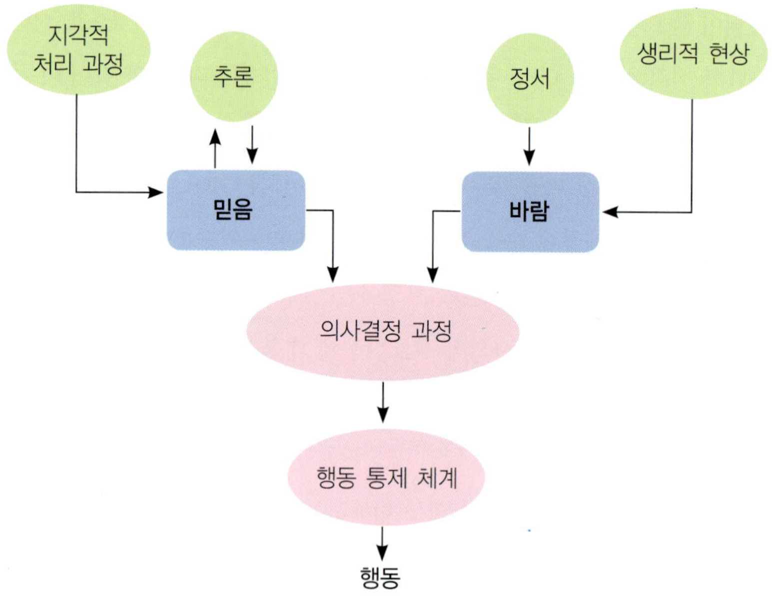

[그림 10-16] Wellman(1990)의 믿음-바람 마음이론 모형

아동은 지각적 처리 과정을 통해 알게 된 사실과 추론을 통해 믿음을 형성한다. 그리고 정서와 다양한 생리적 변화를 통해 무엇을 원하는지 알게 된다. 이렇게 형성된 믿음과 바람은 의사결정 과정과 인간의 행동 통제 체계에 영향을 주고, 이것이 곧 행동으로 나타나게 된다.

행동을 한다.'고 이해하고 설명한다. 그러나 바람보다 상대적으로 복잡한 내적 상태인 믿음에 대한 이해는 다소 늦게 발달한다. 예컨대, 만 2세 아동은 냉장고에서 케이크를 찾고 있는 아빠의 모습을 볼 때, 아빠가 단지 배가 고파서 혹은 케이크가 먹고 싶어서 찾는 것(바람)이라고 설명할 뿐 케이크가 냉장고 안에 있다거나 엄마가 케이크를 가져다 달라고 했기 때문(믿음)이라고는 생각하지 못한다.

안타깝게도 인간의 행동은 단순히 바람만으로 설명할 수 없다. 이 사실을 깨달은 아동은 믿음에 대해 이해하기 시작하며, 기존에 가지고 있던 마음에 대한 이론을 수정하게 된다. Wellman에 의하면 만 3세가 된 아동은 믿음이라는 마음 상태 또한 행동의 원인이 될 수 있음을 깨닫게 되지만, 여전히 행동을 설명할 때에는 믿음보다 바람에 대해 주로 이야기하며, 특히 바람과 믿음이 일치하지 않을 때는 타인의 믿음보다는 바람에 따라 행동을 설명한다. 반면, 만 4세 아동은 현실과 마음속 표상이 다를 수 있다는 사실을 알게 되고, 따라서 이들은 바람보다는 믿음을 먼저 고려하여 사람의 행동을 설명하게 된다.

ISSUE 3

텔레비전 시청은 마음이론에 어떠한 영향을 미칠까?

전자기기가 존재하지 않았던 옛날에는 아동 대부분이 친구나 부모와 함께 많은 시간을 보냈다. 그러나 오늘날의 아동은 어려서부터 많은 전자기기의 영향을 받으며 자란다. 아동은 특히 하루 중 텔레비전을 많이 시청하기 때문에 텔레비전과 아동 발달에 대한 연구는 셀 수 없이 많이 이루어져 왔다. 최근 Nathanson과 연구자들은(2013) 학령전기 아동을 대상으로 이들의 텔레비전 노출 정도와 마음이론 능력 사이의 관계를 확인하였다.

연구 결과에 따르면, 텔레비전 시청은 아동의 마음이론 능력과 부적 상관관계를 보였다. 즉, 텔레비전 시청 시간이 길거나 어릴 때부터 텔레비전을 시청한 경우 낮은 마음이론 발달을 보였다. 그리고 아동이 의도적으로 텔레비전을 보지 않더라도 텔레비전이 일상적으로 켜져 있는 상황은 마음이론 발달에 부정적인 영향을 주었다. 연구자들에 의하면 텔레비전을 시청하는 시간이 많을수록 가족과의 대화와 상호작용이 줄어들기 때문에 마음이론 발달이 뒤처진다. 부모는 텔레비전을 의도치 않고 켜 놓은 상황에서 아동이 텔레비전을 시청할 것이라고 생각하고 아동에게 덜 관여하게 되기 때문에 부모와 아동의 대화는 자연스럽게 감소하게 된다. 결국 가족과의 상호작용의 감소가 아동의 마음이론 발달을 저해하게 된다.

그렇다면 아동의 마음이론 발달을 위해 텔레비전을 없애야 할까? Nathanson 등(2013)은 텔레비전 시청이 항상 마음이론 발달에 부정적인 영향을 미치지는 않는다고 한다. 예를 들어, 부모와 함께 대화를 나누며 텔레비전을 시청한 아동의 경우 마음이론 점수가 오히려 높게 나타났다. 결국, 텔레비전을 보든 안 보든 마음이론 향상을 위해 필요한 것은 타인과의 상호작용이기 때문에 부모의 적절한 통제하의 텔레비전 시청은 아동에게 득이 될 수도 있다.

출처: Nathanson, Sharp, Alade, Rasmussen, & Christy (2013).

(2) Perner의 표상적 마음이론

Perner(1991)는 표상 능력 발달에 초점을 두고 마음이론을 설명한다. Perner의 표상적 마음이론(representational theory of mind)에 따르면, 표상 능력은 크게 일차 표상, 이차 표상 그리고 상위 표상으로 나뉜다. 영아는 현재 일어나고 있는 실제 상황을 표상할 수 있는데, 이것을 일차 표상 능력(primary representation)이라고 한다. 예를 들어, 바나나를 보고 바나나를 생각하는 것이다. 대략 만 1세경까지는 현재 일어나는 상황 외에 과거나 미래 혹은 다른 장소에서 일어나는 상황을 표상하지 못한다. 그러다가 만 2세경이 되면 아동은 현재 눈앞에서 일어나는 일이 아니더라도 다른 장소나 시간에서 일어나는 상황을 표상할 수 있게 된다. 예컨대, 바나나를 전화기인 양 귀에 대고 대화를 하는 것이다. 그러나 이 시기의 아동은 눈에 보이지 않는 심적 상태를 표상하는 능력이 아직 없기 때문에 단순히 눈에 보이는 상황과 연관지어 마음 상태를 묘사한다. 이것을 이차 표상 능력(secondary representation)이라고 한다. 만 4세가 된 아동은 상위 표상을 할 수 있게 된다. 상위 표상(metarepresentation)이란 단순히 다른 장소, 다른 시간에서 벌어진 상황이나 대상을 표상하는 능력을 넘어, 눈에 보이지 않는 마음 상태를 표상하는 것이다. 즉, 다른 사람이 어떤 생각을 하고 있는지를 아는 것이 상위 표상에 해당된다. 상위 표상 능력을 가진 아동은 표상이 무엇인지 이해하며 표상이 현실을 그대로 나타낼 수도 있지만 사실과 다를 수도 있다는 것을 인지하게 된다.

(3) 모듈 이론(단원 이론)

철학자 Fodor(1983)의 모듈 혹은 단원 이론(modularity theory)은 타인의 마음을 이해하는 능력을 뇌의 신경 구조로 설명한다. 비록 정확하게 어떤 영역인지는 아직까지 밝혀지지 않았지만, 신경 구조의 성숙이 마음이론 발달의 원인이 된다고 주장한다.

Lesile(1994)은 다른 사람의 마음을 이해하기 위해서는 마음이론과 관련된 뇌의 성숙뿐 아니라, 다양한 환경적 자극이 적절한 시기에 모듈을 자극해 주어야 마음이론 발달이 일어날 수 있다고 주장했다. 예를 들어, 엄마와의 상호작용이나 영아기의 공동주의는 마음이론 발달과 연관이 있다.

(4) 모사 이론

Johnson(1988)과 Harris(1991)가 주장한 모사 이론(simulation theory)은 마음이론 발달에 있어 경험의 중요성을 강조한다. 모사 이론에 의하면 아동은 자신이 직접 경험한 개인의 마음 상태를 바탕으로 타인의 마음 상태를 묘사하고 추론한다. 즉, 자신이 타인이라면 어떻게 할지를 예측해 보는 것이다. 그러므로 모사 이론에 의하면 역할 맡기(예: 가장 놀이)는 마음이론을 발달시킬 수 있는 효과적인 방법 중 하나다.

모사 이론을 주장한 연구자들은 Piaget의 이론과 비슷한 관점을 가진다. 이들의 주장에 의하면 어린 아동은 자기 중심적이기 때문에 자신의 입장에서는 생각할 수 있지만, 타인의 입장을 취하는 데에는 어려움을 겪는다. 즉, 어린 아동은 타인보다는 자신의 마음 상태에 대해 더욱 깊이 이해를 한다. 그러나 아동은 시간이 지남에 따라 전조작기와 구체적 조작기를 거치면서 타인의 입장에서 생각할 수 있게 되고, 타인이 자신과는 다른 마음을 가질 수 있다는 것을 이해하게 된다.

3. 사회적 세계에 대한 이해

사회인지 발달에 있어 자신을 이해하고 타인을 이해하는 것은 매우 중요하다. 그러나 자기 자신과 타인을 이해하는 것만으로 사회 전부를 알 수는 없다. 사회적 존재가 있다면 그들이 살아가는 세계가 있고, 이러한 세계에 살아가기 위해서는 다양한 사회적 지식과 규범을 익히고 따라야 한다.

사회적 존재로 살기 위해서는 사회적 지식뿐만 아니라 사회 내에서 받아들여지는 관습이나 규범을 이해해야 한다. 예를 들어, 학교에 수영복을 입고 간다든지, 남자가 매니큐어를 칠하는 것은 사회적 규범을 어기는 행위에 속한다. 이렇게 사회적 규범에 어긋나고 일치되지 않는 행위는 사회 내에서 불편함과 어색함을 불러일으킬 수 있다.

사회적 규범에 대한 이해는 대략 만 3세가 되면서 발달하기 시작한다(Siegler, 2004/2007). 아동의 규범 이해에 대한 연구(Nucci & Turiel, 1978)를 보면, 학령전기 아동은 사회 규범에 대한 위반보다 도덕 규범에 대한 위반이 더 용납되지 않는다고 생각한다.

아동은 사회에 대한 지식을 습득함으로써 사회 규범을 이해하고 배우기 시작한다. 예를 들어, 어른이 수저를 들기 전 먼저 음식을 먹는 것이 예의에 어긋난다는 지식을 아동이 모른다면, 이들은 음식이 나오자마자 배고픔에 허겁지겁 먹을 수 있다. 이와 같이 사회적 지식은 일상생활에서 필요한 기본적인 기술부터 사회적 규범, 법에 대한 지식까지 다양하다.

아동은 이러한 사회적 지식과 함께 다양한 사회적 범주와 집단이 있다는 것을 이해하고,

그에 대한 지식을 학습할 필요가 있다. 사회적 집단은 앞서 배운 성, 인종, 민족, 사회계층과 같이 다양한 범주로 구분될 수 있다. 한 개인은 여러 집단에 동시에 속할 수 있는데, 예를 들어 어떤 사람은 여성(성별)인 동시에 동양인(인종)이며, 한국인(민족)일 수 있다.

Quintana(1994, 1998: Siegler, 2004/2007에서 재인용)에 따르면, 인종이나 민족성에 대한 아동의 사회적 범주화는 총 네 단계를 거친다. 1단계는 만 3~6세경의 아동을 포함하며, 이 단계의 아동은 피부 색깔이나 옷의 상표 등 지각적인 이해를 통해 민족과 인종을 구별한다. 또한 이들은 감정을 통해 특정 집단에 대하여 긍정적이거나 부정적인 태도를 형성하기도 한다(Abound, 1988). 2단계에 속하는 만 6~10세 아동은 특정 인종의 외적인 특징보다는 그들의 내적 특징을 구분하여 인종과 민족을 범주화한다. 예컨대, 이들은 '한국인은 김치를 먹으며, 한국어를 사용한다.'와 같은 내적 특징을 통해 민족과 인종을 설명한다. 3단계의 아동은 만 10~14세경으로, 이들은 민족과 인종에 대해 이전보다 좀 더 깊은 이해를 하게 된다. 한 예로, 아동은 여러 민족 간의 사회경제 수준 차이를 인식하게 되는데, 미국 내에서 흑인들의 사회경제적 지위가 백인보다 낮다는 것을 아는 것도 이에 속한다. 마지막 4단계는 청소년기로, 민족과 인종을 하나의 정체성으로 인식하고, 그 집단의 특징을 받아들이거나 거부한다.

사회적 범주에 대한 이해는 자신이 속한 집단 구성원과의 공통점을 발견하게 하고, 다른 집단과의 비교를 통해 자기 정체감을 확립하는 데 도움을 준다. 이러한 장점과 달리 사회적 범주화는 아동에게 특정 집단에 대한 잘못된 편견이나 고정관념을 심어 줄 수 있다(Allport, 1954). 특히 아동기에 인종이나 집단을 어떻게 범주화하고 이해했느냐에 따라 그 집단에 대한 아동의 태도는 달라질 수 있다.

최근 한 연구는 아동의 집단 범주화 방식이 사회적 판단에 미치는 영향을 알아보았다(Master, Markman, & Dweck, 2012). 연구자는 사회적 집단을 범주화하고 집단 간의 차이를 이해하기 시작하는 만 4세 아동을 두 집단으로 나누어 6개의 서로 다른 표정을 제시하였다. 한 집단에게는 [그림 10-17]의 (A)와 같이 못된 표정과 친절한 표정으로 범주를 나누어 설명하였고, 다른 집단에게는 (B)와 같이 매우 못된 사람이 있는가 하면 그보다 조금 덜 못된 사람이 있고, 그보다 좀 더 착한 사람이 있다고 말하여 정도의 차이를 강조하는 설명을 하였다. 좀 더 자세히 말해, 범주를 나누어 설명할 때에는 2개의 특징만을 내세워 설명하였고, 연속적인 설명을 할 때에는 범주를 나누기보다 정도의 차이를 강조하는 설명을 하였다. 이후 연구자들은 [그림 10-18]처럼 각 집단에게 [그림 10-17]에서 ①, ③, ④, ⑥이었던 표정을 보여 주고 가장 비슷한 두 얼굴을 선택하도록 하였다. 실험 결과, 범주적 설명을 들었던 집단은 표정 정도의 차이가 가장 작은 ③과 ④의 얼굴을 고르기보다는 ④와 ⑥과 같이 차이는 더 크지만 같은 범주에 있는 두 얼굴을 골랐다.

반면, 연속적인 특징으로 설명을 들었던 집단의 아동은 가장 가까이에 있는 두 얼굴, 즉 ③과 ④의 표정이 가장 비슷하다고 대답했다. 이러한 결과는 아동이 다른 사람이나 집단에 대해 처음 배우게 될 때 범주화된 설명을 듣는다면, 이후 그 사람이나 집단에 대해 정확하지 않고 극단적인 편견이나 고정관념을 발달시킬 수도 있다는 사실을 보여 준다. 그러므로 부모나 교사가 이분법적인 사회적 범주화를 가르치기보다는 아동이 좀 더 유연하게 사회적 범주를 나눌 수 있는 능력을 기르도록 도와주는 것이 중요하다.

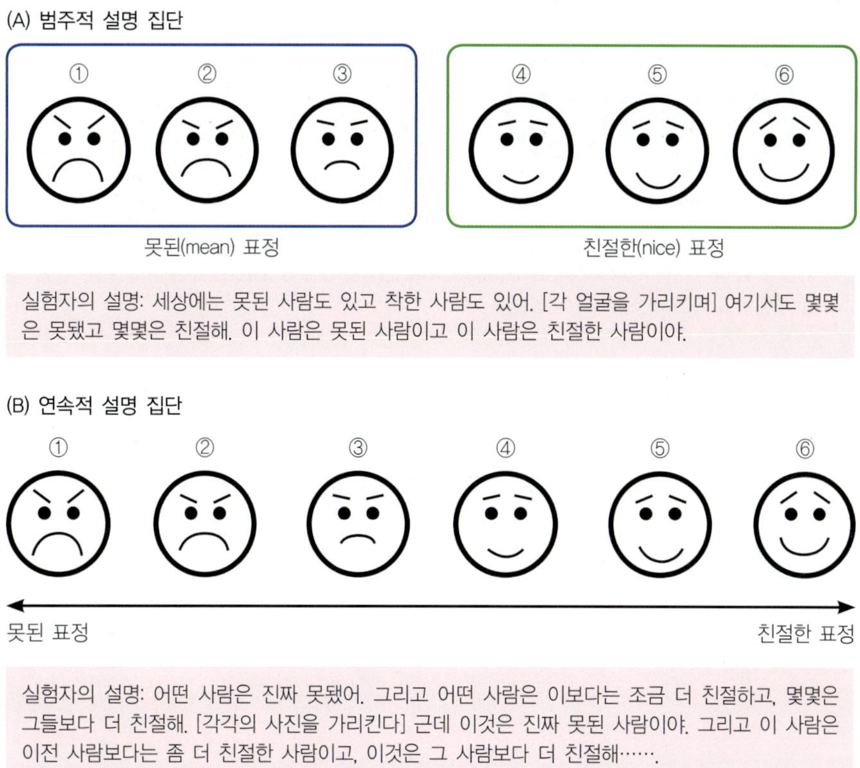

[그림 10-17] Master, Markman과 Dweck(2012)의 사회적 범주화 실험

(A) 못된 표정(①, ②, ③)과 친절한 표정(④, ⑤, ⑥)으로 집단을 나누어 사람들을 설명한다.

(B) ①부터 ⑥까지의 표정을 순서대로 가리키며, ①은 못된 사람이고 ⑥으로 갈수록 친절한 사람이라고 설명한다.

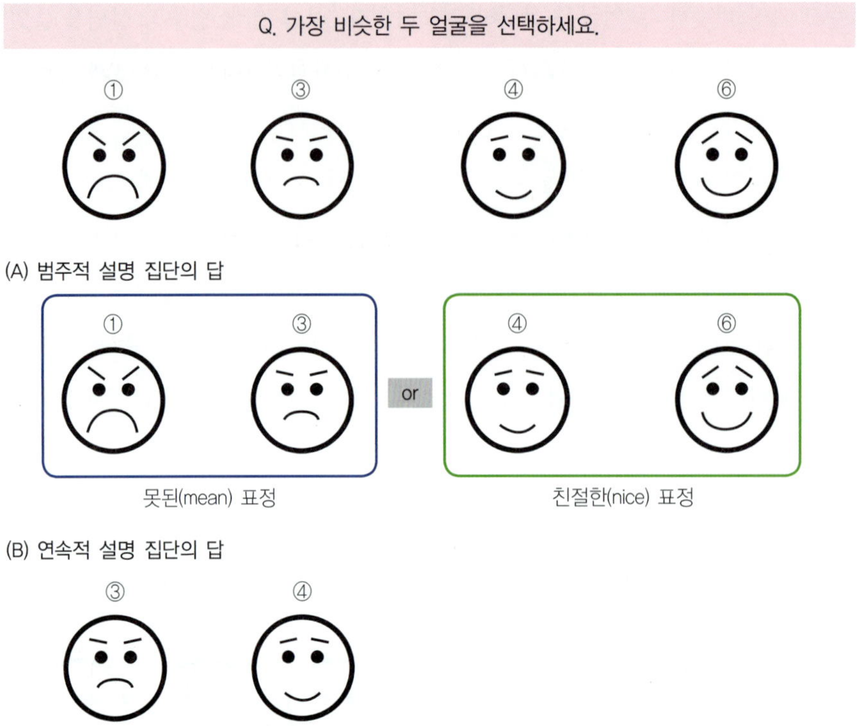

[그림 10-18] Master, Markman과 Dweck(2012)의 실험 결과

(A) 범주적 설명을 들었던 집단은 ③과 ④의 표정 차이가 가장 적음에도 불구하고, 표정 차이가 크게 나는 ①과 ③ 혹은 ④와 ⑥을 가장 비슷하다고 대답한다. 반면, (B) 연속적 설명을 들었던 집단은 표정 정도의 차이가 가장 적게 나는 ③과 ④의 얼굴이 가장 비슷하다고 대답한다.

주요 학습 개념

1. 타인 이해를 위한 생애 초기 능력

- 타인을 이해하기 위해 생애 초기에 발달하는 기술에는 시선 쫓기(gaze-following)와 공동주의(joint attention)가 있다.
- 공동주의 발달 과정은 다음과 같다.

생후 6개월	번갈아 가며 외부 대상과 엄마에게 주의를 기울인다.
생후 9개월	타인이 관심 있는 대상에 영아도 같이 주의를 기울인다.
생후 12개월	몸을 움직이거나 소리를 내어 자신이 관심 있는 대상에 타인의 주의를 끌고자 한다.

- 공동주의를 위한 세 가지 기초 능력은 다음과 같다.
  - ➤타인이 어떤 특정 대상을 바라보고 있다는 것을 아는 능력
  - ➤자신이 관심 갖는 대상에 타인의 주의를 유도할 수 있는 능력
  - ➤다른 것에 주의를 돌리거나 주의를 조절하는 능력

2. 타인 마음에 대한 이해

- 타인의 마음을 이해하고, 타인도 자신만의 심적 상태를 가지고 있다는 것을 이해하는 것을 마음이론(theory of mind)이라고 한다.
- 마음이론 발달과 관련하여 연구되는 대표적 심적 상태로는 의도, 바람, 믿음이 있다. 바람과 같이 덜 추상적인 심적 상태는 좀 더 빨리 발달하며, 믿음과 같이 추상적인 심적 상태는 좀 더 이후에 발달한다.
- 아동이 타인도 자신과 다른 믿음을 가질 수 있는 것을 알아보기 위한 대표적인 과제 중 한 가지는 틀린 믿음 과제(false-belief task)다.
- 거짓말을 하기 위해서는 마음이론 능력이 필수적이며, 타인도 나와 다른 믿음을 갖게 해야 하기 때문에 아동 초기에는 능숙하게 거짓말을 하지 못한다.
- 이차순위 마음이론(second-order theory of mind)이란 다른 사람이 제3자가 가지는 심적 상태를 이해하는 능력이며, 아동이 거짓말을 하기 위해서는 이차순위 마음이론이 발달되어야 한다.
- 이차순위 마음이론은 일차순위 마음이론 발달 후에 이루어지며, 대략적으로 만 7~8세가 되면 모든 아동이 이차순위 마음이론 능력을 보인다.

• 마음이론을 설명하는 이론은 다음과 같다.

믿음-바람 마음이론 (belief-task theory of mind)	표상적 마음이론 (representational theory of mind)	모듈 이론 (modularity theory)	모사 이론 (simulation theory)
인간의 행동이 바람과 마음 상태로 인해 결정된다고 주장한다.	세 가지 표상 능력을 통해 마음이론을 이해한다.	타인을 이해하는 특별한 뇌의 신경 구조가 있다고 주장한다.	아동의 경험이 마음이론 발달에 큰 밑거름이 된다고 믿는다.

3. 사회적 세계에 대한 이해

• 나이에 따른 아동의 사회적 세계에 대한 이해는 다음과 같다.

나이	이해 능력
만 3~6세	아동은 눈으로 보이는 지각적인 이해를 통해 민족이나 인종과 같은 사회적 집단을 구분할 수 있게 된다.
만 6~10세	아동은 눈으로 보이는 것뿐만 아니라 내적인 것을 반영하여 민족이나 인종을 범주화할 수 있게 된다.
만 10~14세	아동은 민족과 인종에 대해 더 깊이 이해를 하게 된다.
청소년기	민족과 인종을 하나의 정체감으로 인식하게 된다.

• 여러 사회적 집단을 구분하고 범주화하는 것은 자기 정체감 발달에 도움이 되지만, 한 집단에 대한 편견과 고정관념을 심어 줄 수도 있기 때문에 문제가 될 수 있다.

11장

사회성 발달 1: 정서와 기질 발달

1. 정서 발달 이론
2. 정서 표현 발달
3. 정서 이해 발달
4. 정서 조절 발달
5. 기질 모형
6. 기질 발달에 영향을 주는 요인
7. 기질 관련 요인

인간 거짓말 탐지기, Ekman

Paul Ekman은 기쁨, 분노, 슬픔, 두려움, 놀람 등의 문화 보편적인 기본 정서가 있다고 주장한 심리학자다. Ekman은 사람들이 진실을 말하는지 거짓을 말하는지에 대해서도 연구를 하였는데, 특히 그는 사람들의 미세한 표정(micro expression)을 통해 그들이 숨기고 있는 감정이 무엇인지 파악하였다. 아래의 그림과 같은 사람들의 미세한 표정을 구별하는 것은 쉽지 않다. 하지만 Ekman은 FACS(Facial Action Coding System)라는 도구를 사용하여 사람들의 얼굴 움직임을 객관적으로 측정하였고, 이를 통해 거짓말 여부를 알아보는 연구를 진행했다. 그의 이러한 연구는 영화의 소재로도 다뤄지며, 심리학뿐만 아니라 정치, 범죄 수사 등 다양한 분야에서 관심을 받고 있다. Ekman은 미국심리학회(APA)가 인정한 20세기 가장 영향력 있는 심리학자로 선정되기도 하였다.

실제로 Ekman은 미국의 Clinton 대통령과 비서 Lewinsky의 불륜 스캔들이 터졌을 때, Clinton의 인터뷰를 분석하여 그가 거짓말을 하고 있다는 것을 알아냈다. 그 당시 Clinton 대통령은 전 국민 앞에서 Lewinsky와 불륜을 저지르지 않았다고 해명하였다. 그러나 Ekman은 Clinton이 Lewinsky를 지칭할 때 사용한 '그 여자(that woman)' 라는 표현을 집어내어 Clinton이 거짓을 말하고 있다고 하였다. Ekman에 따르면 사람들은 거짓말을 할 때 무의식적으로 거리감이 느껴지는 언어를 사용해 자신은 거짓과 무관한 것처럼 보이고자 한다. Clinton의 경우 전 국민이 자신의 불륜에 관심을 가진다는 그 상황에서 멀어지고자 '그 여자' 라는 표현을 사용한 것이다("Lie to Me", 2010).

이처럼 Ekman은 표정뿐 아니라 사람이 사용하는 언어나 몸짓 등 정서를 표현하는 모든 단서를 파악하는 데 매우 능숙했다. 예를 들어, 거짓말하는 사람은 아래를 응시하거나 어깨를 올리는 등의 모습을 보인다고 설명했다. 이후 Ekman은 FBI와 CIA에서도 거짓말을 판별하는 방법에 대해 자문을 하기도 하는 등 이 시대 최고의 인간 거짓말 탐지기가 되었다.

Paul Ekman

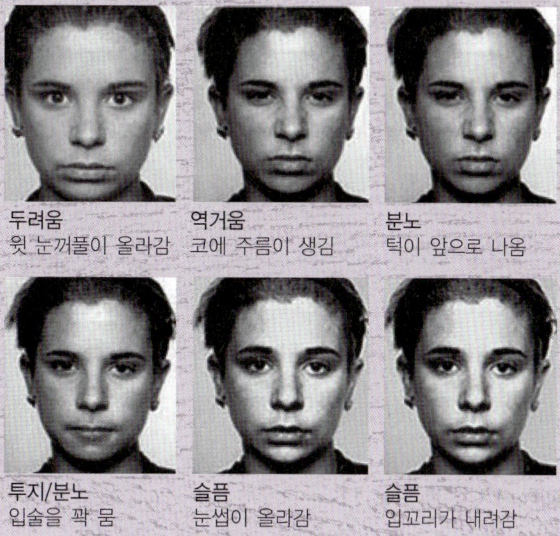

Ekman이 연구한 사람의 미세한 표정

영아는 말을 하지 못하기 때문에 주로 울음, 미소 등으로 정서를 나타내고 자신의 상태를 표현한다. 정서(emotion)란 환경적 사건에 의해 발생하는 주관적 느낌으로, 영아는 자신의 정서를 표현하여 다른 사람과 소통하고 상호작용한다. 영아는 자신이 느끼는 정서를 양육자에게 표현하고 양육자와 정서를 나누기도 하는데, 이러한 상호작용은 사회성 발달의 기초가 된다. 사회성 발달에서는 아동의 기질 또한 중요하다. 어떤 아동은 매우 까다로워서 늘 보채거나 울음을 터뜨리지만, 어떤 아동은 마냥 행복한 듯 웃기만 하거나 울음을 터뜨려도 양육자가 달래면 금방 진정된다. 이와 같이 기질(temperament)은 정서적 · 행동적 반응에서의 개인차로, 영아가 신체적, 인지적, 사회적으로 발달하기 이전부터 가지는 특성이다(Gross, 2011). 이 장에서는 사회성 발달에 영향을 미치는 정서와 기질의 발달 그리고 기질이 발달에 미치는 영향에 대해서 살펴보겠다.

1. 정서 발달 이론

정서 발달을 설명하는 이론에는 진화론적 관점과 기능주의적 관점이 있다. Darwin (1872/1998)의 진화론적 관점에 의하면 정서는 생존과 생식에 적응적인 기능을 가진다. 이때 적응적 기능은 다음의 두 가지 측면에서 찾을 수 있다. 첫째, 정서 표현은 사회적 의사소통을 가능하게 한다. 예를 들어, 아동이 특정 행동을 했을 때 부모가 웃어 준다면 아동은 자신의 행동을 부모가 허락했다고 생각할 것이다. 반대로, 부모가 얼굴을 찡그린다면 아동은 부모가 그 행동을 하는 것을 원하지 않는다고 생각할 것이다. 둘째, 정서는 생존 확률을 높인다. 예를 들어, 인간은 위협적인 상황에서 공포감을 느껴야만 이에 반응하여 도망을 가거나 맞서 싸울 수 있다. 또한 번식을 위해서는 상대에게 사랑이라는 감정을 느끼고 표현해야 그 사람을 얻을 수 있다. 따라서 정서는 생존에 필수적인 진화적 산물이라 할 수 있다.

한편, 기능주의적 관점에 따르면 정서는 단순히 생존과 번식을 위한 것이 아니라, 다양한 환경 속에서 목표를 이루고 다른 사람과 관계를 형성하기 위해 필요한 것이다. 이때 정서는 얼굴 표정이나 생물학적 반응에 의해 구분되기보다는 각 정서가 가지는 기능에 따라 구분된다. 예를 들어, 분노는 자신이 목표하는 것을 갖지 못하거나 하지 못했을 때 일어나는 반면, 슬픔은 위협을 받았을 때 좌절하고 이를 피하기 위해 일어난다(Witherington & Crichton, 2007). 이와 같이 인간은 어떠한 환경에 처해 있느냐에 따라 정서가 달라지는 동시에 다양한 정서를 느낌으로써 특정 환경이 어떤 의미를 갖고, 자신에게 중요한지를 판단하게 된다(Campos, Mumme, Kermoian, & Campos, 1994).

2. 정서 표현 발달

영아는 정서를 표현하여 자신의 의사를 전달한다. 예컨대, 영아는 울음을 통해 슬픔이나 짜증을 표현하고 자신이 배가 고프다거나 어딘가가 불편하다는 것 또한 알린다. 이 외에도 미소를 짓는 등 기쁨을 표현하면서 음식을 배부르게 먹어 만족스럽다는 의사를 전달하기도 한다. 이처럼 정서는 영아의 의사소통에 있어 핵심적인 역할을 한다. 그러나 영아의 다양한 정서는 한 번에 발달하지 않는다. Lewis(2008)에 의하면 서로 다른 정서는 발달하는 시기가 다르며, 정서가 나타나는 시기에 따라 1차 정서와 2차 정서로 나눠 볼 수 있다.

1) 1차 정서

1차 정서(primary emotion) 혹은 기본 정서(basic emotion)는 문화 보편적으로 나타나는 인간의 가장 기본적인 정서로 기쁨, 공포, 분노, 슬픔, 혐오 그리고 놀람을 포함한다(Izard, 1978). 생후 3개월경이 되면 영아는 기쁨(joy)을 표현하기 시작한다(Lewis, 2008). 예를 들어, 영아는 익숙한 사람의 얼굴을 보았을 때 미소를 지어 기쁨을 표현한다. 또한 생후 3개월경의 영아는 슬픔(sadness)도 표현할 수 있다(Lewis, 2008). 슬픔은 긍정적인 자극이 사라졌을 때 나타나는데, 예를 들어, 영아가 배가 고플 때 양육자가 옆에 없으면 울음을 통해 슬픔을 표현한다. 혐오(disgust) 또한 생후 3개월부터 나타난다. 혐오는 주로 무엇을 먹거나 마실 때 나타나는 정서로, 맛이 없는 음식을 먹었을 때 영아는 그 음식을 뱉으면서 혐오감을 표현한다. 영아는 생후 4~6개월 사이에 분노(anger)를 표현하기 시작한다(Stenberg & Campos, 1990). 분노는 주로 한 개인이 무언가에 불만이 있을 때 표현된다. 예컨대, 아동이 놀이터에 가서 이것저것 만지고 놀고 싶은데 부모가 위험하다는 이유로 아동을 놀지 못하게 붙잡는다면, 아동은 부모에게 분노를 표현할 것이다. 공포(fearfulness)는 인지적 발달과 연관이 있기 때문에 다른 1차 정서에 비해 상대적으로 늦은 생후 7~8개월경에 나타난다. 예컨대, 영아는 자신이 겪어본 상황과 처음 겪어보는 상황을 비교하면서 새로운 상황이나 새로운 사람에게 공포를 느끼게 된다(Lewis, 2000). 놀람(surprise)도 공포와 비슷한 시기인 생후 약 6개월 이후에 표출된다. 놀람은 예상하지 못했던 일이 일어났을 때 나타나는데, 예를 들어 아동은 동화책에서만 보던 강아지를 실제로 볼 때 놀람을 표현한다. 이와 같이 생후 8~9개월경 영아는 여섯 가지 기본 정서를 표현할 수 있게 된다.

2) 2차 정서

2차 정서(secondary emotion)는 의식 혹은 객관적 자기 인식(objective self-awareness), 마음이론(theory of mind), 상위 인지(metacognition)와 같이 고차적인 인지 능력이 먼저 발달된 후에 나타나기 때문에 자의식적 정서라고도 불린다(Gilbert, 2004). 1차 정서를 이해하기 위해 상대방의 표정을 봐야 한다면, 2차 정서를 이해하기 위해서는 상대방의 표정뿐만 아니라 몸의 움직임과 음성 행동(vocal behavior)도 고려해야 한다(Lewis, 2008). 이러한 2차 정서에는 당혹감, 공감, 질투, 수치심 등이 포함된다.

영아는 자기 인식이 생기면서 생후 18개월경 처음으로 당혹감(embarrassment)을 표현하기 시작한다. 이 시기의 영아는 자신이 타인의 관심을 받는 존재임을 깨닫게 되는데 많은 사람들 앞에서 주목을 받거나 지나친 관심을 받을 경우 당혹감을 느끼게 된다. 예를 들어, 학예회와 같이 많은 사람이 보는 앞에서 노래를 부르다가 실수를 저질렀을 때 당혹감을 느낀다. 당혹감이 나타나는 비슷한 시기에는 공감(empathy)도 나타난다. 아동은 공감을 통해 타인의 입장에서 생각하고 느낌으로써 다른 사람의 마음을 이해하게 된다. 또한 아동은 양육자가 자신보다 다른 아이에게 관심을 보일 때 질투(jealousy)를 표현한다(Draghi-Lorenz et al., 2005). 이러한 질투는 생후 18~24개월 사이에 나타난다고 알려져 왔으나, 최근의 한 연구에서는 생후 6개월의 영아도 질투를 보이는 것으로 나타났다(Hart, Jones, & Field, 2003).

수치심(shame)은 대략 만 2세 말에 나타난다. 수치심은 실패를 경험하는 과정에서 표출되기 시작하며, 수치심을 느낀 아동은 고개를 떨구는 행동을 보이기도 한다(곽금주, 김연수, 2014). 자부심(pride) 또한 수치심과 비슷한 시기에 나타난다. 이 시기의 아동은 어떠한 과제를 잘 수행했을 때 양육자를 향해 미소를 짓는 등 자부심을 자주 표현한다. 대략 3~5세가 되면 아동은 잘못을 저지르고 죄책감(guilt)을 느끼게 된다. 죄책감은 아동 자신이 무엇 때문에 실패했는지, 어떻게 행동했어야 하는지 등을 생각하게 하여 훗날 잘못된 행동을 하지 않도록 한다.

3. 정서 이해 발달

정서를 표현하는 것과 더불어 상대방의 정서를 이해하는 것 역시 사회성 발달에 중요하다. 자신이 어떠한 감정을 느끼고 있는지 표현하기만 해서는 진정한 사회적 상호작용이 일어나지 않고, 관계가 형성되지 않는다. 영아는 상대방의 얼굴 표정과 행동을 보고 그 사람이 어떠한 감정을 느끼고 생각을 하는지 알 수 있다. 이 절에서는 정서 이해를 돕는 표정의 이해와 사회적 참조에 대해 살펴보겠다.

1) 표정 이해

인간은 표정을 보고 상대방의 정서를 어느 정도 파악할 수 있다. 예를 들어, [그림 11-1]의 (A)를 보면 아동이 기쁘다는 것을 알 수 있으며, (B)를 보면 슬프다는 것을 알 수 있다. 영아는 생후 1개월 반에서 2개월이 되었을 때, 기쁨, 분노와 같이 타인의 얼굴에 나타나는 여

(A) (B)

[그림 11-1] 표정 이해
사람은 상대방의 표정을 보고 그 사람의 정서를 어느 정도 파악할 수 있으며 표정의 이해는 정서 발달에 있어서 중요하다.

ISSUE 1

얼굴 표정에서 느껴지는 정서는 문화보편적이 아니다?

Ekman을 포함한 많은 연구자들은 여섯 가지 기본 정서가 모든 문화권에서 나타나기 때문에(Ekman, 1972), 언어가 달라도 서로의 정서를 이해하는 데에는 아무런 문제가 없다고 주장했다. 예를 들어, Elfenbein과 Ambady(2002)는 미국과 일본같이 서로 다른 문화권의 사람들이 정서 이해를 하는 데 큰 차이를 보이지 않았다는 것을 확인하였다. 그러나 일본은 서양 문화의 영향을 받았으므로 정서 이해에 있어 미국과 큰 차이를 보이지 않은 것이다. 정서 이해에 대한 대부분의 문화 비교 연구는 서양 문화의 영향을 받는 나라를 대상으로 진행되었다. 이후 연구자들은 서양 문화의 영향을 거의 받지 않은 문화권의 사람이 과연 1차 정서를 이해할 수 있을지 궁금해하기 시작했다.

Gendron, Roberson, Marietta, Vyver와 Barret(2014)은 서양 문화의 영향을 거의 받지 않은 아프리카의 힘바족(Himba)과 미국인의 정서 이해를 비교하였다. 연구자들은 참여자에게 다양한 표정을 보여 준 뒤, 비슷한 정서라고 생각되는 표정끼리 분류하라고 지시했다[그림 (A)와 (B)]. 연구 결과, 미국인과 힘바족은 같은 얼굴 표정을 보고 느끼는 정서가 동일하지 않은 것으로 나타났다. 그림 (A)와 (B)에서 볼 수 있듯 미국 참여자는 비슷한 기본 정서끼리 정확하게 묶지만, 힘바족은 그렇지 않은 것으로 나타났다. 이러한 결과는 기본 정서가 반드시 문화 보편적이 아닐 수도 있다는 새로운 견해를 제시하고 있다.

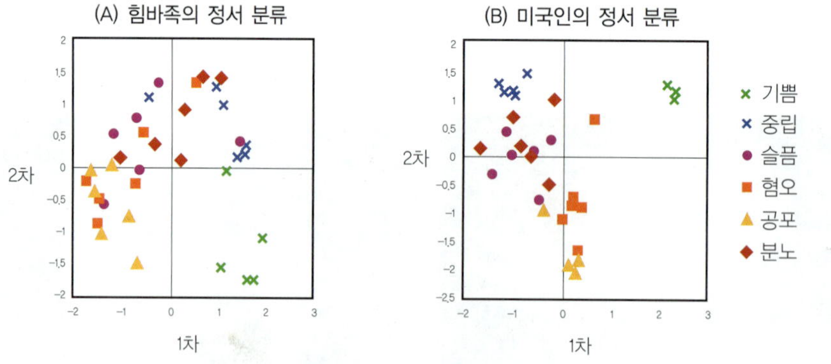

■ 힘바족과 미국인의 정서 이해 ■

출처: Gendron et al. (2014).

러 정서 표현을 구분하기 시작한다(Bornstein & Arterberry, 2003). Repacholi(1998)는 생후 14개월과 18개월 여아들을 대상으로 이들이 다른 사람의 정서 표현을 이해하는지 알아보았다. 실험자는 영아 앞에 2개의 상자를 두고, 한 상자를 열고서는 기쁨을 표현하였고, 다른 상자를 열었을 때는 역겨운 표정을 지었다. 이후 영아에게 두 상자 중 하나를 고르도록 했을 때, 실험자가 기쁜 표정을 지은 상자에 더 관심을 보인 영아가 더 많았다([그림 11-2] 참조). 즉, 영아는 다른 사람의 표정을 통해 서로 다른 정서를 구분할 뿐 아니라 각각의 정서가 지닌 의미도 알았던 것이다.

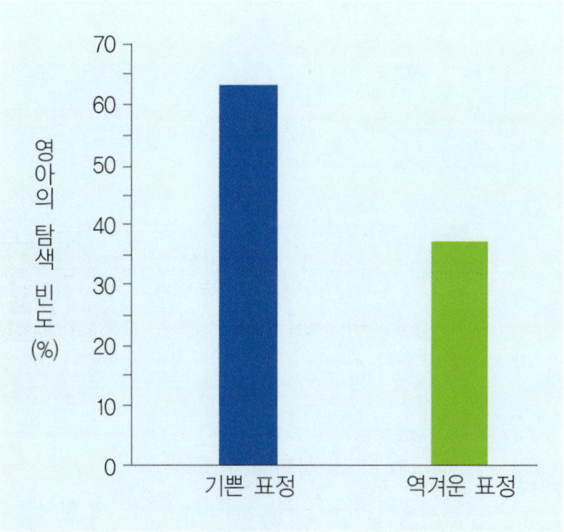

[그림 11-2] 영아의 대상 탐색 선호 정도
실험자가 역겨운 표정으로 상자 속을 보거나 손을 넣어 물건을 탐색할 경우보다 기쁜 표정을 나타낼 때 영아는 더 높은 빈도로 상자 안을 탐색하고 보았다. 이는 영아가 서로 다른 정서를 구분할 수 있다는 것을 보여 준다.
출처: Repacholi (1998).

2) 사회적 참조

다른 사람의 얼굴 표정을 보는 것 외에도 영아는 특정한 상황에서 다른 사람이 어떻게 행동하는지를 관찰하여 그 상황을 이해하고, 자신도 어떠한 정서를 느껴야 하는지 판단한다. 예를 들어, 영아는 처음 보는 대상이나 처음 경험하게 되는 상황이 안전한지 확인하기 위해 주로 엄마의 정서적 반응을 살핀다. 이때 엄마의 정서가 긍정적이면 영아는 안심하고 새로운 정보를 얻기 위해 적극적으로 주변을 탐색한다. 그러나 엄마가 부정적 정서를 보이면 영아는 주변을 탐색하고자 하는 행동을 주저하게 된다. 이와 같이 다른 사람의 반응을 통해 상황에 대한 정보를 얻는 것을 사회적 참조(social referencing)라고 한다(곽금주 외, 2014; 김연수, 2011).

사회적 참조를 하기 위해서는 세 가지 기본적인 능력이 필요하다. 먼저, 다양한 정서를 구분하고 이해할 수 있어야 한다. 다른 사람이 곰을 보고 두려움을 표출한다 할지라도 그 정서를 이해하지 못한다면 상황 판단을 못하고, 적절히 반응하지도 못할 것이다. 이와 더불어 사회적 참조를 위해서는 공동주의 능력이 필요하다. 공동주의 능력은 자신과 타인이 같은 사물 혹은 사건에 주의를 기울이며 같은 정서를 느끼고 있다는 것을 알도록 도와준다. 마지막으로, 다른 사람의 정서를 이해하고 자신과 그 사람이 같은 정서를 느끼고 있다는 것을 알

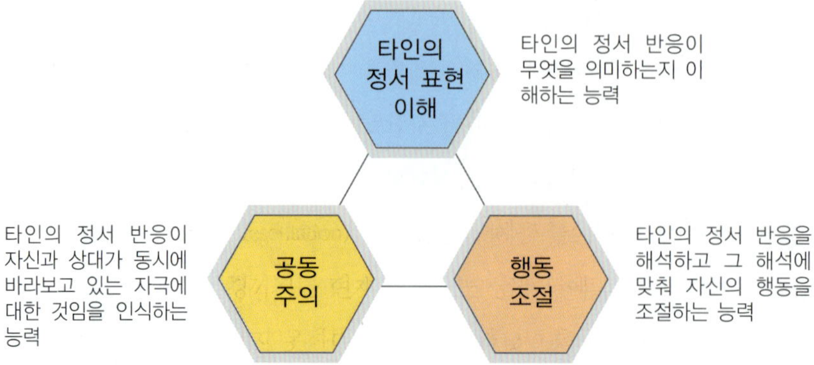

[그림 11-3] 사회적 참조

사회적 참조를 하기 위해서는 타인의 정서를 이해할 수 있어야 하며, 공동주의가 가능하고, 타인의 정서를 해석하고 그에 맞게 자신의 행동을 조절할 수 있어야 한다.

출처: 곽금주, 김연수(2014).

게 되면, 이러한 정보를 통합하여 자신의 행동을 그에 맞춰 조절해야 한다. 이러한 기본적인 능력들로 이루어진 사회적 참조는 영아의 월령이 증가함에 따라 함께 발달한다(Baldwin & Moses, 1996; [그림 11-3] 참조).

영아는 생후 7개월경부터 다른 사람의 표정을 읽는 등 타인의 정서 반응을 살피기 시작한다. 이러한 행동 양상은 영아에게 사회적 정보를 처리할 수 있는 능력이 있다는 것을 보여준다. 생후 9~10개월 영아는 타인이 특정 사물 혹은 사건에 주의를 기울일 때 더욱 그 사람의 반응에 집중하고 상황을 해석하려 한다. 예를 들어, Striano와 Rochat(2000)의 연구에서 실험자는 생후 7개월과 10개월 영아에게 강아지 인형을 보여 주었다. 이때 강아지 인형이 갑자기 소리를 내게 되고, 실험자가 인형을 쳐다보는 조건과 쳐다보지 않는 조건으로 나뉘어 영아가 어떻게 행동하는지 알아보았다. 그 결과, 생후 7개월 영아는 실험자가 강아지 인형에 주의를 기울이든 혹은 기울이지 않든 강아지가 갑자기 소리를 냈을 때 실험자를 쳐다보았다. 한편, 생후 10개월 영아는 실험자가 강아지 인형에 주의를 기울일 경우에만 인형이 소리를 낼 때 실험자를 더 오랫동안 응시했다. 즉, 생후 7개월 영아는 자신이 어떻게 반응해야 할지 모르는 상황에서 단순히 다른 사람의 반응을 관찰하였지만, 생후 10개월 영아는 상대방이 자신과 같은 사물에 주의를 기울이는지를 고려하여 사회적 참조를 하였다.

더 나아가 생후 12개월부터 영아는 제스처와 언어를 이해하게 되어 더욱 정교한 사회적 의사소통 기술을 가지기 시작하고, 이때부터 타인의 정서적 신호를 이해하고 다양한 상황에서의 사회적 참조가 자주 일어난다(김근영, 2008; Walden, 1991). 그리고 생후 18~24개월 영아는 주어진 상황에 알맞게 사회적 참조를 하게 된다. 이 시기의 영아는 양육자에게만 의존하기보다는 다양한 상황에 대한 주관적인 지식을 갖고, 부모가 아닌 타인으로부터 정보를 얻으려고 노력하는 모습을 보인다(김근영, 2008).

4. 정서 조절 발달

적절한 정서 표현과 이해는 사회적 교류를 원만하게 해 주고 특정한 상황에 적절히 대응할 수 있도록 도와준다. 그러나 정서를 제대로 이해하고, 여러 정서를 표현한다 할지라도 정서를 적절히 조절하지 못할 경우에는 오히려 사회적 활동에 해가 될 수 있다. 예를 들어, 화를 참지 못하고 부모님 앞에서 심한 말과 행동을 하는 것은 자신과 가족 모두에게 상처가 될 수 있다. 그러므로 정서 조절을 통해 주어진 상황에 알맞은 정서를 적절한 수준으로 표현하는 것은 긍정적인 사회적 관계를 맺고 유지하는 데 중요하다. 정서 조절(emotion regulation)이란 어떠한 감정을 언제 그리고 어떻게 느낄 것인가를 조절하는 것이다(Gross, 1998). 또한 정서 조절은 개인의 목표를 성취하기 위해 혹은 특정한 상황에 맞게 적응하기 위해 정서 표현과 정서적 각성을 조절하는 것이다(Saarni, 1999). 이 절에서는 이러한 정서 조절이 어떻게 발달하는지, 부모와의 상호작용이 정서 조절에 어떠한 영향을 미치는지, 그리고 정서 조절 전략에는 어떠한 것들이 있는지 살펴보겠다.

1) 연령에 따른 정서 조절의 발달

영아는 생애 초기부터 정서 조절을 하기 시작하며 연령이 증가함에 따라 더 정교하고 체계적인 방법을 사용하여 자신의 정서를 조절한다. 생후 3~6개월부터 영아는 특정한 사물이나 사건으로부터 눈을 돌리는 등 자의로 주의를 다른 곳으로 옮길 수 있게 된다(Rothbart, Posner, & Boylan, 1990). 이렇게 자신의 주의를 돌림으로써 아주 어린 영아도 자신의 정서를 조절한다. 또한 많은 경우에 어린 아동은 부모의 도움을 받아 정서 조절을 한다. 예컨대, 부모는 아동이 짜증을 내는 상황에서 긍정적인 이야기를 함으로써 아동의 주의를 돌린다(Miller & Green, 1985). 이러한 부모의 도움을 통해 어린 아동은 가끔 스스로 정서 조절을 하도록 노

ISSUE 2

정서 표현이 사회적 시선 쫓기에 미치는 영향

인간은 주변 환경에 대한 정보를 스스로 얻기도 하지만 타인의 행동을 보고 정보를 얻을 때가 많다. 예를 들어, 친구와 함께 길을 걷다가 맞은편에서 걸어오는 여성과 눈이 마주쳤다고 가정해 보자. 이때 그 여성이 무엇인가를 쳐다보며 두려워하는 표정을 짓는다면 어떤 반응을 보이겠는가? 최근 한 연구에서는 이러한 상황에서 사람들이 어떻게 반응하는지 알아보았다(Gallup, Chong, Kacelnik, Krebs, & Couzin, 2014). 연구자들은 길 한 구석에 몰래 카메라를 설치하고, 행인이 지나갈 때마다 실험 도우미 여성이 맞은편에서 걸어오며 다음 그림과 같이 중립적 표정(a), 기쁜 표정(b), 의심스러운 표정(c), 두려운 표정(d) 중 하나를 지으며 카메라가 숨겨진 곳을 응시하게 하였고, 이때 행인이 여성의 시선을 쫓아 카메라가 숨겨진 곳을 같이 바라보는지 알아보았다.

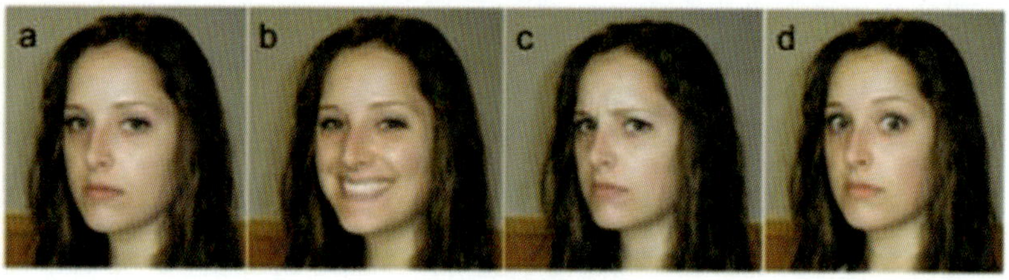

■ 네 가지 정서 표현의 예시 ■

실험 결과, 다음 그래프와 같이 혼자 걸어가던 행인의 경우 여성 도우미가 바라보는 곳을 따라서 응시하는 비율이 낮았다. 그러나 흥미롭게도 두 명 이상의 행인이 함께 걸어가던 경우, 이들은 여성의 시선을 쫓아 카메라가 있는 곳을 바라보았다.

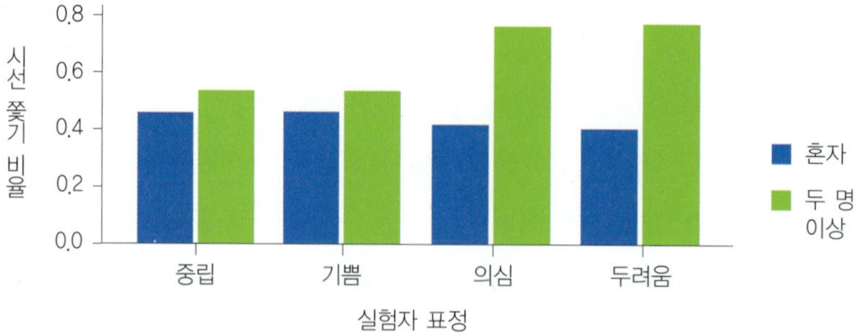

■ 정서 표현과 사회적 상황에 따른 시선 쫓기 비율 ■

특히 여성 도우미가 의심하는 표정이나 두려움에 떠는 표정을 지을 때 행인들은 더 많이 시선 쫓기를 한 것으로 나타났다. 즉, 사람은 혼자 있을 때보다 집단과 함께 있는 사회적인 상황에서 주위의 다양한 사회적 신호(예: 표정과 시선)에 더 민감하게 반응한다. 그리고 특히 의심과 두려움같이 위험을 알리는 신호를 더 쉽게 알아차린다. 이러한 행동 양상을 진화론적 관점으로 보았을 때, 사회적 존재인 인간이 타인의 신호로부터 위험한 상황을 더 빨리 알아차리고 대비하는 능력을 가지고 있다는 것을 알 수 있다.

력한다. 구체적으로 만 2~6세경 아동은 부정적인 상황을 경험했을 때 자신의 눈과 귀를 가린다거나, 그 자리를 벗어나는 등의 전략을 사용하기 시작한다(Thompson, 1994). 더 나아가 만 4~6세경 아동은 자신이 정서를 조절해야 하는 이유와 목적을 이해하기 시작하며(Gnepp & Hess, 1986; Harris & Gross, 1988), 이들의 정서 조절은 더욱 정교해진다. 예컨대, 단순히 눈과 귀를 가리기보다는 마음속으로 유쾌한 생각을 하는 내적인 전략을 사용한다(Thompson, 1994).

2) 정서 조절과 부모-자녀 상호작용

정서 조절은 부모-자녀 상호작용을 통해 처음 발달한다(Malatesta & Haviland, 1982). 아동은 하루 중 많은 시간을 부모와 함께 보내며, 이들의 행동을 보고 배우기 때문에(Bandura, 1977) 부모의 행동은 아동의 정서 발달에 큰 영향을 미친다. 예를 들어, 부모가 아동의 부정적인 정서에 공격적으로 반응하거나 무시한다면 아동은 부정적인 정서를 효과적으로 다루는 방법을 배울 수 없을뿐더러, 다른 사람의 슬픔과 고통 같은 부정적인 정서를 이해하고 알아차리는 데에도 어려움을 겪을 수 있다(이지연, 곽금주, 2010).

곽금주, 김민화, 한은주(2005)는 부정적인 정서를 유발하는 상황에서 우리나라 영아가 어떠한 방법으로 자신의 정서를 조절하는지, 그리고 상호작용 동안 엄마가 어떻게 반응하는지에 따라 영아의 정서 조절 방법이 달라지는지 알아보았다. 실험자는 생후 24개월 영아들이 좋아하는 장난감을 손에 닿지 않는 곳에 놔두어 영아들의 분노를 유발하거나, 거미 장난감을 보여 주어 공포를 느끼도록 했다. 그리고 엄마-영아 상호작용을 관찰하여 엄마가 영아의 말과 행동에 긍정적으로 반응하는지 혹은 부정적으로 반응하는지 관찰하였다. 그 결과, 영아의 정서 조절 전략은 엄마의 반응 유형과 상관을 보였다. 구체적으로, 엄마가 영아에게 부정적인 반응을 보인 경우 영아는 부정적인 상황에서 칭얼대거나 짜증을 내면서 정서를 조절한 반면, 엄마가 긍정적인 반응을 보이며 영아와 상호작용할 경우에는 영아가 엄마와 눈을 맞추고 엄마의 반응을 끌어내고자 하는 참조 구하기 전략을 사용하여 부정적인 정서를 조절하였다. 즉, 어린 시절 부모가 영아에게 어떻게 대하고 반응하는지에 따라 영아의 정서 조절 방식이 달라진다고 볼 수 있다.

3) 정서 조절 전략

정서 조절을 잘하는 아동과 못하는 아동은 발달에서 큰 차이가 나타난다. 정서 조절을 못하는 아동은 문제 행동을 보이고 또래 간의 관계적인 문제를 겪을 가능성이 더 크며 훗날 정신병리적 문제를 경험할 가능성이 있다(Calkins, Gill, Johnson, & Smith, 1999; Eisenberg et al., 2001; Keenan, 2000). 반면, 정서 조절을 잘하는 아동은 학업 능력과(Gumora & Arsenio, 2002; Howse, Calkins, Ansstopoulos, Keane, & Shelton, 2003) 사회적 기술이 뛰어난 경향이 있다(Keane & Calkins, 2004).

그렇다면 정서 조절을 위해서는 어떤 전략들이 사용될까? Gross(2014)는 시간의 흐름에 따라 상황(situation), 주의(attention), 평가(appraisal) 그리고 반응(response)순의 과정으로 나누고, 각 과정에서 사용될 수 있는 정서 조절 전략을 설명했다. 어떠한 상황이 발생되기 전에는 상황 선택(situation selection) 전략을, 이미 벌어진 상황에서는 상황 수정(situation modification) 전략을 통해 정서를 조절할 수 있고, 상황에 주의를 기울일 때는 주의 배치(attentional deployment) 전략을, 상황을 평가할 시에는 인지적 변화(cognitive change) 전략을, 마지막으로 자극에 대해 반응할 때는 반응 조절(response modulation) 전략을 사용해 정서를 조절할 수 있다.

Gross(2014)가 말하는 정서 조절 전략의 예를 살펴보면 다음과 같다. 새를 무서워하는 사람은 공원에 새가 많다는 것을 알기 때문에 공원에 가면 자신이 두려움을 느끼게 될 것을 안다. 이때 이 사람은 상황 선택 전략을 사용하여 공원을 가지 않는 상황을 선택해 자신이 느낄 두려움의 정서를 조절할 수 있다. 한편, 상황 수정은 이미 벌어진 상황에 대처하여 정서를 조절하는 전략이다. 예를 들어, 친구들과 함께 집에서 컴퓨터 게임을 하기로 했는데, 컴

ISSUE 3

낙관적인 아이, 막힘없는 인생

낙관성과 긍정성은 인간이 가지고 태어난 것이라 할 수 있다. 나이가 어릴수록 더 낙관적이다. 어릴수록 실제보다 자신의 능력을 과대평가하며, 미래에 대해 더 희망적으로 생각하고, 실패에 대해서도 그리 영향을 받지 않는다. 자라나고 있는 아이들에게 일상은 실패와 좌절의 연속이며, 더 능력 있고 똑똑한 손위 형제나 성인과 비교하면 위축되기 십상이다. 낙관적 성향은 바로 이러한 좌절로부터 '자아'를 보호하여 지속적으로 노력하고 뭔가 성취하도록 하는 역할을 한다. 실제로 한 연구에서 어린 아동들을 대상으로 한 남자가 등장하여 점점 먼 거리에서 바구니에 공을 던져 넣거나 차츰 수를 늘려가며 공을 던져서 번갈아 받는 모습을 보여 주었다. 그리고 자신이 그것을 얼마나 잘 모방할 수 있다고 생각하는지를 물어보았다. 이때 자신의 능력을 실제 능력보다 다소 과대평가해서 답한 아동들은 그렇지 않은 아동들보다 IQ 검사에서 더 높은 점수를 받는 경향이 있었다. 낙관적인 과대평가가 장기적으로는 미숙한 인지 능력을 극복하는 역할을 하기 때문이다. 이런 기대를 하는 아이들은 여러 방식으로 자신의 행동을 수정해 보고 적극적으로 다른 사람들의 행동을 모방하기도 하면서, 결국 인지적으로 더 큰 발달을 보이게 된다.

그런데 중요한 것은 아이들이 성장해 가면서 낙관성은 점차 감소되고 보다 '현실적'으로 되어 간다는 점이다. 심리학자 셀리그먼(Seligman)에 의하면 초등학교 2~3학년경 일생을 관통하는 비관론적 성향이 굳어진다고 한다. 자신과 주변에 대해 고칠 수 없는 비관성을 가진 사람들이 있다. '될 것'보다 '안 될 것'을 더 생각하니 성취하는 것 또한 적을 수밖에 없다. 이런 비관성이 어린 시기에 정착될 수 있다. 따라서 어릴 때부터 세상과 자기에 대한 긍정적인 가치관을 형성시켜 주는 것이 필요하다. 그것은 생각만큼 어려운 일이 아니다. 무엇보다 기쁨, 호기심, 들뜨면서 뭔가를 시작하려고 하는 시도 등 아이가 이런 긍정적인 정서와 행복감을 좀 더 충분히 느끼고 그것을 즐길 수 있게 해 주는 것이 중요하다. 순간순간의 사소한 긍정적인 기분을 과소평가하지 않고 만끽하며 즐길 수 있도록 연습을 시키는 것이 낙관성을 키워 주는 첫걸음이 될 수 있다. 늘 웃고 낙천적이며 조금은 시끄럽게 들떠 있는 아이를 가볍고 실없다고 보기보다는 그것이 가져올 긍정적 결과에 주목해 보자. 그런 낙관성은 전염성을 지녀 주변 사람들을 덩달아 즐겁게 하고 분위기를 따뜻하게 바꾸어 주는 작용도 한다.

실패했을 때 그리 개의치 않는 아이를 정신 못 차렸다고 다그치기보다는 다음을 향한 다소 무모한 도전을 한껏 칭찬해 주자. 아이의 낙관성은 실패와 좌절 상황에서 스스로를 감싸는 보호막 역할을 한다. 낙관성은 장기적으로 볼 때 더 많은 결과를 가져온다. 어떤 목표를 성취할 수 있다고 미래를 긍정적으로 본다면 오히려 그것에 도달하기 위해 더 노력하게 된다. 비록 진전이 느릴 때조차 좌절하지 않고 목표를 향한 행동은 지속될 것이다. 그러기에 낙관적인 아이의 인생에는 막힘이 없다.

출처: 곽금주(2008. 4. 12.). 잘할 수 있다고 믿는 아이가 앞서간다. 매일경제

퓨터가 갑자기 고장이 났다. 이렇게 친구들과 신나게 놀던 중 갑자기 컴퓨터가 꺼져 버리면 분노와 같은 정서를 느끼지만, 이때 게임 대신 영화를 보는 등 상황을 수정해서 정서를 조절할 수 있다. 이 두 가지 전략은 상황을 미리 조정하여 정서를 조절하는 방법이다.

이 외에도 사건이 일어나는 과정에서 정서를 조절할 수 있는데, 예로 주의 배치 전략은 상황을 바꿀 수 없을 때 사용하게 된다. 부모는 자녀가 장난감을 갖고 싶다고 짜증을 낼 때, 자녀에게 먹을 것을 주거나 흥미로운 자극을 주어 자녀의 주의를 전환시킬 수 있다.

또한 사람들은 자신이 처한 상황을 평가할 때 인지적 변화 전략을 사용하여 정서 조절을 한다. 인지적 변화 전략은 특정 대상에 대한 자신의 사고를 바꿈으로써 자신이 느끼는 정서도 바꾸는 방법이다. 예를 들어, 친구와 대화를 나누던 중 친구가 갑자기 심각한 표정을 지으며 그 자리를 떠난다면 상처를 받을 수 있지만, 생각을 바꾸어 자신에게 화가 난 것이 아니라 친구 자신에게 안 좋은 일이 있어 자리를 피했다고 생각하면 섭섭함을 덜 느끼게 된다.

마지막 정서 조절 전략은 반응 조절로서, 경험이나 외부 자극으로 인해 느낀 정서를 어떻게 조절하는지와 관련이 있다. 예컨대, 남자친구와 심하게 다툰 뒤 우울한 정서를 느낄 때는 운동을 하거나 신나는 음악을 들으며 감정을 조절할 수 있다.

5. 기질 모형

기질(temperament)이란 개인이 태어나면서부터 지속적으로 가지는 내적 특성으로, 생애 초기부터 정서나 행동, 반응성 및 자기 통제의 형태로 관찰된다. 이러한 기질을 설명하는 대표적 모형에는 Thomas와 Chess의 모형, Rothbart 모형, Buss와 Plomin의 모형 그리고 Goldsmith의 모형이 있다.

1) Thomas와 Chess의 모형

Thomas와 Chess(1977)는 뉴욕 종단 연구(New York Longitudinal Study: NYLS)를 통해 아동의 기질을 연구했다. 이들은 기질을 연구할 때 고려해야 할 유의 사항을 제시했다. 먼저, 기질은 인지나 동기, 정서와는 다른 별개의 심리적 특징으로, 개개인의 행동하는 방식과 관련이 있다. 예컨대, 행동을 할 수 있는 능력이나 무엇을 하는지 혹은 왜 그러한 행동을 하는지가 중요하기보다 어떻게 행동을 하는지가 중요하다. 또한 기질은 현상학적인 용어로, 불변하지 않는 것이 아니다. 키, 몸무게, 지적 능력, 인지 능력처럼 기질은 타고나더라도 환경적 요인에 영향을 받는다.

이러한 유의 사항을 바탕으로 Thomas와 Chess는 부모 설문지를 통해 아동의 행동을 측정하였고, 기질의 아홉 가지 차원을 고안했다. 기질의 아홉 가지 차원은 규칙성, 활동 수준, 접근-회피, 적응성, 반응의 역치, 기분, 반응의 강도, 산만성 그리고 주의 지속성/범위를 포함한다. 먼저 규칙성(rhythmicity of biological functions)은 배변 습관, 수면 주기 등과 같은 생물학적 기능의 규칙성이다. 활동 수준(activity level)은 우유 먹기, 놀기 등과 같이 일상생활에서 하는 아동의 신체 활동의 활동량을 의미한다. 접근-회피(approach to or withdrawal from new stimuli)는 아동이 새로운 자극에 노출되었을 때 보이는 반응이다. 적응성(adaptability)은 변하는 상황에서 아동의 적응성이다. 반응의 역치(sensory threshold)는 아동이 반응하기까지 필요한 자극의 양을 의미한다. 기분(predominant quality of mood)은 부정적 정서와 긍정적 정서의 비율이고, 반응의 강도(intensity of mood expression)는 아동의 긍정적 혹은 부정적 정서의 강도다. 산만성(distractibility)은 외적인 자극에 의해 현재 하는 행동이 방해 받는 정도이며, 주의 지속성/범위(persistence/attention span)는 활동의 지속성과 어려움이 닥쳤을 때 활동을 이어나가려는 의지다.

〈표 11-1〉 Thomas와 Chess의 기질 유형

기질 유형	특징
순한 기질	• 표집의 40% • 차분하고 거의 대부분 긍정적 기분 • 새로운 경험에 개방적 · 적응적 • 규칙적이며 예측 가능한 습관 
까다로운 기질	• 표집의 10% • 민감하고 불규칙적 • 변화에 강하게 반응 • 새로운 사람이나 상황에 적응하기 어려움 
느린 기질	• 표집의 15% • 활발하지 못하고 수동적 • 새로운 사람이나 상황에서 움츠러드는 경향 

출처: 곽금주, 김연수(2014).

이 아홉 가지 차원을 토대로 Thomas와 Chess는 기질을 순한 기질, 까다로운 기질 그리고 느린 기질의 세 가지 유형으로 나누었다(〈표 11-1〉 참조). 순한 기질(easy)은 규칙적인 생활 패턴과 습관을 보이고, 대부분의 경우 긍정적인 기분을 적절한 수준으로 보이며, 새로운 경험을 할 때 적극적이고 적응을 잘 한다. 까다로운 기질(difficult)은 행동 양상이 불규칙적이며, 상대적으로 부정적인 기분을 자주 드러내고, 새로운 환경에서 회피하고 잘 적응하지 못하는 모습을 보인다. 마지막으로, 느린 기질(slow to warm up)은 새로운 환경에 노출되었을 때 과하지는 않지만 회피적인 행동을 하고 적응하는 데 오래 걸리는 기질로, 쑥스러움을 많이 타는 아동이 이러한 기질을 가질 가능성이 크다(Thomas & Chess, 1986).

2) Rothbart 모형

앞서 살펴본 Thomas와 Chess의 모형이 아동의 행동에만 초점을 두고 기질을 연구했다면, Rothbart 모형은 생물학적 요소(유전, 신경 등)와 행동 및 정서적 요소 등을 모두 고려하여 기질을 정의하였다.

Rothbart는 기질을 반응성과 자기 조절에서 나타나는 개인차로 정의한다(Rothbart & Derryberry, 1981). 여기서 반응성(reactivity)이란 특정한 자극에 대해 행동적, 정서적, 신체적으로 얼마나 빠르게 그리고 강하게 반응하는지를 뜻한다. 그리고 이때 반응은 긍정적 혹은 부정적으로 표현될 수 있다. 즉, 특정한 자극이 주어졌을 때, 영아는 얼굴을 찌푸리거나 미소를 짓는 등의 행동을 보이며 반응할 수 있고, 그 자극을 의식하고 지속적으로 주의를 기울이는 등의 반응을 보일 수 있다. 또한 영아의 심장박동수가 빨라지는 등의 신체적인 반응도 나타날 수 있다. 자기 조절(self-regulation)은 특정한 자극에 의해 일어난 반응을 얼마나 잘 조절하는지를 의미하며, 집중, 접근, 회피 그리고 억제의 형태로 나타난다. 예를 들어, 영아가 흥미로운 장난감에 얼마나 오래 집중할 수 있는지 혹은 장난감을 탐색하고자 하는 욕구를 억제하고 엄마 품에 앉아 있을 수 있는지 등이 자기 조절에 해당된다. 이렇게 반응성과 자기 조절로 이루어진 기질의 개인차는 유전과 환경의 상호작용에 영향을 받는다.

Rothbart는 특정한 자극이 주어졌을 때 행동적, 정서적, 신체적으로 어떻게 반응하는지, 그리고 그 반응을 어떻게 조절하는지에 따라 기질을 크게 세 가지 차원으로 나누어 측정하였다(Rothbart, Ahadi, & Hershey, 1994; Rothbart, Ahadi, Hershey, & Fisher, 2001). 먼저, 외향성(extraversion/surgency) 차원은 긍정적 정서를 느끼고 미소나 웃음을 통해 이를 표현하며, 새로운 환경에 노출되었을 때 수줍어하기보다는 적극적으로 탐색하고 적응하며, 활동적으로 움직이는 등의 행동 양상들로 이루어진다. 부정적 정서성(negative affectivity) 차원은 수줍음, 두려움, 분노 및 짜증, 슬픔 등의 정서를 포함하며, 가벼운 자극에도 쉽게 불쾌감을 느끼고 이를 진정시키는 데에도 어려움을 보이는 행동 양상들도 포함한다. 마지막으로, 의도적 통제(effortful control) 차원은 부적절한 반응은 억제하고, 주의를 쉽게 돌리며, 자극적이지 않은 상황을 좋아하고, 지각적으로 예민한 행동 양상을 포함한다(Rothbart, 2007).

3) Buss와 Plomin의 모형

Buss와 Plomin(1984)은 기질을 정서성, 활동성 그리고 사회성의 세 가지 차원으로 나눠 설명한다. 이 모형은 세 차원의 영어 앞글자를 따서 EAS 모형이라고도 불린다. 먼저 정서성(emotionality)은 특정 자극에 대한 부정적인 반응의 정도를 말한다. 예를 들어, 높은 정서성을 보이는 아동은 울음을 터트리고, 성질을 부리고, 쉽게 진정하지 못하며, 약한 자극에도 쉽게 스트레스를 받는다. Buss와 Plomin은 정서성을 고통으로 보기도 한다(Goldsmith et al., 1987). 활동성(activity)은 활동의 속도(tempo)와 강도(vigor)를 의미한다. 활동성은 아동이 말을 얼마나 빠르게 많이 하는지를 보거나 얼마나 빠르게 많이 움직이는지로 측정될 수 있다. 마지막으로 사회성(sociability)은 타인과의 상호작용을 좋아하는 정도다. 사회성은 타인과 함께 보낸 시간, 고립 됐을 때의 반응, 상대방에게 먼저 연락하는 횟수 등으로 측정될 수 있다.

Buss와 Plomin은 이러한 세 가지 기질적 성향이 주변 환경과 경험에 의해 변할 수는 있지만, 유전의 영향을 더 크게 받기 때문에 잘 변하지 않으며, 기질은 이후 형성되는 성격의 기본 요소가 된다고 설명한다. 더 나아가 이들은 몸속의 세포 하나가 발달하여 다양한 조직을 이루고, 영아의 단순한 사고가 성인이 되어서 정교한 지적 능력으로 발달하듯이 기질 역시 발달을 하면서 더욱 정교해진다고 보았다. 예를 들어, 갓 태어난 영아의 부정적 정서는 생후 1년 동안 자율신경계의 발달을 통해 슬픔이나 분노라는 정서로 세분화된다. 이와 같이 Buss와 Plomin은 생물학적인 요인에 초점을 두고 기질을 설명하였다.

4) Goldsmith 모형

Buss와 Plomin을 포함한 다른 연구자들은 부정적인 정서를 중심으로 기질을 설명하였지만, Goldsmith는 기쁨, 슬픔, 분노, 두려움 등 기본 정서들을 바탕으로 기질을 설명하였다 (Zentner & Bates, 2008). 그는 기질이 정서를 경험하고 표현하는 데에서 나타나는 개인차라고 정의하였다.

앞서 살펴본 바와 같이 갓 태어난 영아도 정서를 표현하고 연령이 증가하면서 아동은 다양한 정서를 이해하고 표현한다. 이때 각 정서는 특정한 목적을 가지며, 그 목적에 따라 행동이 뒤따른다. 예컨대, 아동 앞에 커다란 거미 한 마리가 있다고 가정해 보자. 이때 아동은 두려움을 느껴 소리를 지르거나 울음을 터뜨리며, 자신을 진정시키기 위하여 엄마에게 뛰어갈 것이다. Goldsmith는 이와 같이 정서를 느끼고 표현하는 것에 대한 차이가 곧 기질이라고 주장한다. 또한 그는 생물학적인 요인이 기질에 영향을 준다는 것을 부인하지는 않았지만, 사회적 맥락을 고려했을 때 행동적 요인이 기질을 설명하기에 더 적합하다고 보았다.

이러한 주장을 바탕으로 Goldsmith는 영아와 아동의 기질을 작업 능력, 분노, 두려움, 기쁨/즐거움 그리고 흥미/고집으로 차원을 나누어 측정하였다. 먼저 작업 능력(mother activity) 차원은 다양한 일상 활동에서 사용되는 운동 능력을 포함한다. 분노(anger) 차원은 다른 아동과의 갈등 상황에서 울거나 상대방을 때리거나 분노를 표출하려 하는 성향을, 두려움(fearfulness) 차원은 새로운 상황이나 불확실한 상황에서 어색함, 포기 또는 부끄러움을 표현하려는 성향을 포함한다. 기쁨/즐거움(pleasure/joy) 차원은 긍정적 정서와 이를 표현하는 미소 또는 웃음을 포함하고, 마지막으로 흥미/고집(interest/persistence)은 특정한 대상에 주의를 기울이는 행동을 포함한다. Goldsmith와 Rothbart(1991)는 이 다섯 가지 차원을 사용하여 양육자 보고 형식의 TBAQ(Toddler Behavior Assessment Questionnaire)와 직접적으로 기질을 관찰할 수 있는 Lab-TAB(Laboratory Temperament Assessment Battery)라는 도구를 개발하여 영아와 아동의 기질을 측정하였다. 이와 같이 Goldsmith는 기본 정서들을 바탕으로 영아가 어떻게 정서를 경험하고 표현하는지에 따라 기질을 설명하였다.

6. 기질 발달에 영향을 주는 요인

기질은 태어날 때부터 나타나는 특성이기 때문에 유전의 산물이라고 여겨지지만, 다른 요인의 영향을 받기도 한다. 기질 발달에 영향을 주는 대표적 요인으로는 유전과 환경 그리고 문화가 있다.

1) 유전적 요인

기질은 매우 어린 시기에 나타나며 성인이 되어서도 지속된다(Rothbart & Derryberry, 1981; Putnam, Rothbart, & Gartstein, 2008). 한 예로 Losonczy-Marshall(2014)의 연구에서는 만 1세부터 만 3세의 아동을 대상으로 이들이 까꿍놀이, 노래, 인형극과 같은 특정한 자극에 어떻게 반응하고 정서적으로 표현하는지, 그리고 이에 따른 기질이 이후에도 지속되는지 알아보았다. 연구 결과, 아동의 다섯 가지 기질 특성(강도, 기분, 활동성, 접근성 그리고 적응력)은 만 1세부터 만 3세까지 지속되는 것으로 나타났다.

이러한 이유로 많은 연구자들은 기질이 유전에 의해 정해지는 것이라고 주장한다. 예로 Saudino(2005)는 행동 유전 방법(behavioral genetics method)을 가지고 기질을 연구하였는데, 아동이 나타내는 행동을 바탕으로 기질을 측정하고, 이것이 유전에 의해 결정되는지 혹은 환경적인 요인에 의해 결정되는지를 살펴보았다. 이와 같은 연구 방법은 주로 유전자를 100% 공유하는 일란성 쌍둥이와 유전자를 50%만 공유하는 이란성 쌍둥이를 대상으로 이루어진다. Saudino(2005)의 연구 결과에 따르면 이란성 쌍둥이의 기질보다 일란성 쌍둥이의 기질이 더 유사한 것으로 나타났다. 즉, 기질은 성인이 되어서도 크게 변하지 않으며, 유전에 크게 영향을 받는다.

2) 환경적 요인

기질을 형성하는 데 있어 유전적인 영향이 아무리 크다 하더라도 부모의 양육 방식과 같은 환경적 영향을 고려하지 않을 수는 없다. 아동의 기질은 부모의 양육 행동과 상호작용에 의해 변할 수 있으며(Bornstein, 2002), 이는 Thomas와 Chess의 조화 적합성(goodness of fit) 모델로 설명될 수 있다(Seifer, 2000). 조화 적합성 모델은 영아-양육자 간의 상호작용을 중요시한다. 예컨대, Belsky, Fish와 Isabella(1991)의 연구에서는 생후 3개월에 관찰된 영아의 기질이 이후 생후 9개월이 되었을 때에도 지속적으로 유지되는지 그리고 부모의 양육 방식이 기질의 변화에 영향을 미치는지 알아보았다. 연구자들은 영아의 긍정적인 기질(잘 웃고, 긍정적 정서를 보이며, 적극적으로 상호작용하는 기질)과

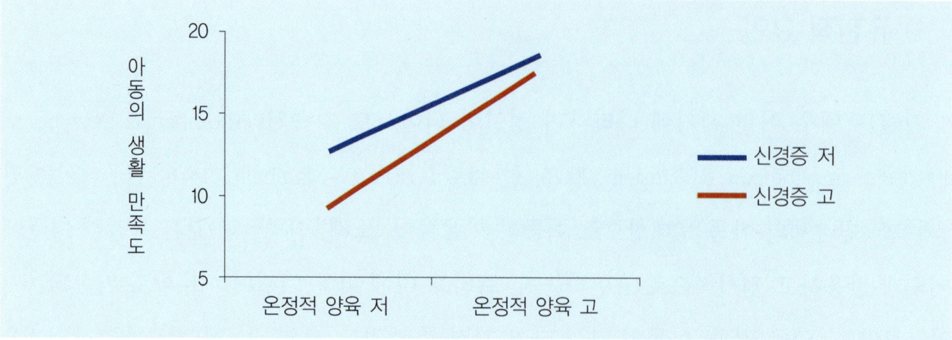

[그림 11-4] 아동의 생활 만족도에 대한 신경증적 기질과 온정적 양육 태도 간의 상호작용

연구자들은 아동의 삶 속 가족, 친구, 학교, 자아, 환경과 같이 다양한 부분에서의 생활 만족도를 측정하였다. 이 중 가족, 학교, 자아, 환경에서의 생활 만족도에서 부모의 온정적 양육과 영아의 신경질적 기질의 상호작용 효과가 나타났다. 부모가 온정적인 양육을 잘하지 못할 경우, 신경증 기질이 높고 낮은 아동 사이의 생활 만족도 차이는 컸지만, 부모가 온정적인 양육을 한 경우, 이들의 생활 만족도는 큰 차이를 보이지 않았다.

출처: 김연수, 곽금주(2013).

부정적인 기질(쉽게 짜증을 내고, 울음을 터뜨리는 까다로운 기질)을 측정하였고, 부모와 영아가 상호작용할 때 부모가 어떻게 행동하는지를 관찰하였다. 연구 결과, 부모가 영아에게 민감하게 반응해 주고 영아와 함께 적극적으로 상호작용을 했을 때, 생후 3개월 부정적이고 까다로운 영아의 기질이 생후 9개월에는 조금 덜 부정적으로 바뀌었다.

국내에서도 아동의 기질에 따라 엄마의 온정적인 양육 태도가 아동의 생활 만족도에 미치는 효과에 대해 연구하였다. [그림 11-4]와 같이 온정적 양육 태도가 낮은 조건에서는 신경증적 기질 특성이 높은 아동과 낮은 아동의 생활 만족도 차이가 컸지만, 풍부한 애정과 관심을 주는 온정적 양육 태도가 높은 조건에서는 신경증적 기질 특성이 높은 아동과 낮은 아동의 생활 만족도 차이가 상대적으로 적었다. 즉, 아동의 신경증적 기질이 강하더라도 엄마가 온정적인 양육 태도를 보인다면 아동의 기질에 따른 부정적인 효과를 낮출 수 있는 것으로 나타났다(김연수, 곽금주, 2013).

3) 문화적 요인

기질은 유전과 환경뿐 아니라 문화에도 영향을 받는다. 예컨대, 같은 기질도 어떤 문화 안에 살고 있느냐에 따라 다르게 평가될 수 있다. 많은 연구에서는 문화에 따라 수줍은 기질을 다르게 여긴다고 주장한다. 미국에서는 수줍음 많은 아동을 재능이 없고, 사회적 기술이 부족하다고 여긴다. 또한 이러한 기질을 가진 아동은 종종 또래로부터 거부당하는 등의 사회적 문제를 겪기도 한다. 이 때문에 수줍음이 많은 미국 아동은 외로움을 많이 느끼거나 우울증을 겪는 경향이 있는 것으로 나타났다. 반면, 중국에서는 수줍은 기질을 다르게 해석한다. 중국에서는 수줍음이 많거나 말을 잘 하지 않는 아동이 또래 사이에서 인기가 많았으며 교사들에게도 사회적으로 성숙한 아이로 보이는 경향이 있었다. 그뿐 아니라 이러한 기질의 아동은 자신의 능력에 대해 부정적으로 생각하지 않고 외롭거나 우울하다고도 느끼지 않았다(Chen et al., 2004: Rubin & Coplan, 2010에서 재인용). 이처럼 같은 기질도 자신이 살고 있는 사회의 문화에 따라 다르게 해석된다.

더 나아가 문화는 기질의 지속성에도 영향을 미친다. Garstein, Putnick, Kwak, Hahn과 Bornstein(2015)은 68명의 한국 아동을 대상으로 이들의 기질이 시간이 지나도 지속적으로 유지되는지 알아보았다. 연구자들은 영아가 생후 6, 12 그리고 18개월일 때 이들의 기질을 알아보았고, 그 결과 한국 아동의 기질도 미국 아동처럼 변하지 않고 지속된다는 것을 확인하였다. 하지만 흥미롭게도 아동들 중 맏이의 기질이 더욱 변하지 않고 지속되었다. 맏이는 다른 아동들보다 짜증을 더 잘 냈지만, 상대방의 말과 행동에 반응을 더 잘 해 주었고, 자기 조절 역시 잘하는 기질 성향을 보였다. 이러한 기질의 지속성은 한국 부모가 맏이와 다른 자녀들과 상호작용하는 방식이 다르기 때문이라고 볼 수 있다. 하지만 연구자들은 문화가 기질의 지속성에 미치는 영향에 대해 더 많은 후속 연구가 이루어져야 할 것이라고 주장한다.

7. 기질 관련 요인

기질은 아동의 지능과 자기 조절, 사회 적응, 공동주의 능력 등과 관련이 있는 것으로 나타났다. 먼저, 까다로운 기질의 아동은 원만하거나 평균적인 기질의 아동보다 더 높은 지능 수준을 보이고(Maziade, Core, Boutin, Bernier, & Thivierger, 1986), 예민한 기질의 영아일수록 상황에 더욱 민감하게 반응하며 높은 지적 수준을 가지는 경향이 있다(박혜원, 곽금주, 정철주, 1994). 실제로, 높은 지능과 낮은 지능을 가진 아동들의 기질을 비교해 본 결과, 높은 지능을 가진 아동은 목표에 집중하는 정도가 높고(Czeschlik, 1993) 오랜 지속성을 가지고 과제에 임했으며(Martin, 1988: 김수정, 곽금주, 2010에서 재인용) 낮은 지적 능력을 가진 학생들에 비해 더

ISSUE 4

1세 때의 기질이 6세 때의 비만 위험도를 예측한다?

최근 몇 십 년간 증가한 소아비만으로 인해(Ogden, Carroll, & Flegal, 2008) 비만을 일으키는 요인에 대한 관심이 높아지고 있다. 여러 연구 결과는 소아비만을 일으키는 주요 요인으로 출생 시 체중, 부모의 비만, 사회경제적 지위, 식단 등이 있다는 것을 보여 주었다(Agras, Hammer, Mcnicholas, & Kraemer, 2004). 이에 더하여 Faith와 Hittner(2010)는 태어나면서부터 가지는 기질이 비만과 상관이 있다고 주장하였다. 이들은 만 1세 때 아동의 기질과 식사 패턴이 만 6세 때의 비만 위험도와 어떠한 연관성이 있는지 알아보았다. 아동의 부모는 아동이 쉽게 화를 내는지, 활동적으로 움직이는지, 주의 집중을 잘하고 끈기 있게 주어진 과제를 수행하는지, 여러 음식을 싫어하고 거부하는지, 그리고 달래 주거나 안아 주면 쉽게 진정하는지를 보고하여 아동의 기질을 측정하였다. 또한 아동이 음식에 대해 까다롭게 구는지, 자기 조절을 하며 음식을 먹는지, 자주 배고파 하는지 등을 통해 식사 패턴 역시 알아보았다.

연구 결과, 남아의 경우 주의를 기울이는 시간이 짧은 기질을 보일수록 비만이 될 위험성이 높았다. 이렇게 집중력이 낮은 경우 자기 조절을 하며 음식을 먹지 못하고 외부 자극에 영향을 받아 음식을 생각 없이 먹는 등의 식습관을 형성하는 경향이 있어 비만으로 이어지기 쉽다.

여아의 경우, 부정적인 정서를 느낄 때 쉽게 달래지고 진정되는 기질을 가진 여아일수록 비만이 될 위험성이 높은 것으로 나타났다. 흔히 어린 영아가 울음을 터뜨리거나 짜증을 낼 때 부모는 맛있는 음식을 주어 영아를 진정시킨다. 이렇게 음식을 통해 편안함을 느낀 영아는 훗날 스트레스를 받는 상황에서도 자신을 진정시키기 위해 음식을 먹는 전략을 사용할 수 있다. 따라서 이러한 여아가 비만이 될 가능성이 큰 것이라고 설명된다. 또한 어린 시절 음식에 부정적으로 반응을 보인 여아일수록 만 6세 때 비만이 될 확률이 오히려 더 높게 나타났다. 이에 대해 연구자들은 아동이 음식에 대해 까다롭게 굴어서 부모가 아동을 더 먹도록 격려했기 때문이라고 설명한다. 이와 같이 기질은 이후 비만이 될 위험성에도 영향을 미치는 것으로 나타났지만, 아직 정확한 메커니즘에 대해서는 밝혀지지 않았기 때문에 더 많은 연구가 이루어져야 할 것으로 보인다.

출처: http://www.techtimes.com/articles/64523/20150630/us-pediatricians-update-guidelines-on-childhood-obesity-prevention-what-parents-should-know.htm

높은 지구력을 가지고 있는 것으로 나타났다(Ledzinska, 1996). 아동기의 외향적 기질 특성과 통제적 기질의 발달 변화가 지능 발달과 어떠한 관련이 있는지 알아본 연구에서는 외향적인 아동일수록 낮은 언어성과 동작성 지능을 가진 경향이 있었고, 통제적 기질 특성을 가진 아동일수록 높은 동작성과 언어성 지능지수를 보였다. 또한 초기의 외향적 기질 특성이 높을수록 언어성과 동작성 지능지수가 낮은 경향이 있었고, 초기의 통제적 기질 특성은 동작성 지능지수에 긍정적인 영향을 미쳤다(김수정, 곽금주, 2014).

기질은 자기 조절 능력의 발달과도 연관이 있다. 생후 6개월 영아의 기질에 따른 자기 조절 능력을 시험하기 위해 김수정과 곽금주(2005)는 어머니의 무표정한 상황(still-face)에서 영아의 반응이 기질과 어떠한 연관성이 있는지 알아보았다. 그 결과, 네 가지 기질적 특성에서 다른 반응을 보였다. 첫째, 고통에서 빨리 회복하는 기질의 영아는 어머니가 무표정한 표정을 지을 때 정적인 반응을 보였다. 이는 고통스러운 어머니의 무표정을 보고도 빨리 회복하여 정적인 반응을 보인 것으로 해석할 수 있다. 둘째, 일상에서 어머니의 음성에 잘 반응하는 기질의 영아는 어머니와 정서적 유대감이 잘 형성되어 있어 어머니가 무표정으로 있더라도 정적인 반응을 보였다. 셋째, 지각적으로 민감하지 않은 기질의 영아는 민감한 기질의 영아보다 자기 조절 행동을 더 많이 했다. 마지막으로 유쾌한 행동에 긍정적이고, 흥분을 잘하며 높은 접근성을 가진 영아는 손가락을 빠는 등의 자기 조절 행동을 더 적게 보였다. 이러한 기질을 가진 영아는 자신보다 외부에 관심이 더 많아 자기 조절 행동을 하지 않을 수 있다. 이처럼 가지고 있는 기질에 따라 자기 조절 능력이 다르게 나타난다.

또한 Pike와 Atzaba-Poira(2003)는 아동의 기질이 친구와의 관계 그리고 형제자매와의 관계와는 어떠한 관련이 있는지 연구하였다. 연구자들은 일란성과 이란성 쌍둥이를 대상으로 이들의 친구 관계 그리고 형제자매 관계를 알아보고 Buss와 Plomin의 기질 모형을 사용하여 정서성, 활동성 그리고 사회성을 측정했다. 그 결과, 사회성과 활동성 기질이 높은 아동은 친구, 형제자매와 더 긍정적인 관계를 가졌다. 반면, 정서성 기질을 가진 아동은 친구나 형제자매와 부정적인 관계를 가졌다. 이러한 아동은 친구 관계에서 배신이나 갈등을 더 많이 경험했고, 형제자매에게는 라이벌 의식과 적대감을 많이 느끼는 것으로 나타났다.

Thomas와 Chess(1977)는 개개인의 기질적 특성이 훗날 행동 문제 발달과도 관련이 있다고 주장했다. 즉, 기질은 타고난 것이지만 정서 반응의 차이를 야기하고, 양심과 같은 도덕성 발달에도 영향을 주어 결국은 행동 특성으로 연결된다는 것이다. 국내에서도 영아기 기질의 발달적 변화와 사회적 부적응 행동 간의 연관성을 연구하였는데, 연구 결과 생후 6개월의 기

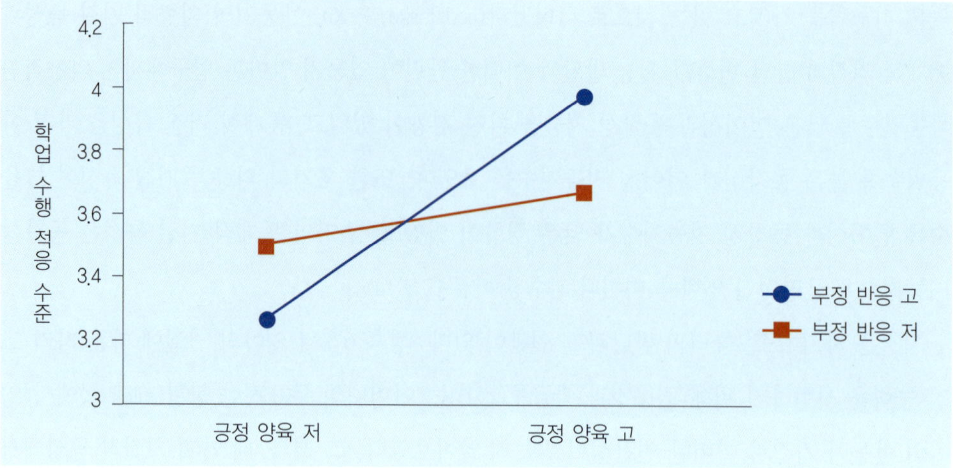

[그림 11-5] 학업 수행 적응에 대한 부정적 기질 특성과 긍정적 양육 간 상호작용 효과
부정적 기질 특성이 높게 나타나는 까다로운 기질의 영아일수록 그렇지 않은 영아보다 긍정적 양육을 받았을 때 더 높은 학업 수행 적응 점수를 보였지만, 긍정적 양육을 적게 받았을 때에는 더 낮은 학업 수행 적응력을 나타내었다.
출처: 김수정, 곽금주(2007).

질은 18개월경의 문제행동을 예측할 수 있었다. 또한 생후 6개월경 활동성이 높은 영아들은 생후 18개월경에 더 많은 부적응 행동을 보였고, 생후 6개월경 공포와 슬픔을 많이 보이는 영아들도 이후 더 많은 부적응 행동을 보였다(김수정, 곽금주, 2007).

국내의 또 다른 연구에서는 영아의 부정적 기질 특성이 초기 학교 적응과 엄마의 긍정적 양육과의 관계에 영향을 미친다는 사실을 보여 주었다(김수정, 곽금주, 2011). 연구 결과에 따르면 학업 수행 적응에 있어 아동의 부정적 기질 특성과 긍정적 양육 태도가 상호작용 효과를 나타내었다. [그림 11-5]에서 보듯 부정적 반응성을 가졌던 까다로운 기질의 아동은 그렇지 않은 아동보다 엄마로부터 긍정적인 양육을 받지 못했을 때 학업 수행 적응 수준이 낮았지만, 긍정적 양육이 높은 상황에서는 오히려 부정적 반응성이 높은 아동이 그렇지 않은 아동보다 학업 수행에서 더 높은 수준을 보였다.

영아기의 주요한 발달적 지표 중 하나는 공동주의 능력으로, 이는 사회적 맥락 안에서 함께 주의를 나누도록 돕는 능력이다(Bakeman & Adamson, 1984; Bruner, 1985; Mundy & Gomes, 1997; Tomasello, 1995). Vaughan과 그의 동료들(2003)은 생후 9개월된 영아의 기질이 공동주의 능력 차이와 관련이 있다는 사실을 발견했다. 또 다른 연구에서도 영아가 생후 6개월에 나타낸 기질적 특성으로 그들의 공동주의 행동의 발달적 패턴 차이를 예측할 수 있었다. 원

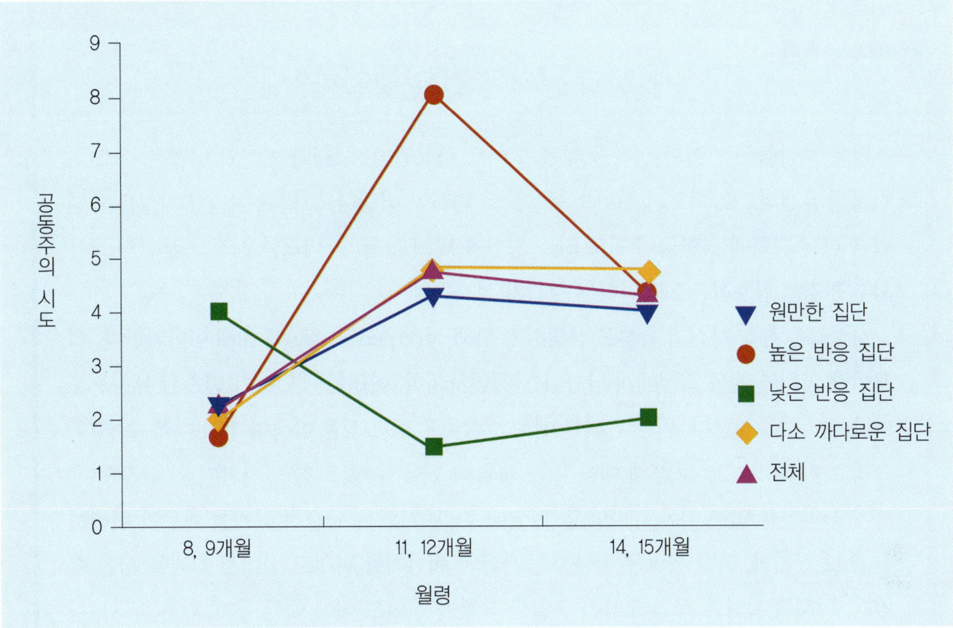

[그림 11-6] 기질 특성에 따른 공동주의 시도

엄마와의 상호작용 동안 공동주의를 시도할 때, 영아는 엄마와 눈을 맞추며 특정 사물을 가리키고 엄마에게 보여주는 행동을 한다. 이때 원만하거나 다소 까다로운 기질을 가진 영아는 비슷한 시도 패턴을 보였다. 하지만 반응성이 낮은 영아는 공동주의 시도 행동이 오히려 감소했다.

출처: 김민화, 곽금주, 김수정(2004).

만한 기질의 영아와 다소 까다로운 기질의 영아는 평균적인 공동주의 발달 양상이 비슷했다([그림 11-6] 참조). 공동주의 반응 비율은 기질 특성과 상관없이 영아의 월령이 증가하면서 유의미하게 증가하지만, 낮은 반응 집단의 영아들은 다른 집단과 다르게 생후 11, 12개월에 공동주의 반응 비율이 감소하는 패턴을 보였다(김민화, 곽금주, 김수정, 2004).

ISSUE 5

기질과 성격은 같은 것일까?

많은 사람들은 기질과 성격을 같은 의미로 사용한다. 그러나 기질과 성격은 다르다. 기질은 유전적으로 타고난 개인의 특징으로 변화가 어렵다. 그리고 이러한 기질은 개인의 후천적 경험에 영향을 주기도 하고 영향을 받기도 한다. 이러한 기질과 후천적 혹은 외부 환경의 상호작용으로 나타난 결과가 성격이다.

사람들은 흔히 자신의 특징을 설명하기 위해 성격(personality)에 대해 이야기한다. 성격이란 인지와 행동 과정에서 나타나는 개인차이며, 이러한 개인차가 일관된 유형으로 나타나는 것을 말한다. 아주 간단한 예로 사람들은 먹고 싶은 야식이 각기 다를 수 있다. 그리고 야식이 먹고 싶을 때 이를 먹는 사람이 있을 수 있고 참는 사람이 있을 것이다. 그리고 야식을 먹는 이유도 다양할 수 있다. 어떤 사람은 단순히 허기를 채우기 위해서일 수도 있지만, 어떤 사람은 좋아하는 사람과 이야기를 나누고 싶어서 치킨을 시킬 수 있다. 이처럼 사람은 성격에 따라 동일한 상황을 겪어도 이에 대한 동기, 반응, 정서, 사고 등이 다양하게 나타나고, 또 일관되게 나타난다. 따라서 성격은 관찰이나 대화를 통해 타인의 행동과 생각을 파악하여 추측할 수 있게 한다. 또한 이미 다른 사람의 성격을 알게 되면 특정 상황에서 그 사람이 어떻게 행동하고 사고할지를 유추할 수 있게 된다.

성격을 기술할 때에는 크게 유형론(typology)과 특성(trait)론으로 나눠 볼 수 있다. 유형론은 한 개인의 모습 전체에서 나타나는 특징을 한 유형으로 보는 것으로, 이는 개인 내에서도 존재하는 다양한 성격의 모습을 과도히 단순화시키고, 타인이나 외부 환경과의 상호작용, 시간 흐름에 따른 발달 변화를 무시하기 때문에 그 제한점을 가진다. 한편, 특성론은 개인적 특성과 공통 특성으로 나뉜다. 개인적 특성은 수량화를 할 수 없는 개인만이 가지는 경향을 기술하며, 공통 특성은 여러 사람에게서 나타나는 일반적인 행동 경향을 기술하는 것으로, 이를 수치화하여 타인과의 객관적 비교 또한 가능하다(박아청, 2009).

주요 학습 개념

1. 정서 발달 이론

- 진화론적 관점에 따르면 정서 발달은 생존과 생식을 위한 필수 조건이다.
- 기능주의적 관점에 의하면 정서 발달은 대인관계를 통해 목표를 달성하기 위해 필요하다.

2. 정서 표현 발달

- 1차 정서(primary emotion)는 기쁨, 공포, 분노, 슬픔, 혐오, 놀람의 기본 정서를 말하며 이는 문화 보편적으로 나타난다.

  ➤1차 정서 발달 순서

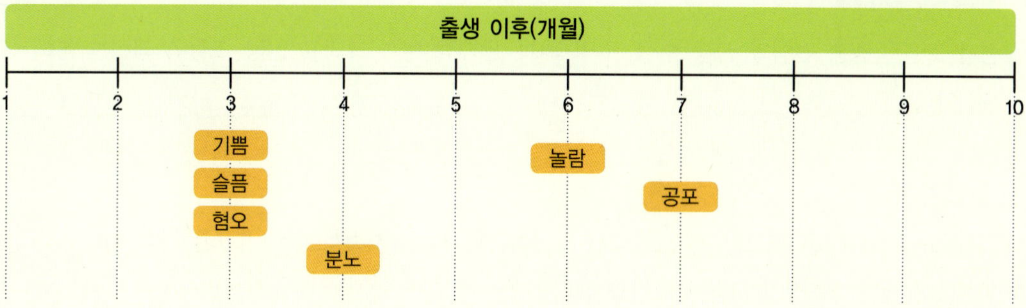

- 2차 정서(secondary emotion)란 인지 능력이 발달한 후 나타나며 자의식적 정서라고도 불리는데, 질투, 수치심, 자부심, 당혹감 등이 이에 속한다.

  ➤2차 정서 발달 순서

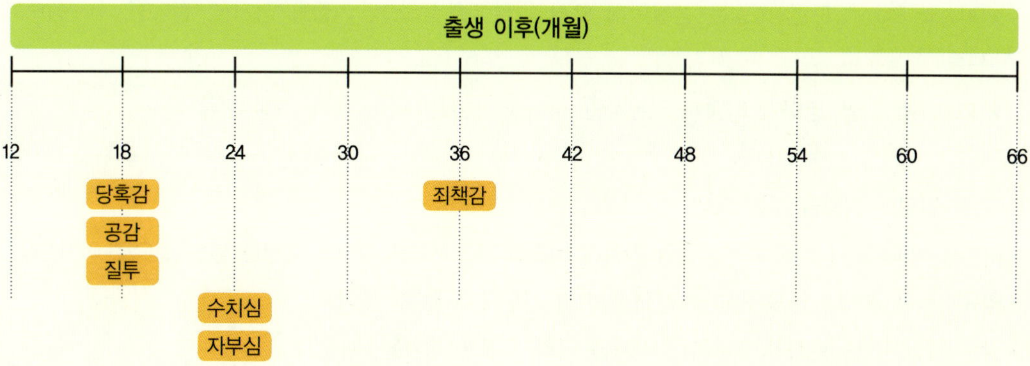

3. 정서 이해 발달

- 영아는 타인의 표정을 이해하고 사회적 참조를 통해 타인의 정서를 이해할 수 있다.
  - ➤사회적 참조(social referencing): 다른 사람의 정서적 반응을 보고 상황을 파악하는 것으로서, 타인의 정서 이해 능력, 공동주의 능력, 행동 조절 능력이 필요

4. 정서 조절 발달

- 정서 조절(emotion regulation)이란 무슨 감정을 언제 어떻게 느낄 것인가를 조절하는 것이다.
- 영아의 정서 조절 능력은 연령 증가에 따라 발달한다.

만 1세 이전	외부 요인을 조작하여 자신의 정서를 조절
만 2세~6세	부정적인 정서에 대처하는 법을 배우기 시작
만 4세~6세	보이는 것과 사실을 구분하기 시작

- 정서 조절은 상황 선택과 상황 수정, 주의 배치, 인지적 변화 그리고 반응 조절의 과정을 통해 이뤄진다.

5. 기질 모형

- 기질(temperament)은 타고난 것으로 정서 및 행동 양식에서 지속적으로 나타나는 개인차다.
- 기질을 설명한 대표적인 모형은 다음과 같다.
  - ➤Thomas와 Chess 모형: 아홉 가지 차원을 기반으로 순한 기질, 까다로운 기질, 느린 기질로 기질을 분류
  - ➤Rothbart 모형: 기질이 반응성과 자기 조절로 구성되며, 이는 유전, 성숙, 경험의 영향을 받는다고 주장
  - ➤Buss와 Plomin 모형: 기질은 생물학적 요인의 영향을 받으며, 기질을 정서성, 활동성, 사회성으로 분류
  - ➤Goldsmith 모형: 영아가 어떻게 기본적인 정서를 표현하느냐에 따라 기질 분류

6. 기질 발달에 영향을 주는 요인

- 이란성 쌍둥이보다 일란성 쌍둥이의 기질이 비슷하므로 기질은 유전의 영향을 받는 것으로 여겨진다.
- 양육자와의 관계나 양육 방법을 통해 영아의 기질은 바뀔 수 있다.
- 같은 기질이라도 문화가 추구하는 가치에 따라 다르게 평가될 수 있다.

7. 기질 관련 요인

- 기질은 아동의 지능과 자기 조절, 사회 적응, 공동주의 능력 등과 관련 있는 것으로 나타났다.

12장

사회성 발달 2: 애착 발달

1. 애착 이론
2. 애착의 측정
3. 애착에 영향을 미치는 요인
4. 애착과 이후의 발달
5. 아빠 애착 및 복합 애착
6. 애착과 문화

Harlow의 달콤씁쓸한 인생사

Harry Harlow는 미국의 심리학자로 애착 연구의 대가로 알려져 있다. Harlow는 Stanford-Binet IQ 검사를 개발한 Terman 아래에서 박사학위를 취득하였고, 위스콘신 대학교의 교수로 활동하였을 뿐만 아니라 미국심리학회(American Psychological Association: APA) 회장직을 역임하기도 했다. 이 외에도 40명에 달하는 박사생을 배출해 냈으며, 영장류 학자로서 최초로 미국의 국립 과학훈장(National Medal of Science)을 수여 받았고 미국심리학회로부터 상을 받기도 했다. Harlow의 원숭이 헝겊 대리모 연구는 애착 연구의 역사로 남아, 그는 오늘날까지도 학계에서 인정받는 심리학자로 인식되고 있다. 또한 그는 교수로서 많은 학생들과 사람들에게 존경받고 있다.

그러나 Harlow의 인생이 항상 행복했던 것만은 아니다. 그의 화려한 업적 이면에는 행복하지 않았던 개인사가 숨겨져 있다. Harlow는 Terman의 지능 연구에 참여하고 싶었지만, 그 당시 Terman의 연구실은 석사, 박사과정생을 선발할 때 지능이 탁월한 우수한 학생을 선발하고 있었다. Harlow는 내성적인 성격과 발음 문제 때문에 Terman의 연구에서 제외되는 좌절을 겪어야만 했다. 뿐만 아니라 대학원 동료였던 Mears와의 결혼생활도 순탄하지 않았다. 그는 연구에 너무 몰두한 나머지 주말도 잊고 실험실에서 대부분의 시간을 보냈다. Mears는 가정적이지 못한 남편에게 불만을 가지게 되고 결국 이혼을 요구하였다. 혼자가 된 Harlow의 생활은 점점 고립되어 갔다. 교수 회의에도 빠지는 날이 많아졌고, 매일같이 술을 마셨다. 그뿐 아니라 성격도 점점 거칠고 냉소적으로 변해 갔다(Harry, 2014).

그렇게 피폐하게만 살던 Harlow의 삶에 새로운 사랑이 찾아왔다. 그녀는 바로 동료 연구자였던 Kuenne이었다. Harlow는 그녀와 재혼 후 예전처럼 활발히 연구에 임할 수 있었다. 이때 Harlow는 이전 연구를 포함해 사랑과 관계에 대한 『사랑의 본질』(1958)이란 저서를 출간하였다. 그러나 행복도 잠시, Harlow는 두 번째 부인이었던 Kuenne과 사별하게 되었고 첫 제자였던 Maslow의 죽음으로 인해 슬픔에 빠지게 되었다. 이후 그는 술에 빠졌으며 동물을 학대했다는 죄책감으로 우울증에 시달리기도 하였다. 그러던 도중 Harlow는 첫 번째 부인 Mears를 다시 만나게 되었다. 그러나 안타깝게도 Harlow는 얼마 있지 않아 파킨슨병으로 숨을 거두고 말았다(Harry, 2014). 그토록 애착 연구에 몰두했던 Harlow는 사랑이 달콤하지만은 않다는 것을 자신의 삶을 통해 보여 준 것은 아니었을까 생각해 본다.

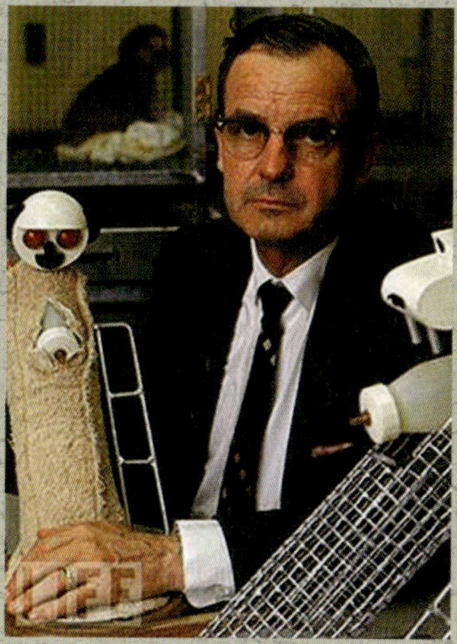

Harry Harlow와 그의 애착 발달 연구

애착(attachment)이란 영아가 양육자 혹은 특별한 사람과 맺는 친밀하고 강력한 정서적 유대관계다. 애착관계는 선택적이어서 영아는 제한된 대상하고만 이를 형성한다. 인간은 다른 동물에 비해 자립하기까지 오랜 시간이 걸리기 때문에 생애 초기에는 양육자의 도움이 필요하다. 양육자의 도움을 얻기 위해 영아는 양육자와 친밀한 관계를 형성해야 하는데 이때 애착이 발달하게 된다. 또한 이 시기에 형성된 애착은 아동의 이후 삶에도 다양한 영향을 미치게 된다. 이 장에서는 애착 발달을 설명하는 다양한 이론과 애착의 측정 방법, 애착 발달에 영향을 미치는 요인과 애착이 아동 발달에 미치는 요인에 대해 알아보고, 끝으로 아빠와 맺게 되는 애착과 애착의 문화 차이에 대해 살펴보겠다.

1. 애착 이론

애착 발달을 설명하는 대표적 이론에는 정신분석 이론, 학습 이론, 인지 이론 그리고 동물행동학 이론이 있다. Freud의 정신분석 이론에 의하면 구강기(oral stage)의 영아는 입을 통한 활동에 집중하고 이로부터 즐거움을 얻게 된다. 이 시기에는 무언가를 빨고 싶어하는 구순

Freud

Erikson

[그림 12-1] Freud와 Erikson

Freud는 애착 형성에 있어서 음식이 가장 중요하다고 주장했다. Erikson 또한 음식이 중요하다고 생각하지만 그는 양육자와의 신뢰적 관계 형성이 우선이라고 주장하였다.

욕구(oral need)를 가지는 것이다. 이때 양육자는 영아에게 젖을 물린다든지 음식을 입에 넣어 줌으로써 영아의 구순 욕구를 충족시킨다. 이를 통해 영아는 양육자에게 애착을 형성하게 된다. 이처럼 음식은 애착 형성에 매우 중요한 요소로 간주되기 때문에 Freud의 이론에서는 애착을 찬장에 항상 있는 음식에 비유하여 애착의 찬장 이론(cupboard love theory)이라고 부르기도 한다.

Erikson도 음식이 애착 형성에 중요한 역할을 한다고 보았지만, 음식보다는 양육자와의 신뢰 관계가 더 중요하다고 주장했다. Erikson에 의하면 양육자가 일관성 있게 영아의 필요에 적절히 반응한다면 영아에게 신뢰를 얻을 수 있지만, 비일관적으로 반응한다면 불신이 형성되어 애착을 형성하지 못한다.

학습 이론에서도 음식은 애착 형성의 중요한 요소로 작용한다. 다만 정신분석 이론과는 다르게 학습 이론에서는 애착이 조건화를 통해 형성된다고 주장한다(Sears, 1963). 애착의 조건화 과정은 [그림 12-2]와 같다. 먼저 영아에게 음식을 주면 영아는 항상 즐거워한다. 여기

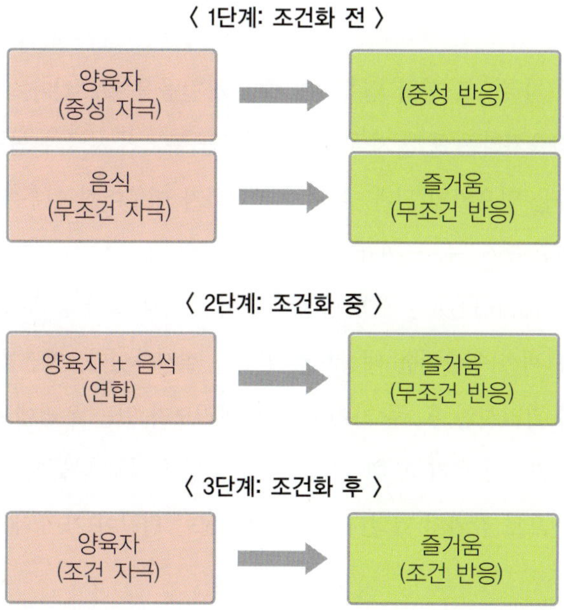

[그림 12-2] 학습 이론

학습 이론에서는 애착 형성이 조건화를 통해 이루어진다고 주장한다. 무조건 자극(음식)을 받은 영아는 무조건 반응(즐거움)을 보인다. 무조건 자극을 양육자와 함께 짝지어서 영아에게 제공하면, 조건화 후에는 조건 자극(양육자)에 조건 반응(즐거움)이 나타나 애착을 형성한다.

출처: 곽금주, 김연수(2014).

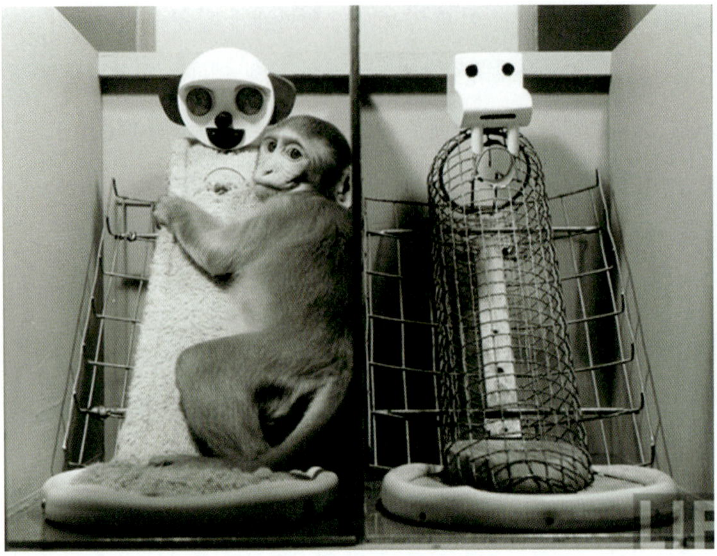

[그림 12-3] 천을 두르고 있는 대리모(왼쪽)와 철사 대리모(오른쪽)

새끼 원숭이는 천을 두르고 있는 대리모를 안고 있다. Harlow와 Zimmermann(1959)은 새끼 원숭이를 대상으로 애착 형성에 중요한 요인을 살펴보았다. 새끼 원숭이는 철사 대리모가 음식을 제공할 때도 천으로 감싼 대리모를 더 선호했다. 이는 애착을 형성하기 위해서는 신체 접촉이 중요하다는 것을 보여 준다.

에서 음식은 무조건 자극으로 항상 영아에게 즐거움 반응을 일으킨다. 이때 양육자가 음식을 영아에게 주면 양육자라는 중성 자극이 음식이라는 무조건 자극과 연합하게 되어 즐거움이라는 무조건 반응을 일으키게 된다. 이렇게 조건화가 이루어진 이후에는 영아가 음식 없이 양육자만 보더라도 즐거움을 느끼게 된다.

Harlow와 Zimmermann(1959)은 애착 형성에 있어 음식과 촉각 중 무엇이 더 중요한 요인인지 살펴보기 위해 새끼 원숭이를 대상으로 실험을 실시하였다. 연구자들은 갓 태어난 새끼 원숭이를 어미와 격리시킨 후, 두 가지 유형의 대리모가 있는 우리에 두고 약 6개월간 관찰하였다. [그림 12-3]처럼 우리 속 한 대리모는 몸통이 철사로 만들어졌고, 또 다른 대리모는 온몸이 푹신한 천으로 감싸져 있었다. 이 두 대리모는 번갈아 가며 새끼 원숭이에게 음식을 제공하였다.

연구 결과, [그림 12-4]의 그래프에서 볼 수 있듯 새끼 원숭이는 천으로 감싼 대리모를 철사 대리모보다 훨씬 더 선호하였다. 심지어 철사 대리모가 음식을 제공할 때에도 새끼 원숭이는 철사 대리모보다 천으로 감싼 대리모를 더 선호하였다. 이처럼 접촉으로부터 얻는 위안을 접촉 위안(contact comfort)이라 한다. Harlow는 실험을 통해 애착을 형성하기 위

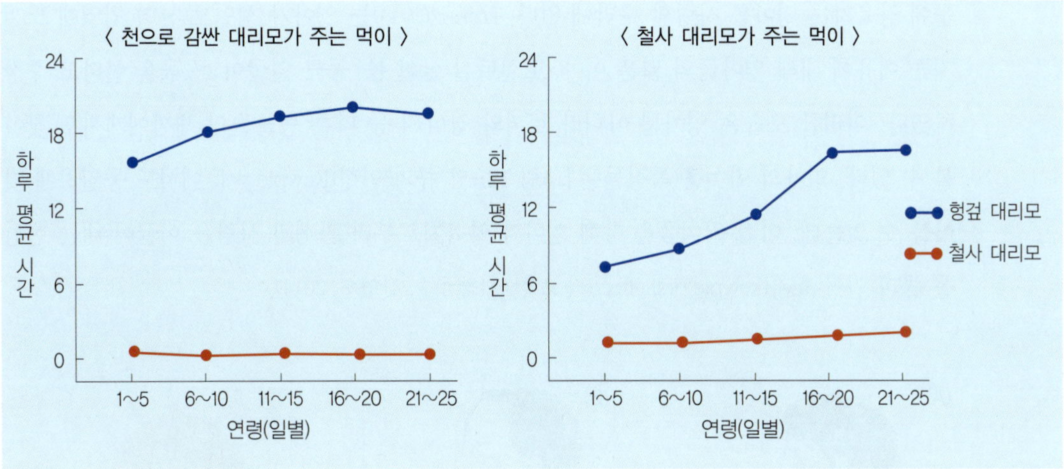

[그림 12-4] **접촉 위안의 중요성**

새끼 원숭이들은 어떤 대리모에게서 먹이가 나오는지와 상관없이 헝겊 대리모와 함께 대부분의 시간을 보냈다. 이것은 음식보다는 접촉이 애착 형성에 더 중요하다는 것을 알려 주는 실험이다.

해서는 단순히 음식을 주는 것만으로 부족하며, 신체 접촉을 하는 것이 중요하다는 것을 보여 주었다.

한편, 인지 이론에서는 애착 형성이 인지 발달 수준과 연관이 있다고 주장한다. 예를 들어, 영아가 양육자와 애착을 형성하려면 영아는 다른 사람들과 양육자를 구분할 수 있어야 한다. 또한 눈앞에 양육자가 없더라도 이 세상에서 사라진 것이 아니라는 대상영속성에 대한 개념도 터득해야 한다. 따라서 영아가 애착을 형성하는 시기에 맞춰 대상영속성 개념이 함께 발달하게 된다(Lester, Kotelchuch, Spelke, Sellers, & Klein, 1974).

동물행동학 이론에서는 애착 형성이 생존과 직결된 문제로 나타난다. 예를 들어, 어린 개체가 어미에게 애착을 형성하지 못한 채 아무나 따라가게 된다면, 생명에 위협을 받을 수 있다. 이렇게 어미에게 애착을 형성해 어미를 따르는 본능은 생존에 도움이 되기 때문에 진화 과정에서 퇴화되지 않고 세대를 거쳐 전해진다. 새끼 오리가 태어나서 처음 본 대상인 어미를 졸졸 따라다니는 것은 위험으로부터 보호받기 위한 본능적인 행동으로, 이를 각인(imprinting)이라고도 한다.

Bowlby(1969)에 따르면 인간도 부모와 애착을 형성하기 위한 다양한 본능을 가지고 태어난다. 영아는 울거나 웃으면서 양육자의 관심을 끌며, 매달리는 행동을 통해 양육자로부터 보호를 받는다. 그리고 무엇보다 영아에게는 '귀여움'이라는 가장 큰 진화적 산물이 있기 때문에 양육자는 영아를 사랑할 수밖에 없다. Lorenz(1943)는 영아가 성인보다 더 귀엽게 느껴지는 이유에 대해 영아들의 넓은 이마, 토실토실 살찐 볼, 둥근 얼굴이 큰 몫을 한다고 주장하였다. 이러한 모습은 영아뿐 아니라 토끼와 강아지 등 다른 동물들의 새끼에게서도 찾아볼 수 있다. 영아의 귀여운 특징들은 [그림 12-5] '큐피 인형(Kewpie doll)'에서도 동일하게 찾아볼 수 있는데, 이런 귀여움을 통해 영아가 양육자로부터 관심과 사랑을 이끌어 내는 현상을 **큐피 인형 효과**(kewpie doll effect)라고 한다(곽금주, 김연수, 2014).

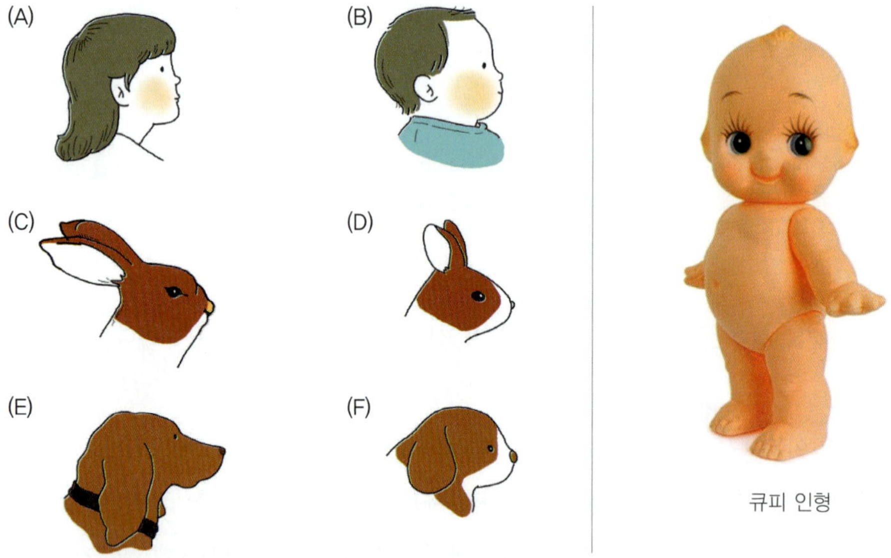

[그림 12-5] 큐피 인형 효과(왼쪽)와 큐피 인형 모습(오른쪽)

인간을 포함하여 모든 종의 동물 새끼(B, D, F)는 큐피 인형과 같이 넓은 이마, 살찐 볼, 큰 눈 등 사랑스러운 모습을 갖추고 태어난다. 이처럼 귀여운 특징을 통해 양육자의 사랑을 이끌어 내는 현상을 큐피 인형 효과라고 한다.

출처: 곽금주, 김연수(2014).

〈표 12-1〉 애착 이론 비교

이론	특징
정신분석 이론	Freud • 구강기 영아에게 음식은 매우 중요하다. • 찬장 이론이라고도 불린다. • 음식을 먹으면서 즐거움을 느끼고, 음식을 제공하는 사람인 부모와 애착을 형성한다. Erikson • 음식이 중요하기는 하지만, 양육자와의 신뢰적 관계가 더 중요하다. • 부모와 신뢰적 관계가 형성되지 않으면 애착을 형성하지 못한다.

학습 이론	• 조건화 과정을 통해서 영아는 음식을 주는 부모와 애착을 형성한다. • Harlow에 의해서 애착을 형성할 때 음식보다는 접촉이 더 중요하다는 것이 밝혀졌다.
인지 이론	• 애착 형성은 영아의 인지 발달 수준과 연관성이 있다. • 애착을 형성하기 위해서는 지각 능력 그리고 대상영속성과 같은 인지 능력의 발달이 필요하다.
동물 행동학 이론	• 각인(imprinting)을 통해 애착이 형성된다. • 애착 형성은 생존하기 위해 타고난 본능이다. • 영아는 성인의 사랑을 받기 위한 요소를 가지고 태어난다(예: 귀여운 얼굴, 미소 등).

2. 애착의 측정

애착은 낯선 상황 절차, AQS 그리고 내러티브 방법으로 측정될 수 있다. 각 측정 방법의 절차와 대상 연령은 다르기 때문에, 이를 고려하여 적절한 방법을 선택하여 애착을 측정해야 한다.

1) 낯선 상황 절차

Ainsworth(1973)는 낯선 상황 혹은 스트레스를 받는 상황에서 영아가 부모와 같은 애착 대상에게 어떻게 행동하고 반응하는지를 살피기 위해 낯선 상황 절차(strange situation procedure)를 고안하였다. 이는 애착 대상과의 분리와 재결합, 낯선 사람의 출현을 포함하여, 총 여덟 개의 에피소드로 구성되어 있다. 낯선 상황 절차의 순서는 〈표 12-2〉와 같다.

[그림 12-6] Mary Ainsworth
Ainsworth는 낯선 상황 절차를 이용해서 애착 유형을 나누는 데 큰 기여를 했다.

Ainsworth를 포함한 애착 연구자들은 낯선 상황 절차에서 영아가 양육자로부터 격리되었을 때, 재결합했을 때 그리고 낯선 사람에게 위로를 받을 때 어떻게 반응하는지를 모두 고려하여, 이를 토대로 아동의 애착 유형을 안정 애착, 불안정 회피 애착, 불안정 저항 애착 그리고

〈표 12-2〉 낯선 상황 절차

일화	사건	관찰되는 애착 관련 행동
1	실험자가 부모와 영아에게 놀이방을 소개하고 떠난다.	없음
2	영아가 노는 동안 부모는 앉아 있는다.	안전기지로서의 부모
3	낯선 사람이 들어와 부모와 이야기한다.	낯선이 불안
4	부모가 나가고, 영아가 불안해하면 낯선 사람이 위안을 제공한다.	분리 불안
5	부모가 돌아오고, 영아에게 인사하고 영아가 불안해하면 위안을 제공한다. 그리고 낯선 사람이 떠난다.	재결합 행동
6	부모가 다시 방을 나간다.	분리 불안
7	낯선 사람이 들어와 위안을 제공한다.	낯선이에 의해 위로 받는 능력
8	부모가 돌아와 영아에게 인사하고, 필요하다면 위안을 제공하고 영아가 장난감에 흥미를 갖게 하려는 시도를 한다.	재결합 행동

출처: Gross (2011).

혼란 애착을 포함한 총 네 가지로 분류하였다(곽금주, 김연수, 2014).

(1) 안정 애착

안정 애착(secure attachment: B 유형)을 형성한 영아는 양육자와 함께 있을 때 편안함과 안전함을 느낀다. 때문에 양육자를 안전기지로 삼아 주변에 있는 장난감을 자유롭게 탐색한다. 양육자로부터 격리되었을 때에는 잠시 불안에 떨며 울기도 하지만, 재결합했을 때에는 양육자에게 금방 긍정적인 반응(웃거나 안기는 반응)을 보인다. 이런 반응을 보일 수 있는 것은 평소 양육자가 영아의 필요에 민감하고 효과적인 방법으로 반응을 잘했기 때문이다(Gross, 2011).

(2) 불안정 회피 애착

불안정 회피 애착(insecure-avoidant attachment: A 유형)에 해당되는 영아는 양육자와 같이 있을 때에도 분리되었을 때에도 별다른 반응을 보이지 않는다. 이들은 재결합 시, 양육자와의 상호작용을 회피하고, 애정도 분노도 표현하지 않아 양육자와의 분리 상황에서 스트레스는 받지만 상대적으로 적게 받는 것처럼 보인다(곽금주, 김연수, 2014).

(3) 불안정 저항 애착

불안정 저항 애착(insecure-resistant attachment: C 유형)은 불안정 양가적 애착이라고도 불리며, 이 유형에 속하는 영아는 양육자와 분리될 때 극심한 스트레스를 경험한다. 또한 불안정 저항 애착을 형성한 영아는 양육자와의 재결합 상황에서 먼저 달려가 매달리기도 하지만, 자신을 두고 간 양육자를 원망하듯 장난감을 던지고 밀쳐내며 칭얼대는 등 다양한 분노 행동을 보이며 양가적인 태도를 가진다.

(4) 혼란 애착

혼란 애착(disorganized/disoriented attachment: D 유형)은 Ainsworth의 최초 실험에서는 다루어지지 않았지만, 훗날 연구자들에 의해 또 다른 애착 유형으로 분류되었다. 혼란 애착 유형에 속하는 영아는 네 가지 애착 유형 중 양육자와 분리되었을 때 가장 큰 스트레스와 불안정한 모습을 나타낸다. 또한 혼란 애착을 형성한 영아는 재결합 상황에서 양육자에게 다가가고 싶어 하면서 동시에 무서운 존재로 생각하기 때문에 양육자를 피하고 싶은 감정을 가지고 혼란스러워하는 모습을 보인다(Main & Solomon, 1990). 〈표 12-3〉은 애착 유형에 따라 낯선 상황 절차에서 양육자와 분리되었을 때와 재결합했을 때 나타나는 영아의 반응이다.

〈표 12-3〉 분리와 재결합 시 애착 유형에 따른 특징

애착 유형	분리되었을 때의 특징	재결합했을 때의 특징
안정 애착	스트레스를 받지만 곧 안정을 찾는다.	웃거나 안기는 등 긍정적인 반응을 보인다.
불안정 회피 애착	큰 반응이 없다.	긍정적인 반응을 보이지 않는다. 예를 들어, 엄마가 안으려고 할 때에 피하거나 시선을 회피한다.
불안정 저항 애착	스트레스를 많이 받는다.	양가적인 반응을 보인다. 예를 들어, 엄마에게 매달리다가도 원망하듯이 밀쳐낸다.
혼란 애착	가장 많은 스트레스를 받는다.	엄마에게 안기거나 다가가고 싶지만 두려워서 다가가지 않는다.

Ainsworth의 연구에 의하면, 미국 영아 중 20%는 불안정 회피 애착, 70%는 안정 애착, 10%는 불안정 저항 애착을 가진 것으로 나타났으며(Ainsworth et al., 1978), IJzendoorn과 Kronenberg(1988)의 연구 결과도 이 결과를 뒷받침했다. 또한 Main과 Solomon(1990)에 의하

면 미국 백인 아동 중 12~15%는 혼란 애착을 보인 것으로 드러났다.

Van IJzendoorn과 Schuengel, Bakermans-Kranenburg(1999)의 연구에서는 사회 계층에 따라 영아의 애착 유형의 비율이 다르게 나타났다. 중류 계층에서 혼란 애착을 형성한 영아는 15%인 것에 반해, 저소득층에서는 25%, 10대 엄마에게서는 25%, 학대 받은 아동의 경우 48%, 엄마가 물질을 남용한 경우는 43%, 엄마가 우울 증상을 가진 경우는 19%의 영아가 혼란 애착을 형성하였다.

2) AQS

만 2세 이상의 아동은 양육자와 짧은 시간 동안 분리되는 것에 큰 스트레스를 받지 않는다. 또한 이전에 비해 낯선 사람을 만나는 것에 크게 불안을 느끼지도 않기 때문에 이 시기의 아동에게는 Ainsworth의 낯선 상황 절차보다 AQS(attachment q-sort)를 이용해 애착을 측정하는 것이 더 적절하다. AQS는 영아 이후의 애착을 측정하기 위해서뿐만 아니라, 낯선 상황 절차보다 좀 더 쉽고 경제적으로 애착을 측정하기 위해 만들어졌다. AQS는 1987년 만들어져 현재 version 3.0으로 사용되고 있으며, 총 90개의 문항으로 이루어져 있다. AQS 문항들은 연령과 문화에 상관없이 다양한 대상에 사용할 수 있고, 가정, 공공장소, 실내 또는 실외 등 다양한 배경에서 측정될 수 있다는 강점을 가진다.

AQS는 양육자나 관찰자가 아동의 행동을 관찰한 후 문항을 작성해야 한다. 문항들은 아동의 애착 행동을 측정하는 것 외에도, 타당성 검사를 목적으로 제시된 것이 있다. Van Ijzendoom 등(2004)에 따르면 AQS와 관련된 136개의 연구를 분석한 결과, 양육자가 보고한 AQS 결과의 타당도는 낮았지만 관찰자가 측정한 AQS의 결과는 낯선 상황 절차의 대안으로 적절하였다. ASQ를 통해서는 아동의 애착 유형을 크게 안정성(security)과 의존성(dependency)으로 나눌 수 있다. 안정성 점수가 높은 아동일수록 양육자를 안전기지로 삼고 다양한 행동에 관여할 수 있다.

3) 내러티브 기법

내러티브 기법은 아동과 청소년뿐 아니라 성인을 대상으로도 사용할 수 있다. George, Kaplan과 Main(1984/1996)은 성인에게 적용할 수 있는 내러티브 방법인 성인애착면접(Adult

Attachment Interview: AAI)을 개발하였다. AAI는 피검자에게 어린 시절 양육자와의 관계가 어땠는지 질문한 후 이들의 답변 태도를 토대로 애착 유형을 나눈다. 즉, '무슨' 대답을 하는지에 초점을 두기보다 '어떻게' 이야기하는지에 초점을 두는 것이다. AAI를 통해 측정될 수 있는 애착 유형에는 자율형, 거부형, 몰입형 그리고 미해결/비조직형이 있다.

자율형은 과거 애착 경험의 만족 여부와 상관없이 애착에 대해 분명하고 일관되게 기술하며, 부정적 경험도 조리 있게 기술한다. 또한 면접자에게 협조적인 반응을 보인다. 다음으로 거부형은 부모에 대해 모순된 기술을 하여, 종종 기억하지 못한다고 보고하기도 한다. 이 외에도 애착 경험을 이상화하거나 최소화하려는 경향을 보이며 무성의하고 너무 간단한 답변을 한다. 몰입형은 애착 경험에 지나치게 몰두하여 화를 내기도 한다. 기술의 내용이 불분명하고 너무 장황한 기술을 한다. 마지막으로 미해결/비조직형은 외상적 사건(상실, 학대 등)에 대해 기술하는 데 어려움을 보인다. 또한 말을 하다가 맥이 끊어지고, 혼란스러워하는 반응을 보이기도 한다. 자신이 기술한 내용을 모니터로 지켜보지 못하는 경우도 있다.

아동을 대상으로 하는 내러티브 기법으로는 애착 이야기 완성 과제(Attachment Story Completion Task: ASCT)가 있다. ASCT는 Bretherton, Ridgeway와 Cassidy(1990)가 개발한 도구로 원래는 만 3세 아동의 내적 작동 모델을 알아보기 위해 개발되었지만, 만 3세부터 12세까지 다른 연령대를 대상으로도 사용되고 있다. ASCT는 아동이 실생활에서 겪을 만한 다섯 가지 이야기로 구성되어 있다. 다섯 가지 상황을 제시하기 전, 먼저 아동이 인형과 친숙해지도록 워밍업 과제를 실시한다. 첫 번째는 아동이 저녁 식사 시간에 실수로 주스를 엎지른 상황이다. 이 상황에서 아동의 반응을 통해 아동이 인식하는 애착 대상의 권위를 알 수 있다. 두 번째는 아동이 가족과 함께 공원에 간 상황이다. 엄마가 하지 말라고 했는데도 아동은 바위를 오르려고 하다가 떨어져 무릎을 다쳤다. 이때 아동의 대답을 통해 고통을 느끼는 상황에서 애착 대상이 어떠한 행동을 할지에 대한 아동의 기대를 알 수 있다. 세 번째는 다른 형제들이 다 자고 있을 때 아동 혼자 침실에 있는데, 이상한 소리가 나서 두려워하는 상황이다. 이때 아동의 대답을 들으면, 아동이 두려움 상황에서 애착 대상이 자신에게 보호행동을 제공하는 사람으로 여기는지 아닌지도 알 수 있다. 네 번째는 아동의 부모가 하루 동안 여행을 떠나 할머니와 집에 남게 되어, 부모와 분리를 경험하는 상황이다. 이 과제를 통해 아동이 분리되는 상황에 어떻게 대처하는지 알 수 있다. 다섯 번째는 부모가 여행에서 돌아와서 아동과 부모가 재결합하는 상황이다. 이때의 아동 반응을 보면 재결합 시 아동이 어떻게 행동을 하는지 알 수 있다.

ASCT 과제 중 사용되는 도구와 분류 절차는 다음과 같다. 가족 인형(예: 아빠, 엄마, 할머니, 형제/자매)과 소품(예: 테이블, 침대, 자동차)을 사용하여 아동이 어떻게 행동하는지 관찰한다. 다섯 가지 이야기에 대해 아동과 대화하며 아동이 어떻게 행동하는지, 어떤 언어적 · 비언어적 행동을 보이는지, 후에 녹화된 비디오를 보고 분석한다. 만약 아동이 이야기마다 일관적으로 반응하거나 상황에 알맞은 해결책을 말하면 안정 애착으로 분류되고, 모르겠다고 이야기하거나 질문을 피하면 불안-회피 애착으로 분류된다. 아동이 일관성이 없거나 비현실적으로 대답하면 불안-혼란 애착으로 분류된다. 정도에 따라서도 아동의 애착 유형이 달라지는데, 만약 1~2개의 이야기 안에서 회피하거나 이상한 반응을 보이면 다소 안정으로 분류되고, 3개 이상의 그런 반응을 보이면 불안-회피 애착과 불안-혼란 애착으로 분류된다(Golby, Bretherton, Winn, & Page, 1995). 국내에서도 ASCT를 사용하여 Kim과 Kwak(2013)이 만 4세 한국 아동의 애착을 측정하였다. 그 결과, 대부분의 아동은 안정 애착 점수가 높게 나타났다. 한국 아동들은 부모의 말을 잘 따를 뿐 아니라 자신의 정서 상태를 잘 표현할 수 있었다.

이 시기의 아동은 인형 놀이를 자주 하기 때문에 애착 이야기 완성 과제는 이 시기 아동의 애착을 측정하기에 적합한 방법일 수 있다. 그러나 ASCT는 낯선 실험실 안에서 이루어지기 때문에 아동의 대답이 평소 생각한 것과는 다를 수 있다. 또한 아동의 그날 기분이나 상황에 따라 반응은 달라질 수 있기 때문에 신뢰성이 떨어질 수 있다(정옥분, 2009).

이 외에도 다른 연령층의 애착 유형을 측정하는 내러티브 방법에는 아동과 청소년을 대상으로 한 AICA(Attachment Interview for Children and Adolescents; Ammaniti, van IJzendoorn, Speranza, & Tambelli, 2000)와 만 9~12세 아동을 대상으로 측정하는 CAI(Child Attachment Interview; Target, Fonagy, & Shnueli-Goetz, 2003) 등이 있다.

3. 애착에 영향을 미치는 요인

애착이 형성되는 데에는 다양한 요인이 영향을 미친다. 이러한 요인에는 부모의 양육과 아동의 기질 그리고 부모와 아동의 상호작용이 있으며, 이에 따라 영아와 양육자 간의 애착 유형이 달라진다.

ISSUE 1

학대 받으면서도 집착하는 심리, 외상 애착

인간은 불완전한 존재로 세상에 태어난다. 태어날 때의 고통으로 인해 처음 맞이하는 세상에 대해 막연한 불안감을 가지는 것은 자연스럽다. 그러나 배고픔, 불쾌감 등 다양한 욕구들을 채워 주고 편안함과 따뜻함을 제공하는 부모와의 관계에서 아기는 이 세상이 믿을 수 있는 곳이구나 하는 기본적 신뢰감을 갖게 된다. 그래서 부모에게 애정을 가지며, 부모와 같이 있으려는 애착을 형성하게 된다. 태어나서 가장 처음 관계를 맺게 된 부모와의 안정된 애착은 이후 평생 동안 건강한 심리적 발달을 가능케 한다. 애착의 안정성이야말로 인생의 자양분인 것이다.

그런데 양육자의 변함없고 일관적인 보살핌만이 아니라, 간헐적인 보살핌 또한 애착을 향상시킬 수 있다. 잘 대해 주었다가도 갑자기 냉대를 하는 예측 불가능한 행동이 아이로 하여금 더욱 부모에게 집착하게 만든다. 위협이나 언어적 학대, 신체적 학대 후 갑작스레 주어지는 간헐적인 보상과 처벌은 도리어 상대에게 더 매달리게 만드는 효과가 있다. 바로 외상성 애착(traumatic bonding)이다.

거듭된 학대를 받으면서 힘의 불균형이 커지면 어느 순간 약자는 반항은커녕 자기 자신에게 문제가 있다는 부정적인 자기 개념을 가지게 된다. 자신은 아무런 힘이 없는 약한 존재이고, 힘있는 상대가 모두 옳은 것이라고 생각하면서 그에게 의존하게 된다. 상대가 관심을 가지지 않는 것 같으면 어떻게든 그것을 회복하기 위해 안간힘을 쓰게 된다. 부모의 학대를 받으면서도 도리어 부모의 사랑과 관심을 받으려는 아이들, 이것이야말로 인간의 비극적인 모습이다.

이렇게 나약한 존재가 인간이다. 아직 자기 존재감도 확실히 갖지 못한 어린 자녀에게 나도 모르게 상처를 주고 있는 것은 아닌가. 사랑의 매라고 생각하면서 아이에게 신체적 · 정서적 학대를 하고 있는 것은 아닌지. 그럼에도 우리 아이는 나를 여전히 따르고 있으니 괜찮다고, 부모라면 이 정도는 해야 하는 것 아니냐고 위안하는 것, 그것은 자기합리화일 뿐이다. 이미 아이는 치명적인 외상적 애착을 형성하였기 때문일 수 있다. 절대 정상적이고 건강한 안정 애착이 아니다. 이후의 생에서 불안증, 우울증, 폭력, 알코올 중독과 같이 한 번은 심리적 문제를 겪을 수 있는 비정상적인 애착이다. 부모가 아이에게 처음으로 그리고 가장 우선적으로 해 줘야 할 선물은 아이가 어떤 모습이든 부모의 사랑이 변치 않을 것이라는 굳건한 믿음이다. 그런 믿음에서 굳건한 또 하나의 인생이 만들어진다.

출처: 곽금주(2014. 4. 16.). '사랑의 매'도 아이에겐 상처. 매일경제

1) 부모의 영향: 양육 가설

영아는 생애 초기에 부모와 가장 많은 시간을 보내게 된다. 따라서 부모가 어떻게 영아를 양육하느냐에 따라 애착의 유형도 달라진다. 부모나 양육자의 양육 특성이 자녀의 애착 형성에 영향을 주는 것을 양육 가설(care-giving hypothesis)이라고 한다. 안정 애착을 형성한 영아의 양육자는 영아의 필요에 민감하게 반응하고, 긍정적인 태도를 보이며, 영아와 역동적인 상호작용을 한다(곽금주, 김연수, 2014). 반면, 불안정 회피 애착을 형성한 영아의 양육자는 영아의 필요에 적절한 반응을 하지 못한다. 때문에 영아는 양육자로부터 별다른 기대를 하지 않게 되고, 결국 회피하게 된다. 불안정 저항 애착을 형성한 영아의 양육자는 영아의 필요에 대해 일관되지 않은 반응을 보인다. 예를 들어, 어떤 때는 양육자가 영아의 필요에 지나쳐 보일 정도로 열광적인 반응을 보이지만, 다른 때에는 영아의 필요를 무시한다. 양육자가 영아의 필요를 무시하거나 학대를 하면 자녀는 혼란 애착을 형성할 가능성이 높다. Forbes, Evans, Moran과 Pederson(2007)에 따르면, 혼란 애착을 형성한 영아의 양육자는 치료되지 않는 심리적 외상(trauma)을 가지고 있는 경우가 많다.

2) 아동의 영향: 기질 가설

기질 가설(temperament hypothesis)은 11장에서 살펴보았던 영아의 기질에 따라 애착 유형이 결정된다고 주장한다. Kagan(2006)은 Ainsworth의 낯선 상황 절차가 애착의 유형보

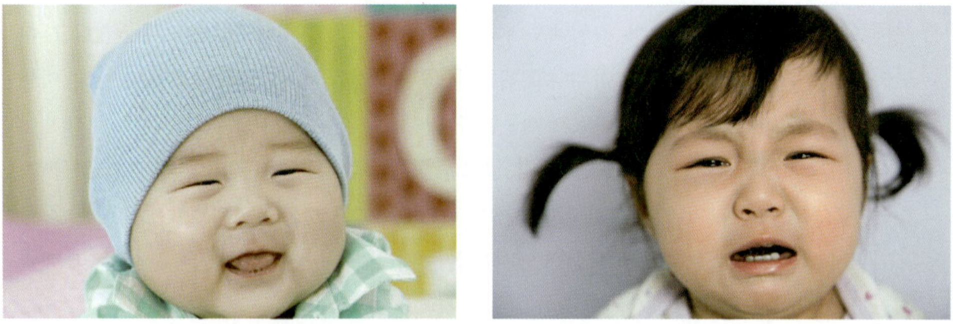

[그림 12-7] 아동 기질에 따른 애착 형성

영아마다 타고난 기질이 있다. 부모의 영향에 의해서 애착이 형성될 수도 있지만, 영아의 타고난 기질 또한 부모와의 애착 형성에 영향을 끼칠 수 있다.

다는 영아의 기질을 측정하는 방법에 더 가깝다고 주장하며, 이에 대한 근거로 Thomas와 Chess(1977)의 연구를 제시하였다. Kagan은 Ainsworth의 낯선 상황 절차에서 나타난 애착 유형 비율이 안정 애착 65%, 불안정 저항 애착 10%, 불안정 회피 애착이 20%였고 Thomas와 Chess(1977)의 기질 연구에서 나타난 기질 유형의 비율이 순한 기질 60%, 까다로운 기질이 15%, 느린 기질이 23%였다는 것을 말하며, 두 비율이 비슷하다는 점을 토대로 영아의 애착 유형은 기질에 영향을 받는다고 주장하였다. 실제로 Crockenberg와 Leerkes(2003)의 연구에 따르면 더 자주 그리고 더 오래 우는, 즉 까다로운 기질의 영아일수록 훗날 불안정 저항 애착을 형성하는 비율이 높았다.

3) 부모와 아동의 상호작용

애착이 형성되기 위해서는 부모의 특성과 영아의 개인 특성을 고려해야 하지만, 무엇보다 중요한 것은 둘 사이의 상호작용이다. 영아와 부모의 상호작용을 알아보는 대표적인 방법에는 still-face 절차가 있다. Still-face 절차에서는 먼저 양육자가 영아와 긍정적인 상호작용을 한다. 그러던 도중 갑자기 양육자가 무표정을 짓도록 하는데, 이때 영아의 반응을 살핀다. 일반적으로 긍정적인 상호작용 진행 중 양육자가 영아에게 적절한 표현(예: 얼굴 표정)을 해 줄 때에는 [그림 12-8]의 (A)처럼 영아는 미소를 보이며 긍정적인 반응을 보인다. 그러나 양육자가 아무런 표정 없이 무표정으로 일관하면 영아는 [그림 12-8]의 (B)와 같이 칭얼대거나 얼굴을 찌푸리면서 스트레스를 받는 모습을 보인다(Tronick, 1989). 어떤 영아는 어머니의 얼굴에서 시선을 돌리고, 엄마의 얼굴을 회피하기도 한다. 그리고 웃음이 줄어들고 심장 박동수 또한 변하게 된다(Fogel, Diamond, Langhorst, & Demos, 1982). Still-face 절차에서 나타나는 영아의 반응은 이후 형성하게 될 애착 유형을 예측한다. 예를 들어, 이솔미(2015)의 연구에 따르면 still-face 절차에서 스트레스를 잘 조절했던 영아일수록 생후 9개월에 높은 공동주의 능력을 보였고, 생후 12개월에 더 많은 비율의 영아가 안정 애착으로 분류되었다.

영아는 일차 양육자와의 상호작용을 통해 자신과 타인 그리고 둘 간의 관계에 대한 인지적 표상을 형성한다. 이것을 내적 작동 모델(internal working model)이라 하며, 영아는 이를 기반으로 자신과 타인뿐 아니라 둘 간의 상호작용에 대해 특정한 패턴을 기대하게 된다.

내적 작동 모델에 따르면 영아는 자기에 대한 긍정적 작동 모델과 부정적 작동 모델을 가지고 있으며, 타인에 대해서도 긍정적 작동 모델과 부정적 작동 모델을 가지고 있다. 타인에

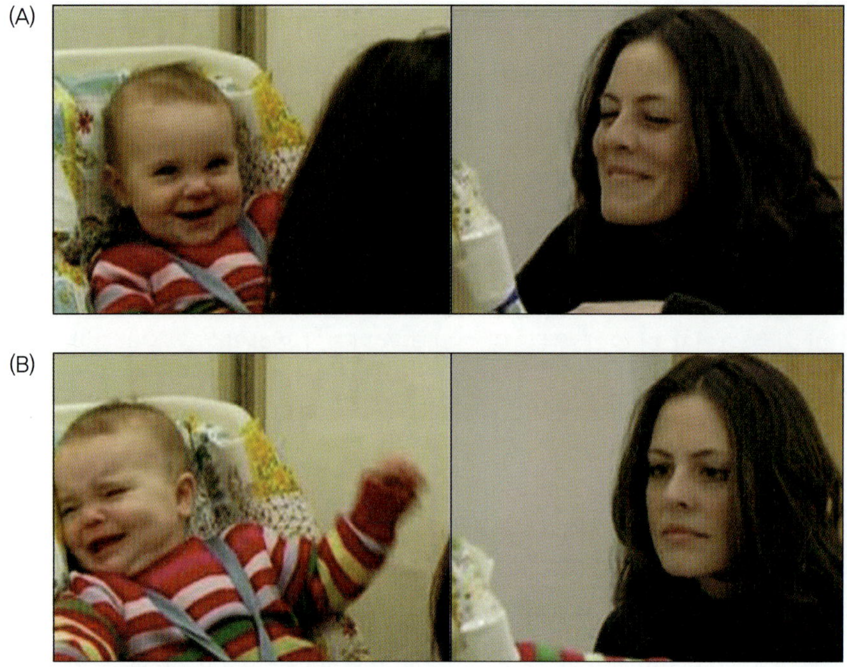

[그림 12-8] Still-Face 절차

(A) 양육자와 영아가 긍정적인 상호작용을 하고 있다. 양육자가 영아에게 웃는 얼굴로 긍정적인 표현을 하자 영아 또한 웃으며 긍정적인 반응을 보인다.

(B) 양육자가 영아에게 계속해서 무표정을 짓자 영아는 울음을 터트리며 스트레스를 표현한다.

출처: Tronick (1989).

대한 긍정적 작동 모델은 민감하고 반응적인 양육을 통해 형성된다. 이렇게 타인에 대한 긍정적 작동 모델을 가진 영아는 타인을 신뢰할 수 있다. 반면, 둔감하거나 무관심한 양육은 영아가 타인을 믿을 수 없게 한다. 즉, 영아는 타인에 대한 부정적 작동 모델을 가지게 되는 것이다. 자기에 대한 긍정적 작동 모델은 영아의 필요를 빠르게 알아차리고 민감하게 반응하는 양육자의 자녀가 자신을 신뢰하게 되면서 형성된다. 반대로 영아 자신의 요구가 양육자로부터 받아들여지지 않거나 민감하지 못한 양육자가 영아의 요구를 잘못 해석하는 경우에는 영아가 자기에 대해 부정적 작동 모델을 형성하게 된다.

Bowlby(1980/1988)와 Bretherton(1985/1990)은 내적 작동 모델을 바탕으로 영아의 초기 애착 유형을 분류하였다. 내적 작동 모델에 따른 애착 유형은 〈표 12-4〉처럼 네 가지로 볼 수 있다. 첫째, 일차 안정 애착은 긍정적 자기 내적 작동 모델과 긍정적인 타인 내적 작동 모델을 모두 가진 경우 형성된다. 일차 안정 애착을 가진 영아는 자신에 대한 신뢰를 가지고 새로운 일에 도전하고, 무엇을 하든 숙달하고자 하는 의지를 가진다. 또한 양육자뿐만 아니라

〈표 12-4〉 내적 작동 모델에 따른 애착 유형

		자기 모델	
		긍정적	부정적
타인 모델	긍정적	**안정형** (일차 안정 애착)	**몰입형** (일차 저항 애착)
	부정적	**무시형** (일차 회피 애착)	**공포형** (일차 해체/혼란 애착)

이후에 형성하게 될 친구나 배우자와도 상호 신뢰적인 관계를 형성한다(Waters & Cummings, 2000: Shaffer & Kipp, 2014에서 재인용).

둘째, 일차 회피 애착은 긍정적인 자기 내적 작동 모델을 가지며 타인에 대해 부정적인 내적 작동 모델을 가질 때 형성된다. 일차 회피 애착을 가진 영아는 무감각한 양육자의 관심을 이끌어 냈을 때, 자기에 대한 확신은 가지지만 타인을 신뢰하지 못하게 된다. 따라서 영아는 타인과 친밀한 관계나 애착을 형성하는 것을 포기하게 된다.

셋째, 일차 저항 애착으로 영아가 일관되지 못하게 양육자의 관심을 끌 경우 형성된다. 이 때 영아는 자신에 대해 확신하지 못하게 되고, 일차 저항 애착을 형성하게 된다. 일차 저항 애착을 가진 영아는 상호관계에서 안정적인 애착을 형성하는 데 몰두하고 집착하게 된다.

마지막으로 일차 해체/혼란 애착은 자기와 타인 모두에게 부정적인 작동 모델을 가질 때 형성된다. 이러한 애착을 가진 영아는 타인과의 관계에서 타인은 물론 자신도 신뢰하지 못하며, 정서적으로든 물리적으로든 상처 받을까 두려워한다.

4. 애착과 이후의 발달

영아기에 형성된 애착 유형은 변하지 않고 이후에도 계속 유지되는 것일까? 만약 애착 유형이 지속된다면 이는 이후의 삶에 어떠한 영향을 미치게 될까? 안정 애착을 형성한 영아는 불안정 애착을 형성한 영아에 비해 새로운 환경에 적응을 더 잘하며, 높은 사회적 기술을 갖는 등 이후의 삶에서 긍정적인 결과를 보인다. Bowlby(1973)는 안정 애착을 포함하여 영아기에 형성된 애착 유형이 이후의 삶에 지속적인 영향을 미친다고 주장하였다. 애착 유형이 변하지 않고 지속되는 이유는 영아의 주변 환경이 쉽게 변하지 않기 때문이다(Lamb, Thompson, Gardner, & Charnov, 1985). 예를 들어, 좋은 부모는 자녀에게 지속적으로 긍정적인 영향을 주는 반면, 자녀를 제대로 돌보지 않았던 부모는 지속적으로 자녀를 돌보지 않을 가능성이 높다.

또한 안정 애착을 형성한 아동과 불안정 애착을 형성한 아동은 사회적 상호작용 방식이 다르기 때문에(곽금주, 김연수, 2014), 애착 유형이 지속된다. 예를 들어, Ahnert, Gunnar, Lamb과 Barthel(2004)의 연구에서 보육시설에 가야 하는 아동 중 불안정 애착을 형성한 아동은 안정 애착을 형성한 아동보다 스트레스를 더 많이 받고, 사회적 상황에 적응하는 데 더 큰 어려움을 겪는 것으로 나타났다.

영아기의 애착 유형은 이후 아동의 성격에도 영향을 미친다. Fransson, Granqvist, Bohlin과 Hagekull(2013)은 아동기의 애착 유형과 성인기의 성격 간 연관성을 살펴보았는데, 연구 결과 아동 중기에 안정 애착을 보인 아동은 성인이 되었을 때 성격 5요인(Big-5 Personality factor) 중 외향성에서 높은 점수를 받았으며, 불안정 애착을 보인 아동은 성인이 되었을 때 성실성에서 낮은 점수를 받았다.

Harlow 등(1977)에 의하면 애착 유형은 정서 발달에도 영향을 준다. Harlow와 동료들은 새끼 원숭이가 태어나자마자 어미로부터 분리시켰다. 그리고 이후 3개월간 다른 원숭이들과 접촉을 할 수 없게 하였다. 즉, 새끼 원숭이는 어미나 다른 원숭이에게 애착을 형성하지 못하고 혼자 자라게 된 것이다. 이후 새끼 원숭이를 다른 원숭이들이 있는 곳으로 옮기자 새끼 원숭이는 정서적 불안과 공포를 보였다. 그리고 얼굴을 바닥에 파묻고 몸을 웅크리는 등 위축된 행동도 보이고, 다른 원숭이들에 비해 공격적인 성향을 나타냈다.

애착 유형은 이후 아동의 사회정서적 능력을 예측하기도 한다. Smeekens, Riksen-Walraven과 Van Bakel(2009)의 연구에 따르면 생후 15개월 때의 애착 유형이 만 5세의 애착 유형과 사회정서적 발달을 예측하였다. 생후 15개월에 안정 애착을 형성했던 영아는 만 5세가 되었을 때, 스트레스 상황에서 잘 회복한 반면, 불안정 애착을 형성했던 영아는 스트레스를 회복하는 데 어려움을 겪었으며, 학교 적응에도 문제를 보였다.

영아기의 애착 유형은 이후 성인기의 연인 관계에도 영향을 미친다. Carlson, Sroufe와 Egeland(2004)에 따르면 안정 애착을 형성한 영아는 이후 긍정적인 연인 관계를 맺는 것으로 나타났다. 또한 안정 애착을 형성한 영아는 연인 관계뿐 아니라 긍정적인 또래 관계를 형성하게 되어 건강한 정서 발달을 이룬다(Collins, Henninghausen, Schmit, & Sroufe, 1997).

ISSUE 2

영아기에 불안정 애착을 형성한 여성은 사춘기가 일찍 온다?

영아기 때 형성된 애착 유형은 이후 아동의 사춘기 시작 시기를 예측한다. Belsky와 동료들은 미국 국립아동보건인간발달연구소(National Institute of Child Health and Human Developmental)에 등록되어 있는 373명의 여성을 대상으로 흥미로운 종단 연구를 진행하였다. 먼저 연구자들은 생후 15개월이 된 참여자의 애착 유형을 측정하였다. 그리고 이들이 만 9.5세가 되었을 때부터 만 15.5세가 될 때까지 신체검사와 자가 보고를 통해 사춘기의 시작점을 측정하였다.

놀랍게도, 다음의 그림처럼 영아기에 불안정 애착을 형성한 영아는 안정 애착을 형성한 영아보다 사춘기가 일찍 왔다. Belsky 등(2010)은 진화론적 관점으로 이를 설명한다. 불안정 애착을 형성한 영아는 자신의 필요에 민감하지 않은 부모 밑에서 양육되었거나 적절하지 못한 가정환경에서 자랐을 수 있다. 그리하여 영아는 좀 더 나은 삶, 즉 생존을 위해 빨리 짝짓기를 하여 자신만의 독립된 가정을 이루고자 한다. 따라서 짝짓기를 위한 사춘기가 빨리 오게 되는 것이다. 반대로, 안정 애착을 형성한 영아는 생존에 대한 위협이 없기 때문에 짝짓기를 빨리 하지 않아도 되므로 사춘기가 늦게 오게 된다.

그러나 사춘기 시작점에 영향을 주는 부모의 특징이나 가정환경이 유전에 의해서 중재되는 것은 아닌지, 그리고 애착 유형만이 사춘기의 시작점에 영향을 주는 요인인지에 대해서는 아직 확실하지 않기 때문에 좀 더 많은 연구가 이루어져야 한다(Comings, Muhleman, Johnson, & McMurray, 2002).

■ 애착 유형과 사춘기의 시기 ■

출처: Belsky et al. (2010).

5. 아빠 애착 및 복합 애착

보통 영아가 애착을 형성한다고 하면, 당연히 애착 상대로 엄마를 떠올린다. 그러나 영아는 엄마뿐 아니라 아빠와도 애착을 형성한다. 직장을 다니는 엄마들이 증가하면서 자녀를 어린이집이나 유치원에 맡기는 일이 많아졌다. 이 때문에 영아는 엄마 외에도 자신을 돌보아 주는 다양한 사람과 애착을 형성하게 되었다.

1) 아빠 애착

과거 애착 이론을 연구한 학자들은 주 양육자를 엄마로 여겨 왔다. 그러나 요즘은 아빠와 엄마 모두를 주 양육자로 보며, 아빠도 엄마처럼 자녀를 양육하며 애착을 형성한다. 어떤 연구자들은 영아가 엄마와 먼저 애착을 형성한 후 같은 유형의 애착을 아빠와도 형성한다고 주장한다(Fox, Kimmerlym & Schafer, 1991; Rosen & Rothbaum, 1993). 반면, 다른 연구자들은 한 부모와 형성한 애착으로 다른 부모와 어떤 애착을 형성할지 예상하는 것은 어렵다고 주장한다(Main & Weston, 1981).

Condon, Corkindale, Boyce와 Gamble(2013)의 연구에 따르면 아빠는 자녀가 태어나기 전부터 애착을 형성한다. 즉, 자녀에 대한 아빠의 애착은 엄마보다 늦지도 않았으며, 애착의 정도 또한 적지 않았다. 그러나 엄마-자녀 애착과 아빠-자녀 애착에는 차이가 있다. 엄마-

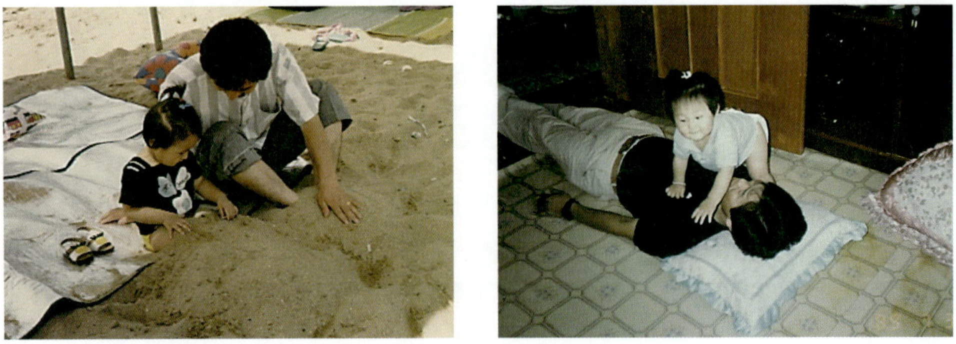

[그림 12-9] 아빠 애착
영아들은 엄마뿐 아니라 아빠와도 애착을 형성한다. 영아기에 아빠와 형성한 애착은 자녀 발달에 영향을 미친다.

자녀 애착은 주로 엄마가 영아를 보살피면서 형성된다. 예를 들어, 엄마와 함께 보낸 시간이나 상호작용의 질은 영아의 안정 정도를 예측한다(Cox, Owen, Henderson, & Margand, 1992). 반면, 아빠-자녀 애착은 주로 놀이를 통해 형성된다(Lamb & Lewis, 2013). 자녀와 함께 놀며 시간을 보낼 때 아빠가 어떠한 태도로 응하느냐는 아동 발달에 있어 중요하다(Cox, Owen, Henderson, & Margand, 1992). 예컨대, 자녀가 놀이를 주도할 수 있도록 상황을 조성하고 놀이 중 제안하는 것을 받아 주며, 정서적 · 육체적 지원을 해 주는 아빠의 태도는 만 6, 10, 16세 아동의 안정 애착과 관련이 있는 것으로 나타났다(Grossmann et al., 2002). 자녀가 "아빠, 우리 칼싸움 놀이하자."라고 했을 때, 아빠가 텔레비전을 보며 건성으로 아이의 요구에 맞춰주는 것보다 자녀에게 집중하고 온몸으로 같이 놀아 주며, 자녀에게 놀이 주도권을 주었을 때 이후 아동이 안정 애착을 형성할 확률이 높다는 것이다. 이와 같은 엄마-자녀 애착과 아빠-자녀 애착의 차이는 문화 보편적으로 나타나며, 아동기 이후까지 계속된다(Parke, 1990).

2) 복합 애착

직장을 다니는 부모는 아동을 하루 종일 돌볼 수 없기 때문에 보육원이나 어린이집 혹은 다른 가족에게 아동을 맡긴다. 이로 인해 아동은 엄마 외에도 다양한 사람을 접하게 되고, 애착 또한 형성하게 된다. 예를 들어, 한 아동은 엄마가 회사에 출근하는 시간에 맞춰 어린이집에 등원을 하고, 어린이집이 끝나면 할머니와 함께 하원을 한다. 이후 아동은 엄마를 기다리며 할머니와 함께 저녁 시간을 보낸다. 이 아동은 엄마뿐만 아니라 어린이집 교사, 할머니와 함께 정서적 유대 관계를 맺게 되는 것이다. 이처럼 엄마를 포함하여 여러 사람과 정서적 유대 관계를 맺는 것을 복합 애착(multiple attachment)이라고 한다.

어떤 연구자들은 복합 애착이 불안정 애착으로 이어질 수 있다고 주장한다. 예컨대, Schwartz(1983)의 연구에서 아동은 어린이집에서 보내는 시간이 길수록 불안정 회피 애착을 보였다. 이는 아동이 엄마와 함께 보내는 시간의 양이 중요하다는 것을 보여 준다. 한편에서는 아동이 엄마와 함께 보내는 시간의 양은 그렇게 중요하지 않고, 대신 상호작용의 질이 애착 형성에 더 중요하다는 의견이 제기되고 있다(Huston, Rosenkrantz, & Aronson, 2005: Shaffer & Kipp, 2014에서 재인용). 어떤 연구에서는 직장을 다니는 엄마의 자녀가 전업 주부인 엄마의 자녀보다 덜 안정적인 애착을 형성했다(Belsky & Isabella, 1988; Belsky & Rovine, 1988). 그러나 그렇다고 해서 모든 엄마들이 직장을 그만두고 가정에서 아동을 양육해야 하는 것은 아

ISSUE 3

애착과 집착

한 결혼정보회사에서 실시한 설문조사에서 미혼 남녀에게 기억에서 지우고 싶은 연애 상대가 누군지 물었다. 그 결과, 남성 응답자 중 54.3%가 집착녀를 가장 기억에서 지우고 싶은 연애 상대로 꼽았다. 전화를 받지 않으면 받을 때까지 전화를 하는 것과 친구들을 만나지 못하게 하고 자신하고만 함께 있도록 요구하는 것 모두 집착의 한 예다. 사랑하는 연인 사이에는 관심과 사랑이 필요하지만, 그 정도가 너무 지나치면 집착으로 이어진다.

왜 집착을 하는 것일까? 연인 관계에서의 집착은 어린 시절 부모와의 애착 유형에서 비롯되었을 수 있다는 연구 결과가 있다(Honari & Saremi, 2015). 이 연구에서는 설문지를 통해 참여자들의 애착 유형과 사랑에 대한 태도를 측정했다. 사랑에 대한 태도를 측정하는 데 사용된 Love Attitude Style(LAS)에는 여섯 가지 하위 척도가 있는데 그중 하나가 마니아(mania)라는 집착하는 유형이었다. 연구 결과, 불안정 애착 유형과 사랑에 집착하는 유형 사이에는 유의미한 관계가 있었다. 즉, 불안정 애착 유형은 집착적인 사랑을 예측하는 요인이 될 수 있다는 것이다.

이처럼 부모와의 애착 형성은 아동이 성인이 되어서의 연인 관계에까지 영향을 미치기 때문에 매우 중요하다. 이러한 연구 외에도 부모와 자녀 간의 애착 관계는 인지, 정서, 행동에 모두 영향을 미친다는 연구가 있다(Botlani et al., 1389; Salary et al., 1390; Collins & Read, 1990: Honari & Saremi, 2015에서 재인용). 만약 자신의 연인이 집착을 하거나 불안한 정서 상태, 행동 등을 보인다면 연인이 어린 시절 부모와의 불안정한 애착 형성을 하지는 않았는지, 부모와의 관계는 어떤지 그의 아픔을 먼저 헤아려 보는 것은 어떨까. 이는 연인의 행동을 이해하고 관계를 쌓아 가는 데 도움이 될 것이다.

출처: http://www.oliverelliott.com/showcase/obsesive-love/

[그림 12-10] 복합 애착
아동은 상황에 따라 엄마가 아닌 보육 교사와 같은 다른 몇몇 사람들과도 애착을 형성하는데, 이를 복합 애착이라고 한다.

니다. 보육 교사와의 안정 애착이 엄마-자녀 간의 관계를 보완한다는 주장도 있기 때문이다(정옥분, 2009).

엄마와 어떤 애착을 형성했느냐와 상관없이 보육 교사와 안정 애착을 형성한 아동은 사회적응력(Howes et al., 1988)뿐만 아니라 향상된 사회정서 발달을 보였다(Sagi et al., 1985). 또한 Commodari(2013)에 따르면 보육 교사와의 안정 애착은 아동의 집중력과도 관련이 있는 것으로 나타났다. 보육 교사와 안정 애착을 형성하고 있는 아동은 그렇지 않은 아동에 비해 교사에게 더 빨리 반응하고, 더 나은 시청각 인지 능력을 보이는 것으로 나타났다(Commodari, 2013).

통계청(2014)에 따르면, 맞벌이 가구 수가 전체 가구 수의 43.9%에 달한다. 즉, 많은 아동이 어린이집이나 유치원과 같은 보육시설에서 오랜 시간을 보낸다는 것이다. 따라서 보육 교사들 역시 아동과 안정 애착을 형성할 수 있도록 알맞은 교육이 필요할 것이다. Owen과 Cox(1988)는 엄마의 취업 자체가 아동에게 부정적인 영향을 미치는 것이 아니라, 자녀와 함께 시간을 보내지 못한다는 엄마의 죄의식과 불안 등의 부정적 정서가 자녀와의 애착 형성을 방해한다고 한다. 따라서 엄마들도 마음에 부담을 갖기보다는 퇴근 후 아동과 더 효율적으로 질 높은 상호작용을 하여 안정 애착을 형성할 수 있도록 노력해야 할 것이다.

6. 애착과 문화

문화마다 나타나는 애착 유형의 분포는 차이가 크지 않은 것으로 여겨져 왔다(van IJzendoorn & Kroonenberg, 1988). 그러나 대부분의 애착 연구는 서구 문화 그리고 중산층을 대상으로 이루어 졌기 때문에 Ainsworth의 애착 유형 분포가 다른 나라에도 똑같이 적용되는지는 알 수 없었다. Thompson(1998)은 Ainsworth의 낯선 상황 절차를 사용하여 애착 유형(안정 애착, 불안정 회피 애착, 불안정 저항 애착)의 분포를 알아보았는데, 각 나라마다 다른 것으로 나타났다. 예를 들어, 일본에서는 안정 애착을 보인 영아가 68명이었던 반면, 네덜란드에서는 안정 애착을 보인 영아가 불과 6명에 불과했다. 또한 일본 영아의 경우 불안정 회피 애착을 보인 영아가 아무도 없었지만, 네덜란드에서는 34명의 영아가 불안정 회피 애착으로 분류되었다. 〈표 12-5〉를 보면 각 나라마다의 차이를 확인할 수 있다.

이러한 차이를 두고 Rothbaum, Weisz, Pott, Miyake와 Morelli(2000)는 문화마다 '안정적'이라고 여겨지는 기준이 그 문화의 사회적 가치에 따라 다를 수 있다고 설명한다. 또한 안정 애착 형성에 중요한 역할을 하는 양육자의 민감성은 문화마다 그 정의가 다를 수 있다(Rothbaum & Kakinuma, 2004). 예를 들어, 집단주의 문화에서는 엄마의 높은 민감성이 자녀와의 정서적 친밀도에 의해 결정된다. 반면, 개인주의 문화에서는 민감한 부모일수록 자녀가 독립적으로 행동할 것을 격려한다.

〈표 12-5〉 나라별 애착 유형 분포(%)

나라	Type A(불안정 회피 애착)	Type B(안정 애착)	Type C(불안정 저항 애착)
스웨덴	22	75	4
이스라엘	8	57	34
영국	22	75	3
일본	0	68	32
독일	49	33	12
네덜란드	34	6	0
미국	22	66	12

출처: Thompson (1998).

일본에서는 정신과 의사 Doi(1973)가 일본의 문화와 특성을 반영하여 아마에(Amae)라 지칭하는 양육자와 자녀의 애착에 대해 처음으로 연구하였다. 아마에는 한국어로 '응석 표현-수용 관계'라고도 불리는데(Kim, 2012), 이는 영아가 혼자서도 충분히 할 수 있는 일을 양육자에게 요구하고, 양육자는 이러한 요구를 수용하는 관계를 의미한다. 이와 같은 관계를 통해 영아는 소속감을 느끼게 되고, 부모나 양육자는 자신을 가치 있는 사람이라고 여기게 된다.

한국 아동 역시 부모나 양육자에게 이와 비슷한 애착 관계를 형성한다. 앞서 언급된 애착 이야기 완성 과제를 사용하여 한국 아동의 아마에를 측정하였는데, 그 결과 대부분의 아동은 엄마와의 관계에서 아마에를 나타냈으며, 여자 아동이 남자 아동에 비해 상대적으로 아마에를 더 나타냈다(Kwak & Kim, 2013). 아마에를 가진 아동은 매우 의존적일 것 같지만, 한국 아동의 경우 아마에는 오히려 사회적 유능감과 정적 상관관계를 가졌다. 또한 안정 애착 아동들이 오히려 아마에의 특징인 소속감을 보였다(김호영, 2013). 이처럼 애착에는 아마에와 같이 문화특수적인 애착이 존재하며, 이것은 특정 문화권에서 안정 애착으로 여겨질 수 있지만 다른 문화권에서는 다른 애착 유형으로 분류될 수 있다. 아마에와 같이 문화특수적인 애착 관계에 대해서는 앞으로도 많은 연구가 필요할 것이다.

ISSUE 4

사랑도 받아 본 사람이 잘한다?!

사랑을 받아 본 사람만이 사랑을 줄 수 있다는 말이 있다. 실제로 한 연구에서는 어린 시절 가족에게 충분한 사랑을 받은 사람이 커서도 다른 이성을 사랑해 줄 수 있다고 주장한다. Hazan과 Shaver(1987)의 연구에 따르면 어린 시절 일차 양육자와 안정 애착을 형성했던 아동은 이후 성인이 되어서 낭만적 사랑 관계를 맺는 경향이 있다. Feeney와 Noller(1990)의 연구에서는 사랑하는 사람과 안정적인 애착을 가진 사람일수록 자신의 부모를 긍정적이고 이해심이 많은 사람으로 표현한다. 이는 이들이 안정 애착을 가졌다는 것을 보여 준다. 반면, 불안정한 낭만적 사랑 관계를 가진 사람들은 어릴 때 부모의 지원이 부족했거나 행복하지 않았다고 설명하는 것으로 보아 부모와 불안정 애착 관계에 있는 것으로 보였다.

국내에서 시행된 연구에서는 대학생의 애착 유형과 사랑을 하는 방식의 관계를 알아보았다. 그 결과, 안정적 애착 유형의 대학생은 열정적이고 헌신적인 사랑을 하는 경향이 있었고, 회피적 애착 유형의 대학생은 소유적이고 의존적인 사랑을 하는 경향을 보였다. 안정적 애착을 가지고 있는 성인은 타인과 자신에 대한 신뢰를 가지고 있었다. 또한 부모와의 관계에서 의존과 자율 사이의 균형을 배웠기 때문에 안정적 애착 유형에 속한 성인은 다른 성인들보다 더 길고 자율적인 사랑을 하는 경향이 있는 것으로 나타났다(장휘숙, 2002: 곽금주, 2015에서 재인용). 즉, 애착 유형은 타인과 자신에 대한 신념과 표상에 영향을 미칠 뿐 아니라 부모를 포함한 다른 사람과의 관계에도 영향을 미친다(곽금주, 2015).

그렇다면 부모와 안정적 애착을 형성하지 못한 성인은 어떻게 해야 할까? 먼저 자신이 어떠한 애착 유형에 속하는지 알아야 한다. 그 후에 할 수 있는 두 가지 방법이 있다. 첫째, 자신의 애착 유형보다 건강한 애착 유형을 가진 상대와 장기간 교제함으로써 안정적 애착을 경험하는 것이고, 둘째, 심리치료를 받는 것이다. 좋은 심리치료는 그 자체만으로도 안정적 애착을 제공할뿐더러 자신에 대해 더 정확히 알 수 있도록 돕기 때문에 자신에 대한 긍정적인 표상을 설립할 수 있게 도와준다. 타인과 자신에 대해 긍정적인 표상을 가짐으로써 개인은 훗날 새로운 연애 상대를 만났을 때 더 나은 관계를 맺을 수 있을 것이다(Firestone, 2014).

주요 학습 개념

1. 애착 이론

• 애착이란 영아가 양육자 혹은 특별한 사람과 맺는 친밀하고 강력한 정서적 유대 관계다.

• 애착을 설명하는 대표적인 이론은 다음과 같다.

정신분석 이론	학습 이론	인지 이론	동물행동학 이론
–Freud의 애착의 찬장 이론에 따르면 영아는 음식을 통해 애착을 형성한다고 주장 –Erikson은 음식보다 양육자와 영아의 신뢰 관계가 더 중요하다고 주장	–Harlow의 접촉 위안은 조건화 과정을 통해 애착 형성이 이루어지며 신체 접촉이 중요한 변인이라고 주장	–애착을 형성하기 위해 지각 능력, 대상영속성과 같은 인지 능력의 발달이 필요	–각인(imprinting)을 통해 애착이 형성 –Bowlby는 애착 형성은 생존하기 위한 타고난 본능이라 주장

2. 애착의 측정

• 낯선 상황 절차(strange situation procedure)란 낯선 상황이나 스트레스 상황에서 영아가 부모와 동일한 애착 대상에게 하는 행동과 반응을 살피기 위한 절차로, 영아의 애착 유형은 안정 애착, 불안정 회피 애착, 불안정 저항 애착, 혼란 애착으로 나뉜다.

• AQS(attachment q–sort)는 짧은 시간 분리되는 것에 큰 스트레스를 받지 않는 만 2세 영아를 대상으로 실시되었으며, 관찰자 혹은 양육자가 약 90개의 질문에 답을 하게 된다.

• 내러티브는 무슨 대답을 하는지보다 어떻게 이야기를 하는지에 초점을 두며, 자율형, 거부형, 몰입형, 미해결/비조직형으로 나뉜다.

3. 애착에 영향을 미치는 요인

• 양육 가설(caregiving hypothesis)은 부모나 양육자의 양육 특성이 자녀의 애착 형성에 영향을 주는 것이다.

• 기질 가설(temperament hypothesis)은 기질이 애착 유형에 영향을 미친다고 주장한다.

• 내적 작동 모델(internal working model)에 따르면 영아가 일차 양육자와의 상호작용을 통해 자기 자신과 타인 간의 관계에 대한 인지적 표상을 형상한다.

➤ Bowlby와 Bretherton은 다음과 같이 내적 작동 모델에 따른 애착 유형을 네 가지로 분류하였다.

		자기 모델	
		긍정적	부정적
타인 모델	긍정적	**안정형** (일차 안정 애착)	**몰입형** (일차 저항 애착)
	부정적	**무시형** (일차 회피 애착)	**공포형** (일차 해체/혼란 애착)

4. 애착과 이후의 발달

- 애착 유형은 아동의 사회적 상호작용 방식, 성격, 정서 발달, 성인기의 연인 관계에 영향을 미친다.

5. 아빠 애착 및 복합 애착

- 아빠-자녀 간의 애착은 자녀가 태어나기 전부터 형성되며, 엄마와의 애착 형성과 동일하다.
- 복합 애착(multiple attachment)이란 영아를 어린이집이나 다른 가족에게 영아를 맡기게 됨으로써 영아가 여러 사람과 정서적 유대 관계를 맺게 되는 것을 일컫는다.

6. 애착과 문화

- 아마에(Amae)는 일본 문화와 특성을 반영한 양육자와 자녀의 애착 관계로서, 영아가 응석을 표현하고 양육자가 이를 수용하는 것이다.

13장 도덕성 발달

1. 도덕적 사고 발달
2. 도덕적 행동 발달
3. 도덕적 정서 발달
4. 도덕성 발달에 영향을 미치는 요인
5. 공격성 발달
6. 친사회적 행동의 발달

도덕성을 연구한 Kohlberg의 자살

1987년 보스턴 항구에서 한 사체가 발견되었다. 부검 결과 익사한 것으로 드러났으며, 사유는 자살로 추정되었다. 사망자는 다름 아닌 도덕성 발달 이론의 창시자 Lawrence Kohlberg였다. 인간이 어떻게 도덕적인 존재로 발달하는지 연구한 학자가 자신의 목숨을 끊었다는 사실은 많은 사람에게 충격을 줄 수밖에 없었다. 도대체 Kohlberg는 무슨 이유로 자살했던 것일까?

Kohlberg는 학창 시절 '공부보다는 여자에게 더 많은 관심을 보인 친구'로 기억될 정도로 공부에 흥미가 없는 문제아였다. 그러나 이후 Kohlberg는 1948년 시카고 대학교(University of Chicago)에 입학해 1년 만에 학부를 졸업하고, 심리학을 지속적으로 공부하며 이전과는 다른 사람이 되었다. Kohlberg는 그 당시 연구자들 사이에서 다루어지지 않았던 도덕성이라는 주제에 관심을 가지게 되었고, 그의 도덕성 발달 이론은 이후 많은 연구자에게 영향을 주게 되었다. 이렇게 Kohlberg는 극적인 변화를 통해 사람들에게 인정받는 연구자였지만, 그는 사실 16년간 열대병을 앓고 있었으며, 이로 인해 우울증까지 겪었다고 한다. 그래서 그를 알고 지내던 사람들은 그가 우울증 때문에 미쳐 버려서 자살한 것이라고 주장하였지만, 그가 목숨을 끊은 정확한 이유는 끝내 밝혀지지 않았다. 그런데 Kohlberg의 도덕성 발달 단계를 살펴보면 그의 자살에 대한 실마리를 추측해 볼 수 있다.

Kohlberg는 Piaget의 이론을 바탕으로 아동이 도덕적 딜레마 상황에서 어떻게 반응하는지를 관찰한 후, 도덕성 발달을 여섯 단계로 나누어 보았다. 그중 마지막 단계인 보편적인 윤리적 원리 단계에 속한 사람들은 법이나 관습보다 자신이 스스로 규정한 도덕적 가치를 기준으로 도덕적 판단을 한다. 더 나아가, 이 단계의 사람은 사회가 주는 비판이나 처벌보다 본인 스스로 느끼게 되는 양심의 가책을 더욱 두려워한다.

Kohlberg는 어쩌면 보편적인 윤리적 원리의 단계에서 자신을 도덕적으로 판단했을지도 모른다. 자살을 하는 행위가 사회 규범에서 벗어나고 도덕적으로도 옳게 여겨지는 것은 아니지만, 그는 긴 시간 동안 신체적, 정신적으로 힘들어한 자신을 고통에서 해방시키는 것이 진정한 도덕적 행동이라 믿었던 것은 아니었을까.

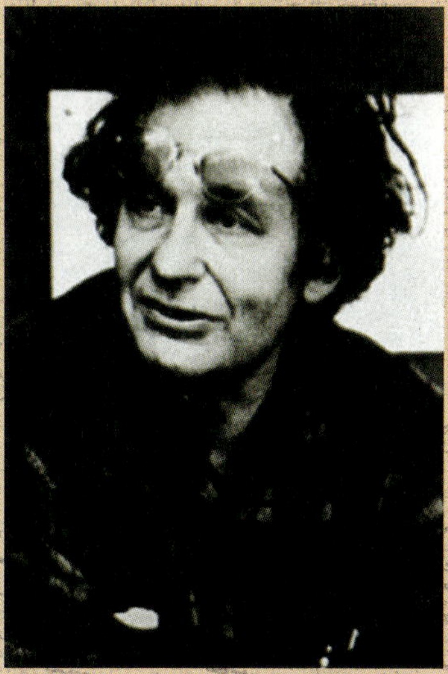

Lawrence Kohlberg와 그의 저서

도덕성은 흔히 양심이라고도 불리며, 개인이 선과 악을 구별하여 이에 따라 행동하고자 하는 것이다. 이러한 선과 악의 기준은 사회적 규범과 제도를 넘어서 인간의 사고와 행동에 영향을 끼친다. 도덕성의 발달은 선과 악에 대한 규범을 개인의 사고와 행동, 정서에 적용하는 과정을 일컫는다. 따라서 도덕성이 발달하기 위해서는 도덕적 사고, 도덕적 행동 그리고 도덕적 정서의 발달이 함께 일어나야 한다. 이 장에서는 도덕성 발달에 필요한 이 세 가지 영역의 발달과 더불어 공격성과 친사회성의 발달에 대해서도 살펴보겠다.

1. 도덕적 사고 발달

도덕적 사고는 무엇이 옳고 그른 것인지 추론하는 능력이다. 도덕적 사고의 발달을 설명하는 대표적 이론에는 Piaget와 Kohlberg의 도덕성 발달 이론이 있다. 이러한 도덕성 발달 이론들은 개인마다 도덕적 추론 능력이 발달하는 속도에는 차이가 있을 수 있지만 발달 단계의 순서는 동일하다고 주장한다.

1) Piaget의 도덕성 발달 이론

Piaget는 아동에게 짧은 이야기를 들려주고 그에 대해 질문을 하는 방식으로 도덕성 발달을 연구하였다. Piaget(Piaget, 1932/1965)가 아동에게 제시한 이야기의 예는 [그림 13-1]과 같다. Piaget는 아동에게 이야기를 들려준 후, 두 이야기 속 주인공 중 누구의 행동이 더 나쁜지 질문하였다. 그리고 그는 아동의 대답에 기초해 세 가지로 구성된 도덕성 발달 단계를 제시하였다. Piaget가 제시한 도덕성 발달의 세 단계는 타율적 도덕성 단계, 전환기 그리고 자율적 도덕성 단계로 나뉜다.

타율적 도덕성 단계(heteronomous stage)에 해당되는 만 4~7세의 아동은 교사나 부모처럼 권위 있는 사람에 의해 만들어진 규칙은 절대 변할 수 없다고 믿는다. 또한 타율적 도덕성 단계의 아동은 다른 사람이 특정한 행동을 왜 하는지에 대한 의도는 고려하지 않고 행동에

(A)

이야기 A: 유라의 엄마는 방에 있던 유라에게 저녁을 먹으러 주방으로 오라고 했다. 그런데 주방 문 뒤에는 의자가 있었고, 그 의자 위에는 컵 15개가 놓여 있었다. 유라는 문 뒤에 의자와 컵이 있을 것이라고는 전혀 생각하지 못한 채 문을 열었고, 결국 문이 '쾅' 하고 컵에 부딪치면서 15개가 모두 깨져버렸다.

(B)

이야기 B: 엄마가 집에 없는 사이 샛별이는 찬장에 있는 잼을 꺼내려고 했다. 샛별이는 의자를 찬장 밑에 놓고 올라가 손을 뻗어 보았지만, 찬장이 너무 높은 곳에 있어서 잼이 손에 닿지 않았다. 하지만 샛별이는 잼을 꺼내려고 계속 애를 쓰다가 그만 컵 1개를 깨트리고 말았다.

[그림 13-1] Piaget의 도덕성 발달 단계에 따른 도덕적 사고

'(A) 유라'와 '(B) 샛별'이 중 누가 더 나쁜가? 타율적 도덕성 단계에 해당하는 아동은 어떤 행동의 의도와는 상관없이 행동의 결과에 따라 누가 더 나쁜지를 판단한다. 그러므로 자신의 의도와는 상관없이 컵을 많이 깬 유라가 더 나쁘다고 생각한다. 반면에, 자율적 도덕성 단계에 다다른 아동은 사람들이 하는 행동의 의도를 고려해서 유라보다는 샛별이가 더 나쁘다고 생각한다.

의한 결과만을 가지고 옳고 그름을 판단한다. 그렇기 때문에 15개의 컵을 깬 유라가 1개의 컵을 깬 샛별이보다 더 나쁘다고 생각한다. 이는 타율적 도덕성 단계의 아동이 내재적 정의에 대한 믿음을 가지고 있기 때문이다. 내재적 정의(immanent justice)란 어떠한 상황이나 이유에서든 나쁜 행동을 한 사람은 벌을 받아야 마땅하다고 생각하는 것이다.

타율적 도덕성 단계에서 다음 단계로 넘어가기 전, 만 7~10세의 아동은 전환기(transitional stage)를 거친다. 이 단계의 아동은 어른들보다는 주로 또래와 더 많이 시간을 보내며 다양한 놀이 활동을 하게 된다. 이때 전환기에 속하는 아동은 놀이의 규칙이 상황에 따라 유동적으로 변할 수 있다고 생각한다. 또한 이 단계의 아동은 다른 사람의 마음을 이해하기 시작하기 때문에 자신의 이익을 앞세우기보다 다른 사람이 어떻게 생각하고 느낄지를 고려하

여 공정하게 규칙을 따르게 된다. 그러나 이들은 아직까지 일관되게 공정한 행동을 보이지는 못한다.

만 10세 이상이 되면 아동은 자율적 도덕성 단계(autonomous stage)에 들어선다. 이 단계의 아동은 법과 규칙이 사람에 의해 만들어진다는 것을 깨닫는다. 따라서 법과 규칙은 언제든지 바뀔 수 있다는 것을 알게 된다. 자율적 도덕성 단계의 아동은 행동의 결과보다는 상황과 의도를 고려한다. 따라서 [그림 13-1]의 이야기를 들으면, 잼을 꺼내려다 1개의 컵을 깬 샛별이가 의도치 않게 문을 열었다가 15개의 컵을 깬 유라보다 더 나쁘다고 생각한다.

이러한 Piaget의 이론은 오늘날까지 많은 연구자에게 영향을 주고 있지만, 비판 또한 받고 있다. Piaget의 도덕성 발달 단계에 따르면 도덕적 사고에 대한 개념은 만 10세가 되어야 형성된다. 그러나 30여 년간 실시된 연구들에 의하면, 만 10세 이전의 아동도 법과 규칙이 변할 수 있다는 사실을 알며, 공정하다는 것이 무엇인지도 이해하고 있다(Helwig & Turiel, 2011). 예를 들어, 만 4세나 5세 아동도 한 아동이 다른 아동을 때린다거나 장난감을 혼자만 가지고 노는 등의 도덕적인 사건을 구분할 수 있었다(Smetana, 1981).

2) Kohlberg의 도덕성 발달 이론

Piaget의 영향을 받아 Kohlberg는 도덕성 발달 이론을 만들었다. Kohlberg는 Piaget와 마찬가지로 도덕성 발달이 단계적으로 이루어진다고 주장했다(Carpendale, 2000). 또한 Kohlberg는 Piaget의 이론에 더해, 사회적 환경을 이해하는 아동의 능력이 향상될수록 아동이 더 높은 단계의 도덕성을 이루게 된다고 설명하였다(Eisengerg & Valiente, 2002).

Kohlberg는 도덕성이 발달하는 단계를 살펴보고자 다양한 도덕적 딜레마 상황을 만들어 아동에게 들려주었다. 다음은 Kohlberg(1969)의 도덕적 딜레마 상황의 한 예시로서 '하인즈(Heinz)의 딜레마'라 알려진 이야기다.

> 유럽에 사는 한 여인이 희귀 암에 걸려 죽을 위기에 처해 있다. 의사들은 그녀를 살릴 수도 있는 방법은 특정한 약을 복용하는 것이라고 말했다. 그 약은 일종의 라듐(radium)이었는데, 약사는 그 약을 만드는 비용의 10배인 2,000달러에 약을 팔고 있었다. 암에 걸린 여성의 남편인 하인즈(Heinz)는 그가 아는 모든 사람에게 돈을 빌려 보았지만 약값의 절반인 1,000달러밖에 빌리지 못했다.

> 하인즈는 약사에게 가서 부인이 죽어가고 있다고 말하며 약을 좀 더 싸게 팔거나 아니면 나중에 돈을 갚겠다고 사정한다. 그러나 약사는 "안됩니다. 저는 이 약을 개발하였고 이 약으로 돈을 벌 것입니다."라고 말한다. 절망한 하인즈는 약국에 침입하여 부인을 위한 약을 훔친다.

죽어가는 부인을 위해 약을 훔친 하인즈는 벌을 받아야 마땅할까? 아니면 아내를 살리고자 한 하인즈의 행동이 타당한 것일까? Kohlberg는 아동에게 이와 같이 딜레마적인 상황을 제시한 후, 아동은 어떻게 생각하는지 그리고 왜 그렇게 생각하는지를 물었다. 그리고 아동의 답변을 토대로 도덕성 발달 단계를 만들었다. Kohlberg의 도덕성 발달 이론은 총 세 가지 수준으로 나뉘어 있으며, 각 수준마다 두 단계가 포함되어 모두 여섯 단계로 구성된다.

(1) 수준 1: 전인습적 도덕성

가장 먼저, 전인습적 도덕성(preconventional morality) 수준에 해당되는 아동은 양육자나 권위자의 말에 불복종했을 때 받게 되는 처벌이 두려워 이를 피하고자 법이나 규칙 등을 지킨다. 이 수준에 있는 아동은 단순히 행동에 의해 주어지는 보상과 처벌을 통해 도덕적 판단을 한다. 전인습적 도덕성 수준은 다시 처벌과 복종 지향 단계와 도구적 상대주의 지향 단계로 나누어진다.

1단계는 처벌과 복종(punishment and obedience) 지향 단계다. 처벌과 복종 지향 단계의 아동은 처벌에 민감하므로 행동의 결과를 가장 중요하게 생각한다. 그래서 아동은 부모나 어른에게 혼나지 않기 위해 규칙을 지킨다. 처벌과 복종 지향 단계에 속하는 아동에게 '하인즈의 딜레마'를 들려주면, 하인즈의 도둑질을 찬성하는 입장 혹은 도둑질을 반대하는 입장으로 나뉘어 대답을 하는데 찬성 입장의 아동은 아내가 죽게 될 경우 하인즈는 아내의 죽음에 대해 경찰 조사를 받을 수 있기 때문에 이를 피하기 위해서는 하인즈가 약을 훔쳐야 된다고 대답한다. 반대로, 반대 입장의 아동은 남의 것을 훔친 사람은 벌을 받아야 하기 때문에 하인즈가 약을 훔쳐서는 안 된다고 대답한다.

2단계는 도구적 상대주의(instrumental relativist) 혹은 순진한 쾌락주의 지향 단계다. 이 단계에 속한 아동은 무엇이 자신에게 최고의 이익인지 혹은 무엇이 동등한 거래를 만들어 내는지에 따라 도덕적 판단을 한다. 이 단계에 속한 아동들에게 앞서 말한 '하인즈의 딜레마'를 들려주었을 때, 찬성 입장의 아동은 만약 도둑질이 들통이 나면 약을 돌려주고 큰 형벌도 피할 수 있을 것이며 출소 후 아내를 다시 만날 수만 있다면 감옥에 가는 건 큰 문제가 아니므로 하인즈는 약을 훔쳐도 된다고 대답한다. 이와 반대로 반대 입장의 아동은 약을 훔친 대가로 큰 형벌을 받지는 않겠지만 아내는 그가 출소하기 전에 생명을 잃을 수도 있기 때문에 이는 하인즈에게 좋은 선택일 수가 없고 약이 없어 아내가 죽더라도 아내는 이미 암에 걸렸기 때문에 그녀의 죽음을 자신의 탓으로 돌리면 안 된다고 대답한다.

(2) 수준 2: 인습적 도덕성

인습적 도덕성(conventional morality) 수준에 도달하게 되면, 아동은 사회 규범을 이해하고 무엇이 옳고 그른지를 좀 더 객관적인 관점을 가지고 판단하게 된다. 인습적 도덕성 수준에는 세 번째 단계와 네 번째 단계인 대인관계 조화 지향 단계와 법과 질서 지향 단계가 있다.

3단계는 대인관계 조화(interpersonal relationship) 혹은 착한 소년, 소녀 지향 단계다. 이 단계에 들어선 아동은 더 이상 처벌에 대한 두려움 때문에 사회적 규범이나 법을 따르지 않는다. 대신 아동은 사람들에게 자신이 어떻게 평가받을지에 대해 고민하기 시작하며, 남들에게 칭찬을 받고 비난받지 않기 위해 법을 지키게 된다. 그래서 대인관계 조화 지향 단계를 착한 소년, 소녀 지향 단계라고도 부른다. 이 단계에 속한 아동들 역시 '하인즈의 딜레마'를 듣고 각기 다른 입장을 보이는데 찬성 입장의 아동들은 하인즈가 약을 훔친다면 아무도 그를 나쁘게 생각하지 않겠지만 아내를 죽게 놔둔다면 가족들이 하인즈를 비인도적인 사람으로 평가할 것이기 때문에 약을 훔쳐야 된다고 대답한다. 이와 반대로 반대 입장의 아동들은 약을 훔친 후 하인즈 자신의 행동이 자신과 자신의 가족들에게 얼마나 큰 불명예를 가져다주었는지를 깨닫게 되고 모두가 그를 범죄자로 여길 것이기 때문에 약을 훔쳐서는 안 된다고 대답한다.

4단계는 법과 질서(law and order) 지향 단계다. 이 단계의 아동은 의무와 책임이라는 것을 이해하게 되어 자신에게 주어진 역할을 다하기 위해 노력한다. 또한 법과 질서 지향 단계의 아동은 사회적 규범이나 법을 지키는 것은 곧 전체적인 사회질서를 유지하기 위한 것이라고 생각하기 때문에 자신의 욕구나 타인으로부터의 인정보다 법과 질서를 중요시 생각하며 부모나 교사와 같은 권위자들이 세운 규범을 따르게 된다. 이 단계에 속한 아동들은 '하인즈의 딜레마'를 듣고 하인즈는 그의 아내와 결혼을 한 사이이고 남편으로서 그에게는 배우자의 건강을 책임질 의무가 있으므로 약을 훔쳐야 한다고 대답한다. 반면, 반대 입장의 아동은 하인즈가 남편으로서 아내를 구하고자 하는 건 당연하지만 도둑질은 법에 어긋나는 행동이므로 법에 따라 도둑질을 하면 안 된다고 대답한다.

(3) 수준 3: 후인습적(원칙적) 도덕성

후인습적 도덕성(postconventional or principles morality) 수준에 도달한 아동은 권위자의 명령보다는 자신이 옳다고 생각하는 도덕적 정의와 원칙에 따라 행동하고자 한다. 이 수준은 다섯 번째 단계인 사회 계약 지향 단계와 여섯 번째 단계인 보편적인 윤리적 원리 지향 단계로 이루어져 있다.

5단계는 사회 계약(social contract) 지향 단계다. 이 단계의 아동은 사회적 규범이나 법칙이 절대적이 아니라는 것을 알게 된다. 예를 들어, 인간의 권리와 복지는 매우 중요하기 때문에 만약 권리나 복지에 위협이 되는 법이나 규칙이 있으면 사람들은 이를 바꿔야 한다고 생각한다. 즉, 도덕성 발달 5단계에 속하는 아동은 개인의 권리나 자유, 행복 등 자신이 옳다고 여기는 가치를 우선시하고, 법이나 규칙은 이와 같은 도덕적 가치를 지키고 유지하기 위한 도구로 여긴다. 따라서 이 단계에 속한 아동들은 '하인즈의 딜레마'를 듣고 생명의 가치는 그 어떠한 것보다 더 크기 때문에 설사 도둑질이 법에 위반되는 행위라 하더라도 하인즈는 아내를 살리기 위해 약을 훔쳐야 된다고 대답한다.

가장 높은 수준의 도덕성 단계인 6단계는 보편적인 윤리적 원리(universal ethical principles) 지향 단계다. 이 단계에 도달한 사람은 보편적인 윤리적 원리를 토대로 자신이 스스로 규정한 도덕적 정의와 원칙을 지향하게 된다. 그 때문에 사회가 주는 비판이나 처벌보다는 본인 스스로 느끼는 양심의 가책을 더 두려워한다(Kohlberg, 1984). 흔히 Kohlberg의 도덕성 발달 이론 6단계에 속하는 사람을 법 없이도 살 사람이라고 하며, 아마도 테레사 수녀나 예수만이 이 단계에 도달하였다고 할 만큼 대부분의 사람은 성취하기 어려운 도덕성 단계라 할 수 있다.

Kohlberg는 자신이 만든 도덕성 발달 이론이 모든 문화에 적용될 수 있다고 주장하였다(Nisan & Kohlberg, 1982). 그러나 후속 연구에 따르면 도덕성 발달에는 문화 차이가 엄연히 존재한다. 예를 들어, Baek(2002)은 Kohlberg의 하인즈의 딜레마를 제시해서 한국 아동과 영국 아동의 도덕성 발달을 비교하였는데, 연구 결과 한국 아동은 영국 아동보다 공평성과 사회적 규범 및 공리주의를 더 중요하게 여기는 경향을 보였다. 또한 한국 아동은 딜레마 상황 속 인물의 정서적 상태를 더 고려하는 모습을 보였는데, 이것은 '정'이라는 한국만의 문화적 개념으로 설명된다. '정'이란 사람들 사이에서 오랜 시간 동안 형성되는 정서적인 유대를 말한다. 한국 아동들은 Kohlberg가 고려하지 못했던 '정'이라는 개념을 바탕으로 도덕적인 판단을 내린 것이다. 예를 들어, 한국 아동들은 남편과 부인은 오랫동안 함께하며 쌓인 정을 가지고 산다는 생각 때문에 하인즈가 부인을 사랑하지 않더라도 약을 훔쳐야 한다는 반응을 보이기도 했다. 이와 같은 연구 결과를 토대로 Baek(2002)은 Kohlberg 이론의 문제점을 지적하며, 도덕적 추론을 측정할 때에는 문화 차이를 고려해야 함을 강조하였다.

Kohlberg의 이론은 연구 방법에 있어서도 적지 않은 비평을 듣는다. 예를 들어, Kohlberg가 사용한 딜레마 외에 다른 딜레마를 제시하였을 때, 사람들의 도덕적 추론은 일관적이지 않았다. 뿐만 아니라 Kohlberg의 이론은 여성을 배제하고 남성만을 대상으로 연구한 결과를 토대로 만들어졌기 때문에 그의 이론은 성 편향적이라는 점에서 비판을 받고 있다.

3) Gilligan의 이론

Kohlberg의 제자였던 Gilligan은 Kohlberg의 연구가 성 편향적이라고 반박한 대표적인 인물이다. 그녀는 Kohlberg의 연구는 남성만을 대상으로 진행되었고 여성의 도덕성 발달이 전혀 고려되지 않았기 때문에 그의 연구를 남성과 여성 모두에게 일반화시키는 것은 잘못된 것이라고 주장했다.

[그림 13-2] Carol Gilligan

Gilligan은 Kohlberg의 연구가 남성만을 대상으로 이루어졌기 때문에 성적으로 편향됐으며, 여성은 도덕성을 정의와 원칙이 아닌 보살핌의 관점에서 바라본다고 주장했다.

Gilligan(1982)은 성별이 다른 초등학교 4학년 아동 Jake와 Amy를 대상으로 두 아동이 하인즈의 딜레마에 접근하는 방식이 어떻게 다른지를 보여 주었다. 남자 아동인 Jake는 하인즈가 약을 훔쳐도 판사가 그것을 이해해 줄 것이라고 생각했고, 사람의 생명이 돈보다 귀하다고 말했다. 또한 약사는 1,000달러만 벌어도 살 수 있지만, 하인즈는 당장 약을 훔치지 않으면 부인이 죽게 된다고 말했다. 반면, 여자 아동인 Amy는 하인즈가 약을 훔치면 당장은 부인을 살릴 수 있지만 감옥에 가야 하고, 만약 감옥에 가 있는 동안 부인의 증세가 악화되면 약을 구할 사람이 아예 없어지게 되니 돈을 구할 수 있는 다른 방법을 찾아 약을

ISSUE 1

도덕성에 대한 진화론적 관점

도덕성 발달을 과학적으로 설명할 수 있을까? 과학은 눈에 보이거나 측정할 수 있는 대상을 관찰하고 실험하는 과정으로 이루어지는 반면, 도덕성은 선과 악, 옳고 그름이라는 추상적인 개념에 대한 관점을 바탕으로 한다. 따라서 과학자들은 직접 눈으로 확인할 수 있는 인간의 행동을 측정함으로써 도덕성을 연구하였다(Allchin, 2009). 하지만 어떠한 행동이 옳고 그른 것인지에 대한 명확한 기준을 정하기 어렵기 때문에 몇몇 연구자는 어떻게 인간이 도덕적으로 판단을 내리고 생각을 하는지, 또 그것이 어떻게 행동으로까지 이어지는지에 초점을 두고 도덕성 발달을 진화론적 측면에서 설명하였다.

진화심리학적 관점에 의하면, 인류는 집단 내 규칙과 법을 만들어 그것을 따르고, 서로 도우며 살아왔다(Allchin, 2009). 이와 같이 사회적 규범과 도덕적 행동은 개인의 학습(learning)과 생물학적 적응성(biological fitness)에 의해 강화된다. 한 개인이 새로운 사회적 행동을 시도해 본다고 가정했을 때 다른 사람들이 그 행동에 대해 어떻게 반응하느냐에 따라 그 행동이 강화되어 이후에 지속되거나 약화되어 더 이상 이루어지지 않는다. 예를 들어, 아동이 쓰레기를 주워 부모의 칭찬을 받았다면 아동은 그 행동을 앞으로도 지속해 나갈 것이다. 한편, 다른 아동이 쓰레기를 바닥에 버려 교사에게 크게 혼이 났다면 이 아동은 더 이상 쓰레기를 바닥에 버리려 하지 않을 것이다. 결국 이와 같이 인간은 칭찬을 받는 등 다양한 사회적 보상을 받기 위해 도덕적이고 친사회적인 행동을 하게 되고, 반대로 벌을 받지 않기 위해 비도덕적이고 비협조적인 행동은 하지 않게 된다. 진화심리학자들은 도덕성 발달이 이러한 과정을 통해 이루어진다고 보았고, 이를 통해 인간은 도덕적 행동을 학습함으로써 사회에 적응하고 진화해 나간다고 주장한다.

구하는 방법을 생각해 보아야 한다고 대답했다. Amy는 하인즈가 약사와 많은 대화를 나누어 약을 훔치는 방법 외에 다른 방향으로 약을 구할 수 있는 방법을 물색해야 한다며, 문제 해결 방법까지 제시했다. 결론적으로 남아인 Jake는 도덕적 문제 상황을 수학 문제 풀듯 정의와 원칙을 기준으로 하여 논리적으로 생각했지만, 여아인 Amy는 원칙보다는 관계 중심적으로 문제를 해결하고 판단했다.

이 결과는 이후의 Gilligan과 Attanucci(1988)의 연구에서도 일관되게 나타났다. 남성과 여성이 같은 도덕적 딜레마에 봉착했을 때 남녀 모두 정의와 원칙, 관계와 보살핌의 관점에서 도덕적 판단을 내리지만, 남성의 경우 정의와 원칙을 더 많이 고려하는 반면 여성의 경우에는 관계와 보살핌을 더 많이 고려하는 경향이 있는 것으로 나타났다.

이처럼 Gilligan은 남성과 여성이 각기 다른 관점에서 도덕적 사고를 한다는 새로운 주장을 펼쳤지만 이를 뒷받침하는 연구는 다소 제한적이며, 혹여 성별에 따라 도덕성 발달이 다르게 나타나더라도 차이는 매우 미미하게 나타난다는 점에서 비판을 받고 있다(Turiel, 2006). 또한 성차에만 집중한 나머지 다른 사회문화적 맥락의 영향을 간과했다는 점에서 Gilligan의 도덕성 이론은 좀 더 보완될 필요가 있는 것으로 보인다(Jaffee & Hyde, 2000).

2. 도덕적 행동 발달

사람은 살면서 항상 자신이 하고 싶은 대로 행동할 수 없다. 예를 들어, 가게에 진열된 옷이 아주 예쁘다고 하여 그 옷을 훔쳐서는 안 되는 것이다. 또한 좋은 성적을 받고 싶은 욕심에 시험 중 부정행위를 해서도 안 된다. 무엇이 옳고 그른지 알고 있어도, 자기 통제에 실패한다면 도덕적 행동을 하는 것은 불가능하다. 어떤 사람이 너무 화가 나 충동적으로 다른 사람의 물건을 망가트렸다고 가정하자. 그 후 그 사람이 자신의 행위가 잘못된 것을 알고 이에 대해 미안한 마음과 죄책감을 가졌다 할지라도 이 사람은 이미 비도덕적 행동을 한 것이다. 또한 도덕적 행동은 주위에 사람이 있을 때와 없을 때에 따라 다양하게 나타나므로 상황과 환경 또한 도덕적 행동 발달에 영향을 미치게 된다. 이와 같이 도덕적 사고가 형성되고 여러 딜레마 상황을 도덕적으로 판단할 수 있다 할지라도 도덕적 행동은 다르게 이루어질 수 있다.

인간이 도덕적인 행동을 하기 위해서는 지금 당장 자신이 원하는 것을 하고자 하는 충동적인 욕구를 참고, 도덕적 규범에 따라 자신의 행동을 알맞게 조절해야 한다. 이때 필요한 자기 통제 능력은 자신의 행동을 조절하여 해서는 안 될 행동은 억제하는 능력을 말한다. 도덕적 행동 발달에 있어 자기 통제력은 중요한 역할을 하기 때문에 연구자들은 아동기 자기 통제력에 관심을 가지고 연구를 하였다. 아동의 자기 통제 능력을 살펴보는 대표적인 실험에는 마시멜로 실험(Marshmallow experiment)으로 더 잘 알려진 만족 지연 실험이 있다. 이 실험에서 실험자는 만 4세의 아동들에게 마시멜로와 프레즐을 보여 주고, 둘 중에 선호하는 음식이 무엇인지를 물어본다. 아동이 자신이 선호하는 음식을 말하자, 실험자는 잠시 나갔다 와야 한다며 자신이 돌아올 때까지 기다리면 아동이 선호하는 음식을 먹을 수 있고, 기다릴 수 없다면 아동이 선호하지 않은 음식을 먹을 수 있다고 말한다(Mischel & Ebbeson, 1970; Mischel et al., 1972). 이 실험은 지금 당장 만족될 수 있는 욕구를 이후의 더 큰 만족을 위해 참고 자신의 행동을 조절하는 자기 통제 능력인 만족 지연 능력을 알아보기 위해 설계되었다.

마시멜로 실험의 결과는 다양하다. 아동이 자신이 선호하는 음식을 먹기 위해 기다린 시간에는 차이가 있었는데, 실험자가 자리를 비운 사이에 장난감을 가지고 놀거나 재미있는 것을 생각했던 아동들은 아무것도 하지 않고 선호하는 음식을 보고 있었던 아동들보다 더 오래 기다렸다. 또한 아동이 혼자 남겨졌는지가 아동이 기다린 시간에 영향을 미쳤다. 방에

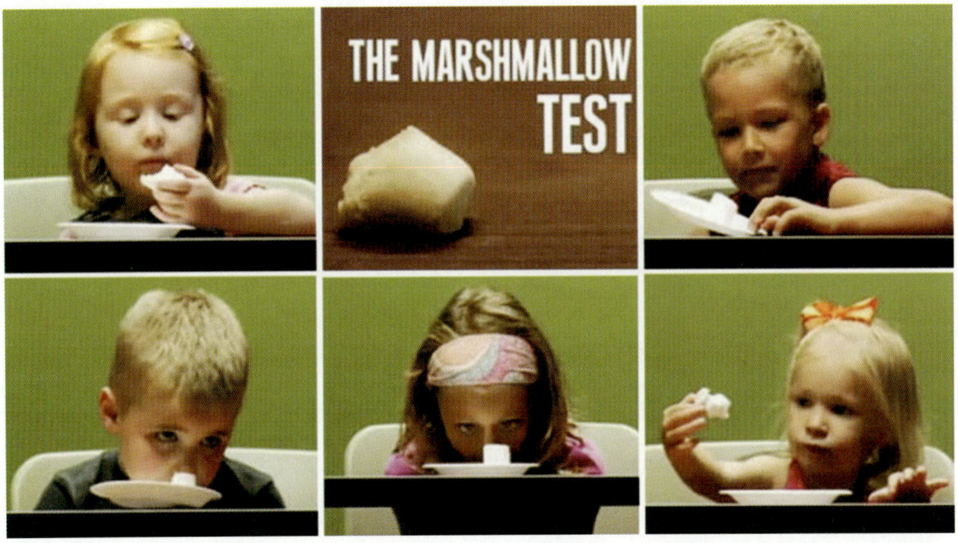

[그림 13-3] 마시멜로 실험 예시

만 4세 아동들을 대상으로 만족 지연 실험을 하고 나서 15년 뒤에 이들을 추적 연구했다. 그 결과, 만족 지연을 더 오래했던 아동일수록 여러 방면에서 긍정적인 모습을 보인 것으로 나타났다.

출처: http://www.dailyfinance.com/2013/05/08/financial-self-control-tips-marshmallow-study/

혼자 있었던 아동들은 기다리지 못하고 자신이 선호하는 음식을 먹은 것이다(Mischel et al., 1972).

마시멜로 실험으로 잘 알려진 만족 지연 실험은 여기서 끝나지 않고, 실험에 참여했던 만 4세 아동들의 만족 지연 능력을 바탕으로 15년 뒤 이들의 사고 능력과 인지 능력이 어떻게 발전하였는지 연구하였다. 그 결과, 마시멜로 실험에서 높은 자기 통제력을 보였던 아동은 15년 후 원만한 대인관계를 형성하고 있었고, 학업 성적도 더 뛰어난 것으로 나타났다(Mischel, Shoda, & Rodriguez, 1989). 무엇보다 만족 지연 능력이 높은 아동은 자신의 것을 기꺼이 다른 사람과 공유하는 행동을 보이는 경향이 있었다(Sebastián-Enesco & Warneken, 2015).

Gailliot, Gitter, Baker와 Baumeister(2012)의 연구에서는 자기 통제력이 약한 집단의 경우 사회적 규범과 규칙을 더 많이 어기고, 욕도 더 많이 하고, 도덕적으로 옳지 않은 행동을 더 많이 시도하는 경향을 보였다. 이러한 결과는 도덕적 행동을 하는 데 있어 자기 통제력이 얼마나 중요한 역할을 하는지를 보여 준다.

도덕적 행동은 개인의 자기 통제 능력뿐만 아니라, 그가 처한 상황에 영향을 받는다. 연구자들은 도덕적 행동이 사람의 고유한 성격에 의해 이루어지는지 아니면 다양한 상황에 따라 달라지는지 연구해 왔다. 한 연구에서는 Hartshorne과 May(1928)가 11,000명의 아동을 대상으로 부정행위와 관련된 실험을 진행하였다. 그 결과, 아동은 자신이 처한 상황에 따라 어떤 때는 도덕적으로 또 다른 때에는 비도덕적으로 행동했다. 즉, 완벽하게 도덕적이거나 비도덕적인 아동은 없었으며, 아동의 도덕적 행동 혹은 비도덕적 행동은 상황에 따라 다르게 나타났다. 예컨대, 아동은 주로 자신의 부정행위를 들킬 확률이 매우 낮을 때, 그리고 또래 집단으로부터 압력을 받을 때 부정행위를 더 저질렀다. 이처럼 도덕적 행동 발달은 자기 통제 능력과 같은 내재적 요인뿐 아니라 상황과 같은 외부 요인의 영향도 받는다.

이와 같이 내면화된 도덕적 원칙보다 상황에 따라 도덕적 행동이 달라지는 것을 특수성 원리(doctrine of specificity)라고 한다. 도덕적 행동 발달은 상황에 크게 영향을 받지만, 유전이나 애착 유형, 신경생물학적 요인에는 크게 좌지우지되지 않는다(Van Ijzendoorn, Bakermans-Kranenburg, Pannebakker, & Out, 2010). 그러나 Kochanska 등(2007)은 아동의 기질 유형 역시 도덕적 행동과 친사회적 행동에 큰 영향을 미친다고 강조한다. 이와 같이 상반되는 연구 결과는 상황과 같은 사회적 요인과 기질 유형 같은 유전적 요인이 도덕적 행동에 어떠한 영향을 끼치는지에 대한 지속적 연구의 필요성을 제기한다.

ISSUE 2

의대에 들어가면 도덕성이 떨어진다?

도덕성은 의사가 갖추어야 할 중요한 덕목 중 하나다. 미국이나 캐나다 의대에서는 면접을 통해 전문적인 지식은 물론, 타인을 위해 희생하고자 하는 마음과 도덕성도 평가한다. 그러나 뉴스나 신문에 나오는 의사들의 이야기는 꼭 의사가 도덕적이지만은 않다는 것을 보여 주고 있다. 자신의 도덕성을 인증받고 입학한 의대생들이 왜 이후에 비도덕적이고 비양심적인 의사가 되는 것일까?

최근 한 연구에서는 의대생의 도덕성과 관련한 연구를 진행하였는데 그 결과가 흥미롭다. Patenaude, Niyonsega와 Fafard(2003)는 캐나다에 위치한 셔브룩 대학교(Sherbrooke University)의 의대생들을 대상으로 1학년 때의 도덕성과 3학년 때의 도덕성을 측정하였다. 그리고 이를 비교하여 의과 대학 과정이 학생들의 도덕성에 어떠한 영향을 미치는지 확인하고자 하였다.

연구 결과, 의학적 지식과 함께 학생들의 도덕성이 높아졌을 것이라는 예측과는 다르게 학생들의 도덕성은 1학년 때보다 3학년이 되었을 때 더욱 떨어진 것으로 나타났다. 이와 같은 연구 결과는 의대 교육과정에서 학생들이 겪게 되는 무언가가 이들의 도덕성을 증가시키기보다 떨어뜨리게 만드는 원인이 되지 않았을까 하는 의문을 가지게 한다.

여러 이유가 있겠지만 그중 하나는 다른 전공에 비해 의대생 간의 경쟁이 매우 심하기 때문이다. 의대생들은 상대적으로 또래와의 교류가 적고, 집단으로 활동하는 과제도 드물다. 따라서 의대 내에서의 유별난 경쟁이 의대생들의 도덕성을 하락시키는 데 일조했다고 주장하는 선행 연구자들도 있다(Bargel & Ramm, 1994). 의대 내에서의 경쟁은 어찌 보면 불가피하므로 의대생의 도덕성을 유지시켜 주거나 증가시켜 주는 새로운 교육과정을 개발해야 한다는 목소리가 점점 높아지고 있다. 또한 이러한 결과는 경쟁이 심화된 다른 영역에도 적용될 수 있음을 명심해야 한다.

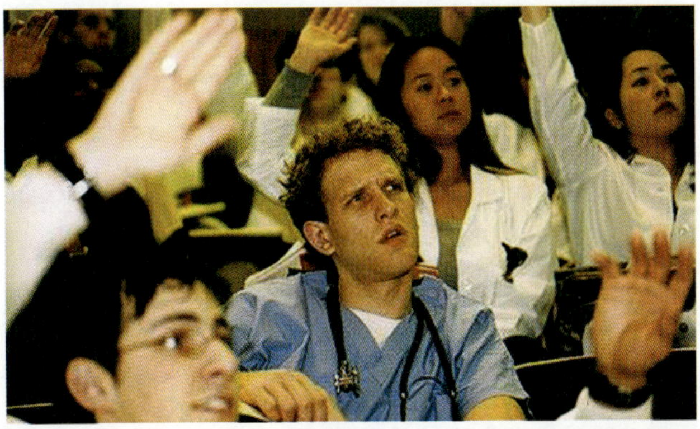

출처: http://www.telegraph.co.uk/health/healthnews/6816672/Medical-schools-failing-to-recruit-poorer-students.html

3. 도덕적 정서 발달

큰 잘못을 저지르고도 마음 편히 지낼 수 있는 사람은 많지 않을 것이다. 이와 같이 인간은 옳지 않은 행동을 했을 때 자신의 잘못에 대해 죄책감과 양심의 가책을 느낀다. 이러한 도덕적 정서는 사람으로 하여금 잘못을 뉘우치게 하고 다시금 도덕적인 행동을 하도록 돕는다. 예컨대, 한 아동이 또래 친구를 밀어서 넘어뜨렸다고 가정하자. 이때 도덕적 정서는 아동이 친구가 얼마나 아픔을 느끼는지에 대해 이해하고, 자신이 잘못을 저질렀다는 것을 깨닫게 하며, 더 나아가 이후에는 비도덕적인 행동보다는 도덕적인 행동을 하도록 돕는다. 이와 같이 도덕적 정서는 주로 양심과 죄책감으로 설명된다.

Freud(1930)에 의하면 사람에게는 의식 세계에 존재하는 자아(ego)와 무의식 세계에 있는 원초아(id)와 초자아(superego)가 있다. 이 중 도덕적 정서 발달과 관련이 있는 초자아는 양심을 자극하여 스스로를 관찰하고 평가하는 역할을 한다. Freud에 따르면 만 3~6세의 남아는 엄마에게 성적으로 매력을 느끼는 오이디푸스 콤플렉스(Oedipus complex)를, 여아는 아버지에게 성적으로 끌리는 엘렉트라 콤플렉스(Electra complex)를 경험한다. 이때 아동은 부모를 향한 부적절한 마음에 대해 자신이 처벌받을 것이라는 두려움과 부모의 사랑을 잃을 수도 있다는 불안감에 휩싸이게 되는데, 이 갈등을 해소하기 위해 자신과 성(sex)이 같은 부모를 자신과 동일시(identify)하게 되면서, 반대 성의 부모에게 가졌던 이성적 감정을 없애게 된다. 이러한 과정에서 아동은 부모의 도덕성을 자신의 것으로 내면화(internalize)시키고, 양심이라고 불리는 초자아를 형성하기 시작한다.

인간이 도덕적으로 행동하고 도덕적 사고를 하는 것은 비도덕적인 생각과 행동을 하였을 때 느끼는 양심의 가책이 큰 역할을 하기 때문이다. 즉, 인간은 양심의 가책을 느낌으로 인해 자신의 잘못된 행동을 돌아보고, 다시 도덕적인 모습으로 돌아가도록 노력한다. 이때 죄책감 혹은 양심의 가책은 분노와 두려움 같은 기본적인 감정과는 달리, 측정하기가 쉽지 않다(Kochanska & Aksan, 2006). 예를 들어, 자연관찰법으로 피실험자들을 관찰했을 때 죄책감은 불규칙하게 나타났으며, 실험법으로 죄책감을 측정하는 것도 쉽지 않았다. 한편, Kochanska와 Aksan(2006)은 새로운 방법을 사용하여 아동의 죄책감을 측정하고자 했다. 먼저 연구자는 특정 물건을 아동에게 보여 주며 그 물건이 매우 중요한 것이라고 말하였다. 그리고 연구자는 아동에게 그 물건을 조심히 다뤄 달라고 당부한다. 그러나 아동이 물건을 건네받고 만지는 순간 물건은 깨져 버린다. 이때 연구자는 아동에게 물건을 맡겼다는 것에 후회스러운 감정을 표현하며 60초 동안 가만히 있는다. 이후 연구자는 아동에게 어떻게 된 일인지를 물어보고, 방을 나간다. 30초가 지난 후 연구자는 다시 멀쩡히 복구된 물건을 가져와서 아동을 안심시킨다.

실험을 진행하는 동안 연구자는 죄책감의 요소들로 여겨지는 아동의 시선 회피(gaze aversion), 부정적 정서(negative affectivity), 자백, 사과, 자책 등을 관찰하고 기록하였다. 연구 결과, 아동은 잘못을 저질렀을 때 한 가지 정서를 표현하기보다는, 긴장, 분노 그리고 슬픔을 동시에 보였다. 즉, 잘못을 저질러 죄책감이 들 때 아동은 다양한 부정적 정서를 표출한다고 볼 수 있다. 또한 대부분의 아동은 자신이 망가뜨린 물건을 고쳐보고자 노력하는 모습을 보이기도 했다. 그러나 이처럼 아동이 죄책감을 느낄 때 나타나는 부정적인 정서에 대한 연구는 매우 제한적이기 때문에 좀 더 많은 연구가 이루어질 필요가 있다.

4. 도덕성 발달에 영향을 미치는 요인

앞서 살펴본 도덕적 사고와 행동은 단계적으로 발달하며, 아동으로 하여금 모범적인 사회적 일원이 되도록 한다. 이러한 도덕성 발달에 영향을 미치는 대표적인 요인으로는 부모와 또래 그리고 학교가 있다.

1) 부모

아동은 일상 속에서 부모와 가장 많은 시간을 보내기 때문에 부모의 양육 방식은 아동의 도덕성 발달에 커다란 영향을 미친다. 특히 아동이 잘못을 저질렀을 때 부모가 어떠한 방법으로 아동의 행동을 다루고 훈육하는지는 아동의 도덕성 발달과 밀접한 관련이 있다. Hoffman(1970b; Hoffman & Saltzstein, 1967)은 부모의 훈육 방법을 애정 철회법, 유도법 그리고 권력 행사법으로 유형을 나눠 설명한다. 애정 철회법(love withdrawal)이란 아동이 잘못을 저질렀을 때 부모가 직접적으로 자녀의 행동에 실망을 표현하고, 화가 났다는 것을 이야기하는 비폭

력적인 훈육 방식이다. 애정 철회법을 사용하는 부모는 자녀가 잘못하면 자녀에게 실망감을 표출하여 아동을 불안하게 만들고, 자신의 행동이 잘못됐다는 것을 깨닫게 만든다. 유도법(induction)이란 아동에게 자신이 저지른 잘못이 타인에게 어떠한 영향을 미칠지 생각해 볼 시간을 주고 이를 만회할 수 있도록 훈육하는 방법이다. 마지막으로 권력 행사법(power assertion)은 부모가 아동의 잘못에 대해 강압적인 말이나 신체적 폭력을 사용하는 훈육방식이다. Hoffman(1967)에 따르면, 애정 철회법이나 권력 행사법은 도덕성 발달에 별로 효과적이지 못하지만, 유도법은 아동의 도덕적 사고와 정서를 촉진시킴으로써 도덕성 발달에 도움을 준다. 유도법을 사용하는 것은 아동으로 하여금 다른 사람의 입장이 어떨지 생각하도록 하고, 이를 통해 아동은 타인의 마음과 감정을 이해하고 공감할 수 있게 된다.

부모의 양육 방식 외에도 부모의 도덕적 추론 능력 그리고 가정환경은 아동의 도덕성 발달에 직간접적인 영향을 준다. 연구자들은 부모의 도덕적 추론 능력이 자녀의 도덕적 추론 능력을 예측할 수 있는지에 대해 질문을 해 왔지만(Eisenberg & Valentie, 2002), 이에 대한 연구 결과들은 일관적이지 않다. 예를 들어, Janssen 등(1992)은 부모의 도덕적 추론 능력과 자녀의 도덕적 추론 사이의 상관관계가 있다고 주장하며, 도덕적 추론 능력이 높은 부모는 대체로 대화를 통해 자녀의 도덕적 추론 능력을 자극한다고 설명한다. 반면, Walker와 Taylor(1991)의 연구에서는 부모와 자녀의 도덕적 추론은 서로 상관이 없는 것으로 나타났다. 따라서 더 정확하고 깊은 이해를 위해 부모의 도덕적 추론 능력과 아동의 도덕성에 대한 연구는 앞으로도 좀 더 이루어져야 할 것이다.

부모의 훈육 방법 및 도덕적 추론 능력 외에도 전체적인 가정환경 역시 아동의 도덕성 발달과 상관이 있다. Okin과 Reich(1999)는 아동의 도덕성 발달에 긍정적인 영향을 미치는 가정환경 세 가지를 제시한다. 먼저, 두 부모 모두 양육에 참여하는 것이 아동의 도덕성 발달에 도움이 된다. 일반적으로 아동을 양육하는 것은 엄마의 역할이지만, 엄마와 아빠 모두가 양육에 참여하면 여아는 자존감이 더 높아지고, 남아는 애착과 공감이 더 발달하게 된다(Okin & Reich, 1999). 둘째, 성별 간의 위계질서(gender hierarchy) 혹은 불평등(inequality)이 적은 가정환경일수록 아동의 도덕성 발달에 긍정적인 영향을 끼친다. 아동은 부모를 보면서 성인은 어떻게 상호작용하는지를 배우게 되는데, 만약 독재적인 아빠가 엄마를 좌지우지하는 모습을 아동이 보고 자란다면 자신도 이러한 모습을 그대로 받아들이게 되고, 자신의 인간관계에도 적용시킬 수 있다. 셋째, 손위 형제나 자매가 육아에 참여하는 가정환경이 아동의 도덕성 발달에 긍정적이다. 형이나 오빠 혹은 누나나 언니가 양육에 관여하게 되면 아동은 이들로부터 사회적 기술을 배움으로써 공감 능력이 향상되고, 친사회적 행동이 증가하며, 도덕성이 발달하게 된다(Whiting & Edwards, 1988).

2) 또래와 학교

부모와 집에서 시간을 보내던 아동은 연령이 증가하면서 학교에 가게 되고, 또래들과 함께 많은 시간을 보내게 된다. Walker 등(2000)은 또래가 아동의 도덕성 발달에 미치는 영향은 부모가 미치는 영향과는 또 다른 특성을 지니고 있다고 주장한다.

아동은 또래와 놀이를 하는 과정에서 협동과 같은 도덕적 행동을 하게 되고, 이를 통해 도덕성이 발달하게 된다. Walker 등(2000)은 부모와 또래가 아동의 도덕적 추론 발달에 미치는 영향을 알아보았는데, 연구 결과 부모와 또래 모두 아동의 도덕성 발달과 연관이 있었지만, 그 성질이 달랐다. 일반적으로, 부모와 아동은 위계적인 관계를 갖는데, 이 관계에서 위에 있는 부모의 도덕적 추론 능력이 아동의 능력보다 높을수록 아동의 도덕성 발달에 도움이 된다. 그러나 평등한 관계를 형성하고 있는 또래와는 도덕적 추론 능력의 차이가 크지 않을수록 오히려 더 도덕성 발달에 긍정적인 영향을 미친다. 즉, 또래와의 평등한 관계에서 도덕적 추론 능력이 비슷할 때 아동은 좀 더 자유롭게 자신의 생각을 나누고, 도덕적 딜레마

[그림 13-4] 또래와 도덕성 발달

아동은 또래와의 평등한 관계를 통해 도덕성 발달을 이룬다.

ISSUE 3

도덕성 높은 아이가 공부 잘한다?

친구에게 맞고 들어오는 아이를 보면 은근히 화가 치민다. 맞고 다니는 것보다 차라리 때리는 편이 낫다는 생각이 든다. 주변에서 '착하다'는 평가를 받으면 어쩐지 바보 같아 보인다. 언젠가부터 착하면 손해를 본다는 생각이 만연하기 시작했다. 이는 인간이 지닌 '도덕성'의 문제다. 인간이 무리를 지어 살아 온 이래로 도덕성이란 중요하지만 어쩌면 슬쩍 피해가고 싶었던 이슈였다. 더불어 살아가기 위해서는 자신의 충동을 자제하고, 주어진 규칙을 따르며, 타인의 심정을 이해하고 공감하여 배려하는 능력이 필요하다. 이와 같은 중요성에도 불구하고 '도덕적인 사람'에 대한 인상은 반드시 긍정적인 것만은 아닌 것 같다. 규칙에 얽매인 사람, 딱딱하고 재미없는 사람 혹은 지나치게 착해서 실속은 없이 손해만 보는 사람……. 언뜻 부정적인 인상만이 떠오른다.

두 아이가 눈을 감고 퍼즐을 맞추고 있다. 두 아이 모두 4분 이내에 눈을 감은 채로 퍼즐을 맞추어야 한다. 한 아이는 끝까지 눈을 감고 퍼즐을 맞추느라 끙끙거리고 있다. 또 다른 아이는 살짝 실눈을 뜨고 퍼즐을 맞춘다. 누가 빨리 맞추었을까? 실눈을 뜬 아이일 것이다. 그렇다면 나중에 누가 더 성공할까? 미국 애리조나 주립대학의 심리학자 Eisenberg가 유치원 아이들을 대상으로 살펴본 결과, 어렸을 때 끝까지 눈을 감고 퍼즐을 맞추었던 아이가 이후 학교에 더 잘 적응하고 친구와의 관계도 더 원만했다. 반면, 규칙을 어겼던 아이들은 공격성도 높고 충동 조절을 잘 못했으며 학교에 잘 적응하지 못했다. 비슷한 결과가 이탈리아 연구에서도 얻어졌다. 자기를 조절하고 규칙을 준수하는 성향이 강한 아이들이 그렇지 않은 아이들보다 더 뛰어난 학업 수행을 보인 것이다. 도덕성이란 하고 싶은 충동을 억제하는 것, 또 하기 싫은 것을 해야 하는 것으로서, 결국 자기를 조절하여 '해야 할 것'을 하는 것이다. 일하기, 공부하기, 나누어 쓰기, 청소하기 등 일상에서 해야 할 일들은 대부분 하기 싫은 것일 수 있다. 눈을 뜨고 싶지만 감는 것이 규칙이므로 참아야 했던 아이들은 결국 일상의 수많은 '해야 할 일들'에서 더 많은 성취를 하게 된다.

하버드 대학교의 인지심리학자 Hauser는 2006년 자신의 저서 『도덕적 마음(Moral Mind)』에서 사람은 태어날 때부터 선과 악을 판별하는 도덕 관념을 갖고 있다고 주장했다. 유명한 심리학자인 Steven Pinker 또한 도덕성은 인간의 유전자에 새겨진 본성임을 강조한 바 있다. 아기 대상의 실험에서 보듯이 인간은 도덕적 존재임에 틀림없다. 이처럼 타고난 능력인 아이의 도덕성을 어른들은 간과해 온 것이 아닐까? 지나친 경쟁 위주의 일상이 이런 본성을 억누르게 만든 것은 아닐까? 아이가 진정한 성공과 행복을 성취하도록 하기 위해서는 타고난 도덕적 본성을 키워 나갈 수 있게 해 주는 것이 필요 하다. 자신을 조절하고 남을 배려할 수 있는 능력이 우선이라는 것을 다시 한 번 새겨야 할 것이다.

출처: 곽금주(2008. 4. 5.). 도덕성 높은 아이가 공부 잘한다. 매일경제.

상황을 함께 해결하게 되어 도덕성 발달을 이룬다.

Kohlberg와 Hersh(1977)는 아동의 도덕성 발달에 있어서 학교의 중요성을 강조한다. 예를 들어, Blatt과 Kohlberg(1975)는 학교에서 도덕성과 관련된 주제에 대해 토론을 하는 것이 아동의 도덕적 추론 능력을 향상시키는 데 도움이 된다는 사실을 연구를 통해 밝혀냈다. 이 연구에서 한 집단은 Kohlberg의 딜레마 상황에 대해 토론을 벌였다. 반면, 다른 집단은 도덕성과 관련된 주제에 대해 토론을 가지지 않았다. 그리고 12주 뒤, 두 집단의 도덕적 추론 능력을 측정하였는데, 토론을 한 집단의 아동이 토론을 하지 않았던 집단에 비해 도덕적 추론 능력이 향상된 것으로 나타났다. 이와 같이, 학교는 지식의 습득을 넘어서 도덕적인 사고를 형성하는 장을 아동에게 제공함으로써 아동의 도덕성 발달에 도움을 준다.

5. 공격성 발달

인간은 도덕적 사고를 통해 선과 악 혹은 옳고 그름을 판단하며, 충동적인 욕구를 통제하여 올바르고 모범적인 행동을 한다. 그렇다면 이와 반대로 비도덕적인 사고와 충동성을 통해서는 어떠한 행동이 이루어질까? 이 절에서는 다른 사람에게 해를 입히고자 하는 의도인 공격성(aggression)에 대해 알아보고자 한다(Coie & Dodge, 1998; Harre & Lamb, 1983). 자세하게, 공격성의 종류, 성차 그리고 공격성에 영향을 미치는 요인을 살펴보겠다.

1) 공격성의 종류

공격성은 어떠한 의도를 가지는지 혹은 어떠한 방식으로 이루어지는지에 따라 두 가지 종류로 나뉜다. 먼저, 특정한 목표를 이루기 위해 공격적으로 행동하는 것을 선행적 공격성(proactive aggression)이라고 한다. 예를 들어, 점심을 빨리 먹기 위해 앞에 있는 친구를 미는 것은 선행적 공격성에 해당된다. 한편, 타인으로부터 위협을 받았을 때 공격적으로 행동하는 것을 반응적 공격성(reactive aggression)이라고 한다(Dodge, 1991). 예컨대, 친구가 먼저 자신을 밀었을 때 이것을 위협으로 받아들이고 공격적으로 반응하는 것이 이에 해당된다.

공격성은 신체적 혹은 언어적인 방식으로 이루어질 수 있다. 신체적 공격성은 때리기, 발로 차기 등과 같이 신체적인 방식으로 해를 가하는 행동이다(Coyne et al., 2011). 자세하게, 아동은 다른 사람에게 직접적으로(예: 얼굴 때리기) 혹은 간접적으로(예: 물건 망가뜨리기) 해를 입힐 수 있다. 한편 언어적 공격성은 다른 사람의 별명을 짓궂게 부르거나 나쁜 소문을 퍼트리는 등의 행동을 포함한다(Coyne et al., 2011). 신체적 공격성은 생후 약 30개월부터 나타나기 시작하여 나이가 들면서 점차 줄어드는 경향을 보이지만, 언어적 공격성은 아동의 언어 능력이 발달하는 시기에 나타나 나이가 들면서 오히려 잦아지는 경향을 보인다(Cairns, 1979; Cote, Vaillancourt, Barker, Nagin, & Tremblay, 2007).

2) 공격성의 성차

남아와 여아의 공격성에는 차이가 있다. 남아는 여아에 비해 신체적 공격성을 더 많이 보이는데, 이와 같은 양상은 아동 초기와 중기에 걸쳐 나타나며(Card, Stucky, Sawalani, & Little, 2008), 문화 혹은 사회경제적 지위의 차이와 무관하게 나타난다(Baumrind, 1971). 이것은 자신이 힘이 세고, 터프하다는 것을 또래에게 보여 주는 것이 특히 남아에게 중요하기 때문이라고 설명할 수 있다(Pellegrini, 1995). 이와 반대로 여아는 사람들과의 관계를 중요하게 생각하기 때문에(Maccoby, 1998) 관계적 공격성을 더 많이 보인다. 여기서 관계적 공격성이란 한 사람의 사회적 관계에 해를 입히고자 하는 공격성이다(Nelson, Springer, Nelson, & Bean, 2008).

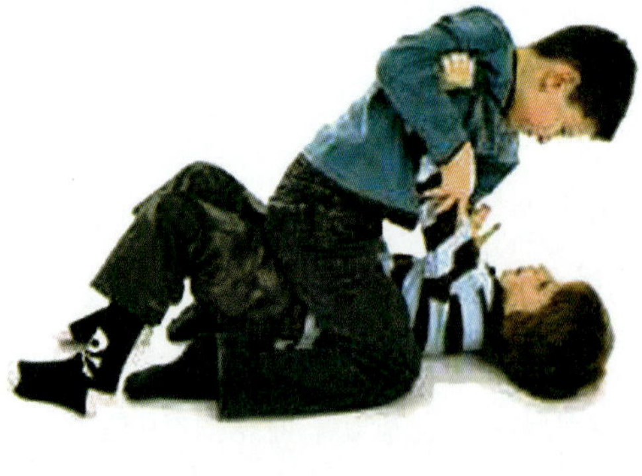

〈 남아의 신체적 공격성 〉

〈 여아의 관계적 공격성 〉

[그림 13-5] 공격성의 성차

남아는 주로 신체적 공격성(좌)을 보이며, 여아는 주로 관계적 공격성(우)을 보이는 것으로 나타났다.

출처: http://micheleborba.com/blog/parenting-survival-guide-to-the-mean-girl-scene/
http://www.healthsizlo.tk/aggression-in-teenager-boys-might-be-fueled-by-abandon-during-childhood.html

ISSUE 4

밝은 빛은 도덕성을 자라나게 한다?

미국의 사상가이자 시인인 Emerson의 『worship』이라는 책에서는 “밤의 최고의 경찰은 램프의 빛이며, 이것을 통해 이 세상을 구할 수 있다.”고 말한다. 이러한 문장은 어둠이 지니는 부정성과 밝음이 가지는 긍정성을 보여 주며, 비도덕적인 행동은 주로 어두울 때 가장 많이 일어난다고 얘기한다(Hartley, 1974; Karnes, 1960). 정말로 빛은 도덕적 행동을 일으키고, 어둠은 사람들을 비도덕적으로 만들까?

2010년 토론토 대학교(University of Toronto)의 Chen-Bo Zhong 연구팀은 빛이 사람들의 도덕성에 미치는 영향에 대해 연구했다. 연구자들은 참여자들을 두 집단으로 나누어 어두운 방과 밝은 방에 배정했다. 어두운 방의 참여자들에게는 방의 조명이 고장났다고 이야기한 뒤, 5분의 시간을 주고 그 시간 안에 풀 수 없는 과제들을 주었다. 그리고 5분이 지난 후 참여자들에게 맞게 푼 개수를 적게 했다. 실제로 두 집단의 수행력에는 차이가 없었다. 그러나 실험 결과 밝았던 방에 있었던 참가자들보다 살짝 어두웠던 방에서 과제를 풀었던 참여자들이 자신이 맞힌 문제의 개수를 좀 더 높게 말하는 경향이 있었다. 즉, 거짓말과 부정행위를 더 많이 하였고, 그들이 받으면 안 되는 보상금액을 더 많이 가져갔다.

어두울 때 사람들이 더 비도덕적으로 행동하는 것은 다음의 심리적 기저로 설명할 수 있다. 먼저 어둠은 사람들로 하여금 익명성을 가진다는 착각(illusory anonymity)을 갖게 한다. 사람들은 어두우면 다른 사람이 나를 쳐다보고 있다는 느낌을 적게 받는다(Hirsh, Galinsky, & Zhong, 2011; Zhong, Bohns, & Gino, 2010). 또한 어둠은 개개인의 정체성과 책임감이 약화되는 몰개성화(deindividuation)를 일으킨다(Gergen, Gergen, & Barton, 1973; Johnson & Downing, 1979). 그 결과, 과격화된 행동을 더 하고 비합리적 행동을 더 많이 하게 된다. 반대로, 사람들은 밝은 곳에서는 타인이 자신을 어떻게 볼지에 대해 더 걱정하여 자기 인식이 높아진다. 예를 들어, 사람들은 밝은 곳에서 자기지시적인 단어를 더 많이 사용한다(Gifford, 1988). 그리고 높은 자기 인식은 몰개성화를 낮추고 자기 조절을 좀 더 잘 하게 한다. 실제로 사람들은 밝은 빛에 노출될 때 자기 조절을 더 잘하고 어두운 곳에서 자기 조절 능력이 떨어진다. 결론적으로 빛에 노출되는 것은 높은 자기 인식을 경험하게 하고, 이는 곧 높은 자기 조절로 이어지게 된다. 점점 흉흉해지는 요즘, 강력한 처벌도 좋지만 밝은 빛을 이곳저곳에서 비춰 주는 것은 어떨까.

이 공격성은 아동 후기에 나타나기 시작하며 청소년기에 증폭되는 경향이 있다(Archer et al., 2004). 또한 연령에 따라 관계적 공격성의 양상이 다르게 나타난다. 예를 들어, 유치원생은 또래에게 "과자를 안 나눠 먹으면 같이 안 놀 거야!"라고 소리치는 등 직접적으로 관계를 위협하는 말을 하지만, 아동 중기 이후부터는 무리에서 제외시키거나 다른 친구들과의 관계 사이에서 조종하는 등 간접적인 공격성을 나타낸다.

3) 공격성에 영향을 미치는 요인

공격성에 영향을 미치는 요인은 크게 생물학적 요인과 사회적 요인으로 구분할 수 있다. 최근 연구자들은 유전자 연구를 통해 MAOA(monoamine oxidase A: 모노아민 산화 효소 A)가 공격성과 상관이 있다는 것을 발견하였다. MAOA가 낮은 아동은 MAOA가 높은 아동보다 신체적 공격성을 더 많이 나타내는 것으로 나타났다(Caspi et al., 2002). 성인 남성을 대상으로 한 연구에서도 MAOA가 낮고 심각한 환경적 스트레스를 경험한 사람이 신체적 공격성을 더 보였다(Alia-Klein et al., 2008).

생리적 반응성(physiological reactivity), 특히 스트레스와 관련된 호르몬인 코르티솔(cortisol)의 수치 또한 공격성과 연관이 있다. Murray-Close 등(2008)의 연구에서는 하루 동안 아동의 코르티솔 수치가 어떻게 변화하는지 살펴보고, 이것이 신체적·관계적 공격성과 어떠한 관련이 있는지 알아보았다. 연구 결과, 신체적 공격성을 보인 아동은 아침에 코르티솔 수치가 증가하고 오후가 되면 눈에 띄게 낮아졌다. 반대로, 관계적 공격성을 보인 아동의 코르티솔 수치는 아침에 낮고 오후가 되면서 점점 증가하는 것으로 나타났다.

이렇게 생물학적인 요인 외에도 사회적인 요인이 아동의 공격성에 영향을 미친다. 아동은 주변에서 일어나는 상황과 사람들의 행동을 모방하는데, 이 과정에서 공격적인 행동을 배우기도 한다. Bandura(1961)는 보보 인형 실험(bobo doll experiment)을 통해 아동이 어떻게 공격적인 행동을 모방하는지 보여 주었다. [그림 13-6]과 같이 아동은 한 성인이 보보 인형(공기를 주입해서 부풀려진 오뚝이 모양 인형)을 때리고 발로 차는 등의 공격적인 행동을 목격하였다. 이후 연구자는 실험실에 아동과 보보 인형만을 남겨 두었는데, 놀랍게도 아동은 성인이 보였던 공격적인 행동을 정확하게 모방했다.

[그림 13-6] Bandura(1961)의 보보 인형 실험
Bandura(1961)는 보보 인형 실험을 통하여 아동의 모방 능력을 실험하였다. 그 결과, 아동은 성인의 공격적인 행동을 보고 모방하는 것으로 나타났다.

6. 친사회적 행동의 발달

친사회적 행동(prosocial behavior)은 도덕적 행동뿐 아니라 보상을 바라지 않고 다른 사람의 유익을 위하는 자발적인 행동이다(Eisenberg, Fabes, & Spinrad, 2006). 이러한 친사회적 행동은 영아기, 아동기 그리고 청소년기를 지나면서 변화한다. 영아기와 아동기에는 친사회적 행동이 나타나지만, 이것이 진심으로 상대방의 마음을 고려해서 나타나는 친사회적 행동인지에 대해서는 아직까지 명확한 연구 결과가 없다. 그러나 청소년기가 되면서 청소년은 진심으로 상대방의 마음을 헤아리는 친사회적 행동을 보이게 된다. 이 절에서는 친사회적 행동을 하기 위한 기본적인 능력인 공감 능력과 인지 능력 그리고 친사회적 행동에서의 성차, 친사회적 행동에 영향을 미치는 유전적 요인과 환경적 요인을 살펴보겠다.

1) 친사회적 행동을 위한 기본적 능력

공감(empathy)은 다른 사람의 입장에서 생각하고 느끼는 것으로, 인간이 생존하는 데 필수적인 능력이다(Hoffman, 2000). 과거에는 어린 아동이 인지적 능력이 부족하고 상대방의 감정을 느끼지 못한다고 여겨졌기 때문에 영아를 대상으로 한 공감 연구는 많이 이루어지지 않았다(Thompson, 1987). 그러나 최근 연구에서는 생후 14개월 된 영아가 생후 6개월 된 영아가 우는 모습을 보고 따라서 울음을 터트렸으며(Zahn-Waxler, Radke-Yarrow, & King, 1977), 출생 후 18시간 된 영아도 다른 영아의 괴로움에 반응하는 것으로 나타났다(Martin & Clark, 1982). 이처럼 공감은 아주 어린 영아기부터 발달하기 시작하여 연령이 증가할수록 그 능력이 더욱 향상된다. 특히 마음이론이 발달함에 따라 아동은 상대방의 마음을 더 잘 이해할 수 있게 되는데, 이때 아동의 공감 능력 역시 급격히 발달하게 되고, 남을 도와주는 행동 또한 나타나게 된다(Wellman et al., 2001). 또한 아동은 타인의 마음을 공감하기 시작하면서 다른 사람을 도와주고 싶어 하는 이타적인 동기가 생기기 시작한다. 여기서 이타적인 동기(altruistic motives)란 공감과 연민 그리고 자신의 양심과 도덕적 원리를 따라 다른 사람을 돕고 싶어 하는 욕구를 말한다(Eisenberg, 1986: Siegler, DeLoache, & Eisenberg, 2011에서 재인용).

친사회적 행동을 하기 위해서는 공감 능력뿐 아니라 기본적인 인지 능력이 있어야 한다. 타인의 목표와 욕구를 알아차리고, 사회적 상호작용을 이해할 수 있어야 하는 것이다. Hamlin, Wynn과 Bloom(2007)의 연구에 의하면 생후 6개월 된 영아도 이와 같은 인지 능력을 가지고 있다. Hamlin 등(2007)은 영아에게 [그림 13-7]과 같이 빨간색 동그라미가 언덕을 올라가야 하는 상황을 보여 주었다. 이때 노란색 세모는 빨간색 동그라미가 언덕을 올라갈 수 있게 밑에서 도움을 주는 반면, 파란색 네모는 빨간색 동그라미가 언덕을 올라가는 것을 방해했다. 이 두 장면을 이어서 영아에게 보여 준 뒤, 다른 두 가지 동영상을 영아에게 또 보여 주고 이때 영아의 응시 시간을 측정하였다. 한 동영상에서는 빨간색 동그라미가 노란색

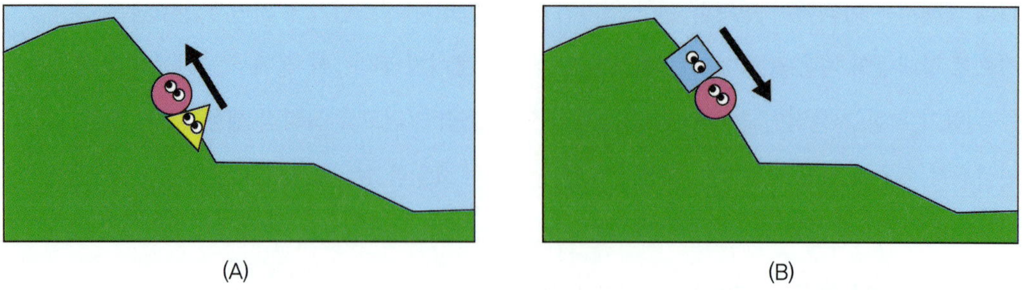

[그림 13-7] Hamlin, Wynn, Bloom(2007)의 '착한 세모, 나쁜 네모' 실험

(A) 노란색 세모는 빨간색 동그라미가 언덕을 오를 수 있게 밑에서 도움을 주고 있다.
(B) 파란색 네모는 빨간색 동그라미가 언덕 위에 올라가는 것을 방해하고 있다.

세모에게 다가갔고, 다른 동영상에서는 빨간색 동그라미가 파란색 네모에게 다가갔다. 영아는 빨간색 동그라미가 자신을 도와준 노란색 세모에게 다가갈 것이라고 기대했기 때문에 자신의 생각과는 다르게 빨간색 동그라미가 파란색 네모에게 다가갔을 때 더 오랫동안 동영상을 응시했다. 이 외에도 영아에게 노란색 세모와 파란색 네모 모형을 주고 둘 중 하나를 고르도록 했을 때, 영아는 빨간색 동그라미를 도와줬던 노란색 세모를 더 선호하였다. 이는 영아도 어떠한 행동이 다른 이에게 도움을 주는 행동인지 알며, 이러한 친사회적 행동을 하는 대상을 더 선호한다는 것을 보여 준다(Hamlin et al., 2010).

2) 친사회적 행동의 성차

친사회적 행동에는 성차가 존재한다. 일반적으로 여자가 남자보다 민감하고, 다른 사람에게 감정이입을 잘하기 때문에 좀 더 친사회적이라고 여겨지는 반면(Carlo, Koller, Eisenberg, Da Silva, & Fronhich, 1996), 남자는 독립적이고 성공 지향적이라고 여겨진다(Spence, Helmreich, & Stapp, 1974). 이와 같은 남녀의 차이는 문화 보편적으로 나타난다(Whiting & Edwards, 1973). Carlo, Reoesch, Knight과 Koller(2001)의 연구에서는 친사회성의 성차를 문화 비교 연구를 통해 확인하였다. 브라질과 미국의 아동을 비교한 결과, 브라질과 미국 모두 여아가 더 많은 친사회적 행동을 하는 것으로 나타났다.

3) 친사회적 행동에 영향을 미치는 요인

친사회적 행동에 영향을 주는 요인으로는 크게 유전적 요인과 환경적 요인이 있다. 연구자들은 쌍둥이를 대상으로 유전이 친사회적 행동에 영향을 미치는지 알아보았다. 연구 결과에 따르면, 친사회적 행동은 이란성 쌍둥이보다 일란성 쌍둥이에서 더 큰 상관성을 보였다(Eisenberg et al., 2006). 즉, 유전적 요인이 친사회성 발달에 크게 영향을 미친 것이다. 또한 Scourfield, John, Martin과 McGufflin(2004)의 연구에서는 나이가 들수록 친사회성에 미치는 환경적인 영향은 줄어들고 유전적인 영향은 증가하는 것으로 나타났다.

한편, 친사회적 행동에 영향을 주는 대표적인 환경적 요인으로는 부모의 훈육 방법이 있다. 부모의 훈육 방법은 앞서 설명한 것과 같이 유도법, 권력 행사법 그리고 애정 철회법이 있다. 이 세 가지 훈육 방식 중 아동의 친사회성 발달에 중요한 역할을 하는 방법은 유도법

ISSUE 5

아름다운 자연을 보여 주면 친사회적 행동을 보인다?

오늘날 인성은 우리가 갖춰야 할 중요한 '능력'으로 통한다. 그렇다면 다른 사람을 배려하고, 다른 사람을 위해 자신이 가지고 있는 것을 양보하는 행동인 친사회적 행동을 키우기 위해 무엇을 할 수 있을까?

2014년 캘리포니아 버클리 대학교(University of California, Berkeley)의 지아 장(Jia Zhang) 연구팀은 자연이 친사회적 행동에 어떠한 영향을 미치는지 알아보았다. 실험에서는 참여자들을 두 집단으로 나눠, 한 집단에게는 매우 아름다운 자연 사진 10개를 보여 주고, 다른 집단에게는 덜 아름다운 자연 사진 10개를 보여 주었다. 이후 독재자 게임(Dictator Game)을 통해 참여자들의 친사회성 행동을 알아보았다. 실험자는 각 참여자에게 10포인트를 주고, 다른 참여자와 얼마만큼의 포인트를 나눠 가질 것인지를 결정하라고 하였다. 실험자는 참여자에게 10포인트를 모두 가지고 싶다면, 다른 참여자에게 포인트를 주지 않아도 된다고 하였고, 어떤 결정을 내리든 참여자의 익명성이 보장된다고 알려 주었다. 그 결과, 매우 아름다운 자연 그림을 본 참여자들은 덜 아름다운 자연 그림을 본 참여자들보다 익명의 상대에게 더 많은 포인트를 배분하였다.

이렇듯 아름다운 자연은 우리에게 행복감을 느끼게 하기 때문에 자신만을 위한 이기적인 생각을 줄여 주고 타인을 생각할 수 있도록 도와준다. 따라서 아름다운 자연은 우리의 긍정적 정서에 영향을 미칠 뿐만 아니라, 친사회성 행동까지 촉진시킨다. 도시에서 자녀를 양육하는 것은 자녀에게 보다 좋은 교육 자원을 제공할 수 있다는 점에서 장점이 있지만, 상대적으로 자연에 노출되는 기회가 적어진다. 자녀에게 행복을 가져다 줄 뿐만 아니라 친사회성을 증진시키기 위해서 주말이나 연휴 시간이 날 때마다 도시를 떠나 자녀에게 자연의 아름다움을 보여 주는 것은 어떨까?

이다. 유도법은 아동이 잘못을 저질렀을 때 체벌을 가하기보다는 아동이 자신의 행동을 바꿔야 하는 이유를 이해하도록 설명하는 방식이다. 이러한 과정에서 아동은 상대방의 마음을 헤아릴 수 있는 능력이 향상되고, 결과적으로 친사회적 행동에도 영향을 미치는 것이다(Eisenberg et al., 2006). 일반적으로 따뜻한 부모가 자녀의 친사회성 발달에 긍정적인 영향을 미칠 것이라고 여겨지지만, 사실 이에 대한 연구 결과는 일관되지 않다. 예컨대, 어떤 연구에서는 부모, 특히 엄마의 온정과 지지가 아동 혹은 청소년의 친사회성 발달에 긍정적인 영향을 주는 것으로 나타났지만(Laible & Carlo, 2004; Strayer & Roberts, 2004b), 다른 연구에서는 부모의 온정이 아동의 친사회성 발달과는 무관한 것으로 나타나기도 하였다(Kienbaum, Volland, & Ulich, 2001; Stewart & Mcride-Chang, 2000). 따라서 아동의 친사회성에 대해서는 좀 더 연구가 이루어져야 할 것이다.

주요 학습 개념

1. 도덕적 사고 발달

- 도덕적 사고는 무엇이 옳고 그른 것인지 추론하는 것이다. 도덕적 사고의 발달을 설명한 Piaget, Kohlberg와 Gilligan은 개인마다 도덕적 추론 능력의 발달 속도는 차이가 있을 수 있지만, 발달 단계의 순서는 동일하다고 주장했다.
- Piaget는 도덕성 발달을 세 단계로 나누어 설명한다.

타율적 도덕성 단계	전환기	자율적 도덕성 단계
–어떤 상황에서든 잘못을 하면 처벌을 받아야 한다고 믿는 내재적 정의(Immanent Justice)를 가지는 사고 –행동의 의도는 고려하지 않고 결과만을 보고 판단	–규칙은 상황에 따라 변할 수 있다고 생각 –다른 사람의 마음을 이해할 수 있기 때문에 공정할 때도 있으나, 비일관적	–법과 규칙이 사람에 의해 만들어진다는 것을 알며, 상황의 결과보다 의도를 이해

- Kohlberg의 도덕성 발달 단계는 세 수준으로 나뉘고, 총 여섯 단계로 구성된다.

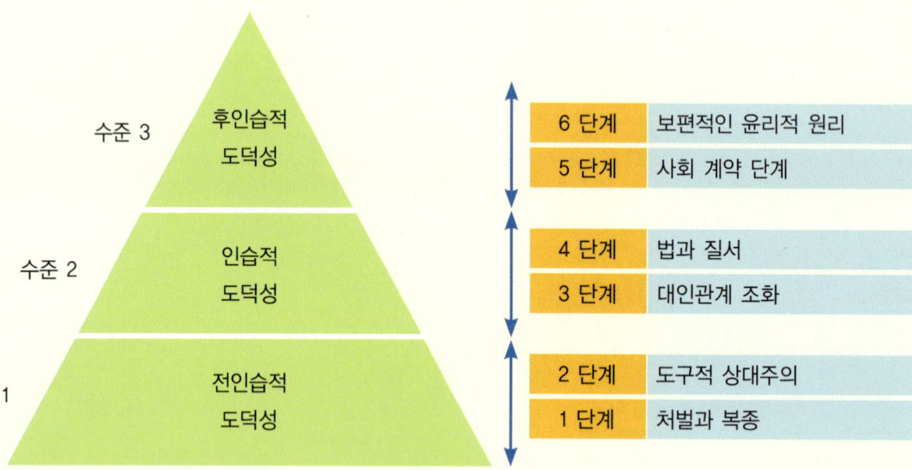

2. 도덕적 행동 발달

- 도덕적 행동 발달을 위해 필요한 자기 통제 능력을 마시멜로 실험(marshmallow experiment)을 사용해 측정해 본 결과, 자기 통제 능력이 있던 아동은 후에 친사회적 행동을 보이는 경향이 있었다.
- 생물학적 요인은 도덕적 행동 발달에 크게 영향을 주지 않으며, 원칙보다 상황에 더 영향을 받는

특수성의 원리(doctrine of specificity)가 적용된다.

3. 도덕적 정서 발달

- 죄책감과 Freud가 주장한 초자아가 개인의 양심을 자극해 스스로를 직시하고 평가하도록 하여 도덕적 정서가 발달된다.

4. 도덕성 발달에 영향을 미치는 요인

- 애정 철회법, 유도법, 권력 행사법과 같은 부모의 훈육 방식은 아동의 도덕성 발달에 영향을 미친다.
- 부모의 도덕적 추론 능력 및 긍정적인 가정환경은 아동의 도덕성 발달을 돕는다.
- 또래와의 평등한 관계가 아동의 도덕성 발달을 도우며, 학교 역시 도덕적 사고를 형성할 수 있도록 돕는다.

5. 공격성 발달

- 공격성은 두 가지 유형으로 나뉜다.
  - ➤ 선행적 공격성(proactive aggression): 목표를 이루기 위해 나타나는 공격적인 행동
  - ➤ 반응적 공격성(reactive aggression): 공격을 받았을 때 나타나는 공격적인 행동
- 남아의 경우 신체적 공격성이 아동 초기에서 중기 사이에 나타나며, 여아의 경우 관계적 공격성이 아동 후기부터 나타나다가 청소년기에 증폭된다.
- 생리적 반응성과 같은 생물학적 요인도 아동의 공격성에 영향을 끼치지만, 보보 인형 실험(bobo doll experiment) 결과, 타인의 행동과 같은 환경적 요인도 공격성에 영향을 주는 것으로 나타났다.

6. 친사회적 행동의 발달

- 친사회적 행동(prosocial behavior)은 타인을 위해 자발적으로 하는 행동이다.
- 친사회적 행동은 영아기부터 가능한 것으로 관찰된다.

14장 사회적 맥락과 발달

맥도날드를 가족공간으로 바꿔버린 심리학자, Bronfenbrenner

Urie Bronfenbrenner는 1장에서 보았듯이 인간 발달에 영향을 미치는 환경 체계를 기반으로 생태체계적 이론을 완성한 심리학자다. 그는 환경 체계를 미시체계, 중간체계, 외체계, 거시체계, 시간체계로 나누었는데, 그중 미시체계는 인간이 직접 접하는 환경으로 가정, 학교 등을 포함한다. Bronfenbrenner의 연구는 인간과 환경을 연구하는 사회과학자들에게 새로운 길을 열어 주었고 아이들과 가족의 행복을 위한 정책 설계 방향에도 영향을 미쳤다.

Bronfenbrenner는 일을 할 때에도 미시체계의 영향을 중요하게 생각했는데, 이를 보여 주는 일화가 있다. 하루는 한 졸업생이 Bronfenbrenner를 찾아왔다. 학부 때 Bronfenbrenner의 수업을 들었던 이 학생은 졸업 후 맥도날드 광고를 기획하게 되어 Bronfenbrenner의 조언을 구하고자 찾아온 것이었다. 학생이 준비해 온 예상 시안을 보여 주자, 흥미롭게도 Bronfenbrenner는 예상치 못한 조언을 해 주었다. 그 당시에 맥도날드는 가족이 외식하는 공간이 아니었는데 Bronfenbrenner는 맥도날드가 가족의 공간이라는 내용으로 광고를 제작하라고 했다. 가족은 미국의 힘이라고 생각했던 그는 맥도날드를 가족의 공간으로 만들어 사람들이 그곳에서 힘을 얻고 갈 수 있도록 광고하라고 조언했다. 그의 조언 덕에 몇 달 후 미국에서는 맥도날드가 가족을 위한 공간이라는 내용의 광고가 반영되었고, 한동안 미국에서는 맥도날드가 가족이 함께 시간을 보내며 상호작용할 수 있는 미시체계의 일부가 되었다(Bronfenbrenner, 2005).

개인적인 삶에서도 Bronfenbrenner는 자신이 직접 접하는 미시체계 속 가족과 학생을 누구보다 소중히 여겼다. 그는 학생들과 자주 소통하기 위해 연구실 문을 늘 열어 놓았고, 학생들을 만나고 있을 때면 아무리 중요한 전화라도 받지 않고 학생들의 이야기에만 집중했다(Bronfenbrenner, 2005).

그의 이론과 연구는 오늘날에도 항상 언급될 만큼 영향력이 있다. 하지만 Bronfenbrenner의 지인들은 그를 떠올릴 때면 연구하는 모습뿐 아니라 학생을 만나고 주변 사람과 이야기하는 모습이 더 기억난다고 하나같이 입을 모은다. 아마도 미시체계를 중요시하는 Bronfenbrenner의 삶이 그의 이론을 반영하고 있기 때문이 아니었을까.

Urie Bronfenbrenner와 아이들

일상 속에서 아동은 부모와 형제들과 즐겁게 식사를 하고, 또래 친구들과 학교에서 공부를 하고 뛰놀며, 텔레비전, 인터넷, 휴대전화 등 다양한 미디어를 통해 사회적 지식과 관계를 넓혀 간다. 이와 같이 인간은 여러 환경 속 많은 사람과 상호작용하며 살아간다. 1장의 Bronfenbrenner의 생태 체계적 이론에서 보았듯 이러한 사회적 맥락에는 타인과의 관계와 다양한 환경적 요인이 포함된다. 이 장에서는 다양한 발달 맥락 중 가정과 또래와의 관계, 학교생활 그리고 미디어가 아동 발달에 어떠한 영향을 미치는지 살펴보겠다.

1. 가정

아동은 태어나면서부터 가정이라는 울타리 안에서 구성원들과 수많은 상호작용을 하며 성장한다. Bronfenbrenner는 환경체계를 미시체계, 중간체계, 외체계, 거시체계, 시간체계로 나누었다. 그중 미시체계에 속하는 가정은 아동의 발달에 직간접적인 영향을 미친다. 부모와 형제의 특징이 어떤지, 아동이 부모나 형제와 어떻게 상호작용하는지 혹은 어떠한 가정 형태에서 아동이 자라는지에 따라 아동의 발달 양상은 다양해진다.

1) 부모

한 개인이 태어나서 성숙한 사회 구성원으로 성장하기까지 부모는 삶의 큰 부분을 차지한다. 부모는 자녀를 양육하고, 관계를 형성하여 아동의 발달에 영향을 미친다. Baumrind (1971)는 부모가 자녀의 요청에 민감하게 반응하고 많은 지지를 해 주는지, 그리고 자녀의 행동을 통제하며 성숙한 행동을 요구하는지에 따라 대표적인 네 가지 양육 방식을 다음과 같이 제안하였다([그림 14-1] 참조).

첫째, 독재적 양육(authoritarian parenting)을 하는 부모는 자녀에게 엄격한 기준을 설정하고 많은 것을 요구하지만, 왜 그렇게 해야 하는지에 대해 자세히 설명해 주지 않는다. 또한 자녀가 요청을 할 때에는 민감하게 반응하지 않으며, 자녀에게 특별한 설명 없이 자신에게 복

	높은 요구	낮은 요구
높은 반응도	권위적	허용적
낮은 반응도	독재적	방임적

[그림 14-1] Baumrind의 네 가지 양육 방식

Baumrind(1971)는 자녀에 대한 부모의 반응과 요구라는 두 가지 차원에 따라 나누어진 네 가지 양육 방식을 제안한다.

종하기만을 바라고, 자녀의 모든 활동에 관여하며 감시한다.

둘째, 권위적 양육(authoritative parenting)을 하는 부모는 자녀에게 많은 것을 요구하고 자녀의 행동을 통제하며, 이러한 요구와 통제에 대한 이유를 자녀에게 설명하고 납득시키고자 한다. 또한 권위적 양육을 하는 부모는 자녀의 요구에 민감하게 반응을 한다. 이들은 자녀에게 분명한 행동 규범을 제시하며 성숙한 행동을 요구하는 동시에, 자녀를 지지하고 자녀에게 애정을 보인다. 더 나아가, 이들은 자녀가 자기 주장을 할 수 있고 사회적으로 책임감을 느끼며 스스로를 절제하는 사람으로 성장하길 바란다.

셋째, 허용적 양육(permissive parenting)을 하는 부모는 자녀에게 관대하며 많은 요구를 하지 않는 동시에 자녀의 요구에 민감하게 반응한다. 이들은 자녀의 행동을 거의 통제하거나 훈육하지 않는다. 그리고 자녀에게 매우 민감하게 반응하고, 자녀와의 대립을 최대한 피하고자 한다.

넷째, 방임적 양육(neglectful parenting; uninvolved parenting)을 하는 부모는 자녀에게 많은 것을 기대하지 않고, 자녀의 요구에도 민감하게 반응하지 않는다. 이들은 부모로서의 책임감을 느끼지 못하고, 자녀를 따뜻하게 대하기보다는 무심한 모습을 보인다.

네 가지 양육 방식에 따른 예시를 든다면, 독재적 부모는 자기 전 컴퓨터 게임을 하고 있는 자녀에게 잘 시간이 되었다며 지금 당장 컴퓨터를 끄라고 요구한다. 자녀가 지금 하고 있는 것만 마무리하고 바로 끄겠다고 해도 부모는 즉각 컴퓨터 코드를 빼는 등 강압적인 태도를 보인다. 반면, 권위적 부모는 자녀에게 게임을 그만하고 잠자리에 들어야 내일 학교에서 피곤하지 않을 것이라며 설명을 한다. 또한 30분 안에 끄고 자겠다는 자녀의 요구를 들어준다. 허용적 부모는 자녀에게 지금 컴퓨터를 끄고 잠을 자면 좋겠다며 은근히 말하지만 자녀가 자신의 말을 무시하고 게임을 계속하여도 크게 반응하지 않는다. 마지막으로 방임적 부

모는 자녀가 몇 시에 자든 신경 쓰지 않고 보살펴 주지도 않는다.

Baumrind가 제시한 네 가지의 양육 방식은 각각 다른 방식으로 아동의 발달에 영향을 미친다. 예를 들어, 독재적 부모 밑에서 자란 아동은 부모의 지나친 통제로 인해 청소년이 된 이후에도 자신의 행동이나 생각을 자유롭게 표현하지 못하고, 우울, 불안, 위축 등의 심리적 문제를 보일 가능성이 높으며(Baumrind, 1991), 언어와 수학을 포함한 학업에서도 낮은 성취도를 보인다. 뿐만 아니라 독재적 양육 방식은 이후 성인기 때의 안녕감과 정신적 건강에도 악영향을 미친다(Uji, Sakamoto, & Adachi, 2014). 따라서 독재적 양육 방식은 아동의 행동을 통제하는 데 결코 효과적인 방법이 아니며, 오히려 아동의 발달에 부정적인 영향을 줄 수 있다.

한편, 권위적 부모에게서 자란 아동은 여러 학업 분야에서 높은 성취도를 보이며 자신의 행동을 잘 조절하고, 타인을 이해하는 조망 수용을 더 잘하는 등 뛰어난 사회적 능력을 갖춘다(Jabagchourian, Sorkhabi, Quach, & Strage, 2014).

양육 방식뿐만 아니라 부모와 자녀 간의 관계 또한 아동 발달에 큰 영향을 미친다. 특히 부모와 함께 놀거나 책을 읽으며 시간을 보내고 깊은 애정을 나누는 아동일수록 학교에서 더 높은 성적을 받으며 문제 행동을 적게 보인다(Zick, Bryant, & Osterbacka, 2001). 그리고 이렇게 부모와 친밀한 관계를 유지하는 아동은 초등학교 시기 이후에도 사회성이 높은 것으로 나타났다(Laire & Marrero, 2009).

부모와 자녀 관계에 대한 연구는 일반적으로 엄마와 아동을 대상으로 이루어져 왔지만,

[그림 14-2] 부모와의 친밀성
부모와 자녀의 친밀한 관계는 아동과 청소년의 발달에 긍정적인 영향을 미친다.

아빠를 대상으로 한 연구도 점차 활발하게 진행되고 있다. 과거에는 아빠가 단순히 재정적 지원자나 가정의 가장으로만 여겨졌고, 아동 발달에 있어서 엄마보다 영향을 덜 미치는 존재로 생각되었다(Gabel, 1992; Shannon, Tamis-LeMonda, London, & Cabrera, 2002). 그러나 연구자들은 아빠 역시 아동과 청소년 발달에 큰 영향을 미치는 중요한 존재라는 것을 점차 확인하게 되었다. 아동과의 상호작용에서 아빠는 장난을 치고 함께 즐기는 놀이 파트너이자(Labrell, 1994; Power & Parke, 1983), 아동의 말과 행동에 민감하게 반응해 주는 교사와 양육자의(Shannon, Tamis-LeMonda, London, & Cabrera, 2002) 역할을 한다. 이러한 아빠의 상호작용 행동은 아동의 인지 및 언어 발달에 긍정적인 영향을 미친다(Tamis-LeMonda, Shannon, Cabrera, & Lamb, 2004). 아빠와의 친밀한 관계는 아동뿐만 아니라 청소년 발달에도 도움이 된다. 예를 들어, 아빠와 긍정적인 관계를 가지고 있는 청소년일수록 비행 행동과 약물 사용을 더 적게 했고, 이성과 성관계를 가지는 시기가 더 늦게 나타났다(Bronte-Tinkew, Moore, & Carrano, 2006; Regnerus & Luchies, 2006).

2) 형제

형제들은 같은 환경에서 함께 시간을 보내며 서로에게 많은 영향을 끼친다. 형제의 존재 유무에 따라 아동은 서로 다른 특징을 가지며, 출생순위에 따라서도 서로 다른 발달 양상을 보인다.

형제가 있는 아동은 이들과의 다양한 상호작용을 통해 사회적 능력과 갈등을 원만하게 해결하는 기술을 습득할 기회를 더 많이 얻는다(Kitzman et al., 2002). 즉, 이들은 형제와의 상호작용을 통해 배운 사회적 기술을 이후 친구와의 상호작용에 적용할 수 있다. 따라서 형제가 있는 아동은 친구들과의 관계가 좋고, 사회적 능력도 뛰어나며 공격성, 과잉행동 등과 같은 외현적 문제 행동을 적게 보인다(Downey & Condron, 2004). 그러나 형제의 존재로 인해 아동은 스트레스를 받을 수도 있다. 예컨대, Badger와 Reddy(2009)의 연구에 따르면 동생들은 손위 형제나 자매보다 교사나 부모로부터 학업에 관하여 자신의 형제들과 비교를 많이 당한다고 느낀다. 그리고 첫째의 경우, 동생이 태어나기 전에는 부모의 관심과 사랑을 혼자 독차지하지만 동생이 태어난 후에는 모든 것을 공유해야 한다. 어떤 연구자들은 이를 아동기의 가장 비극적인 경험이라고도 표현한다(Volling, 2012).

한편, 외동 아동은 형제가 없기 때문에 타인의 마음을 헤아리기보다 자기중심적으로 생각

ISSUE 1

남자아이, 다르게 키우자

교실 안을 부산하게 돌아다니고, 벌을 서고, 야단맞는 아이들은 유독 남자들이다. 똑같은 지시를 해도 여자아이들은 쉽게 알아듣는데, 남자아이들은 몇 번이나 같은 말을 반복해야 한다. 왜 이렇게 말을 못 알아듣고 소란할까? 여자아이들에 비해 반항적이어서 그런지, 지나치게 단순해서 그런 것인지……. 많은 가능성들을 생각할 수 있지만 실제 남자아이와 여자아이의 발달이 다르다는 것을 인정하는 것이 가장 근본적인 해법이다.

만 3세부터 27세까지 성장하는 동안 대뇌 부위의 발달 차이를 알아본 연구가 있었다. 그 결과 여자는 10세가 넘어가면서 뇌의 크기가 가장 크게 발달하였고, 반면 남자는 14세가 되어야 같은 크기로 발달되었다. 또 여자아이에게서 대뇌피질(cerebral cortex) 발달이 더 빨랐다. 특히 즉각적인 욕구 충족을 통제하고, 주어진 문제를 해결하여 답을 내는 일련의 과정을 담당하는 전두엽 부위에서 여자아이의 발달이 더 빠르다. 여자아이는 이 부위의 신경 구조가 만 11세경에 성인과 비슷한 수준이 되지만, 남자아이는 1~2년 늦은 시기에 성인 수준에 도달한다. 그 결과 여자아이는 남자아이보다 더 이른 연령에 더 수월하게 자신을 억제할 수 있고, 욕구를 지연시킬 수 있다. 인간의 대뇌는 준비가 되었을 때 훨씬 쉽게 더 많은 것을 습득하기 마련이다. 아직 준비되지 않은 아이에게 다그친들, 자신감만 없어질 뿐이다. 행동이 서툴고, 지긋이 자리에 오래 앉아 있지 못하는 남자아이들을 탓하기 전에 그들의 대뇌 발달 수준을 좀 더 고려하여 인내를 가지고 기다려 주어야 할 것이다.

심리학자 Peterson은 모험 상황에서 이러한 남녀 아동의 반응을 연구하였다. 초등학생들에게 생생한 시뮬레이션 화면을 보면서 자전거 페달을 밟도록 하였다. 자동차가 갑자기 반대 차선에서 달려와 정면으로 충돌하는 것 같은 장면에서 충돌을 피하기 위해 얼마나 빨리 브레이크를 밟는지를 측정하였다. 물체가 다가오는 듯하자 여자아이들은 바로 브레이크를 밟았지만 남자아이들은 물체가 아주 가까이 온 후에야 브레이크를 밟았다. 순간의 아찔한 긴장감을 즐기려는 심리다. 이처럼 남자아이들은 충동적이고 무모한 행동을 더 많이 한다. 그러다 보니 늘 말썽을 부리는 것처럼 보이지만, 이러한 과정 안에서 대처 방법을 배워 나갈 수도 있다. 도가 넘치게 위험한 상황이 아니라면 아이의 모험성을 어느 정도 인정하고 즐길 수 있게 해 주어야 한다. 무릎이 까지도록 뛰어놀면서 그 상처가 아물 때쯤이면 스스로에게 자신감이 생기기 때문이다. 그러므로 이러한 도전의 쾌감을 이해할 수 있는 같은 남성인 아빠가 육아에 참여해야 한다. 그래야 좀 더 도전적이고 진취적인 아이로 성장시킬 수 있다. 아이의 특성을 바로 보지 않는다면, 아들이란 주의 산만하고 말귀 못 알아듣는 말썽꾸러기일 뿐이다. 여성인 엄마의 잣대로 아들의 무모함을 통제하려 하지 말고 때로는 기다려 주고, 때로는 내버려 둘 수 있는 아빠의 여유와 도전이 아이에게 필요하다.

출처: 곽금주(2008. 3. 29.). 여자로 자란 엄마, 아들을 아세요? 매일경제

[그림 14-3] 형제자매와의 상호작용

한다고 여겨진다. 실제로, Peterson(2001)은 만 4세 외동아, 첫째 아동, 막내 아동을 대상으로 마음이론 실험을 진행하였다. 그 결과, 외동아는 형제가 있는 아동보다 마음이론 과제를 잘 수행하지 못하였다. 즉, 외동아들은 형제가 있는 아동보다 타인의 마음을 이해하는 능력이 늦게 발달한다고 할 수 있다.

그러나 외동으로 태어났을 때의 장점도 있다. 예를 들어, 외동 아동은 형제가 있는 아동과 비교했을 때 주관적 안녕감, 행복 그리고 삶의 만족도가 비슷했고(Blake, 1981), 오히려 사회적으로 활발하여 학교 활동에 더 많이 참여했으며(Blake, 1989; Claudy et al., 1979), 친구들 사이에서 인기도 많았다(Blake, 1989). 또한 외동 아동은 형제가 있는 아동보다 더 높은 교육 수준을 가지고 직업적인 성공을 이루는 것으로 나타났다(Polit, Nuttall, & Nuttall, 1980).

형제와의 관계는 아동의 삶에 큰 영향을 미친다. 예컨대, 형제와 긍정적인 관계를 가지며 갈등이 적은 아동일수록 또래와의 관계도 좋고, 높은 사회적 기술을 보이며(Kim, McHale, Crouter, & Osgood, 2007), 이후 청소년기에 외로움을 덜 느끼고 높은 자존감을 가진다(Yeh & Lempers, 2004). 또한 형제간 우애가 좋은 아동일수록 부모의 이혼과 같이 스트레스를 받는 상황에서 정서적 · 행동적 문제를 적게 나타낸다(Gass, Jenkins, & Dunn, 2007).

형제는 서로를 지지하고 올바른 길로 안내하는 역할을 하기도 하지만, 서로에게 부정적

ISSUE 2

맏이와 동생 CEO

'한 어미의 자식도 아롱이다롱이'란 말은 같은 부모에게서 태어난 자식도 제각각 다르다는 우리나라 속담이다. 무엇이 형제들의 성격과 행동을 다르게 만드는 것일까? 뉴욕대학교의 심리학자인 Dattner는 출생 순위에 따라 개인이 가지는 성격의 특징이 다르다고 주장했다. Dattner에 의하면 맏이는 외향적이며 자신감이 넘치고 자기 주장이 강하며 권위적이다. 또한 완고한 면도 있는 반면 체제 순응적이고, 정치적으로 보수적인데다 과제 지향적이며 위치와 계급을 잃는 것을 두려워하는 경향이 있다.

2007년 *USA today*의 기사에 따르면 CEO 1,580여 명 중 43%가 첫째, 그리고 23%가 막내였다고 한다. 실제로, 맏이인 CEO들은 자신이 리더가 되는 데 출생 순위가 영향을 주었다고 말하기도 한다. 미국의 유명한 꽃배달 회사인 '1-800-꽃배달'의 CEO이자 5형제 중 첫째인 McCann에 따르면, 맏이는 어려서부터 타인을 격려하고, 여러 상황에서 참아야 하는 방법을 배운다. McCann은 이러한 기술이 CEO로서의 역할을 하는 데 중요하다고 말한다. 헤드폰을 만드는 코스(Koss) 사의 CEO는 어린 시절 4명의 동생과 함께 각각 25센트씩을 들고 사탕가게에 가서 사탕을 사고 남은 거스름돈을 보관했던 일을 떠올리며, 그것이 자신의 첫 회계학 수업이었다고 말했다. 이는 맏이로서 해야만 했던 일들이 현재 CEO 직무에 도움이 된다는 것을 보여 준다.

그러나 꼭 맏이만 CEO가 되는 것은 아니다. 실제로 성공한 CEO 중 다수는 맏이가 아니다. 맏이들이 점증적인 발전을 통해 CEO가 된다면, 맏이가 아닌 형제들은 위험을 무릅쓰고 도전을 하는 경향을 가지고 성공적인 CEO가 된다. 맏이가 아닌 형제들은 가족 내에서 자신의 위치를 확보하기 위해 다양하고 창조적인 방법을 찾는다. 그리고 동생 CEO들은 손위 형제보다 좀 더 자유롭고 제약 없이 자라났기 때문에 다양한 활동을 자유롭게 도전적으로 할 수 있다.

결국 맏이라 해서 꼭 CEO가 되는 것도 아니고, 동생이라고 해서 성공적인 CEO가 되는 것도 아니다. 자신의 출생 순위에 따라 가지는 성향을 얼마나 잘 이용하여 이를 강점으로 만드느냐가 CEO를 만드는 것이다. 때문에 내가 맏이라 해서 혹은 동생이라 해서 우쭐대지 말고 열심히 사는 것이 먼저이지 않을까 한다.

출처: 곽금주(2007. 9. 15.). 정말 '맏이'는 날 때부터 똑똑한가. 조선일보.

인 영향을 끼칠 수도 있다. 예를 들어, Richmond, Stocker와 Rienks(2005)에 의하면 형제와 자주 다투며 갈등 관계를 가지는 아동은 그렇지 않은 아동보다 더 우울한 정서를 느낀다. 또한 나이가 많은 형제가 비행 행동을 보이면 동생도 이를 따라 할 가능성이 높다(Slomkowski, Rende, Conger, Simons, & Conger, 2001). 이와 같이 아동은 형제와의 관계와 서로의 행동에 영향을 받으며 성장한다.

3) 가족의 형태

과거의 전통적인 가족 형태와는 달리, 현대사회 속 가족의 형태에는 많은 변화가 있었다. 남편을 내조하고 자녀를 양육하는 역할을 맡았던 여성이 사회 활동을 하기 시작하면서 두 부모 모두 일을 하는 맞벌이 가정이 형성되었고, 증가하는 이혼율로 인해 이혼 가정이 생겼으며, 국제결혼을 통해 다문화 가정도 증가하고 있다.

2015년 통계청 조사 결과에 따르면 여성의 경제 활동 참가율은 49.8%로, 현대사회의 많은 여성이 전형적인 여성상에서 벗어나 취업 전선에 나서고 있다. 이로 인해 자연스럽게 맞벌이 가정 또한 증가하고 있다.

여러 연구에 의하면 엄마의 직장 생활과 아동 발달의 관련성에 대해서는 많은 논쟁이 있다. 어떤 연구에서는 엄마의 직장 생활이 아동의 신체적, 인지적, 행동적 발달에 부정적인 영향을 미친다. 한 연구에 의하면, 직장을 다니는 엄마의 아동은 그렇지 않은 아동보다 이후 비만이 될 확률이 5.5% 더 높았다(Scholder, 2008). 그리고 자녀가 만 6세가 되기 전에 엄마가 일을 하는 것은 아동의 인지 능력을 감소시키는 요인이 될 수 있다(Bernal, 2008). 아동이 타인과 세상에 대해 인지적으로 이해하게 되는 이 시기에 엄마의 부재가 부정적인 영향을 미치는 것이다. 또한 우리나라 중 · 고등학생들의 비행 행동은 엄마가 일을 하고 있는 가정에서 더 많이 나타난다는 연구결과도 있다(Lee, Jang, & Bouffard, 2011). 이러한 결과에 대해 연구자들은 직장에서 많은 시간을 보내는 엄마의 경우, 상대적으로 자녀를 감독할 시간이 충분하지 않아 자녀들의 비행 행동이 많이 나타난다고 설명한다.

한편, 다른 연구들은 학령기 동안 엄마의 취업이 아동에게 부정적인 영향을 끼치기보다 오히려 아동의 학업 성취도에 도움이 된다고 주장한다(Aughinbaugh & Gitteleman, 2004; Goldberg, Prause, Lucas-Thompson, & Himsel, 2008). Zick, Bryant와 Osterbacka(2001)의 연구에 따르면 직장 생활을 하는 엄마는 자녀와 같이 보내는 시간이 적기 때문에 이러한 부족함을

[그림 14-4] 직장 생활을 하는 엄마
맞벌이 가정이 증가하고 있는 현대사회에서 엄마의 취업 여부는 아동에게 긍정적인 영향을 주기도 하고 부정적인 영향을 주기도 한다.

채우기 위해 보다 질 높은 활동을 자녀와 함께 한다. 예를 들어, 일을 하는 엄마들은 일을 하지 않는 엄마보다 자녀의 숙제를 더 많이 도와주고 책을 읽어 주는 등 자녀와 좀 더 의미 있는 시간을 보내기 위해 노력한다. 이와 같이 엄마와 질 높고 의미 있는 활동을 한 아동은 문제 행동을 적게 보인다. 따라서 맞벌이 가정은 아동의 발달에 부정적인 영향을 줄 수도 있지만 긍정적인 영향도 줄 수 있다.

과거에 비해 우리나라의 이혼율은 점점 증가하여 2014년 이혼 건수는 약 115,500건에 달하였다(통계청, 2014). 이러한 상황에서 부모의 이혼이 아동의 발달에 어떠한 영향을 미치는지 알아보는 것은 매우 중요하다. 부모의 이혼은 아동의 인지적, 정서적, 행동적 발달에 부정적인 영향을 미친다. 예컨대, 부모가 이혼한 후 아동은 낮은 학업 성취도를 보이며, 대인 관계에서도 어려움을 겪고, 행동적 문제를 보인다(Kim, 2001). 또한 부모의 이혼은 아동뿐만 아니라 청소년의 불안감과 우울장애 그리고 자존감에 부정적인 영향을 미친다(Storksen, Roysamb, Moum, & Tambs, 2005). 뿐만 아니라 어린 시기에 부모의 이혼을 경험하는 것은 이후 성인이 되어서도 낮은 안녕감을 갖게 한다(Amato & Sobolewski, 2001).

반면, 많은 연구들은 부모의 이혼이 아동에게 미치는 부정적인 영향은 그리 오랫동안 지속되지 않으며(Lansford, 2009), 부모의 이혼보다 이혼 전 부부 갈등이 아동에게 더 부정적인 영향을 미친다고 주장한다(Amato, Lomis, & Booth, 1995; Kelly, 2000). 실제로 부부 갈등이 잦았던 가정 중 이혼한 부모의 자녀들은 이혼하지 않고 불행한 결혼 생활을 유지한 부모의 자녀들보다 정신적 고통을 적게 느꼈고, 더 행복한 것으로 나타났다(Amato, Loomis, & Booth, 1995). 이와 같이 부모의 이혼이 언제나 부정적인 것만은 아니며, 특히 부모가 자녀를 지지하는 환경을 지속적으로 제공하면 이혼이 미치는 부정적 영향을 줄일 수 있다(Martinez & Forgatch, 2002).

이혼 가정뿐 아니라 국제결혼도 지속적으로 증가하고 있어 우리나라의 결혼 이민자 및 귀화자는 어느덧 305,446명이 되었다(여성가족부, 2015). 그에 따라 다문화 가정 자녀 수 역시 207,693명에 달하게 되었다(여성가족부, 2015). 이러한 양상에 따라 다문화 가정이 아동의 발달에 미치는 영향에 대한 연구가 활발히 진행되고 있다.

예를 들어, 다문화 가정이라는 사회적 맥락이 아동 발달에 부정적인 영향을 미칠 수 있음을 보여 주는 연구들이 있다. 다문화 가정의 아동이 한국인이 아닌 양육자와 대화를 나눌 경우, 한국어를 사용함에도 불구하고 언어 발달이 지연될 가능성이 높다(배소영, 곽금주, 김근영, 정경희, 김효정, 2009). 또한 초등학생의 학업 성취도를 알아본 결과, 다문화 가정 아동은 일반 가정 아동과 학교 평균 점수에서는 큰 차이를 보이지 않았지만, 점수가 매우 높거나 매우 낮은 양극화된 경향을 보였다(남부현, 김연이, 2011).

그러나 어떤 연구들은 다문화 가정이 아동에게 긍정적인 영향을 미칠 수 있다고 주장한다. 다문화 가정에서 태어난 아동은 언어가 서툰 부모를 도우며 '언어의 중재자'로서의 역할을 감당한다. 예를 들어, 미국인인 엄마가 한국어를 어려워하면 아동은 엄마에게 도움을 줄 수 있다. 아동은 언어뿐만 아니라 어린 시절부터 서로 다른 두 문화를 접하고 배울 수 있기 때문에 높은 인지적 · 사회적 능력을 보인다(Buriel, Love, DeMent, 2006). 또한 친구나 교사로부터 지지를 많이 받는 다문화 가정의 아동일수록 정서 조절과 정서 인식 및 표현에서 높은 능력을 보이는 것으로 나타났다(남윤주, 2014).

한편, 전홍주, 배소영, 곽금주(2008)는 결혼 이민자 가정에서의 자녀 교육 지원 현황과 그 의미에 대해 알아보았다. 다문화 가정의 엄마는 자녀에게 아낌없이 지원하려는 의지가 있었고, 강한 교육열을 가지고 있는 것으로 나타났다. 이는 엄마들이 자신이 누리지 못했던 교육의 기회를

ISSUE 3

부모의 재혼은 아동에게 어떠한 영향을 끼칠까?

최근 이혼 가정이 급증하면서 재혼 가정 또한 우리 사회에서 쉽게 찾아볼 수 있게 되었다. 통계 결과에 따르면 2013년 남성의 재혼은 48,948건, 여성의 재혼은 54,320건으로 나타났다(통계청, 2013). 이에 따라 최근에는 재혼 가정이 아동에게 미치는 영향에 대해서 알아보는 연구가 활발히 진행되고 있다. 예를 들어, Jeynes(2006)의 연구에 의하면, 재혼 가정의 자녀는 가족 형태의 변화를 충분히 이해하는 데 혼란을 겪고, 새로운 환경에 적응하는 능력도 부족하기 때문에 정서적으로 더 불안하고 우울해지며, 이는 아동의 학업 성취에도 부정적인 영향을 미친다.

그러나 또 다른 연구에 따르면 재혼 가정 아동은 부모의 재혼 초기에 어느 정도의 스트레스를 받을 수 있지만, 대부분의 아동은 시간이 지남에 따라 회복하고 혼란스러운 상황을 잘 극복하며 새로운 삶의 환경으로부터 긍정적인 영향을 받기도 한다. 또한 새롭게 형성된 가족 간의 관계가 좋고 지지적일 경우, 아동은 스트레스를 적게 받는다(Hetherington, 2003). 이렇게 부모의 재혼은 긍정적인 영향을 미치기도 하고 부정적인 영향을 미치기도 한다. 따라서 재혼 가정의 새 부모가 자녀를 지지해 주고 자녀에게 애정을 보인다면 자녀는 새로운 가족 형태에 더 잘 적응할 수 있을 것이라고 생각된다.

재혼 가정의 아동 또한 일반 가정의 아동처럼 행복하게 성장할 수 있다.

http://www.bbc.com/capital/story/20131129-beat-stepfamily-money-woes

자녀에게 제공하고 자신의 자녀가 한국에서 풍요롭게 살 수 있도록 지원하기 위함으로 볼 수 있다. 이를 위해 다문화 가정의 엄마들은 자신이 한국어를 능숙하게 구사하지 못하더라도, 한국어 능력이 가장 중요하다고 생각하여 가정에서 한국어만을 사용해서 자녀와 의사소통을 하려고 노력한다. 그러나 자녀가 성장할수록 다문화 가정의 엄마들은 자신이 교육적으로 자식을 지원하는 데에는 한계가 있다고 생각한다. 특히 아빠가 자녀 교육에 참여를 잘 하지 않을 때, 엄마들은 이에 부담을 더 가지고 있는 것으로 나타났다. 또한 다문화 가정의 엄마들은 자녀의 숙제를 돕는 등의 학교 생활을 돕고 싶어 했으나, 자신의 부족한 한국어 실력 때문에 돕는 것이 어려워 다른 자녀나 가족에게 도움을 청하는 경향이 있었다. 이런 일이 반복되면 자녀들은 엄마가 자신의 공부를 도와줄 수 없다고 생각하게 되고, 더는 엄마에게 도움을 요구하지 않는 것으로 나타났다(전홍주, 배소영, 곽금주, 2008). 엄마들이 자신을 무능력하다고 느끼지 않도록 한국어 능력과 심리적으로 지원할 수 있는 방법이 필요한 것으로 보인다.

다문화 가정에 대한 많은 연구가 이전보다는 많이 이루어지고 있지만, 앞으로는 더욱 다양한 방법과 관점에서 연구가 이루어져야 할 것으로 보인다. 특히 이제까지는 다문화 가정에 대한 연구가 아동 발달을 중심으로 이루어져 왔다면, 이제는 청소년에 대한 연구가 시급한 상황이다. 다문화 가정 자녀들은 연령이 증가할수록 문제 행동을 많이 보인다는 연구 결과도 있는데, 소수 인종이나 문화 차이가 청소년기 적응에 어떠한 영향을 주는지에 대한 연구가 활발한 미국처럼 한국에서도 이와 유사한 주제를 사용해서 더 많은 연구가 이루어져야 할 것이다(김근영, 곽금주, 배소영, 2009).

2. 또래

아동은 부모뿐만 아니라 자신과 나이가 비슷한 또래와도 상호작용을 하며 관계를 맺는다. 또래와의 관계를 통해 아동은 갈등을 해결하고 타협하며, 다양한 관점에서 세상을 바라볼 수 있는 능력을 습득하게 된다. 더 나아가, 단짝 집단을 형성하고 이성교제를 함으로써 더욱 성숙한 개인으로 성장하게 된다.

1) 또래 관계

또래와의 관계는 아주 어린 시기부터 시작된다. 태어난 지 두 달밖에 되지 않은 영아도 또래가 자신의 곁에 있을 때 기뻐하며, 상대방과 눈을 마주치기도 한다(Eckerman, 1979). 생후 6개월이 되면 영아는 또래에게 미소를 짓고, 말을 하며 또래에게 반응하는 등 사회적 접촉을 시도하며(Hay, Pederson, & Nash, 1983), 만 1세 영아는 또래의 행동을 따라 하거나 또래와 함께 같은 사물을 바라보는 등의 행동을 보인다(Jacobson, 1981). 예를 들어, Ryalls, Gull과 Ryalls(2000)의 연구에서 생후 14~18개월 영아는 자신과 나이가 비슷한 또래와 성인이 곰인형을 사용하여 노는 것을 보았을 때, 또래의 행동을 더 많이 기억하고 모방했다. 그러나 영아의 또래 상호작용은 이 시기의 인지적 · 감각운동적 · 언어적 능력의 한계로 원만하게 이루어지지 못할뿐더러 빈번하게 이루어지지도 않는다.

아동은 만 3세가 되면 언어 발달로 인해 또래와 보다 원활하게 의사소통하고 더욱 협동적이며 상호보완적인 행동을 보이게 된다. 또한 아동의 사회적 · 인지적 능력이 발달하면서 또래와의 놀이 수준도 향상되고, 타인의 관점을 수용하는 능력이 생겨 다른 또래를 도와주거나 양보하는 행동을 보인다.

이와 같이 연령이 증가하면서 영아는 또래와의 접촉을 시도하며 모방하기 시작한다. 또한 또래와 의사소통을 하고 같이 놀면서 더욱 돈독한 관계를 형성한다. Piaget에 따르면 영아 및 아동은 발달 시기에 따라 여러 종류의 놀이를 보이는데, 이는 기능 놀이, 가상 놀이 그리고 규칙 있는 게임으로 나눌 수 있다.

영아는 감각운동 기능이 발달하면서 몸을 움직여 물건을 잡거나, 장난감을 가지고 노는 기능 놀이(functional play)를 시작하게 된다. 이 시기에 영아는 소리가 나는 물건에 대해 큰 호기심을 보이고, 환경을 적극적으로 탐색하는 등 모험적인 모습을 보인다. 또한 영아는 자신이 스스로 물체를 움직일 수 있다는 것을 즐기며, 다양한 물건을 어떻게 사용해야 할지 습득하게 된다(Casby, 2003).

만 3~5세 사이 아동은 현실과 가상의 차이를 이해하는 동시에 특정 상황이나 사물에 가상의 의미를 부여하여 노는 가상 놀이(pretend play)를 한다(Lillard, Lerner, Hopkins, Dore, Smith, & Palmquist, 2013). 이 시기에 아동은 기존의 틀에 맞추어 형식적인 놀이를 하기보다는 즉흥적으로 역할극을 펼치곤 한다. 대표적인 예로, 아동은 바나나를 핸드폰이라 부르며 전화 놀이를 한다. 이러한 가상 놀이는 아동의 추상적 사고와 조망 수용 능력 및 언어 능력을 발달시키는 데 도움을 준다(Bergen, 2002).

마지막으로, 아동은 숨바꼭질이나 술래잡기, 땅따먹기 등과 같이 규칙 있는 게임(games with rules)을 하며 또래와 시간을 보낸다. 그러나 어떤 아동은 규칙에 맞추어 노는 것을 넘어서 자신만의 새로운 규칙을 만들어 놀기도 한다(Rubin, Maioni, & Hornung, 1976).

2) 우정 관계

우정 관계는 두 아동이 다른 또래들보다 더 깊고 친밀한 관계를 유지할 때 형성된다. 영아기와 아동 초기를 지나 청소년기까지 아동과 청소년은 한 명의 특정한 친구와 우정 관계를 맺고, 지속적인 상호작용을 통해 그 관계를 유지한다.

이 시기 아동과 청소년은 친구와의 상호작용을 통해 타인의 마음을 이해하고, 조망 수용 능력을 키우게 되며, 친구와의 갈등을 원만하게 해소하는 방법을 배움으로써 능숙한 대인관계 기술을 갖추게 된다(Buhrmester, 1996). 예컨대, Barry와 Wentzel(2006)은 고등학생과 이들의 친한 친구를 1년 동안 관찰했다. 그 결과 친사회적 행동을 많이 하는 친구를 가진 학생들은 그렇지 않은 학생들보다 친사회적 행동을 더 많이 보였다.

친한 친구가 있는 것은 아동 및 청소년의 심리적 안녕감에도 긍정적인 영향을 미친다. 특히 친한 친구와 건강한 관계를 갖는 아동은 친구와 많은 시간을 함께 보내고, 사회적 지지를 받아 더 행복해한다(Demir, Özdemir, & Weitekamp, 2007). 실제로, 이탈리아에서는 초등학교 2학년 이후 학교 과정과 학급이 바뀌는데, 이 시기에 기댈 수 있는 친구가 있는 아동이 이러한 변화에 적응을 더 잘하였다(Tomada et al., 2005).

반면, 친한 친구가 없는 아동은 불안감, 우울, 강박증 등의 정신병리학적 증상을 보일 가능성이 높으며, 학업 성적이 낮고, 사회적 활동에도 소극적인 모습을 보인다(Bagwell, Newcomb, & Bukowski, 1998).

3) 단짝 집단

많은 청소년은 여러 명의 친구들과 함께 집단을 구성하여 시간을 보내며 친밀한 관계를 유지한다. 이렇게 한 명의 친구가 아닌 소수의 또래들과 관계를 유지하는 집단을 단짝 집단이라 한다(Brown & Klute, 2003).

단짝 집단의 구성원들은 오랜 시간을 함께 보내며 많은 것을 공유하기 때문에 서로에게 큰 영향을 미친다. 예를 들어, 단짝 집단 구성원들이 높은 학업 성취도를 보인다면 그 집단에 속한 청소년은 친구들과 어울리기 위해 자신도 좋은 점수를 받아야 한다는 생각을 가지게 되고, 사회적 적응도 또한 높아지며, 문제 행동을 적게 보인다(Chen et al., 2003).

반면, 단짝 집단은 청소년에게 부정적인 영향을 미치기도 한다. 예컨대, 공격적인 단짝 집단에 속하는 청소년은 다른 또래들로부터 긍정적인 평가를 받지 못하고, 대인 관계 능력이 부족하며, 사회적 참여도 하지 않는다(Kwon & Lease, 2007). 그리고 단짝 집단 구성원들이 흡연을 할 경우 그 집단에 속한 청소년도 흡연을 할 가능성이 높으며(Alexander, Piazza, Mekos, & Valente, 2001), 비만인 친구들과 어울리는 경우 그 청소년도 비만이 될 확률이 57% 더 높았다(Christakis & Fowler, 2007). 이와 같이 단짝 집단은 개인에게 긍정적인 영향을 주기도 하지만, 부정적인 영향을 줄 수도 있다.

4) 이성 관계

청소년에게 지난 1년 반 사이에 이성교제를 한 상대가 있었는지 조사한 결과, 만 12세의 25%, 15세의 50% 그리고 전체 청소년의 80%가 그렇다고 대답했다(Carver, Joyner, & Udry, 2003). 이러한 결과는 청소년의 삶에서 이성 관계가 매우 중요한 부분임을 보여 준다. 그렇다면 청소년은 언제부터 이성 친구와 관계를 맺게 되는 것일까? Connolly, McIsaac, Shulman, Wincentak, Joly, Heifetz와 Bravo(2014)는 청소년의 이성 관계를 3단계로 나누었다.

먼저, 청소년은 만 11~13세부터 이성에게 관심을 갖기 시작한다. 이 단계의 청소년은 친구들과 이성에 대해 많은 이야기를 나눈다. 두 번째 단계에서 청소년은 집단으로 이성과 어울린다. 이 시기에 많은 청소년들은 남성-여성으로 구성된 집단을 형성하고, 이들 간에는 더 많은 상호작용이 이루어진다. 그러나 이 시기에 맺는 이성 관계는 진지하지 않고 오랫동안 지속되지 않는다. 고등학교를 졸업할 무렵인 마지막 단계에서 형성되는 이성 관계는 정서적으로 더 강렬하고, 성인기에 나타나는 이성 관계와 비슷한 양

상을 보인다. 이때 이성친구들은 서로에게 정서적인 도움을 주고, 서로를 더욱 중요하게 생각한다. 이러한 이성 관계로 인해 청소년은 이성 친구에게 시간과 관심을 더 투자하게 된다.

이성 관계는 청소년의 발달에 긍정적인 영향을 미칠 수 있다. 예를 들어, 이성과 친밀한 관계를 갖는 청소년은 자존감이 높고 스스로를 매력 있는 사람이라고 느끼게 된다(Furman & Shaffer, 2003). 또한 이성 친구를 통해 더 다양한 사람들과 만나며 사회적 관계망을 넓힐 수 있고(Connolly, Furman, & Konarski, 2000), 인기 있고 매력적인 이성과 교제를 하게 될 경우 주변 사람들의 인정을 받기도 한다(Roscoe et al., 1987).

반면, 이성 관계는 부정적인 영향을 미치기도 한다. 이성교제는 청소년들로 하여금 걱정과 스트레스를 받게 함으로써 우울감을 느끼게 한다(La Greca & Morrison, 2005). 또한 이성 관계를 지나치게 중요시하는 청소년은 낮은 학업 성취도를 보일 뿐만 아니라, 문제 행동을 보일 가능성이 높다(Davies & Windle, 2000; Zimmer-Gembeck, Siebenbruner, & Collins, 2001).

3. 학교 환경

학교는 아동과 청소년이 건전한 성인으로 성장할 수 있도록 발판을 제공하는 곳이다. 이들은 학교에서 다양한 학업 기술과 사회적 기술을 배우게 된다. 그러나 학교 내에서 빈번히 일어나는 학교 폭력과 집단 따돌림은 아동 개인과 사회에 부정적인 영향을 미칠 수 있다. 이 절에서는 학업 성취도와 사회적 능력 그리고 심리적 안녕감 등 아동과 청소년에게 다양한 영향을 미치는 학교 환경에 대해 자세히 살펴보고자 한다.

1) 교육 환경

아동과 청소년은 하루 중 상당한 시간을 학교에서 보내기 때문에 학교 환경은 이들의 발달에 큰 영향을 미친다. 예를 들어, 학생 수가 적은 학급은 교사가 학생들 하나하나의 성격, 특징 및 학업 능력에 대해 더 자세히 알 수 있기 때문에 아동과 청소년의 학교 생활에 좀 더 도움이 된다(Brühwiler & Blatchford, 2011). Stasz와 Stecher(2000)의 연구에 따르면 규모가 작은 학급의 교사는 학생들에 대해 더 정확하게 평가했고, 학업 능력이 낮은 학생을 가르치기 위해 시간을 좀 더 할애하며, 학생들의 고민을 더 많이 들어주는 것으로 나타났다. 그리고 이러한 환경은 아동의 높은 학업 성적으로 이어질 수 있다.

더 나아가, 교사와 학생 간 관계는 아동의 학습 능력에 영향을 미칠 수 있다. Patterson(2009)의 연구에 의하면 교사가 학생들과 짧은 대화라도 나누는 것은 학생으로 하여금 수업에 집중하고, 자리 이탈 행동을 줄이게 하여 학습 능력에 긍정적인 영향을 준다. 반대로, 교사의 잘못된 언어 습관은 학생들에게 부정적인 영향을 줄 수 있다. Brendgen, Wanner, Vitaro, Bukowski와 Tremblay(2007)의 연구에서는 교사의 언어 폭력과 아동의 학교 생활의 관계를 알아보았다. 그 결과, 초등학교 시기에 교사로부터 언어 폭력을 당한 아동은 이후 중학생이 되어 자신의 성취 능력에 대해 낮은 자신감을 보였다. 어린 시절 교사로부터 자신의 능력이나 행동에 대해 부정적인 피드백을 받음으로써 자신감과 자존감이 떨어진 것이다. 이외에도 교사로부터 언어 폭력을 당한 아동은 학교에 적응하는 데 어려움을 겪고 비행 행동을 보일 가능성이 높다(Brendgen, Wanner, & Vitaro, 2006). 이와 같이 아동과 청소년의 긍정적인 학교 생활과 전반적인 발달을 위해서는 건전한 교육 환경이 조성되어야 할 것이다.

2) 학교 폭력 및 왕따

따돌림은 한 명 이상의 가해자가 특정 인물에게 지속적으로 부정적이고 적대적으로 대하는 것을 뜻하며, 긍정적인 학교 환경을 위협하는 요소다(곽금주, 1999). 미국과 노르웨이를 포함한 몇몇 서양 국가에는 '불링(bullying)'이라는 집단 따돌림과 비슷한 개념이 있다. 노르웨이 심리학자인 Olweus(1993)에 따르면 불링은 공격적인 행동을 포함하는 고의적인 괴롭힘으로, 반복적이고 지속적으로 이루어지며, 힘의 불균형에 따라 형성되는 대인관계 내의 파괴적 행동이다(Smith, Kwak, & Toda, 2016).

진화심리학자들은 이러한 집단 내의 괴롭힘이 자연스러운 인간의 본성일 뿐 아니라 종 보편적이라고 주장한다. 예를 들어, 개미 조직에서도 한 마리의 여왕개미를 선출하기 위해서 개미들이 여왕개미 후보들을 하나씩 왕따시킨다. 이와 같이 힘을 가진 자가 힘이 없는 자를 괴롭히며 소외시키는 것은 인간을 포함한 동물의 본능이다. 희생양을 만듦으로써 집단의 유대감이나 친화력이 강화되어 구성원들은 자신이 안전하다고 느끼게 되며, 집단의 결속력 또한 더욱 강해진다(곽금주, 2012).

이러한 현상은 한국 역사에서도 찾아볼 수 있다. 『조선왕조실록』에 따르면 당시에는 '면신례'라는 관리들의 신참 신고식이 있었다. 선배 관리들은 신입 관리들에게 벌주를 먹이거

[그림 14-5] 집단 따돌림
집단 따돌림은 한 문화만의 문제가 아닌 문화보편적으로 나타나는 문제다. 집단 따돌림은 나라마다의 특성을 포함한 용어가 존재하는데 우리나라에서는 '왕따' 라는 용어를 사용한다.

나, 얼굴에 오물을 칠하고, 광대짓을 하게 했다. 그뿐 아니라 신입들은 선배 관리들에게 비싼 술과 음식을 대접하도록 강요받았으며, 경제적인 착취까지 당해야 했다. 이를 신고식으로 볼 수도 있지만, 힘이 약한 신입 관리들을 의도적이고 반복적으로 괴롭힌다는 점에서는 불링의 특징과 일맥상통한다. '정윤화'라는 조선시대 신입 관리가 선배 관리들의 괴롭힘으로 그 고통을 이기지 못하고 세상을 떠난 일화도 있다. 그 후 숙종과 중종 때는 면신례를 법으로 금하기까지 했다고 한다(곽금주, 2012).

우리나라에서는 1990년대 후반 괴롭힘을 당하던 중학생이 자살을 하면서 왕따가 사회적 관심을 받게 되었고(곽금주, 2008), 이후 왕따에 대한 많은 연구가 이루어져 왔다(곽금주, 1999; 곽금주, 2007; Koo, Kwak, & Smith, 2008). 왕따란 최고의 뜻의 '왕'과 따돌림의 준말인 '따'가 결합되어 '최고의 따돌림' 혹은 '최고의 따돌림을 당하는 아이'라는 의미를 가진다(Smith, Kwak, & Toda, 2016). '왕따'라는 용어는 처음에는 학생들 사이에서 은어로 사용되었다가 후에는 학계에서도 사용되기 시작했다(Kwak, 2015).

과거에는 비행 행동을 하는 학생만이 가해 행동을 하는 것으로 알려졌지만, 점차 문제 행동을 보이지 않는 일반 학생들도 가해 행동에 참여함으로써 따돌림이 더욱 일반화되고 있다(백운학, 1999). 또한 과거에는 불우한 가정환경에서 자랐거나 학업 성적이 좋지 않은 청소년이 주로 왕따나 학교폭력의 가해자로 여겨졌다. 그러나 오늘날에는 또래 사이에서 인기가 많거나 성적이 좋은 학생도 가해자가 될 수 있다는 주장이 많아지고 있다. 성적으로만 평가받는 사회 분위기에서 스트레스를 많이 받고 있는 학생들이 자신의 욕구를 해소하기 위해 가해 행동을 할 수 있다는 것이다(곽금주, 2008).

반면, 왕따 피해자들은 낮은 자존감으로 인해(Sharp, 1996) 수동적인 태도와 반응을 보이게 된다. 이로 인해 피해자들은 쉽게 가해자의 표적이 되고(Keil, 2014), 피해에 적절하게 대처하지 못하게 된다. 어떤 피해자들은 잘난 척을 많이 하고 타인을 배려하지 못하며 무시하는 이기적인 행동을 보여 가해자의 표적이 되기도 한다. 한편, 피해 학생 중 일부는 자신이 처한 환경에서 벗어나기 위해 또 다른 학생을 표적으로 삼아 가해 행위를 함으로써 학교폭력이 악순환될 수 있다는 것을 보여 주고 있다(곽금주, 2008).

(1) 중재 프로그램

이러한 왕따 및 학교폭력을 예방하기 위해서는 가해자와 피해자뿐만 아니라 가해 행동을 소극적으로 지지하며 동조하는 방관자들을 대상으로 한 프로그램을 실시하는 것이 중요하다. 예를 들어, 곽금주 등(2005)은 초등학교와 중학교 대상의 'HELP-ing(Help Encourage yourself as a Leader of Peace-ing!)' 프로그램을 개발하였다. 프로그램 참여 집단과 비참여 집단에서의 효과를 검증한 결과, 프로그램을 실시한 집단에서 학생들의 따돌림 현상이 감소하였다. 또한 프로그램에 참여한 학생들은 왕따에 대해 더 잘 인식하였으며, 또래의 압력에 흔들리지 않고 도덕적으로 행동하였다.

2006년에는 초 · 중 · 고등학생을 위한 '시우보우' 프로그램이 개발되었다(Kwak, 2006). 총 10회기로 이루어진 이 프로그램은 각 회기마다 주제에 맞는 시청각 자료를 개발하여 인지 행동 차원에서 학교폭력의 원인과 결과에 대해 알아보고 그 대처와 사후 중재의 측면을 볼 수 있도록 하였다. 초등학생을 위한 프로그램은 생활 속 기본적인 인성을 기르기 위해 흥미로운 자료로 구성되었고, 중 · 고등학생의 경우 기본 인성을 토대로 학교폭력 상황에서의 대처 능력과 중재 능력을 키울 수 있도록 구성되었다.

2011년과 2012년에는 '시우보우' 프로그램의 개정판이 제작되었는데, 초등학생용 'I Can Make a Difference!' 프로그램은 시청각 자료뿐 아니라 다양한 활동 자료를 제공하였고 언어폭력이나 성폭력에 초점을 두었다. 중학생용 '먼저 손 내밀어요(Reach out your hands)' 프로그램은 왕따의 예방 방법 및 피해자와 방관자에도 초점을 두고 시청각 자료뿐 아니라 토의나

[그림 14-6] 왕따 중재 프로그램
'HELP-ing' '시우보우' '먼저 손 내밀어요' 왕따 중재 프로그램

브레인스토밍과 같은 다양한 활동에 직접적으로 참여하도록 하였다.

(2) 문화에 따른 불링 차이

불링에 대한 연구는 1970년대 초반에 노르웨이에서 시작하여(Smith, 2016) 오스트레일리아, 캐나다, 미국, 영국, 이탈리아, 핀란드, 일본 등 여러 나라에서 활발하게 연구되어 왔다. 한국에서 '왕따'라고 불리는 따돌림은 각 나라의 문화에 따라 다양한 이름으로 불린다. 예를 들어, 중국에서는 치푸(qifu), 일본에서는 이지메(ijime), 미국에서는 불링(bullying), 이탈리아에서는 불리지모(bullismo)라고 불린다(Konishi et al., 2009). 나라마다 다른 특징을 보이는 불링은 크게 동서양으로 나누어 그 특징을 살펴볼 수 있다.

먼저, 서양에서는 주로 신체적 · 언어적 폭력과 같은 직접적인 괴롭힘을 불링으로 받아들이지만, 동양 사람들은 사회적 배제(social exclusion)나 헛소문 퍼뜨리기 등과 같이 간접적인 괴롭힘을 불링으로 받아들이는 경향이 있다. 나라마다 불링의 정의가 어떻게 다른지 알아보기 위해 Smith와 연구자들(2007)은 카툰 과제를 사용하였다. 이는 카툰 장면을 참여자들에게 보여 주고, 그 행동이 불링인지를 묻는 방식으로 진행되었다. 카툰 과제는 다른 연구 방법에

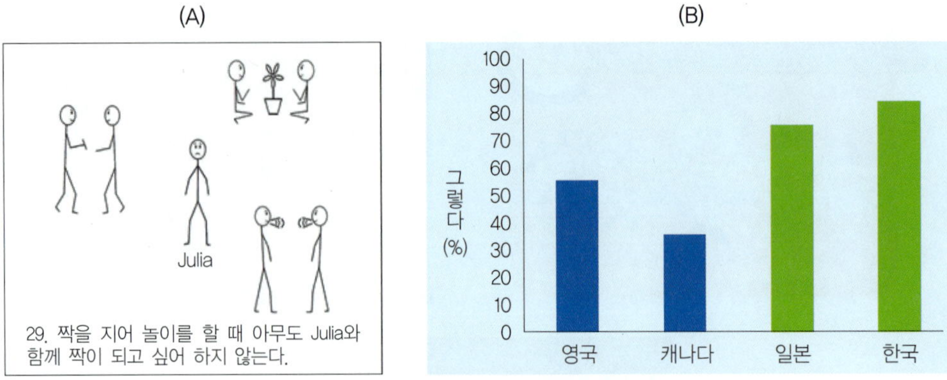

[그림 14-7] 사회적 배제와 불링

(A) 둘씩 놀이를 할 때 아무도 Julia와 같이 하고 싶어 하지 않는다는 사회적 배제 상황을 보여 주는 카툰을 참여자에게 보여 주었다.

(B) 그 결과, 일본과 한국에서는 서양 국가에 비해 이를 불링이라고 생각하는 경향이 더 높았다.

출처: Smith et al. (2007); Kwak (2015).

비해 언어 문제를 통제할 수 있다는 점에서 다른 문화나 나라의 참여자를 비교할 때 유용하게 사용될 수 있다(Smith, Kwak, & Toda, 2016에서 재인용).

Smith와 연구자들(2006)은 [그림 14-7]의 (A)와 같이 짝을 지어 놀 때 아무도 Julia와 짝을 하고 싶어 하지 않는 카툰을 여러 나라의 참여자들에게 보여 주고, Julia가 불링을 당하고 있는지 물었다. 그 결과 서양 사람들은 동양에 비해 Julia가 불링을 당하고 있지 않다고 생각했다([그림 14-7] (B) 참고). 왜냐하면 서양에서는 개인이 한 집단에서 배제되었다고 해도 다른 집단과 충분히 어울릴 수 있다고 생각하는 경향이 있기 때문이다. 그와 반대로 집단주의인 동양에서는 사회적으로 배제되는 것이 곧 개인의 정체성을 모두 잃은 것과 같다고 생각하여 이를 심각하게 받아들이는 경향이 있다(Smith, Kwak, & Toda, 2016).

심지어 우리나라에서는 사회적 배제와 관련된 '은따'라는 단어도 존재한다. 은따란 직접적인 신체적 손상을 가하거나 폭력은 없지만 은근히 따돌림을 당하는 사람이나 그러한 현상을 일컫는다. 재미있는 이야기를 하다가 은따인 친구가 들어오면 하던 말을 멈추거나, 급식을 다 먹지 않았는데 친구들이 먼저 일어서 버리는 것이 은따의 흔한 예다. 우리나라에는 '은따'외에도 '반따' '전따'라는 용어가 있다. 반따란 반 전체가 한 명을 따돌리는 것이고, 전따란 전교생이 따돌리는 것이다. 이러한 용어들을 통해서도 알 수 있듯이 왕따의 가해자는 다수다. 그 이유는 동양 문화에서는 집단 내의 조화를 중요하게 여겨서 친구들이 한 명을 따돌리면 함께 그 사람을 따돌리기 때문이다. 한 연구에서는 집단과 개인의 생각이 얼마나 동일

(A)

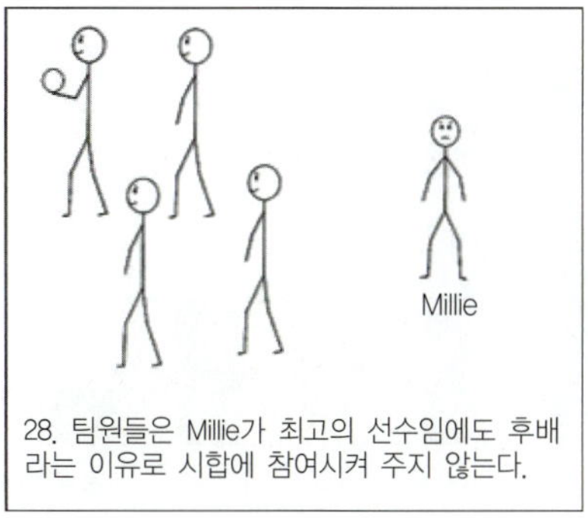

(B)

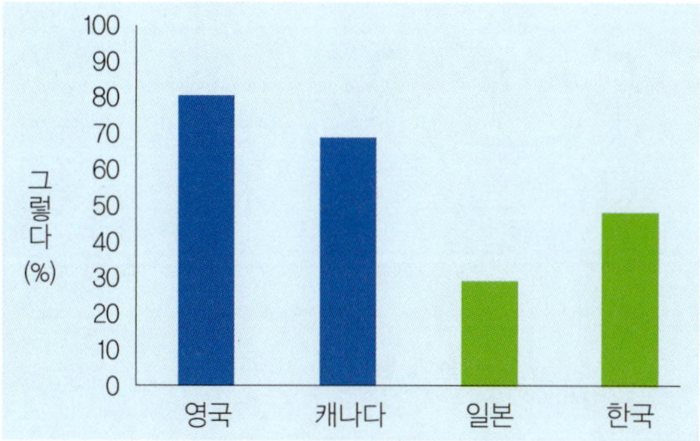

[그림 14-8] 선배의 괴롭힘과 불링

(A) Millie의 실력이 뛰어나지만, 팀원들은 Millie가 후배라는 이유로 시합에 참여시켜 주지 않는다는 카툰을 보여 주고 이것이 불링인지에 대해 물었다.

(B) 그 결과, 동양 국가에 비해 서양 국가의 참여자들은 이를 불링이라고 답했다.

출처: Smith et al. (2007: Kwak, 2015에서 재인용).

하다고 개인이 느끼는지 알아보았다(Strohmeier, Yanagida, & Toda, 2016: Smith, Kwak, & Toda, 2016에서 재인용). 그 결과, 일본 참여자들은 오스트리아 참여자들에 비해 집단의 생각과 개인의 생각이 크게 다르지 않았다. 이는 자신의 생각과 집단의 생각을 동일시하며 집단 내 조화를 중요시 여기는 동양 문화의 특징을 보여 준다(Smith, Kwak, & Toda, 2016).

불링의 형태뿐 아니라 가해자의 특징도 문화에 따라 다른 것으로 나타났다. 이는 동서양의 서로 다른 교육 시스템으로도 설명할 수 있는데, 한국을 포함한 동양에서는 학기 초에 학급이 편성되어 일 년 동안 같은 교실에서 같은 친구, 같은 교사와 함께 지낸다. 따라서 대부분의 불링은 학급 내에서 일어나거나 친구와 또래에 의해 일어나는 경우가 많다. 이와 반대로 서양에서는 학생들이 과목마다 교실을 옮겨 다니고 개인의 수준에 맞게 수업을 듣기 때문에 학급 내에서 불링이 일어나기보다는 등하굣길에 잘 모르는 선배에 의한 불링이 자주 일어난다. 또한 동양의 사람들은 유교 사상에 영향을 받았기 때문에 나이 많은 사람에게 부당한 대우를 받아도 이를 불링으로 여기기보다 어느 정도는 수용하는 것으로 나타났다(Smith, Kwak, & Toda, 2016). [그림 14-8]의 (A)는 한 선수가 실력이 뛰어난데도 나이가 어리다는 이유로 시합에 참여시켜 주지 않는 상황을 보여 준다. 서구 문화권인 영국과 캐나다에서는 이를 불링이라 받아들였지만, 동양 문화권인 일본과 한국 참여자들은 이를 불링이라고 대답한 비율이 비교적 낮았다([그림 14-8] (B) 참조).

또 [그림 14-9]의 (A)와 같이 여아들이 Mark가 남자라는 이유로 줄넘기 놀이에 끼워 주지

(A)

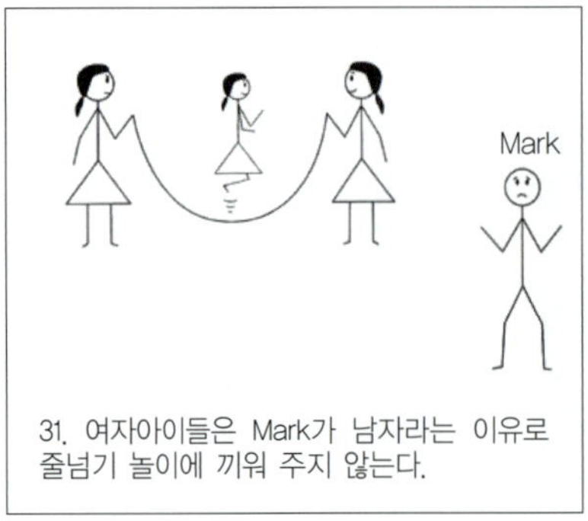

(B)

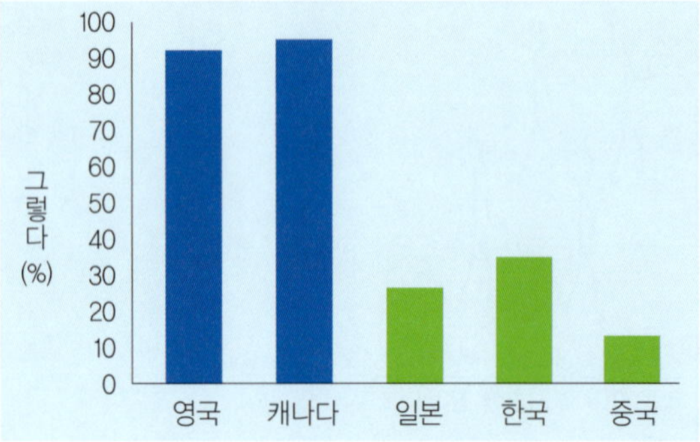

[그림 14-9] 성별에 따른 배제와 불링

(A) Mark가 남자아이라는 이유로 줄넘기 놀이에 끼워 주지 않는 카툰을 보여 주고 참여자들에게 이것이 불링인지에 대해 물었다.

(B) 그 결과, 영국과 캐나다를 포함한 서양 국가에서는 동양 국가에 비해 성별에 따른 배제 역시 불링으로 보는 것으로 나타났다.

출처: Smith et al. (2007: Kwak, 2015에서 재인용).

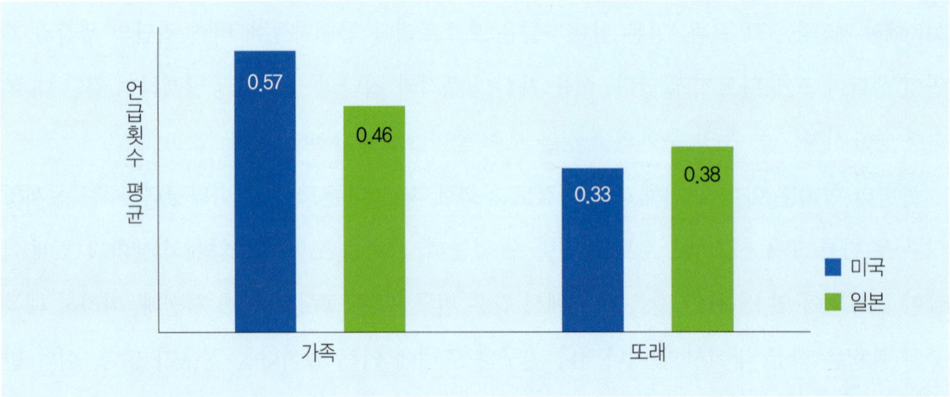

[그림 14-10] 사회 정서적 지원자

미국과 일본 학생들에게 문제를 일으켰을 때 누구에게 도움을 청할 것인지 물었다. 그 결과, 미국 학생들은 가족을 또래에 비해 더 많이 언급하였고, 일본 학생들은 또래를 가족에 비해 더 많이 언급했다.

출처: Crystal et al. (2008: Kwak, 2015에서 재인용).

않을 때 이것이 불링인지에 대해 물었다. 그 결과 [그림 14-9]의 (B)에서 볼 수 있듯이 서양에서는 이를 불링이라고 생각하는 반면, 동양에서는 이를 불링으로 보는 경우가 적었다. 이러한 동서양의 차이는 남성과 여성의 역할을 뚜렷하게 구분하는 동양의 유교사상 때문일 수 있다(Smith, Kwak, & Toda, 2016).

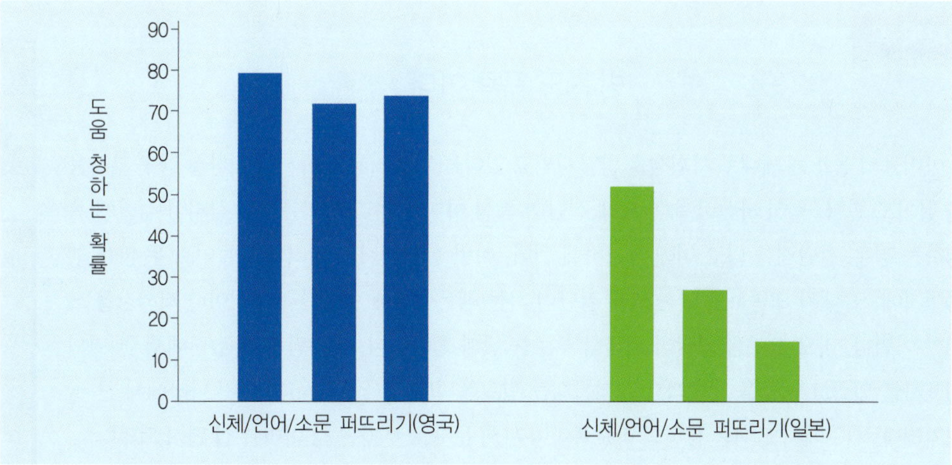

[그림 14-11] 불링을 당할 때 도움을 청하는 확률

영국 참여자들이 일본 참여자들에 비해 불링의 형태에 상관없이 불링을 당할 때 타인에게 도움을 더 잘 청하는 것으로 나타났다.

출처: Kanetsuna et al. (2006: Kwak, 2015에서 재인용).

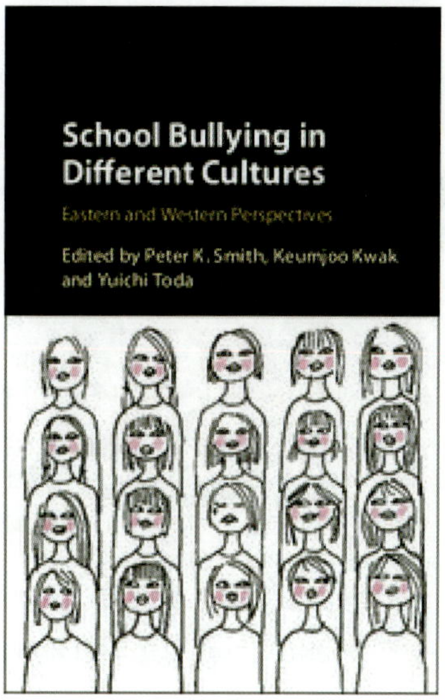

[그림 14-12] 다양한 문화에서의 불링에 대한 연구를 담은 책

출처: Peter, Kwak, & Toda (2016).

이와 같이 불링의 특징은 문화마다 다른 것으로 나타났는데, 어려움에 처했을 때 찾는 사람도 다른 것으로 나타났다. Crystal과 연구자들(2008)은 미국과 일본 학생들에게 문제에 처했을 때 누구에게 도움을 청할 것인지 물었다. 그 결과, [그림 14-10]과 같이 미국 학생들은 또래보다 가족에게 도움을 청할 것이라고 대답한 반면, 일본 학생들은 또래에게 더 도움을 구할 것이라고 대답했다(Smith, Kwak, & Today, 2016에서 재인용). 즉, 미국 학생들은 상대적으로 가족에게 상호 의존적이며, 일본 학생들은 비교적 또래에게 의존하는 것으로 나타났다(Crystal et al., 2008: Smith, Kwak, & Toda, 2016에서 재인용). 그뿐 아니라 불링을 당할 때 타인에게 도움을 요청하는 정도 또한 달랐다. [그림 14-11]과 같이 동양은 어떤 형태의 따돌림을 당하더라도 서양에 비해 도움을 잘 청하지 않는 것으로 나타났는데, 동양은 서양에 비해 체면을 중요하게 여기기 때문이다(Kanetsuna et al., 2006: Smith, Kwak, & Toda, 2016에서 재인용).

ISSUE 4

방관도 폭력이다

아이들의 동조는 제대로 사회성을 발달시키고 있다는 지표이기도 하지만 지나칠 경우 부작용을 낳기도 한다. 특히 자신이 속한 또래 집단이 특정 아이를 놀리고 괴롭히고 심지어 심하게 폭행하는 경우, 판단력을 잃고 이에 동조하게 된다. 이런 상황에서는 여러 친구들이 모두 하는 행동이기에, 또 내가 의존하고 있는 또래 집단이 하는 행동이기에 별다른 죄의식이나 죄책감을 느끼기 어렵다. 바로 요즈음 연달아 비극을 부르는 왕따 현상이다. 이처럼 또래 집단에서 한 명의 피해자를 만들고 이들을 지속적으로 괴롭히는 학교폭력(불링, bullying)은 여러 나라에서 큰 골칫거리다. 서구에서도 이런 유형의 학교폭력이 사회 문제로 부각된 지 이미 수십 년이 되었다.

스웨덴의 한 심리학자에 의하면 이 폭력 구조 안에는 가해자와 피해자만 존재하는 것이 아니라 집단 참여자의 역할이 나뉘어 있다. 가해 행동을 시작하고 주도하며 무리를 이끄는 가해 대장, 적극적으로 가해자를 돕지만 가해자보다는 덜 주도적인 가해 조력자, 그리고 가해자를 위해 구경꾼을 모아 오거나 가해자를 자극하는 가해 강화자가 바로 가해 집단 구성원이다. 가해 집단의 맞은편에 피해자가 있다. 이런 피해자를 도와주고 막아 주려 하는 방어자가 존재하는지 여부가 중요하다. 방어자가 존재할 때 폭력의 확산과 아주 큰 피해는 피할 수 있다. 대부분 교실에서 일어나는 한국의 왕따 현상에서는 피해자 혼자 폭력의 희생자이고 피해자를 도와주는 방어자는 없다. 더욱이 교실 안의 대부분의 아이들이 방관자 역할을 한다. 방관자는 가해 상황에 대해서 잘 알고 있으면서 묵인해 버리고 만다. 자신과 상관없는 괜한 싸움에 말려들고 싶지 않고, 피해자를 도와줄 힘도 없다고 스스로 생각하기 때문이다.

그러나 무관심으로 일관하는 방관자들이 모두 힘을 모아 피해자를 도와준다면 매우 강력한 힘으로 작용할 수 있다. 바로 이것이 폭력을 멈추게 할 수 있다. 그 누군가에게 사실을 알리고 도움을 청할 수 있는 자는 피해자가 아니라 바로 방관자들이다. 우리 아이들이 생활하는 교실이 약육강식의 세계가 되어 가는 것을 속수무책으로 바라보고만 있을 것인가? 지금 당장은 내 아이가 표적이 아니라고 마냥 몸을 사리고 있을 것인가? 폭력에 무감각하게 자라난 이런 아이들이 어른이 되어 만드는 세계 또한 척박할 것이다. 피해 당하는 친구들을 외면하지 않는 것, 방어해 줄 수 있는 경험 자체가 서로의 성장에 강력한 보호 요인이다. 무관심과 방관이야말로 폭력을 배양하는 토양이다. 방관 또한 폭력이라는 것을 교사, 부모와 아이들 모두 인식해야 할 것이다.

출처: 곽금주(2012. 2. 1.). 방관도 폭력이다. 경향신문

(3) 사이버 불링

불링의 형태는 시간이 흐르면서 점차 변해 가고 있다. 최근에는 전자기기를 통한 괴롭힘이 사회 문제가 되고 있다. 실제로 SNS상에서 괴롭힘을 당하거나 자신의 수치스러운 장면이 녹화된 동영상이 유포되어 괴로움을 이기지 못하고 목숨을 끊은 사례들이 있는데, 이를 사이버 불링(cyberbullying)이라고 한다. Hinduja와 Patchin(2009)에 따르면, 사이버 불링은 "컴퓨터, 휴대폰과 같은 전자기기의 사용을 통한 고의적이고 반복적인 해를 가하는 행동"을 일컫는다. 이는 Olweus(1993)가 제시한 의도성, 반복성, 힘의 불균형과 같은 전통적인 불링의 특징과 함께 익명성과 공공성이라는 가상 세계의 특징을 포함한 것이다(Nocentini et al., 2010). 즉, 사이버 불링은 모든 사람이 볼 수 있는 가상 세계에서 자신의 모습은 숨긴 채 한 개인에게 고의적이고 의도적인 해를 가하는 것이라고 볼 수 있다. 전통적인 불링은 주로 학교에서 일어나지만, 사이버 불링은 공간의 제약이 없이 가상의 세계에서 일어나므로 더욱 다양하고 복잡한 문제들이 발생한다.

Kowalski 등(2014)의 메타 연구에 따르면, 전통적인 불링의 가해자가 보이는 우울, 불안, 약물 남용, 자살, 낮은 수준의 자존감 등의 증상을 사이버 불링의 가해자와 피해자도 유사하게 보인다. 사이버 불링이 점차 심각한 사회 문제가 되자 많은 연구자들이 이에 관심을 가지고 연구를 시작했지만 아직 합의된 개념이나 일관된 측정 도구가 없어 더 많은 연구가 필요할 것으로 보인다.

최근에는 메신저 단체 채팅방에 피해자를 초대하여 계속해서 욕을 하고 괴롭히며, 대화방에서 나가도 강제로 계속 초대하는 등 불링의 현상과 형태는 계속해서 변화하고 진화하고 있다. 따라서 연구자들은 이에 맞춰 끊임없이 불링의 현상을 관찰해야 한다. 또한 그에 맞게 불링에 대한 연구도 계속하고 불링의 특징에 맞는 중재 프로그램도 개발해야 할 것이다.

4. 미디어

기술의 발전으로 인해 현대 사회는 많은 혜택을 받고 있으며, 적절한 수준의 미디어 사용은 아동의 발달에 도움이 된다. 그러나 많은 아동과 청소년은 가족이나 또래와의 공동체 생활 대신 TV, 컴퓨터, 휴대전화 등을 사용하며 대부분의 시간을 보낸다. 이와 같이 과도한 미디어 사용은 아동의 정상적인 성장에 위험 요인으로 작용할 수 있다.

90%의 아동은 만 2세가 되기 전부터 TV를 시청하기 시작하며(Christakis, 2009), 우리나라 전체 아동 중 28.7%가 주말에 3시간 이상 TV를 시청하는 것으로 조사됐다(통계청, 2013). 이처럼 TV는 이른 시기부터 아동의 삶의 많은 부분을 차지한다.

여러 연구에 의하면 TV는 아동 및 청소년에게 부정적인 영향을 끼친다. 먼저, 아동은 TV 광고를 통해 건강에 해롭고 지방이 많은 음식에 긍정적인 태도를 가지게 되는데, 이로 인해 과체중이 될 위험성이 높아진다(Boyland & Halford, 2013). 또한 TV는 부모 및 타인과의 상호작용을 방해하여 아동의 인지 능력을 낮춘다. 예를 들어, 지나치게 TV를 시청한 영아는 만 7세가 되었을 때 집중력에 문제를 보이고(Christakis, Zimmerman, DiGiuseppe, & McCarty, 2004), 하루 한 시간 DVD를 시청한 어린 아동은 언어를 습득하는 데 오랜 시간이 걸린다(Zimmerman, Christakis, & Meltzoff, 2007).

또한 아동 TV 프로그램은 부적절하고 공격적인 내용을 많이 담고 있기 때문에 아동에게 부정적인 영향을 미칠 수 있다. 실제로, 만 12세 이하 아동을 위한 TV 프로그램은 다른 프로그램과 비교하여 3배나 더 많은 폭력적 내용을 담고 있었고, 청소년을 위한 프로그램에서는 따돌림과 같은 간접적인 장면을 쉽게 볼 수 있다(Wilson et al., 2002). Coyne과 Whitehead(2008)의 연구에 의하면 전 연령대가 시청할 수 있는 디즈니 영화조차도 평균 시간당 9.23번의 간접적인 폭력 장면이 나타난다. [그림 14-13]에서 보듯이 성별에 상관없이

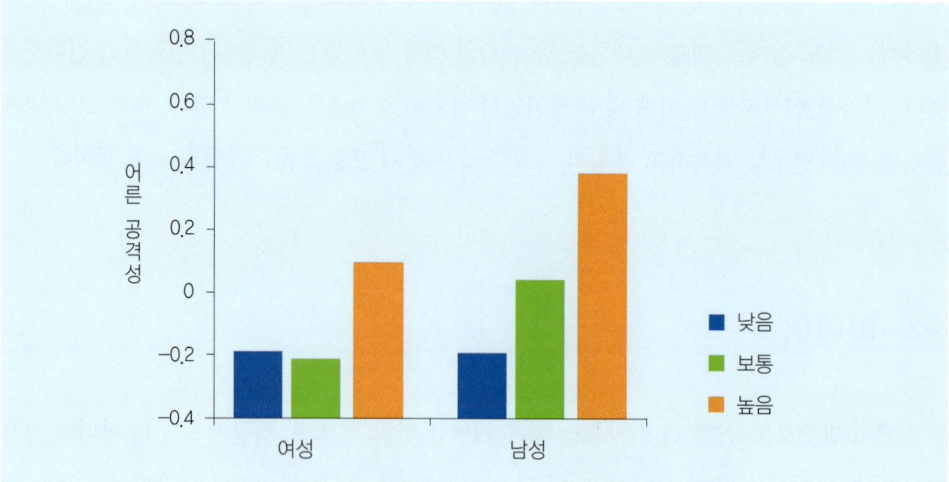

[그림 14-13] 아동기 폭력적인 TV 시청이 성인이 되었을 때 공격성에 미치는 영향

아동기 때 공격적인 만화를 좋아하고 많이 보는 아동은 15년 뒤 성인이 되었을 때 더 공격적인 모습을 보였다.

출처: Huesmann, Moise-Titus, Podolski, & Eron (2003).

ISSUE 5

SNS는 청소년에게 어떤 영향을 끼칠까?

현대사회의 사람들은 페이스북, 트위터 등과 같은 SNS(Social Networking Service)를 통해 온라인상에서 사회적 관계망을 형성하고 유지한다. 최근 통계에 따르면 페이스북 사용자의 수는 어느덧 13억이 훌쩍 넘어(Statista, 2014) SNS 사용이 전 세계적으로 활성화되고 있다는 것을 보여주고 있다. 하지만 이와 동시에 SNS 중독이 새로운 사회 문제로 자리잡고 있다.

Tiggemann(2013)의 연구에서 페이스북 사용이 중 · 고등학교 여학생에게 어떠한 영향을 미치는지 알아본 결과, SNS를 지나치게 많이 이용하는 청소년은 또래와 자신을 비교하여 자기 신체상에 대해 더 많은 고민을 가졌고, 날씬해지고 싶은 욕구가 큰 것으로 나타났다. 더 나아가, SNS상에서 또래와 자신을 지속적으로 비교하고 다른 사람들에게 인정을 받고 싶어 하는 청소년은 이후 더 쉽게 우울증 증상을 경험할 수 있다(Nesi & Prinstein, 2015). 이것은 청소년이 SNS를 통해 다른 사람의 과장된 모습을 보며 모든 사람이 자신보다 행복하다는 왜곡된 생각을 가지기 때문이라고 설명할 수 있다. 이와 같이 과도한 SNS 사용은 청소년에게 부정적인 영향을 끼칠 수 있기에 연구자들은 적당한 SNS 사용을 권고하고 있다.

■ 청소년의 SNS 사용 ■

청소년의 과도한 SNS 이용은 해로운 영향을 끼칠 수 있다.

어린 시절에 공격적인 만화를 많이 본 아동은 성인이 되었을 때 그렇지 않은 아동보다 높은 공격성을 보였다(Huesmann, Moise-Titus, Podolski, & Eron, 2003).

그러나 TV가 아동의 발달에 부정적인 영향만 끼치는 것은 아니다. 아동을 위한 TV 프로그램은 교육적인 내용을 담고 있으며, 특정한 주제에 대해 더 쉽게 학습할 수 있도록 도와준다. 이러한 프로그램은 다양한 시청각 자료를 통해 아동의 호기심을 자극하고, 동기부여를 하며, 학업 능력 향상에 도움이 된다. 예를 들어, Wright 등(2001)의 연구에 의하면 만 2~3세에 교육적인 프로그램을 시청하는 것은 이후 높은 읽기 및 어휘 능력을 예측했다. 또한 친사회적인 내용을 담고 있는 프로그램을 시청한 아동은 또래들과 좀 더 긍정적으로 상호작용하며, 친사회적인 행동을 더 많이 보이기도 했다(Mares & Woodard, 2005). 이렇게 적절한 내용의 TV 프로그램 시청은 아동 발달에 긍정적인 영향을 끼칠 수도 있다.

우리나라 청소년은 TV 시청뿐 아니라 게임을 하는 데 많은 시간을 보내며, 주로 폭력적인 내용을 담고 있는 액션 및 모험 장르의 게임을 즐긴다(Lenhart et al., 2008). 실제로, 폭력적인 게임을 많이 하는 청소년일수록 부모나 교사와 말다툼을 많이 하고, 신체적 싸움을 더 많이 벌이는 등 타인에게 적대적인 것으로 나타났다(Gentil, Lynch, Linder, & Walsh, 2004). 이는 비디오 게임으로 인해 아동 및 청소년이 폭력에 둔감해지기 때문이라고 설명할 수 있다(Carnagey, Anderson, & Bushman, 2007).

게임은 아동과 청소년에게 긍정적인 영향을 미치기도 한다. 예컨대, 신체적 활동을 필요로 하는 비디오 게임은 청소년으로 하여금 신체 건강에 도움이 된다(Baranowski, Buday, Thompson, & Baranowski, 2008). 또한 게임은 아동과 청소년의 친사회적 행동에 긍정적인 영향을 미칠 수 있다. 예를 들어, Greitemeyer와 Osswald(2010)의 연구에서 참여 아동들은 임의로 세 집단으로 나뉘어 친사회적 게임, 공격적 게임 그리고 중립적 게임을 했다. 이후 이들의 행동을 관찰한 결과, 친사회적 게임을 한 아동은 실험자가 실수로 물을 쏟을 때 더 많이 도와주는 행동을 보였다. 이 외에도 게임은 청소년의 여가 시간의 질을 높여 주고 청소년에게 긍정적인 정서를 느끼게 해서 우울한 기분을 낮추는 데 도움을 주기도 한다(Durkin & Barber, 2002). 이와 같이 청소년의 적절한 게임 활동은 삶에 긍정적인 결과로 이어질 수 있다.

인터넷 역시 아동과 청소년의 삶에 큰 영역을 차지한다. 통계에 따르면 우리나라 3~9세 아동의 80.1%와 청소년의 90%가 인터넷을 사용하고 있다(Korea Network Information Center, 2002). 이와 같이, 인터넷은 아동과 청소년 그리고 성인에 이르기까지 모두에게 꼭 필요한 삶의 요소가 되었다. 하지만 이러한 인터넷 사용은 아동과 청소년에게 부정적인 영향을 미칠

ISSUE 6

부모의 미디어 사용은 아동에게 어떠한 영향을 끼칠까?

아동의 미디어 사용뿐만 아니라 부모의 미디어 사용 또한 아동에게 부정적인 영향을 미칠 수 있다. Kirkorian, Pempek, Murphy, Shumidt와 Anderson(2009)은 TV를 켜놓는 부모의 습관이 부모-자녀 간 상호작용에 어떠한 영향을 미치는지 실험을 통해 알아보았다. 참여 부모와 아동은 TV가 켜진 놀이방에서 시간을 보냈고, 실험자는 이들의 상호작용을 관찰했다. 그 결과, 부모는 TV가 켜져 있는 동안에는 아동과의 놀이에 덜 참여하였고, 자녀의 요구에 민감하게 반응하지 않았다. 이와 같이 TV는 부모-아동 상호작용에 부정적인 영향을 미칠 수 있다.

더 나아가, Radesky 등(2014)의 연구에서는 엄마의 휴대전화 사용이 부모-자녀 간 상호작용에 어떤 영향을 미치는지 알아보았다. 실험 중 엄마와 아동은 여러 음식을 시식해야 했고, 엄마는 자유롭게 휴대전화를 사용할 수 있었다. 이들의 상호작용을 관찰한 결과, 휴대전화를 사용한 엄마들은 사용하지 않은 엄마들보다 말을 20% 적게 했고, 아동과 신체적 접촉을 39% 적게 했다. 특히 낯선 음식이 주어졌을 때 휴대전화를 가지고 있던 엄마들은 자녀에게 음식을 먹어 보라고 권유하거나 먹기 좋게 잘라서 건네 주는 행동 등 자녀에게 도움이 되는 행동을 적게 보였다. 따라서 부모의 미디어 사용은 아동과의 긍정적인 상호작용을 방해하여 아동의 발달에 부정적인 영향을 끼칠 수 있음을 보여준다.

▪ 엄마의 휴대전화 사용 ▪

엄마의 TV 시청과 휴대전화 사용은 아동과의 원활한 상호작용에 방해가 될 수 있다.

수 있다. 예를 들어, 인터넷을 못하는 상황에 놓였을 때 청소년은 우울 증상과 금단 현상을 느낀다. 또한 인터넷을 더 많이 사용할수록 청소년들은 자살 생각을 더 빈번하게 했으며, 더 많은 우울장애 증상을 보였다. 이러한 청소년은 또래로부터 소외될 가능성이 높으며, 폭력적이거나 성적으로 문란한 내용에 노출되기도 한다(Kim et al., 2006).

그러나 인터넷 사용이 언제나 부정적인 것은 아니다. 예컨대, 부모가 올바른 인터넷 사용 방법을 알려 줄 경우, 아동의 인터넷 사용은 언어 발달에 도움이 된다(Bittman et al., 2011). 더 나아가, 빈곤 가정 아동은 인터넷을 통해 학교 밖에서도 공부를 할 수 있기 때문에 초등학교에서 더 높은 학업 성적을 보이기도 한다(Judge, 2006). 이와 같이 아동이 인터넷을 배움의 도구로 올바르게 사용한다면 발달에 긍정적인 영향을 끼칠 수 있다.

TV, 게임, 인터넷과 더불어 휴대전화 역시 아동과 청소년의 삶에 큰 영향을 미친다. 우리나라 청소년을 대상으로 조사한 결과, 10명 중 9명은 휴대전화를 보유하고 있는 것으로 나타났다(여성가족부, 2011). 이들은 스마트폰을 사용하여 페이스북이나 카카오스토리와 같은 소셜 네트워크를 자주 사용한다(이창호, 2013). 그러나 지나친 휴대전화 사용 역시 아동 및 청소년에게 부정적인 영향을 미칠 수 있다. 실제로, 중·고등학생 중 35.2%가 스마트폰 중독 위험군에 속한다(천예빈, 2013). 스마트폰에 지나치게 의존하는 청소년은 집중력이 낮고, 교사와 또래들과의 관계가 좋지 않으며, 학교 생활에 적응하는 데 어려움을 겪는다(강경미, 장정임, 김성봉, 2014; 이성대, 염동문, 2012). 그렇기 때문에 아동과 청소년이 휴대전화 사용을 스스로 절제할 수 있는 능력을 키워 주는 것이 중요하다.

주요 학습 개념

1. 가정

- 부모마다 서로 다른 양육 방식을 가지고 있는데 Baumrind는 이를 다음과 같은 네 가지 양육 방식으로 나눴다.

독재적 양육 (authoritarian parenting)	권위적 양육 (authoritative parenting)	허용적 양육 (permissive parenting)	방임적 양육 (neglectful parenting; uninvolved parenting)
자녀에게 엄격하고 자녀에 대한 기대가 높지만 자녀의 요구에는 민감하지 않는 부모를 뜻한다.	자녀에게 요구가 많지만 자녀의 요구에도 민감한 양육 방식을 가진 부모를 뜻한다.	자녀에게 관대하고 많은 요구를 하지 않으며 자녀가 요청할 때에도 민감하게 반응한다.	자녀에 대한 기대가 낮음과 동시에 자녀의 요구에도 민감하게 반응하지 않는다.

- 부모뿐만 아니라 형제의 존재는 아동의 사회적 능력 발달에 도움이 되지만, 빈번히 형제와 비교를 당하는 것은 스트레스를 야기하기도 한다.
- 반면, 외동아들은 형제가 있는 아동보다 관점 수용 능력이 낮지만 교육 수준은 더 높았고 삶의 만족도도 더 높게 나타났다.
- 가족의 형태에 따라 아동의 발달 양상은 달라지며, 오늘날에는 맞벌이 가정, 이혼 가정, 다문화 가정 등 다양한 가족 형태가 등장하고 있다. 이에 따라 다양한 가족 형태가 아동 발달에 미치는 영향에 대한 연구가 활발히 이루어지고 있다.

2. 또래

- 아동은 어릴 때부터 또래와 상호작용하고 놀이를 하는 등 관계를 쌓아 간다. 더 나아가 우정 관계를 쌓고 단짝인 또래를 만들기도 한다. 그리고 청소년이 되어서는 이성 관계를 형성하기도 한다.
- Piaget는 아동의 놀이 형태를 세 가지로 나누어 설명한다.
  - ➤기능 놀이: 감각운동 기능의 발달로 영아가 물건을 잡거나 장난감을 가지고 노는 것
  - ➤가상 놀이: 만 3~5세에 나타나고 사물에 가상의 의미를 부여하여 또래와 즉흥적으로 역할극을 펼치는 놀이로 아동의 조망 수용 능력과 언어 능력 발달에 도움
  - ➤규칙 있는 게임: 술래잡기와 같이 규칙이 있는 놀이를 하거나 자신들만의 새로운 규칙을 만들어 그 규칙에 맞게 노는 것

3. 학교 환경

- 학교 환경의 핵심인 교육 환경은 아동의 학습 성취뿐 아니라 집중력, 문제 행동, 자존감 등 아동의 다양한 측면에 영향을 미친다.
- 왕따란 한 명 이상의 가해자가 특정 인물에게 지속적으로 부정적이고 적대적이게 대하는 것을 뜻한다.
- 우리나라만의 문화적 특성을 지니고 있는 왕따는 다음과 같은 세 가지 특성을 지닌다.
  - ➤ 집단성: 가해자가 여러 명으로 구성
  - ➤ 지속성: 한 번 왕따를 당하면 쉽게 벗어나지 못하고 지속
  - ➤ 일반성: 비행 행동을 하는 학생뿐만 아니라 일반 학생들도 가해 행동에 참여
- 문화에 따라 불링(bullying)의 모습이 다르게 나타난다.
- 불링의 형태는 계속해서 변하고 진화하고 있기 때문에 연구자들은 그에 맞게 불링에 대한 연구도 계속하고 중재 프로그램을 개발해야 한다.

4. 미디어

- TV, 인터넷, 휴대전화 등 미디어는 아동 발달에 긍정적인 영향과 부정적인 영향을 모두 가진다.

	장점	단점
TV	아동은 교육적인 TV 프로그램을 통해 특정한 주제에 대해 더 쉽게 학습할 수 있다.	폭력적인 TV 내용에 많이 노출될수록 아동은 폭력적인 행동에 적응이 되어 그것이 정상이라고 생각하기 때문에 이후에 공격적인 성향을 갖게 될 수도 있다.
인터넷	빈곤 가정의 아동일 경우, 교육 자원이 부족하기 때문에 인터넷은 이들에게 효과적인 배움의 도구로 사용될 수 있다.	인터넷에 대한 의존도가 높을수록 청소년은 자살 생각을 더 많이 하며 우울장애 증상을 더 많이 보인다.
휴대전화	휴대전화를 통한 소셜 네트워크 사용은 사회적 관계망의 형성과 유지에 도움이 된다.	지나친 휴대전화의 사용은 청소년의 집중력을 해치고, 이들의 사회성과 적응도에 부정적인 영향을 미친다.

15장

이상 발달

1. 정상 발달과 이상 발달
2. 발달 및 학습장애
3. 정서장애
4. 행동 및 충동조절장애
5. 섭식 및 수면 관련 장애
6. 심리치료

Anna Freud, 아버지의 이름과 업적을 이어가다

정신분석 이론이 오늘날까지 심리학에 영향을 미칠 수 있었던 것은 두 Freud의 공이 컸다. 한 명은 정신분석 이론의 창시자인 Sigmund Freud다. 그렇다면 또 다른 Freud는 누구일까? 바로 Sigmund의 막내딸 Anna Freud다.

Anna는 어린 시절부터 아버지의 깊은 사랑을 한 몸에 받으며 성장했고, 그녀 또한 아버지를 잘 따랐다. 그녀가 아버지를 우상처럼 숭배했다는 말이 있을 정도였다. Anna는 일찍부터 아버지의 연구에 큰 관심을 보이며, 이해가 되지 않을 때마다 아버지에게 설명을 해 달라고 졸랐다고 한다. 초등학교 교사였던 Anna는 아버지의 연구를 독일어로 번역하는 일도 했는데, 이를 통해 아동심리와 정신분석에 관심을 가지게 되었다. 그렇게 아버지의 정신분석 연구에 많은 열정을 가지게 된 Anna는 결국 결혼도 하지 않은 채 아버지의 연구를 돕게 되었고, 이후에는 이를 확장시켜 자신의 연구도 하게 되었다.

Anna 역시 심리학에 많은 기여를 했지만, Anna의 업적은 아버지의 이름에 가려 다소 축소되어 보이는 경향이 있다. 한 예로, 많은 사람들은 '방어기제'가 Anna의 아버지 Sigmund에 의해 만들어졌다고 알고 있다. 하지만 실제로 정신분석학에서 다루어지는 열 가지 방어기제(억압, 부정, 투사, 동일시, 합리화 등)는 Sigmund가 아닌 그의 딸 Anna에 의해 처음 만들어졌다. Sigmund가 자아의 방어 기능에 대해 설명하기는 했지만, 이를 체계적인 이론으로 처음 정립한 사람은 바로 Anna였다. 정신분석학에서 다뤄지는 이 열 가지 방어기제는 오늘날 심리학자뿐 아니라 일반 사람들에게도 자주 쓰이는 개념이다.

Anna는 Sigmund에게 딸 이상의 존재였다. 그녀는 Sigmund의 제자이자 동료였다. 이후 Sigmund가 늙었을 때 Anna는 Sigmund의 간호인으로 그의 옆을 지켰다. Anna가 결혼을 했다면 남편의 성을 따랐겠지만 결혼을 하지 않았던 Anna는 아버지의 성을 그대로 써서 또 한 명의 Freud로 기억될 수 있었다. Anna가 결혼을 하지 않은 것은 아버지인 Sigmund Freud의 이름과 업적을 이어가고 싶었던 것은 아닌지 생각해 본다.

Anna Freud와 Sigmund Freud

이상 발달은 개인의 성장 과정에서 신체 및 정신적 문제나 장애를 겪게 되면서 발달이 제대로 이루어지지 않는 것을 말한다. 최근에는 이상 발달에 대한 많은 연구가 이루어지고 있지만 과거에는 그렇지 않았다. 특히 이전에는 아동의 뇌가 아직 완전히 발달되지 않았기 때문에 정신장애를 겪을 일이 없을 것이라 여겨져 왔다. 그러나 성인이 겪는 정신장애의 상당수가 아동기 경험과 상관이 있으며, 아동기에만 발병하는 정신장애들이 발견되면서 발달심리학에서는 많은 정신장애에 대해 연구하기 시작했다. 이 장에서는 한 개인의 발달 과정에서 나타날 수 있는 다양한 정신장애 중 발달 및 학습장애, 정서장애, 행동 및 충동조절장애, 그리고 섭취 및 수면 관련 장애와 더불어 그에 대한 증상과 원인을 살펴보고, 마지막으로 각 정신장애에 대한 다양한 심리치료 방법에 대해 살펴보겠다.

1. 정상 발달과 이상 발달

아동의 정신건강이 정상적으로 발달하는지 혹은 문제를 가지고 있는지 구분하기 위해서는 다음의 기준을 살펴볼 수 있다. 첫째, 아동에게 특정 나이에 발달해야 할 능력이 나타나지 않아 환경에 적합한 행동이나 사고가 어렵다면, 이는 이상 발달로 구분될 수 있다. 예를 들어, 생후 12개월이 되면 대부분의 영아는 처음으로 단어를 말하게 된다. 그러나 만 2세가 지났는데도 언어를 구사하지 못한다면 이상 발달을 의심할 수 있다. 또한 성장 과정에서 개인이 느끼기에 심각한 고통을 받는다면 이는 이상 발달로 분류될 수 있다. 발달하면서 나타나는 후천적 장애뿐만 아니라 선천적인 장애를 가진 경우에도 이상 발달로 구분된다(Mash & Barkley, 2003). 마지막으로, 개인이 속해 있는 사회나 문화의 규범에서 벗어나는 행동을 하는 경우도 이상 발달로 구분될 수 있다. 이와 같은 기준을 통해 정상 발달과 이상 발달을 대략적으로 구분할 수는 있지만, 정상과 이상의 기준에 대한 경계선이 언제나 명확한 것은 아니다. 그러나 이상 발달을 좀 더 일찍 알아차린다면 더 빨리 문제를 파악해서 적절한 개입과 치료를 받을 수 있으므로 이상 발달과 정상 발달에 대한 구분은 꼭 필요하다.

오늘날의 정신장애는 주로 DSM을 기반으로 진단된다. DSM은 『정신질환의 진단 및 통계

편람(Diagnostic and Statistical Manual of Mental Disorder)』의 줄임말로, 미국정신의학회(APA)에서 사용하는 공식적인 장애 진단 분류 체계이며, 세계적으로 가장 많이 사용되는 정신장애 진단 분류 체계다. 2013년에는 DSM-5가 개편되어 출시(국내 번역서는 2015년 출간)되었으며, 이 장에서는 새로 출시된 DSM-5를 토대로 다양한 사례를 들어 각 장애를 설명한다.

2. 발달 및 학습장애

발달 및 학습장애는 뇌의 발달지연 혹은 손상과 관련 있는 장애를 일컫는다. 다양한 발달 및 학습장애 중 아동기와 밀접한 관련이 있는 대표적 장애로는 자폐스펙트럼장애, 지적장애 그리고 특정학습장애가 있다.

1) 자폐스펙트럼장애

자폐스펙트럼장애(autism spectrum disorder: ASD)의 특징은 의사소통 문제와 타인의 감정 이해 능력 부족 그리고 반복적 행동을 포함한다. 좀 더 쉬운 이해를 위해, 자폐스펙트럼장애로 진단받은 남아의 사례를 살펴보도록 하자.

〈 자폐스펙트럼장애 사례 〉

미첼은 만 6세의 남자아이이다. 언뜻 보기에 미첼은 또래들과 다른 점이 없어 보인다. 하지만 그는 다른 사람과 이야기할 때 상대방과 눈을 마주치지 못한다. 미첼은 어려운 어휘나 문법을 이해하는 듯하지만 다른 사람들과 의사소통을 할 때, 정확히 의사 전달을 하지 못한다. 미첼은 상대방의 말을 주의 깊게 듣지 못하고, 자신이 하고 싶은 말만 하기 때문에 의사소통이 원활히 진행되지 않는다. 뿐만 아니라 미첼은 집중을 잘하지 못한다. 또한 일반인이 관심 갖지 않는 경운기와 큰 바위 얼굴 조각상과 같은 특정 물체에 집착하곤 한다. 따라서 미첼은 원만한 사회 관계를 형성하지 못하고, 주로 혼자만의 시간을 보낸다.

– Weybright(2010)에서 발췌

자폐스펙트럼장애는 약 110명의 아동 중 1명에게서 나타나며, 여아보다는 남아에게서 더 많이 나타난다. 최근 들어 자폐스펙트럼장애로 진단받는 아동의 수가 늘어나고 있는데, 이에 대해 McPartland, Reichow와 Volkmar(2012)는 다음의 세 가지 이유를 제시한다. 첫째, 이전에 비해 많은 사람이 자폐스펙트럼장애에 대해 관심을 가지고 이에 대한 지식을 습득하게 되었다. 예전 같으면 자폐 아동을 보고 단순히 사회생활을 못하는 아동으로 여길 수도 있지만, 요즘에는 자폐에 대한 지식을 가진 부모들이 자녀를 데리고 병원을 찾는 경우가 많아지면서 자폐로 진단되는 아동의 수가 많아졌을 수 있다. 둘째, 오늘날 학교와 같은 공공 교육기관에서도 자폐스펙트럼장애에 대한 관심이 커지면서 이와 관련된 교육과 프로그램을 제공하기 위해 노력 중이다. 이와 같이 자폐스펙트럼장애에 대한 수용적인 사회분위기도 자폐스펙트럼 유병률 증가에 기여했을 수 있다. 마지막으로, DSM-5에서는 이전 DSM과는 달리 자폐스펙트럼장애로 진단받을 수 있는 기준을 약화시키고, 3세 이전의 증상 발현에서 아동기로 범위를 넓혔기 때문에 자폐스펙트럼장애 아동이 증가했을 수 있다.

DSM-IV-TR에서는 자폐증이 전반적 발달장애(pervasive developmental disorder)의 하위 범주로 아스퍼거장애(Asperger's disorder), 아동기붕괴성장애(childhood disintegrative disorder) 그리고 레트증후군(Rett syndrome)과 함께 포함되어 있었고, 각각의 하위 범주는 진단 기준이 모두 달랐다. 그러나 이 네 가지 장애에 대한 진단이 일정하게 이루어지지 않아, DSM-5에서는 전반적 발달장애 안에 속해 있는 모든 장애를 하나로 묶고 이를 자폐스펙트럼장애로 명명했다.

자폐스펙트럼장애로 진단된 아동은 친구 관계를 형성하는 데 어려움을 보이고 상대방의 정서를 잘 이해하지 못하는 특징이 있다. 또한 질문에 대한 적절한 대답을 하지 않는 등 의사소통에도 문제를 보인다. 그리고 소리와 촉감과 같은 주변 환경의 변화에 매우 민감하다.

자폐스펙트럼장애 아동은 상대방을 보며 대화를 할 때 정상 아동과는 다른 곳을 쳐다보는데, 이 때문에 자폐스펙트럼장애 아동이 상대방의 감정을 잘 이해하지 못한다는 주장이 제기되었다. Jones, Carr와 Klin(2008)은 자폐스펙트럼장애 아동과 정상 발달 아동 그리고 정상 발달이지만 발달지연을 보이는 아동을 대상으로 사람 얼굴을 볼 때 어디를 주시하는지 알아보았다. [그림 15-1]과 같이 정상 발달 아동과 발달지연 아동은 사람의 얼굴을 볼 때 눈을 주시한 반면, 자폐스펙트럼장애 아동은 사람의 눈이 아닌 얼굴 외곽을 주시했다. 이는 자폐스펙트럼장애를 지닌 아동이 타인과 의사소통을 할 때 상대의 눈을 주시하지 않는 경향이 있으며, 따라서 의사소통과 공감 능력이 정상 아동보다 낮을 수 있다는 것을 보여 준다.

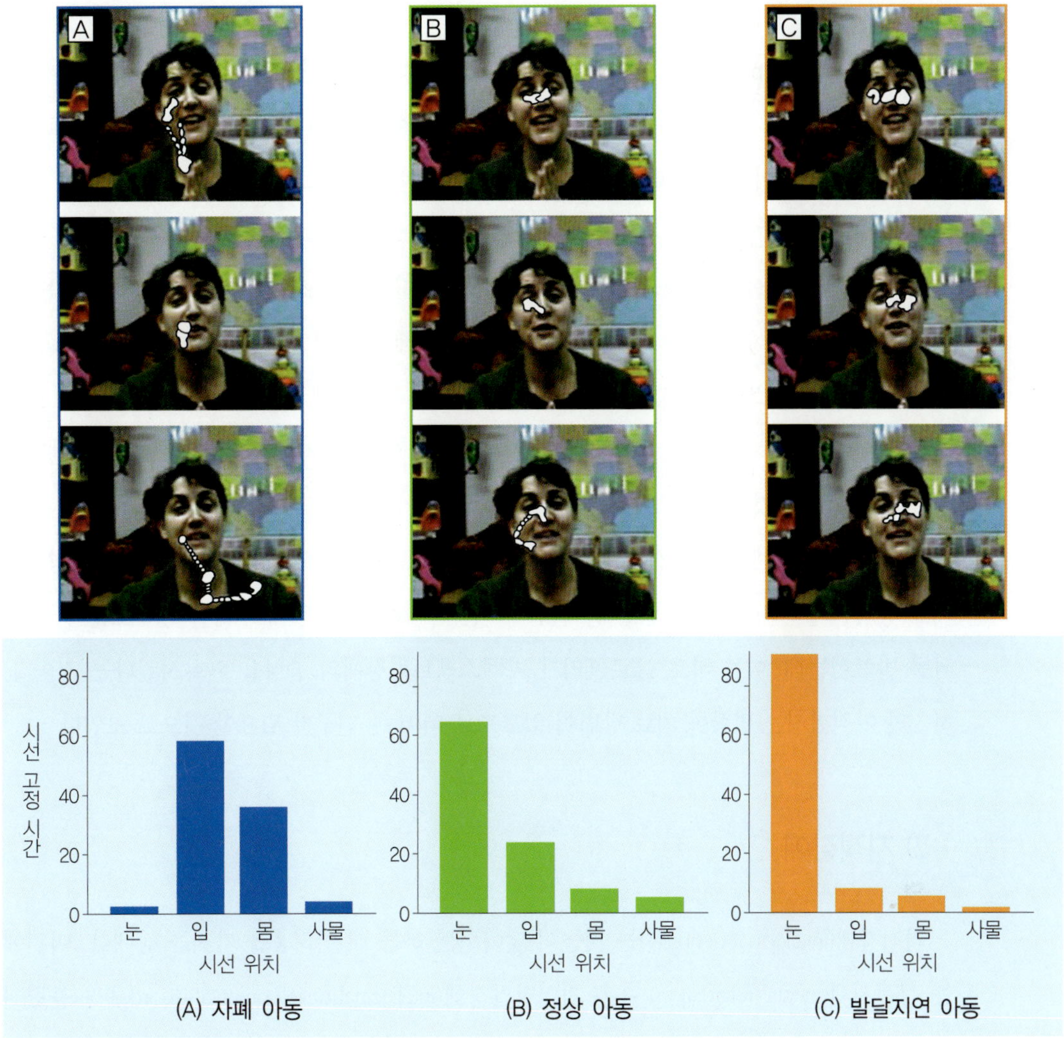

[그림 15-1] 선호하는 얼굴 부위

(A) 자폐 아동은 상대방과 얘기를 할 때 입을 가장 오래 보았고, 눈은 거의 보지 않았다.

(B) 정상 아동은 상대방의 눈을 보며 얘기를 했다.

(C) 발달지연 아동은 상대방의 눈을 보며 얘기를 했다.

얼굴에서 하얀색 부분으로 표시되어 있는 것처럼, 자폐스펙트럼장애를 지닌 아동은 상대방을 바라볼 때 상대방의 눈보다 얼굴 외각을 바라보는 것으로 나타났다. 반면, 정상 아동은 상대방을 바라볼 때 상대방의 눈과 입을 쳐다본다. 이는 자폐스펙트럼장애 아동이 타인의 정서를 잘 읽지 못하는 것과 관련이 있다.

출처: Jones et al. (2008).

아직 자폐스팩트럼장애의 명확한 원인은 밝혀지지 않았지만 다양한 연구가 계속해서 진행되고 있다. Chen, Jiao와 Herskovits(2011)의 연구에 따르면 자폐스펙트럼장애를 지닌 아동의 뇌는 정상 아동에 비해 매우 크다. 또한 자폐스펙트럼장애를 지닌 아동은 편도체

(amygdala)의 크기가 크고, 뇌량(corpus callosum)의 크기는 작다. Zerbo 등(2011)의 연구에서는 태아가 수정(conception)되는 시기와 자폐스펙트럼장애의 연관성에 대해 알아보았는데, 그 결과 12월부터 3월 사이에 수정된 아동은 다른 시기에 수정된 아동에 비해 자폐스펙트럼장애로 진단될 확률이 더 높았다. 그러나 수정되는 계절과 자폐스펙트럼장애의 연관성에 대해서는 더 많은 연구가 필요하다.

자폐스펙트럼장애는 부모의 나이와도 상관이 있다. Hultman 등(2011)의 연구에서는 만 50세 이상의 남성이 자녀를 가지게 될 경우, 만 30세 이전의 남성이 자녀를 가지게 될 때보다 자녀가 자폐스펙트럼장애를 가지게 될 확률이 약 2.2배 높은 것으로 나타났다. 또한 Sandin 등(2012)에 따르면, 산모의 연령이 높을수록 자녀가 자폐스펙트럼장애로 진단받을 확률이 높아지는 것으로 나타났다.

자폐스펙트럼장애를 치료하는 데에는 행동치료가 효과적인 것으로 보이지만, 아직 명확한 치료 방법은 알려지지 않고 있다. 한 연구에서는 자폐스펙트럼장애에 대한 흥미로운 연구 결과를 발표했는데, 이는 바로 브로콜리가 자폐스펙트럼장애의 증상을 완화시킨다는 것이다. 하지만 아직까지는 명확한 치료 방법이 없으므로 더 많은 연구가 필요할 것으로 보인다.

2) 지적장애

지적장애(intellectual disability)는 지능이 낮아 생활하는 데 어려움을 가지는 장애다. 이전에는 정신지체(mental retardation) 혹은 지적발달장애(intellectual developmental disorder)라 불렸지만, 새로 개정된 DSM-5에서는 지적장애로 명칭이 바뀌었다.

지적장애를 지닌 아동은 일상생활에 필요한 세 가지 영역인 개념적 영역, 사회적 영역, 실제적 영역과 관련된 정신적 능력에서 부족함을 보인다. 개념적 영역은 개념 습득과 관련된 능력이며, 사회적 영역은 공감이나 사회적 판단과 같이 사회성과 밀접한 영역이다. 실제적 영역은 자조 능력으로 자신의 생활을 관리할 수 있는 영역을 말한다. 각 영역과 관련된 능력은 〈표 15-1〉에 정리되어 있다. 이 세 가지 영역 외에도 아동의 표준 지능검사 IQ가 70 미만이면 지적장애로 진단된다.

지적장애는 증상의 심각성에 따라 경도(mild), 중등도(moderate), 고도(severe) 그리고 최고도(profound)로 나눠 볼 수 있다. 지적장애의 유병률은 전 세계 인구의 1%이며(Harris, 2006), 주로 우울증, 주의력결핍 과잉행동장애, 자폐스펙트럼장애 등과 같이 다른 정신적 장애

〈 지적장애 사례 〉

돈트렐은 만 5세 남아로 언어 이해 능력, 말하기 능력 그리고 일상생활에 필요한 기초적 능력이 부족하다. 다른 영아들과는 달리, 돈트렐은 생후 6개월에 앉는 것이 불가능했고, 태어난 지 1년이 되었을 때에도 걷지 못했다. 무엇보다 돈트렐의 언어 능력은 또래와 비교해 매우 뒤처져 있었다. 간단한 명령어는 알아들을 수 있지만, 그가 표현할 수 있는 단어의 수는 고작 15~20개뿐이었다. 또한 돈트렐은 색깔을 구별할 때도 어려움을 겪었고, 알파벳을 외우지 못하고, 숫자를 세지도 못했다. 그리고 또래들이 쉽게 할 수 있는 옷 갈아입기, 양치질 하기, 숟가락으로 밥 먹기와 같은 기본적인 생활 활동을 할 수 없었다.

– Weis(2013)에서 발췌

(mental condition)와 함께 발병하는 경우가 많다.

과거 연구자들은 경도 지적장애가 가족이나 문화와 같은 환경의 영향을 받으며, 중증도 지적장애는 유전의 영향을 받는다고 여겼다(Simonoff, Bolton, & Rutter, 1996). 기술의 발달로

〈표 15-1〉 지적장애 아동에게 결여된 세 가지 영역(American Psychological Association, 2013)

영역	능력
개념적 영역	개념 습득과 관련된 능력 예) 언어, 읽기, 쓰기, 수학, 추론, 기억에 필요한 능력
사회적 영역	사회성과 관련된 능력 예) 공감, 사회적 판단, 관계 유지 능력
실제적 영역	일상생활에서의 자기 관리 능력 예) 학교 과제 정리, 취미, 여행

인해 최근에는 유전 연구가 활발히 이루어지면서 좀 더 명확한 연구 결과가 제시되고 있다. Mefford, Batshaw와 Hoffman(2012)의 연구에 의하면 유전적 요소가 지적장애에 미치는 영향은 약 15~20%이며, 증상의 심각도에 따라 경도 지적장애는 20%, 중도 지적장애는 50~65%가 유전에 의한 것으로 나타났다(van Bokhoven, 2011). 한편, Schalock 등(2010)의 연구에서는 아동의 영양실조, 빈곤, 부모 자극의 부족, 늦은 진단, 부적절한 특수교육 등 다양한 환경적 요인 또한 지적장애와 상관이 있다는 것을 보여 주었다.

지적장애는 아동의 증상 정도에 따라 치료가 달라지지만, 증상이 심각할수록 일상생활에 필수적인 기술을 가르치는 데 초점을 둔다. 이때 가장 많이 사용되는 방법의 하나가 행동치료다.

3) 특정학습장애

특정학습장애(specific learning disorder)는 지적 능력에는 문제가 없지만, 특정 과목에서 학습 문제를 보이는 경우에 진단된다.

DSM-IV-TR에서는 글을 읽는 데 어려움을 겪는 난독증(dyslexia)이 학습장애와는 별개의 독립된 장애로 분류되었지만, DSM-5에서는 학습과 관련된 장애는 모두 특정학습장애로 분류된다. 특정학습장애는 읽기장애, 쓰기장애 그리고 수학장애로 나누어진다. 각 특정학습장애의 대표적인 증상은 〈표 15-2〉에 정리되어 있다.

학습치료를 받았음에도 6개월 이상 학습에 어려움을 지속적으로 겪게 된다면 특정학습장애를 진단받게 된다. 특정학습장애의 증상은 비교적 이른 시기에 나타나는 편으로, 보편적으로 5~15%의 학령기 아동이 특정학습장애를 가진다.

특정학습장애의 원인은 주로 유전적 요인에 의해 설명된다. Grigorenko(2001)에 따르면 읽기 문제가 있는 부모의 자녀 중 25~60%가 읽기 문제를 보이는 것으로 나타났다. 그러나 최근 Petrill과 Plomin(2007)의 연구에서는 유전과 환경 모두 읽기 능력에 영향을 미치는 것으로 나타났다. 낮은 사회경제적 지위의 아동은 높은 사회경제적 지위의 아동보다 학습과 관련된 장애가 있을 확률이 약 2배 높으며, 엄마의 사회경제적 지위 역시 자녀의 집중력이나 학업에 대한 흥미와 연관이 있는 것으로 나타났다(Morgan, Farkas, Hillemeier, & Maczuga, 2009).

〈 특정학습장애 사례 〉

존은 만 16세의 남학생이다. 그는 글을 읽고, 쓰고, 이해하는 것에 어려움을 느낀다. 그렇지만 일상생활에서 돈을 관리하거나 달력을 이용해 계획을 세우는 일은 아무런 어려움 없이 잘 해낸다. 또한 존은 성격이 외향적이라서 친구들과 잘 어울리며 학교 축구팀에서도 활발히 활동 중이다. 존은 최근 2년 동안 4.0 만점에 2.3이라는 성적을 받았다. 존의 선생님은 아이가 좋아하는 과목은 잘하지만, 그렇지 않은 과목의 수업 시간에는 집중하지 않고 그림을 그린다고 했다. 현재 존은 특정학습장애로 진단 받아 특수학급에서 수업을 듣고 있다.

– Weybright(2010)에서 발췌

〈표 15-2〉 특정학습장애의 대표적인 증상(American Psychological Association, 2013)

읽기장애	• 글을 읽을 때 오랜 시간이 걸리며 부정확하게 읽는다. • 글은 읽을 수 있지만, 뜻을 이해하는 데 어려움을 느낀다.
쓰기장애	• 받아쓰기를 잘 못한다(예: 자음 혹은 모음을 추가하거나 생략한다). • 글을 쓸 때 문법 실수가 자주 나타난다. • 아동이 표현하려는 것이 무엇인지 이해하기 어렵다.
수학장애	• 숫자가 의미하는 것이 무엇인지 이해하는 데 어려움을 보인다. • 수의 크기 혹은 관계를 잘 이해하지 못한다. • 한 자릿수 덧셈에서 기억력을 사용하는 것이 아닌 손가락을 사용한다.

3. 정서장애

정서장애는 지적 능력 이외의 요인에 의한 장애로, 양극성장애, 파괴적 기분조절부전장애 그리고 분리불안장애가 이에 포함된다.

1) 양극성장애

양극성장애(bipolar disorder)는 기분이 좋았다가 우울해졌다를 반복하는 장애로, 조울증(manic depressive illness)이라고 흔히 알려져 있다.

양극성장애는 제I형 양극성장애(bipolar I disorder)와 제II형 양극성장애(bipolar II disorder)로 구분된다. 제I형 양극성장애는 조증 삽화를 보이고 제II형 양극성장애는 경조증 삽화를 나타낸다. 조증 삽화 환자는 기분이 비정상적으로 고양되어 부적절한 행동을 하게 된다. 제I형 양극성장애로 진단된 환자의 경우 조증 삽화 시 행복감에 빠져들어 거대한 계획을 세우기도 하는데, 이러한 계획이 뜻대로 되지 않으면 금방 예민해져 분노를 일으키거나 과격한 행동을 보이기도 한다. 경조증 삽화의 환자는 기분이 고양되기는 하지만, 조증 삽화만큼 심각한 수준이 아니며 그 지속 기간이 상대적으로 짧다. 제II형 양극성장애는 제I형 양극성장애와 비슷하지만, 그 정도가 심하지 않을 경우 진단된다. DSM-5에서는 동일한 기준을 가지고 성

〈 양극성장애 사례 〉

B는 만 11세의 남아로 항상 불안정한 정서 상태와 신체적 공격성을 보인다. B는 독살을 당할 것이라는 두려움을 항상 가지고 있으며, 자신이 유명한 사람이라는 과대망상을 보이기도 한다. B는 행복감에 젖어 있다가도 갑자기 퉁명스럽게 변하며, 환청을 듣기도 한다. B는 남에게 불쾌한 말을 자주 하며, 또래들과 원만한 관계를 유지하지 못한다. 또한 집중을 하는 데 어려움을 겪는다. 만 7세가 되었을 때에는 ADHD로 진단 받아 약물치료도 받았지만, 증세가 완화되지 않았다. 여전히 B의 기분은 우울하다가도 갑자기 즐거워지고 다시 슬퍼지기를 반복한다.

– Steele & Fisman(1997)에서 발췌

인과 아동의 양극성장애를 진단한다. 만 7~21세를 대상으로 한 연구에 따르면 미국의 경우 양극성장애의 유병률은 1.6%였다(Mash & Barkey, 2014).

양극성장애는 유전적 요인과 생물의학적 요인의 영향을 받는다. Craddock과 Sklar(2009)의 연구에서는 일란성 쌍둥이 둘 다 양극성장애를 가지게 될 확률이 40~70%인 것으로 나타났다. 이 외에도 신경전달물질은 양극성장애에 영향을 준다. Schildkraut(1965)에 따르면 카테콜아민(Catecholamine)이 부족하면 우울장애가 발병하고, 카테콜아민이 너무 많으면 조증이 나타난다.

양극성장애를 치료하기 위해서는 주로 약물치료와 전기경련치료가 사용된다. 약물치료는 리튬과 같은 기분안정제와 항우울제를 사용해 환자의 증상을 약화시킨다. 그러나 Torrent 등(2008)에 따르면 이러한 약물이 비만과 연관이 있으므로 약물을 처방한 뒤 환자의 체중이 증가한다면 약물 사용을 중단하는 것이 좋다. 또한 약물치료만으로는 양극성장애를 치료할 수 없다. 실제로 Marker와 Mander(1989)의 연구에서 약물치료만을 받은 양극성장애 환자 중 40~70%는 장애가 재발하였다. 양극성장애는 약물치료와 심리치료가 병행될 때 가장 효과적으로 치료될 수 있다(Goodwin, 2009; Yatham et al., 2013).

2) 파괴적 기분조절부전장애

파괴적 기분조절부전장애(disruptive mood dysregulation disorders: DMDD)는 과도한 감정 폭발을 반복적으로 나타내는 장애다. 파괴적 기분조절부전장애는 DSM-IV-TR에서 양극성장애의 하위 범주로 속해 있었으며, 소아기 양극성장애의 광범위한 표현형(broad phenotype of pediatric bipolar disorder)으로 불렸다. 그러나 전문가들은 양극성장애로 진단받은 아동이 적절한 치료를 받더라도 폭발적 분노를 조절하지 못하는 사례가 상당히 많다는 것을 발견했다(Stringaris, Cohen, & Pine, 2009). 따라서 아동의 이와 같은 증상은 양극성장애가 아닌 우울장애와 더 관련이 있다고 판단하고, DSM-5에서는 파괴적 기분조절부전장애를 우울장애의 하위 범주로 포함시켰다.

아동이 파괴적 기분조절부전장애로 진단받기 위해서는 다음의 증상들이 적어도 두 가지 환경(가정, 학교, 친구들과 함께 있을 때)에서 나타나야 한다. 또한 다음의 증상들이 12개월 동안 지속되어야 한다. ① 심한 언어적 혹은 행동적 분노 발작(temper outburst)이 반복적으로 나타난다, ② 거의 하루 종일 짜증을 내고 분노에 차 있으며, 이러한 기분이 거의 매일 지속

〈 파괴적 기분조절부전장애 사례 〉

신디는 만 6세 소녀로 언어뿐 아니라 행동으로 분노를 자주 폭발시킨다. 예를 들어, 일이 자기 마음대로 되지 않을 때 신디는 물건을 던지거나 발을 걷어찬다. 심지어 어떤 때는 자해를 하거나 남을 때리기도 한다. 이러한 행동은 5분에서 30분까지 혹은 자신이 지칠 때까지 이어진다. 신디는 학교에서도 이와 같이 분노하는 모습을 자주 보인다. 거의 하루에도 몇 번씩 분노와 짜증에 찬 상태로 폭발하는 모습을 보인다.

– Vetro(2014)에서 발췌

된다, ③ 분노 발작이 부모나 교사, 또래에 의해 자주 관찰된다.

파괴적 기분조절부전장애의 증상은 아동이 만 10세가 되기 전에 나타나야 한다. 파괴적 기분조절부전장애에 대한 미국 아동의 유병률은 1%인 것으로 나타났다. 파괴적 기분조절부전장애는 DSM-5에서 새로 추가된 장애로 아직까지 장애의 원인이 명확하지 않다. Plener, Straub과 Fegert(2013)는 파괴적 기분조절부전장애를 양극성장애와 별도로 보는 것이 중요하며, 파괴적 기분조절부전장애가 훗날 성인이 되어서 나타나는 우울장애의 예측 요인이 될 수 있다고 주장했다. 또한 Copeland 등(2013)에 의하면 파괴적 기분조절부전장애는 아동 초기 이후로는 비교적 드물게 나타나며, 다른 장애와 공병률이 약 62~92% 정도나 된다. 파괴적 기분조절부전장애에는 놀이치료와 가족치료가 효과적이다. 놀이치료에서는 아동의 좌절감이나 우울감을 놀이 중 나타나는 아동의 자기 표현을 통해 확인할 수 있다. 가족치료는 아동뿐 아니라 아동에게 좌절감이나 스트레스를 줄 수 있는 가족 구성원들의 변화를 유도함으로써 치료가 이루어진다(권석만, 2013).

3) 분리불안장애

분리불안장애(separation anxiety disorder: SAD)는 집이나 애착 대상과 분리되는 것에 심한 불안을 나타내는 장애다. 주로 아동과 관련된 장애로 여겨져 왔지만, 성인에게도 나타날 수 있다.

분리불안장애를 진단받은 아동은 다음과 같은 증상을 보인다. ① 집 혹은 애착 대상과 분리되거나 분리가 예상될 때 심한 고통을 받는다, ② 애착 대상을 잃거나 애착 대상에게 나쁜 일(질병, 사고, 재앙 혹은 죽음)이 일어날지도 모른다는 생각을 끊임없이 한다, ③ 자신에게 나쁜 일(길을 잃음, 납치 혹은 유괴)이 생겨 애착 대상과 분리될 것이라는 비현실적인 걱정을 지속적으로 한다, ④ 애착 대상과 분리에 대한 불안 때문에 집을 떠나 학교나 그 외의 장소에

〈 분리불안장애 사례 〉

10세 소년 A는 부모의 곁을 떠나는 것에 대해 짜증을 부리고, 불안 증세를 한 달 동안 보였다. 이에 걱정된 부모는 A의 행동에 대해 상담을 받았다. 어느 날부터 A는 자신의 누나뿐만 아니라 친구들과 동네에서 노는 것을 거부하기 시작했다. A는 부모에게 항상 자신과 함께하길 강요했고, 부모가 자신의 곁을 떠나면 울기 시작했다. 점점 분리불안 장애 증상이 심해진 A는 부모와 누나에게 1분이라도 자신을 떠나지 못하도록 하였다. 상태가 더 심각해지자 A는 부모와 떨어진다는 생각만 해도 울기 시작했다(Navkhare & Kalra, 2014).

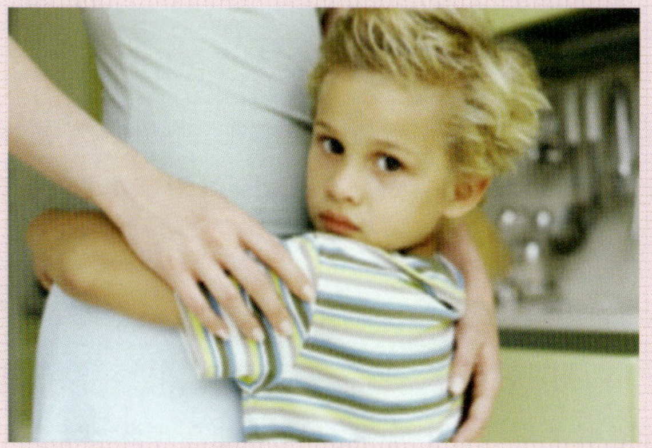

– Hanna, Fischer, & Fluent(2006)에서 발췌

가는 것을 지속적으로 싫어하거나 거부한다, ⑤ 애착 대상 없이 혼자 있는 것에 대해 과도한 두려움을 느끼고 혼자 있는 것을 거부한다, ⑥ 애착 대상과 떨어지거나 집을 떠나 잠자기를 거부한다, ⑦ 애착 대상과 분리되는 악몽을 반복적으로 꾼다, ⑧ 애착 대상과의 분리가 예상될 때 신체적 증상(두통, 복통, 구토 등)을 반복적으로 호소한다.

아동 혹은 청소년일 경우 증상이 4주 이상 지속되면 분리불안장애로 진단되며, 성인의 경우 증상이 6개월 이상 지속되어야 한다. 분리불안장애의 원인은 유전적, 환경적 그리고 아동의 기질적 요소로 설명된다. Biederman 등(2001)의 연구에 따르면, 공황장애나 우울증을 앓고 있는 부모의 자녀에게서 분리불안장애가 더 많이 나타났다. 또한 낯선 상황을 회피하는 행동 억제(behavioral inhibition) 기질을 보이는 아동의 경우 분리불안장애를 갖게 될 확률이 높다. Scaini 등(2012)은 가족 내에서 분리불안장애는 43%의 유전적 영향을 받고, 17%의 공유된 환경의 영향을 받는다고 주장한다. 분리불안장애의 치료 방법으로는 약물치료, 행동치료, 인지행동치료 그리고 놀이치료가 있다.

4. 행동 및 충동조절장애

행동 및 충동조절장애는 행동에 대한 충동 조절에 어려움을 겪는 장애로, 신경 손상이나 질환으로 인해 충동적으로 행동하는 것도 이에 해당된다. 주의력결핍 과잉행동장애, 강박장애, 적대적 반항장애, 품행장애가 행동 및 충동조절장애에 포함된다.

1) 주의력결핍 과잉행동장애

주의력결핍 과잉행동장애(attention deficit/hyperactivity disorder: ADHD)는 주의가 산만하고 충동적이며 자신의 행동을 통제하지 못하고, 과잉행동이 상황이나 연령에 맞지 않게 나타날 경우 진단된다.

주의력결핍 과잉행동장애는 주로 아동 초기에 발병하여 지속적으로 나타나게 된다. 주의력결핍 과잉행동장애로 진단된 아동은 매우 충동적이라 가만히 앉아 있지 못한다. 그렇기 때문에 계속 몸을 비틀어대며, 대화할 때에도 타인의 말을 주의 깊게 듣지 않고 중간에 끼어든다. 뿐만 아니라 이 아동들은 과제에 집중하지 못하며, 계속해서 무언가를 쉽게 잊어 버린

〈 주의력결핍 과잉행동장애 사례 〉

만 10세 소녀 조지아는 엄마와 아빠 그리고 만 7세의 남동생과 함께 살고 있다. 엄마는 동네 학교의 보조 교사이고, 아빠는 회계사다. 조지아는 동네 중학교에 재학 중이며, 내년에 고등학교로 진학할 예정이다. 최근 학교에서 열린 학부모 회의에서 조지아의 부모님은 조지아가 학업에 어려움을 느끼고 다른 아이들보다 학업적으로 훨씬 뒤처져 있다는 사실을 듣게 되었다. 또한 조지아가 교우 관계에서도 어려움을 느끼며, 친구들과 말다툼을 벌이기도 한다는 사실도 알게 되었다.

선생님으로부터 조지아의 문제를 듣게 된 그녀의 부모님은 지난 18개월 동안 조지아가 점점 산만해지고, 체계적으로 학습하지 못했다는 것을 알아차렸다. 조지아는 많은 학용품을 잃어버렸으며, 학교에 지각도 자주 하였다. 뿐만 아니라 그녀는 가만히 있지 못하였고, 심지어 흥미로운 활동을 할 때도 집중하지 못하는 경우가 많았다. 사실 조지아가 어릴 때부터 이런 행동을 보였지만, 엄마는 이제껏 이것이 문제가 되리라고는 생각조차 못했다.

– Weybright(2010)에서 발췌

다. 또한 부주의로 쉽게 부상을 당하기도 하며, 수면 문제도 보이고 학업적인 기능 수행에도 어려움을 보인다. 주의력결핍 과잉행동장애 아동은 성인이 되어서도 직장에서 업무를 완수하지 못하거나 교통사고를 자주 내며, 주제에서 벗어난 얘기를 자주 한다. 주의력결핍 과잉행동장애는 사회적, 인지적, 학업적, 가정적 혹은 직업적인 차원에 악영향을 끼칠 수 있으므로 개인에게 심각한 고통을 초래할 수 있다.

DSM-5에서는 주의력결핍 과잉행동장애를 지적장애, 의사소통장애, 자폐스펙트럼장애, 특정학습장애, 운동장애와 함께 신경발달장애로 분류한다. 주의력결핍 과잉행동장애를 포함한 신경발달장애 등은 주로 오랜 시간에 걸쳐 장애가 발달하며, 발병 시기 또한 이르다. 주의력결핍 과잉행동장애를 가지고 있는 아동은 두 가지 주요 증상을 보인다. 첫째, 아동은 충동적이거나 과도하게 활동적이다. 이와 같은 증상은 대략 만 3~4세에 나타난다. 둘째, 약 만 5~7세가 되면 아동은 주의가 매우 산만해진다. 주로 나이가 들수록 과잉행동은 줄어들지만, 주의산만 행동은 지속된다. 주의력결핍 과잉행동장애 아동과 청소년의 유병률은 전 세계적으로는 5.29%(Polanczyk, de Lima, Horta, Biederman, & Rohde, 2007)이고, 성인 유병률은 대략 2~3% 정도다(Nylund, Bellmore, Nishina, & Graham, 2007). 이 장애는 주로 여아보다는 남아에게 많이 나타나지만, 이 같은 차이는 연령이 증가할수록 줄어든다. 그리고 장애를 진단받은 여아는 남아보다 학업 수행과 또래 관계에서 더 큰 어려움을 겪는다(Elkins, Malone, Keyes, Iacono, & McGue, 2011).

주의력결핍 과잉행동장애로 진단된 아동・청소년은 주의 산만과 과잉행동/충동성의 증상을 보인다. 먼저, 주의산만의 특징은 다음과 같다. ① 활동에 집중을 하지 못하거나 이로 인해 실수를 자주 벌인다, ② 주의를 지속하는 데 자주 어려움을 겪는다, ③ 남의 이야기에 주의를 기울이지 않는 것처럼 보일 때가 자주 있다, ④ 지시를 따르는 데 어려움을 겪거나 학업, 심부름, 과제를 끝내지 못하는 경우가 자주 있다, ⑤ 일을 체계적으로 처리하는 데 어려움을 겪는다, ⑥ 지속적으로 주의를 기울여야 하는 일을 피하거나 거부하는 경우가 자주 있다, ⑦ 과제에 필요한 물건을 자주 잃어버린다, ⑧ 외부 자극에 쉽게 주의가 산만해진다. 이외에도 과잉행동/충동성의 특징은 다음과 같다. ① 손발을 자주 꼼지락거리거나 움직인다, ② 자리에 오래 앉아 있지 못한다, ③ 적절하지 못한 상황에서 달리거나 기어오르며, 청소년이나 성인의 경우에는 안절부절못한다, ④ 여가 활동을 조용하게 하지 못하는 경우가 많다, ⑤ '모터가 달린 듯이' 쉴새 없이 움직인다, ⑥ 말을 지나치게 많이 한다, ⑦ 질문이 끝나기 전에 자주 대답을 내뱉는다, ⑧ 순서를 기다리는 데 자주 어려움을 겪는다, ⑨ 다른 사람을 자주 방해하거나 중간에 끼어든다.

DSM-5에서 명시한 주의력결핍 과잉행동장애의 진단 기준에는 몇 가지 문제점이 있다. 예컨대, 만 2~3세와 같이 어린 아동에 대한 진단 기준이 따로 명시되어 있지 않다. 대부분의 어린 아동은 아직 미성숙하기 때문에 주의력결핍 과잉행동장애 증상과 비슷하게 주의 산만과 충동적 행동을 쉽게 보인다. 따라서 실제 장애가 없더라도 많은 아동이 주의력결핍 과잉행동장애로 진단될 가능성이 있다. 또 다른 문제점으로는 주의력결핍 과잉행동장애를 진단하는 검사가 정확하지 않을 수 있다. 예를 들어, 아동기의 검사는 주로 부모나 교사에 의한 면담 혹은 평가 및 질문지로 이루어지지만, 청소년기부터는 대부분 자기 보고에 의한 검사로 이루어진다. 예를 들어, 자기 보고 형식의 검사를 했을 때에는 5~12%만이 주의력결핍 과잉행동장애라고 진단된 반면, 부모가 보고한 경우에는 46~66%가 이 장애를 가진 것으로 진단되었다(Nigg & Barkley, 2014). 즉, 진단하는 검사에 따라 그리고 평가자에 따라 진단에 차이가 있을 수 있다.

ISSUE 1

어떠한 환경이 ADHD 아동의 집중력을 높여 줄까?

어디에 살고, 어떠한 환경을 경험하는지는 일반 아동뿐 아니라 ADHD 아동에게도 중요하다. 한 연구 결과에 따르면 환경에 따라 ADHD 증상이 나아질 수도 있다는 사실이 밝혀졌다. Taylor와 Kuo(2009)는 만 7~12세의 ADHD 아동을 대상으로 주위 환경이 ADHD 증상에 어떠한 영향을 주는지 확인하였다. 이때 아동은 도시의 공원, 도심, 주택가 중 한 장소를 산책하게 되었다.

공원

도심

주택가

연구자들은 산책 전 아동을 대상으로 주의력 피로감(attentional fatigue) 검사를 실시한 후, 아동을 데리고 20분간 정해진 장소를 방문하였다. 그리고 실험실로 돌아와 집중력 및 충동성 통제와 관련된 과제를 아동에게 풀게 했다.

공원, 도심 그리고 주택가에서 산책을 한 아동 중 어떤 아동의 집중력 점수가 향상됐을까? 실험 결과, 공원에서 산책한 아동이 다른 두 장소를 산책한 아동보다 더 높은 집중력 점수를 받았다. 또한 아동들은 공원에서의 산책 경험이 재미있고 편안했다고 대답하였다.

이와 같은 실험 결과는 약물치료를 하지 않고도 ADHD 증상이 호전될 수 있다는 점을 시사한다. 전문가의 치료 개입에 대해 경제적 · 심리적으로 부담을 느껴 치료를 꺼려해 왔던 부모라면 아동과 함께 공원에 나가 산책을 해 보는 것은 어떨까.

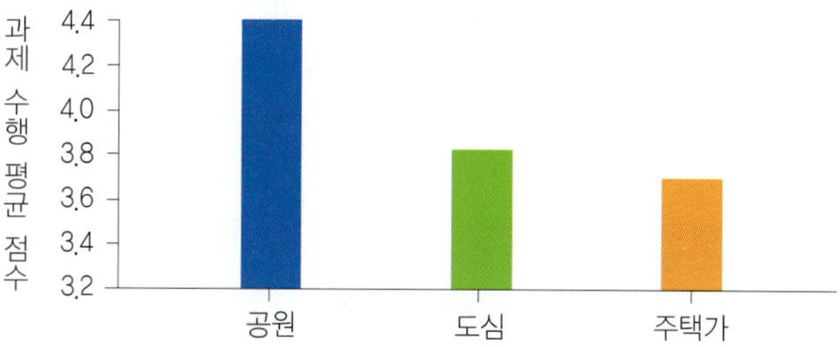

■ 장소별 산책 후 과제 수행 점수 ■

출처: Taylor & Kuo (2009).

주의력결핍 과잉행동장애는 뇌염 혹은 외상과 같은 대뇌 손상으로 인해 발병될 수 있다. 또 다른 원인으로는 유전적인 요인이 있다. 가계도 연구에 따르면 형제가 함께 주의력결핍 과잉행동장애로 진단되는 경우가 30%이며, 부모가 주의력결핍 과잉행동장애인 경우에는 자녀가 똑같은 장애로 진단받을 확률이 57%로 나타났다(Seidman et al., 1995). 또한 일란성 쌍둥이보다 이란성 쌍둥이가 이 장애에 걸릴 확률이 더 높다(Goodman & Stevenson, 1989). 주의력결핍 과잉행동장애를 치료하기 위해서는 주로 약물치료와 인지행동치료가 사용된다. 증상이 경미한 경우에는 인지행동치료만으로도 치료할 수 있으나, 대부분 약물치료가 필요하다. 그러나 약물치료는 부작용을 불러일으킬 수 있기 때문에 이 점을 고려하여 정확한 진단 후 치료를 받아야 한다.

2) 강박장애

강박장애(obsessive-compulsive disorder: OCD)는 원치 않는 생각이 지속적으로 떠올라 이를 떨쳐 버리기 위해 특정 사고나 행동을 반복적으로 하는 장애다.

강박장애는 강박사고(obsessions)와 강박행동(compulsions)의 두 주요 증상 중 하나 이상이 나타날 때 진단된다. 여기서 강박사고는 원하지 않는 생각이 반복적으로 떠올라 고통스러워하는 것이다. 강박행동은 이와 같은 사고로 생기는 고통과 불안을 없애기 위해 반복적으로 나타나는 행동을 뜻한다. 예컨대, 손이 더러우면 세균에 감염되어 죽을 수 있다는 생각이 끊임없이 떠올라 고통스러워할 수 있다. 이러한 행동은 강박사고 증상으로 분류할 수 있다. 그리고 이와 같은 끔찍한 생각을 없애기 위해 계속 손을 씻고 소독하는 것을 강박행동이라 볼 수 있다. DSM-IV-TR에서는 강박장애가 불안장애의 하위로 분류되었으나, DSM-5에서는 강박 및 관련 장애(obsessive-compulsive and related disorders)라는 독립적인 범주로 분류되어 있다. 사실, 아동기와 성인기의 강박장애 증상에는 큰 차이가 없다. 그러나 아동기에 발병하는 강박장애의 경우 강박사고나 강박행동이 부적절하다는 것을 깨닫지 못하기도 한다. 그러므로 자신의 강박사고나 강박행동이 병적이라는 인식이 없는 아동도 강박장애로 진단될 수 있다. 또한 아동의 경우 강박사고 없이 강박행동만 나타날 수 있다(Rasmussen & Eisen, 1990).

강박장애는 남아의 경우 약 만 9세, 여아의 경우 약 만 11세에 증상이 나타난다(연규월, 김의정, 2014). 유병률은 아동과 청소년을 기준으로 약 1~2.3%이고 성인은 1.9~3.3%이다(Kalra & Swedo, 2009). 남자 아동의 유병률이 여자 아동보다 더 높으며, 발병 시기도 더 이르다. 그

〈 강박장애 사례 〉

현재 8학년에 재학 중인 만 12세의 소년은 학업 문제로 임상심리사를 찾아왔다. 소년은 2년간 사람이 폭력을 휘두르거나 피범벅이 된 심상이 침투적이고 불쾌하게 반복적으로 떠올라 공부에 집중할 수 없었다. 이와 같은 심상이 떠오를 때마다 소년은 공포에 떨어야만 했다. 소년은 이러한 생각이 평소 자신의 평온한 본성과는 반대된다고 말했다. 소년은 비합리적이고 비논리적인 생각을 멈추기 위해 찬송가를 반복적으로 불러보았지만 소용이 없었다. 또한 전등을 밝게 켜 놓는다든지, 물건의 개수를 센다든지 다양한 행동을 반복했지만, 두려움을 주는 심상은 계속해서 떠오른다고 대답하였다. 소년은 특히 스트레스를 받을 때 불쾌하고 두려운 생각이 머릿속에 더 많이 떠오른다고 하였다.

– Menon(2013)에서 발췌

러나 청소년기가 되면 여자 아동의 유병률이 더 높아진다.

강박장애가 있는 아동 · 청소년의 대표적인 특징은 다음과 같다. ① 원하지 않는 생각이 지속적이고 반복적으로 떠올라 불안 혹은 고통을 겪는다, ② 이러한 생각과 충동을 무시하기 위해 노력하거나 다른 생각이나 활동으로 이를 억제하려고 시도한다, ③ 이러한 활동을 해야만 한다는 느낌을 받아 특정 행동을 반복한다, ④ 불안이나 고통을 줄이거나 방지하기 위해 혹은 두려운 사건이나 상황을 미리 막기 위해 특정 행동을 한다. 그러나 이러한 행동은 현실적인 해결 방식이 아니거나 과한 행동이다. DSM-5에 따르면 이와 같은 증상들이 하루에 1시간 이상 나타나고, 일상생활에 지장을 줄 정도로 심하면 강박장애로 진단된다.

강박행동은 크게 네 가지 형태로 나타난다([그림 15-2] 참조). 하나는 대칭과 순서, 반복, 숫자 세기와 같이 꼼꼼함과 완벽함을 추구하는 것이다. 다른 하나는 감염과 오염에 대한 두려움을 없애기 위해 손을 반복적으로 씻는 등 청결을 위한 행동을 끊임없이 하는 것이다. 강박행동의 또 다른 형태로는 남이 자신을 공격할 것 같은 의심과 두려움 때문에 공격적인 행동을 하거나, 자위와 같은 성적인 충동을 억제하기 위해 기도를 하며 종교적 행동을 반복적으로 하는 경우다. 마지막으로 특정한 물건을 병적으로 수집하고 저장하는 증상이 있는데, 이를 수집광(hoarding disorder)이라고 하며, DSM-5에서는 수집광을 강박 및 관련 장애의 하위 범주로 분류하였다.

[그림 15-2] 다양한 형태의 강박행동

강박행동의 형태는 다양하다. 그중 가장 흔한 증상은 대칭, 순서, 반복 그리고 숫자 세기 등 완벽함을 추구하는 행동이다. 이 외에도 감염과 오염에 대한 두려움으로 계속해서 청결을 유지하려고 한다. 또한 공격적인 충동이 생기거나, 성적 충동을 해결하기 위해 기도와 같은 종교적 행위를 한다. 이전 DSM-IV-TR에는 물건을 버리지 못하고 계속해서 모으는 증상이 강박장애에 속했으나, DSM-5에서는 수집광이라는 독립된 범주로 분류되었다.

출처: http://www.psychalive.org/identifying-and-treating-obsessive-compulsive-disorder/

강박장애는 전두엽(prefrontal lobe)과 기저핵(basal ganglia)을 연결하는 신경회로의 이상으로 나타날 수 있다(Burguiere, Monteiro, Mallet, Feng, & Graybiel, 2015). 전두엽은 습관적인 행동을 통제하여 억제시키는 역할을 하고, 기저핵은 감정 조절을 담당한다. 기저핵에는 정보를 받아들이는 선조체(striatum)가 있는데, 이것은 특히 강박장애와 깊은 관련이 있다. 강박증상이 심하게 나타날 때에는 선조체의 혈류와 대사가 증가한다. 즉, 선조체의 높은 활성화가 나타나는 것이다. 반면, 치료 후에는 선조체의 혈류와 대사가 감소하며, 활성화가 낮게 나타난다(연규월, 김의정, 2014). 갑작스럽게 나타난 강박 증상이나 틱 증상은 기저핵의 자가면역 염증이 원인일 수 있다(Kiessling, Marcotte, & Culpepper, 1994). 또 다른 원인으로는 행동을 억제하는 신경전달물질인 세로토닌(serotonin)의 조절 이상이 있다. 이러한 이상 증상은 세로토닌 재흡수를 억제하는 약을 투여함으로써 나아질 수 있다.

강박장애와 함께 나타날 수 있는 다른 정신장애로는 틱장애, 주의력결핍 과잉행동장애,

불안장애, 파탄적 행동장애, 우울장애, 학습장애가 있다. 강박장애의 증상은 매우 다양하므로 각 증상에 맞는 개별화된 치료가 필요하다. 치료에는 인지행동치료와 약물치료가 있으며, 이 둘을 함께 병합하여 치료할 수 있다.

3) 적대적 반항장애/품행장애

적대적 반항장애(oppositional defiant disorder: ODD)와 품행장애(conduct disorder: CD)는 감정과 행동을 조절하는 데 어려움을 보이는 정신장애다. 두 장애는 DSM-IV-TR에서 아동 · 청소년기에 처음 진단되는 주의력결핍 및 파탄적 행동장애에 포함되어 있었으나, DSM-5에서는 파탄적, 충동조절 및 품행장애(disruptive, impulse-control, and conduct disorders)의 하위 범주로 분류되었다.

〈 품행장애 사례 〉

시빌은 만 6세 때부터 병이나 벽돌을 깨는 등 공격적인 행동을 하기 시작했다. 올해로 만 9세가 된 시빌은 이웃을 겁주기 위해 고양이 몇 마리를 훔쳐 기름을 붓고 불을 질렀다. 시빌에게 왜 그런 행동을 했는지 물었을 때, 그녀는 '그냥 재미있어서' 그리고 '고양이들이 불 속에 있는 것을 보는 것이 좋아서'라고 대답했다. 최근에 그녀는 학교 선생님을 죽이겠다고 협박까지 했다. 시빌의 가족은 더 이상 그녀의 폭력성을 통제할 수 없었기에 그녀를 병원에 입원시켰다.

시빌이 입원해 있는 동안 의사는 그녀의 가족을 대상으로 면담을 진행하였다. 면담 대상자는 그녀의 할머니와 아빠였다. 그녀의 아빠는 그녀가 태어난 후로 계속 약물 관련 범죄로 감옥을 들어갔다 나왔다를 반복했다고 하였다. 아빠는 면담 내내 불안 증세를 보였다. 할머니에 따르면 시빌이 태어난 지 3개월이 되었을 때 시빌의 엄마는 아동 방임죄로 양육권을 잃었다고 한다. 시빌은 그 후로 엄마를 단 두 번밖에 보지 못했지만, 이에 대해 속상해하거나 슬퍼하는 내색이 없었다고 하였다. 시빌은 만 6세가 될 때까지 아무런 문제가 없어 보였다. 그녀의 IQ 점수는 정상이었고, 학교 생활 또한 정상적이었다. 그러나 만 6~7세가 되자 그녀는 갑자기 공격적으로 변했고, 낮은 성적을 보이기 시작했다. 시빌은 학교 생활을 더 이상 유지하기가 어려웠고 최근에는 벽돌로 사촌의 얼굴을 친 혐의로 구속되기도 했다.

시빌은 병원에 있는 동안에도 공격적인 행동과 과도한 관심 요구로 간호사들을 힘들게 했다. 시빌과의 면담도 매우 어려웠다. 그녀는 면담자와 이야기할 때 눈을 마주치지 않고, 질문에도 답을 하지 않았다.

– Hirsch & Sheffield(2006)에서 발췌

적대적 반항장애와 품행장애는 원인과 치료 방법은 비슷하나 증상이나 발생 시기에서 차이를 보인다. 적대적 반항장애는 주로 반항적 행동과 분노의 특징을 보이나, 품행장애와 같이 반사회적이거나 범죄와 관련된 행동을 보이지 않는다(Kimonis, Frick, & McMahon, 2014). 사례에서 본 '시빌'의 동물학대 행동은 품행장애로 진단될 수 있는 특징을 가진다.

적대적 반항장애의 경우 빠르게는 만 3세경에 나타나며, 대부분은 만 6세 전후에 시작된다. 적대적 반항장애가 청소년기에 발병하는 것은 드문 반면, 품행장애는 청소년기에 흔하게 나타난다. 만 6~18세 사이의 적대적 반항장애와 품행장애의 유병률은 각각 3.3%와 3.2%다(Canino, Polanczyk, Bauermeister, Rohde, & Frick, 2010).

비록 학령전기에는 뚜렷한 성차가 나타나지 않지만, 연령이 증가할수록 남자 아동은 여자 아동보다 적대적 반항장애와 품행장애의 유병률이 더 높다. 특히 청소년기에는 남자가 여자보다 2배 정도 더 많이 나타난다(Loeber, Burke, Lahey, Winters, & Zera, 2000).

그러나 성차에 따른 유병률은 다소 논란이 되기도 한다. 그 이유는 DSM에서 명시하고 있는 품행장애의 진단기준이 여자 아동에게는 너무 과격하다는 것이다. 또한 여자 아동의 공격성은 신체적이고 물리적인 폭력이 아닌 다른 형태로 표현될 수 있기 때문이다. 예컨대, 여자 아동은 나쁜 소문을 퍼뜨린다든지 타인의 대인관계에 손상을 주는 등 간접적인 방법으로 공격성을 드러낸다(Crapanzano, Frick, & Terranova, 2010). 그러므로 앞으로는 성차를 고려한 새로운 진단 기준이 필요할 것으로 보인다.

적대적 반항장애가 있는 아동 · 청소년의 대표적인 특징은 다음과 같다. ① 자주 흥분한다, ② 자주 예민해지고 짜증을 쉽게 낸다, ③ 자주 화를 내고 분노한다, ④ 권위를 지닌 사람에게 따지는 행동을 자주 한다, ⑤ 자주 적극적으로 반항하고 권위 대상의 요구에 순응하기를 거부한다, ⑥ 의도적으로 타인을 짜증나게 한다, ⑦ 자신의 잘못을 타인에게 돌려 비난한다, ⑧ 지난 6개월간 적어도 2회 이상 악의적이고 보복적인 태도를 보였다.

이러한 증상이 여러 상황에서 나타날수록 증상의 심각도가 높은 것으로 판단된다. 예컨대, 한 장소에서 증상이 나타나면 경도, 두 장소에서 나타나면 중등도, 세 장소에서 나타나면

중도의 심각성을 가진다. 품행장애가 있는 아동과 청소년의 주요 특징은 다음과 같다. ① 사람과 동물에게 공격을 가하고 타인을 괴롭히며 협박하고 겁을 준다, ② 신체적 싸움을 시작한다, ③ 사람이나 동물에게 신체적으로 잔인한 행동을 한다, ④ 타인에게 성적인 행동을 강요한다, ⑤ 타인의 재산을 고의적으로 파괴한다, ⑥ 타인의 집을 무단 침입하거나 사기를 친다, ⑦ 만 13세 이전에 외박을 자주 한다, ⑧ 2회 이상 가출을 하거나 1회 이상의 장기 가출을 한다, ⑨ 만 13세 이전에 자주 무단 결석을 한다.

DMS-5에서는 이러한 증상 중 세 가지 이상이 12개월간 지속되거나, 한 가지 이상이 6개월 동안 지속된다면 품행장애로 진단한다. 또한 10세 이전에 한 가지 이상의 증상을 보이는 경우 아동기 발병형으로 명시하며, 이후에는 청소년기 발병형으로 명시한다.

적대적 반항장애는 아동기에 발병하나, 품행장애는 아동기뿐만 아니라 청소년기에도 발병한다([그림 15-3] 참조). 아동기에 발병한 품행장애는 아동이 정서결핍(callous-unemotional: CU) 특징을 보이는지에 따라 정서결핍과 충동적인 특징을 가진다. 정서결핍을 보이는 아동은 낮은 친사회적 정서를 가지거나, 후회나 죄책감의 부재, 무신경함, 피상적이고 결핍된 정서 등을 특징으로 나타낸다. 특히 아동기에 발병한 품행장애는 청소년기에 발병한 품행장애보다 더 높은 수준의 정서결핍과 상관이 있으며, 이후 품행장애에서 더 심각하고 폭력적인 행동을 예측한다(Kahn, Frick, Youngstrom, Findling, & Youngstrom, 2012). 따라서 정서결핍 특징의 존재 여부를 판단하여 장애의 경과를 예상할 수 있다.

적대적 반항장애와 품행장애의 원인으로는 유전적인 요소와 환경적인 요소가 있다.

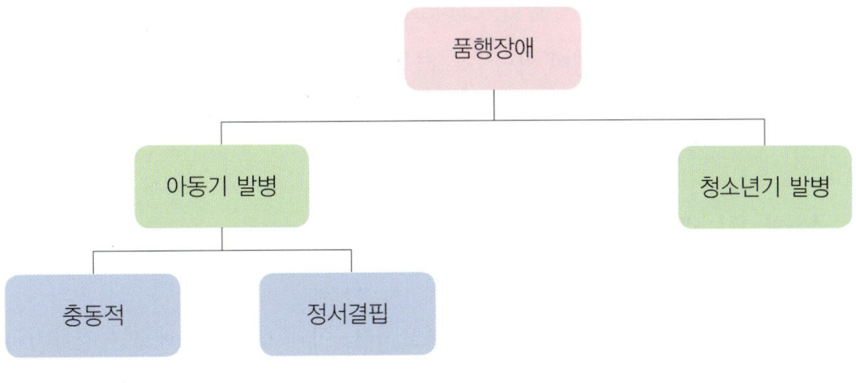

[그림 15-3] **품행장애 발달 경로**

품행장애는 아동기에 발병하기도 하고 청소년기에 발병하기도 한다. 아동기에 발병한 품행장애는 청소년기에 발병한 품행장애보다 더 심각한 정서결핍과 충동적인 특징을 나타낸다.

출처: Kimonis, Frick, & McMahon (2014).

Kimonis 등(2014)에 따르면 기질적으로 충동적이고 감정 조절이 어려운 아동일수록 적대적 반항장애의 증상을 보인다. 이 외에도 환경적 요인 또한 적대적 반항장애에 영향을 미치는데, 태내기 동안 니코틴이나 약물을 통한 다양한 화학성분 등 태아에게 유해한 독성 물질에 노출된 아동의 경우 그렇지 않은 아동에 비해 적대적 반항장애 증상을 더 많이 보였다. 또한 사회경제적 지위가 낮거나 가정불화, 엄마의 우울증, 부모의 이혼, 잘못된 양육 방식 등은 적대적 반항장애의 위험 요소로 작용한다. 이 외에도 또래 집단의 괴롭힘이 적대적 반항장애와 관련이 있다.

아동기에 발병하는 품행장애는 유전적 요인과 기질적 요인 외에도 인지적 그리고 신경-인지적인 문제가 원인으로 나타난다. 예를 들어, 실행기능의 손상과 낮은 지능은 높은 품행장애 유병률과 관련이 있다. 아동기 발병 품행장애는 영아기 동안 불안정 혼란 애착을 형성한 아동에게서 더 높은 비율로 나타난다. 청소년기에 발병하는 품행장애의 원인은 생물학적 요인이나 기질적 혹은 인지적 요인보다는 가정 환경이나 또래와 같은 외부 환경적 요인에 더 큰 영향을 받는 경향이 있다.

적대적 반항장애에 대한 치료로는 약물치료와 인지행동치료, 집단치료 등을 모두 포괄하는 넓은 의미의 정신사회치료가 있다(김지훈, 양영희, 2014). 약물치료는 공존질환 치료를 제외하고는 적대적 반항장애와 품행장애 치료에서 큰 효과를 보여 주지 못한다. 반면, 정신사회치료의 일부로 부모 훈련 프로그램이나 가족치료는 가족을 대상으로 적절한 의사소통 방식과 양육 방식을 가르침으로써 문제 아동의 증상을 호전시킨다. 또한 문제해결 기술을 아동에게 가르침으로써 아동 스스로 충동적 행동을 조절하고, 부적절한 행동보다는 적절한 행동과 해결책을 생각할 수 있도록 한다. 그리고 자기 자신을 평가하는 방법 등을 익히게 한다. 이와 같은 치료 방법은 연령이 어릴수록 더욱 효과적으로 나타난다.

5. 섭식 및 수면 관련 장애

인간에게 먹고 마시고 자는 문제는 매우 중요하다. 이와 관련된 장애로는 영아기의 급식장애부터 아동기와 청소년기, 성인기의 섭식장애 그리고 수면-각성 관련 장애 등이 있다.

1) 급식 및 섭식장애

급식 및 섭식장애(feeding and eating disorders)는 급식 혹은 섭식 관련 행동의 심각한 문제로 일상생활의 기능이 어렵고, 신체 건강에 문제를 일으키는 장애다. 흔히 급식이나 섭식과 관련된 장애는 날씬함을 강조하는 현대사회의 문화에서 비롯되었다고 생각하는 경향이 있다. 그러나 실제로 급식·섭식장애는 몇 세기 전에도 존재하였다. DSM에서는 3판부터 신경성 식욕부진증과 폭식증이 포함되어 DSM-IV-TR까지 유지되었다. DSM-5 이전에는 영아기와 아동 초기의 급식·섭식장애(feeding and eating disorders of infancy or early childhood)와 섭식장애(eating disorder)가 각각의 범주를 구성하고 있었지만, DSM-5에서는 이 둘을 하나의 범주 장애로 통합하여 급식·섭식장애라고 명명하였다. 여기서 '급식'은 스스로 섭취하지 못하는 영아나 아주 어린 아동에게 적용되며, '섭식'은 스스로 섭취할 수 있는 아동이나 청소년 혹은 성인에게 적용된다.

급식 및 섭식장애는 크게 급식장애와 섭식장애로 나뉜다. 먼저 급식장애는 식욕부진, 편식, 식사 거부, 이식증, 구토 등 주로 영유아에게서 나타나는 다양한 음식 섭취 문제를 포함한다. 이와 같은 장애는 영아와 아동의 성장 문제뿐 아니라 다양한 신체 결함과 관련이 있다. 심각할 경우 사망할 수도 있다. DSM-5에서는 영아기 및 아동 초기의 급식장애를 회피적/제한적 음식섭취장애(avoidant/restrictive food intake disorder: ARFID)로 포함시켜, 좀 더 확장된 장애 범주를 만들었다. 따라서 회피적/제한적 음식섭취장애가 단순히 영아기와 아동 초기에 국한된 진단이 아닌, 인생 전반에 걸쳐 발달하는 장애로 설명된다. 그러나 회피적/제한적 음식섭취장애의 증상들은 주로 영아기나 아동 초기에 처음 나타나는 경우가 대부분이다(APA, 2013a).

회피적/제한적 음식섭취장애가 있는 영아 및 아동·청소년의 대표적인 특징은 다음과 같다. ① 체중이 상당히 감소하거나, 연령에 적합한 체중을 갖지 못한다, ② 상당한 영양 결핍 증상을 보인다, ③ 영양 섭취에 있어 장관 영양이나 구강 영양 보충제에 의존한다, ④ 심리사회적 기능이 현저히 떨어진다.

회피적/제한적 음식섭취장애는 세 가지 하위 유형으로 나뉠 수 있다. 첫 번째 유형의 환자는 정서장애로 인해 섭취를 제한한다. 두 번째 유형은 감각이 민감하여, 특정 재질이나 색, 맛, 냄새 혹은 온도의 음식을 거부한다. 마지막 유형의 환자는 음식 섭취 후 구토와 같은 경험을 두려워하여 섭취에 대해 공포를 느낀다. Equit과 Palmke, Becker, Moritz, Becker와

Gontard(2013)에 의하면, 평균 만 5.8세의 아동 중 53%는 편식을 하고, 26%는 새로운 음식을 먹기 거부하며, 23%는 편식 습관을 가진다. 이러한 편식 행동은 체중 감소 및 다양한 행동적 · 정서적 문제의 원인이 될 수 있으므로 주의를 두고 지켜봐야 한다.

영아기나 아동 초기에 발병하는 급식장애에는 회피적/제한적 음식섭취장애 외에도 이식증(pica)이 있다. 이식증은 음식이 아닌 머리카락, 종이, 페인트, 흙 등과 같은 영양가 없는 물질을 먹는 것으로, 사회 · 문화적 규범에서 벗어난 섭취가 한 달 이상 지속될 경우 진단된다. 이식증은 주로 생후 12~24개월 영아에게서 처음 진단되기 시작한다.

다음으로 섭식장애는 주로 아동기부터 청소년기 그리고 성인 초기에 발병한다. 신경성 식욕부진증(anorexia nervosa: AN)과 신경성 폭식증(bulimia nervosa: BN)의 공통된 주요 증상은 신체상과 체중에 지나친 중시를 두는 것이다. 신경성 식욕부진증과 신경성 폭식증 환자는 자신의 가치를 온전히 몸매와 같은 신체적 특성으로만 설명한다. 이와 같은 사고는 신경성 식욕부진증 환자에게 음식 섭취를 제한하도록 한다. 그리고 신경성 폭식증의 경우 이와 같

〈 이식증 사례 〉

이틀 동안 치아가 아팠던 만 7세 소녀가 병원을 찾았다. 소녀의 의료 기록을 살펴본 결과, 지난 3년간 만성적인 복통을 호소해 왔다. 좀 더 살펴본 바, 소녀는 만 5세 이후로 줄곧 벽돌 조각을 섭취해 왔었다. 부모는 소녀를 혼내고 타이르는 등 다양한 방법으로 벽돌을 먹지 못하게 하였지만, 소녀는 계속해서 벽돌 조각을 먹어 왔다. 불행 중 다행으로 소녀는 몸의 다른 부분에는 문제가 없었다. 그러나 그녀의 치아는 다 부서져 있었고, 충분한 영양분을 섭취하지 못했기 때문에 철분과 칼슘, 아연이 결핍된 상태였다.

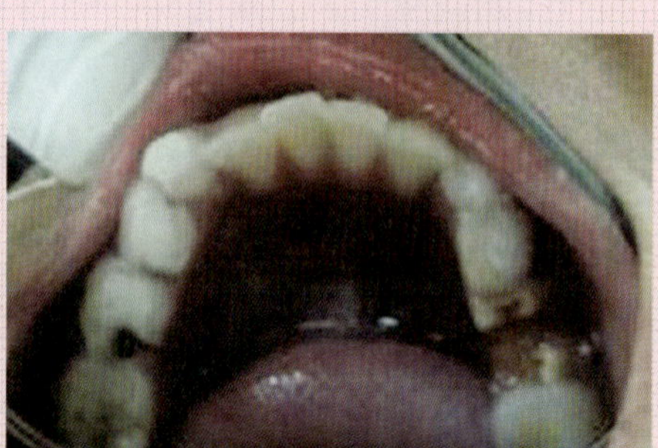

–Advani, Kochhar, Chachra, & Dhawan(2014)에서 발췌

은 절식으로 인해 폭식이 나타나기도 하며, 폭식에 대한 후회와 자책으로 구토나 약물 복용 등 적절하지 못한 방식으로 체중 감소를 시도한다.

신경성 식욕부진증이 있는 아동 · 청소년의 대표적인 특징은 다음과 같다. ① 에너지 섭취 제한으로 연령, 성별, 발달 경로 그리고 신체 건강을 고려하였을 때 체중이 상당히 낮다, ② 체중이 적게 나감에도 체중 증가나 살이 찌는 것에 대하여 극심한 두려움을 가지고 살이 찌지 않기 위해 비이상적인 노력(예: 구토 등)을 한다, ③ 저체중의 심각성을 계속 인식하지 못하거나, 자신의 체중이나 체형에 지나친 가치를 두거나, 반대로 체형을 왜곡하여 본다. 또한 신경성 폭식증이 있는 아동 · 청소년의 대표적인 특징은 다음과 같다. ① 다른 사람이 먹는 양보다 더 많은 양을 특정 시간 내에 먹는다, ② 폭식 삽화 동안 먹는 것에 대한 통제력을 상실했음을 인식한다, ③ 폭식으로 인한 체중 증가를 막기 위해 부적절한 행동을 한다(예: 자발적 구토, 약물 남용, 단식, 과도한 운동 등), ④ 자신에 대해 평가할 때 지나치게 체중이나 신체상에 가치를 둔다.

DSM-5에서는 이러한 증상이 주 1회 이상 3개월간 지속되면, 신경성 폭식증으로 진단받는다. 신경성 폭식증과 신경성 식욕부진증은 다른 범주로 분류되어 있지만 함께 나타나는 경우가 많다.

DSM-5 이전에는 폭식이 신경성 식욕부진증이나 신경성 폭식증의 증상 중 하나로만 여겨져 왔다. 그러나 DSM-5에서는 보상 행동(예: 구토나 운동)이 없는 폭식의 경우 폭식장애(binge-eating disorder: BED)의 독립된 범주로 분류된다. 폭식장애는 다음의 두 가지 특징을 가진다. 하나는 제한된 시간 내에 타인보다 많은 양의 음식을 섭취하는 것이고, 다른 하나는 음식 섭취 동안 통제력이 상실됨을 주관적으로 느끼는 것이다. 이때 섭취량이 많다는 절대적인 기준은 없다. 그러나 폭식 증상이 발현했을 때 폭식증 환자들이 섭취하는 평균 열량은 대략 1,100에서 4,500칼로리였다(Wolfe, Baker, Smith, & Kelly-Weeder, 2009). 폭식증을 진단하는 데 섭취량은 중요한 진단 기준이 될 수 있지만, 이보다 더 중요하고 심각한 문제이자 진단 기준은 바로 통제력 상실이다. 그러나 일반 아동의 경우에도 통제력이 부족하기 때문에 아동에게서 폭식장애를 진단하기 위해서는 배고프지 않을 때에도 음식을 찾는지를 확인하는 것이 도움이 된다(Von Ranson& Wallace, 2014). 폭식장애는 청소년기 혹은 성인 초기에 주로 발병하는데, 미국 기준으로 만 13~18세 청소년 중 1.6%가 폭식장애인 것으로 알려졌다(APA, 2013). DSM-5에서는 폭식장애가 독립된 범주로 분류됨으로써 앞으로 더 높은 유병률을 가질 것이라 보고 있다(박선자, 김효원, 2014).

폭식장애가 있는 아동·청소년의 대표적인 특징은 다음과 같다. ① 일정 시간 내에 보통 사람들이 먹는 양보다 더 많은 양을 먹는다, ② 폭식 삽화 동안 먹는 것에 대한 통제력을 상실했음을 인식한다, ③ 평소보다 빨리 먹는다, ④ 배가 불편할 정도로 먹는다, ⑤ 신체적으로 배고픔을 느끼지 않을 때에도 많은 양의 음식을 먹는다, ⑥ 자신이 먹는 양에 대해 부끄러움을 느끼고 혼자 숨어서 먹는다, ⑦ 폭식 후 자신에 역겨움을 느끼고 우울해지며 죄책감을 느낀다.

폭식이 주 1회 이상 3개월간 지속적으로 나타나며 이와 같은 증상을 보이면 폭식장애로 진단된다. 폭식장애는 신경성 식욕부진이나 신경성 폭식증과는 달리 폭식으로 인한 부적절한 보상 행동(예: 구토 유발)은 나타나지 않는다.

신경성 식욕부진증은 아동기에 주로 발병하며, 신경성 폭식증은 신경성 식욕부진증보다는 좀 더 늦은 청소년 후기나 성인기에 발병한다. DSM-IV를 기준으로 신경성 식욕부진증은 1% 이하, 폭식장애는 3%, 신경성 폭식증은 1~3%의 유병률을 가진다고 한다. 섭식장애는 남성보다는 여성에게서 흔히 나타나는 질병으로 여겨진다. 특히 신경성 식욕부진증과 신경성 폭식증의 경우에 성차가 매우 뚜렷하게 나타난다. 그러나 폭식장애 유병률의 성차는 아동기와 청소년기에는 뚜렷하지 않다가, 성인이 되었을 때 오히려 여성보다 남성에게서 더 높게 나타난다. 남성의 경우 폭식에 대한 보상 행동(예: 살을 빼기 위한 행동)으로 과도한 운동을 하지만, 여성의 경우 구토를 유발하거나 굶는 경향이 있다(Striegel-Moore, Rosselli, Perrin, DeBar, Wilson, & May, 2009). 이와 같은 양상은 남성보다는 여성에게서 더 많은 신체 건강 문제를 유발하여 여성이 남성보다 더 높은 신경성 식욕부진증과 신경성 폭식증 유병률을 가지게 할지도 모른다. 흥미롭게도, 남성의 경우 동성애자나 양성애자들이 일반 남성보다 섭식장애에 대한 유병률이 더 높다. 반면, 여성 동성애자나 양성애자들은 일반 여성과 비슷한 유병률을 보인다(Feldman & Meyer, 2007). 그러나 민족이나 문화에 따라 섭식장애의 비율이 영향을 받지는 않는다.

섭식장애의 원인은 아직까지 명확하게 밝혀지지 않았다. 그러나 연구자들은 다양한 요인이 복합적으로 영향을 미친다고 제안한다. 그중 하나는 사회문화적인 영향이다. 현대사회에서는 날씬한 여성이 매력적이라고 인식되고, 뚱뚱한 사람은 호감을 얻기 어렵다. 따라서 많은 여성들은 음식 섭취를 제한함으로써 이상적인 몸매를 갖고자 한다.

최근에는 유전적 요인이 섭식장애의 주요 원인으로 나타나고 있다. 서로 다른 범주의 섭식장애는 특정 유전자와 관련이 있다. 이 외에도 가계도 연구에서는 혈연 관계일 경우 섭식장애의 유병률이 증가하는 것으로 나타났다(Strober, freeman, Lampert, Diamond, & Kaye, 2000). 이외에도 아동기의 학대와 같이 부정적 경험을 한 아동일수록 섭식장애를 겪을 확률이 높다.

섭식장애의 치료로는 인지행동치료, 가족치료, 약물치료 등이 효과적이다. 특히 신경성 식욕부진증의 경우 가족치료가 효과적이다. 폭식장애의 경우 다른 섭식장애에 비해 치료 결과가 좋은 편이다. 신경성 폭식증 환자 역시 신경성 식욕부진증보다는 치료 결과가 좋으며, 무엇보다 신경성 식욕부진증과 달리 사망률이 일반 집단과 비교하여 차이가 없다. 그러나 신경성 식욕부진증의 경우 사망률이 동일 연령대의 일반 여성보다 12배 이상 높다(박선자 외, 2014).

2) 수면-각성장애

수면-각성장애(sleep-wake disorder)는 수면을 시작하여 지속하고 종료하는 데 이상이 있는 경우 진단된다.

수면-각성장애는 아동과 청소년에게서 흔히 나타난다. 수면-각성장애의 하위 장애로는 불면장애(insomnia disorder), 과다수면장애(hypersomnolence disorder), 기면증(narcolepsy), 호흡관련 수면장애(breathing related sleep disorder), 일주기리듬 수면-각성장애(circadian rhythm sleep-wake disorder) 그리고 사건수면(parasomnia)이 있다. 불면장애를 가진 아동은 밤에 잠을

〈 수면-각성장애 사례 〉

매우 피곤해 보이는 엄마가 자신의 만 3세 아들을 데리고 병원을 찾았다. 엄마에 따르면 아이는 밤새도록 잠을 자지 않고, 엄마 아빠를 깨우고, 집 안을 돌아다녔다. 이 아동은 한참을 자지 않다가 결국 엄마와 아빠가 다 같이 한 침대에 누운 다음에야 겨우 잠이 든다고 했다.

다음 날이면 아이는 전날 자지 못한 피로 때문에 종일 신경질과 짜증을 내어 엄마를 더욱 힘들게 하였다. 아이의 엄마는 아이 때문에 3년간의 수면 부족으로 매우 지쳐 있었고, 아빠 역시 더 이상 아내와 자녀를 보고 싶어 하지 않았다.

– Armstrong(n.d.)에서 발췌

자지 못해 낮 동안 일상생활에 어려움을 겪는다. 정상인의 경우 잠이 들기까지 대략 10~15분이 걸리지만, 불면장애를 겪고 있는 사람은 잠이 들기까지 30분 혹은 그 이상이 걸린다(권석만, 2013). 불면장애는 주로 세 가지 유형으로 나타난다. 먼저, 잠에 들기까지 어려움을 겪는 수면시작 불면증(sleep onset insomnia)이 있다. 그리고 자다가 깼을 때 다시 잠이 드는 데 어려움을 겪는 수면유지 불면증(sleep maintenance insomnia), 일반적인 기상 시간보다 일찍 깨서 다시 잠에 들지 못하는 수면종료 불면증(sleep terminal insomnia)이 있다. 과다수면장애는 불면장애와 반대되는 개념으로, 충분한 수면을 취했음에도 과도한 졸음이 오는 증상을 가진다. 기면증 환자는 낮에 심하게 졸리는 증상과 함께 수면에 빠진다. 이 외에도 탈력발작이나 수면마비 증상을 보인다. 여기서 탈력발작이란 강한 감정(예: 흥분, 기쁨, 분노 등)을 느낄 때 갑자기 신체 근육에 힘이 빠지는 현상으로 가볍게는 팔과 다리가 나른해지거나 눈꺼풀이 떨리는 등의 경미한 증상부터 다리 근육에 힘이 빠져 주저앉거나 턱 근육의 힘이 빠져 말을 하기 어려운 심각한 증상까지 다양하게 나타난다. 수면마비 증상은 잠에 들기 전이나 깰 때 환각을 경험하거나 몸이 움직이지 않는 현상을 말한다. 아동 1만 명 중 1~2명은 기면증을 가지고 있다.

불면장애의 증상은 다음과 같다. ① 잠이 드는 데 어려움을 겪는다, ② 자주 깨며, 깬 후 다시 잠들기가 어렵고 수면 유지가 어렵다, ③ 새벽에 깨면 다시 잠들기가 어렵다. 또한 과다수면장애의 증상은 다음과 같다. ① 하루 중 반복적으로 잠이 든다, ② 매일 9시간 이상 지속적으로 잔다, ③ 아침에 깨어나기 어렵고, 깨어나서도 한동안 각성 상태에 이르지 못한다. 이 외에도 수면 발작증의 증상은 다음과 같다. ① 하루 중 여러 번 참기 힘들 정도로 졸리거나 잠이 든다, ② 탄력발작 삽화가 한 달간 몇 번 이상 나타난다, ③ 뇌척수액 측정 결과 히포크레틴 결핍이다, ④ 수면 상태를 기록하고 분석하는 수면다원검사에서 REM 수면 잠자기가 15분 이내거나 다중수면잠복검사에서 평균 입면 시간이 8분 이내이고 2회 이상의 수면개시 시 REM 수면기가 나타난다.

수면장애의 공존질환으로는 불안장애, 우울장애, 주의력결핍 과잉행동장애 그리고 자폐스펙트럼장애, 지적장애 등 다양한 장애가 있다. 각 수면장애의 원인은 다양하다. 불면장애는 높은 각성 수준을 가진 사람이 스트레스와 같은 촉발 요인을 통해 일시적인 불면증을 가지게 되고, 수면 습관이나 수면 환경의 문제로 인해 만성적 불면증으로 이어지면서 나타난다. 기면증의 원인은 환경이 아닌 유전적 요인에 기인하는데, 기면증 환자의 85% 이상은 특정 유전자를 가지고 있다(신동원, 2014).

수면장애에서 불면장애의 경우 행동 개입을 통해 적절한 수면 환경을 조성하고, 부모 교육을 실시함으로써 치료될 수 있다. 수면에 방해되는 환경적인 요인을 개선할 경우 치료의 경과는 좋게 나타난다. 반면, 기면증은 약물을 통한 치료가 이루어진다. 모다피닐(modafinil)이란 약을 먹으면 졸림 현상이 감소하고 맑은 정신을 유지할 수 있다. 폐쇄성 수면 무호흡 · 저호흡증 치료에는 편도를 잘라내는 수술이 있다. 수술의 경우 80%가 완치되었다는 결과가 있다(Lipton &Gozal, 2003). 그러나 수술을 하더라도 재발하거나 증상이 완화되지 않는다면 자는 동안에도 지속적으로 호흡을 도와주는 양압기를 착용하고 수면을 취할 수 있다.

6. 심리치료

정신장애는 인간의 비정상적 '발달'과 이상 '행동'에 주목한다. 반면, 발달심리는 비정상적인 부분을 포함하여 인간의 모든 발달과 행동을 연구한다. 따라서 발달심리를 통한 치료 접근은 이상 발달의 치료에 보다 폭넓은 관점을 시사한다. 발달론적 접근의 치료는 인간 발달이 단계적으로 일어난다는 것을 전제로 한다. 정상적인 발달이 있기 위해서는 이전 단계가 완수되어야 그다음 단계로 넘어갈 수 있다. 만약 이전 단계를 완수하지 못한 채 다음 발달 단계로 넘어갈 경우, 이는 정신장애의 원인이 된다. 단계별 발달과업의 성취는 적절한 생물학적 발달(예: 뇌와 신경계 성숙 등)과 그 시기에 맞는 외부 환경의 자극(예: 양육자와의 애착 관계 형성 등)이 서로 적절히 맞물렸을 때 이루어진다. 이와 같은 발달과업 성취 단계는 생애 시기별로 나누어 볼 수 있다(〈표 15-3〉 참조). 예를 들어, 영아기에 신경계 발달이 일어나지 않는다면, 아동은 이후 다양한 인지 문제를 겪게 되고 이는 결국 지적장애나 자폐스펙트럼 장애의 원인이 될 수 있다. 또한 영아가 특정 발달 단계에 안정적인 애착을 형성하지 못한다면, 이 역시 다양한 정서장애의 원인이 된다.

그렇다면 심리치료의 방법에는 어떠한 것들이 있을까? 치료 방법으로는 인지행동치료, 놀이치료, 부모상담 및 부모교육, 가족치료, 약물치료, 입원치료 등이 있다. 질환 종류에 따라 효과적인 치료법은 다양하다. 일반적으로 흔히 사용되는 치료 중 발달심리와 특히 관련 있는 것은 인지행동치료와 놀이치료, 가족치료 그리고 정신분석적 치료 등이 있다.

인지행동치료(cognitive-behavioral therapy)는 인지치료와 행동치료를 함께 사용하는 치료

〈표 15-3〉 각 단계별 발달과업과 발달과업 실패 시 발병할 수 있는 문제 및 정신질환

발달 단계	발달과업	발달과업 실패 시 가능한 장애
영아기	뇌신경계 성숙, 애착 형성 등	수유장애, 수면장애, 발육부진, 자폐스펙트럼장애, 지적장애, 뇌손상 등
걸음마기	자율성, 공격성 통제, 분리-개별화 발달 등	이식증, 공격성, 적대적 반항장애, 반응성 애착장애, 발달지연, 언어 발달지연, 주의력결핍 과잉행동장애
아동 초기	성 역할, 사회적 역할, 주도성, 문화적 가치관 발달 등	분리불안, 발달성 언어장애, 비사회화 공격성, 자위행위, 공포증 등
아동 중·후기	또래 관계, 효능감, 자존감, 생산성-근면성, 기초 학습 능력 발달 등	열등의식, 학습부진, 불안장애, 우울장애, 강박장애, 틱장애, 품행장애, 적대적 반항장애 등

출처: 홍강의 외(2014).

다. 먼저, 행동치료(behavioral therapy)는 행동주의적 접근, 즉 학습 이론을 바탕으로 한다. 행동주의적 접근은 눈에 보이지 않는 정신 상태보다는 관찰 가능한 인간의 환경과 이에 반응하는 인간의 행동에 초점을 둔다. 치료는 정신장애로 비롯된 부적절한 행동을 감소하는 방향으로, 부적 강화(negative reinforcement)를 제공하거나 목표하는 행동을 증가시키기 위해 정적 강화(positive reinforcement)를 제공하기도 한다. 인지치료(cognitive therapy)는 환자가 가지고 있는 잘못된 도식을 발견하고, 이처럼 잘못된 사고를 환자가 이해하고 받아들이도록 한다. 또한 치료자는 환자의 왜곡된 신념이나 인지 오류에 대하여 개입하게 된다. 예컨대, 환자가 타인의 중립적인 행동을 공격적인 의도로 잘못 인지하고, 분노와 두려움의 감정을 느껴 그에 따라 폭력적인 행동을 했을 때, 치료자는 환자에게 이는 잘못된 사고임을 설명하고, 이것이 왜 잘못되었는지를 가르쳐 준다. 결과적으로 인지치료를 통해 환자 스스로 잘못된 사고와 행동을 깨닫게 하고, 행동치료를 통해 이러한 사고와 행동을 줄이고 적절한 행동을 하도록 이끄는 것이 인지행동치료다. 인지행동치료는 강박장애, 불안장애, 품행장애, 주의력결핍 과잉행동장애 등 다양한 정신장애의 치료로 활용되고 있다(홍강의, 2014).

놀이치료(play psychotherapy)는 다양한 이론적 접근을 통한 심리치료다. 놀이치료는 영아기와 아동기에 나타나는 정신질환을 치유하는 데 적절하다. 특히 언어적 이해가 어려운 아동에게 놀이치료는 가장 자연스러운 치료로 활용될 수 있다. 먼저 놀이치료에서는 아동을

수동적 존재로 여기기보다 환경을 스스로 탐색하고 이를 이해하기 위해 노력하는 능동적 존재로 인식한다. 또한 놀이치료에서는 아동이 놀이를 통해 자신의 심적 상태를 투사한다고 본다.

가족치료(family therapy)는 정신질환이나 장애가 한 개인의 문제에서 비롯된 것이기보다 가족이라는 맥락 속의 문제로 인해 발생하였다 전제하고, 가족 전체를 치료의 대상으로 본다. 특히 아동기나 청소년기는 독립적이기보다 부모에게 의존하는 시기이기 때문에 가족치료를 시행하는 것이 보다 적합할 수 있다.

정신분석적 치료(psychoanalytic therapy)는 최초의 심리치료로서 Sigmund Freud에 의해 시작되어 오늘날까지도 치료의 한 형태로 사용되고 있다. 정신분석적 치료의 목적은 잠재된 무의식적 갈등을 의식화하여 문제의 원인을 찾고, 자아 강화를 통해 현실에 적응할 수 있도록 하는 것이다. 정신분석적 치료는 인간의 모든 행동에는 원인이 있다는 것을 전제로 하여 스스로 의식하지 못하는 무의식적인 부분이 인간 행동에 영향을 미친다고 본다. 특히 성적인 욕구와 같이 사회적으로나 도덕적으로 쉽게 드러내기 어려운 부분이 억압되어 무의식에 잠재된 채로 행동에 영향을 준다고 여겨진다. 또한 정신분석적 치료에서는 어린 시절의 경험이 성격 형성에 영향을 미친다고 보기 때문에 인간의 무의식뿐만 아니라 과거의 경험에서 행동의 원인을 밝히기도 한다. 정신분석적 치료에서 환자가 무의식적 갈등을 깨닫게 되는 것을 통찰(insight)이라고 하는데, 치료는 통찰이 있은 후 실제 생활에 환자가 적응해서 살아가도록 훈련하는 과정인 훈습(working-through)까지를 포함한다(권석만, 2013).

치료의 종류 외에 치료의 구성도 다양할 수 있다. 예컨대, 치료자-환자 일대일로 치료가 이루어지는 것을 개인치료라 한다. 그리고 동일한 증상을 가진 여러 명의 환자와 함께 치료받는 것을 집단치료라 한다. 홍강의 등(2014)에 따르면 우리나라의 경우 대부분의 아동이나 청소년은 개인치료를 선호한다. 그러나 국내에는 치료자의 수도 부족하고, 아동과 청소년이 성인에 대하여 저항감을 가지기 때문에 자신과 비슷한 증상을 겪고 있는 사람들과 함께 집단치료를 하는 것이 더 효과적일 수 있다.

치료 시기를 고려한다면, 단기치료와 장기치료로 그 구성을 나눠 볼 수 있다. 예전에는 환자들이 오랜 기간을 두고 심도 있게 치료하는 것을 선호하였으나, 최근에는 단기적인 치료를 선호한다. 치료 기간이 짧다고 하여 치료의 효과가 적거나 없는 것은 아니다. 단기치료는 특정 문제에 초점을 두고 집중적으로 치료가 이루어지기 때문에 더욱 효과적일 수도 있다.

주요 학습 개념

1. 정상 발달과 이상 발달

- 정상과 이상 발달을 구분하는 기준으로는 발달 단계에 따른 능력 발달, 주관적 고통, 선천적인 장애, 규범에서 벗어나는 행동 등을 들 수 있다.

2. 발달 및 학습장애

- 뇌의 발달지연, 손상과 관련 있는 장애를 발달 및 학습장애라고 한다. 다음의 세 가지 장애는 발달 및 학습장애의 일부다.
  - ➤ 자폐스펙트럼장애(autism spectrum disorder: ASD): 의사소통 문제와 타인의 감정 이해 능력 부족 그리고 반복적 행동을 특징으로 나타내는 장애
  - ➤ 지적장애(intellectual disability): 지능이 낮아 생활하는 데 어려움을 가지는 장애
  - ➤ 특정학습장애(specific learning disorder): 지적 능력에는 문제가 없지만, 특정 과목에서 학습 문제를 보이는 장애

3. 정서장애

- 정서장애란 지적 능력과 상관없이 그 외의 요인으로 인한 장애로 다음 세 가지 장애가 이에 속한다.
  - ➤ 양극성 장애(bipolar disorder): 기분이 좋았다가 우울해졌다가를 반복하는 장애
  - ➤ 파괴적 기분조절부전장애(disruptive mood dysregulation disorders: DMDD): 과도한 감정 폭발을 반복적으로 나타내는 장애
  - ➤ 분리불안장애(separation anxiety disorder: SAD): 집이나 애착 대상과 분리되는 것에 심한 불안을 나타내는 장애

4. 행동 및 충동조절장애

- 특정 행동을 하고 싶은 충동을 조절하지 못하는 것으로 신경 손상과 질환으로 충동 조절에 실패하는 것을 포함하며 다음의 세 가지 장애가 이에 포함된다.
  - ➤ 주의력결핍 과잉행동장애(attention deficit/hyperactivity disorder: ADHD): 주의가 산만하고 충동적으로 행동을 통제하지 못하는 장애
  - ➤ 강박장애(obsessive–compulsive disorder: OCD): 원치 않는 생각이 계속 떠올라 이를 멈추기 위해 특정 생각이나 행동을 반복적으로 하는 장애
  - ➤ 적대적 반항장애(oppositional defiant disorder: ODD)/품행장애(conduct disorder: CD): 감정과 행동을 조절하지 못하는 장애

5. 섭식 및 수면 관련 장애

- 급식 및 섭식장애(feeding and eating disorders)는 급식 혹은 섭식 관련 행동에 대한 심각한 문제로 일상생활이 어렵고, 신체 건강에 문제를 일으키는 장애다. 다음은 섭식장애의 세 가지 하위 범주다.
  - ➤ 신경성 식욕부진증(anorexia nervosa: AN): 음식을 거의 먹지 않아 체중이 낮은데도 자신의 몸매를 왜곡되게 보며 살이 찌지 않기 위해 구토 등을 하는 장애
  - ➤ 신경성 폭식증(bulimia nervosa: BN): 많은 양을 특정 시간 내에 먹고 폭식하는 동안 통제력을 상실하며, 폭식 후 살이 찌지 않기 위해 구토나 약을 먹는 등의 부적절한 행동하는 장애
  - ➤ 폭식장애(binge-eating disorder: BED): 짧은 시간 안에 다른 사람에 비해 많은 양의 음식을 배가 불편할 정도로 섭취하며 통제력을 잃으며, 많이 먹는 것을 부끄러워하여 혼자 숨어서 먹기도 하고 폭식 후에는 역겨움과 죄책감을 느끼는 장애
- 수면-각성장애(sleep-wake disorder)란 수면 도중이나 시작과 끝에 이상이 있는 경우 진단된다.

6. 심리치료

- 발달론적 접근의 치료는 인간 발달이 단계적으로 일어나는 것을 전제로 한다.
- 각 시기마다 다음의 발달과업을 성취하지 못하면 정신장애를 가지게 될 위험성이 높아진다.

영아기	걸음마기	아동 초기	아동 중 · 후기
-발달과업: 뇌신경계 성숙, 애착 형성	-발달과업: 자율성, 공격성 통제, 분리-개별화 발달	-발달과업: 성 역할, 사회적 역할, 주도성, 문화적 가치관 발달	-발달과업: 또래 관계, 효능감, 자존감, 생산성-근면성, 기초 학습 능력 발달
-과업 실패 시 가능장애: 수유장애, 수면장애, 발육부진, 자폐스펙트럼장애, 지적장애, 뇌 손상 등	-과업 실패 시 가능장애: 이식증, 공격성, 적대적 반항장애, 반응성 애착장애, 발달지연, 언어 발달지연, 주의력결핍 과잉행동장애 등	-과업 실패 시 가능장애: 분리불안, 발달성 언어장애, 비사회화 공격성, 자위행위, 공포증 등	-과업 실패 시 가능장애: 열등의식, 학습부진, 불안장애, 우울장애, 강박장애, 틱장애, 품행장애, 적대적 반항장애 등

- 치료 방법으로는 인지행동치료(cognitive-behavioral therapy), 행동치료(behavioral therapy), 인지치료(cognitive therapy), 놀이치료(play psychotherapy), 가족치료(family therapy), 정신분석적 치료(psychoanalytic therapy) 등이 있다.

16장 발달평가

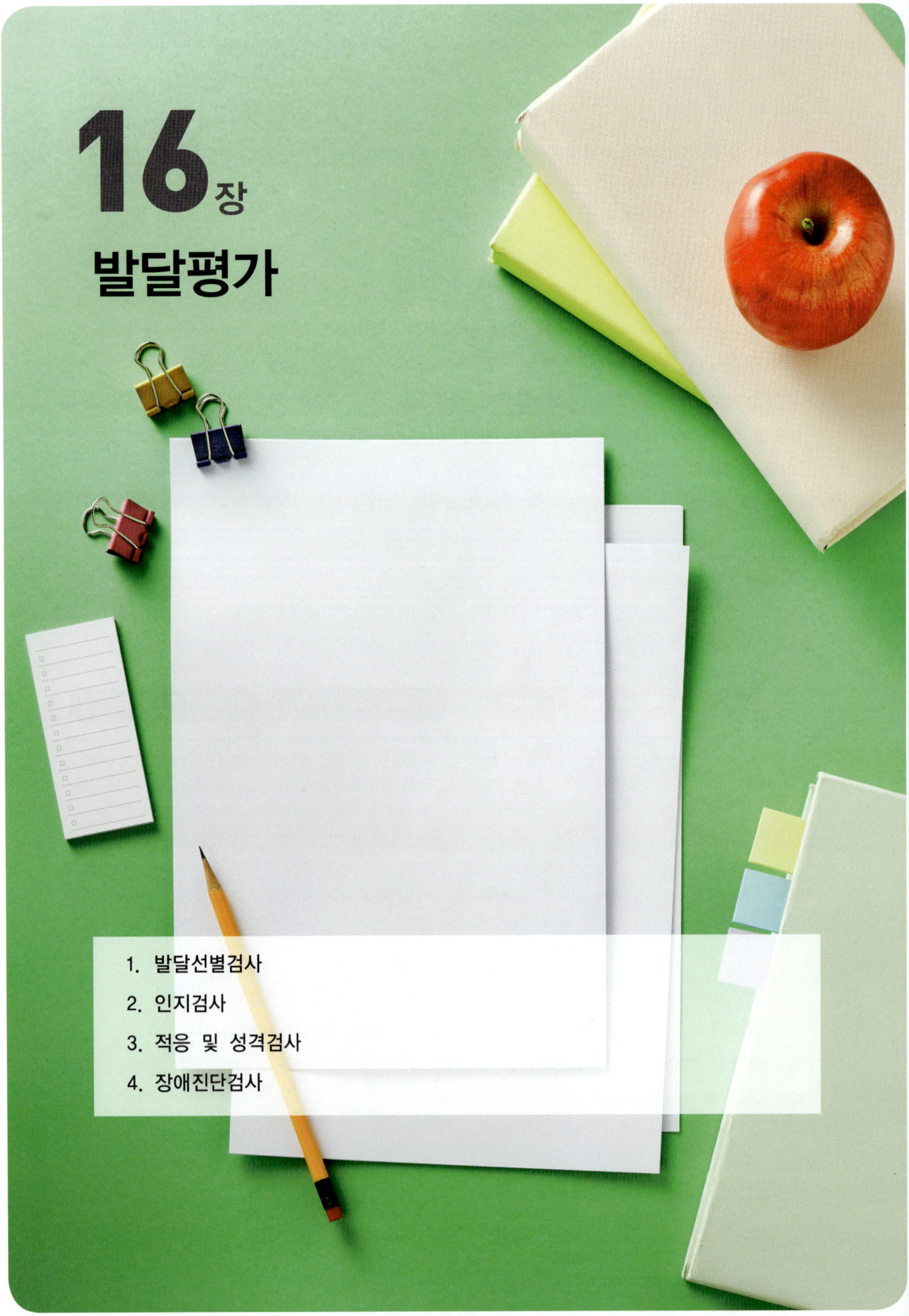

1. 발달선별검사
2. 인지검사
3. 적응 및 성격검사
4. 장애진단검사

병약했던 소녀 Bayley, 신생아 건강 연구의 일인자 되다

Nancy Bayley는 신생아 발달 연구의 개척자로 평가받는 여성 심리학자 중 한 사람이다. 그녀는 '베일리 영아발달검사(Bayley Scale of Infant Development)'를 개발한 것으로도 유명하지만, 이 외에도 60년간 건강한 신생아를 대상으로 'Berkeley Growth Study'라는 유명한 종단 연구를 하기도 했다. 또한 소노마 주립 병원(Sonoma State Hospital)에서 다운증후군을 앓고 있는 신생아 종단 연구에 자문위원으로 재직하기도 하였다. 와이오밍 대학교에서 강의를 하는 2년 동안에는 무려 200편이 넘는 논문과 책을 써내는 열정을 보이기도 했다.

Bayley의 활발한 연구 활동과 달리 그녀의 어린 시절은 매우 정적이었다. 다섯 남매의 셋째로 태어난 Bayley는 어렸을 때부터 몸이 쇠약하여, 매일같이 아팠다. 학교를 다니는 것이 어려울 정도였기 때문에 대부분의 시간을 집에서 보내야만 했다. 여덟 살이 되던 해 학교를 처음 가게 된 Bayley는 남들보다 늦게 공부를 시작하였지만 빠른 속도로 학업을 따라잡았다. 그리고는 열 살이 되던 해, 뛰어난 학업 능력으로 두 학년을 월반하여 고등학교까지 진학하였다. 이때부터 병약했던 Bayley의 모습은 완전히 잊혀지게 된다.

사실 Bayley가 처음부터 심리학자를 꿈꾼 것은 아니다. 처음에 그녀는 엄마의 제안으로 영어 선생님이 될 꿈을 안고 워싱턴 대학교에 입학하였다. 그런 그녀가 교양 과목이었던 심리학 입문 강의를 듣게 되면서, 인생의 방향이 바뀌게 되었다. 강의를 들으며 Bayley는 심리학에 관심을 가지게 되었고 급기야 전공까지 바꾸었다. 이후에도 Bayley는 꾸준히 신생아 연구를 하며, 다양한 업적을 쌓아갔다.

그녀는 특히 발달을 측정할 수 있는 방법에 관심이 많았다. 석사 학위로 학령전기 아동의 수행평가 검사를 고안했고, 박사 논문에서도 아동의 두려움 반응을 측정하는 도구를 개발하였다. 그리고 오늘날까지 전세계를 비롯해 국내에서도 유용하게 활용되는 베일리 영아발달검사를 개발하여 자신의 이름을 남기게 되었다. Bayley가 아동의 발달이 제대로 이뤄지고 있는지 알기 위해 이토록 열정을 다했던 것은, 그녀의 병약했던 어린 시절 경험이 큰 역할을 하지 않았나 싶다.

신생아 발달 연구의 개척자 Nancy Bayley와 베일리 영아발달검사

발달평가는 영아 혹은 아동이 적절한 시기에 특정 과업(예: 신체 발달, 신경 발달, 인지 발달 등)을 성취하는지 확인하는 검사다. 각 발달 단계에 따른 특정 과업을 성취하지 못한 아동은 발달이 제대로 이루어지지 못하여 장애나 다양한 문제를 가지게 된다. 발달평가는 이와 같은 문제를 조기에 발견하여 알맞은 개입과 치료가 이루어지도록 할 뿐만 아니라, 영아 혹은 아동이 현재 어느 정도 발달했는지를 알려 주고 좀 더 건강하게 자라날 수 있는 지침을 제시하기도 한다. 이 장에서는 발달선별검사와 인지검사, 적응 및 성격검사 그리고 장애진단검사에 대해 살펴보도록 하겠다.

1. 발달선별검사

발달선별검사는 주로 영아나 어린 아동을 대상으로 하며, 정상 범위에서 벗어난 영아나 아동을 선별하기 위해 사용된다. 주로 영아나 아동을 가장 잘 알고 있는 주된 양육자가 평가하거나 검사자가 직접 관찰하여 평가한다. 대표적인 발달선별검사에는 베일리 영아발달검사와 덴버 발달선별검사, 아동발달검사가 있다.

1) 베일리 영아발달검사

베일리 영아발달검사(Bayley Scale of Infant Development: BSID)는 영아의 행동 발달을 평가하기 위한 척도로, Bayley가 1969년에 개발하였고 1993년에 BSID-II를 개정하여 출간하였다. 이후 임상에서 좀 더 유용하게 사용될 수 있도록 개편되어 BSID-III까지 나와 있다(Bayley, 2006).

BSID는 생후 1개월부터 42개월 영아를 대상으로 인지, 언어, 운동, 사회 정서 그리고 적응 행동을 45~60분(BSID-III에서는 30~60분)에 걸쳐 측정한다. BSID는 영아의 발달지연 여부뿐만 아니라, 조기개입 프로그램의 효과를 평가할 때에도 활용된다. 이 외에도 아동 발달에 대한 부모교육의 지침으로도 사용되는 등 그 활용성 또한 다양하다.

BSID는 발달 이상 여부를 판별할 때에도 사용되는데, 그렇다고 해서 BSID의 결과만을 가지고 장애를 진단하는 것은 위험하다. 만약 BSID로 아동을 검사했을 때 발달의 문제가 의심된다면, 이상 발달 영역에 대한 추가 검사를 실시해 보아야 한다.

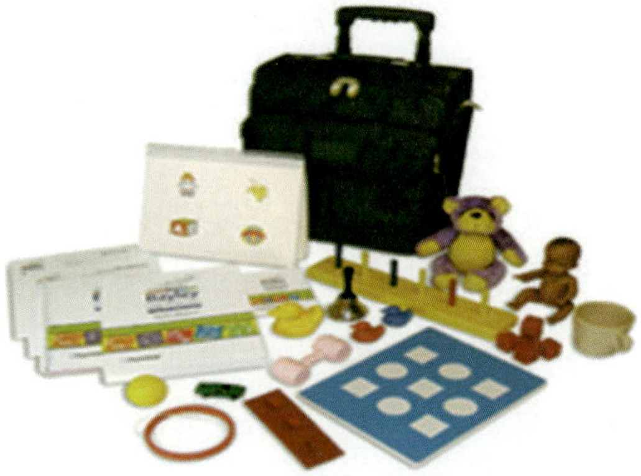

[그림 16-1] BSID-III

BSID는 인지척도, 동작척도, 행동평정척도로 구성된다. 인지척도는 기억력, 습관화, 문제해결 능력, 수 개념, 일반화 및 분류화, 발성, 언어 및 사회적 기술 등을 진단한다. 그리고 동작척도는 영아의 기기, 서기, 걷기, 달리기 등과 같은 대근육 운동 능력과 쥐기 등의 소근육 운동을 평가한다. 마지막으로 행동평정척도는 영아의 주의와 각성을 평가하고, 검사자와 부모에 대한 지향성, 정서 조절, 운동 수준 등을 평가한다. 국내에서는 2004년 박혜원과 조복희가 BSID-II를 표준화하여 활용하고 있으며, 현재 BSID-III의 표준화 연구가 진행되고 있다.

2) 덴버 발달선별검사

덴버 발달선별검사(Denver Developmental Screening Test: DDST)는 학령전기 아동의 인지 및 행동 문제를 평가하기 위해 1967년에 처음 개발되었다. DDST는 Frankenburg에 의해 개발되었고, Dobbs에 의해 처음 소개되었지만, 미국 콜로라도 Denver에 있는 한 회사(Denver developmental Material Inc.)가 보급하면서 그 이름이 Denver가 되었다. 그러나 2015년에 회사가 문을 닫게 되면서 더 이상 DDST를 제공하지 않게 되었다.

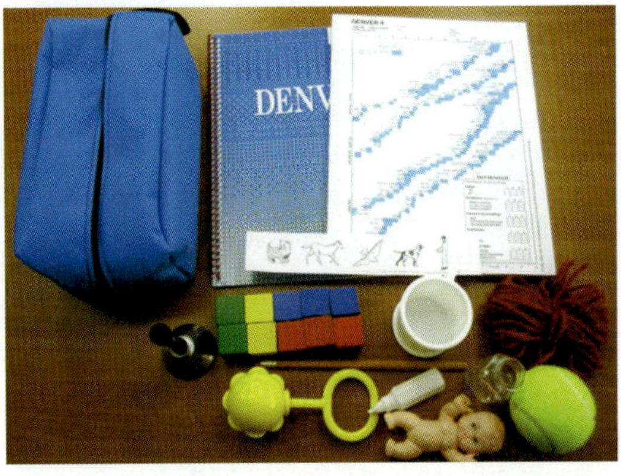

[그림 16-2] DDST

DDST-II는 1992년에 Denver사에서 개정하였는데, 국내에서도 이근이 1990년에 DDST-II를 표준화하여 현재까지 사용하고 있다. DDST-II는 이전 판에서 아동이 수행하기 어려웠던 항목을 수정하고, 부모가 보고하는 형식이 아닌 검사자가 직접 평가하는 방법을 채택했다. DDST는 만 0~6세 영유아를 대상으로 하며, 발달 문제를 보다 쉽고 간편하게 판별한다.

DDST는 아동의 개인-사회성, 소근육 운동, 언어, 대근육 운동 총 4개의 발달 영역을 평가한다. 개인-사회성은 아동의 사회성 측면을 평가하고(예: 웃기), 소근육 운동은 눈과 손의 협응 능력, 작은 물건을 조작하는 능력(예: 쥐기, 그리기)을 평가하며, 언어는 발성과 언어 이해 및 사용, 마지막으로 대근육 운동은 운동 조절, 앉기, 걷기, 뛰기 등을 평가한다.

3) 아동발달검사

[그림 16-3] K-CDI

아동발달검사(The Child Development Inventory: CDI)는 1972년에 개발되었던 기존의 미네소타 아동발달검사(Minnesota Child Development Inventory: MCDI)를 재표준화하여, 1992년에 개발되었다. CDI는 이전의 MCDI에서 신뢰도가 낮았던 항목을 제외시켰고, 보다 넓은 연령대를 검사할 수 있도록 일반화하였으며, 검사자가 사용하기에 더욱 간단하고 쉽게 개정하였다.

CDI는 생후 15개월에서 만 6세 아동의 사회성, 자조 행동, 대근육 운동, 소근육 운동, 언어 표현, 언어 이해, 글자 및 숫자 이해의 총 여덟 가지 영역을 평가한다. 검사는 부모의 보고를 바탕으로 이루어지는데, 이 문항들 중 270문항은 일반 발달 영역에 대한 것이고, 나머지 30문항은 아동의 지각, 운동, 언어, 사회성, 주의집중, 행동 그리고 정서 문제에 대한 것이기 때문에 다양한 분야에서 아동의 발달과 문제를 평가할 수 있다. 국내에서는 2006년 한국 아동발달검사(K-CDI)로 표준화되어(김정미, 신희선, 2006), 아동 발달 연구에 다양하게 활용되고 있다.

2. 인지검사

인지검사는 영아 및 아동의 다양한 인지 능력을 평가하고, 발달 문제뿐 아니라 인지 향상에 도움이 되는 방향을 제시하기도 한다. 측정하고자 하는 인지 영역에 따라 시지각검사, 언어검사, 지능검사 그리고 학업 및 성취능력검사를 사용할 수 있다.

1) 시지각검사

시지각 능력은 아동의 기초적 학업 기술 성취에 영향을 미치기 때문에 시지각 능력이 제대로 발달되지 않은 아동은 학교 생활에 어려움을 겪을 수 있다. 더 나아가 시지각 문제는 저하된 지적 능력, 주의력 결핍, 학습장애, 신경학적 손상과도 관련이 있으므로 검사를 통해 아동의 시지각 발달 양상을 알아보는 것은 중요하다. 대표적인 시지각검사에는 벤더도형검사, 시지각 발달검사 등이 있다.

(1) 벤더도형검사

벤더도형검사(Bender Visual Motor Gestalt Test: BGT)는 가장 오래되고 널리 사용되는 그리기 형태의 능력 검사로, 1938년 Bender에 의해 개발되었다. 기존 BGT는 만 4세부터 성인에게까지 모두 실시할 수 있다. 검사 방법은 피검자가 간단한 기하학적 도형이 그려진 9장의 카드를 본 후 이를 종이 위에 따라 그리는 것이다([그림 16-4] 참조). 이를 통해 회전, 중복 곤란, 단순화, 단편화, 퇴영, 보속 반응, 중첩, 불능, 폐쇄 곤란, 운동 협응 곤란, 각도 곤란, 응집성을 포함한 12개 영역을 평가하여 시지각 능력과 발달 수준을 측정한다.

BGT는 2003년 Brannigan과 Decker에 의해 2판으로 개정되었다. BGT-II의 경우 이전 판보다 모형 카드 수가 많아졌으며, 도형을 모사하는 것뿐만 아니라 모사한 도형을 회상하여 그리는 시지각 기억 능력 측정 과제 또한 포함한다(Decker & Brannigan, 2003).

초기의 BGT는 기질적 장애를 판별하려는 목적으로 사용되었으나 뇌 손상, 정신증, 지적장애 그리고 그 밖의 성격적인 문제를 진단하는 데에도 이용된다. BGT를 통해 현실 검증력, 충동성 여부, 정서적 특징과 같은 개인의 성격적인 부분도 알 수 있다. 특히 BGT는 언어로는 판별하기 어려운 특성을 발견할 수 있다는 점에서 큰 이점을 가진다. 따라서 BGT는 언어

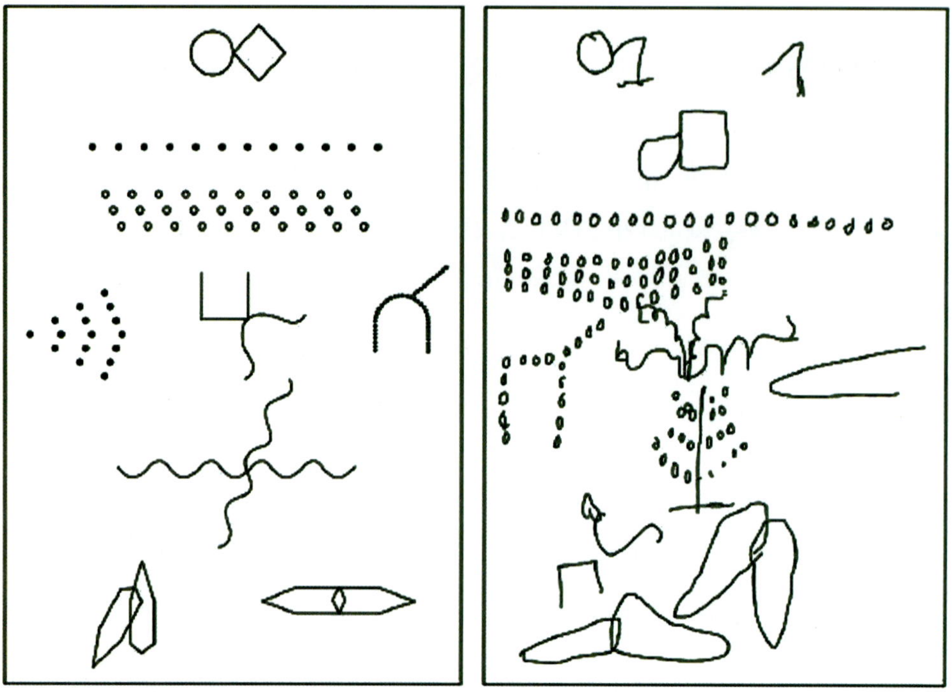

제시된 BGT 도형 예시 제시된 BGT 도형을 보고 피검자가 따라 그린 그림 예시

[그림 16-4] BGT의 예시

사용이 어려운 언어장애를 가진 아동이나 수줍음이 많거나, 어떠한 이유에서 언어 사용을 꺼리거나 편해 하지 않는 사람에게 많이 사용된다. 이 외에도 문화나 언어가 다른 아동을 대상으로 사용할 수 있다.

BGT의 일반적인 검사 단계에는 모사 단계(copy phase), 회상 단계(recall phase) 그리고 한계 검증 단계(testing the limits phase)가 있다. 검사 목적에 따라 모사 단계만 실시할 수도 있고 다른 단계와 함께 실시할 수도 있다. 모사 단계에서는 피검자에게 9장의 도형 카드를 하나씩 보여 주고, 빈 종이에 따라 그리게 한다. 시간 제한은 없으며, 주로 정신병리를 확인하고자 할 때 모사 단계만을 실시한다. 회상 단계에서는 모사 단계 때 그렸던 것을 기억해 내어 빈 종이에 그리는데, 주로 뇌 손상으로 인한 인지, 언어, 사고, 지능, 정서, 행동에 문제가 생기는 기질적인 장애를 확인하고자 할 때 실시한다. 마지막으로 한계 검증 단계에서는 모사 단계에서 그린 도형이 확실하지 않고 모호할 때, 좀 더 자세하고 정확한 정보를 얻기 위해 이러한 도형만 다시 그리도록 한다. 한계 검증 단계에서는 기질적 장애와 정서 장애를 확인할 수 있다.

이 외에도 BGT를 통해 피검자의 심리 특성을 살펴보는 변용 묘사 단계(elaboration phase)에서는 모사 단계 후 피검자에게 빈 종이를 주고 원래 있던 도형을 원하는 대로 변형하거나 그리도록 한다. 마지막으로 연상 단계(association phase)에서는 변용 묘사 단계에서 피검자가 그렸던 그림을 보고 어떠한 것이 떠오르는지 연상하도록 한 후, 반응을 통해 피검자의 성격적 특성을 살펴볼 수 있다.

(2) 시지각 발달검사

시지각 발달검사(Developmental Test of Visual Perception: DTVP)는 발달장애 아동 교육의 선구자였던 Frostig가 1961년에 처음 개발하였다. 그리고 뒤를 이어 1993년 Hammill과 Pearson, Voress는 기존의 DTVP를 가지고 6백만이 넘는 아동에게 실시한 후 DTVP-2로 개정하였다.

[그림 16-5] K-DTVP-2

DTVP-2는 만 4~10세 아동에게 적합하며, 시지각과 시각 및 운동 통합 기술 모두를 평가한다. 또한 다른 그리기 형태의 검사에 비해 세부적이고 다양한 시지각 영역을 측정하여 아동의 시지각 발달 장애를 진단하는 데 유용하다. DTVP-2는 눈-손 협응, 공간위치, 따라 그리기, 도형-배경, 공간관계, 시각통합, 시각-운동속도, 형태 항상성의 총 여덟 가지 영역을 평가한다.

2010년과 2011년에는 Hammill과 Pearson, Voress가 수집한 자료를 기반으로 새로운 규준을 반영한 DTVP-3이 개정되어 나왔다. DTVP-3은 규준 연령이 확장되어 만 12세 11개월까지 실시할 수 있다. 국내에서는 2011년 문수백, 여광응, 조용태가 한국판 시지각 발달검사(K-DTVP-2)를 표준화하였다.

2) 언어검사

언어적 발달지연은 일상생활의 어려움뿐만 아니라 아동의 인지 발달과 학업 성취에도 영향을 미친다. 따라서 언어검사를 통해 이른 시기에 아동의 언어 능력을 평가하고 적절히 개입하는 것이 필요하다. 대표적인 언어검사로는 맥아더-베이츠 의사소통발달검사와 취학 전 아동 수용언어 및 표현언어 발달척도가 있다.

(1) 맥아더-베이츠 의사소통발달검사

맥아더-베이츠 의사소통발달검사(MacArthur-Bates Communicative Development Inventories: M-B CDI)는 Fenson과 동료들이 2007년에 개발한 검사로, 영아의 언어 및 의사소통 능력을 부모의 보고에 근거하여 평가한다. 아동 초기 어휘 능력은 이후의 언어 능력 및 읽기 능력을 예측하는 요인이기 때문에 M-B CDI를 통해 아동의 언어와 의사소통 능력, 문법 수준을 살펴보고 위험군에 속한 아동을 판별할 수 있다. 그러나 문항 수가 많기 때문에 검사자가 쉽게 피로해져, 문항이 뒤로 갈수록, 신뢰도가 떨어진다는 단점이 있다. 배소영과 곽금주는 2011년에 한국 아동을 대상으로 한국판 맥아더-베이츠 의사소통발달검사(K M-B CDI)를 표준화하였다([그림 16-6] 참조). M-B CDI는 연령별로 영아용과 아동용 두 버전으로 나뉜다. 영아용은 생후 8~17개월을 대상으로 하고, 아동용은 생후 18~36개월을 대상으로 측정한다. 영아용은 낱말과 제스처, 놀이 관련 문항을 포함한다. 낱말 관련 문항에서는 영아가 표현할 수 있는 낱말과 발음을 측정하고, 주어진 낱말을 영아가 이해하고 표현할 수 있는지를 확인한다. 제스처 및 행동을 측정하는 문항에서는 아동이 의사소통을 하기 위해 팔을 뻗거나, 부정 의사 표현을 위해 고개를 가로젓는 등의 행동을 평가한다. 아동용 검사에서는 아동의 어휘 사용 능력과 문법 사용 능력도 측정한다.

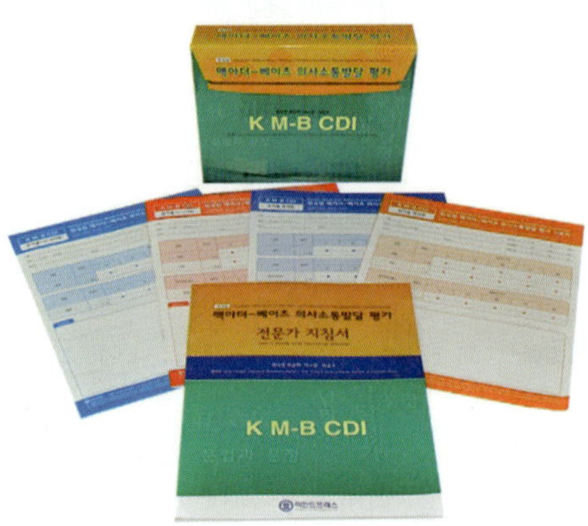

[그림 16-6] K M-B CDI

(2) 취학 전 아동 수용언어 및 표현언어 발달척도

취학 전 아동 수용언어 및 표현언어 발달척도(Preschool Receptive-Expressive Language Scale: PRES)는 만 2~6세 아동을 대상으로 수용언어와 표현언어 능력을 평가하여 언어 발달이 정상적으로 이루어지고 있는지를 진단한다. 여기서 수용언어란 아동이 듣고 이해하는 언어이고, 표현언어란 아동이 말하는 언어다. PRES를 사용하여 아동의 수용언어와 표현언어 발달 간의 차이도 확인할 수 있다. 또한 일반 아동뿐 아니라 언어 발달 장애의 위험을 가진 아동을 판별하는 데에도 사용할 수 있다.

수용언어 영역과 표현언어 영역은 각각 15개의 언어 발달 단계로 구성되어 있다. 만 1세부터 4세까지는 3개월 간격으로 단계가 나뉘며, 만 4세에서 6세까지는 6개월 간격으로 단계가 나뉜다. 만 4세 이후에는 이미 습득된 어휘와 문장구조가 복잡해지고 정교화되는 반면, 만 4세 이전에는 기본적인 어휘와 간단한 문장구조 습득이 빠르게 이루어지기 때문에 더 짧은 간격으로 단계가 나뉘는 것이다.

[그림 16-7] PRES

3) 지능검사

지능은 인지 능력과 밀접한 관련이 있기 때문에 검사를 통해 아동의 지능을 확인하는 것은 인지 능력이 제대로 발달하는지 알아볼 수 있는 좋은 지표가 된다. 지능검사 결과만을 가지고 발달적 문제나 장애를 진단 내리기는 어렵지만, 문제나 장애가 의심되는 아동을 대략적으로 선별해 낼 수는 있다. 무엇보다 지능은 학업 성적과 높은 상관관계를 가진다는 이유로 우리나라 부모에게 많은 관심을 받고 있다. 대표적으로 사용되는 지능검사에는 웩슬러 지능검사와 카우프만 지능검사 그리고 라이터 비언어성 지능검사가 있다.

(1) 웩슬러 지능검사

웩슬러 지능검사(Wechsler-Bellevue Intelligence Scale)는 Wechsler(1939)가 개발한 검사로, 전 세계적으로 가장 많이 쓰이는 지능검사 중 하나다. 이 검사는 피검자의 연령대에 따라 유아용(Wechsler Preschool and Primary Scale of Intelligence: WPPSI), 아동용(Wechsler Intelligence Scale for Children: WISC) 그리고 성인용(Wechsler Adult Intelligence Scale: WAIS)으로 나뉜다. 이 세 가지 검사 모두 한국에서 표준화되어 널리 사용되고 있다.

아동을 대상으로 한 지능검사인 WISC는 1949년에 개발되어 1974년에는 WISC-R로 개정되어 출시되었다. 이후 1991년에는 WISC-III, 2003년에는 WISC-IV 그리고 2014년에는 WISC-V로 개정되었다. WISC-IV는 이전 판에 비해 검사 시간도 줄어들고 검사가 좀 더 쉽게

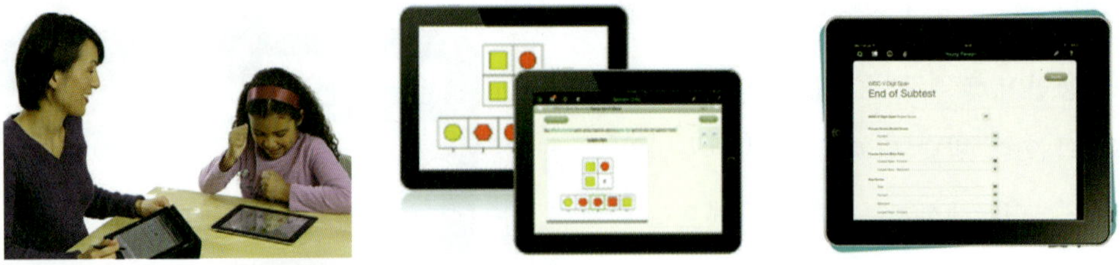

[그림 16-8] WISC-V에서 추가된 새로운 디지털 형태

이루어진다. WISC-V에서는 이전과 같이 종이와 연필을 사용해서 검사가 이루어질 뿐만 아니라 큐인터렉티브(Q-interactive)라는 디지털 형태의 도구를 이용하여 검사를 할 수 있게 되었다. 큐인터렉티브를 이용할 때 검사자가 자신의 태블릿에서 아동이 풀 문항들을 선택하면 그 문항들이 아동의 태블릿에 나타나, 아동이 바로 문제를 풀 수 있게 된다([그림 16-8] 참조). 이러한 디지털 형태의 검사는 점수가 바로 계산되기 때문에 쉽고 편리하게 사용할 수 있다.

WISC는 만 6세에서 16세를 대상으로 실시되며, WISC-V의 경우 검사 시간은 대략 60분이 소요된다. WISC-V는 크게 다섯 가지 지표의 IQ 점수를 산출할 수 있다. 언어 이해 지표(verbal comprehension index: VCI)와 작업 기억 지표(working memory index: WMI), 처리 속도 지표(processing speed index: PSI)는 WISC-IV와 동일하게 측정된다. 그러나 WISC-V에서는 지각 추리 지표(perceptual reasoning index: PRI)가 시각 공간 지표(visual spatial index: VSI)와 유동적 사고 지표(fluid reasoning index: FRI)로 나뉘어 측정된다. 언어 이해 지표는 언어 이해도, 언어

[그림 16-9] K-WISC-IV(좌)와 WISC-V(우)

적 추리 능력, 기본 지식 등을 측정한다. 처리 속도 지표는 정보 처리 능력, 시각적 선택 주의력 등을 측정하며, 작업 기억 지표는 단기 기억력과 집중력 등을 측정한다. 지각 추리 지표는 공간 지각력과 시각적 선택 주의력 등을 측정한다.

국내에서는 2011년 곽금주와 오상우, 김청택이 미국의 웩슬러 아동지능검사-4판(WISC-IV)을 기반으로 한국 웩슬러 아동지능검사-4판(K-WISC-IV)을 개발하였다. K-WISC-IV는 만 6세부터 16세 11개월까지의 아동 및 청소년의 인지적 능력을 평가한다. K-WISC-IV에는 아동이 흥미를 가지고 검사에 참여할 수 있도록 아동 수준에 맞도록 그림과 새로운 문항들을 많이 추가하였다. K-WISC-IV는 토막 짜기, 공통성, 숫자 따라 하기, 공통 그림 찾기, 기호 쓰기, 어휘, 순차연결, 빠진 곳 찾기 등의 소검사를 실시하여, 이를 통해 영재를 선출하고 지적 장애를 지닌 아동을 선별한다. 그러나 문화나 불안, 주의산만 등의 개인적 요인이 지능검사 결과에 영향을 주기 때문에 지능검사에서 낮은 점수를 받은 경우 어떤 요인이 영향을 미친 것인지를 설명하는 것이 중요하다.

(2) 카우프만 지능검사

카우프만 지능검사(Kaufman Assessment Battery for Children: KABC)는 1983년 Kaufman 부부가 인지 발달을 평가하기 위한 임상 도구로 개발하였다. KABC는 이론을 기반으로 만들어진 최초의 지능검사 중 하나로, 초기의 KABC는 신경심리 이론을 기반으로 한다. KABC의 강점은 아프리카계 미국인과 유럽계 미국인 사이에 점수 차가 평균보다 작게 나타나는 점이다. 이는 KABC가 서로 다른 인종의 아동을 평가할 때 유용하게 사용될 수 있음을 보여 준다.

2004년에는 Kaufman과 Daniel이 개정판인 KABC-II를 출간하였다. KABC-II는 만 3세부터 18세까지의 아동과 청소년의 인지 처리 능력과 습득도를 구분하여 측정한다. KABC-II는 개인의 인지 처리 능력과 사고 처리 과정의 강점과 약점을 알려 준다. KABC-II의 결과를 바탕으로 임상과 교육 현장에서 계획을 세우고, 치료 계획 등을 세울 수도 있다. 그러나 Kaufman은 KABC 하나만으로 모든 평가를 내릴 수 없음을 강

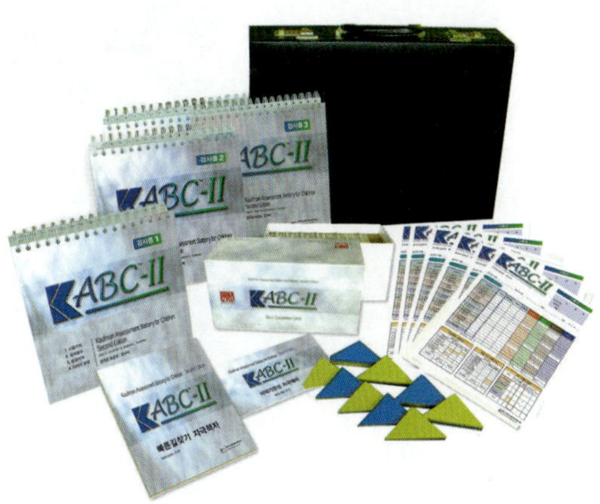

[그림 16-10] 한국판 KABC

조하며, WISC 등 다른 도구를 함께 사용할 것을 권장하였다.

국내에서는 2014년 문수백이 한국 아동 및 청소년을 대상으로 표준화 작업을 한 한국판 카우프만 아동지능검사(KABC-II)가 출시되었다. KABC-II는 인지 능력뿐만 아니라 학습장애를 파악하는 데에도 도움이 된다.

(3) 라이터 비언어성 지능검사

라이터 비언어성 지능검사-개정판(Leiter International Performance Scale-Revised: Leiter-R)은 Leiter에 의해 1940년 처음으로 출시되었고, 1997년 개정되어 만들어진 비언어적 인지 기능 검사다. 이 검사는 만 2세부터 7세 아동을 대상으로 지적 능력, 기억력 및 주의력을 측정하여 이들의 지능이 정상 범위에 속하는지 확인하기 위해 개발되었는데, 특히 인지 능력이 현저하게 떨어지는 아동의 능력을 평가하고 치료 계획을 세우는 데 중점적인 목적을 두고 있다. 또한 이 검사는 높은 인지 능력을 보이는 영재 아동을 변별할 수 있을 뿐만 아니라, 비언어성 검사이기 때문에 외국 아동 혹은 의사소통 장애를 가진 아동의 인지 능력을 효과적으로 평가할 수 있다. Leiter-R은 시각화 추론 및 공간 능력과 주의 및 기억 능력을 측정하며 각 요소마다 9개의 소검사를 포함한다. 국내에서는 2010년 조수철과 신민섭이 개발한 한국판 라이터 비언어성 지능검사-개정판(Korean Leiter International Performance Scale-Revised: K-Leiter-R)을 사용하고 있다.

[그림 16-11] K-Leiter-R

4) 학업 및 성취능력검사

학업 및 성취능력검사는 아동이 학교에서 학습상 문제를 지니고 있는지 알아보기 위해 만들어졌다. 이를 통해 학습에 어려움을 겪고 있는 아동을 판별하고, 교육자로 하여금 그 아동에게 관심을 갖고 도움을 주도록 한다. 이 외에도 학업 및 성취능력검사는 학습 부진 아동을 대상으로 한 프로그램의 효과를 검증할 때에도 유용하게 사용될 수 있다. 국내에서 대표적으로 활용되는 검사로는 다중학습전략검사와 BASA 기초학습기능 수행평가체제, 기초학력검사가 있다.

(1) 다중학습전략검사

다중학습전략검사(Multi-dimensional Learning Strategy Test: MLST)는 학업 성취도에 영향을 줄 수 있는 다양한 요인인 성격, 정서, 동기, 행동적 특성을 측정하여, 개인의 학습 전략이 얼마나 효과적인지 확인하는 검사 도구로, 박동혁이 2006년에 처음 개발하였다. 이 검사에서 성

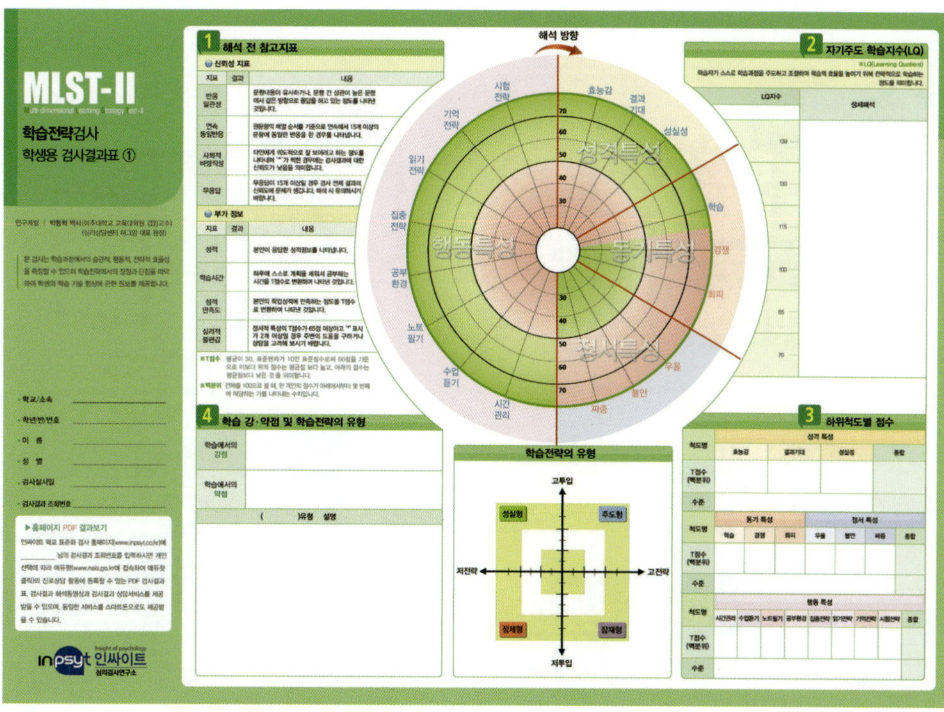

[그림 16-12] 새로 개정된 MLST-II의 예시

격적 특성을 평가하기 위해서는 효능감, 결과 기대 그리고 성실성을 측정한다. 또한 정서적 특성을 알기 위해서는 우울, 짜증, 불안을 측정하며, 동기적 특성을 평가하기 위해서는 학습 동기, 경쟁 동기, 회피 동기를 측정한다. 마지막으로 행동 특성의 경우 시간 관리, 공부 환경, 수업 듣기, 노트 필기, 집중 전략, 읽기 전략, 기억 전략, 시험 전략을 포함한 여덟 가지 특성을 측정한다. 이를 통해 다중학습전략검사는 학습과 관련된 자신의 장단점을 파악하고 학습을 향상시키는 데 그 목적을 둔다.

박동혁은 2010년 부분 개정판인 MLST-R을 출간하였고, 2014년에는 개정판 MLST-II를 출간하였다. MLST-II는 약 4만 개의 사례를 재분석하여 새롭게 세운 규준을 포함하고 있다. 그리고 무엇보다 MLST-II는 이전에 보기 어려웠던 통계표 대신 원형 프로파일을 통해 강점과 약점 영역을 한눈에 쉽고 직관적으로 파악할 수 있도록 바뀌었다([그림 16-12] 참조).

(2) BASA 기초학습기능 수행평가체제

BASA(Basic Academic Skills Assessment)는 아동의 기초 학습 기능의 수행 발달 수준과 발달 정도를 측정하기 위한 표준화된 검사 도구로 김동일에 의해 개발되었다. BASA는 이후 학업에서 발생할 수 있는 문제점을 미리 파악하고 예방할 수 있도록 아동의 학업 능력에 대한 다

[그림 16-13] BASA

양한 정보를 제공한다. 2000년에 'BASA: 읽기검사'가 개발되었고, 이후 수학검사와 쓰기검사가 2007년, 2008년 차례로 개발되었다. 만 4세부터 초등학교 1학년 1학기까지의 수준은 BASA 초기수학검사와 초기문해검사를 통해 평가되며, 그 이후부터는 BASA 수학검사와 읽기검사, 쓰기검사를 사용한다([그림 16-13] 참조).

초기수학검사는 만 4~6세 학령전기 아동의 수학 능력을 평가하기 위해 만들어진 검사 도구다. 이 검사를 통해 수학 학습장애의 위험 아동을 선별하기도 한다. 초기수학검사는 총 네 가지의 소검사로 이루어지는데, 수 인식과 빠진 수 찾기, 수량 변별, 추정으로 나뉜다. 수 인식에서는 아동이 1부터 100까지의 수를 빠르고 정확하게 읽는지를 평가하고, 빠진 수 찾기에서는 아동이 1부터 20까지의 수 중에서 배열 규칙을 파악해서 빠진 수를 찾아야 한다. 수량 변별은 제시된 두 수 중 큰 것을 변별하는지 확인하고, 마지막으로 추정에서는 아동이 수직선 위에서 수의 위치를 가늠해 보는 능력을 평가한다.

초기문해검사는 아동의 초기 읽기 능력을 평가하는데, 총 다섯 개의 소검사로 구성되어 있다. 그중 두 개의 소검사는 초기 읽기 유창성 능력을 평가하고, 나머지 세 개의 소검사는 음운 처리 과정을 평가한다. 대상은 만 4세와 5세이며, 읽기학습 부진이나 학습장애 위험군 아동을 선별할 때 사용한다.

수학검사는 초등학교 1학년 이상의 사칙연산 능력 등 수학 학습에 필수적인 능력을 측정한다. 수학검사는 학년별로 세 가지 수준으로 나뉘어 있다. 읽기검사 또한 초등학교 1학년 이상을 대상으로 실시하며, 독해 능력과 읽기 유창성 능력을 평가한다.

(3) 기초학력검사

기초학력검사(Korea Institute for Special Education-Basic Academic Achievement Test: KISE-BAAT)는 박경숙, 김계옥, 송영준, 정동영, 정인숙이 2005년에 개발한 학력검사로, 학교 학습과 관련하여 국어와 수학에서 뒤처지는 아동을 구별하기 위해 만들어졌다. KISE-BATT는 만 5세부터 14세까지의 연령을 대상으로 읽기, 쓰기, 수학의 기초학력을 평가한다. KISE-BAAT는 교육 프로그램

[그림 16-14] KISE-BAAT

ISSUE 1

미국 학업성취능력검사 폐지 시위

미국의 여러 도시에서는 고등학교 교사들과 학생들이 학업성취능력검사 실시에 반대하며, 이를 폐지하자는 운동이 벌어지고 있다. 지난 2013년 2월 워싱턴 주 시애틀의 고등학교 교사들은 검사 점수만으로 학생들의 성적이나 졸업 여부 등을 예측하는 것은 바람직하지 않다고 주장하며, 학생들에게 MAP(Measures of Academic Progress)라는 학업성취능력검사를 시행할 수 없다고 반대하였다. 고등학교 교사들뿐만 아니라 학부모들 또한 학업 성취도 검사에 참여하지 않겠다는 입장을 표명하며, 이를 강요한다면 검사 당일에 자녀들을 학교에 보내지 않겠다고 하였다.

교육청은 반대 시위를 하는 교사들을 해고하겠다며 경고했지만, 폐지 운동이 다른 학교까지 점차 확대되자 결국에는 의무적으로 시행하던 MAP를 폐지하였다. 이어서 텍사스 주에서도 학부모들이 학업 성취도 검사의 정확성 및 효율성에 대해 의문을 제기하며 검사 실시를 반대하였다. 2015년에는 뉴멕시코 주의 학생들이 거리에 나와 학업 성취 능력을 측정하는 PARCC(Partnership for Assessment of Readiness for College and Careers) 검사에 대해 반대 시위를 벌였다. 학생들은 성취도 검사가 학생들에게 스트레스를 줄 뿐, 오히려 학업 성취를 저하시켜 진정한 배움을 방해한다고 주장했다.

학업 성취 능력을 검사해서 학생들의 미래를 예측하는 것은 그들이 가진 다른 장점을 보지 못하게 할 수 있다. 게다가 검사를 실시하게 되면 부모들은 그 검사만을 맹신하는 경향이 있어, 아동기에 실시한 검사 결과만으로 아동의 전부를 평가하기도 한다. 하지만 인간의 능력은 살면서 변화될 수 있고, 수치화된 검사만으로는 학생들의 잠재 능력까지 알기 어렵다. 무한한 잠재 능력을 가진 청소년에게는 그들의 다른 면을 봐 주는 부모나 교육자가 필요하지 않을까 생각해 본다.

의 효과를 측정할 때에도 사용된다. 또한 아동의 기초학력 지체 여부와 정도에 대한 진단뿐 아니라 교육 계획의 수립과 시행 및 평가에 활용할 수 있도록 개발되었다.

KISE-BAAT는 읽기, 쓰기, 수학의 기초학력을 모두 측정하므로 세 영역 모두에서 부진이나 곤란을 보이는 아동을 평가하는 것이 가능하다. 또한 각 영역을 분리하여 검사하는 것도 가능하다.

3. 적응 및 성격검사

적응 및 성격검사는 아동의 전반적인 사회성을 알아보는 데 적합하다. 특히 적응 능력을 알아보는 검사는 아동이 사회적으로 얼마나 적응적인지를 판단하는 데 유용하다. 한편, 성격검사는 개인이 태어날 때부터 가지는 고유의 기질이나 특성을 파악한다. 따라서 적응 및 성격검사는 학습뿐 아니라 인간관계에서 나타나는 자신과 상대를 이해하는 데 큰 도움을 준다.

1) 적응적 행동검사

적응적 행동검사는 아동의 사회 인지, 의사결정, 정서 조절 능력 등 사회적 상황에서 요구되는 다양한 요인을 평가한다. 지능과 마찬가지로 적응적 행동은 연령이 증가하면서 발달하게 된다. 적응적 행동검사는 문제 행동을 보이는 아동을 선별하여, 적절한 조치를 취할 수 있도록 도와준다. 가장 널리 사용되는 적응적 행동검사로는 ASEBA가 있다.

ASEBA(Achenbach System of Empirically Based Assessment)는 영아부터 성인까지 전 연령대의 행동 문제를 평가하기 위해 1974년에 처음 Achenbach가 개념화한 평가 체계다. ASEBA는 인간 발달 단계에 따라 발현될 수 있는 증상에 대한 평가로 문제 행동, 적응 행동, 사회 능력 등 다양한 개인의 영역을 종합적으로 검사한다. ASEBA는 2015년까지 80개국 이상에서 번안되어 사용되고 있으며, 그 신뢰성과 타당성을 인정받고 있다. 무엇보다 ASEBA는 자기 보고식 검사 방법뿐만 아니라 부모와 교사가 평가하는 방식도 있다는 점에서 문제 행동을 객관적으로 평가하는 데 유용하게 사용된다. Achenbach는 아동과 청소년을 대상으로 정서 및 행동 문제를 평가하기 위해 1983년에 개발한 아동행동평가척도(Child Behavior checklist: CBCL)

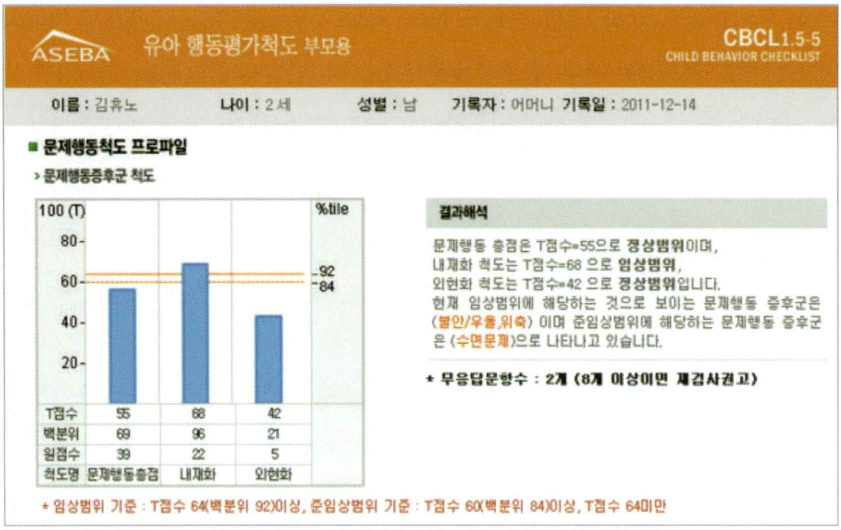

[그림 16-15] CBCL 결과지 예시

출처: http://www.aseba.or.kr/

를 재개정하면서, 영유아와 노인을 포함한 성인 연령대의 행동평가척도들을 추가로 개발하여 2000년에 ASEBA 체계로 발전시켰다.

국내에서도 1997년 오경자와 이혜련, 홍강의, 하은혜가 CBCL 4-18을 번역하여 K-CBCL로 처음 출간하였고, 이후 ASEBA가 미국에서 개발된 후 국내에서는 오경자와 김영아가 2008년에 한국판 CBCL 1.5-5를, 2009년에 유아 행동평가척도 교사용(Caregiver-Teacher Report Form: C-TRF)을 출간했다.

그리고 Achenbach와 Rescorla가 1983년에 개발하고 2001년에 개정한 CBCL 6-18과 1987년에 개발하고 2001년에 확장한 청소년 행동평가척도 자기보고용(Youth Self Report: YSR), 그리고 1991년에 개발하기 시작하여 2001년에 개정한 아동 · 청소년 행동평가척도 교사용(Teacher's Report Form: TRF) 또한 ASEBA 체계 도입 후 2010년에 한국판으로 새롭게 출시되었다. 또한 1997년에 Achenbach가 개발하고 2003년에 Achenbach와 Rescorla가 확장하였던 성인 행동평가척도 자기보고용(Adult Self Report: ASR)과 성인 행동평가척도 타인보고용(Adult Behavior Checklist: ABCL)이 ASEBA 체계하에 2010년 한국판으로 출간되었다.

CBCL 1.5-5는 생후 18개월에서 만 5세의 영유아를 대상으로 아동의 주 양육자가 영유아의 문제 행동을 측정한다. C-TRF 또한 생후 18개월에서 만 5세 아동을 대상으로 문제 행동을 측정하나 주 양육자나 부모가 아닌 집 외의 공간에서 마주하는 교육기관의 교사가 영유

[그림 16-16] ASEBA

아를 평가하도록 한다.

CBCL 6-18은 만 6~18세, 즉 초등학교 1학년부터 고등학교 3학년 학생까지의 문제 행동을 부모와 같은 주 양육자가 측정한다. 그리고 TRF는 교사가 평가하며, YSR은 스스로 문제를 평가하는 것이 가능한 만 11~18세의 청소년이 자신의 문제를 직접 평가하는 척도다.

한편, 성인의 문제 행동을 평가하는 척도의 경우, ASR은 만 19~59세를 대상으로 성인 본인이 자기보고식 평가를 한다. ABCL은 자기보고식이 아닌 성인을 잘 알고 있는 가족이나 배우자, 친구 등의 타인이 성인의 행동을 평가하도록 한다. ASEBA의 평가 대상 연령과 평가자 유형은 〈표 16-1〉에서 확인할 수 있다.

2) 성격검사

성격검사는 한 개인의 대략적인 성격 유형을 파악하기 때문에 다양하게 활용될 수 있다. 예를 들어, 검사로 파악된 성격에 따라 효과적인 학습 계획을 세우거나 성격에 따른 단점을 미리 파악하여 인간관계에서도 효과적으로 불화를 예방할 수 있다. 대표적인 성격검사에는 아동용 성격검사와 아동 및 청소년 성격유형검사 그리고 미네소타 다면적 인성검사-청소년용 등이 있다.

(1) 아동용 성격검사

아동용 성격검사(Personality Inventory for Children: PIC)는 1958년 Wirt와 Broen이 아동의 성격을 평가하기 위해 처음으로 개발하였다. PIC는 만 3세부터 16세의 아동과 청소년의 행동

〈표 16-1〉 ASEBA 평가 대상 연령 및 평가자 유형

연령	평가대상 \ 평가자	부모보고	교사보고	본인보고	타인보고	검사자	면접자	관찰자
1세 6개월	영유아	CBCL 1.5–5 (1.5~5세) 유아 행동평가척도 부모용	C-TRF (1.5~5세) 유아 행동평가척도 교사용					
2세						TOF (2~18세) 검사 행동관찰평가지		
3세								
4세								
5세								
6세	아동	CBCL 6–18 (6~18세) 아동청소년 행동평가척도 부모용	TRF (6~18세) 아동청소년 행동평가척도 교사용				SCICA (6~18세) 반구조화된 임상면접지	DOF (6~11세) 행동관찰 척도
7세								
8세								
9세								
10세								
11세	청소년			YSR (11~18세) 청소년 행동평가척도 자기보고용				
12세								
13세								
14세								
15세								
16세								
17세								
18세								
19~59세	성인			ASR (19~59세) 성인 행동평가척도 자기보고용	ABCL (19~59세) 성인 행동평가척도 타인보고용			
60~90세 이상	노인			OASR (60~90+세) 노인 행동평가척도 자기보고용	OABCL (60~90+세) 노인 행동평가척도 타인보고용			

출처: http://www.aseba.or.kr/

및 정서 그리고 인지를 검사하여 성격에 대한 포괄적인 정보를 제시한다. PIC는 부정척도, 일탈반응척도, 방어척도, 적응척도를 포함한 네 가지 영역으로 구성된다. 2002년에는 PIC가 Lachar와 Gruber에 의해 PIC-2로 개정되었다. PIC-2는 만 5세부터 19세 아동을 대상으로 실시되며, 약 40분에 걸쳐 진행된다. PIC-2 또한 부모의 평가로 이루어진다.

[그림 16-17] PIC

국내에서도 김승태 등이 미국의 PIC를 국내 실정에 맞게 변형하여 1997년에 한국판 아동용 성격검사(KPI-C)를 제작하였다. KPI-C는 언어 발달, 동작 발달, 불안 정서, 우울 정서, 정서 신체화, 비행 행동, 과잉 행동, 가족 관계, 사회 관계, 정신증, 자폐증, 스트레스에 대한 아동의 적응 잠재력을 포함한 총 16개의 척도로 구성된다.

(2) 아동 및 청소년 성격유형검사

아동 및 청소년 성격유형검사(Murphy-Meisgeier Type Indicator for Children: MMTIC)는 미국의 심리학자 Murphy와 Meisgeier가 성인용 성격유형검사 MBTI의 연구 결과를 참고하여 개발한 아동 및 청소년 성격유형검사로, 1987년에 처음으로 학계에 소개되었다. 이 검사의 목적은 만 7세부터 18세 아동 및 청소년의 심리 유형을 알아보고 이들이 건강한 심리 유형을 발달하도록 안내해 주는 것이다. MMTIC는 네 가지 영역을 측정하는데, MBTI를 바탕으로 개발되었기 때문에 MBTI의 이론적 배경과 문항 구성이 그대로 적용된다. 네 가지 영역에는 자신이 가진 에너지를 어느 방향으로 사용하는지 측정하는 외향(E)-내향(I), 사실이나 사건을 어떻게 인식하는지를 측정하는 감각(S)-직관(N), 판단 기능을 측정하는 사고(T)-감정(F), 생활 양식을 보는 판단(J)-인식(P)이 있다. 이 검사를 통해 피검자들은 자신의 심리적 유형을 알게 되기 때문에 자기 자신을 더 잘 이해할 수 있고, 나아가 다른 사람들과 더욱 건강한 관계를 맺고 상호작용을 할 수 있다. 뿐만 아니라 학업 수행과 관련해서도 자신이 어떠한 방식으로 정보를 수집하고 의사결정하는지를 확인하여 공부 습관을 향상시키고 학업 스트레스를 조절할 수 있으며, 앞으로 들을 수업이나 장래 직업까지 탐색해 볼 수 있다. 국내에서는

[그림 16-18] MMTIC

1993년 김정택, 심혜숙이 만 8세에서 만 13세 아동을 대상으로 MMTIC를 표준화하여 한국판 아동 및 청소년 성격유형검사를 제작했다.

(3) 미네소타 다면적 인성검사-청소년용

청소년의 임상 문제를 평가하는 데 가장 많이 사용되고 있는 미네소타 다면적 인성검사-청소년용(Minnesota Multiphasic Personality Inventory-Adolescent: MMPI-A)은 1992년 미네소타 대학교(University of Minnesota)에서 개발되었다. MMPI-A는 만 14~18세를 대상으로 약 1시간 동안 문항에 대답하는 자기보고 형식의 성격유형검사다. 이 검사에서는 기존 성인용 MMPI에서 사용되었던 문항 중 청소년에게 사용되기 부적합한 문항들이 제거되었고, 청소년이 흔히 경험하는 학교 문제, 또래 문제, 가족 문제, 약물 사용 등과 같은 문항들로 대체되었다(임지영, 2008). 우리나라에서는 2006년 한국판 미네소타 다면적 인성검사-청소년용(Korean Minnesota Multiphasic Personality Inventory-Adolescent: Korean MMPI-A)이 표준화되어 개발되었고(김중술, 한경희, 임지영, 민병배, 이정흠, 문경주, 2005), 이는 성인용과 함께 다양한 임상 장면에서 사용되고 있다.

[그림 16-19] MMPI-A

4. 장애진단검사

장애진단검사는 정상 발달 범위에서 벗어난 아동을 진단하기 위해 주로 사용된다. 현존하는 장애검사들은 다양하지만, 이 장에서는 아동기에 주로 진단되는 자폐증과 주의력결핍 과잉행동장애, 우울장애에 대한 검사를 중심으로 살펴보겠다.

1) 아동기 자폐평정척도

아동기 자폐평정척도(Childhood Autism Rating Scale: CARS)는 1988년 심리학자 Schopler, Reichier와 Renner가 자폐증 아동을 진단하기 위해 개발한 검사로, 2010년에는 1,034명의 자폐 아동을 표준화하여 CARS 2로 개정되었다. CARS 2는 자폐증 증상의 경도를 판별하고자 할 때 사용되며, 만 2세 이상의 아동을 대상으로 행동의 빈도, 강도, 지속 시간, 기이한 정도를 4점 척도로 평가한다. CARS 2는 사람과의 관계, 모방, 정서 반응, 신체 사용, 물체 사용, 변화에 대한 적응, 시각 반응, 청각 반응, 미각/후각/촉각 반응 및 사용, 두려움 반응, 언어적 의사소통, 비언어적 의사소통, 활동 수준, 지적 반응의 수준과 항상성, 일반적 인상을 포함한 총 15개의 영역을 측정한다. CARS 2는 CARS에 비해 임상적으로 더 실용적이며, 고기능 자폐(high functioning autism)에 속하는 아동도 변별할 수 있다.

CARS의 장점은 임상 분야의 전문가뿐만 아니라 다른 분야의 전문가들도 쉽게 진단이 가

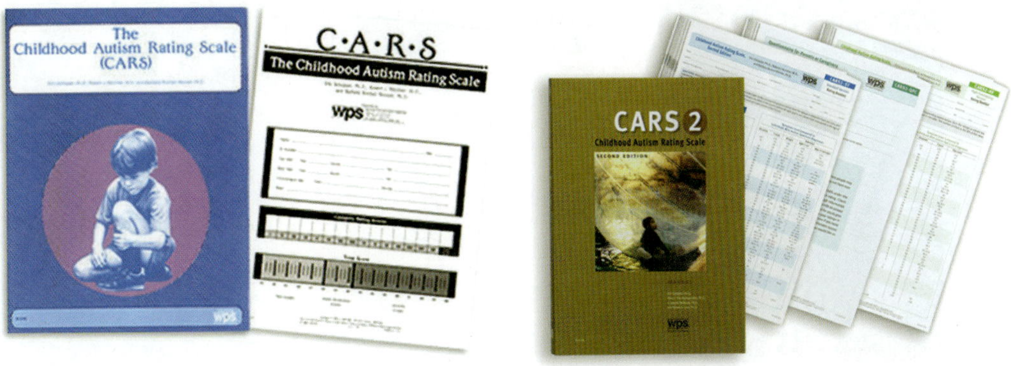

[그림 16-20] CARS

능하고, 취학 전 아동을 포함한 모든 연령의 아동에게 적용이 가능하다는 점이다. 행동 관찰을 기반으로 한 객관화된 수치 척도 또한 CARS의 장점이라 볼 수 있다. 한국에서는 1996년 김태련 등이 번역하여 K-CARS로 사용되고 있다.

2) 이화-자폐아동 행동발달평가도구

이화-자폐아동 행동발달평가도구(Ewha-Check List for Autistic Children: E-CLAC)는 국내에서 사용되는 자폐 평가 중 하나로, 일본의 CLAC-II를 기반으로 2010년 김태련과 박량규에 의해 개발되었다. E-CLAC은 자폐 아동의 행동 발달 및 병리 수준을 평가한다.

E-CLAC은 정상 아동의 경우 만 1~7세, 자폐 아동의 경우 만 2~7세 미만을 대상으로 표준화가 이루어졌다. 평가는 자폐 장애가 의심되는 만 1세 영아부터 초등학교 고학년의 자폐 아동 및 기타 장애 아동을 대상으로 하며, 부모 혹은 아동에 대해 잘 알고 있는 양육자의 평가로 이루어진다.

다섯 가지 척도로 구성된 검사에서 부모는 1단계부터 5단계에 거쳐 아동을 평가하게 된다. 1단계는 발달 단계에서 가장 낮은 수준을 뜻하고, 5단계는 발달 수준이 가장 높다는 것을 의미한다. E-CLAC는 식사, 배설, 수면, 착·탈의, 위생, 놀이, 집단 적응성, 대인관계, 언어, 표현 활동, 지시 따르기, 취급하기, 행동, 운동성, 안전 관리 등의 영역을 평가한다. 검사 문항은 정상 아동이 보이는 발달 문항과 자폐 아동이 보이는 병리 문항을 구분하여 구성된

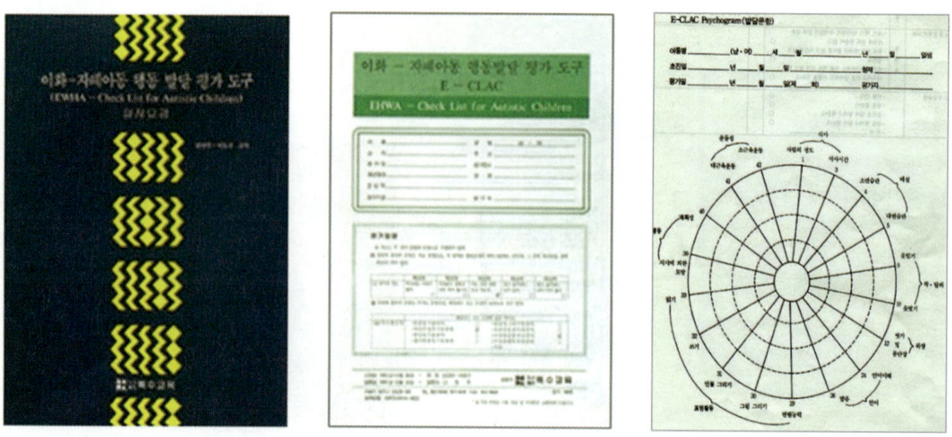

[그림 16-21] E-CLAC

다. 평가는 단기간의 관찰로 이루어지기보다 약 1개월 정도 평균적인 아동의 상태를 파악하여 이루어지도록 권장하고 있다.

검사 결과에서는 각 문항을 5단계로 매기고, 이를 바탕으로 [그림 16-21]의 오른쪽 그림과 같은 사이코그램(psychogram)을 그리게 되어 있다. 유의해야 할 사항으로는 그래프만을 보고 일률적으로 아동을 자폐로 평가하기보다 각 영역에 따른 단계를 자세히 살펴봐야 한다.

3) 주의력검사

주의력검사(Test of Variables of Attention: TOVA)는 아동의 주의력결핍 과잉행동장애(ADHD)와 성인의 행동 문제 그리고 특정 약물의 효과를 평가하기 위해 1960년대 Greenberg에 의해 개발되었다. TOVA는 컴퓨터를 사용하여 약 22분 동안 주의, 자기 조절, 지속성, 반응 속도, 충동성 등을 측정하는 검사로(the TOVA Company, 2015), 자기보고나 타인보고와는 달리 주의능력을 객관적으로 평가할 수 있다. 이를 통해 아동의 충동성-과잉 운동, 학습 문제-부주의, 품행 문제, 지적장애 문제, 불안 등 주의력과 관련된 다양한 문제를 평가하는 데 도움을 준다.

검사를 받는 사람은 문화나 학업 수준이 모두 다를 수 있는데, 이러한 문제를 해결하기 위해 TOVA는 언어로 문제를 제시하기보다 모형을 사용하여 주의력을 평가한다. 예를 들어, [그림 16-22]처럼 목표 자극(target)이 나타났을 때 스위치를 누르고, 비목표 자극(non-target)이 나타났을 때에는 스위치를 누르지 않아야 한다. 이와 같이 시각적인 도구를 사용하기도

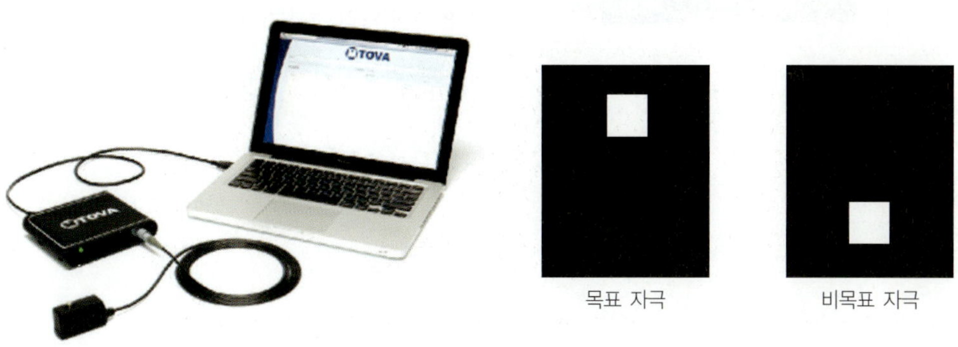

[그림 16-22] TOVA 평가를 위한 컴퓨터 화면(좌)과 TOVA 문항 예시(우)

하여 만 6~19세 아동과 청소년을 위해서는 청각적 자극을 사용하기도 한다. 즉, TOVA는 언어나 수 개념이 완전하지 않더라도 주의력을 효과적으로 평가할 수 있다.

TOVA를 통하여 아동의 과잉 행동이나 주의 산만의 정도를 평가하고, 필요할 시 검사자가 치료나 개입을 추천할 수 있다. 그러나 다른 검사와 마찬가지로 TOVA 하나만으로 아동의 ADHD를 진단하는 것은 섣부른 판단일 수 있다. 전문 임상가가 진단할 경우에도 86%만이 정확하게 ADHD를 진단할 수 있기 때문에 ADHD가 의심된다면 다양한 심리검사와 함께 전문가의 견해를 구해야 할 것이다.

4) 아동용 우울평가척도

아동용 우울평가척도(The Children's Depression Inventory: CDI)는 1977년 Kovacs와 Beck에 의해 처음으로 개발되었고, 2010년에 기존의 척도를 개정하여 아동용 우울평가척도 개정판(The Children's Depression Inventory 2nd Edition: CDI 2)이 출간되었다(Kovacs, 2010). 이 검사는 만 7~17세 아동과 청소년의 우울증 증상을 평가하는 데 사용되는데, 아동 본인이 직접 보고하는 자기보고용뿐만 아니라, 부모용과 교사용도 있어 다양한 사람들로부터의 보고를 바탕으로 평가를 내릴 수 있다(CDI 2, 2016). CDI 척도는 부정적 기분, 대인관계 문제, 비효율성 그리고 부정적 자아존중감의 네 가지 영역으로 구성된다. 우리나라에서는 1990년 조수철과 이영식에 의해 번안되어 사용되고 있다(정옥분, 2012).

[그림 16-23] CDI 2

ISSUE 2

꾀병탐지검사

꾀병을 탐지할 수 있는 검사가 있다. 여기서 꾀병이란 물질적 보상이나 정신적 보상을 받기 위해 사실이 아닌 증상을 꾸미는 행동을 지칭한다. 법정에서 특히나 이런 일이 자주 일어난다. 실제로 재판에 참여할 능력이 없다고 판단되는 피고인 중 22%는 꾀병에 속한다고 한다(Miller, 2001). 피고인의 정신 상태가 귀책 사유를 판정하는 데 중요한 역할을 하기 때문에 어떤 피고인은 자신의 잘못을 최소화하기 위해서 장애가 있는 것처럼 꾀병을 부리기도 한다. 실제로 영국의 Ian Brady라는 연쇄살인범은 안 좋은 환경의 감옥보다 병원이 나을 것이라 생각하여 교도소 도서관에서 조현병(정신분열증) 증상에 대해 읽고 그 증상들을 가지고 있는 척 연기를 했다(Cook, 2013). Brady와 같은 사람을 변별하기 위해 꾀병탐지검사(Miller Forensic Assessment of Symptoms Test: M-FAST)가 개발되었다.

한국에서는 2007년부터 시작하여 2008년에 걸쳐 꾀병검사에 대한 표본 작업이 실시되었고, 2009년 이수정과 김재옥에 의해 한국판 M-FAST가 출시되었다. 검사는 총 25문항으로 구성되어 있으며, 5분 내지 10분에 걸친 면담을 통해 피고인이 이상 증상을 과장하는지 아닌지를 평가한다. 더불어 피고인이 보고한 증상과 행동이 검사자가 관찰한 것과 얼마나 불일치한지를 평가한다.

M-FAST는 꾀병 환자를 실제 환자로 착각하는 것보다 실제 환자를 꾀병으로 여기는 것이 더 심각한 문제라고 생각하여 이를 변별하기 위해 개발되었다. 이 검사는 꾀병인 환자가 환자로 분류되었을 때, 진짜 환자들을 치료하는 데 사용되어야 하는 자원을 낭비하지 않도록 할 수 있다는 점에서도 중요하다(이수정, 김재옥, 조성희, 2009). 꾀병탐지검사의 지속적인 개발로 앞으로는 나쁜 사람이 더 이상 교묘하게 법망을 피해 가는 일이 없기를 바란다.

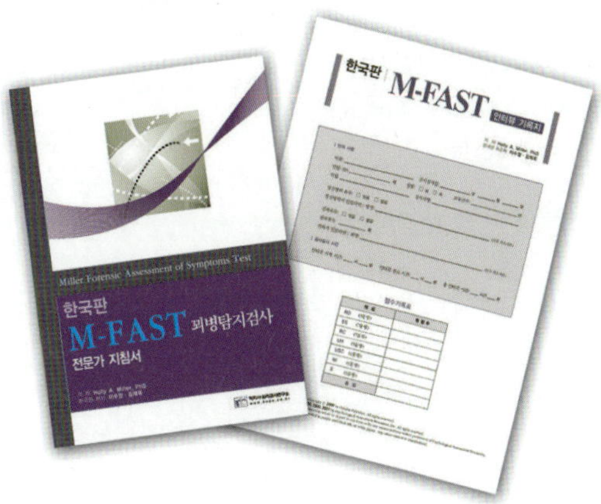

■ 한국판 M-FAST ■

주요 학습 개념

1. 발달선별검사

검사	대상	목적 및 영역
베일리 영아발달검사 (Bayley Scale of Infant Development: BSID)	생후 1~42개월 영아	발달지연 여부와 조기개입 프로그램의 효과 평가를 위해 인지, 언어, 운동, 사회 정서, 적응 능력을 검사
덴버 발달선별검사 (Denver Developmental Screening Test: DDST)	만0~6세 학령전기 아동	아동의 인지 및 행동 문제를 평가하기 위해 개인-사회성, 소근육, 언어, 운동 발달을 검사

2. 인지검사

검사	대상	목적 및 영역
시지각검사		
벤더도형검사 (Bender Visual Motor Gestalt Test: BGT)	만 4세~성인	기질적 장애, 성격적 문제 진단
시지각 발달검사 (Developmental Test of Visual Perception: DTVP)	만 4~12세 11개월	시지각, 시각-운동 통합 기술, 시지각 발달상의 장애 진단
언어검사		
맥아더-베이츠 의사소통발달검사 (MacArthur-Bates Communicative Development Inventories: M-B CDI)	생후 8~17개월 영아 18~36개월 아동	언어와 의사소통 능력, 문법 수준, 이후의 언어 능력 및 읽기 능력 예측
취학 전 아동 수용언어 및 표현언어 발달 척도 (Preschool Receptive-Expressive Language Scale: PRES)	만 2~6세	수용언어와 표현언어 능력, 언어 발달 진단
지능검사		
웩슬러 지능검사 (Weschsler Intelligence Scale)	만 6~16세	언어 이해, 작업 기억, 처리 속도, 지각 추리, 시각 공간, 유동적 사고 측정, 영재와 지적장애 아동 선별

카우프만 지능검사 (Kaufman Assessment Battery for Children: KABC)	만 3~18세	인지 처리 능력, 습득도, 개인 인지처리 능력과 사고처리 과정의 강 약점 제시
라이터 비언어성 지능검사-개정판 (Leiter International Performance Scale-Revised: Leiter-R)	만 2~7세	지적 능력, 기억력, 주의력을 측정하여 인지 능력 평가
학업 및 성취능력검사		
다중학습전략검사 (Multi-dimensional Learning Strategy Test: MLST)	초등학생~대학생	학습 전략의 효율성 확인, 학업 성취도에 영향을 주는 요인 측정, 학습에 있어 개인의 장단점 파악 후 학습 능력 향상
BASA 기초학습기능 수행평가체제 (Basic Academic Skills Assessment: BASA)	만 4~9세	읽기, 쓰기, 수학, 학습 준비도, 기초학습기능 수행발달 수준 측정 이후 발생 가능한 학업적 문제점 예방
기초학력검사 (Korea Institute of Special Education-Basic Academic Achievement Test: KISE-BAAT)	만 5~14세	읽기, 쓰기, 수학의 기초학력, 기초학력 지체 여부와 정도 진단

3. 적응 및 성격검사

검사	대상	목적 및 영역
적응적 행동검사		
아동행동평가척도 (Child Behavior Checklist: CBCL)	만 6~18세	정서 및 행동문제 측정 정신과적 질병 진단, 신경증, 반사회적 장애의 가능성 판별
성격검사		
아동용 성격검사 (Personality Inventory for Children: PIC)	만 3~16세	행동, 정서, 인지, 성격에 대한 정보 제시
아동 및 청소년 성격유형검사 (Murphy-Meisgeier Type Indicator for Children: MMTIC)	만 7~18세	개인의 심리 유형 인지와 건강한 심리 유형을 가질 수 있도록 도움

미네소타 다면적 인성검사-청소년용 (Minnesota Multiphasic Personality Inventory-Adolescent: MMPI-A)	만 14~18세	성격 유형 검사를 통해 청소년의 임상문제를 평가

4. 장애진단검사

검사	대상	목적 및 영역
아동기 자폐평정척도 (Childhood Autism Rating Scale: CARS)	만 2세 이상 아동	자폐증을 진단하기 위해 사람과의 관계, 모방, 정서 반응, 신체 사용, 물체 사용, 변화 적응, 시각 반응, 청각 반응, 미각/후각/촉각 반응 및 사용, 두려움 반응, 언어적 의사소통, 비언어적 의사소통, 활동 수준, 지적 반응의 수준과 항상성, 일반적 인상 총 15개 영역을 평가
이화-자폐아동 행동발달평가도구 (Ewha-Check List for Autistic Children: E-CLAC)	자폐 발병 가능 연령~초등학교 고학년	자폐 아동의 행동 발달 및 병리 수준을 평가
주의력검사 (Test of Variables of Attention: TOVA)	만 6세 아동~성인	ADHD를 가진 아동과 성인의 행동 문제나 약물 효과를 알아보기 위해 충동성-과잉 운동, 학습 문제-부주의, 품행 문제, 지적장애 문제, 불안 등을 평가
아동용 우울평가척도 (The Children's Depression Inventory: CDI)	만 7~17세	아동과 청소년의 우울증을 평가

참고문헌

강경미, 장정임, 김성봉(2014). 청소년의 휴대전화 의존이 학교생활적응에 미치는 영향: 우울과 공격성의 매개효과. 청소년학연구, 21(12), 395-416.

강주희(2014). 영재 발굴 과정에서 드러난 사회적 배려대상 미술영재 특성 연구. *Journal of Research in Art Education*, *15*(1), 113-137.

곽금주(1999). 왕따 학교폭력의 실태와 대처방안. 경희대학교 교육문제연구소 학술대회 발표원고.

곽금주(2007). 왕따(Wang-ta) 현황과 예방 프로그램. 한국정신치료학회 2007년도 제2차 학술연찬회 자료집(pp. 1-12).

곽금주(2007. 9. 15.). 정말 '맏이'는 날 때부터 똑똑한가. 조선일보.

곽금주(2008). 한국사회와 교육적 성취: 성취의 그늘, 한국 청소년의 일탈행동: 한국의 왕따와 예방프로그램. 한국심리학회지: 문화 및 사회문제, 14(1), 255-272.

곽금주(2008. 3. 20.). 여자로 자란 엄마, 아들을 아세요? 매일경제.

곽금주(2008. 4. 12.). 잘할 수 있다고 믿는 아이가 앞서간다. 매일경제.

곽금주(2008. 4. 26.). 숲에서 자란 아이 창의력도 쑥쑥…… 자연은 '상상력의 寶庫'. 매일경제.

곽금주(2008. 4. 5.). 도덕성 높은 아이가 공부 잘한다. 매일경제.

곽금주(2012. 2. 1.). 방관도 폭력이다. 경향신문.

곽금주(2014. 4. 16.). '사랑의 매'도 아이에겐 상처. 매일경제.

곽금주(2012). 심리학적 관점에서의 소셜 미디어. 한국언론학회 제38대 한국언론학회 제1차 기획연구 한국사회의 정치적 소통과 SNS(pp. 83-88).

곽금주, 김근영(1997). 자기지각 검사에 의한 자기개념연구(II): 자기가치감과 우울 및 비행 간의 관계. 한국심리학회지: 발달, 10(1), 1-11.

곽금주, 김대유, 김현수, 구효진(2005). 학교폭력 예방 프로그램 개발에 관한 연구. KT&G 복지재단.

곽금주, 김민화, 한은주(2005). 영아의 정서조절 전략과 어머니의 반응유형 간의 관련성. 아동학회지, 26(6), 173-187.

곽금주, 김수정, 김연수(2011). 영유아기 엄마와의 상호작용. 서울: 학지사.

곽금주, 김연수(2003). 취학전 아동증언에서 참여여부, 질문 및 질문자의 특성에 따른 기억의 정확성. *Korean Journal of Developmental Psychology*, *16*(2), 1-19.

곽금주, 김연수(2014). 영아발달. 서울: 학지사.

곽금주, 김연수, 이승진(2015). 면담의 환경적 특성 및 아동의 의도적 통제 수준이 아동 기억의 정확성에 미치는 영향. 인간발달학회, 22(1), 167-193.

곽금주, 문은영(1993). 청소년의 심리적 특징 및 우울과 비행과의 관계(I). 한국심리학회지: 발달, 6(10), 15-36.

곽금주, 문은영(1995). 심리적 특징 및 우울과 비행과의 관계(II): 청소년기 이전기를 중심으로. 한국심리학회지: 발달, 8(1), 1-11.

곽금주, 성현란, 장유경, 심희옥, 이지연, 김수정, 배기조(2005). 한국영아발달연구. 서울: 학지사.

곽금주, 오상우, 김청택(2011). K-WISC-IV(한국 웩슬러 아동지능검사) 지침서. 서울: 학지사심리검사연구소.

곽금주, 이승진(2006). 아동 증언에 영향을 주는 요인들. *Korean Journal of Psychology*, *25*(2), 13-40.

권석만(2013). 현대이상심리학. 서울: 학지사.

권석만, 김지영, 하승수(2012). 청소년용 성격강점검사 전문가 지침서. 서울: 학지사심리검사연구소.

김근영(2008). 사회적 파트너의 지식이 유아의 정서반응에 주는 영향: 사회적 참조능력을 통해 관찰가능한 유아의 사회인지 능력. 한국발달심리학회 추계심포지엄 인생초기의 사회적 삶: 영유아기를 중심으로(pp. 71-97).

김근영, 곽금주, 배소영(2009). 다문화가정 연구개관과 향후 방향성. 한국심리학회지: 일반, 28(3), 571-597.

김동일(2005). 기초학습기능 수행평가체제(Basic Academic Skills Assessment: BASA). 서울: 학지사.

김민화, 곽금주, 김수정(2004). 초기 영아기 기질특성에 따른 상호주의 능력의 발달. 인간발달연구, 11(4), 19-35.

김수정, 곽금주(2005). 어머니의 내적 상태에 따른 상황에서의 접촉 유형의 비교: 우울, 불안, 양육스트레스, 접촉태도, 자아개념을 중심으로. 한국심리학회지: 발달, 18(2), 1-21.

김수정, 곽금주(2007). 영아기 기질의 발달적 변화와 영아기 사회적 부적응 행동 간의 관계: 초기 기질 특성과 기질의 변화 패턴을 중심으로. 아동학회지, 28(6), 183-199.

김수정, 곽금주(2010). 영아기 어머니의 신체접촉에 대한 고찰: 국내, 외 연구를 중심으로. 한국심리학회지: 일반, 29(2), 289-313.

김수정, 곽금주(2011). 초기 학교적응과 어머니 양육 간 관계에 대한 아동 기질의 조절 효과: 부정적 반응성을 중심으로. 한국심리학회지: 발달, 24(2), 155-171.

김수정, 곽금주(2012). 가정의 소득 수준에 따라 초등학교 1, 2학년 아동의 학교적응 변인 간 관련성에서 차이: 양육효능감, 자아개념 그리고 친사회성을 중심으로. 인간발달연구, 19(3), 85-105.

김수정, 곽금주(2013). 아동 초기 가정환경 자극과 발달수준이 아동 중기 지능발달에 미치는 영향. 한국심리학회지: 발달, 26(4), 41-57.

김수정, 곽금주(2014). 아동기 기질의 발달적 변화가 지능발달에 주는 영향: 외향적 기질과 통제적 기질특성을 중심으로. 인간발달연구, 21(3), 29-50.

김승국, 김옥기(1995). 사회성숙도 검사. 서울: 중앙적성출판사.

김연수, 곽금주(2010). 영아기 어머니의 언어적 반응성 및 영아의 비언어적 의사소통능력과 아동 초기 언어능력 간의 관계. 인간발달연구, 17(1), 191-207.

김연수, 곽금주(2013). 아동의 기질과 어머니의 온정적 양육태도가 아동의 생활만족도에 미치는 효과. 인간발달연구, 20(1), 29-49.

김연수, 정윤경, 곽금주(2009). 영아기 공동주의와 아동 초기 마음이해 능력 간의 관계. 한국심리학회지: 발달, 22(4), 125-139.

김영태, 김경희, 윤혜련, 김화수(2003). 영, 유아 언어발달 검사(SELSI). 서울: 도서출판 특수교육.

김재옥, 조성희, 이수정(2009). M-FAST(Miller Forensic Assessment of Symptoms Test)의 타당화 연구. 한국심리학회지: 일반, 28(2), 427-447.

김정권(1987). 교육진단검사. 서울: 도서출판 특수교육.

김정미, 신희선(2006). K-CDI 아동발달검사 표준화 연구. 아동학회지, 27(4), 39-53.

김정택, 심혜숙(1993). MBTI 성장 프로그램 지도자 안내서(I). 서울: 한국심리검사연구소.

김주현, 신민섭(2005). 한국판 아스퍼거 증후군 진단척도(The Korean version of Asperger Syndrome Diagnostic Scale: K-ASDS)의 신뢰도 및 타당도 연구. 소아청소년정신의학, 16(1), 98-105.

김중술, 한경희, 임지영, 민병배, 이정흠, 문경주(2005). 다면적 인성검사-청소년용 매뉴얼. 서울: 마음사랑.

김지훈, 양영희(2014). 파탄적 행동장애, 충동조절장애, 품행장애. 홍강의 외 공저, DSM-5에 준하여 새롭게 쓴 소아정신의학(pp. 292-383). 서울: 학지사.

김태련, 박랑규(1992). 이화-자폐 아동 행동 발달 평가 도구. 서울: 굿에듀.

김태련, 박랑규(1996). 아동기 자폐증 평정척도. 서울: 도서출판 특수교육.

김호영(2013). Four-year olds' representations of mother-child relationship: Attachment and Amae. 서울대학교 대학원 석사학위논문.

남부현, 김연이(2011). 다문화가정 학생과 일반학생의 학업성취도 격차 연구. 다문화교육, 2(3), 19-57.

남윤주(2014). 다문화특성, 부모자녀관계, 사회적 지지가 다문화가정 아동의 정서능력에 미치는 영향. 놀이치료연구, 18(2). 1-17.

문수백(2014). 한국판 KABC-II 의 확인적 요인분석. 발달장애연구, 18(1), 1-38.

박경숙, 정동영, 정인숙, 송영준, 김계옥(2005). KISE-BAAT(수학) 의 신뢰도와 타당도에 관한 연구. 특수아동교육연구, 7(3), 247-267.

박동혁(2006). MLST 학습전략검사(Multi-dimensional Leaning Strategy Test). 서울: 한국가이던스.

박선자, 김효원(2014). 급식 · 섭식장애. 홍강의 외 공저,

DSM-5에 준하여 새롭게 쓴 소아정신의학(pp. 326-340). 서울: 학지사.

박슬기, 곽금주, 김연수(2014). 9개월부터 28개월까지 영아의 공동주의의 변화가 아동 초기 언어능력에 미치는 영향. 인간발달연구, 21(1), 243-258.

박아청(2009). 사춘기의 이해. 서울: 교육과학사.

박혜원, 곽금주, 정철주(1994). 영아의 기질과 Fagan 지능검사 수행과의 관계. *Korean Journal of Developmental Psychology*, 7(1), 98-109.

박혜원, 곽금주, 정철주(1994). 영아의 기질과 Fagan 지능검사 수행과의 관계. 한국심리학회지: 발달, 7(1), 98-109.

배소영(2001). 문제 해결력 검사. 서울: 서울장애인종합복지관.

배소영, 곽금주(2011). 한국판 맥아더-베이츠 의사소통 발달평가(K MB CDI). 서울: 마인드프레스.

배소영, 곽금주, 김근영, 정경희, 김효정(2009). 다문화가정 어머니와 발달지원자 설문을 통해 본 아동의 언어환경 및 언어발달 실태. 언어치료연구, 18(4), 165-184.

백운학(1999). 학교폭력과 집단따돌림 현상의 실태와 대응방안. 재활심리연구, 6(1), 223-244.

백은희, 이병인, 조수제(2007). 한국판 적응행동검사. 서울: 학지사.

서정아(2011). 4-5세 아동의 이차순위 마음이론 발달: 선의의 거짓말을 중심으로. 서울대학교 대학원 석사학위논문.

석동일, 박상희, 신혜정, 박희정(2008). 한국어 표준 그림 조음음운 평가(The Korean Standard picture of Articulation and Phonological Test: KS-PAPT). 서울: 학지사.

성현란, 배기조, 곽금주, 장유경, 심희옥(2005). 친숙화-새로운 자극 선호 절차를 통한 6개월 영아의 재인 능력과 특수 인지 능력의 17개월 영아 IQ에 대한 예측. 한국심리학회지: 발달, 18(4), 1-15.

송명자(2008). 발달심리학. 서울: 학지사.

신동원(2014). 수면각성장애. 홍강의 외 공저, DSM-5에 준하여 새롭게 쓴 소아정신의학(pp. 268-282). 서울: 학지사.

신문자, 김영태, 정부자, 김재옥(2011). 한국 아동 토큰검사: 대상: 3~12세=K-TTFC-2. 서울: 학지사심리검사연구소.

신문자, 김재옥(2010). 한국 아동용 토큰검사(Korean Token Test for Children)의 표준화 연구. *Commu-nication Sciences & Disorders*, *15*, 135-145.

신민섭, 홍강의, 김중술, 조수철(1998). 한국판 학습장애 평가척도의 개발 및 표준화 연구. 신경정신의학, 37(6), 1233-1245.

여성가족부(2011). 초등학생의 인터넷중독예방교육프로그램 개발 연구.

여성가족부(2015). 2015년 가족실태조사 분석 연구.

연규월, 김의정(2014). 강박 관련 장애. 홍강의 외 공저, DSM-5에 준하여 새롭게 쓴 소아정신의학(pp. 268-282). 서울: 학지사.

오경자, 김영아(2011). 아동.청소년 행동평가척도(K-CBCL). 서울: 휴노.

이성대, 염동문(2012). 청소년의 휴대폰중독에 영향을 미치는 변인에 대한 메타분석. 미래청소년학회지, 9(4), 163-181.

이솔미(2015). Regulation and attachment in infancy: Still-face paradigm and joint attention. 서울대학교 대학원 석사학위논문.

이승진, 곽금주(2013). 아동의 수줍음 경향, 면담자의 사회적 지지, 출처 감찰 훈련이 스트레스적 사건에 대한 아동의 자유 회상 보고에 미치는 영향. 한국심리학회지: 발달, 26(4), 59-80.

이승진, 곽금주(2014). 아동의 특성 불안 및 부정적 정서성과 통증 기억 정확성의 관계. 한국심리학회지: 발달, 27(3), 39-63.

이승진, 곽금주(2015). 아동 통증 기억 연구의 동향과 발달 및 임상적 관점의 응용적 함의에 관한 고찰. 한국심리학회지: 발달, 28(4), 155-180.

이승진, 김호영, 곽금주(2015). 아동의 스트레스와 의도적 통제 수준 및 부모의 애착 특성이 아동 기억에 미치는 영향. 한국심리학회지: 발달, 28(4), 295-316.

이지연, 곽금주(2008). 사회, 정서발달: 아동초기 사회경제적 지위(SES)와 가정환경이 언어발달에 미치는 영향. 한국심리학회지: 발달, 21(3), 151-165.

이지연, 곽금주(2008). 인지발달: 영아기 어휘 종류와 아동 초기 지적 능력 간의 관계. 한국심리학회지: 발달, 21(1), 1-14.

이지연, 곽금주(2010). 5세 아동의 정서조절과 공감의 예언 변인들: 종단적 접근. 한국심리학회지: 발달, 23(1), 85-102.

이지연, 장유경, 곽금주, 성현란, 심희옥(2005). 영아 초기 어머니의 언어적 행동에 대한 단기 종단연구. 한국심리학회지: 발달, 18(1), 61-77.

이창호(2013). 청소년 3명 중 1명 스마트폰 중독 위험군. 한국청소년정책연구원.

이춘재(1994). 발달심리학의 오늘과 내일. 인간발달연구, 1(1), 1-19.

이춘재, 곽금주(2000). 집단따돌림 경험 유형에 따른 자기개념과 사회적 지지. 한국심리학회지: 발달, 13(1), 65-80.

이춘재, 이시재, 곽금주(1997). 학교폭력 근절을 위한 학교폭력 실태조사.

이현수(1985). 아이젱크의 성격차원에 관한 연구-한국과 영국. 한국심리학회지, 50, 51-66.

임지영(2008). 청소년 심리평가에서 한국판 MMPI-A의 임상적 유용성에 대한 연구. 한국청소년연구, 19(1), 193-213.

장휘숙(1998). 발달정신병리학의 이해. 서울: 학지사.

장휘숙(2002). 애착과 대학생의 정체감 발달(1). 한국심리학회지: 발달, 13(2), 115-130.

전홍주, 배소영, 곽금주(2008). 결혼이민자 가정에서 이루어지는 자녀 교육지원의 실제와 의미-필리핀과 일본 어머니들의 사례를 중심으로. 가족과 문화, 20, 161-186.

정옥분(2009). 아동발달의 이해. 서울: 학지사.

정옥분(2012). 영아발달. 서울: 학지사.

정옥분, 정순화, 황현주(2009). 애착과 발달. 서울: 학지사.

정윤경, 곽금주(2005). 영아기 공동 주의 발달에 대한 단기 종단연구: 어머니와 자유 놀이에서의 주의 상태와 가리키기 행동을 중심으로. 한국심리학회지: 발달, 18(1), 137-154.

천예빈(2013). 청소년들의 스마트 폰 중독과 예방에 관한 연구. 한국인터넷비지니스연구, 14(1), 125-139.

최은주, 박재국, 김혜리(2013). 초등학교 영재 아동과 일반 아동의 스트레스 및 학교적응 수준 비교. 특수교육저널: 이론과 실천, 14(1), 305-322.

통계청(2010). 국제결혼통계자료.

통계청(2013). 우리나라의 이혼 및 재혼 현황: 지난 30년간 이혼 및 재혼 자료 분석.

통계청(2014). 2013년 맞벌이 가구 현황.

홍강의, 김붕년(2014). 치료 계획과 원칙. 홍강의 외 공저, DSM-5에 준하여 새롭게 쓴 소아정신의학(pp. 268-282). 서울: 학지사.

Abound, F. E. (1988). *Children and prejudice*. Oxford, UK: Black-well.

Achenbach, T. M. (1991). *Manual for the child behavior checklist/4-18 and 1991 profile* (p. 288). Burlington, VT: Department of Psychiatry, University of Vermont.

Adolph, K. E., & Berger, S. E. (2006). Motor development. In W. Damon & R. Lerner (Series Eds.) & D. Kuhn & R. S. Siegler (Vol. Eds.), *Handbook of child psychology: Vol. 2: Cognition, perception, and language* (6th ed., pp. 161-213). New York: Wiley.

Adolph, K. E., & Robinson, S. R. (2015). Motor development. In L. Liben & U. Muller (Eds.), *Handbook of child psychology and developmental science: Vol. 2 Cognitive processes* (7th ed., pp. 114-157). New York: Wiley.

Advani, S., Chachra, S., Dhawan, P., & Kochhar, G. (2014). Eating everything except food (PICA): A rare case report and review. *Journal of International Society of Preventive and Community Dentistry, 4*(1), 1-4.

Agras, W., Hammer, L., Mcnicholas, F., & Kraemer, H. (2004). Risk factors for childhood overweight: A prospective study from birth to 9.5 years. *The Journal of Pediatrics, 145*(1), 20-25.

Ahnert, L., Gunnar, M. R., Lamb, M. E., & Barthel, M. (2004). Transition to child care: Associations with infant-mother attachment, infant negative emotion, and cortisol elevation. *Child Development, 75*, 639-650.

Ainsworth, M. D. S. (1973, March). Anxious attachment and defensive reactions in a strange situation and their relationship to behavior at home. In *biennial meeting of the Society for Research in Child Development, Philadelphia*.

Ainsworth, M. D. S., Blehar, M. C., Waters, E., & Wall, S. (1978). Patterns of attachment: A psychological study of the Strange Situation. Hillsdale, NJ: Erlbaum.

Albergaria-Almeida, P. (2010). Critical thinking, questioning and creativity as components of intelligence. *Procedia-Social and Behavioral Sciences, 30*, 357-362.

Alexander, C., Piazza, M., Mekos, D., & Valente, T. (2001). Peers, schools, and adolescent cigarette smoking. *Journal of Adolescent Health, 29*(1), 22-30.

Alexander, J. M., & Schwanenflugel, P. J. (1996). Development of metacognitive concepts about thinking in gifted and nongifted children: Recent research. *Learning and Individual Differences, 8*(4), 305-325.

Alia-Klein, N., Goldstein, R. Z., Kriplani, A., Logan, J., Tomasi, D., Williams, B., ... & Fowler, J. S. (2008). Brain monoamine oxidase A activity predicts trait aggression. *The Journal of Neuroscience, 28*(19), 5099-5104.

Allchin, D. (2009). The evolution of morality. *Evolution: Education and Outreach, 2*(4), 590-601.

Alloway, T. P., Gathercole, S. E., & Pickering, S. J. (2006). Verbal and visuospatial short-term and working memory in children: Are they separable? *Child Development, 77*(6), 1698-1716.

Allport, F. H. (1954). The structuring of events: outline of a general theory with applications to psychology. *Psychological Review, 61*(5), 281.

Almeida, L. S., Prieto, M. D., Ferreira, A. I., Bermejo, M. R., Ferrando, M., & Ferrándiz, C. (2010). Intelligence assessment: Gardner multiple intelligence theory as an alternative. *Learning and Individual Differences, 20*(3), 225-230.

Amato, P. R., & Sobolewski, J. M. (2001). The effects of divorce and marital discord on adult children's psychological well-being. *American Sociological Review*, 900-921.

Amato, P. R., Loomis, L. S., & Booth, A. (1995). Parental divorce, parental marital conflict, and offspring well-being during early adulthood. *Social Forces, 73*, 895-915.

Ammaniti, M., Ijzendoorn, M., Speranza, A., & Tambelli, R. (2000). Internal working models of attachment during late childhood and early adolescence: An exploration of stability and change. *Attachment & Human Development, 2*(3), 328-346.

Anderson, G. C. (1995). Touch and the kangaroo care method. *Touch in early development*, 35-51.

Anselmino, M., Efremov, A., & Leader, E. (1995). The theory and phenomenology of polarized deep inelastic scattering. *Physics Reports, 261*(1), 1-124.

APA. (2013a). *Diagnostic and statistical manual of mental disorders* (5th ed.). Washington, DC: American Psychiatric Publishing.

Archer, J. (2004). Sex differences in aggression in real-world settings: A meta-analytic review. *Review of General Psychology, 8*(4), 291.

Arnold, A. P. (2009). Mouse models for evaluating sex chromosome effects that cause sex differences in non gonadal tissues. *Journal of Neuroendocrinology, 21*(4), 377-386.

Arsenio, W., & Lemerise, E. (2001). Varieties of childhood bullying: Values, emotion processes, and social competence. *Social Development, 10*(1), 59-73.

Arterberry, M., & Bornstein, M. (2001). Three-month-old infants' categorization of animals and vehicles based on static and dynamic attributes. *Journal of Experimental Child Psychology, 80*(4), 333-346.

Astington, J. W. (1993). *The child's discovery of the mind* (Vol. 31). Harvard University Press.

Aughinbaugh, A., & Gittleman, M. (2004). Maternal employment and adolescent risky behavior. *Journal of Health Economics, 23*(4), 815-838.

Backscheider, A. G., Shatz, M., & Gelman, S. A. (1993). Preschoolers' ability to distinguish living kinds as a function of regrowth. *Child Development, 64*, 1242-1257.

Baddeley, A. D. (2012). Working memory: Theories, models, and controversies. *Annual Review of Psychology* (Vol. 63). Palo Alto, CA: Annual Reviews.

Badger, J., & Reddy, P. (2009). The effects of birth order on personality traits and feelings of academic sibling rivalry. *Psychology Teaching Review, 15*(1), 45-54.

Baek, H. J. (2002). A comparative study of moral development of Korean and British children. *Journal of Moral Education, 31*(4), 373-391.

Bagwell, C. L., Newcomb, A. F., & Bukowski, W. M. (1998). Preadolescent friendship and peer rejection as predictors of adult adjustment. *Child Development, 69*(1), 140-153.

Bahrick, L. E. (2010). Intermodal perception and selective attention to intersensory redundancy: Implications for typical social development and autism. *Blackwell*

Handbook of Infant Development, 1, 120-165.

Bai, D., & Bertenthal, B. I. (1992). Locomotor status and the development of spatial search skills. *Child Development, 63,* 215-226.

Baillargeon, R. (1987). Object permanence in $3\frac{1}{2}$-and $4\frac{1}{2}$-month-old infants. *Developmental Psychology, 23*(5), 655.

Bakeman, R., & Adamson, L. B. (1984). Coordinating engagement to people and objects in mother-infant and peer-infant interaction. *Child Development, 55,* 1278-1289.

Baldwin, D. A., & Moses, L. J. (1996). The ontogeny of social information gathering. *Child Development, 67*(5), 1915-1939.

Bandura, A. (1961). Psychotherapy as a learning process. *Psychological Bulletin, 58*(2), 143.

Bandura, A. (1977). Self-efficacy: Toward a unifying theory of behavioral change. *Psychological Review, 84*(2), 191.

Banks, M. S., & Dannemiller, J. L. (1987). Infant visual psychophysics. *Handbook of Infant Perception, 1,* 115-184.

Banks, M. S., & Ginsburg, A. P. (1985). Infant visual preference: A review and new theoretical treatment. In H. W. Reese (Ed.), *Advances in child development and behavior* (Vol. 19). Orlando, FL: Academic Press.

Baranowski, T., Buday, R., Thompson, D. I., & Baranowski, J. (2008). Playing for real: Video games and stories for health-related behavior change. *American Journal of Preventive Medicine, 34*(1), 74-82.

Bargel T., & Ramm, M. (1994). *The study of medicine. A description from students' point of view.* (German; Das Studium der Medizin. Eine Fachmonographine aus studentischer Sicht.) Bonn: Bundesministerium für Bildung and Wissenschaft.

Bar-Kana, I., & Kaufman, H. (2014). Discrete direct multivari able adaptive control. IFAC adaptive system in control and signal processing Proc., San Francisco USA, 357.

Barlow, C. M. (2000). *Guilford's structure of the intellect.* The Co-Creativity Institute.

Baron, N. S. (1992). *Growing up with language.* Reading, MA: Addison-Wesley.

Baron-Cohen, S. (2005). The empathizing system: A revision of the 1994 model of the mindreading system. In B. J. Ellis & D. F. Bjorklund (Eds.), *Origins of the social mind: Evolutionary psychology and child development* (pp. 468-492). New York: Guilford Press.

Baron-Cohen, S. (2014, April 14). Simon Baron-Cohen: My special sister Suzie. Retrieved from http://www.thejc.com/comment-and-debate/essays/117453/simon-baron-cohen-my-special-sister-suzie

Baron-Cohen, S., Leslie, A. M., & Frith, U. (1985). Does the autistic child have a "theory of mind"? *Cognition, 21*(1), 37-46.

Barrett, H. C., & Behne, T. (2005). Children's understanding of death as the cessation of agency: A test using sleep versus death. *Cognition, 96*(2), 93-108.

Barrington, B. (2004). Teaching to student diversity in higher education: How multiple intelligences theory can help. *Teaching in Higher Education, 9*(4), 422.

Barry, C. M., & Wentzel, K. R. (2006). Friend influence on prosocial behavior: The role of motivational factors and friendship characteristics. *Developmental Psychology, 42*(1), 153.

Barry, C. T., Frick, P. J., & Killian, A. L. (2003). The relation of narcissism and self-esteem to conduct problems in children: A preliminary investigation. *Journal of Clinical Child and Adolescent Psychology, 32*(1), 139-152.

Bartsch, K., & Wellman, H. M. (1995). *Children talk about the mind.* Oxford University Press.

Batty, G. D., Deary, I. J., & Gottfredson, L. S. (2007). Premorbid (early life) IQ and later mortality risk: Systematic review. *Annals of Epidemiology, 17,* 278-288.

Bauer, P. J. (2007). Recall in infancy: A neurodevelopmental account. *Current Directions in Psychological Science, 16,* 142-146.

Bauman, S., Mendez, J., Craig, W., & Mishna, F. (2014).

Research on bullying in North America. *Reducing bullying and cyberbullying in schools: Eastern and western perspectives*.

Baumeister, R. F., Smart, L., & Boden, J. M. (1996). Relation of threatened egotism to violence and aggression: The dark side of high self-esteem. *Psychological Review, 103*, 5-33.

Baumrind, D. (1971). Current patterns of parental authority. *Developmental Psychology, 4*(1), 1.

Baumrind, D. (1991). The influence of parenting style on adolescent competence and substance use. *The Journal of Early Adolescence, 11*(1), 56-95.

Bavelier, D., Green, C. S., Pouget, A., & Schrater, P. (2012). Brain plasticity through the life span: Learning to learn and action video games. *Annual Review of Neuroscience, 35*, 391-416.

Bayley, N. (1949). Consistency and variability in the growth of intelligence from birth to eighteen years. *The Pedagogical Seminary and Journal of Genetic Psychology, 75*(2), 165-196.

Bayley, N. (1969). *Bayley scales of mental development*. New York: Psychological Corporation.

Bayley, N. (2006). Bayley scales of infant and toddler development. Beery-Buktenica Developmental Test of Visual Motor Integration VMI 2010.

Bayley, N. (2006). *Bayley scales of infant development* (3rd ed.). San Antonio, TX: The Psychological Corporation.

Beery, K. E. (2010). The Beery-Buktenica Developmental Test of Visual-Motor Integration: Beery VMI Administration, Scoring, and Teaching.

Begus, K., & Southgate, V. (2012). Infant pointing serves an interrogative function. *Developmental Science, 15*(5), 611-617.

Belsky, J., & Isabella, R. (1988). Maternal, infant, and social-contextual determinants of attachment security. *Clinical Implications of Attachment*, 41-94.

Belsky, J., & Rovine, M. J. (1988). Nonmaternal care in the first year of life and the security of infant-parent attachment. *Child Development*, 157-167.

Belsky, J., Fish, M., & Isabella, R. A. (1991). Continuity and discontinuity in infant negative and positive emotionality: Family antecedents and attachment consequences. *Developmental Psychology, 27*(3), 421.

Belsky, J., Houts, R. M., & Fearon, R. P. (2010). Infant attachment security and the timing of puberty testing an evolutionary hypothesis. *Psychological Science, 21*(9), 1195-1201.

Bem, S. L. (1981). Gender schema theory: A cognitive account of sex typing. *Psychological Review, 88*(4), 354.

Bender, L. (1938). *A visual motor gestalt test and its use*. NY: American Orthopsychiatric Association.

Bergen, D. (2002). The role of pretend play in children's cognitive development. *Early Childhood Research & Practice, 4*(1), 1.

Bering, J. M., & Bjorklund, D. F. (2004). The natural emergence of reasoning about the afterlife as a developmental regularity. *Developmental Psychology, 40*(2), 217-233.

Berk, L. E. (2003). *Child Development* (6th ed.). Boston: Allyn & Bacon.

Bernal, R. (2008). The effect of maternal employment and child care on children's cognitive development. *International Economic Review, 49*(4), 1173-1209.

Berteletti, I., Lucangeli, D., Piazza, M., Dehaene, S., & Zorzi, M. (2010). Numerical estimation in preschoolers. *Developmental Psychology, 46*(2), 545-551.

Bialystok, E., & Barac, R. (2012). Emerging bilingualism: Dissociating advantages for metalinguistic awareness and executive control. *Cognition, 122*, 67-73.

Bialystok, E., Craik, F. I., & Freedman, M. (2007). Bilingualism as a protection against the onset of symptoms of dementia. *Neuropsychologia, 45*(2), 459-464.

Bialystok, E., Craik, F. I., Klein, R., & Viswanathan, M. (2004). Bilingualism, aging, and cognitive control: Evidence from the Simon task. *Psychology and Aging, 19*(2), 290.

Biederman, J., Faraone, S. V., Hirshfeld-Becker, D. R., Friedman, D., Robin, J. A., & Rosenbaum, J. F.

(2001). Patterns of psychopathology and dysfunction in high-risk children of parents with panic disorder and major depression. *American Journal of Psychiatry, 158*, 49-57.

Biederman, J., Farone, S. V., Hirshfeld-Becker, D. R., Friedman, D., Robin, J. A., & Rosenbaum, J. F. (2001). Patterns of psychopathology and dysfunction in high-risk children of parent with panic disorder and major depression. *Journal of the American Psychiatric, 158*, 49-57.

Bittman, M., Rutherford, L., Brown, J., & Unsworth, L. (2011). Digital natives? New and old media and children's outcomes. *Australian Journal of Education, 55*(2), 161-175.

Bjorklund, D. F. (2012). *Children's thinking: Cognitive development and individual differences* (5th ed.). Belmont, CA: Wadsworth.

Björkqvist, K., Österman, K., & Kaukiainen, A. (1992). The development of direct and indirect aggressive strategies in males and females. In K. Björkqvist & P. Niemela (Eds.), *Of mice and women: Aspects of female aggression*. San Diego: Academic Press.

Black, S. E., Devereux, P. J., & Salvanes, K. G. (2011). Older and wiser? Birth order and IQ of young men. *CESifo Economic Studies, 57*(1), 103-120.

Blackwell, L. S., Trzesniewski, K. H., & Dweck, C. S. (2007). Implicit theories of intelligence predict achievement across an adolescent transition: A longitudinal study and an intervention. *Child Development, 78*(1), 246-263.

Blake, J. (1981). Family size and the quality of children. *Demography, 18*(4), 421-442.

Blake, J. (1989). *Family Size and Achievement*. Berkeley: University of California Press.

Blatt, M. M., & Kohlberg, L. (1975). The effects of classroom moral discussion upon children's level of moral judgment. *Journal of Moral Education, 4*(2), 129-161.

Blaye, A., & Chevalier, N. (2011). The role of goal representation in preschoolers' flexibility and inhibition. *Journal of Experimental Child Psychology, 108*(3), 469-483.

Bloom, B. (1985). *Developing talent in young people*. New York: Ballantine.

Borke, J., Lamm, B., Eickhorst, A., & Keller, H. (2007). Father-infant interaction, paternal ideas about early child care, and their consequences for the development of children's self-recognition. *The Journal of Genetic Psychology, 168*(4), 365-379.

Bornstein, M. H. (2002). Parenting infants. In M. H. Bornstein (Ed.), *Handbook of parenting* (2nd ed., Vol. 1, pp. 3-93). Mahwah, NJ: Erlbaum.

Bornstein, M. H. (2005). Some metatheoretical issues in culture, parenting, and developmental science. In Q. Jing, M. Rosenzweig, G. d'Ydewalle, H. Zhang, & H. C. Chen (Eds.), *Proceedings of the XVIIIth international congress of psychology*. East Sussex, UK: Psychology Press.

Bornstein, M. H., & Arterberry, M. E. (2003). Recognition, discrimination and categorization of smiling by 5-month-old infants. *Developmental Science, 6*(5), 585-599.

Bowerman, M., & Choi, S. (2003). Space under construction: Language-specific spatial categorization in first language acquisition. In D. Gentner, & S. Goldin-Meadow (Eds.), *Language in mind: Advances in the study of language and thought* (pp. 387-427). Cambridge: MIT Press.

Bowlby, J. (1969). *Attachment and loss*. London: Hogarth.

Bowlby, J. (1973). *Attachment and loss* (Vol. 2). *Separation*. New York: Basic Books.

Bowlby, J. (1980). *Attachment and loss* (Vol. 2). *Loss*. New York: Basic.

Bowlby, J. (1988). Attachment, communication, and the therapeutic process. In J. Bowlby (Ed.), *A secure base: Parent-child attachment and healthy human development* (pp. 137-157). New York: Basic Books.

Bowlby, J. (1989). *Attachments and loss*. Continuing Education Seminars.

Boyland, E. J., & Halford, J. C. (2013). Television advertising and branding. Effects on eating behaviour and food preferences in children. *Appetite, 62*, 236-

241.

Bradley, R. H., Corwyn, R. F., Burchinal, M., McAdoo, H. P., & Coll, C. G. (2001). The home environments of children in the United States: Part II: Relations with behavioral development through age thirteen. *Child Development, 72,* 1868-1886.

Branch, C. W., & Newcombe, N. (1986). Racial attitude development among young Black children as a function of parental attitudes: A longitudinal and cross-sectional study. *Child Development,* 712-721.

Brannigan, G., & Decker, S. (2003). *Bender visual-motor Gestalt test* (Bender Gestalt II). Itasca, IL: Riverside Publishing.

Braun-LaTour, K. A., Grinley, M. J., & Loftus, E. F. (2006). Tourist memory distortion. *Journal of Travel Research, 44*(4), 360-367.

Brendgen, M., Wanner, B., & Vitaro, F. (2006). Verbal abuse by the teacher and child adjustment from kindergarten through grade 6. *Pediatrics, 117*(5), 1585-1598.

Brendgen, M., Wanner, B., Vitaro, F., Bukowski, W. M., & Tremblay, R. E. (2007). Verbal abuse by the teacher during childhood and academic, behavioral, and emotional adjustment in young adulthood. *Journal of Educational Psychology, 99*(1), 26.

Brent, R. L., Christian, M. S., & Diener, R. M. (2011). Evaluation of the reproductive and developmental risks of caffeine. *Birth Defects Research Part B: Developmental and Reproductive Toxicology, 92*(2), 152-187.

Bretherton, I. (1985). Attachment theory: Retrospect and prospect. In I. Bretherton & E. Waters (Eds.), *Growing points of attachment theory and research. Monographs of the Society for Research in Child Development*, Serial No. 209, 3-35.

Bretherton, I., Ridgeway, D., & Cassidy, J. (1990). Assessing internal working models of the attachment relationship. *Attachment in the preschool years: Theory, research, and intervention* (pp. 273-308). Chicago, IL: University of Chicago Press.

Bronfenbrenner, U. (1979). Contexts of child rearing: Problems and prospects. *American Psychologist, 34*(10), 844.

Bronfenbrenner, U. (2005). *Making human beings human: Bioecological perspectives on human development.* Sage.

Bronfenbrenner, U., & Morris, P. A. (2006). The bioecological model of human development. In W. Damon & R. M. Lerner (Eds.), *Handbook of child psychology: Vol. 1. Theoretical models of human development* (6th ed., pp. 793-828). Hoboken, NJ: John Wiley & Sons.

Bronte-Tinkew, J., Moore, K. A., & Carrano, J. (2006). The father-child relationship, parenting styles, and adolescent risk behaviors in intact families. *Journal of Family Issues, 27*(6), 850-881.

Brown, B. B., & Klute, C. (2003). Friendships, cliques, and crowds. In G. R. Adams & M. D. Berzonsky (Eds.), *Handbook of adolescence development* (pp. 330-348). London: Blackwell.

Brown, G., Mangelsdorf, S., & Neff, C. (2012). Father involvement, paternal sensitivity, and father-child attachment security in the first 3 years. *Journal of Family Psychology, 26*(3), 421-430.

Brown, R. (1973). *A first language: The early stages.* Harvard U. Press.

Brühwiler, C., & Blatchford, P. (2011). Effects of class size and adaptive teaching competency on classroom processes and academic outcome. *Learning and Instruction, 21*(1), 95-108.

Brummelman, E., Thomaes, S., Overbeek, G., Castro, B., Hout, M., & Bushman, B. (2014). On feeding those hungry for praise: Person praise backfires in children with low self-esteem. *Journal of Experimental Psychology: General, 143*(1), 9-14.

Brune, C. W. (2004). *The origins of joint attention: Relations between social knowledge, social responsiveness, and attentional control* (Doctoral dissertation, University of Chicago, Department of Psychology).

Bruner, J. (1985). *Child's talk: Learning to use language.* New York: Norton.

Bruner, J. (1995). From joint engagement to the meeting of minds: An introduction. In C. Moore & P. J. Dunham (Eds.), *Joint engagement: Its origins and role in development* (pp. 1-14). Hillsdale, NJ: Lawrence Erlbaum Associates.

Buchanan, D. W., & Sobel, D. M. (2011). Mechanism-based causal reasoning in young children. *Child Development, 82*(6), 2053-2066.

Buck-Morss, S. (1975). Socio-economic bias in Piaget's theory and its implications for cross-culture studies. *Human Development, 18*(1-2), 35-49.

Buhrmester, D. (1990). Intimacy of friendship, interpersonal competence, and adjustment during preadolescence and adolescence. *Child Development, 61*(4), 1101-1111.

Buhrmester, D. (1996). Need fulfillment, interpersonal competence, and the developmental contexts of early adolescent friendship. In W. M. Bukowski, A. F. Newcomb, & W. W. Hartup (Eds.), *Friendship in childhood and adolescence* (pp. 158-185). New York: Cambridge University Press.

Burgess, R. L., & MacDonald, K. (Eds.). (2004). *Evolutionary perspectives on human development.* Sage publications.

Burguière, E., Monteiro, P., Mallet, L., Feng, G., & Graybiel, A. (2015). Striatal circuits, habits, and implications for obsessive-compulsive disorder. *Current Opinion in Neurobiology, 30,* 59-65.

Buriel, R., Love, J. A., & De Ment, T. L. (2006). The relation of language brokering to depression and parent-child bonding among Latino adolescents. *Acculturation and parent-child relationships: Measurement and development*, 249-270.

Busby, J., & Suddendorf, T. (2005). Recalling yesterday and predicting tomorrow. *Cognitive Development, 20*(3), 362-372.

Bushman, B. J., Baumeister, R. F., Thomaes, S., Ryu, E., Begeer, S., & West, S. G. (2009). Looking again, and harder, for a link between low self esteem and aggression. *Journal of Personality*, *77*(2), 427-446.

Buss, A. H., & Plomin, R. (1984). Theory and measurement of EAS. *Temperament: Early developing personality traits,* 98-130.

Buss, D. M. (1999). *Evolutionary psychology* (4th ed.). Boston: Allyn & Bacon.

Buss, D. M. (2012). Evolutionary psychology: *The new science of the mind* (4th ed.). Boston, MA: Allyn & Bacon.

Bussey, K. (1999). Children's categorization and evaluation of different types of lies and truths. *Child Development*, *70*(6), 1338-1347.

Bussey, K., & Bandura, A. (1999). Social cognitive theory of gender development and differentiation. *Psychological Review, 106*(4), 676.

Butcher, K. N., Williams, C. L., Graham, J. R., Archer, R. P., Tellegen, A., Ben-Prath, Y. S., & Kaemmer, B. (1992). *Minnesota Multiphasic Personality Inventory (MMPI-A): Manual for administration, scoring and interpretation.* Minneapolis, MN: University of Minnesota Press.

Byrge, L., Smith, L. B., & Mix, K. S. (2013). Beginnings of place value: how preschoolers write three-digit numbers. *Child Development, 85*(2), 437-443.

Cahan, S., & Cahan, N. (1989). Age versus schooling effects on intelligence development. *Child Development, 60,* 1239-1249.

Cairns, R. B. (1979). *Social development: The origins and plasticity of interchanges.* WH Freeman.

Caldwell, B. M., & Bradley, R. (1979). Home observation for measurement of the environment. *Unpublished manuscript, University of Arkansas,* Little Rock.

Caldwell, B. M., & Bradley, R. H. (2003). *HOME inventory administration manual: Comprehensive edition.* university of Arkansas at little rock.

Calkins, S. D., Gill, K. L., Johnson, M. C., & Smith, C. L. (1999). Emotional reactivity and emotional regulation strategies as predictors of social behavior with peers during toddlerhood. *Social Development, 8*(3), 310-334.

Call, J., Carpenter, M., & Tomasello, M. (2005). Copying results and copying actions in the process of social learning: Chimpanzees (Pan troglodytes) and human children (Homo sapiens). *Animal Cognition, 8,* 161-163.

Callaghan, S., & Joseph, S. (1995). Self-concept and peer victimization among schoolchildren. *Personality and Individual Differences, 18*(1), 161-163.

Calvo, M. G., Gutiérrez-García, A., Fernández-Martín, A., & Nummenmaa, L. (2014). Recognition of facial expressions of emotion is related to their frequency in everyday life. *Journal of Nonverbal Behavior, 38*(4), 549-567.

Campos, J. J., Mumme, D. L., Kermoian, R., & Campos, R. G. (1994). A functionalist perspective on the nature of emotion. *Monographs of the society for research in child development, 59*(23), 284-303.

Can, D., Richards, T., & Kuhl, P. (2013). Early gray-matter and white-matter concentration in infancy predict later language skills: A whole brain voxel-based morphometry study. *Brain and Language, 124*(1), 34-44.

Canino, G., Polanczyk, G., Bauermeister, J. J., Rohde, L. A., & Frick, P. J. (2010). Does the prevalence of CD and ODD vary across cultures? *Social psychiatry and psychiatric epidemiology, 45*(7), 695-704.

Card, N. A., Stucky, B. D., Sawalani, G. M., & Little, T. D. (2008). Direct and indirect aggression during childhood and adolescence: A meta analytic review of gender differences, intercorrelations, and relations to maladjustment. *Child Development, 79*(5), 1185-1229.

Carey, S. (1978). The child as word learner. In M. Halle, J. Bresnan, & G. A. Miller (Eds.), *Linguistic theory and psychological reality* (pp. 264-273). Cambridge, MA: MIT Press.

Carey, S. (1985). *Conceptual change in childhood.* Cambridge, MA: MIT Press.

Carey, S., & Bartlett, E. (1978). Acquiring a single new word. *Proceedings of the Stanford Child Language Conference*, *15*, 17-29.

Carlo, G., Koller, S. H., Eisenberg, N., Da Silva, M. S., & Frohlich, C. B. (1996). A cross-national study on the relations among prosocial moral reasoning, gender role orientations, and prosocial behaviors. *Developmental Psychology, 32*(2), 231.

Carlo, G., Roesch, S. C., Knight, G. P., & Koller, S. H. (2001). Between-or within-culture variation?: Culture group as a moderator of the relations between individual differences and resource allocation preferences. *Journal of Applied Developmental Psychology, 22*(6), 559-579.

Carlson, E. A., Sroufe, L. A., & Egeland, B. (2004). The construction of experience: A longitudinal study of representation and behavior. *Child Development, 66*-83.

Carlson, S. M., & Moses, L. J. (2001). Individual differences in inhibitory control and children's theory of mind. *Child Development,* 1032-1053.

Carnagey, N. L., Anderson, C. A., & Bushman, B. J. (2007). The effect of video game violence on physiological desensitization to real-life violence. *Journal of Experimental Social Psychology, 43*(3), 489-496.

Carpendale, J. I. (2000). Kohlberg and Piaget on stages and moral reasoning. *Developmental Review, 20*(2), 181-205.

Carpenter, S. R., Cole, J. J., Essington, T. E., Hodgson, J. R., Houser, J. N., Kitchell, J. F., & Pace, M. L. (1998). Evaluating alternative explanations in ecosystem experiments. *Ecosystems, 1*(4), 335-344.

Carroll, J. B. (1997). Psychometrics, intelligence, and public perception. *Intelligence, 24*(1), 25-52.

Carroll, J. J., & Gibson, E. J. (1981, April). Differentiation of an aperture from an obstacle under conditions of motion by three-month-old infants. In *meeting of the Society for Research in Child Development*, *Boston.*

Carver, K., Joyner, K., & Udry, J. R. (2003). *National estimates of adolescent romantic relationships.* Mawhah, NJ: Lawrence Erlbaum Associates Publishers.

Casby, M. W. (2003). The development of play in infants, toddlers, and young children. *Communication Disorders Quarterly, 24*(4), 163-174.

Case, R. (1985). *Intellectual development: Birth to adulthood.* New York: Academic Press.

Case, R. (2013). *The Mind's Staircase: Exploring the Conceptual Underpinnings of Children's Thought and Knowledge*. Psychology Press.

Caspi, A., McClay, J., Moffitt, T. E., Mill, J., Martin, J., Craig, I. W., Taylor, A., & Poulton, R. (2002). Role of genotype in the cycle of violence in maltreated children. *Science, 297*(5582), 851-854.

Castral, T. C., Warnock, F., Dos Santos, C. B., Daré, M. F., Moreira, A. C., Antonini, S. R. R., & Scochi, C. G. S. (2015). Maternal mood and concordant maternal and infant salivary cortisol during heel lance while in kangaroo care. *European Journal of Pain*, *19*(3), 429-438.

Cattell, R. B. (1963). Theory of fluid and crystallized intelligence: A critical experiment. *Journal of Educational Psychology, 54,* 1-22.

Cauley, K., & Tyler B. (1989). The relationship of self-concept to prosocial behavior in children. *Early Childhood Research Quarterly, 4,* 51-60.

Ceci, S. J. (1991). How much does schooling influence general intelligence and its cognitive components? A reassessment of the evidence. *Developmental Psychology, 27*(5), 703-722.

Chall, J. S., Jacobs, V. A., Baldwin, L. E., & Chall, J. S. (2009). *The reading crisis: Why poor children fall behind*. Harvard University Press.

Chen, R., Jiao, Y., & Herskovits, E. (2011). Structural MRI in Autism Spectrum Disorder. *Pediatric Research, 69*(5 Pt 2), 63R-68R

Chen, X., Chang, L., & He, Y. (2003). The peer group as a context: Mediating and moderating effects on relations between academic achievement and social functioning in Chinese children. *Child Development, 74*(3), 710-727.

Cheng, K., & Newcombe, N. S. (2005). Is there a geometric module for spatial orientation? Squaring theory and evidence. *Psychonomic Bulletin & Review, 12*(1), 1-23.

Chi, M. T. H. (1978). Knowledge structures and memory development. In R. S. Siegler (Ed.), *Children's thinking: What develops?* (pp. 73-96). Hillsdale, NJ: Erlbaum.

Chi, M. T., & Klahr, D. (1975). Span and rate of apprehension in children and adults. *Journal of Experimental Child Psychology, 19*(3), 434-439.

Choi, S., McDonough, L., Bowerman, M., & Mandler, J. M. (1999). Early sensitivity to language-specific spatial categories in English and Korean. *Cognitive Development, 14*(2), 241-268.

Chomitz, V. R., Cheung L. W. Y., & Lieberman, E. (2000). The role of lifestyle in preventing low birth weight. In K. L. Freiberg (Ed.), *Human Development 00/01* (28th ed., pp. 18-28). Guilford, CT: Dushkin/McGraw-Hill

Chomsky, N. (1986). *Knowledge of language: Its nature, origin, and use*. Greenwood Publishing Group.

Christakis, D. A. (2009). The effects of infant media usage: What do we know and what should we learn? *Acta Paediatrica, 98*(1), 8-16.

Christakis, D. A., Zimmerman, F. J., DiGiuseppe, D. L., & McCarty, C. A. (2004). Early television exposure and subsequent attentional problems in children. *Pediatrics, 113*(4), 708-713.

Christakis, N. A., & Fowler, J. H. (2007). The spread of obesity in a large social network over 32 years. *New England Journal of Medicine, 357*(4), 370-379.

Cicchetti, D. (1984). The emergence of developmental psychopathology. *Child Development, 55*(1), 1-7.

Claudy, J. G., Farrell, W. S., & Dayton, C. W. (1979). *The consequences of being an only child: An analysis of project talent data*. Final Report. Palo Alto, CA: American Institutes for Research in the Social Sciences.

Clearfield, M. W., & Mix, K. S. (1999). Number versus contour length in infants' discrimination of small visual sets. *Psychological Science, 10*, 408-411.

Clerc, J., & Miller, P. H. (2013). Utilization deficiencies and transfer of strategies in preschoolers. *Cognitive Development, 28*(1), 76-93.

Coetzee, M., & Harry, N. (2015). Gender and hardiness as predictors of career adaptability: An exploratory study among Black call centre agents. *South African Journal of Psychology, 45*(1), 81-92.

Coie, J. K., & Dodge, K. A. (1998). Aggression and antisocial behavior. In W. Damon (Editor in Chief) & N. Eisenberg (Vol. Ed.), *Handbook of child psychology* (5th ed., pp. 779-862). New York: Wiley.

Collins, N. L., & Read, S. J. (1990). Adult Attachment, working models, and relationship quality in dating couples. *Journal of Personality and Social Psychology, 58*(4), 644-663.

Collins, W. A., Hennighausen, K. H., Schmit, D. T., & Sroufe, L. A. (1997). Developmental precursors of romantic relationships: A longitudinal analysis. In S. Shulman & W. A. Collins (Eds.), *Romantic relationships in adolescence: Developmental perspectives* (pp. 69-84). San Francisco: Jossey-Bass.

Colombo, J., & Richman, W. A. (2002). Infant timekeeping: Attention and temporal estimation in 4-month-olds. *Psychological Science, 13,* 475-479.

Colonnesi, C., Stams, G. J. J., Koster, I., & Noom, M. J. (2010). The relation between pointing and language development: A meta-analysis. *Developmental Review, 30*(4), 352-366.

Comings, D. E., Muhleman, D., Johnson, J. P., & MacMurray, J. P. (2002). Parent-daughter transmission of the androgen receptor gene as an explanation of the effect of father absence on age of menarche. *Child Development, 73,* 1046-1051.

Commodari, E. (2013). Preschool teacher attachment, school readiness and risk of learning difficulties. *Early Childhood Research Quarterly, 28*(1), 123-133.

Condon, J., Corkindale, C., Boyce, P., & Gamble, E. (2013). A longitudinal study of father-to-infant attachment: Antecedents and correlates. *Journal of Reproductive and Infant Psychology, 31*(1), 15-30.

Cong, X., Cusson, R., Walsh, S., Hussain, N., Ludington-Hoe, S., & Zhang, D. (2012). Effects of Skin-to-Skin Contact on Autonomic Pain Responses in Preterm Infants. *The Journal of Pain, 13*(7), 636-645.

Connolly, J. A., Furman, W., & Konarski, R. (2000). The role of peers in the emergence of heterosexual romantic relationships in adolescence. *Child Development, 71,* 1395-1408.

Connolly, J., McIsaac, C., Shulman, S., Wincentak, K., Joly, L., Heifetz, M., & Bravo, V. (2014). Development of romantic relationships in adolescence and emerging adulthood: Implications for community mental health. *Canadian Journal of Community Mental Health, 33*(1), 7-19.

Copeland, W. E., Angold, A., Costello, E. J., & Egger, H. (2013). Prevalence, comorbidity, and correlates of DSM-5 proposed disruptive mood dysregulation disorder. *Prevalence, 170*(2).

Corballis, M. C. (2002). *From hand to mouth: The origins of language.* Princeton University Press.

Côté, S. M., Vaillancourt, T., Barker, E. D., Nagin, D., & Tremblay, R. E. (2007). The joint development of physical and indirect aggression: Predictors of continuity and change during childhood. *Development and Psychopathology, 170*(1), 37-55.

Courage, M. L., Bakhtiar, A., Fitzpatrick, C., Kenny, S., & Brandeau, K. (2015). Growing up multitasking: The costs and benefits for cognitive development. *Developmental Review, 35,* 5-41.

Courage, M. L., Edison, S. C., & Howe, M. L. (2004). Variability in the early development of visual self-recognition. *Infant Behavior and Development, 27*(4), 509-532.

Cox, A. J. (2007). *No mind left behind: Understanding and fostering executive control-the eight essential brain skills every child needs to thrive.* NY: Perigee Book

Cox, M. J., Owen, M. T., Henderson, V. K., & Margand, N. A. (1992). Prediction of infant-father and infant-mother attachment. *Developmental Psychology, 28*(3), 474.

Coyne, S. M., Archer, J., & Eslea, M. (2004). Cruel intentions on television and in real life: Can viewing indirect aggression increase viewers' subsequent indirect aggression? *Journal of Experimental Child Psychology, 88,* 234-253.

Coyne, S. M., Nelson, D. A., Robinson, S. L., & Gundersen, N. C. (2011). Is viewing ostracism on television distressing? *The Journal of Social Psychology, 151*(3),

213-217.

Coyne, S., & Whitehead, E. (2008). Indirect aggression in animated Disney films. *Journal of Communication, 58*(2), 382-395.

Craddock, N., & Sklar, P. (2009). Genetics of bipolar disorder: successful start to a long journey. *Trends in Genetics, 25*(2), 99-105.

Crain, W. (2005). *Theories of development: Concepts and applications* (5th ed.). Upper Saddle River, NJ: Pearson Prentice Hall.

Crapanzano, A. M., Frick, P. J., & Terranova, A. M. (2010). Patterns of physical and relational aggression in a school-based sample of boys and girls. *Journal of Abnormal Child Psychology, 38*(4), 433-445.

Crick, N., & Grotpeter, J. (1995). Relational Aggression, Gender, and Social-Psychological Adjustment. *Child Development, 66*(3), 710-722.

Crockenberg, S. C., & Leerkes, E. M. (2003). Infant negative emotionality, caregiving, and family relationships. In A. C. Crouter & A. booth (Eds.), *Children's influence on family dynamics: The neglected side of family relationships* (pp. 57-78). Mahwah, NJ: Erlbaum.

Cross, T. L., Coleman, L. J., & Terhaar-Yonkers, M. (2014). The social cognition of gifted adolescents in schools: Managing the stigma of giftedness. *Journal for the Education of the Gifted, 37*(1), 30-39.

Czeschlik, T. (1993). Temperamentsfaktoren hochbegabter Kinder. *Lebensumweltanalyse hochbegabter Kinder,* 138-158.

Dandreaux, D. M., & Frick, P. J. (2009). Developmental pathways to conduct problems: A further test of the childhood and adolescent-onset distinction. *Journal of abnormal child psychology, 37*(3), 375-385.

Darwin, C. (1872-1998). The expression of the emotions in Man and the Animals. Barret, PH & Freeman, RD (Hg.): The Works of Charles Darwin, 23.

Darwin, C. (1859). *On the origin of species by means of natural selection, or the preservation of favoured races in the struggle for life.* London: John Murray.

Davies, P. T., & Windle, M. (2000). Middle adolescents' dating pathways and psychosocial adjustment. *Merrill-Palmer Quarterly, 46,* 90-118.

Day, R. H., & McKenzie, B. E. (1973). Perceptual shape constancy in early infancy. *Perception, 2*(31), 5-320.

De Gelder, B. (2010). Uncanny sight in the blind. *Scientific American, 302*(5), 60-65.

Deamen, S., & Others (2012). Identity and perceived peer relationship quality in emerging adulthood: The mediating role of attachment-related emotions. *Journal of Adolescence, 35,* 1417-1425.

Deary, I. J., Strand, S., Smith, P., & Fernandes, C. (2007). Intelligence and educational achievement. *Intelligence, 35,* 13-21.

Deary, I. J., Weiss, A., & Batty, D. (2010). Intelligence and personality as predictors of illness and death: How researchers in differential psychology and chronic disease epidemiology are collaborating to understand and address health inequalities. *Psychological Science in the Public Interest, 11*(2), 53-79.

DeCasper, A. J., & Spence, M. J. (1986). Prenatal maternal speech influences newborns' perception of speech sounds. *Infant Behavior and Development, 9*(2), 133-150.

Delaney, J. (2006). *Rousseau and the ethics of virtue.* A&C Black.

Demir, M., & Özdemir, M. (2010). Friendship, need satisfaction and happiness. *Journal of Happiness Studies, 11*(2), 243-259.

Demir, M., Özdemir, M., & Weitekamp, L. A. (2007). Looking to happy tomorrows with friends: Best and close friendships as they predict happiness. *Journal of Happiness Studies, 8*(2), 243-271.

Dennis, L. R., & Votteler, N. K. (2013). Preschool teachers and children's emergent writing: Supporting diverse learners. *Early Childhood Education Journal, 41*(6), 439-446.

Denton, K., West, J., & Walston, J. (2003). *Reading-Young children's achievement and classroom experiences: Findings from the Condition of Education 2003.* Washington, DC: U. S. Department of Education, NCES 2003-070.

Denton, K., West, J., & Walston, J. (2003). Reading-Young Children's Achievement and Classroom Experiences: Findings from the Condition of Education, 2003.

DiSimoni, F. G. (1978). The token test for children. Pro. ed.

Dodge, K. A. (1991). The structure and function of reactive and proactive aggression. In *Earlscourt Symposium on Childhood Aggression, Jun, 1988, Toronto, ON, Canada*. Lawrence Erlbaum Associates, Inc.

Doi, T. (1973). *The anatomy of dependence*. New York: Kodansha. doll 1935

Donaldson, M., & McGarrigle, J. (1974). Some clues to the nature of semantic development. *Journal of Child Language, 1*(2), 185-194.

Dörrie, N., Föcker, M., Freunscht, I., & Hebebrand, J. (2014). Fetal alcohol spectrum disorders. *European Child & Adolescent Psychiatry, 23*(10), 863-875.

Downey, D. B., & Condron, D. J. (2004). Playing well with others in kindergarten: The benefit of siblings at home. *Journal of Marriage and Family, 66*(2), 333-350.

Draghi-Lorenz, R., Reddy, V., & Morris, P. (2005). Young infants can be perceived as shy, coy, bashful, embarrassed. *Infant and Child Development, 14*(1), 63-83.

Dumas, T. M., Ellis, W. E., & Wolfe, D. A. (2012). Identity development as a buffer of adolescent risk behaviors in the context of peer group pressure and control. *Journal of Adolescence, 35*(4), 917-927.

Duncan, G., Dowsett, C., Claessens, A., Magnuson, K., Huston, A., Klebanov, P., . . . Japel, C. (2007). School readiness and later achievement. *Developmental Psychology, 43*(6), 1428-1446.

Durkin, K., & Barber, B. (2002). Not so doomed: Computer game play and positive adolescent development. *Journal of Applied Developmental Psychology, 23*(4), 373-392.

Dutton, E., & Lynn, R. (2013). A negative Flynn effect in Finland, 1997-2009. *Intelligence, 41*(6), 817-820.

Duyme, M., Dumaret, A. C., & Tomkiewicz, S. (1999). How can we boost IQs of "dull children"?: A late adoption study. *Proceedings of the National Academy of Sciences, 96*(15), 8790-8794.

Dweck, C. S., & Leggett, E. L. (1988). A social-cognitive approach to motivation and personality. *Psychological Review, 95*(2), 256.

Eckerman, C. O. (1979). The human infant in social interaction. In R. Cairns (Ed.), *The analysis of social interactions: Methods, issues, and illustrations* (pp. 163-178). Hillsdale, NJ: Lawrence Erlbaum Associate.

Eckerman, C. O., Whately, J. L., & McGehee, L. J. (1979). Approaching and contacting the object another manipulates: A social skill of the 1-year-old. *Developmental Psychology, 15*(6), 585.

Eilers, R. E. (1975). Suprasegemental and grammatical control over telegraphic speech in young children. *Journal of Psycholinguistic Research, 4*(3), 227-239.

Eisenberg N. (1986). *Altruistic emotion, cognition, and behavior*. Hillsdale, NJ: Erlbaum.

Eisenberg, N., & Valiente, C. (2002). Parenting and chidlren's prosocial and moral development. In M. H. Bornstein (Ed.), *Handbook of parenting* (2nd ed.). Mahwah, NJ: Erlbaum.

Eisenberg, N., Cumberland, A., Spinrad, T. L., Fabes, R. A., Shepard, S. A., Reiser, M., ... & Guthrie, I. K. (2001). The relations of regulation and emotionality to children's externalizing and internalizing problem behavior. *Child Development*, 1112-1134.

Eisenberg, N., Fabes, R. A., & Spinrad, T. L. (2006). Prosocial behaviour. *Handbook of Child Psychology, 3*, 646-718.

Eisenberg, N., Fabes, R. A., & Spinrad, T. L. (2006). Prosocial development. In N. Eisenberg, W. Damon, & R. M. Lerner (Eds.), *Handbook of child psychology: Vol. 3. Social, emotional and personality development* (6th ed., pp. 646-718). Hoboken, NJ: Wiley.

Eisenberg, N., Spinrad, T. L., & Sadovsky, A. (2006). Empathy-related responding in children. *Handbook of Moral Development*, 517-549.

Ekinci, B. (2014). The relationships among Sternberg's Triarchic Abilities, Gardner's multiple intelligences, and academic achievement. *Social Behavior and Personality: An International Journal, 42*(4), 625-633.

Ekman, P. (1972). Universals and cultural differences in facial expressions of emotion. In J. Cole (Ed.), *Nebraska symposium on motivation* (pp. 207-283). Lincoln, NE: University of Nebraska Press.

Ekman, P., Friesen, W. V., & Ellsworth, P. (1972). *Emotion in the human face: Guidelines for research and an integration of findings*. Pergamon.

Elfenbein, H. A., & Ambady, N. (2002). On the universality and cultural specificity of emotion recognition: A meta-analysis. *Psychological Bulletin, 128*(2), 203.

Elias, L., & Deborah, S. (2006). *Neuropsychology: Clinical and experimental foundations*. Boston: Pearson.

Elkins, I. J., Malone, S., Keyes, M., Iacono, W. G., & McGue, M. (2011). The impact of attention-deficit/hyperactivity disorder on preadolescent adjustment may be greater for girls than for boys. *Journal of Clinical Child & Adolescent Psychology, 40*(4), 532-545.

Ellis, S., & Rogoff, B. (1982). The strategies and efficacy of child versus adult teachers. *Child Development, 53*, 730-735.

Ellis, S., & Siegler, R. S. (1997). Planning as a strategy choice, or why don't children plan when they should? In S. L. Friedman & E. K. Scholnick (Eds.), *The developmental psychology of planning: Why, how, and when do we plan?* (pp. 183-208). Mahwah, NJ, US: Lawrence Erlbaum.

Enard, W., Prezeworski, M. Fisher, S. E., Lai, C. S. L., Wiebe, V., Kitano, T., Monaco, A. P., & Paabo, S. (2002). Molecular evolution of $FOXP_2$, a gene involved in speech and language. *Nature, 418*, 869-872.

Equit, M., Pälmke, M., Becker, N., Moritz, A. M., Becker, S., & Gontard, A. (2013). Eating problems in young children-a population based study. *Acta Paediatrica, 102*(2), 149-155.

Erikson, E. H. (1950). *Childhood and Society*. New York: Norton.

Erikson, E. H. (1968). *Identity: Youth and crisis*. New York: Norton.

Evans, T. M., Kochalka, J., Ngoon, T. J., Wu, S. S., Qin, S., Battista, C., & Menon, V. (2015). Brain structural integrity and intrinsic functional connectivity forecast 6 year longitudinal growth in children's numerical abilities. *The Journal of Neuroscience, 35*(33), 11743-11750.

Eysenck, H. J., & Eysenck, S. B. G. (1975). *Manual of the Eysenck Personality Questionnaire* (Junior and Adult). Kent, UK: Hodder & Stoughton.

Fagan, J. (1990). Intoxication and aggression. *Crime and justice*, 241-320.

Fagan, J. F., Holland, C. R., & Wheeler, K. (2007). The prediction, from infancy, of adult IQ and achievement. *Intelligence, 35*, 225-231.

Fagot, B. I. (1985). Beyond the reinforcement principle: Another step toward understanding sex role development. *Developmental Psychology, 21*(6), 1097.

Faith, M. S., & Hittner, J. B. (2010). Infant temperament and eating style predict change in standardized weight status and obesity risk at 6 years of age. *International Journal of Obesity, 34*(10), 1515-1523.

Fanti, K. A., & Henrich, C. C. (2014). Effects of self-esteem and narcissism on bullying and victimization during early adolescence. *The Journal of Early Adolescence, 23*, 1-25.

Fanti, K. A., & Kimonis, E. R. (2012). Bullying and victimization: The role of conduct problems and psychopathic traits. *Journal of Research on Adolescence, 22*(4), 617-631.

Fantz, R. L. (1961). *The origin of form perception*. Scientific American.

Fantz, R. L. (1963). Pattern vision in newborn infants. *Science, 140*, 296-297.

Fasig, L. G. (2000). Toddlers' understanding of ownership: implications for self-concept development. *Social Development, 9*(3), 370-382.

Feeney, J., & Noller, P. (1990). Attachment style as a predictor of adult romantic relationships. *Journal of Personality and Social Psychology, 58*(2), 281-291.

Feldman, M. B., & Meyer, I. H. (2007). Eating disorders in diverse lesbian, gay, and bisexual populations. *International Journal of Eating Disorders, 40*(3), 218-226.

Feldman, R. (2007). Mother infant synchrony and the development of moral orientation in childhood and adolescence: Direct and indirect mechanisms of developmental continuity. *American Journal of Orthopsychiatry, 77*(4), 582-597.

Feldman, R. (2012). Bio-behavioral synchrony: A model for integrating biological and microsocial behavioral processes in the study of parenting. *Parenting, 12*(2-3), 154-164.

Feldman, R., Rosenthal, Z., & Eidelman, A. (2014). Maternal-preterm skin-to-skin contact enhances child physiologic organization and cognitive control across the first 10 years of life. *Biological Psychiatry, 75*(1), 56-64.

Fenson, L. (2007). *MacArthur-bates communicative development inventories: Words and gestures, desktop scannable*. Brookes.

Fernald, A., Marchman, V., & Weisleder, A. (2013). SES differences in language processing skill and vocabulary are evident at 18 months. *Developmental Science Dev Sci, 16*(2), 234-248.

Field, A. E., Coakley, E. H., Must, A., Spadano, J. L., Laird, N., Dietz, W. H., ... & Colditz, G. A. (2001). Impact of overweight on the risk of developing common chronic diseases during a 10-year period. *Archives of Internal Medicine, 161*(13), 1581-1586.

Field, T. (2014). *Touch* (2nd ed.). Cambridge, MA, US: MIT Press.

Field, T., Diego, M., & Hernandez-Reif, M. (2010). Moderate pressure is essential for massage therapy effects. *International Journal of Neuroscience, 120*(5), 381-385.

Firestone, R. W. (2014). The ultimate resistance. *Journal of Humanistic Psychology*, 0022167814527166.

Firestone, T. (2014). The jewish cultural complex. *Psychological Perspectives, 57*(3), 278-290.

Firestone, W. A. (2014). Teacher evaluation policy and conflicting theories of motivation. *Educational Researcher, 42*(2), 100-107.

Fivush, R. (2011). The development of autobiographical memory. *Annual Review of Psychology, 62,* 559-582.

Flavell, J. H. (1981). Cognitive monitoring. In W. P. Dickson (Ed.), *Children's Oral Communication Skills.* New York: Academic Press.

Flavell, J. H. (1999). Cognitive development: Children's knowledge about the mind. *Annual Review of Psychology, 50*(1), 21-45.

Flavell, J. H., Beach, D. R., & Chinsky, J. M. (1966). Spontaneous verbal rehearsal in a memory task as a function of age. *Child Development,* 283-299.

Flom, R., Whipple, H., & Hyde, D. (2009). Infants' intermodal perception of canine (Canis familairis) facial expressions and vocalizations. *Developmental psychology, 45*(4), 1143.

Flynn, J. R. (1984). The mean IQ of Americans: Massive gains 1932 to 1978. *Psychological Bulletin, 95,* 29-51.

Fodor, J. A. (1983). *The modularity of mind: An essay on faculty psychology.* MIT press.

Fogel, A., Diamond, G. R., Langhorst, B. H., & Demos, V. (1982). Affective and cognitive aspects of the 2-month-old's participation in face-to-face interaction with the mother. In E. Tronick (Ed.), *Social interchange in infancy: Affect, cognition, and communication* (pp. 35-57). Baltimore: University Park Press.

Forbes, L. M., Evans, E. M., Moran, G., & Pederson, D. R. (2007). Change in atypical maternal behavior predicts change in attachment disorganization from 12 to 24 months in a high risk sample. *Child Development, 78*(3), 955-971.

Fortunato, I., Hecht, D., Tittle, C. K., & Alvarez, L. (1991). Metacognition and problem solving. *Arithmetic Teacher, 38*, 38-40.

Fox, N. A., Kimmerly, N. L., & Schafer, W. D. (1991). Attachment to mother/attachment to father: A meta-analysis. *Child Development, 62*(1), 215-225. Retrieved from: http://www.ncbi.nlm.nih.gov/pubmed/1827064

Frankenburg, W. K., & Dodds, J. B. (1967). The Denver developmental screening test. *The Journal of Pediatrics, 71*(2), 181-191.

Frankenburg, W. K., Dodds, J., Archer, P., Shapiro, H., & Bresnick, B. (1992). The Denver II: A major revision and restandardization of the Denver Developmental Screening Test. *Pediatrics, 89*(1), 91-97.

Fransson, M., Granqvist, P., Bohlin, G., & Hagekull, B. (2013). Interlinkages between attachment and the Five-Factor Model of personality in middle childhood and young adulthood: A longitudinal approach. *Attachment & human development, 15*(2), 219-239.

Freedland, R. L., & Dannemiller, J. L. (1987). Detection of stimulus motion in 5-month-old infants. *Journal of Experimental Psychology: Human Perception and Performance, 13*(4), 566.

Friedman N. P., Miyake A., Robinson J. L., Hewitt J. K. (2011). Developmental trajectories in toddlers' self-restraint predict individual differences in executive functions 14 years later: A behavioral genetic analysis. *Developmental Psychology, 47*(5), 1410-1430.

Friedman, W. J. (1990). Children's representations of the pattern of daily activities. *Child Development, 61,* 1399-1412.

Friedman, W. J. (2002). Arrows of Time in Infancy: The Representation of Temporal-Causal Invariances. *Cognitive Psychology, 44*(3), 252-296.

Friedman, W. J., & Lyon, T. D. (2005). Development of temporal-reconstructive abilities. *Child Development, 76,* 1202-1216.

Friedrich, W. N., Greenberg, M. T., & Crnic, K. (1983). A short-form of the Questionnaire on Resources and Stress. *American Journal of Mental Deficiency, 88,* 41-48.

Friend, M., & Davis, T. L. (1993). Appearance-reality distinction: Children's understanding of the physical and affective domains. *Developmental Psychology, 29*(5), 907.

Furman, W., & Shaffer, L. (2003). The role of romantic relationships in adolescent development. *Adolescent romantic relations and sexual behavior: Theory, research, and practical implications,* 3-22.

Gabel, S. (1992). Behavioral problems in sons of incarcerated or otherwise absent fathers: The issue of separation. *Family Process, 31*(3), 303-314.

Gailliot, M., Gitter, S., Baker, M., & Baumeister, R. (2012). Breaking the rules: Low trait or State self-control increases social norm violations. *Psychology, 3,* 1074-1083.

Gale, C. R., Batty, G. D., Tynelius, P., Deary, I. J., & Rasmussen, F. (2010). Intelligence in early adulthood and subsequent hospitalization for mental disorders. *Epidemiology, 21,* 70-77.

Gale, C. R., Robinson, S. M., Godfrey, K. M., Law, C. M., Schlotz, W., & O'Callaghan, F. J. (2008). Oily fish intake during pregnancy-association with lower hyperactivity but not with higher full scale IQ in offspring. *Journal of Child Psychology and Psychiatry, 49*(10), 1061-1068.

Gallup, A. C., Chong, A., Kacelnik, A. & Couzin, I. D. (2014). The influence of emotional facial expressions on gaze-copying in grouped and solitary pedestrians. *Scientific Reports, 4,* 5794.

Galton, F. (1869). *Hereditary genius.* Macmillan and Company.

Gardiner, A. K., Bjorklund, D. F., Greif, M. L., Gray, S. K. (2012). Choosing and using tools: Prior experience and task difficulty influence preschoolers' tool-use strategies. *Cognitive Development, 27,* 240-254.

Gardner, H. (1983). *Frames of mind.* New York: Basic Book Inc.

Gardner, H. (1999). *The disciplined mind.* New York: Simon & Schuster.

Gardner, H. (2004). Audiences for the theory of multiple intelligences. *Teachers College Record, 106,* 212-220.

Gartstein, M. A., Putnick, D., Kwak, K., Hahn, C. S., & Bornstein, M. H. (2015). Stability of temperament in South Korean infants from 6 to 12 to 18 months: Moderation by age, gender, and birth order. *Infant Behavior and Development, 40,* 103-107.

Gass, K., Jenkins, J., & Dunn, J. (2007). Are sibling relationships protective? A longitudinal study. *Journal* of Child Psychology and Psychiatry, 48(2), 167-175.

Geary, D. C. (2005). *The origin of mind: Evolution of brain, cognition, and general intelligence.* Washington, DC: American Psychological Association.

Gelman, S., Taylor, M., Nguyen, S., Leaper, C., & Bigler, R. (2004). Mother-Child Conversations about Gender: Understanding the Acquisition of Essentialist Beliefs. *Monographs of the Society for Research in Child Development, 69*(1), 1-142.

Gendron, M., Roberson, D., van der Vyver, J. M., & Barrett, L. F. (2014). Perceptions of emotion from facial expressions are not culturally universal: Evidence from a remote culture. *Emotion, 14*(2), 251.

Gentile, D. A., Lynch, P. J., Linder, J. R., & Walsh, D. A. (2004). The effects of violent video game habits on adolescent hostility, aggressive behaviors, and school performance. *Journal of Adolescence, 27*(1), 5-22.

Gentner, D. (1982). Why nouns are learned before verbs: Linguistic relativity versus natural partitioning. In S. A. Kuczaj II (Ed.), *Language Development 2: Language, Thought, and Culture* (pp. 301-334). Hillsdale, NJ: Erlbaum.

George, C., Kaplan, N., & Main, M. (1985). *Adult attachment interview* (2nd ed.). Unpublished manuscript, University of California at Berkeley.

George, C., Kaplan, N., & Main, M. (1996). *Adult attachment interview* (3rd ed.). Unpublished manuscript, University of California at Berkeley.

Gibson, E. J., & Walk, R. D. (1960). *The "visual cliff"* (Vol. 1). WH Freeman Company.

Gilbert, P. (2004). Evolution, attractiveness, and the emergence of shame and guilt in a self-aware mind: A reflection on Tracy and Robins. *Psychological Inquiry,* 132-135.

Gilligan, C. (1982). *In a different voice.* Harvard University Press.

Gilligan, C., & Attanucci, J. (1988). Two moral orientations. Gender differences and similarities. *Merrill-Palmer Quarterly, 34*(3), 223-237.

Glasgow, K. L., Dornbusch, S. M., Troyer, L., Steinberg, L. R., & Ritter, P. L. (1997). Parenting styles, adolescents' attributions, and educational outcomes in nine heterogeneous high school. *Child Development, 68*(3), 507-529.

Gleeson, G., & Fitzgerald, A. (2014). Exploring the association between adult attachment styles in romantic relationships, perceptions of parents from childhood and relationship satisfaction. *Health, 6,* 1643-1661.

Gnepp, J., & Hess, D. (1986). Children's understanding of verbal and facial display rules. *Developmental Psychology, 22*(1), 103-108.

Godard, O., Baudouin, J., Schaal, B., & Durand, K. (2016). Affective matching of odors and facial expressions in infants: Shifting patterns between 3 and 7 months. *Developmental Science Dev Science, 19*(1), 155-163.

Golby, B., Bretherton, I., Winn, L., & Page, T. (1995). Coding manual for the attachment story completion task. *Unpublished manuscript, University of Wisconsin-Madison.*

Goldberg, W. A., Prause, J., Lucas-Thompson, R., & Himsel, A. (2008). Maternal employment and children's achievement in context: A meta-analysis of four decades of research. *Psychological Bulletin, 134*(1), 77.

Goldfield, B. A., & Reznick, J. S. (1990). Early lexical acquisition: Rate, content, and the vocabulary spurt. *Journal of Child Language, 17*(1), 171-183.

Goldin-Meadow, S., & Alibali, M. W. (2013). Gesture's role in speaking, learning, and creating language. *Annual Review of Psychology, 64,* 257.

Goldsmith, H. H., & Alansky, J. A. (1987). Maternal and infant temperamental predictors of attachment: A meta-analytic review. *Journal of Consulting and Clinical Psychology, 55*(6), 805.

Goldsmith, H. H., & Rothbart, M. K. (1991). Contemporary instruments for assessing early temperament by questionnaire and in the laboratory. In *Explorations in temperament* (pp. 249-272). Springer US.

Goldsmith, H. H., Buss, A. H., Plomin, R., Rothbart, M. K., Thomas, A., Chess, S., et al. (1987). Roundable: What is temperament? Four approaches. *Child*

Development, 58, 505-529.

Goldstein, M. H., & Schwade, J. A. (2008). Social feedback to infants' babbling facilitates rapid phonological learning. *Psychological Science, 19*(5), 515-523.

Golestani, N., Molko, N., Dehaene, S., LeBihan, D., & Pallier, C. (2007). Brain structure predicts the learning of foreign speech sounds. *Cerebral Cortex, 17*(3), 575-582.

Gomez-Garibello, C., & Talwar, V. (2015). Can you read my mind? Age as a moderator in the relationship between theory of mind and relational aggression. *International Journal of Behavioral Development*, 0165025415580805.

Goodman, R., & Stevenson, J. (1989). A twin study of hyperactivity-II. The aetiological role of genes, family relationships and perinatal adversity. *Journal of Child Psychology and Psychiatry, 30*(5), 691-709.

Goodwin, G. O. (2009). Evidence-based guidelines for treating bipolar disorder: Revised second edition-recommendations from the British Association for Psychopharmacology. *Journal of Psychopharmacology, 23*(4), 346-388.

Gopnik, A., & Astington, J. W. (1988). Children's understanding of representational change and its relation to the understanding of false belief and the appearance-reality distinction. *Child Development*, 26-37.

Gopnik, A., & Meltzoff, A. N. (1986). Relations between semantic and cognitive development in the one-word stage: The specificity hypothesis. *Child Development*, 1040-1053.

Gopnik, A., & Wellman, H. M. (2013). Reconstructing contructivism: Causal models, bayesian learning mechanisms and the theory theory. *Psychological Bulletin, 138*(6), 1085-1108.

Gopnik, A., Meltzoff, A. N., & Bryant, P. (1997). *Words, thoughts, and theories* (Vol. 1). Cambridge, MA: Mit Press.

Goswami, U., & Brown, A. L. (1989). Melting chocolate and melting snowmen: Analogical reasoning and causal relations. *Cognition, 35*, 69-95.

Gottfredson, L. S. (2003). Dissecting practical intelligence theory: Its claims and evidence. *Intelligence, 31*(4), 343-397.

Gottfredson, L., & Saklofske, D. H. (2009). Intelligence: Foundations and issues in assessment. *Canadian Psychology/Psychologie Canadienne, 50*(3), 183.

Gottfried, A. W., Gottfried, A. E., & Guerin, D. W. (2009). Issues in early prediction and dentification of intellectual giftedness. In F. D. Horowitz, R. F. Subotnik, & D. J. Matthews (Eds.), *The development of giftedness and talent across the life span* (pp. 43-56). Washington, DC: American Psychological Association.

Greenberg, L. M., Kindschi, C. L., & Corman, C. L. (1996). TOVA test of variables of attention: Clinical guide. *St. Paul, MN: TOVA Research Foundation*.

Gregson, S., & Blacker, J. (2011). Kangaroo care in pre-term or low birth weight babies in a postnatal ward. *British Journal of Midwifery, 19*(9), 568-577.

Greitemeyer, T., & Osswald, S. (2010). Effects of prosocial video games on prosocial behavior. *Journal of Personality and Social Psychology, 98*(2), 211.

Grigorenko, E. L. (2001). Development dyslexia: An update on genes, brain, and environments. *Journal of Child Psychology and Psychiatry, 42*, 91-125.

Grinley, M. J. (2002). Effects of advertising on semantic and episodic memory. *Unpublished master's thesis*, University of Washington.

Gross, D. (2011). *Infancy: Developmental from birth to age 3*. Boston: Pearson/Allyn & Bacon.

Gross, D., & Harris, P. L. (1988). False beliefs about emotion: Children's understanding of misleading emotional displays. *International Journal of Behavioral Development, 11*(4), 475-488.

Gross, J. J. (1998). The emerging field of emotion regulation: An integrative review. *Review of General Psychology, 2*, 271-299.

Gross, J. J. (2014). Emotion regulation: Conceptual and empirical foundations. In J. J. Gross (Ed.), *Handbook of emotion regulation* (2nd ed., pp. 3-20). New York, NY, US: Guilford Press.

Grossmann, K., Grossmann, K. E., Fremmer-Bombik, E., Kindler, H., Scheuerer-Englisch, H., & Zimmerman, P. (2002). The uniqueness of child-father attachment relationship: Father's sensitive and challenging play as the pivotal variable in a 16-year longitudinal study. *Social Development, 11,* 307-331.

Guilford, J. P. (1967). *The nature of human intelligence.* New York: McGraw-Hill.

Gumora, G., & Arsenio, W. (2002). Emotionality, emotion regulation, and school performance in middle school children. *Journal of School Psychology, 40*(5), 395-413.

Gunnell, D., Magnusson, P. K., & Rasmussen, F. (2005). Low intelligence test scores in 18 year old men and risk of suicide: Cohort Study. *British Medical Journal, 330,* 167.

Hackman D. A., & Farah M. J. (2009). Socioeconomic status and the developing brain. *Trends Cognitive Science, 13*(2), 65-73. doi: 10.1016/j.tics.2008.11.003.

Haier, R. J., & Jung, R. E. (2008). Brain imaging studies of intelligence and creativity: What is the picture for education? *Roeper Review, 30*(3), 171-180.

Haier, R. J., Jung, R. E., Yeo, R. A., Head, K., & Alkire, M. T. (2004). Structural brain variation and general intelligence. *Neuroimage, 23*(1), 425-433.

Halberda, J. (2003). The development of a word-learning strategy. *Cognition, 87*(1), B23-B34.

Halim, M. L., Ruble, D. N., Tamis-LeMonda, C. S., Zosuls, K. M., Lurye, L. E., & Greulich, F. K. (2014). Pink frilly dresses and the avoidance of all things "girly": Children's appearance rigidity and cognitive theories of gender development. *Developmental Psychology, 50*(4), 1091.

Haller, R., Rummel, C., Henneberg, S., Pollmer, U., & Köster, E. P. (1999). The influence of early experience with Vanillin on food preference later in life. *Chemical Senses, 24*(4), 465-467.

Hamlin, J. K., Wynn, K., & Bloom, P. (2007). Social evaluation by preverbal infants. *Nature, 450*(7169), 557-559.

Hamlin, J. K., Wynn, K., & Bloom, P. (2010). Three month olds show a negativity bias in their social evaluations. *Developmental science, 13*(6), 923-929.

Hanna, G. L., Fischer, D. L., and Fluent, T. E. (2006). Separation anxiety disorder and school refusal in children and adolescents. *Pediatrics in Review, 27,* 56-63.

Hanson, J. L., Hair, N., Shen, D. G., Shi, F., Gilmore, J. H., Wolfe, B. L., & Pollak, S. D. (2013). Family poverty affects the rate of human infant brain growth. *PLoS One, 8*(12), 1-9.

Harlow, H. F., & Suomi, S. J. (1977). Production and alleviation of depressive behaviors in monkeys. In J. D. Maser & M. E. P. Seligman (Eds.), *Psychopathology: Experimental models.* SF: Freeman Press.

Harlow, H. F., & Zimmerman, R. (1959). Affectional responses in the infant monkey. *Science, 130,* 421-432.

Harré, R., & Lamb, R. (Eds.). (1983). *The encyclopedic dictionary of psychology* (pp. 525-526). Cambridge, MA: Mit Press.

Harris, G., Thomas, A., & Booth, D. A. (1990). Development of salt taste in infancy. *Developmental Psychology, 26*(4), 534.

Harris, J. R. (2011). *The nurture assumption: Why children turn out the way they do.* Simon and Schuster.

Harris, P. L. (1991). The work of the imagination. In A. Whiten (Ed.), *Natural theories of mind* (pp. 283-304). Oxford: Blackwell.

Harris, P. L. (2000). *The work of imagination.* New York: Oxford University Press.

Harris, P. L. (2006). Social cognition. In W. Damon & R. Lerner (Eds.), *Handbook of child psychology* (6th ed., pp. 811-858). New York: Wiley.

Harrow, M., Goldberg, J. F., Grossman, L. S., & Meltzer, H. Y. (1990). Outcome in manic disorders: A naturalistic follow-up study. *Archives of General Psychiatry, 47*(7), 665-671.

Hart, B., & Risley, T. (1995). *Meaningful differences in the everyday experience of young American children.* Baltimore: Paul H. Brookes Publishing.

Hart, B., & Risley, T. R. (2003). The early catastrophe: The 30 million word gap by age 3. *American Educator, 27*(1), 4-9.

Hart, S., Jones, N. A., & Field, T. (2003). Atypical expressions of jealousy in infants of intrusive-and withdrawn-depressed mothers. *Child psychiatry and human development, 33*(3), 193-207.

Harter, S. (1985). *Manual for the self-perception profile for children*. Denver, CO: University of Denver.

Harter, S. (2012). *The construction of the self* (2nd ed.). New York: Wiley.

Harter, S., Marold, D. B., Whitesell, N. R., & Cobbs, G. (1996). A model of the effects of perceived parent and peer support on adolescent false self behavior. *Child Development, 67*(2), 360-374.

Harter, S., Waters, P., & Whitesell, N. R. (1998). Relational self worth: Differences in perceived worth as a person across interpersonal contexts among adolescents. *Child Development, 69*(3), 756-766.

Hartshorne, H., & May, M. A. (1928). *Studies in the nature of character, Volume 1:* St in deceit. New York: Macmillan.

Hatano, G., Sieler, R. S., Richards, D. D., Inagaki, K., Stavy, R., & Wax, N. (1993). The development of biological knowledge: A multinational study. *Cognitive Development, 8,* 47-62.

Hay, D. F., Nash, A., & Pedersen, J. (1983). Interaction between six-month-old peers. *Child Development,* 557-562.

Hazan, C., & Shaver, P. (1987). Romantic love conceptualized as an attachment process. *Journal of Personality and Social Psychology, 52*(3), 511-524.

Healey, M. D., & Ellis, B. J. (2007). Birth order, conscientiousness, and openness to experience: Tests of the family-niche model of personality using a within-family methodology. *Evolution and Human Behavior, 28*(1), 55-59.

Helwig, C. C., & Turiel, E. (2011). Children's social and moral reasoning. In C. Hart & P. Smith (Eds.), *Wiley-Blackwell handbook of childhood social development* (2nd ed., pp. 567-583). Hoboken, NJ: Wiley-Blackwell.

Hepper, P. (1988). Fetal "soap" addiction. *The Lancet, 331*(8598), 1347-1348.

Hepper, P. G., & Shahidullah, S. (1992). Habituation in normal and Down's syndrome fetuses. *Quarterly Journal of Experimental Psychology: Section B, 44*(3-4), 305-317.

Hepper, P. G., Dornan, J. C., & Lynch, C. (2012). Sex differences in fetal habituation. *Developmental Science, 15*(3), 373-383.

Hetherington, E. M. (2003). Social support and the adjustment of children in divorced and remarried families. *Childhood, 10*(2), 217-236.

Heyns, B. (1978). *Summer learning and the effects of schooling* (pp. 227-268). New York: Academic Press.

Hinduja, S., & Patchin, J. W. (2010). Bullying, cyberbullying, and suicide. *Archives of Suicide Research, 14*(3), 206-221.

Hines, M. (2011). Gender development and the human brain. *Annual review of neuroscience, 34,* 69-88.

Hirsch, S., & Sheffield, R. (2006). Coping with a child's conduct disorder. *Virtual Mentor, 8*(10), 654-658.

Hoff, E. (2001). *Language Development* (2nd ed.). Belmont, CA: Wadsworth.

Hoffman, M. (2000). *Empathy and moral development. Implications for Caring and Justice,* Cambridge.

Hoffman, M. L. (1967). 13. Power assertion by the parent and its impact on the child. In G. R. Medinnus (Ed.), *Readings in the Psychology of Parent-Child Relations* (pp. 128-141). New York: John Wiley & Sons.

Hoffman, M. L. (1970). Moral development. *Carmichael's manual of child psychology, 2,* 261-359.

Hoffman, M. L. (1982). Development of prosocial motivation: Empathy and guilt. In N. Eisenberg (Ed.). *Development of prosocial behavior* (pp. 281-313). New York: Academic Press.

Hoffman, M. L. (1984). Empathy, its limitations, and its role in a comprehensive moral theory. *Morality, Moral Behavior, and Moral Development*, 283-302.

Hoffman, M. L. (1984). Interaction of affect and cognition in empathy. *Emotions, Cognition, and Behavior*, 103-

131.

Hoffman, M. L. (1984). Parent discipline, moral internalization, and development of prosocial motivation. In *Development and maintenance of prosocial behavior* (pp. 117-137). Springer US.

Hoffman, M. L., & Saltzstein, H. D. (1967). Parent discipline and the child's moral development. *Journal of Personality and social Psychology, 5*(1), 45.

Hollich III, G. J., Jusczyk, P. W., & Luce, P. A. (2000). Infant sensitivity to lexical neighborhoods during word learning. *The Journal of the Acoustical Society of America, 108*(5), 2481.

Hollich, G., & Houston, D. (2007). Language Development: From speech perception to first words. In A. Slater & M. Lewis (Eds.), *Introduction to infant development* (2nd ed.). New York, NY: Oxford University Press.

Honari, B., & Saremi, A. A. (2015). The study of relationship between attachment styles and obsessive love style. *Procedia-Social and Behavioral Sciences, 165*, 152-159.

Hong-Nam, K., & Leavell, A. G. (2007). A comparative study of language learning strategy use in an EFL context: Monolingual Korean and bilingual Korean-Chinese university students. *Asia Pacific Education Review, 8*(1), 71-88.

Horn, J. L., & Cattell, R. B. (1967). Age differences in fluid and crystallized intelligence. *Acta Psychologica, 26*, 107-129.

Horn, J. L., & Cattell, R. B. (1982). Whimsy and misunderstanding of Gf-Gc theory: A comment on Guilford. *Psychological Bulletin, 91*, 623-633.

Horst, J., & Samuelson, L. (2008). Fast Mapping but Poor Retention by 24-Month-Old Infants. *Infancy, 13*(2), 128-157.

Howes, C., Rodning, C., Galluzzo, D. C., & Myers, L. (1988). Attachment and child care: Relationships with mother and caregiver. *Early Childhood Research Quarterly, 3*(4), 403-416.

Howse, R. B., Calkins, S. D., Anastopoulos, A. D., Keane, S. P., & Shelton, T. L. (2003). Regulatory contributors to children's kindergarten achievement. *Early Education and Development, 14*(1), 101-120.

Huesmann, L. R., Moise-Titus, J., Podolski, C. L., & Eron, L. D. (2003). Longitudinal relations between children's exposure to TV violence and their aggressive and violent behavior in young adulthood: 1977-1992. *Developmental psychology, 39*(2), 201.

Hughes, C., Russell, J., & Robbins, T. W. (1994). Evidence for executive dysfunction in autism. *Neuropsychologia, 32*(4), 477-492.

Hughes, J. (1975). Isolation of an endogenous compound from the brain with pharmacological properties similar to morphine. *Brain Research, 88*(2), 295-308.

Huijbregts, S., Séguin, J., Zoccolillo, M., Boivin, M., & Tremblay, R. (2008). Maternal prenatal smoking, parental antisocial behavior, and early childhood physical aggression. *Development and Psychopathology, 20*(2).

Hultman, C. M., Sandin, S., Levine, S. Z., Lichtenstein, P., & Reichenberg, A. (2011). Advancing paternal age and risk of autism: New evidence from a population-based study and a meta-analysis of epidemiological studies. *Molecular psychiatry, 16*(12), 1203-1212.

Huston, A., & Aronson, S. (2005). Mothers' time with infant and time in employment as predictors of mother? Child relationships and children's early development. *Child Development, 76*(2), 467-482.

Huttenlocher, P. R., & Dabholkar, A. S. (1997). Regional differences in synaptogenesis in human cerebral cortex. *Journal of Comparative Neurology, 387*(2), 167-178.

Hyde, J. S., & Else-Quest, N. M. (2013). *Half the human experience* (8th ed.). Belmont, CA: Wadsworth Cengage.

Ireton, H. (1992). *Child development inventory manual.* Minneapolis, MN: Behavior Science Systems.

Izard, C. E. (1978). Emotions as motivations: An evolutionary-developmental perspective. In H. E. Howe, Jr. (Ed.), *Nebraska symposium on motivation* (Vol. 26, pp. 163-199). Lincoln: University of Nebraska Press.

Jabagchourian, J. J., Sorkhabi, N., Quach, W., & Strage, A. (2014). Parenting styles and practices of latino parents and latino fifth Graders' academic, cognitive, social, and behavioral outcomes. *Hispanic Journal of Behavioral Sciences, 36*(2), 175-194.

Jacobson, C. D., Csernus, V. J., Shryne, J. E., & Gorski, R. A. (1981). The influence of gonadectomy, androgen exposure, or a gonadal graft in the neonatal rat on the volume of the sexually dimorphic nucleus of the preoptic area. *The Journal of Neuroscience, 1*(10), 1142-1147.

Jacobson, J. L. (1981). The role of inanimate objects in early peer interaction. *Child Development, 52*(2), 618-626.

Jaffee, S., & Hyde, J. S. (2000). Gender differences in moral orientation: A meta-analysis. *Psychological Bulletin, 126*(5), 703.

Jakobson, R. (1981). *Why "mama" and "papa"? Selected writings: Phonological studies.* Paris: Mouton.

Janssen, A. W. H., Janssens, J. M. A. M., & Gerris, J. R. (1992). Parents' and children's levels of moral reasoning: Antecedents and consequences of parental discipline strategies. *Child Rearing: Influence on Prosocial and Moral Development,* 169-196.

Jensen, A. R. (1972). The heritability of intelligence. *Saturday Evening Post,* 244(2), 9, 12, 149.

Jensen, A. R. (1993). Spearman's g: Links between psychometrics and biology. *Annals of the New York Academy of Sciences, 702*(1), 103-129.

Jeynes, W. H. (2006). The impact of parental remarriage on children: A meta-analysis. *Marriage & Family Review, 40*(4), 75-102.

Jia, G., & Aaronson, D. (2003). A longitudinal study of Chinese children and adolescents learning English in the United States. *Applied Psycholinguistics, 24*(1), 131-161.

Jingxin, Z., Jiliang, S., & Wenxin, Z. (2006). Second-order False Belief Attribution and Second-order Emotion Understanding in Children. *Psychological Science (China).*

Johnson, J. S., & Newport, E. L. (1989). Critical period effects in second language learning: The influence of maturational state on the acquisition of English as a second language. *Cognitive Psychology, 21*(1), 60-99.

Johnson, M. H., Dziurawiec, S., Ellis, H., & Morton, J. (1991). Newborns' preferential tracking of face-like stimuli and its subsequent decline. *Cognition, 40,* 1-19.

Johnson, M. K. (1988). Reality monitoring: An experimental phenomenological approach. *Journal of Experimental Psychology: General, 117*(4), 390.

Johnson, R. D., & Downing, L. L. (1979). Deindividuation and valence of cues: Effects on prosocial and antisocial behavior. *Journal of Personality and Social Psychology, 37*(9), 1532.

Jones, D., Abbey, B., & Cumberland, A. (1998). The development of display rule knowledge: Linkages with family expressiveness and social competence. *Child Development, 69*(4), 1209-1209.

Jones, W., Carr, K., & Klin, A. (2008). Absence of preferential looking to the eyes of approaching adults predicts level of social disability in 2-year-old toddlers with autism spectrum disorder. *Archives of General Psychiatry, 65*(8), 946-954.

Jordan, N., Glutting, J., & Ramineni, C. (2010). The importance of number sense to mathematics achievement in first and third grades. *Learning and Individual Differences, 20*(2), 82-88.

Josselyn, S. A., & Frankland, P. W. (2012). Infantile amnesia: A neurogenic hypothesis. *Learning & Memory, 19*(9), 423-433.

Judge, S. (2006). Constructing an assistive technology toolkit for young children: Views from the field. *Journal of Special Education Technology, 21*(4), 17.

Judge, S., Puckett, K., & Bell, S. M. (2006). Closing the digital divide: Update from the early childhood longitudinal study. *The Journal of Educational Research, 100*(1), 52-60.

Jung, R. E., & Haier, R. J. (2007). The Parieto-Frontal Integration Theory (P-FIT) of intelligence: converging neuroimaging evidence. *Behavioral and Brain*

Sciences, 30(02), 135-154.

Kagan, J. (2006). Biology, culture, and temperamental biases. In W. Damon & R.Lerner (Series Eds.) & Kahn, R. E., Frick, P. J., Youngstrom, E., Findling, R. L., & Youngstrom, J. K. (2012). The effects of including a callous-unemotional specifier for the diagnosis of conduct disorder. *Journal of Child Psychology and Psychiatry, 53*(3), 271-282.

Kalish, C. W. (1996). Preschoolers' understanding of germs as invisible mechanism. *Cognitive Development, 11,* 83-106.

Kalra, S. K., & Swedo, S. E. (2009). Children with obsessive-compulsive disorder: Are they just "little adults"? *The Journal of Clinical Investigation, 119*(4), 737.

Kaminski, J., Call, J., & Fischer, J. (2004). Word learning in a domestic dog: Evidence for "fast mapping". *Science, 304*(5677), 1682-1683.

Kana, R. K., Libero, L. E., Hu, C. P., Deshpande, H. D., & Colburn, J. S. (2014). Functional brain networks and white matter underlying theory-of-mind in autism. *Social Cognitive and Affective Neuroscience, 9*(1), 98-105.

Kaufman, A. S. (2004). *KABC-II: Kaufman Assessment Battery for Children*. AGS Pub..

Kaufman, A. S., & Kaufman, N. L. (1983). *Kaufman assessment battery for children*. John Wiley & Sons, Inc.

Kay, D. A., & Anglin, J. M. (1982). Overextension and underextension in the child's expressive and receptive speech. *Journal of Child Language, 9*(01), 83-98.

Keane, S. P., & Calkins S. D., (2004). Predicting kindergarten peer social status from toddler and preschool problem behavior. *Journal of Abnormal Child Psychology, 32,* 409-423.

Keenan, K. (2000). Emotion dysregulation as a risk factor for child psychopathology. *Clinical Psychology: Science and Practice, 7*(4), 418-434.

Keil, C. F., & Delitzsch, F. (2014). *Commentary on the Old Testament*. Titus Books.

Keil, F. C. (2014). *Developmental Psychology: The Growth of Mind and Behavior*. NY: W. W. Norton & Company.

Kellman, P. J., & Spelke, E. S. (1983). Perception of partly occluded objects in infancy. *Cognitive Psychology, 15,* 483-524.

Kellman, P. K., & Arterberry, M. (2006). Infant visual perception. In W. Damon & R. Lerner (Series Eds.), & D. Kuhn & R. S. Siegler (Vol. Eds.), *Handbook of child psychology: Vol. 2 Cognition, perception, and language* (6th ed., pp. 109-160). Hoboken, NJ: Wiley.

Kelly, J. B. (2000). Children's adjustment in conflicted marriage and divorce: A decade review of research. *Journal of the American Academy of Child & Adolescent Psychiatry, 39*(8), 963-973.

Kelly, J. P., Borchert, J., & Teller, D. Y. (1997). The development of chromatic and achromatic sensitivity in infancy as tested with the sweep VEP. *Vision Research, 37,* 2057-2072.

Kesebir, S., & Oishi, S. (2010). A spontaneous self-reference effect in memory why some birthdays are harder to remember than others. *Psychological Science*.

Kienbaum, J., Volland, C., & Ulich, D. (2001). Sympathy in the context of mother-child and teacher-child relationships. *International Journal of Behavioral Development, 25*(4), 302-309.

Kiessling, L. S., Marcotte, A. C., & Culpepper, L. (1994). Antineuronal antibodies: Tics and obsessive-compulsive symptoms. *Journal of Developmental & Behavioral Pediatrics, 15*(6), 421-425.

Kim S. J., & Kwak K. J. (2013). The influence of mother's affective parenting at 3 years and developmental change of parenting from 3 to 7 years on school adjustment. *Korean J Dev Psychol, 26*(2), 1-19.

Kim, H. S. (2011). Consequences of parental divorce for child development. *American Sociological Review, 76*(3), 487-511.

Kim, J. Y., McHale, S. M., Crouter, A. C., & Osgood, D. W. (2007). Longitudinal linkages between sibling relationships and adjustment from middle childhood through adolescence. *Developmental Psychology, 43*(4), 960.

Kim, K., Ryu, E., Chon, M. Y., Yeun, E. J., Choi, S. Y., Seo, J. S., & Nam, B. W. (2006). Internet addiction in Korean adolescents and its relation to depression and suicidal ideation: A questionnaire survey. *International Journal of Nursing Studies, 43*(2), 185-192.

Kim, M. (2012). A cognitive study on Jeong in Korean and Amae in Japanese. *Center for cross culture studies at the Kyunghee University, 27*, 471-496.

Kim, S. J., & Kwak, K. J. (2013). The influence of mother's affective parenting at 3 years and developmental change of parenting from 3 to 7 years on school adjustment. *Korean Journal of Developmental Psychology, 26*(2), 1-19.

Kim, S. O. (2001). The development of anger control program for elementary school children. *Kyemyung University Educational Graduate School, Master's thesis*.

Kim, S. T., Kim, J. J., Song, D. H., Lee, H. K., Joo, Y. H., & Hong, C. H. (1997). *Manual of KPI-C*. Seoul: Korea guidance.

Kim, S. Y. (2001). The effect of sociodrama on the children loneliness and peer relations. *Unpublished Master's Thesis*, Hanyang University, Seoul.

Kim, Y. T., Sung, T. J., & Lee, Y. K. (2003). Preschool receptive-expressive language scale (PRES). Seoul: Seoul Community Rehabilitation Center.

Kimonis, E. R., Frick, P. J., & McMahon, R. J. (2014). Conduct and oppositional defiant disorders. In E. J. Mash & R. A. Barkley (Eds.), *Child psychopathology* (3rd ed., pp. 75-121). New York: Guilford Press.

Kipp, K., & Shaffer, D. R. (2007). *Developmental psychology: Childhood and adolescence*. Belmont, CA: Thomson Wadsworth, 264.

Kirkorian, H. L., Pempek, T. A., Murphy, L. A., Schmidt, M. E., & Anderson, D. R. (2009). The impact of background television on parent-child interaction. *Child Development, 80*(5), 1350-1359.

Kitzman, D. W., Little, W. C., Brubaker, P. H., Anderson, R. T., Hundley, W. G., Marburger, C. T., ... & Stewart, K. P. (2002). Pathophysiological characterization of isolated diastolic heart failure in comparison to systolic heart failure. *Jama, 288*(17), 2144-2150.

Kitzmann, K. M., Cohen, C., & Lockwood, R. L. (2002). Are only children missing out? Comparison of the peer-related social competence of only children and siblings. *Journal of Social and Personal Relationships, 19*, 299-316.

Klahr, D. (2000). *Exploring science: The cognition and development of discovery processes*. Cambridge, MA: MIT Press.

Klatzky, R. L., Lederman, S. J., & Mankinen, J. M. (2005). Visual and haptic exploratory procedures in children's judgments about tool function. *Infant Behavior and Development, 28*(3), 240-249.

Klee, T., & Fitzgerald, M. D. (1985). The relation between grammatical development and mean length of utterance in morphemes. *Journal of Child Language, 12*(02), 251-269.

Klenberg, L., Korkman, M., & Lahti-Nuuttila, P. (2001). Differential development of attention and executive functions in 3-to 12-year-old Finnish children. *Developmental Neuropsychology, 20*(1), 407-428.

Klimas, L. (2015, March 3). *Test Based on Common Core Standards Sees Tech Glitches, Protests: 'Not Ready for Prime Time'* Retrieved January 13, 2016, from http://www.theblaze.com/stories/ 2015/03/03/test-based-on-common-core-standards-sees-tech-glitches-protests-not-ready-for-prime-time/

Klingberg, T., Forssberg, H., & Westerberg, H. (2002). Increased brain activity in frontal and parietal cortex underlies the development of visuospatial working memory capacity during childhood. *Journal of Cognitive Neuroscience, 14*(1), 1-10.

Kochanska, G., & Aksan, N. (2006). Children's conscience and self-regulation. *Journal of Personality, 74*(6), 1587-1618.

Kochanska, G., Aksan, N., & Joy, M. E. (2007). Children's fearfulness as a moderator of parenting in early socialization: Two longitudinal studies. *Developmental Psychology, 43*(1), 222.

Kohlberg, L. (1966). A cognitive-developmental analysis of children's sex-role concepts and attitudes.

Kohlberg, L. (1966). A Cognitive-developmental analysis of children's sex-role concepts and attitudes. In E. E. Maccoby (Ed.), *The development of sex differences* (pp. 82-173). Stanford, CA: Stanford University Press.

Kohlberg, L. (1969). Stage and sequence: The cognitive-developmental approach to socialization. In D. Goslin (Ed.), *Handbook of socialization: Theory and research.* New York: Rand McNally.

Kohlberg, L. (1984). The *psychology of moral development: The nature and validity of moral stages.* San Francisco: Harper & Row.

Kohlberg, L., & Hersh, R. H. (1977). Moral development: A review of the theory. *Theory Into Practice, 16*(2), 53-59.

Kohlberg, L., LaCrosse, J., & Ricks, D. (1972). The predictability of adult mental health from childhood behavior. *Manual of Child Psychopathology, 1217*, 1284.

Konishi, C., Hymel, S., Zumbo, B. D., Li, Z., Taki, M., Slee, P., ... & Kwak, K. (2009). Investigating the comparability of a self-report measure of childhood bullying across countries. *Canadian Journal of School Psychology, 24*(1), 82-93.

Koo, H., Kwak, K., & Smith, P. K. (2008). Victimization in Korean schools: The nature, incidence, and distinctive features of Korean bullying or wang-ta. *Journal of School Violence, 7*(4), 119-139.

Korea Network Information Center (2002). *2002 Korean internet statistics yearbook*. Korea Network Information Center, Seoul.

Kovacs, M. (2010). *Assessment report of children's depression inventory: Self-report* (2nd ed.). *Multi-health Systems Inc.*

Kovacs, M. (2016). *The Children's Depression Inventory* (CDI) 2.

Kovacs, M., & Beck, A. T. (1977). An empirical clinical approach towards a definition of childhood depression. In J. G. Schultebrant & A. Raskin (Eds.), *Depression in children* (pp. 1-25). New York: Raven Press.

Kovas, Y., Haworth, C. M. A., Harlaar, N., Petrill, S. A., Dale, P. S., & Plomin, R. (2007). Overlap and specificity of genetic and environmental influences on mathematics and reading disability in 10 year old twins. *Journal of Child Psychology and Psychiatry, 48*(9), 914-922.

Kowalski, R. M., Giumetti, G. W., Schroeder, A. N., & Lattanner, M. R. (2014). Bullying in the digital age: A critical review and meta-analysis of cyberbullying research among youth. *Psychological Bulletin, 140*(4), 1073.

Krashen, S. D. (1975). The critical period for language acquisition and its possible bases. *Annals of the New York Academy of Sciences, 263*(1), 211-224.

Krauss, R. M., & Glucksberg, S. (1977). Social and nonsocial speech. *Scientific American, 236,* 100-105.

Krueger, J. I., Vohs, K. D., & Baumeister, R. F. (2008). Is the allure of self-esteem a mirage after all? *American Psychologist, 63,* 64-65.

Kuhl, P. (2004). Early language acquisition: Cracking the speech code. *Nature Reviews Neuroscience, 5,* 831-843.

Kuhl, P. K., & Meltzoff, A. N. (1982, December 10). The bimodal perception of speech in infancy. *Science, 218,* 1138-1141.

Kuhl, P. K., Stevens, E., Hayashi, A., Deguchi, T., Kiritani, S., & Iverson, P. (2006). Infants show a facilitation effect for native language phonetic perception between 6 and 12 months. *Developmental Science, 9*(2), F13-F21.

Kuhl, P. K., Williams, K. A., Lacerda, F., Stevens, K. N., & Lindblom, B. (1992). Linguistic experience alters phonetic perception in infants by 6 months of age. *Science, 255*(5044), 606-608.

Kumar, I. (2015, April 17). Chomsky says US is world's biggest terrorist. *Euronews: The global conversation.* retrieved from http://www.euronews.com/2015/04/17/chomsky-says-us-is-world-sbiggest-terrorist/

Kwak, K. J. (2006). Programs for prevention of school violence-See ourselves, help ourselves. *Developmental Psychology Lab. SNU.* Retrieved from http://dpsy.snu.ac.kr.

Kwak, K. J. (2015, December). School Bullying in Different Cultures. Symposium conducted at the meeting of the Japanese Psychological Association, Kyoto, Japan.

Kwon, K., & Lease, A. M. (2007). Clique membership and social adjustment in children's same-gender cliques: The contribution of the type of clique to children's self-reported adjustment. *Merrill-Palmer Quarterly, 53*(2), 216-242.

La Greca, A. M., & Harrison, H. M. (2005). Adolescent peer relations, friendships, and romantic relationships: Do they predict social anxiety and depression? *Journal of Clinical Child and Adolescent Psychology, 34*(1), 49-61.

Labrell, F. (1994). A typical interaction behaviour between fathers and toddlers: Teasing. *Early Development and Parenting, 3*(2), 125-130.

Lachar, D., & Gruber, C. P. (2001). Personality inventory for children. *Depression, 18*(87), 91.

Lai, C. S. L., Fisher, S. E., Hurst, J. A., Vargha-Khadem, F., & Monaco, A. P. (2001). A forkhead-domain gene is mutated in a severe speech and language disorder. *Nature, 413,* 519-523.

Laible, D. J., & Carlo, G. (2004). The differential relations of maternal and paternal support and control to adolescent social competence, self-worth, and sympathy. *Journal of Adolescent Research*, 19(6), 759-782.

Laird, R. D., & Marrero, M. D. (2010). Information management and behavior problems: Is concealing misbehavior necessarily a sign of trouble? *Journal of Adolescence*, 33, 297-308.

Laird, R. D., Marrero, M. D., & Sentse, M. (2010). Revisiting parental monitoring: Evidence that parental solicitation can be effective when needed most. *Journal of Youth and Adolescence, 39*(12), 1431-1441.

Lamb, M. E., & Lewis, C. (2013). Father-child relationships. In C. S. Tamis-LeMonda & N. Cabrera (Eds.), *Handbook of father involvement* (2nd ed.). New York: Psychology Press.

Lamb, M. E., & Sternberg, K. J. (1992). Sociocultural perspectives on nonparental child care. In M. E. Lamb, K. J. Sternberg, A. Broberg, & C. P. Hwang (Eds.). *Child care in context: Crosscultural perspectives* (pp. 1-23). Hillsdale, NJ: Erlbaum.

Lamb, M. E., Bornstein, M. H., & Teti, D. M. (2002). *Development in Infancy*. Mahwah, NJ: Erlbaum.

Lamb, M. E., Sternberg, K. J., & Prodromidis, M. (1992). Nonmaternal care and the security of infant-mother attachment: A reanalysis of the data. *Infant Behavior and Development, 15*(1), 71-83.

Lamb, M. E., Thompson, R. A., Gardner, W., & Charnov, E. L. (1985). *Infant-mother attachment: The origins and developmental significance of individual differences in Strange Situation behavior*. Hillsdale, NJ: Erlbaum.

Lambert, W. E. (1985). Some cognitive and sociocultural consequences of being bilingual. In J. E. Alatis & J. J. Staczek, (Eds.), *Perspectives on bilingualism and bilingual education*. Washington, DC: Georgetown University Press.

Landau, B., Smith, L., & Jones, S. (1988). The importance of shape in early lexical learning. *Cognitive Development, 3,* 299-321.

Landry, M. O. R., & Lyons-Ruth, K. (1980). Recursive structure in cognitive perspective taking. *Child Development,* 386-394.

Lansford, J. E. (2009). Parental divorce and children's adjustment. *Perspectives on Psychological Science, 4*(2), 140-152.

Le Grand, R., Mondloch, C. J., Maurer, D., & Brent, H. P. (2004). Impairment in holistic face processing following early visual deprivation. *Psychological Science, 15,* 762-768.

Leader, L. R., Baillie, P., Martin, B., & Vermeulen, E. (1982). The assessment and significance of habituation to a repeated stimulus by the human fetus. *Early Human Development, 7*(3), 211-219.

Ledzinska, M. (1996). Certain problems in education from the perspective of cognitive psychology. *Psychologia Wychowawcza, 39*, 326-335.

Lee, E. A. E., & Troop-Gordon, W. (2011). Peer processes and gender role development: Changes in gender atypicality related to negative peer treatment and children's friendships. *Sex Roles, 64*(1-2), 90-102.

Lee, J., Jang, H., & Bouffard, L. A. (2011). Maternal employment and juvenile delinquency: A longitudinal study of Korean adolescents. *Crime & Delinquency*, 0011128711428733.

Lee, V. E, & Burkam, D. T. (2002). *Inequality at the starting gate: Social background differences in achievement as children begin school*. Washington, D.C.: Economic Policy Institute.

Leichtman, M. D., & Ceci, S. J. (1995). The effects of stereotypes and suggestions on preschoolers' reports. *Developmental Psychology, 31*, 568-578.

Lenhart, A., Kahne, J., Middaugh, E., Macgill, A. R., Evans, C., & Vitak, J. (2008). Teens, Video Games, and Civics: Teens' Gaming Experiences Are Diverse and Include Significant Social Interaction and Civic Engagement. Pew Internet & Amer.

Lenneberg, E. H., Chomsky, N., & Marx, O. (1967). *Biological foundations of language* (Vol. 68). New York: Wiley.

Leslie, A. M. (1994). ToMM, ToBy, and Agency: Core architecture and domain specificity. Mapping the mind: Domain specificity in cognition and culture, 119-148.

Leslie, A. M., Thaiss, L. (1992). Domain specificity in conceptual development: Neuropsychological evidence from autism. *Cognition, 43*, 225-251.

Leslie, M. (2000). The vexing legacy of Lewis Terman. *Retrieved February, 10*, 2007.

Lester, B. M., Kotelchuch, M., Spelke, E., Sellers, M. J., & Klein, R. E. (1974). Separation protest in Guatemalan infants: Cross-cultural and cognitive findings. *Developmental Psychology, 10*(1), 79.

Levine, S. C., Suriyakham, L. W., Rowe, M. L., Huttenlocher, J., & Gunderson, E. A. (2010). What counts in the development of young children's number knowledge? *Developmental Psychology, 46*(5), 1309.

Lewis, M. (2000). The self-conscious emotions: Embarrassment, shame, pride and guilt. In M. Lewis & J. M. Haviland (Eds.), *Handbook of emotions* (2nd ed., pp. 623-636). New York: Guilford Press.

Lewis, M. (2008). The emergence of human emotions. In M. Lewis, J. M. Haviland-Jones, & L. F. Barrett (Eds.), *Handbook of emotions* (3rd ed.). New York: Guilford Press.

Lewis, M., & Brooks-Gunn, J. (1979). Toward a theory of social cognition: The development of self. *New Directions for Child and Adolescent Development, 1979*(4), 1-20.

Lewis, M., Haviland-Jones, J. M., & Barrett, L. F. (2008). *Handbook of emotions* (3rd ed.). New York: Guilford Press.

Lewis, V., Boucher, J., Lupton, L. & Watson, S. (2010). Relationships between symbolic play, functional play, verbal and non-verbal ability in young children. *International Journal of Language & Communication Disorders, 35*(1), 117-127.

Lewkowicz, D. J. (2004). Perception of serial order in infants. *Developmental Science, 7*, 175-184.

Li, D-K., Ferber, J., & Odouli, R. (2014). Maternal caffeine intake during pregnancy and risk of obesity in offspring: A prospective cohort study. *International Journal of Obesity*, 1-7.

Libbrecht, N., Lievens, F., Carette, B., & Côté, S. (2014). Emotional intelligence predicts success in medical school. *Emotion, 14*(1), 64.

Lillard, A. S., Lerner, M. D., Hopkins, E. J., Dore, R. A., Smith, E. D., & Palmquist, C. M. (2013). The impact of pretend play on children's development: A review of the evidence. *Psychological Bulletin, 139*(1), 1.

Lipton, A. J., & Gozal, D. (2003). Treatment of obstructive sleep apnea in children: Do we really know how? *Sleep medicine reviews*, 7(1), 61-80.

Lockman, J. J. (2000). A perception-action perspective on tool use development. *Child Development, 71*, 137-

144.

Loeber, R., Burke, J. D., Lahey, B. B., Winters, A., & Zera, M. (2000). Oppositional defiant and conduct disorder: A review of the past 10 years, part I. *Journal of the American Academy of Child & Adolescent Psychiatry, 39*(12), 1468-1484.

Loehlin, J. C., Horn, J. M., & Willerman, L. (1989). Modeling IQ change: Evidence from the Texas Adoption Project. *Child Development, 60*, 893-1004.

Loftus, E. F. (2003). Our changeable memories: Legal and practical implications. *Nature Reviews: Neuroscience*, 4, 231-234.

Lohman, D. F., & Korb, K. A. (2006). Gifted today but not tomorrow? Longitudinal changes in ability and achievement during elementary school. *Journal for the Education of the Gifted, 29*, 451-484.

Loper, A. B., & Hallahan, D. P. (1982). Meta-attention: The development of awareness of the attentional process. *The Journal of General Psychology, 106*, 27-33.

Loper, A. B., Hallahan, D. P., & McKinney, J. D. (1982). The effect of reinforcement for global or analytic strategies on the performance of reflective and impulsive children. *Journal of Experimental Child Psychology, 33*(1), 55-62.

Lorenz, K. (1943). Innate forms of potential experience. *Zeitschrift für Tierpsychologie, 5*, 235-409.

Losonczy-Marshall, M. E. (2014). Stability in temperament and emotional expression in one to three-year-old children. *Social Behavior and Personality, 42*(9), 1421-1430.

Lowenfeld, V. (1947). *Creative and mental growth*. New York: Wiley and Sons.

Luders, E., Narr, K. L., Thompson, P. M., & Toga, A. W. (2009). Neuroanatomical correlates of intelligence. *Intelligence, 37*(2), 156-163.

Ludington-Hoe, S. M., & Swinth, J. Y. (1996). Developmental aspects of kangaroo care. *Journal of Obstetric, Gynecologic, & Neonatal Nursing, 25*(8), 691-703.

Lummis, M., & Stevenson, H. W. (1990). Gender differences in beliefs and achievement: A cross-cultural study. *Developmental Psychology, 26*(2), 254.

Lynn, R. (1989). A nutrition theory of the secular increase in intelligence: Positive correlations between height, head size, and IQ. *British Journal of Educational Psychology, 59*, 372-377.

Lyon, G. R. (1993). *Better understanding learning disabilities: New views from research and their implications for education and public policies*. Paul H. Brookes Publishing Co., PO Box 10624, Baltimore, MD 21285-0624.

Lyon, T. D., & Flavell, J. H. (1993). Young children's understanding of forgetting over time. *Child Development, 64*, 789-800.

Maccoby, E. E. (1988). Gender as a social category. *Developmental Psychology, 24*(6), 755.

Maccoby, E. E. (1992). The role of parents in the socialization of children: An historical overview. *Developmental Psychology, 28*(6), 1006.

Maccoby, E. E. (1998). *The two sexes: Growing up apart, coming together*. Harvard University Press.

MacFarlane, A. (1975). Olfaction in the development of social preferences in the human neonate. *Parent-Infant Interaction, 33*, 103-113.

MacWhinney, B. (2001). Emergentist approaches to language. *Typological Studies in Language, 45*, 449-470.

Main, M., & Solomon, J. (1990). Procedures for identifying infants as disorganized/disoriented during the Ainsworth Strange Situation. In M. T. Greenberg, D. Cicchetti, & E. M. Cummings (Eds.), *Attachment in the preschool years* (pp. 121-160). Chicago: University of Chicago Press.

Main, M., & Weston, D. (1981). The quality of the toddler's relationship to mother and to father: Related to conflict behaviour and the readiness to establish new relationships. *Child Development, 52*, 932-940.

Malatesta, C. Z., & Haviland, J. M. (1982). Learning display rules: The socialization of emotion expression in infancy. *Child Development*, 991-1003.

Mandler, J. M. (1998). Representation. In W. Damon (Series Ed.) & D. Kuhn & R. Siegler (Vol. Eds.), *Handbook of child psychology: Vol. 2. Cognition, perception, and language* (5th ed., pp. 255-308). New York: Wiley.

Mandler, J. M., & McDonough, L. (1998). On developing a knowledge base in infancy. *Developmental Psychology, 34*(6), 1274.

Marcia, J. E. (1966). Development and validation of ego-identity status. *Journal of Personality and Social Psychology, 3*(5), 551.

Mares, M. L., & Woodard, E. (2005). Positive effects of television on children's social interactions: A meta-analysis. *Media Psychology, 7*(3), 301-322.

Margett, T. E., & Witherington, D. C. (2011). The nature of preschoolers' concept of living and artificial objects. *Child Development, 82*(6), 2067-2082.

Marin, M., Rapisardi, G., & Tani, F. (2015). Two-day-old newborn infants recognise their mother by her axillary odour. *Acta Paediatrica, 104*(3), 237-240.

Marker, H. R., & Mander, A. J. (1989). Efficacy of lithium prophylaxis in clinical practice. *British Journal of Psychiatry, 155*, 496-500.

Markson, L., & Bloom, P. (1997). Evidence against a dedicated system for word learning in children. *Nature, 385*(6619), 813-815.

Martin, A. D., Stirling, W. J., Thorne, R. S., & Watt, G. (2009). Parton distributions for the LHC. *The European Physical Journal C, 63*(2), 189-285.

Martin, C. L., & Halverson, C. F. (1981). A schematic processing model of sex typing and stereotyping in children. *Child Development, 52*, 1119-1134.

Martin, C. L., & Halverson, C. F. (1987). The roles of cognition in sex role acquisition. In D. B. Carter (Ed.), *Current conceptions of sex roles and sex typing: Theory and research* (pp. 123-137). New York, NY: Praeger.

Martin, C. L., & Halverson, Jr. C. F. (1981). A schematic processing model of sex typing and stereotyping in children. *Child Development*, 1119-1134.

Martin, G. B., & Clark, R. D. (1982). Distress crying in neonates: Species and peer specificity. *Developmental Psychology, 18*(1), 3.

Martin, J. M., Subers, E. M., Halvorsen, S. W., & Nathanson, N. M. (1987). Functional and physical properties of chick atrial and ventricular GTP-binding proteins: relationship to muscarinic acetylcholine receptor-mediated responses. *Journal of Pharmacology and Experimental Therapeutics, 240*(2), 683-688.

Martinez Jr, C. R., & Forgatch, M. S. (2002). Adjusting to change: Linking family structure transitions with parenting and boys' adjustment. *Journal of Family Psychology, 16*(2), 107.

Mash, E. J., & Barkley, R. A. (2003). *Child psychopathology* (2nd ed.). New York: Guilford Press.

Mash, E. J., & Barkley, R. A. (Eds.). (2014). *Child psychopathology* (3rd ed.). New York: Guilford Publications Inc.

Massa, L. J., Mayer, R. E., & Bohon, L. M. (2005). Individual differences in gender role beliefs influence spatial ability test performance. *Learning and Individual Differences, 15*(2), 99-111.

Master, A., Markman, E. M., & Dweck, C. S. (2012). Thinking in categories or along a continuum: Consequences for children's social judgments. *Child Development, 83*(4), 1145-1163.

Masuda, T., Ellsworth, P. C., Mesquita, B., Leu, J., Tanida, S., & Van de Veerdonk, E. (2008). Placing the face in context: Cultural differences in the perception of facial emotion. *Journal of Personality and Social Psychology, 94*(3), 365.

Maurer, D., & Lewis, T. L. (2001). Visual acuity: The role of visual input in inducing postnatal change. *Clinical Neuroscience Research, 1*(4), 239-247.

Mayer, H., Holst, J., Schindler, D., & Ahrens, D. (2008). Evolution of the air pollution in SW Germany evaluated by the long-term air quality index LAQx. *Atmospheric Environment, 42*(20), 5071-5078.

Mayer, J. D., Salovey, P., Caruso, D. R., & Sitarenios, G. (2001). Emotional intelligence as a standard intelligence. *Emotion, 1,* 232-242.

Maziade, M., Côté, R., Boutin, P., Boudreault, M., & Thivierge, J. (1986). The effect of temperament on longitudinal academic achievement in primary school. *Journal of the American Academy of Child Psychiatry, 25*(5), 692-696.

McCabe, D. P., Roediger III, H. L., McDaniel, M. A., Balota, D. A., & Hambrick, D. Z. (2010). The relationship between working memory capacity and executive functioning: Evidence for a common executive attention construct. *Neuropsychology, 24*(2), 222.

McCall, R. B., Appelbaum, M. I., & Hogarty, P. S. (1973). Developmental changes in mental performance. *Monographs of the Society for Research in Child Development, 38* (Serial No. 150).

McCullough, M. E., Emmons, R. A., Kilpatrick, S. D., & Mooney, C. N. (2003). Narcissists as "victims": The role of narcissism in the perception of transgressions. *Personality and Social Psychology Bulletin, 29*(7), 885-893.

McGue, M., Bouchard, T. J., Jr., Iacono, W. G., & Lykken, D. T. (1993). Behavioral genetics of cognitive ability: A life-span perspective. In R. Plomin & G. E. McClearn (Eds.), *Nature, nurture, and psychology* (pp. 59-76). Washington, DC: American Psychological Association.

McNeil, D. G. Jr. (2010). US apologizes for syphilis tests in Guatemala. *The New York Times*.

Mcpartland, J., Reichow, B., & Volkmar, F. (2012). Sensitivity and specificity of proposed DSM-5 diagnostic criteria for autism spectrum disorder. *Journal of the American Academy of Child & Adolescent Psychiatry, 51*(4), 368-383.

Mechelli, A., Crinion, J. T., Noppeney, U., O'Doherty, J., Ashburner, J., Frackowiak, R. S., & Price, C. J. (2004). Neurolinguistics: Structural plasticity in the bilingual brain. *Nature, 431*(7010), 757.

Mefford, H. C., Batshaw, M. L., & Hoffman, E. P. (2012). Genomics, intellectual disability, and autism. *New England Journal of Medicine, 366*(8), 733-743.

Meilman, P. W. (1979). Cross-sectional age changes in ego identity status during adolescence. *Developmental Psychology, 15*(2), 230.

Meisenberg, G. (2003). IQ population genetics: It's not as simple as you think. *Mankind Quarterly, 44*(2), 185.

Meltzoff, A. (1985). Immediate and Deferred Imitation in Fourteen-and Twenty-Four-Month-Old Infants. *Child Development, 56,* 62-62.

Meltzoff, A. N., & Borton, R. W. (1979). Intermodal matching by human neonates. *Nature, 282,* 403-404.

Meltzoff, A. N., & Brooks, R. (2007). Eyes wide shut: The importance of eyes in infant gaze following and understanding other minds. In R. Flom, K. Lee, & D. Muir (Eds.), *Gaze following: Its development and significance* (pp. 217-241). Mahwah, NJ: Erlbaum.

Meltzoff, A. N., & Moore, M. K. (1983). Newborn infants imitate adult facial gestures. *Child Development,* 702-709.

Menn, L., & Stoel-Gammon, C. (2009). Phonological development: Learning sounds and sound patterns. In J. Berko Gleason & N. B. Ratner (Eds.), *The development of language* (6th ed.). Boston: Allyn & Bacon.

Mennella J. A. (1997). The flavor world of infants: A cross-cultural perspective. *Nutr Today, 32,* 142-151.

Mennella, J., Jagnow, C., & Beauchamp, G. (2001). Prenatal and postnatal flavor learning by human infants. *Pediatrics, 107*(6), E88.

Menon. V. (2013). Juvenile obsessive-compulsive disorder: A case report. *Industrial psychiatry Journal, 22*(2), 155.

Miller, G. (2011). *The mating mind: How sexual choice shaped the evolution of human nature.* New York: Anchor Books.

Miller, G. A. (1956). The magical number seven plus or minus two: Some limits on our capacity for processing information. *Psychological Review, 63,* 81-97.

Miller, H. A. (2001). M-FAST: Miller Forensic Assessment of Symptoms Test. *Psychological Assessment Resources*.

Miller, J. (1983). *States of mind.* New York: Pantheon.

Miller, K. F., Smith, C. M., Zhu, J., & Zhang, H. (1995). Preschool origins of cross-national differences in mathematical competence: The role of number-naming systems. *Psychological Science, 6,* 56-60.

Miller, S. M., & Green, M. L. (1985). Coping with threat and frustration: Origins, nature, and development. In M. Lewis & C. Saarni (Eds.), *The socialization of emotions* (pp. 263-314). New York: Plenum.

Milligan, K., Astington, J. W., & Dack, L. A. (2007). Language and theory of mind: Meta analysis of the relation between language ability and false belief understanding. *Child Development, 78*(2), 622-646.

Mioranzza, S., Nunes, F., Marques, D. M., Fioreze, G. T., Rocha, A. S., Botton, P. H. S., Costa, M. S., & Porciuncula, L. O. (2014). Prenatal caffeine intake differently affects synaptic proteins during fetal brain development. *International Journal of Developmental Neuroscience, 36,* 45-52.

Mischel, T. (1970). Wundt and the conceptual foundations of psychology. *Philosophy and Phenomenological Research, 31*(1), 1-26.

Mischel, W., & Ebbesen, E. B. (1970). Attention in delay of gratification. *Journal of Personality and Social Psychology, 16*(2), 329.

Mischel, W., Ebbesen, E. B., & Raskoff Zeiss, A. (1972). Cognitive and attentional mechanisms in delay of gratification. *Journal of Personality and Social Psychology, 21*(2), 204.

Mischel, W., Shoda, Y., & Rodriguez, M. I. (1989). Delay of gratification in children. *Science, 244*(4907), 933-938.

Mitchell, C. C., & McMurray, B. (2008). A stochastic model of the vocabulary explosion. In B. C. Love, K. McRae & V. M. Sloutsky (Eds.), *Proceedings of the 30th Annual Conference of the Cognitive Science Society* (pp. 1919-1926). Austin, TX: The Cognitive Science Society.

Moilanen, K. L., Shaw, D. S., Dishion, T. J., Gardner, F., & Wilson, M. (2009). Predictors of longitudinal growth in inhibitory control in early childhood. *Social Development, 19*(2), 326-347.

Mondloch, C. J., Lewis, T. L., Levin, A. V., & Maurer, D. (2013). Infant face preference after binocular visual deprivation. *International Journal of Behavioral Development, 37,* 148-153.

Moosbrugger, H., & Oehlschlägel, J. (1996). FAIR. *Frankfurter aufmerksamkeits-inventar (Frankfurt Attention Inventory).* Huber, Bern.

Moran, P., Klinteberg, B. A., Batty, G. D., & Vagero, D. (2009). Childhood intelligence predicts hospitalization with personality disorder in adulthood: Evidence from a population-based study in Sweden. *Journal of Personality Disorders, 23,* 535-540.

Morgan, P. L., Farkas, G., Hillemeier, M. M., & Maczuga, S. (2009). Risk factors for learning-related behavior problems at 24 months of age: Population-based estimates. *Journal of Abnormal Child Psychology, 37,* 401-413.

Morrongiello, B. A., Fenwick, K. D., & Chance, G. (1998). Crossmodal learning in newborn infants: Inferences about properties of auditory-visual events. *Infant Behavior and Development, 21*(4), 543-553.

Mortensen, E. L., Michaelsen, K. F., Sanders, S. A., & Reinisch, J. M. (2002). The association between duration of breastfeeding and adult intelligence. *Journal of American Medical Association, 287*(18), 2365-2371.

Mouritsen, O., & Styrbaek, K. (2014). *Umami: unlocking the secrets of the fifth taste.* New York: Columbia University Press.

Muir, D., Abraham, W., Forbes, B., & Harris, L. (1979). The ontogenesis of an auditory localization response from birth to four months of age. *Canadian Journal of Psychology/Revue canadienne de psychologie, 33*(4), 320.

Mundy, P., & Gomes, A. (1997). A skills approach to communication development: Lessons learned from research with children with developmental disabilities. In L. Adamson & M. Romski (Eds.), *Research on communication and language disorders* (pp. 107-132). New York: Paul Brooks.

Murphy, E., & Meisgeier, C. (2008). *MMTIC Manual: A*

guide to the development and use of the Murphy-Meisgeier Type Indicator for Children. Gainesville, FL: Center for Applications of Psychological Type. Gainesville, FL: Center for Applications of Psychological Type.

Murray-Close, D., & Ostrov, J. (2009). A Longitudinal Study of Forms and Functions of Aggressive Behavior in Early Childhood. *Child Development, 80*(3), 828-842.

Murray-Close, D., Han, G., Cicchetti, D., Crick, N. R., & Rogosch, F. A. (2008). Neuroendocrine regulation and physical and relational aggression: The moderating roles of child maltreatment and gender. *Developmental Psychology, 44*(4), 1160-1176.

Myers, L. J., & Liben, L. S. (2008). The role of intentionality and iconicity in children's developing comprehension and production of cartographic symbols. *Child development, 79*(3), 668-684.

Myles, B. S., Bock, S. J., & Simpson, R. L. (2001). *Asperger syndrome diagnostic scale*. Austin, TX: Pro-Ed.

Nathanson, A. I., Sharp, M. L., Aladé, F., Rasmussen, E. E., & Christy, K. (2013). The relation between television exposure and theory of mind among preschoolers. *Journal of Communication, 63*(6), 1088-1108.

National Mathematics Advisory Panel (NMAP). (2008). *Foundations for success: The final report of the national mathematics advisory panel*. Washington, DC: U.S. Department of Education.

Navkhare, P., & Kalra, G. (2014). The curious case of the "inseparable child". *Indian journal of psychiatry, 56*(3), 292.

Neisser, U. (1995). Criteria for an ecological self. In P. Rochat (Ed.), *The self in early infancy* (pp. 17-34). New York: North-Holland-Elsevier Science Publishers.

Nelson, D. A., Springer, M. M., Nelson, L. J., & Bean, N. H. (2008). Normative beliefs regarding aggression in emerging adulthood. *Social Development, 17*(3), 638-660.

Nesi, J., & Prinstein, M. J. (2015). Using social media for social comparison and feedback-seeking: Gender and populariy moderate associations with depressive syndrome. *Journal of Abnormal Psychology, 43*(8), doi: 10.1007/s10802-015-0020-0.

Neubauer, A. C., & Fink, A. (2009). Intelligence and neural efficiency: Measures of brain activation versus measures of functional connectivity in the brain. *Intelligence, 37*(2), 223-229.

Newcombe, N. S., Ratliff, K. R., Shallcross, W. L., & Twyman, A. D. (2010). Young children's use of features to reorient is more than just associative: Further evidence against a modular view of spatial processing. *Developmental Science, 13*(1), 213-220.

Newton, J. R., Lakhani, K. H., Wood, J. L. N., & Baker, D. J. (2000). Risk factors for equine influenza serum antibody titres in young Thoroughbred racehorses given an inactivated vaccine. *Preventive Veterinary Medicine, 46*(2), 129-141.

Newton, M. (2002). *Savage girls and wild boys: A history of feral children*. London: Faber & Faber.

Nguyen, S. P., & Gelman, S. A. (2002). Four-and 6-year-olds' biological concept of death: The case of plants. *British Journal of Developmental Psychology, 20*, 495-513.

Nichols, R. C. (1978). Heredity and environment: Major findings from twin studies of ability, personality, and interests. *Homo, 29*, 158-173.

Nigg, J. T., & Barkley, R. A. (2014). Attention-deficit/hyperactivity disorder. In E. J. Mash & R. A. Barkley (Eds.), *Child Psychopathology* (3rd ed., pp. 75-121). New York: Guilford Press.

Nisan, M., & Kohlberg, L. (1982). Universality and variation in moral judgment: A longitudinal and cross-sectional study in Turkey. *Child Development*, 865-876.

Nisbett, R. E., & Masuda, T. (2003). Culture and point of view. *Proceedings of the National Academy of Sciences, USA, 100*(19), 11163-11170.

Nocentini, A., Calmaestra, J., Schultze-Krumbholz, A., Scheithauer, H., Ortega, R., & Menesini, E. (2010). Cyberbullying: Labels, Behaviours and Definition in Three European Countries. *Australian Journal of Guidance and Counselling, 20*(2), 129-142.

Northstone, K., Joinson, C., Emmett, P., Ness, A., & Paus, T. (2011). Are dietary patterns in childhood associated with IQ at 8 years of age? A population-based cohort study. *Journal of Epidemiology & Community Health, 66*, 624-638.

Nucci, L., & Turiel, E. (1978). Social Interactions and the development of social concepts in preschool children. *Child Development, 49*(2), 400-407.

Nylund, K., Bellmore, A., Nishina, A., & Graham, S. (2007). Subtypes, severity and structural stability of peer victimization: What does latent class analysis say? *Child Development, 78*, 1706-1722.

Ogden, C. L., Carroll, M. D., & Flegal, K. M. (2008). High body mass index for age among US children and adolescents, 2003-2006. *Jama, 299*(20), 2401-2405.

Okin, S. M., & Reich, R. (1999). Families and schools as compensating agents in moral development for a multicultural society. *Journal of Moral Education, 28*(3), 283-298.

Olds, D. L., Henderson, C. R., & Tatelbaum, R. (1994). Prevention of intellectual impairment in children of women who smoke cigarettes during pregnancy. *Pediatrics 93*(2), 228-233.

Olson, S. L., Bates, J. E., & Kaskie, B. (1992). Caregiver-infant interaction antecedents of children's schoolage cognitive ability. *Merrill-Palmer Quarterly, 38*, 309-330.

Olweus, D. (1978). *Aggression in the schools: Bullies and whipping boys*. Washington, DC: Hemisphere Publishing Corporation.

Olweus, D. (1993). Bully/victim problems among schoolchildren: Long-term consequences and an effective intervention program.

Olweus, D. (1993). Victimization by peers: Antecedents and long-term outcomes. *Social Withdrawal, Inhibition, and Shyness in Childhood, 315*, 341.

Ong, E. Y., Ang, R. P., Ho, J. C., Lim, J. C., Goh, D. H., Lee, C. S., & Chua, A. Y. (2011). Narcissism, extraversion and adolescents' self-presentation on Facebook. *Personality and Individual Differences, 50*(2), 180-185.

Onishi, K. H., & Baillargeon, R. (2005). Do 15-month-old infants understand false beliefs? *Science, 308*(5719), 255-258.

Opfer, J. E., & Gelman, S. A. (2001). Children's and adults' models of teleological action: The development of biology-based models. *Child Development, 72*, 1367-1381.

Orth, U., Robins, R. W., & Widaman, K. F. (2012). Life-span development of self-esteem and its effects on important life outcomes. *Journal of Personality and Social Psychology, 102*(6), 1271.

Ouellet, M., Santiago, J., Israeli, Z., & Gabay, S. (2010). Is the Future the Right Time? *Experimental Psychology, 57*(4), 308-314.

Owen, M. T., & Cox, M. J. (1988). Maternal employment and the transition to parenthood. *In Maternal employment and children's development* (pp. 85-119). Springer US.

Oyserman, D., Elmore, K., & Smith, G. (2012). Chapter 4. Self, Self-Concept, and Identity. *In Handbook of Self and Identity* (2nd ed.). New York: Guilford Press.

Palmer, D. C. (2000). Chomsky's nativism: A critical review. *Analysis of Verbal Behavior, 17*, 39-50.

Parke, R. D. (1990). In search of fathers: A narrative of empirical journey. In I. E. Sigel & G. H. Broody (Eds.), *Methods of family research* (Vol. 1, pp. 153-188). Hillsdale, NJ: Lawrence Erlbaum Associates.

Parke, R. D., & Clarke-Stewart, A. K. (2011). *Social development*. New York: Wiley.

Pascalis, O., de Haan, M., & Nelson, C. A. (2002). Is face processing species-specific during the first year of life? *Science, 296*(5571), 1321-1323.

Patenaude, J., Niyonsenga, T., & Fafard, D. (2003). Changes in the components of moral reasoning during students' medical education. *Med Educ Medical Education, 168*(7), 822-829.

Patterson, S. T. (2009). The effects of teacher-student small talk on out-of-seat behavior. *Education and Treatment of Children, 32*(1), 167-174.

Pavlov, I. P. (1927). *Conditioned reflexes. An Investigation of the physiological activity of the cerebral cortex.*

New York: Dover.

Pellegrini, A. D. (1995). A longitudinal study of boys' rough-and-tumble play and dominance during early adolescence. *Journal of Applied Developmental Psychology, 16*(1), 77-93.

Pellicano, E. (2010). Individual differences in executive function and central coherence predict developmental changes in theory of mind in autism. *Developmental Psychology, 46*, 530-544.

Penke, L., Maniega, S. M., Bastin, M. E., Hernandez, M. V., Murray, C., Royle, N. A., ... & Deary, I. J. (2012). Brain white matter tract integrity as a neural foundation for general intelligence. *Molecular Psychiatry, 17*(10), 1026-1030.

Peper, J. S., Brouwer, R. M., Boomsma, D. I., Kahn, R. S., & Hulshoff Pol, H. E. (2007). Genetic influences on human brain structure: A review of brain imaging studies in twins. *Human Brain Mapping, 28*, 464-473.

Perner, J. (1991). *Understanding the representational mind*. Cambridge, MA: MIT Press.

Perner, J. (1995). The many faces of belief: Reflections on Fodor's and the child's theory of mind. *Cognition, 57*(3), 241-269.

Perner, J. (2001). Episodic memory: Essential distinctions and developmental implications. In C. Moor & K. Lemmon (Eds.), *The self in time: Developmental perspectives* (pp. 181-202). Mahwah, NJ: Lawrence Erlbaum Associates.

Perner, J., Frith, U., Leslie, A. M., Leekam, S. R. (1989). Exploration of the autistic child's theory of mind: Knowledge, belief, and communication. *Child Development, 60*(3), 688-700.

Peterson, C. C. (2000). Kindred spirits: Influences of siblings' perspectives on theory of mind. *Cognitive Development, 15*(4), 435-455.

Peterson, C. C. (2001). Influence of siblings' perspectives on theory of mind. *Cognitive Development, 15*, 435-455.

Petrill, S. A., & Plomin, R. (2007). Quantitative genetics and mathematical abilities/disabilities. In D. B. Berch & M. M. M. Mazzocco (Eds.), *Why is math so hard for some children?: The nature and origins of mathematical learning difficulties and disabilities* (pp. 307-322). Baltimore: Brookes.

Phillips, A. C., Batty, G. D., Gale, C. R., Deary, I. J., Osborn, D., MacIntyre, K., & Caroll, D. (2009). Generalized anxiety disorder, major depressive disorder, and their comorbidity as predictors of all cause and cardiovascular mortality: The Vietnam experience study. *Psychosomatic Medicine, 71*(4), 395-403.

Phillips, A. T., Wellman, H. M., & Spelke, E. S. (2002). Infants' ability to connect gaze and emotional expression to intentional action. *Cognition, 85*(1), 53-78.

Piaget, J. (1932). Le jugement moral chez l'enfant. *Bibliotheque de psychologie de l'enfant et de pedagogie*.

Piaget, J. (1952). *The origins of intelligence in children* (Vol. 8, No. 5, p. 18). New York: International Universities Press.

Piaget, J. (1954). *The construction of reality in the child*. New York: Basic.

Piaget, J. (1965). The stages of the intellectual development of the child. *Educational psychology in context: Readings for future teachers*, 98-106.

Piaget, J. (1967). *Logique et connaissance scientifique*. Paris: Gallimard.

Piaget, J., & Inhelder, B. (1969). *The psychology of the child*. New York: Basic Books.

Picard, L., Cousin, S., Guillery-Girard, B., Eustache, F., & Piolino, P. (2012). How do the different components of episodic memory develop? Role of executive functions and short-term feature-binding abilities. *Child Development, 83*(3), 1037-1050.

Pike, A., & Atzaba Poria, N. (2003). Do sibling and friend relationships share the same temperamental origins? A twin study. *Journal of Child Psychology and Psychiatry, 44*(4), 598-611.

Pinker, S. (1994). *The language instinct*. New York, NY: Harper Perennial Modern Classics.

Pinker, S., & Prince, A. (1988). On language and

connectionism: Analysis of a parallel distributed processing model of language acquisition. *Cognition*, *28*(1), 73-193.

Platsidou, M. (2013). Trait emotional intelligence predicts happiness, but how? An empirical study in adolescents and young adults. *International Journal of Wellbeing*, *3*(2), 197-209.

Plener, P. L., Witt, A., Straub, J., & Fegert, J. M. (2013). Disruptive Mood Deregulation Disorder. *Kinder-und Jugendmedizin*, *13*(5), 354-361.

Plomin, R. (1990). The role of inheritance in behavior. *Science*, *248*(4952), 183-188.

Plomin, R. (1994). *Genetics and experience: The interplay between nature and nurture*. Sage Publications, Inc.

Plomin, R. (2011). Commentary: Why are children in the same family so different? Non-shared environment three decades later. *International Journal of Epidemiology*, *40*(3), 582-592.

Plomin, R., Fulker, D. W., Corley, R., & DeFries, J. C. (1997). Nature, nurture, and cognitive development from 1 to 16 years: A parent-offspring adoption study. *Psychological Science*, *8*(6), 442-447.

Polak, A., & Harris, P. L. (1999). Deception by young children following noncompliance. *Developmental Psychology*, *35*(2), 561.

Polanczyk, G., de Lima, M. S., Horta, B. L., Biederman, J., & Rohde, L. A. (2007). The worldwide prevalence of ADHD: A systematic review and metaregression analysis. *The American Journal of Psychiatry*, *164*(6), 942-948.

Polit, D. F., Nuttall, R. L., & Nuttall, E. V. (1980). The only child grows up: A look at some characteristics of adult only children. *Family Relations*, *29*(1), 99-106.

Portocarrero, J., Burright, R., & Donovick, P. (2007). Vocabulary and verbal fluency of bilingual and monolingual college students. *Archives of Clinical Neuropsychology*, *22*(3), 415-422.

Posner, M. I., & Petersen, S. E. (1989). *The attention system of the human brain* (No. TR-89-1). Washington Univ. St. Louis Mo Dept. of Neurology.

Poulin-Dubois, D. (1999). Infants' distinction between animate and inanimate objects: The origins of naïve psychology. In P. Rochat (Ed.), *Early social cognition: Understanding others in the first months of life* (pp. 257-280). Mahwah, NJ: Erlbaum.

Power, T. G., & Parke, R. D. (1983). Patterns of mother and father play with their 8-month-old infant: A multiple analyses approach. *Infant Behavior and Development*, *6*(4), 453-459.

Premack, D., & Woodruff, G. (1978). Does the chimpanzee have a theory of mind? *Behavioral and Brain Science*, *1*(4), 515-526.

Putnam, S. P., Rothbart, M. K., & Gartstein, M. A. (2008). Homotypic and heterotypic continuity of fine-grained temperament during infancy, toddlerhood, and early childhood. *Infant and Child Development*, *17*(4), 387-405.

Quinn, P. C., & Eimas, P. D. (1996). Perceptual organization and categorization in young infants. In C. Rovee-Collier & L. P. Lipsitt (Eds.), *Advances in infancy research* (Vol. 10, pp. 1-36). Norwood, NJ: Ablex.

Quinn, P., Eimas, P., & Tarr, M. (2001). Perceptual Categorization of Cat and Dog Silhouettes by 3- to 4-Month-Old Infants. *Journal of Experimental Child Psychology*, *79*(1), 78-94.

Quintana, S. M. (1994). A model of ethnic perspective-taking ability applied to Mexican-American children and youth. *International Journal of Intercultural Relations*, *18*(4), 419-448.

Quintana, S. M. (1998). Development of children's understanding of ethnicity and race. *Applied & Preventive Psychology: Current Scientific Perspectives*, *7*, 27-45.

Radesky, J., Miller, A. L., Rosenblum, K. L., Appugliese, D., Kaciroti, N., & Lumeng, J. C. (2014). Maternal Mobile Device Use During a Structured Parent-Child Interaction Task. *Academic Pediatrics*, *15*(2), 238-244.

Radziszewska, B., & Rogoff, B. (1988). Influence of adult and peer collaborators on children's planning skills. *Developmental Psychology*, *24*(6), 840-848.

Raman, L., & Gelman, S. A. (2005). Children's

understanding of the transmission of genetic disorders and contagious illnesses. *Developmental Psychology*, *41*(1), 171-182.

Ramscar, M., Dye, M., Gustafson, J. W., & Klein, J. (2013). Dual routes to cognitive flexibility: Learning and response-conflict resolution in the dimensional change card sort task. *Child Development*, *84*(4), 1308-1323.

Rasmussen, S. A., & Eisen, J. L. (1990). Epidemiology of obsessive compulsive disorder. *Journal of Clinical Psychiatry*, *51*, 10.

Rathbone, C. J., & Moulin, C. J. (2010). When's your birthday? The self reference effect in retrieval of dates. *Applied Cognitive Psychology*, *24*(5), 737-743.

Regnerus, M. D., & Luchies, L. B. (2006). The parent-child relationship and opportunities for adolescents' first sex. *Journal of Family Issues, 27*(2), 159-183.

Repacholi, B. M. (1998). Infants' use of attentional cues to identify the referent of another person's emotional expression. *Developmental Psychology*, *34*(5), 1017.

Rice, M. L., Smolik, F., Perpich, D., Thompson, T., Rytting, N., & Blossom, M. (2010). Mean length of utterance levels in 6-Month intervals for children 3 to 9 years with and without language impairments. *Journal of Speech, Language, and Hearing Research*, *53*(2), 333-349.

Richmond, M. K., Stocker, C. M., & Rienks, S. L. (2005). Longitudinal associations between sibling relationship quality, parental differential treatment, and children's adjustment. *Journal of Family Psychology*, *19*(4), 550.

Rittle-Johnson, B. (2006). Promoting transfer: Effects of self-explanation and direct instruction. *Child Development*, *77*(1), 1-15.

Robins, R. W., Trzesniewski, K. H., Tracy, J. L., Gosling, S. D., & Potter, J. (2002). Global self-esteem across the life span. *Psychology and Aging*, *17*(3), 423.

Robinson, D. S., Hamid, Q., Ying, S., Tsicopoulos, A., Barkans, J., Bentley, A. M., ... & Kay, A. B. (1992). Predominant TH2-like bronchoalveolar T-lymphocyte population in atopic asthma. *New England Journal of Medicine*, *326*(5), 298-304.

Robinson, N. M., & Robinson, H. (1992). The use of standardized tests with young gifted children. In P. S. Klein & A. J. Tannenbaum (Eds.), *To be young and gifted* (pp. 141-170). Norwood, NJ: Ablex.

Roby, A., & Kidd, E. (2008). The referential communication skills of children with imaginary companions. *Developmental Science*, *11*(4), 531-540.

Rochat, P. (1995). Early objectification of self. In P. Rochat (Ed.), *The self in early infancy*. New York: North-Holland-Elsevier Science Publishers.

Rochat, P., & Morgan, R. (1995). Spatial determinants in the perception of self-produced leg movements by 3- to 5-month-old infants. *Developmental Psychology, 31*(4).

Rodgon, M. M., & Rashman, S. E. (1976). Expression of owner-owned relationships among holophrastic 14- to 32-month-old children. *Child Development*, 1219-1222.

Rodkey, E. N. (2011). The woman behind the visual cliff. *American Psychological Association, 42*(7).

Rogoff, B. (1990). *Apprenticeship in thinking: Cognitive development in social context*. Oxford University Press.

Rogoff, B., Newcombe, N., & Kagan, J. (1974). Planfulness and recognition memory. *Child Development*, 972-977.

Romney, D. M., & Pyryt, M. C. (1999). Guilford's concept of social intelligence revisited. *High Ability Studies*, *10*, 137-142.

Roscoe, B., Diana, M. S., & Brooks, R. H. (1987). Early, middle, and late adolescents' views on dating and factors influencing partner selection. *Adolescence, 22*, 59-68.

Roscoe, B., Kennedy, D., & Pope, T. (1987). Adolescents' views of intimacy: Distinguising intimate from nonintimate relationships. *Adolescence, 22*, 511-516

Rose, S., Feldman, J., Jankowski, J., & Rossem, R. (2012). Information processing from infancy to 11years: Continuities and prediction of IQ. *Intelligence*, *40*(5), 445-457.

Rosen, K. S., & Rothbaum, F. (1993). Quality of parental

caregiving and security of attachment. *Developmental Psychology*, *29*(2), 358.

Rosenstein, D., & Oster, H. (1988). Differential facial responses to four basic tastes in newborns. *Child Development*, 1555-1568.

Rothbart, M. K. (2007). Temperament, development, and personality. *Current Directions in Psychological Science*, *16*(4), 207-212.

Rothbart, M. K., & Derryberry, D. (1981). Development of individual differences in temperament. In M. E. Lamb & A. L. Brown (Eds.). *Advances in developmental psychology* (Vol. 1, pp. 37-86). Hillsdale, NJ: Erlbaum.

Rothbart, M. K., Ahadi, S. A., & Hershey, K. L. (1994). Temperament and social behavior in childhood. *Merrill-Palmer Quarterly, 40*, 21-39.

Rothbart, M. K., Ahadi, S. A., Hershey, K. L., & Fisher, P. (2001). Investigations of temperament at three to seven years: The Children's Behavior Questionnaire. *Child Development*, *72*(5), 1394-1408.

Rothbart, M. K., Posner, M. I., & Boylan, A. (1990). Regulatory mechanisms in infant development. *Advances in Psychology*, *69*, 47-66.

Rothbart, M., Ahadi, S., & Evans, D. (2000). Temperament and personality: Origins and outcomes. *Journal of Personality and Social Psychology*, *78*(1), 122-135.

Rothbaum, F. Weisz, J., Pott, M., Miyake, K., & Morelli, G. (2000). Attachment and culture: Security in the United States and Japan. *American Psychologist*, *55*(10), 1093-1104.

Rothbaum, F., & Kakinuma, M. (2004). Amae and attachment: Security in cultural context. *Human Development*, *47*, 34-39.

Rowe, M., & Goldin-Meadow, S. (2009). Early gesture selectively predicts later language learning. *Developmental Science*, *12*(1), 182-187.

Rubin, K. H., & Coplan, R. J. (2010). *The development of shyness and social withdrawal*. New York: Guilford Press.

Rubin, K. H., Maioni, T. L., & Hornung, M. (1976). Free play behaviors in middle-and lower-class preschoolers: Parten and Piaget revisited. *Child Development*, 414-419.

Ruble, D. N., Martin, C. L., Berenbaum, S. (2006). Gender development. In D. Kuhn, R. Siegler (Eds.), *Handbook of child sex roles psychology: Cognition, perception and language* (6th ed.). New York: Wiley.

Ruff, H. A. (1982). Infants' exploration of objects. *Infant Behavior & Development*, *5*, 207.

Ruffman, T., Perner, J., Olson, D. R., & Doherty, M. (1993). Reflecting on scientific thinking: Children's understanding of the hypothesis-evidence relation. *Child Development*, *64*(6), 1617-1636.

Ruiz-Aranda, D., Extremera, N., & Pineda-Galán, C. (2014). Emotional intelligence, life satisfaction and subjective happiness in female student health professionals: The mediating effect of perceived stress. *Journal of Psychiatric and Mental Health Nursing*, *21*(2), 106-113.

Rumelhart, D. E. (1989). Of human reasoning. *Similarity and Analogical Reasoning*, *298*.

Running, C., Craig, B., & Mattes, R. (2015). Oleogustus: The Unique Taste of Fat. *Chemical Senses*, 507-516.

Russell, B. (2007). *Logic and knowledge*. Spokesman Books.

Ryalls, B. O., Gul, R. E., & Ryalls, K. R. (2000). Infant imitation of peer and adult models: Evidence for a peer model advantage. *Merrill-Palmer Quarterly, 46*, 188-202.

Saami, C. (1979). Children's understanding of display rules for expressive behavior. *Developmental Psychology*, IS, 424-429.

Saarni, C. (1999). *The development of emotional competence*. New York: Guilford Press.

Sagi, A., Lamb, M. E., Shoham, R., Dvir, R., & Lewkowicz, K. S. (1985). Parent-infant interaction in families on Israeli kibbutzim. *International Journal of Behavioral Development*, *8*(3), 273-284.

Sakai, K. L. (2005). Language acquisition and brain development. *Science, 310*(5749), 815-819.

Salapatek, P. (1975). Pattern perception in early infancy. In L. B. Cohen & P. Salapatek (Eds.), *Infant perception:*

From sensation to cognition. New York: Academic Press.

Sandin, S., Hultman, C. M., Kolevzon, A., Gross, R., MacCabe, J. H., & Reichenberg, A. (2012). Advancing maternal age is associated with increasing risk for autism: A review and meta-analysis. *Journal of the American Academy of Child & Adolescent Psychiatry*, *51*(5), 477-486.

Santrock, J. (2006). Cognitive and language development. *Educational Psychology, McGraw Hill Higher Education*.

Santrock, J. W. (2003). *Psychology: Essentials*. Boston: McGraw-Hill.

Santrock, J. W. (2014). *Child Development* (14th ed.). New York, NY: McGraw-Hill Education.

Saroglou, V., & Fiasse, L. (2003). Birth order, personality, and religion: A study among young adults from a three-sibling family. *Personality and Individual Differences*, *35*(1), 19-29.

Saudino, K. J. (2005). Behavioral genetics and child temperament. *Journal of Developmental and Behavioral Pediatrics: JDBP*, *26*(3), 214.

Sawyer, R. K. (2002). Emergence in psychology: Lessons from the history of non-reductionist science. *Human Development*, *45*(1), 2-28.

Scaini, S., Ogliari, A., Eley, T. C., Zavos, H., & Battaglia, M. (2012). Genetic and environmental contributions to separation anxiety: A meta analytic approach to twin data. *Depression and Anxiety*, *29*(9), 754-761.

Schalock, R. L., Borthwick-Duffy, S. A., Bradley, V., Buntix, W. H. E., Coulter, M. D., Craig, E. M., ... & Yeager, M. H. (2010). Intellectual disability. *Definition, Classification and Systems of Supports*, *11*.

Schildkraut, J. J. (1965). The catecholamine hypothesis of affective disorders: A review of supporting evidence. *American Journal of Psychiatry*, *122*(5), 509-522.

Schmidt, F. L., & Hunter, J. E. (2004). General mental ability in the world of work: Occupational attainment and job performance. *Journal of Personality & Social Psychology*, *86*, 162-173.

Schmuckler, M. A., & Li, N. S. (1998). Looming responses to obstacles and apertures: The role of accretion and deletion of background texture. *Psychological Science*, *9*(1), 49-52.

Schneider, W., & Niklas, F., & Schmiedeler, S. (2014). Intellectual development from early childhood to early adulthood: Impact of early IQ differences on stability and change over time. *Learning and Individual Differences*, *32*, 156-162.

Scholl, B. J., & Leslie, A. M. (2001). Minds, modules, and meta-analysis. *Child Development*, 696-701.

Schopler, E., Reichier, R. J., & Renner, B. R. (1988). *The childhood autism rating scale* (Rev.). Los Angeles: Western Psychological Services.

Schopler, E., van Bourgondien, M., Wellman, J., & Love, S. (2010). *Childhood autism rating scale-second edition (CARS2): Manual*. Los Angeles: Western Psychological Services.

Schwartz, P. (1983). Length of day-care attendance and attachment behavior in eighteen-month-old infants. *Child Development*, 1073-1078.

Scourfield, J., John, B., Martin, N., & Mcguffin, P. (2004). The development of prosocial behaviour in children and adolescents: A twin study. *J Child Psychol & Psychiat Journal of Child Psychology and Psychiatry*, *45*(5), 927-935.

Sears, R. R. (1963). Dependency motivation. In M. Jones (Ed.), *Negraska Symposium on Motivation* (Vol. 11). Lincoln: University of Nebraska Press.

Sebastián-Enesco, C., & Warneken, F. (2015). The shadow of the future: 5-Year-olds, but not 3-year-olds, adjust their sharing in anticipation of reciprocation. *Journal of Experimental Child Psychology*, *129*, 40-54.

Seidman, L. J., Biederman, J., Faraone, S. V., Milberger, S., Norman, D., Seiverd, K., ... & Kiely, K. (1995). Effects of family history and comorbidity on the neuropsychological performance of children with ADHD: Preliminary findings. *Journal of the American Academy of Child & Adolescent Psychiatry*, *34*(8), 1015-1024.

Seifer, R. (2000). Temperament and goodness of fit: Implications for developmental psychopathology.

In A. Sameroff, M. Lewis, & S. M. Miller (Eds.), *Handbook of developmental psychopathology* (2nd ed., pp. 257-276). New York: Kluwer Academic.

Seifer, R., & Dickstein, S. (2000). Parental mental illness and infant development. In C. H. Zeanah (Ed.), *Handbook of infant mental health* (2nd ed., pp. 145-160). New York: Guilford Press.

Senghas, A., Kita, S., & Özyürek, A. (2004). Children creating core properties of language: Evidence from an emerging sign language in Nicaragua. *Science*, *305*(5691), 1779-1782.

Sengpiel, V., Elind, E., Bacelis, J., Nilsson, S., Grove, J., Myhre, R., ... & Brantsaeter, A. L. (2013). Maternal caffeine intake during pregnancy is associated with birth weight but not with gestational length: Results from a large prospective observational cohort study. *BMC Medicine*, *11*(1), 42.

Shaffer, D. R., & Kipp, K. (2014). *Developmental psychology: Childhood & adolescence* (9th ed.). Belmont, CA: Cengage Learning.

Shannon, J. D., Tamis-LeMonda, C. S., London, K., & Cabrera, N. (2002). Beyond rough and tumble: Low-income fathers' interactions and children's cognitive development at 24 months. *Parenting: Science and Practice*, *2*(2), 77-104.

Sharp, S. (1996). The role of peers in tackling bullying in schools. *Educational Psychology in Practice*, *11*(4), 17-22.

Shepard, R. (1997). Curricular physical activity and academic performance. *Pediatric Exercise Science, 9*, 113-126.

Shin, M. S., & Cho, S. C. (2010). *Korean Leiter international performance scale-revised* (K-Leiter-R). Hakji-Sa, Seoul.

Siegler, R. S. (2000). The rebirth of children's learning. *Child Development*, *71*, 26-35.

Siegler, R. S. (2004). U-shaped interest in u-shaped development-and what it means. *Journal of Cognition and Development*, *5*(1), 1-10.

Siegler, R. S. (2007). Cognitive variability. *Developmental Science*, *10*(1), 104-109.

Siegler, R. S., & Alibali, M. W. (2004). Children's Thinking (4th ed.). *Saddle River*. NJ: Prentice-Hall.

Siegler, R., & DeLoache, J. (2011). *How children develop* (3rd ed.). New York, NY: Worth.

Silberg, J. L., Maes, H., & Eaves, L. J. (2010). Genetic and environmental influences on the transmission of parental depression to children's depression and conduct disturbance: An extended children of twins study. *Journal of Child Psychology and Psychiatry, 51*(6), 734-744.

Siller, M., & Sigman, M. (2002). The behaviors of parents of children with autism predict the subsequent development of their children's communication. *Journal of Autism and Developmental Disorders*, *32*(2), 77-89.

Silverthorn, D. U. (2009). *Human Physiology: An Integrated Approach* (5th ed.). San Francisco, CA: Benjamin Cummings.

Silverthorn, D. U., Ober, W. C., Garrison, C. W., & Silverthorn, A. C. (2009). *Human physiology: An integrated approach*. San Francisco, CA, USA: Pearson/Benjamin Cummings.

Simonoff, E., Bolton, P., & Rutter, M. (1997). Mental retardation: Genetic findings, clinical implications and research agenda. *Annual Progress in Child Psychiatry and Child Development*, 135-170.

Singleton, D., & Muñoz, C. (2011). Around and beyond the critical period hypothesis. Handbook of *Research in Second Language Teaching and Learning*, *2*, 407.

Skinner, B. F. (1938). *The behavior of organisms: An experimental analysis*. Englewood Cliffs, NJ: Prentice-Hall.

Skinner, B. F. (1957). *Verbal behavior*. New York: Appleton-Century-Crofts.

Slee, P. T. (1994). Situational and interpersonal correlates of anxiety associated with peer victimisation. *Child Psychiatry and Human Development*, *25*(2), 97-107.

Slee, P. T. (1995). Peer victimization and its relationship to depression among Australian primary school students. *Personality and Individual Differences*, *18*(1), 57-62.

Slomkowski, C., Rende, R., Conger, K. J., Simons, R.

L., & Conger, R. D. (2001). Sisters, brothers, and delinquency: Evaluating social influence during early and middle adolescence. *Child Development*, *72*(1), 271-283.

Smeekens, S., Riksen Walraven, J. M., & Van Bakel, H. J. (2009). The predictive value of different infant attachment measures for socioemotional development at age 5 years. *Infant Mental Health Journal*, *30*(4), 366-383.

Smetana, J. G. (1981). Preschool children's conceptions of moral and social rules. *Child Development*, 1333-1336.

Smith, P. K. (2016). Intervention programs in South Korea. In P. K. Smith, K. Kwak, & Y. Toda (Eds.), *School bulling in different cultures: Easern and Western perspectives* (pp. 350-364). Cambridge: Cambridge University Press.

Smith, P., Kwak, K., & Toda, Y. (2016). *School bullying in different cultures: Eastern and Western perspectives*. New York, NY: Cambridge.

Sodian, B., Frith, U. (1992). Deception and sabotage in autistic, retarded and normal children. *Journal of Child Psychology and Psychiatry*, *33*, 591-605.

Sommerville, J. A., Bernstein, D. M., & Meltzoff, A. N. (2013). Measuring beliefs in centimeters: Private knowledge biases preschoolers' and adults' representation of others' beliefs. *Child Development*, *84*(6), 1846-1854.

Spangler, R. S., & Sabatino, D. A. (1995). Temporal stability of gifted children's intelligence. *Roeper Review*, *17*, 207-210.

Spearman, C. (1927). *The abilities of man*. Oxford England: Macmillan.

Spence, J. T., Helmreich, R. L., & Stapp, J. (1974). The Personal Attributes Questionnaire: A measure of sex role stereotypes and masculinity-femininity. *Journal Supplement Abstract Service*, American Psychological Association.

Spiegel, C., & Halberda, J. (2011). Rapid fast-mapping abilities in 2-year-olds. *Journal of Experimental Child Psychology*, *109*(1), 132-140.

Sroufe, L., Carlson, E. A., Levy, A. K., & Egeland, B. (1999). Implications of attachment theory for developmental psychopathology. *Development and Psychopathology*, *11*(1), 1-13.

Stasz, C., & Stecher, B. M. (2000). Teaching mathematics and language arts in reduced size and non-reduced size classrooms. *Educational Evaluation and Policy Analysis*, *22*(4), 313-329.

Statista (2014). Leading social networks worldwide as of October 2014, ranked by number of active users (in millions). Retrieved from http://www.statista.com/statistics/272014/global-social-networks-ranked-by-number-of-users/

Stayton, D. J., & Ainsworth, M. D. (1973). Individual differences in infant responses to brief, everyday separations as related to other infant and maternal behaviors. *Developmental Psychology*, *9*(2), 226.

Steele, M., & Fisman, S. (1997). Bipolar disorder in children and adolescents: Current challenges. Canadian journal of psychiatry. *Revue Canadienne De Psychiatrie*, *42*(6), 632-636.

Steen, R. G. (2009). *Human intelligence and medical illness*. New York: Springer.

Stein, L., Cowart, B., & Beauchamp, G. (2012). The development of salty taste acceptance is related to dietary experience in human infants: A prospective study. *American Journal of Clinical Nutrition*, *95*(1), 123-129.

Steinberg, L. (2007). Risk taking in adolescence new perspectives from brain and behavioral science. *Current Directions in Psychological Science*, *16*(2), 55-59.

Steinberg, L., Vandell, D., & Bornstein, M. (2011). *Development: Infancy through adolescence*. Boston, Massachusetts: Wadsworth Publishing.

Steinberg, S., de Jong, S., Andreassen, O. A., Werge, T., Børglum, A. D., Mors, O., ... & Demontis, D. (2011). Common variants at VRK2 and TCF4 conferring risk of schizophrenia. *Human Molecular Genetics*, *20*(20), 4076-4081.

Steiner, J. E. (1979). Human facial expressions in response

to taste and smell stimulation. *Advances in Child Development and Behavior*, *13*, 257-295.

Stenberg, C. R., & Campos, J. J. (1990). The development of anger expressions in infancy. *Psychological and Biological Approaches to Emotion*, *247*, 82.

Sternberg, L., Vandell, D. L., & Bornstein, M. H. (2011). *Development: Infancy through adolescence*. CA: Wadsworth.

Sternberg, R. J. (1985). Beyond IQ: A triarchic theory of human intelligence. *CUP Archive*.

Sternberg, R. J. (2000). *Practical intelligence in everyday life*. Cambridge University Press.

Sternberg, R. J., & Grigorenko, E. L. (2001). Guilford's structure of intellect model and model of creativity: Contributions and limitations. *Creativity Research Journal*, *13*(3-4), 309-316.

Stewart, S., & Mcbride-Chang, C. (2000). Influences on Children's Sharing in a Multicultural Setting. *Journal of Cross-Cultural Psychology*, *31*(3), 333-348.

Stipek, D. J. (1984). Young children's performance expectations: Logical analysis or wishful thinking? In J. G. Nicholls (Ed)., Advances in motivation and achievement, Vol. 3: *The development of achievement motivation*. Greenwich, CT: JAI Press.

Stipek, D., & Iver, D. M. (1989). Developmental change in children's assessment of intellectual competence. *Child Development*, 521-538.

Stipek, D., Recchia, S., & Mcclintic, S. (1992). Self-evaluation in young children. *Monographs of the Society for Research in Child Development*, *57*(1), 1-98.

Stockard, J. (1999). Gender Socialization. In J. S Chafetz. (Ed.), *Handbook of the Sociology of Gende*. New York: Kluwer Academic/Plenum.

Størksen, I., Røysamb, E., Moum, T., & Tambs, K. (2005). Adolescents with a childhood experience of parental divorce: A longitudinal study of mental health and adjustment. *Journal of Adolescence*, *28*(6), 725-739.

Stormont, M., Stebbins, M. S., & Holliday, G. (2001). Characteristics and educational support needs of underrepresented gifted adolescents. *Psychology in the Schools*, *38*(5), 413-423.

Strayer, J., & Roberts, W. (2004). Empathy and Observed Anger and Aggression in Five-Year-Olds. *Social Development*, *13*(1), 1-13.

Striano, T., & Rochat, P. (2000). Emergence of Selective Social Referencing in Infancy. *Infancy*, *1*(2), 253-264.

Striegel-Moore, R. H., Rosselli, F., Perrin, N., DeBar, L., Wilson, G. T., May, A., & Kraemer, H. C. (2009). Gender difference in the prevalence of eating disorder symptoms. *International Journal of Eating Disorders*, *42*(5), 471-474.

Stringaris, A., Psych, M. R. C., Cohen, P., Pine, D. S., & Leibenluft, E. (2009). Adult outcomes of youth irritability: A 20-year prospective community-based study. *The American Journal of Psychiatry*, *166*(9), 1048-1054.

Strober, M., Freeman, R., Lampert, C., Diamond, J., & Kaye, W. (2000). Controlled family study of anorexia nervosa and bulimia nervosa: Evidence of shared liability and transmission of partial phenotypes. *American Journal of Psychiatry*, *157*, 393-401.

Suddendorf, T., & Busby, J. (2005). Making decisions with the future in mind: Developmental and comparative identification of mental time travel. *Learning and Motivation*, *36*(2), 110-125.

Sullivan, K., Zaitchik, D., & Tager-Flusberg, H. (1994). Preschoolers can attribute second-order beliefs. *Developmental Psychology*, *30*(3), 395.

Sung, J., & Hsu, H. (2014). Collaborative mother-toddler communication and theory of mind development at age 4. *Journal of Applied Developmental Psychology*, *35*, 381-891.

Svendson, M. (1934) Children's imaginary companions. *Archives of Neurology and Psychiatry*, *32*, 985-999.

Swann, W. B., Chang-Schneider, C. S., & McClarty, K. L. (2007). Do our self-views matter? Self-concepts and self-esteem in everyday life. *American Psychologist*, *62*, 84-94.

Swann, W. B., Chang-Schneider, C. S., & McClarty, K. L. (2008). Yes, cavalier attitudes can have pernicious consequences: A reply to Krueger, Vohs, &

Baumeister. *American Psychologist, 63*, 65-66.

Swanson, H. L., & Lussier, C. M. (2001). A selective synthesis of the experimental literature on dynamic assessment. *Review of Educational Research, 71*(2), 321-363.

Szkrybalo, J., & Ruble, D. N. (1999). God made me a girl: Sex-category constancy judgments and explanations revisited. *Developmental Psychology, 35*(2), 392.

Taddio, A., Katz, J., Ilersich, A. L., & Koren, G. (1997). Effect of neonatal circumcision on pain response during subsequent routine vaccination. *The Lancet, 349*(9052), 599-603.

Taddio, A., Shah, V., Gilbert-MacLeod, C., & Katz, J. (2002). Conditioning and hyperalgesia in newborns exposed to repeated heel lances. *Jama, 288*(7), 857-861.

Tager-Flusberg, H. (1994). Dissociations in form and function in the acquisition of language by autistic children. *Constraints on language acquisition: Studies of atypical children, 17594*.

Talwar, V., & Lee, K. (2002). Development of lying to conceal a transgression: Children's control of expressive behavior during verbal deception. *International Journal of Behavioral Development, 26*(5), 436-444.

Talwar, V., Gordon, H., & Lee, K. (2007). Lie-telling behavior in school-age children. *Developmental Psychology, 43*, 804-810.

Talwar, V., Murphy, S., & Lee, K. (2007). White lie-telling in children for politeness purposes. *International Journal of Behavioral Development, 31*(1), 1-11.

Tamis LeMonda, C. S., Shannon, J. D., Cabrera, N. J., & Lamb, M. E. (2004). Fathers and mothers at play with their 2 and 3 year olds: Contributions to language and cognitive development. *Child Development, 75*(6), 1806-1820.

Tang, Q., Henriksen, K. J., Bi, M., Finger, E. B., Szot, G., Ye, J., ... & Bluestone, J. A. (2004). In vitro-expanded antigen-specific regulatory T cells suppress autoimmune diabetes. *The Journal of Experimental Medicine, 199*(11), 1455-1465.

Target, M., Fonagy, P., Shmueli-Goetz, Y. (2003). Attachment representations in school-age children: The development of the Child Attachment Interview (CAI). *Journal of Child Psychotherapy, 29*(2), 171-186.

Taylor, A. F., & Kuo, F. E. (2009). Children with attention deficits concentrate better after walk in the park. *Journal of Attention Disorders, 12*(5), 402-409.

Taylor, C., Schloss, K., Palmer, S. E., & Franklin, A. (2013). Color preferences in infants and adults are different. *Psychonomic Bulletin & Review, 20*(5), 916-922.

Taylor, M., Shawber, A. B., & Mannering, A. M. (2008). Children's imaginary companions: What is it like to have an invisible friend? In K. Markman, W. Klein, & J. Suhr (Eds.), *The handbook of imagination and mental simulation*. New York: Psychology Press.

Temple, C. A., Nathan, R., & Temple, C. F. (2013). *The beginnings of writing: Observing and nurturing emergent literacy* (4th ed.). (First Edition was published in 1982). Boston: Allyn & Bacon.

Terman, L. M. (1954). The discovery and encouragement of exceptional talent. *American Psychologist, 9*, 221-238.

Thomas, A., & Chess, S. (1977). *Temperament and development*. New York: Brunner/Mazel.

Thomas, A., & Chess, S. (1986). The New York longitudinal study: From infancy to early adult life. *The study of temperament: Changes, continuities, and challenges*, 39-52.

Thompson, R. A. (1987). Development of children's inferences of the emotions of others. *Developmental Psychology, 23*, 124-131

Thompson, R. A. (1994). Emotion regulation: A theme in search of definition. *Monographs of the Society for Research in Child Development, 59*(2-3), 25-52.

Thompson, R. A. (1998). Early sociopersonality development. In W. Damon (Ed.), *Handbook of child psychology: Vol. 3. Social, emotional and personality development* (pp. 65-76). New York: Wiley.

Thurstone, L. L. (1938). *Primary mental abilities*. Chicago: University of Chicago Press.

Tiggemann, M., & Slater, A. (2013). NetGirls: The Internet,

Facebook, and body image concern in adolescent girls. *Int. J. Eat. Disord International Journal of Eating Disorders*, *46*(6), 630-633.

Toga, A. W., & Thompson, P. M. (2005). Genetics of brain structure and intelligence. *Annual Review of Neuroscience*, *28*, 1-23.

Tomada, G., Schneider, B., de Domini, P., Greenman, P., & Fonzi, A. (2005). Friendship as a predictor of adjustment following a transition to formal academic instruction and evaluation. *International Journal of Behavioral Development*, *29*(4), 314-322.

Tomasello, M. (2008). *Origins of human communication*. Cambridge, MA: MIT Press.

Tomasello, M., Carpenter, M., & Liszkowski, U. (2007). A new look at infant pointing. *Child Development*, *78*(3), 705-722.

Tomasello, T. (1995). Joint attention as social cognition. In C. Moore & P. Dunham (Eds.), *Joint attention: Its origins and role in development* (pp. 103-130). Hillsdale, NJ: Lawrence Erlbaum Associates, Inc.

Tomasetto, C., Alparone, F. R., & Cadinu, M. (2011). Girls' math performance under stereotype threat: The moderating role of mothers' gender stereotypes. *Developmental Psychology*, *47*(4), 943.

Tomblin, J. B., O'Brien, M., Shriberg, L. D., Williams, C., Murray, J., Patil, S., ... & Ballard, K. (2009). Language features in a mother and daughter of a chromosome 7; 13 translocation involving $FOXP_2$. *Journal of Speech, Language, and Hearing Research*, *52*(5), 1157-1174.

Torrent, C., Amann, B., Sánchez Moreno, J., Colom, F., Reinares, M., Comes, M., ... & Vieta, E. (2008). Weight gain in bipolar disorder: Pharmacological treatment as a contributing factor. *Acta Psychiatrica Scandinavica*, *118*(1), 4-18.

Tronick, E. Z. (1989). Emotions and emotional communication in infants. *American Psychologist*, *44*(2), 112.

Tudge, J., Rogoff, B., Bornstein, M., & Bruner, J. (1989). *Interaction in human development*.

Tullos, A., & Woolley, J. D. (2009). The development of children's ability to use evidence to infer reality status. *Child Development*, *80*(1), 101-114.

Turiel, E. (2006). Thought, emotions, and social interactional processes in moral development. *Handbook of Moral Development*, 7-35.

Uji, M., Sakamoto, A., Adachi, K., & Kitamura, T. (2014). The impact of authoritative, authoritarian, and permissive parenting styles on children's later mental health in Japan: Focusing on parent and child gender. *Journal of Child and Family Studies*, *23*(2), 293-302.

van Bokhoven, H. (2011). Genetic and epigenetic networks in intellectual disabilities. *Annual Review of Genetics*, *45*, 81-104.

Van IJzendoorn, M. H., & Kroonenberg, P. M. (1988). Cross-cultural patterns of attachment: A meta-analysis of the strange situation. *Child Development*, 147-156.

Van IJzendoorn, M. H., Schuengel, C., & Bakermans-Kranenburg, M. J. (1999). Disorganized attachment on early childhood: Meta-analysis of precursors, concomitants, and sequelae. *Development and Psychopathology*, *11*, 225-249.

Van IJzendoorn, M. H., Vereijken, C. M., Bakermans-Kranenburg, M. J., & Riksen-Walraven, J. M. (2004). Assessing attachment security with the Attachment Q Sort: Meta-analytic evidence for the validity of the observer AQS. *Child Development*, 1188-1213.

van IJzendoorn, M., Bakermans-Kranenburg, M., Pannebakker, F., & Out, D. (2010). In defence of situational morality: Genetic, dispositional and situational determinants of children's donating to charity. *Journal of Moral Education*, *39*(1), 1-20.

Van Loosbroek, E., & Smitsman, A. W. (1990). Visual perception of numerosity in infancy. *Developmental Psychology*, *26*(6), 916-922.

Vaughan, A., Mundy, P., Block, J., Burnette, C., Delgado, C., Gomez, Y., ... Pomares, Y. (2003). Child, Caregiver, and Temperament Contributions to Infant Joint Attention. *Infancy*, *4*(4), 603-616.

Veenman, M. V., & Spaans, M. A. (2005). Relation between intellectual and metacognitive skills: Age and task differences. *Learning and Individual Differences*, *15*(2), 159-176.

Vohs, K. D., Baumeister, R. F., & Schmeichel, B. J. (2012). Motivation, personal beliefs, and limited resources all contribute to self-control. *Journal of Experimental Social Psychology*, *48*(4), 943-947.

Volling, B. L. (2012). Family transitions following the birth of a sibling: An empirical review of changes in the firstborn's adjustment. *Psychological Bulletin*, *138*(3), 497.

von Hinke Kessler Scholder, S. (2008). Maternal employment and overweight children: Does timing matter? *Health Economics*, *17*(8), 889-906.

von Ranson, K. M., & Wallace, L. M. (2014). Eating disorders. In E. J. Mash & R. A. Barkley (Eds.), *Child psychopathology* (3rd ed., pp. 801-831). New York: Guilford Press.

Vrugt, A., & Oort, F. J. (2008). Metacognition, achievement goals, study strategies and academic achievement: Pathways to achievement. *Metacognition and Learning*, *3*(2), 123-146.

Vygotsky, L. S. (1962). *Thought and language* (E. Hanfmann & G. Vakar, Eds. & Trans.). Cambridge, MA: MIT Press. (Original work published 1934.)

Vygotsky, L. S. (1978). *Mind in society: The development of higher psychological processes* (M. Cole, V. John-Steiner, S. Scribnet, & E. Soubrman, Eds.). Cambridge, MA: Harvard University Press.

Walden, T. (1991). Infant social referencing and affect regulation. In K. Dodge & J. Garber (Eds.), *The development of affect regulation* (pp. 69-88). New York: Cambridge University Press.

Walker, A. S. (1982). Intermodal perception of expressive behaviors by human infants. *Journal of Experimental Child Psychology, 33*, 514- 535.

Walker, L. J., & Taylor, J. H. (1991). Family interactions and the development of moral reasoning. *Child Development*, *62*(2), 264-283.

Walker, L. J., Hennig, K. H., & Krettenauer, T. (2000). Parent and peer contexts for children's moral reasoning development. *Child Development*, *71*(4), 1033-1048.

Walker-Andrews, A. S., & Grolnick, W. (1983). Discrimination of vocal expressions by young infants. *Infant Behavior and Development*, *6*(4), 491-498.

Warneken, F., & Tomasello, M. (2006). Altruistic Helping in Human Infants and Young Chimpanzees. *Science*, *311*(5765), 1301-1303.

Warneken, F., Steinwender, J., Hamann, K., & Tomasello, M. (2014). Young children's planning in a collaborative problem-solving task. *Cognitive Development*, *31*, 48-58.

Warner, M. (2002). *Wanted: A definition of intelligence*. Central intelligence agency Washington DC center for the study of intelligence.

Waterhouse, L. (2006). Multiple intelligences, the Mozart effect, and emotional intelligence: A critical review. *Educational Psychologist*, *41*(4), 207-225.

Waters, E., & Cummings, E. M. (2000). A secrue base from which to explore close relationships. *Child Development, 1*(2), 164-172. Retrieved from http://www.ncbi.nlm.nih.gov/pubmed/10836570

Watson, J. B. (1925). What the nursery has to say about instincts. *The Pedagogical Seminary and Journal of Genetic Psychology*, *32*(2), 293-326.

Watson, J. B., & Rayner, T. (1920). Conditioned emotional reactions. *Journal of Experimental Psychology*, *3*, 1-14.

Wechsler, D. (1939). *The measurement of adult intelligence*. Baltimore: Williams & Wilkins.

Weiner, B. (Ed.). (1974). *Achievement motivation and attribution theory*. General Learning Press.

Weis, L. (2013). *Working class without work: High school students in a de-industrializing economy*. New York, NY: Routledge.

Weiskopf, D. A. (2015). The explanatory autonomy of cognitive models. *Integrating Psychology and Neuroscience: Prospects and Problems*. Oxford University Press, Oxford.

Weiskrantz, L. (1972). Review lecture: Behavioural analysis of the monkey's visual nervous system. *Proceedings of the Royal Society of London Series B, Biological Sciences*, 427-455.

Weiskrantz, L. (1990). The ferrier lecture, 1989: Outlooks

for blindsight: Explicit methodologies for implicit processes. *Proceedings of the Royal Society of London B: Biological Sciences, 239*(1296), 247-278.

Weiss, P. (1969). *Principles of development.* New York, NY: Hafner.

Weiss, R. S. (1973). *Loneliness: The experience of emotional and social isolation*. Cambridge, MA: MIT Press.

Weizmann, F. (2010). From the 'Village of a Thousand Souls' to 'Race Crossing in Jamaica': Arnold Gesell, eugenics and child development. *Journal of the History of the Behavioral Sciences, 46*(3), 263-275.

Wellman, H. M. (1990). *The child's theory of mind.* Cambridge, MA: MIT Press, A Bradford Book.

Wellman, H. M. (2002). Understanding the psychological world: Developing a theory of mind. In U. Goswami (Ed.), *Blackwell handbook of cognitive development.* Oxford, UK: Blackwell.

Wellman, H. M., Cross, D., & Watson, J. (2001). Meta analysis of theory of mind development: The truth about false belief. *Child Development, 72*(3), 655-684.

Westermann, G., Ruh, N., & Plunkett, K. (2009). Connectionist approaches to language learning. *Linguistics, 47*(2), 413-452.

Wheeler, M. A., Stuss, D. T., & Tulving, E. (1997). Toward a theory of episodic memory: The frontal lobes and autonoetic consciousness. *Psychological Bulletin, 121*, 331-354.

Whiting, B., & Edwards, C. P. (1973). A cross-cultural analysis of sex differences in the behavior of children aged three through 11. *The Journal of Social Psychology, 91*(2), 171-188.

Whiting, B., & Edwards, C. P. (1988). A cross-cultural analysis of sex differences in the behavior of children aged 3 through 11.

Wiesemann, C. (2010). Ethical guidelines for the clinical management of intersex. *Sexual Development, 4*(4-5), 300-303.

Wiggam, A. E. (1932). Does Heredity or Environment Make Men? *Newman, Evolution*, 501-502.

Willcutt, E. G., Doyle, A. E., Nigg, J. T., Faraone, S. V., & Pennington, B. F. (2005). Validity of the executive function theory of attention-deficit/hyperactivity disorder: A meta-analytic review. *Biological Psychiatry, 57*(11), 1336-1346.

Williams, K. G., & Goulet, L. R. (1975). The effects of cueing and constraint instructions on children's free recall performance. *Journal of Experimental Child Psychology, 19*(3), 464-475.

Wilson, B. J., Smith, S. L., Potter, W. J., Kunkel, D., Linz, D., Colvin, C. M., & Donnerstein, E. (2002). Violence in children's television programming: Assessing the risks. *Journal of Communication, 52*(1), 5-35.

Wilson, G. F., & Russell, C. A. (2003). Real-time assessment of mental workload using psychophysiological measures and artificial neural networks. *Human Factors: The Journal of the Human Factors and Ergonomics Society, 45*(4), 635-644.

Wilson, J. D., George, F. W., & Griffin, J. E. (1981). The hormonal control of sexual development. *Science, 211*, 1278-1284.

Wimmer, H., & Perner, J. (1983). Beliefs about beliefs: Representation and constraining function of wrong beliefs in young children's understanding of deception. *Cognition, 13*(1), 103-128.

Wirt, R. D., & Broen, W. E. (1958). Booklet for the Personality Inventory for Children. *Minneapolis: Authors*.

Witherington, D. C., & Crichton, J. A. (2007). Frameworks for understanding emotions and their development: Functionalist and dynamic systems approaches. *Emotion*, 7(3), 628.

Wolfe, B. E., Baker, C. W., Smith, A. T., & Kelly Weeder, S. (2009). Validity and utility of the current definition of binge eating. *International Journal of Eating Disorders, 42*(8), 674-686.

Wonkam, A., Fieggen, K., & Ramesar, R. (2010). Beyond the Caster Semenya controversy: The case of the use of genetics for gender testing in sport. *Journal of Genetic Counseling, 19*(6), 545-548.

Woodcock, R. W., Weatherman, R. F., & Hill, B. K. (1996).

SIB-R: Scales of independent behavior-Revised. Itasca, IL: Riverside Publishing.

Woody-Dorning, J., & Miller, P. H. (2001). Children's individual differences in capacity: Effects on strategy production and utilization. *British Journal of Developmental Psychology, 19*(4), 543-557.

Wright, J. C., Huston, A. C., Murphy, K. C., St Peters, M., PiÃon, M., Scantlin, R., & Kotler, J. (2001). The relations of early television viewing to school readiness and vocabulary of children from low income families: The early window project. *Child Development, 72*(5), 1347-1366.

Wynn, K. (1992). Addition and subtraction by human infants. *Nature, 358*(6389), 749-750.

Yamaguchi, S. (2012). Interpersonal Relationship in Japan: Unique or Common in East Asia.

Yatham, L. N., Kennedy, S. H., Parikh, S. V., Schaffer, A., Beaulieu, S., Alda, M., ... & Ravindran, A. (2013). Canadian Network for Mood and Anxiety Treatments (CANMAT) and International Society for Bipolar Disorders (ISBD) collaborative update of CANMAT guidelines for the management of patients with bipolar disorder: update 2013. *Bipolar Disorders, 15*(1), 1-44.

Yee, M., Jones, S. S. & Smith, L. B. (2012). Changes in visual object recognition precede the shape bias in early noun learning. Frontiers in Psycology, doi:10.3389/fpsyg.2012.00533.

Yeh, H. C., & Lempers, J. D. (2004). Perceived sibling relationships and adolescent development. *Journal of Youth and Adolescence, 33*(2), 133-147.

Yonas, A., Cleaves, W. T., & Pettersen, L. (1978). Development of sensitivity to pictorial depth. *Science, 200*(4337), 77-79.

Yoshikawa, Y., Asada, M., Hosoda, K., & Koga, J. (2003). A constructivist approach to infants' vowel acquisition through mother-infant interaction. *Connection Science, 15*(4), 245-258.

Young, C. B., Wu, S. S., & Menon, V. (2012). The neurodevelopmental basis of math anxiety. *Psychological Science*, 0956797611429134.

Young, J. L. (2010). Profile of Nancy Bayley. In A. Rutherford (Ed.), Psychology's Feminist Voices Multimedia Internet Archive. Retrieved from http://www.feministvoices.com/nancy-bayley/

Yussen, S. R., & Levy, V. M. (1975). Developmental changes in predicting one's own span of short-term memory. *Journal of Experimental Child Psychology, 19*, 502-508.

Zahn-Waxler, C., & Robinson, J. (1995). Empathy and guilt: Early origins of feelings of responsibility. *In self-conscious emotions, JP Tangney, KW Fischer* (pp. 143-173). New York: Guilford Press.

Zahn-Waxler, C., Radke-Yarrow, M., & King, R. A. (1977, March). *The impact of the affective environment on young children.* Paper presented to the meeting of the Society for Research in Child Development, New Orleans.

Zahn-Waxler, C., Radke-Yarrow, M., & King, R. A. (1979). Child rearing and children's prosocial initiations toward victims of distress. *Child Development*, 319-330.

Zajonc, R. B. (1976). Family configuration and intelligence: Variations in scholastic aptitude scores parallel trends in family size and the spacing of children. *Science.*

Zelazo, P. P. (2010, May). Executive function and emotion regulation: A developmental perspective Ph.D. Paper Presented at the Annual International Trauma Conference, Boston, MA.

Zemach, I., & Teller, D. (2007). Infant color vision: Infants' spontaneous color preferences are well behaved. *Vision Research, 47*(10), 1362-1367.

Zemach, I., Chang, S., & Teller, D. (2007). Infant color vision: Prediction of infants' spontaneous color preferences. *Vision Research, 47*(10), 1368-1381.

Zentner, M., & Bates, J. E. (2008). Child temperament: An integrative review of concepts, research programs, and measures. *European Journal of Developmental Science, 2*, 7-37.

Zerbo, O., Iosif, A. M., Delwiche, L., Walker, C., & Hertz-Picciotto, I. (2011). Month of conception and risk of autism. *Epidemiology (Cambridge, Mass.), 22*(4),

469.

Zhang, J., Piff, P., Iyer, R., Koleva, S., & Keltner, D. (2014). An occasion for unselfing: Beautiful nature leads to prosociality. *Journal of Environmental Psychology*, *37*, 61-72.

Zick, C. D., Bryant, W. K., & Österbacka, E. (2001). Mothers' employment, parental involvement, and the implications for intermediate child outcomes. *Social Science Research*, *30*(1), 25-49.

Ziegler, J. C., & Goswami, U. (2005). Reading acquisition, developmental dyslexia, and skilled reading across languages: A psycholinguistic grain size theory. *Psychological Bulletin*, *131*, 3-29.

Zimmer-Gembeck, M. J., Siebenbruner, J., & Collins, W. A. (2001). Diverse aspects of dating: Associations with psychosocial functioning from early to middle adolescence. *Journal of Adolescence*, *24*(3), 313-336.

Zimmerman, F. J., Christakis, D. A., & Meltzoff, A. N. (2007). Associations between media viewing and language development in children under age 2 years. *The Journal of Pediatrics*, *151*(4), 364-368.

Ziv, M., Solomon, A., & Frye, D. (2008). Young children's recognition of the intentionality of teaching. *Child Development*, *79*(5), 1237-1256.

찾아보기

인 명

내 용

저자 소개

곽금주(Kwak Keumjoo)

서울대학교 학사(아동학)

서울대학교 석사(심리학)

George Washington University Ed.S(교육학)

연세대학교 박사(심리학)

현 서울대학교 심리학과 교수

서울대학교 대학생활문화원 원장

주요 경력

미국 National Institute of Child Health & Human Development 겸임연구원

한국인간발달학회 회장

한국발달심리학회 회장

주요 저서

Reducing bullying and cyberbullying in schools-Eastern and Western Perspective (공저, Cambridge University Press, 2016)

여성심리학(공저, 학지사, 2015)

영아발달(공저, 학지사, 2014)

영유아기 엄마와의 상호작용(공저, 학지사, 2011)

K-WISC-IV(한국 웩슬러 아동지능검사-4판) 전문가 지침서(공저, 학지사, 2011)

흔들리는 20대: 청년기 생애설계 심리학(서울대학교출판문화원, 2010)

발달심리학

아동기를 중심으로

Developmental Psychology

2016년 7월 25일 1판 1쇄 발행
2024년 9월 25일 1판 12쇄 발행

지은이 • 곽 금 주

펴낸이 • 김 진 환

펴낸곳 • (주) 학지사

04031 서울특별시 마포구 양화로 15길 20 마인드월드빌딩 5층

대표전화 • 02) 330-5114　　팩스 • 02) 324-2345

등록번호 • 제313-2006-000265호

홈페이지 • http://www.hakjisa.co.kr
인스타그램 • https://www.instagram.com/hakjisabook

ISBN 978-89-997-0985-2 93180

정가 27,000원